世界传世藏书

【图文珍藏版】

世界名人百传

王书利⊙主编

线装书局

目 录

世界传世藏书

世界名人百传

目录

世界名人百传

军事将领

王书利 ⊙ 主编

导　读

　　在漫漫的岁月长河中,战争,作为推动历史进程的形式之一,总是与社会文明的发展相生相伴,而战争的时势总能造就出一批通过战争改写人类历史的卓越军事统帅。

　　本卷《军事将领》追录隐藏的真相,展现恢宏的世界,再现一个个叱咤风云的将帅传奇,还原一个个剑拔弩张的战争场景,与战场风云人物零距离接触。全书精选了世界历史上最著名的军事将领,讲述了他们从小立志立德,文武兼修的成长过程,也讲述了他们征战沙场的功绩。虽然他们的家庭背景、成长轨迹、性格特点和时代背景各有不同,但他们胸怀韬略、智勇兼备、治军严明和身先士卒的品质是基本相同的。他们深谋远虑,驾驭局势、掌握战争主动权;他们出奇制胜、以少胜多,从而功成名就;他们像一颗颗璀璨的明星,在人类历史的长河中闪耀着动人的光芒。

领导南北战争的统帅

——罗伯特·爱德华·李

人物档案

简　历：美国军事家，1825年进入西点年校，1829年6月毕业，到工兵部驻防；1846年参加过美国对墨西哥战争；1859年率兵镇压约翰·布朗的反奴隶主起义；南北战争中多次击败北军；1865年出任华盛顿学院院长。战后，他积极从事教育事业，任华盛顿大学（现名华盛顿与李大学）的校长。1870年病逝。

生卒年月：1807年1月19日~1870年10月12日。

安葬之地：华盛顿与李大学校园的教堂下。

性格特征：乐天性格。以能宽容别人而出名，既幽默又圆滑老练，大胆而富有进取心，凡事追求尽善尽美。

历史功过：领导联盟军多次战胜联邦军，改革西点军校。李出任华盛顿学院院长期间，华

盛顿学院增设了10个系，着重强调科学技术和现代语言，此外还准备建立商学院、农学院、新闻学院和法学院。几年的时间，李已被公认为美国一流的教育家，而不再提他过去的军旅生涯。

名家评点：在弗里曼和他弗吉尼亚学派同侪们的笔下，以及更多的失败事业（Lost Cause）文学当中，李的形象是扁平化的、圣人化的。他是"一个注定失败的事业的英雄"，生来就注定要成为伟大的战士；他谦逊又自信；他从未使用过"敌人"这个词；他过着斯巴达式的朴素生活，滴酒不沾；他是不可战胜的，带领着南方人民奇迹般地一次又一次取得胜利。就连老罗斯福和威尔逊也对李不乏溢美之辞。在夸张的赞歌声中，李的形象越来越定格于那个悲情英雄，而离他作为"人"的一面却越来越远。

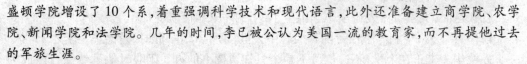

军人之子

罗伯特·爱德华·李于 1807 年 1 月 19 日出生在弗吉尼亚州一个贵族家庭里。

罗伯特·爱德华·李有一位英雄的父亲亨利·李,独立战争爆发时,他父亲投笔从戎,组织起一支骑兵队伍。

亨利·李是一位天生的勇士,这位骑兵队长用草绿色的上衣、紧绷绷的羊皮裤、锃亮的高筒马靴和长缨飘扬的皮帽子把他的部下打扮起来。这一切都是他家里出的钱。从家里他还获得了弗吉尼亚的统帅派头和骑兵的豪侠劲儿。"我剑不离身。"他说,然后率领着骑兵闪电般冲向英军给养队。他以少胜多,唬住了给福治谷驻军送给养的敌军。华盛顿将军请他当随从参谋,但是这个佩戴金肩章的亨利·李认为这差使太平淡了,他更愿意袭击敌人,以获得赫赫战功。

亨利·李早年毕业于新泽西学院。1775 年美国独立战争时参军。1778 年晋升少校。他曾指挥 3 个骑兵队和 3 个步兵连,战功显著,因此获得"轻骑亨利·李"的别名。战争胜利后,年仅 26 岁的亨利授衔中校。

但他冲动,好闹事,而且爱发脾气。他说,他们对他没有论功行赏,他原该不止是个中校的。一怒之下,他离开了军队,回到了弗吉尼亚,并在第二年与一个 19 岁的李姓堂妹结了婚。

李的前程无比辉煌,但他的经商能力与他的军事天才正好相反。短短几年他的土地投机生意已经亏掉了妻子几乎所有的钱。8 年后,李的妻子亡故,抛下 4 个孩子。

但他还年轻,有光荣的名声和历史支撑家业。他竞选弗吉尼亚州州长,结果当选了,并且与这个州的一个富豪的女儿查尔斯·安结了婚。

尽管李与汉密尔顿甚至华盛顿总统交情甚笃,但他不懂生意经,他的投机生意做得比以前更大了,直到最后彻底破产。

就在这时,罗伯特·爱德华·李出生了,李的一家靠借债度日。

1818 年 3 月,亨利·李在劳困和疾病中去世,享年 62 岁,此时,爱德华·李才 11 岁。

爱德华·李正在上学,不过他可不是个只知道读书的人。闲暇时他虽然使自己成为出色的游泳健将、滑冰运动员和划桨能手,但他主要的心思还是帮助妈妈。

李夫人度日艰难,受着烦恼和贫穷的煎熬。要是没有罗伯特的话,她绝对无法支撑下来。罗伯特负责每天的采购,掌管食品室的钥匙,在餐桌上给姐妹们分吃的。他给妈妈配药,照料伺候她,在亚历山德里亚地区,许多比她日子好过得多的亲戚都看出了他十分孝顺,认为他将来准有出息。

她母亲是殖民总督亚历山大·斯波茨伍德的后裔。她嫁的是弗吉尼亚的李家,丈夫尽管晚年潦倒,但是他是独立战争中战功赫赫的军人,当过州长和国会议员,而且还是开国元勋们的朋友。凭着血统和婚姻,她与本州几乎所有的名门望族都有亲戚关系。

罗伯特是一位快乐的年轻人,生着一对棕褐色的眼珠和一头浓密的棕发,有时扬声大笑,眼泪都笑出来,这快乐的天性是他父亲的遗传。

1825年罗伯特就要18岁了,他自己愿意当个医生,但是母亲无力送他到医学院或别的学府。他父亲最得意的时刻是在部队里,西点军校是免费的,有影响的亲戚们为他写了推荐信。

罗伯特来到纽约,进入西点军校。

他在班里总是名居第一,4年中没有犯一次过。他的纽扣锃亮,佩剑没有污渍,出操从不迟到,被褥永远整整齐齐,敬礼绝不马虎。也许算得上同样出色的是,他总是非常受人欢迎。每年他都担任更高的学员职务,4年级他得到了西点军校最高的学员职务,士官生部队的参谋。

在校期间,他不抽烟,不喝酒,不玩牌,从不违反任何规定,是个品学兼优的学生,被大家誉为"大理石样板"。

1829年6月,李以年级第二名的成绩毕业,被授予少尉军衔。7月,他的母亲去世,他回去料理丧事,接着来到密西西比河工程兵部队驻防。

恩爱夫妻

罗伯特高贵的出身和他天性的风趣使他成为社交界的宠儿,他爱上了远房的表妹玛丽·卡斯蒂斯。

她是乔治·华盛顿·帕克·卡斯蒂斯的女儿,卡斯蒂斯是马莎·华盛顿的孙子、第一任总统的养子。

玛丽身材纤细,头脑聪明,性子也很执拗。大多数人都觉得她好使性子,并且被惯坏了。但是李少尉以能宽容别人而出名,他既幽默又圆滑老练,使人对他发不起火来,他一个劲儿给她写信,一个劲儿地去看她,表明自己的求爱是认真的。

看到自己的女儿喜欢上罗伯特·爱德华·李,乔治·华盛顿·帕克·卡斯蒂斯心里是不快的。然而卡斯蒂斯夫人还是认为罗伯特是个一表人才、前程远大的绅士,他对已故的母亲曾极其孝顺。最后还是由玛丽自己去决定,于是终于有一天,她和罗伯特宣布订婚了。

1831年6月30日,他俩在阿灵顿府第的客厅里举行了婚礼。

两年后,李少尉调往华盛顿工兵总部工作,他在城里找不到合适的房子,于是便把家安在阿灵顿巨大的府第里,他每天骑马经长桥跨过波托马克河,每天晚上返回。

1835年,李奉命与一个勘测队前去测定俄亥俄州与密歇根州之间的准确界线,出门在外时,次子出生。第二年李晋升为中尉。

李长期奔波在汉密尔顿堡、北卡罗来纳沿岸,不久,晋升上尉军衔。

这时,美国与墨西哥的战争爆发,李在温菲尔德·斯科特属下任工程师。

当李上尉第一次到墨西哥水域时，他和晕船晕得死去活来的老同学约瑟夫·E.约翰斯顿住一个舱房。在维拉克鲁斯靠岸后，李涉水上岸，受命去找一个合适的炮兵阵地，斯科特希望从这个阵地上发出的炮火可以攻陷城市。他与皮埃尔·O.T.博雷加德中尉进行了一番勘察，在他们标出的阵地上，炮火很快把维拉克鲁斯打得竖起白旗。

美军从维拉克鲁斯进入内陆，直取墨西哥城。虽然兵法最忌孤军深入，但是比狮子还勇猛的斯科特说，他要破釜沉舟，冲杀向前。

斯科特派李上尉前去勘测一条通过高地包围墨西哥人阵地的路线。

李在山上抓着生长在岩缝中的灌木爬了整整一天。下午时分，他在一眼山泉附近听见了西班牙语的说话声。他在一根木头下面躲了好几个小时，墨西哥士兵抽着烟遛来遛去，虫子咬他，敌军士兵坐在他藏身的木头上，黑夜降临，敌兵终于走了。李连夜赶回。沿着他标出的路线，美军用从山崖上吊下来的绳索把大炮拖上了大峡谷，从侧翼包围了桑塔·安纳，向他的部队开炮，墨西哥人逃回了城里。

石山花岗岩陡崖上的戴维斯、李将军和杰克逊的浮雕

被提升为少校的李，与斯科特站在一起，俯视着这个首都。"这个美丽的城市将是咱们的了！"斯科特说，但是首先得攻破外围防线。

李去寻找一个薄弱点，一连36个小时未离马鞍。该城所有的人口显然都在炮火控制之下，于是他冒险进入墨西哥人称之为乱石滩的地方，这是一片巨大的熔岩区，就像波涛汹涌的海洋被冻住了。他回来报告说，他可以带着炮兵通过。

在后方总部里，斯科特派遣了一名又一名的军官去探听情况，他们没有一个能穿过乱石滩到达李的营地。夜幕降临，飓风般的热带雨随之而来。李知道，必须向斯科特汇报情况，于是只身一人步行穿过熔岩的荒野，闪电给他照路，他摔了数不清的跟头，但是终于找到了将军，做了汇报，然后再次穿过乱石滩找到部队。斯科特称他这个来回"无论在肉体上还是在勇气上，都是最伟大的业绩"。天亮后，炮兵用了20分钟便打跑了墨军。

几天以后，墨西哥城投降，李晋升为中校。很快，他又被提升为上校。

李在墨西哥逗留了8个月以后，终于回到了阿灵顿。

不久,李就前往巴尔的摩港,继续从事修建要塞的老行当。

1852年,罗伯特·爱德华·李出任西点军校校长。像修筑要塞那样,他实施斯巴达式的纪律。有一次,弄不到足够的钱为上骑马课的学员买马鞍,他便说:"如果需要的话,学员应该没有马鞍也能骑马。"

李了解学生的实际需要,开始为学生放暑假,很受学生欢迎。后来放暑假成了西点军校的惯例。

这时美国已经认识到:要想管理好从墨西哥夺取过来的广阔地区,就必须扩军。

1855年8月,国会批准组建新部队,李被派往得克萨斯州的库珀营,家眷去了阿灵顿,李奔赴他第一任野战部队指挥官的岗位。根据法令同时也免去了他的校长职务。

李指挥4个连队、12名军官、266名士兵。他经由干谷,翻山越岭,进入峡谷去追赶那些骚扰边境村落的印第安人。

1857年8月,李调往华盛顿,接任团长。团部设在圣安东尼奥。10月,他的岳父去世,于是李告假还乡。

回到阿灵顿时,李受到了也许是有生以来最大的打击,妻子成了病残——年仅49岁的玛丽早就患有风湿性关节炎,她现在已不能行走,一只胳膊几乎不能动弹。玛丽的病后来终生未愈。李把当年在他母亲病榻旁学到的东西用在了妻子身上。

李成了岳父房地产的遗嘱执行人,开始尽力处理卡斯蒂斯先生留下的烂摊子,遗嘱中那处理房地产的指示几乎都是互相矛盾的,卡斯蒂斯先生还欠下了相当多的债。

时光飞快地流逝,1859年10月,离开团部已两年的李,突然收到一封来自华盛顿的密报。

内战爆发

1859年10月,美利坚内战的导火线点燃了,在哈泼斯,一个鞣皮匠的儿子——约翰·布朗率领一伙奴隶起义了。

约翰·布朗现在既是上帝的使徒又是战士,他让他的征讨队深入敌人的腹地。布朗与他手下的18人携带北方支持者集资购买的步枪,开始去解放南方的奴隶。他袭击弗吉尼亚州的哈泼斯渡口,占领了一个政府的军械库。他从大户中抓来人质,传话要奴隶们务必集合到他这儿来,他将带领他们穿过南方,沿途解放黑人,到他大功告成时,美国的蓄奴制就会彻底灭亡。

詹姆斯·布坎南总统认识到马上就会爆发一场全面的暴动了。

首都仅有的部队就是伊斯雷尔·格林中尉指挥的90名美国海军陆战队,他们奉命开赴哈泼斯渡口。

接着,又派人通知罗伯特·爱德华·李上校。李当时告假离团,仍可召之前来。

1859年10月17日夜里11点,李进入军械库的围栏。布朗一伙人与13名人质在那

所存放着驻军机车的砖房子里。这所房子有很厚的砖墙和结实的橡木门，无法知道造反者有多少人。当地人与布朗交火的时候已经死掉了几个。李按兵不动，等待天亮。

几分钟后，李派中尉斯图尔特去劝降，斯图尔特举着白旗来到机车房门口。门开了一道缝，斯图尔特发现有人拿枪对着他。

斯图尔特向后退去，挥动帽子发出事先约好的信号。李已经吩咐谁也不许开枪，只能用刺刀。现在他命令格林进攻机车房。海军陆战队发起冲锋，砸开了房门。格林中尉冲了进去，只见布朗朝他调转枪口，格林一剑刺去，刺中了布朗的肩膀。那曾向李瞄准的人开了一枪，打死了1名海军陆战队队员，死者的一个战友一刺刀捅死了这个枪手。布朗手下其余的人都举起了手。整个战斗只用了8分钟。

侵入者被押出时，围观的人高喊要对他们处以私刑。李命令海军陆战队队员围着俘虏站成方阵，然后把他们带进驻军军需官的办公室，他给布朗包扎了伤口，后来布朗被解去受审，李返回阿灵顿。

1860年2月，李回到了得克萨斯。由于他所在的地方圣安东尼奥东海岸有好几个星期的路程，所以他没有立刻明白约翰·布朗的死意味着什么：南方认为布朗是发了疯的凶手，而北方却把他看成殉道的圣徒，到处为他举行追悼会。

秋天，亚伯拉罕·林肯当选为总统，对于好闹事的南方人来说，这意味着一个北方集团要掌权了。林肯当选后的第4天，南卡罗来纳州的议会召开大会，投票表决让该州退出联邦。1861年初，密西西比州也效仿了，接着是佛罗里达州、亚拉巴马州和佐治亚州。

1月底，路易斯安那州也退出联邦。几天后得克萨斯州召开大会，通过了一项脱离联邦的法令。李周围的军官们纷纷递了辞呈，退出了他们所说的"旧军队"。

只剩下弗吉尼亚州。那儿也召开了全州大会讨论是否退出去的问题，前途如何将取决于会议的结果。弗吉尼亚是联邦中最强大的州，面积仅小于得克萨斯州，它是许多总统的家乡，是华盛顿、杰斐逊、门罗的出生地。仍然怀着希望的李被召回华盛顿。

命令到来时他正在沙漠里。他立刻前往圣安东尼奥，发现街上挤满挥舞武器的人。

美国国旗从得克萨斯州的每一根旗杆上降下，他离开圣安东尼奥，穿过现在已是一个异国的美国南部邦联，前往家乡。两天后即将宣誓就职的亚伯拉罕·林肯对南方的人民说，内战的严重问题掌握在他们手中，而不是掌握在他手中。

在华盛顿，一名使者带着温菲尔德·斯科特将军的信直奔阿灵顿，召李上校到总司令办公室报到。

第二天，罗伯特·李骑马走下阿灵顿的山坡，沿大路前往华盛顿。他先去的不是斯科特处，因为在斯科特下命令的同一天，全国最有影响的政界家族的首脑弗朗西斯·普雷斯顿·布莱尔大人也向李发出了邀请。

李来到总统官邸对面的布莱尔宅邸，弗朗西斯·布莱尔以总统的名义封他当少将，统辖10万大军。名望、权力和荣耀，李唾手可得。

"我不能参与入侵南方各州的行动。"他对布莱尔说。

然后他去见斯科特。"李，"年迈的总司令说，"你犯了你有生以来最大的错误。"

李离开斯科特的总部,第二天,弗吉尼亚已投票表决脱离联邦。

有人问这位上校对此消息做何感想。"我必须说,"李答道,"我是个笨人,看不出脱离联邦有什么好处。"

这天晚上,坐在客厅里的李夫人听见丈夫在楼上卧室中踱来踱去。李的心情十分沉重。他给姐姐安写信说,他觉得退出联邦的行动是错误的,南方的许多痛苦是想象出来的。但是"尽管我如此热爱联邦,可我却无法下决心举起拳头去打我的亲戚、我的孩子、我的家"。

他给斯科特写了一封信。他感谢老将军的友情以及一切。"您的一片好意我将终生铭刻在心,您的名字和声誉我将永远珍视。"

星期天,罗伯逊法官的信使来到阿灵顿,请前上校去一趟弗吉尼亚州府里士满,约翰·莱彻州长想要见他。

李一定已经知道莱彻要邀请他在弗吉尼亚的部队中任职。脱下他穿了30多年的军装刚刚一天,他就准备加入将与穿这种军装的人作战的部队了,他认为自己别无选择。正是因为对弗吉尼亚的忠诚,他脱下了联邦军队的蓝军装,也正是因为对弗吉尼亚的忠诚,他将穿上南部邦联军的灰军装。

他去晋见莱彻州长,他俩谈了话。两天以后,在州议会大厦里,罗伯特·李就在弗吉尼亚大会全体与会者的面前出现了。"我以你生身之州人民的名义,"大会主席约翰·詹尼致辞道,"衷心地欢迎你前来这个大厅,在这个大厅中,我们几乎还听得见昔日政治家、军人和先哲们的声音,你继承了他们的姓氏,他们的血液在你的血管中奔流。"

4月20日,他提出了辞职报告:"我非常荣幸地提出辞去我所担任的第一骑兵团上校的职务。"10天之后他致信他的表兄,即西点1851届毕业生罗杰·约翰斯,概述了自己的立场:

对于我们可爱的国家所遭受的不幸,我非常赞同您的观点,并能充分理解您的感情。我同您一样难以定下决心举起手来反对我们的家乡州,我们的亲友、儿女和家庭,所以我辞去了军队的职务。除非保卫我的家乡州,我再也不愿拔剑出鞘。我认为没有必要进一步阐明我这样做的理由。我很难对您提出什么忠告,我仅能告诉您,我所做的一切您会做得更好。

统驭军队

加入南方同盟军后,李在弗吉尼亚组建军队。1862年3月任南方同盟"总统"军事顾问,不久兼任北弗吉尼亚军团司令,直接指挥东线的军事行动。

南军的形势很艰难。他们远离给养地,驻扎在山区,没有铁路,弗吉尼亚西北地区的居民在感情上大都是反南部邦联的。事实上,这一地区不久就脱离了弗吉尼亚,作为一个新的州——西弗吉尼亚加入了联邦。

南方总统杰斐逊·戴维斯指望李能老练地调和这几支南军部队首领之间的明争暗斗，但是李的绅士气太多而军人气又太少。不久，人们就在背后叫他"李婆婆"。

他在海岸防御工作中干得非常出色。薄弱点加强了保护，港口筑起了堡垒，流动炮台和土木炮台都建造起来。

李上任伊始人们对他并不抱希望。他奉命将联邦军队赶出弗吉尼亚西部。他的战略在执行中走了样。部队嘲笑地称他是"婆婆妈妈的李"和"后撤的李"。当他统辖南大西洋沿岸时，由于命令部下挖掘战壕又得了另一个形象化的绰号"铁锹王"。

这些绰号都没有言过其实，因为李在战时最初的举动埋没了他的真实个性。没有一个将军比他更大胆、更富有进取心。如果说麦克莱伦从不涉险，李或许就屡行险招。他更乐于大胆进攻，寻求按真正的拿破仑式样去摧毁而非仅仅打败敌军。他热衷于赢得歼灭战的胜利，有时没有获胜的可靠把握也死打硬拼地连续进攻。李也需要扩展他的战争视野。他坚信弗吉尼亚是最重要的战区，表现出一种狭隘的地方观念。他低估了同盟军指挥官们在西部和密西西比战区所面临的问题以及那些战区对南方生存的重要意义。但是，李为南方立下了汗马功劳。尽管他使南方付出了高昂的代价，但他力挽狂澜取得的胜利，大大提高了同盟军的士气，也使北方感到沮丧。

李任职不久即开始通过大胆的攻势作战来保卫弗吉尼亚。

1862年3月，麦克莱伦开始行动。他聚集起400条小船、汽轮和驳船，足以把12万名士兵和15000匹骡马运到詹姆斯河与约克河之间的弗吉尼亚半岛的底端，再用几星期的时间在那儿筑垒设障。一切都计划得非常出色，每一个细节都注意到了。这位凡事追求尽善尽美的统帅终于对全部就绪的准备工作完全满意了，于是开始艰难地向半岛上方的里士满偷偷逼近。

这时，南部邦联的乔·约翰斯顿将军退向里士满，把自己的部队一直撤到离市中心不到5英里的地方，南部邦联的首都陷于一片恐慌之中。

1862年5月14日，戴维斯总统召开内阁紧急会议。总统的军事顾问罗伯特·爱德华·李到达时，发现人们都脸色铁青。李刚一落座，戴维斯就告诉他说，大家来此开会讨论里士满陷落后的下一道防线问题。李吃了一惊，他用一种别人从没听到他使用过的激动嗓音高声说："里士满一定要守住！"

5月31日，城里的人们听见了激烈的枪炮声。两支军队终于鏖战起来。

6月间，麦克莱伦将除菲茨—约翰·波特3万人的一个军以外的全部人马都调到奇卡霍明尼河以南。他反复许诺一旦得到更多的援军就发起进攻。虽然李只有85000人，麦克莱伦却以为他有20万。直到6月25日这位联邦指挥官才进行了一次试探性进攻，但到那时，李已让同盟军做好了进攻准备。李从自己的骑兵指挥官杰布·斯图尔特口中获悉，波特军处于易受攻击的位置，他建议用30000名士兵阻击麦克莱伦的4个军（70000人），再用包括"石壁将军"杰克逊所部在内的55000人进攻波特。如果波特被消灭，麦克莱伦就会与"白宫"大本营分开。李确信，麦克莱伦将会撤向约克河去保护他的补给与交通线。同盟军然后就猛打猛追粉碎联邦军。

6月26日，同盟军发动了"七天战役"，这次战役由5次战斗组成：梅卡尼克斯维尔战斗（6月26日）、盖恩斯米尔战斗（6月27日）、萨维奇车站战斗（6月29日）、格伦戴尔战斗或称弗雷泽农场战斗（6月30日）以及马尔文山战斗（7月1日）。整个1周内，李事事都不如意。杰克逊一成不变地总是晚点。破旧的地图、杂乱的情报以及参谋部工作的不得力造成了进攻的不协调。麦克莱伦并没按李想象的那样去干。他不是打回白宫大本营，而是转移到詹姆斯河上的哈里森登陆场，实施了战役中的大本营转移。

除盖恩斯米尔之战外，李仗仗皆负，没能歼灭波托马克军团。特别是在盖恩斯米尔和马尔文山的战斗中，他督促部队向对方铜墙铁壁般的防御工事猛烈冲击。一位师长在马尔文山战斗之后说，"这不是战争——是谋杀"。"七天战役"使南方军的伤亡超过20500人，北方军伤亡约为16500人。然而，李却成了英雄。他的攻势把联邦军从里士满打跑，从敌人手中夺回了主动权。

李很快就使南方有更多的理由来信任他。在李进攻梅卡尼克斯维尔的那天，林肯把班克斯、弗里蒙特和麦克道尔的司令员划归到由波普指挥的弗吉尼亚军团。

7月11日，总统又把另一位西部人调到了东部——把在西部一帆风顺的哈勒克提升到总司令的职位。林肯希望哈勒克只把自己看作"是陆军部长和总统的一名军事顾问，必须服从和执行他们做出的决定，而不管自己赞成与否"，因而他不能按自己的权限发布命令。

然而，哈勒克是一位有效的管理者，也是大规模全面战争中的一个宝贵人才，一般都能给予恰当的建议。林肯向哈勒克提出的第一个大问题是怎样部署波普和麦克莱伦的部队。应把他们集中起来使用吗？是放在詹姆斯河畔置于麦克莱伦指挥之下抑或是放在拉帕汉诺克河畔置于波普指挥之下？根据哈勒克的建议，林肯决定麦克莱伦应撤离半岛。

麦克莱伦对这一决定恨之入骨，他憎恶波普，深信"在华盛顿的这帮笨蛋决心要毁掉我"。他以一种不能令人原谅的速度缓慢行动，所浪费的时间超过了波普不得不节省下的时间，因为李正在向东急进。

李将其部队编成由杰克逊和詹姆斯·朗斯特里特指挥的两个军，并在麦克莱伦开始撤退前向波普运动。留下防御薄弱的里士满唱空城计，但他相信麦克莱伦不会抓住这一机会。这次进攻由杰克逊打头阵，于8月9日在塞达山打败了班克斯军。

在两周内，李的55000人与波普的65000人隔拉帕汉诺克河对峙。李一反所有的军事准则，实行了分兵，派杰克逊率23000人向西从距波普右翼较远的地方迂回敌后，杰克逊摧毁了设在马纳萨斯枢纽部的联邦补给站，又在第一次布尔溪战场附近筑起了防御阵地。

8月28日，波普发现杰克逊为时已晚了，他还错误地认定正在撤退中的同盟军陷入了困境。朗斯特里特和李正沿杰克逊的路线进兵，杰克逊的任务是一直坚守到他们到达。当29日北方军向杰克逊发动攻击时，李和朗斯特里特抵达战场，潜伏在波普的左翼。第二天下午，正当敌人重新发起的进攻快要占领"石壁"的阵地之时，朗斯特里特摧毁了联邦军的侧翼，把阵脚大乱的波普赶往华盛顿。第二次布尔溪战役（或称第二次马纳萨斯战役）——北方的又一次丢人现眼的失败——使北方佬伤亡了16000人。李的伤

亡为 9200 人,但他未能歼灭波普的军队。

李在连续战胜了麦克莱伦和波普并将其赶出弗吉尼亚的大部分地区后,准备进一步把战争引到敌方领土。但他不能孤军深入。秋季,南方发动了唯一的一次协同攻势作战,试图同时攻入宾夕法尼亚、肯塔基和西田纳西。南方同盟希望"解放"马里兰和肯塔基,让其部队在敌方的乡村获得粮食补给。

当李的 5 万部队于 9 月初涉水渡过波托马河时,其情况并不太好。许多士兵因吃青玉米而患急性腹泻,其他人则光着疼痛的脚一瘸一拐地行军。高级司令官也健康不佳。李的双手打上了夹板,杰克逊的脊背疼痛,而朗斯特里特由于裸露的脚后跟上长了水泡而感不适。李就打算用这支拖泥带水的部队去切断巴尔的摩与俄亥俄铁路同宾夕法尼亚铁路的联系,并打垮联邦军。

9 月 17 日,李率部与联邦军在安提坦激战。当黑暗笼罩着忧郁的田野时,24000 多人已陈尸疆场或身受重伤,其中有 13000 人是着灰色军服的。李置自身的惨重损失于不顾,不但在 18 日守住了阵地,而且还打算发起进攻。然而,他那些心有余悸的部下使他相信,再发起进攻将是一场蛮干。更令人难以置信的是,麦克莱伦也没有进攻,李在当天晚上撤出战斗,而麦克莱伦却没有追击。

虽胜犹败

当李在北弗吉尼亚连战连捷时,在西线,北军一部在格兰特率领下,一举攻占了维克斯堡。这场战役是格兰特的杰作,可与拿破仑的战例相媲美。

相比之下,李的对手都太平庸,他渴望一场真正的战斗。当伯恩赛德惨败后,波托马克集团军的指挥权交给了乔·胡克。

胡克着手的第一项工作是重整伯恩赛德的残部。他把部队编成各有特点的新军团,每一个军团都有自己的标志,他改进了休假制度,注意伙食和卫生设施。

1863 年春,胡克出动了。

李用了整整一个冬天的时间想把战马养好,搞好部队的给养。这两件事都没有成功。战马又瘦又乏,许多士兵没有鞋,得了坏血病。4 月 29 日破晓之前,他被远处传来的炮声惊醒。他去迎战率领着将近 14 万装备精良的北军的乔·胡克。

胡克是在夜色掩护下偷偷向李进发的。40000 人的部队在弗雷德里克斯堡安全地过河,而几个月前,伯恩赛德的部队就是在此遭到灭顶之灾的。李研究着形势,与杰克逊交换意见,他认为真正的进攻将发生在东北方向几英里外的地方。他凭推测——弗雷德里克斯堡只是佯攻——把部队作孤注一掷。他留下 10000 名邦联军的薄弱力量对付 40000 名联邦军,把其余的 60000 人开到东北方向去。

几个月来胡克一直在说,要抓住李的部队,一下把它捏成面粉。现在他似乎要如愿以偿了。他的前锋部队正向李的防区推进,他的强大的主力部队正处于猛扑南军的态

势。1863 年 5 月 1 日,天气也十分适于作战。

胡克的战略将李置于险境,但李采取了大胆的应战手段。这位同盟军将军又重施对付波普的故伎,他兵分二路,以 10000 人牵制塞奇威克,50000 人袭击胡克。然后,李又进一步分兵,指派杰克逊军于 5 月 2 日包围胡克的右翼。一位高度警惕的指挥官本应能够将李分散的军队各个击破。然而,胡克竟不知所措。当杰克逊的部队击溃联邦军侧翼时,李也发起了进攻。南方人最初曾迫使北方佬后退。但是,由于李的部队处于分兵状态,加上对方的拼命抵抗和夜幕的降临,进攻停止了。胡克的大多数部下都敦促他于 5 月 3 日进行反攻,但他拒绝了。相反,李又发起了进攻,经过激战,他的两翼部队会师敌阵。与此同时,塞奇威克攻占了马里高地,并向昌塞勒斯维尔疾进。李铤而走险,再度分兵。他以一部分部队监视胡克,而其他人则于 5 月 3~4 日主动出击塞奇威克,并迫使他退到拉帕汉诺克河以北,此后,李再回师抗击"斗士"胡克,于是胡克命令他的部队于 5 月 5~6 日返回河对岸。

早晨胡克夺路奔向渡口,南部邦联军用步枪的硝烟与大炮的轰鸣为他送行。用以命名这个地方的钱瑟勒住宅着火焚烧。李骑着"旅行家"走到南军的大队人马中(部队这时正在射击逃跑的敌人),这时响起了一片连续不断的欢呼声,盖过了枪炮的轰鸣——士兵们在向自己得胜的长官欢呼。

正当李的部队在燃烧的森林中靠近燃烧的房子,围着他欢呼雀跃的时候,一名通讯兵骑马跑来,李伸出戴着长手套的手接过信,打开后再递给一名副官,副官朗读起来,南部邦联军昨天夜里打的那通枪打中了在前沿摸黑巡视的杰克逊,他左臂伤势严重,截了肢,此外还有别的伤处。李嗓音颤抖地说:"石壁将军丢掉了左臂,而我失去了右臂!"一星期后,杰克逊去世了。

虽然昌塞勒斯维尔战役是李所取得的最辉煌的一次胜利,但有两个因素冲淡了胜利的喜悦。首先,李的部队伤亡人数高达 13000 人,虽然略少于联邦军 17000 人的伤亡数字,但对他的部队来说,其伤亡比例要高于对方,而杰克逊的死,对李来说,其代价尤为惨痛。其次,联邦军队只是再次蒙受耻辱,遭到重创,但并没有被打垮。波托马克军团对于险恶困境早已习以为常,它仍然屹立在拉帕汉诺克防线上。

杰克逊的死,迫使李重新将他的军团由战绩斐然的两军体制改编成朗斯特里特、安布罗斯·希尔和理查德·尤厄尔指挥的 3 个军。希尔和尤厄尔在长途行军和打硬仗方面能否比得上天才的杰克逊,还十分令人怀疑。

部队困苦

李急于利用他新近取得的胜利将战争引向北方。从一开春,他就要求北进,但是一场战略上的激烈争论使他的要求化为泡影。由于北方佬在各条战线上都显示出咄咄逼人之势,哪条战线才是对同盟军生死攸关的呢?鉴于格兰特正在步步逼近约翰·彭伯顿

的要塞,向维克斯堡增兵的问题引起了特别的关注,有些人建议李派兵增援布雷格,好让田纳西军团打垮罗斯克兰斯,进而威胁肯塔基和俄亥俄,解救维克斯堡。

李对西援的任何计划一概拒之门外。他认为,减少部队就必然会牺牲弗吉尼亚。南方的铁路破坏严重,而北方却能以比南方更快的速度调动部队。这样,同盟军的援军将总是迟到一步。李还争辩说,由于北方人不习惯南方恶劣的夏季气候,格兰特无论如何不久就会撤兵。解决同盟军困难的答案就是进兵宾夕法尼亚,此举将打乱联邦计划,迫使格兰特和罗斯克兰斯向东部驰援,还能解救弗吉尼亚并使同盟军获得补给。在北方土地上取得的胜利也许会赢得外国的承认并助长分裂分子的势力。李的论据使戴维斯确信,南方应再次跨过波托马克河。

6月9日,当李将他75000人的部队移师谢南多亚时,联邦骑兵向在布兰迪车站的斯图尔特发动突然袭击,引发了战争中规模最大的骑兵战。虽然同盟军的骑兵迫使蓝制服的骑兵后退,但获胜的希望仍很渺茫。

北方的人民开始明白,李是在进行大规模入侵,他必须这样做,他的军队食不果腹,衣不遮体,他们在北方却可以得到一切。李并不担心胡克会攻打里士满,因为这样一来华盛顿就会暴露出来。如果南方军占领了华盛顿,那么外国政府就会承认南部邦联,承认它的独立。

所以李就向北挺进。6月的天气又闷又热,胡克知道不会马上有援兵来。杰布·斯图尔特的骑兵在他周围迂回。胡克被搞得六神无主,要求解除自己的波托马克集团军司令官的职务。

斯图尔特急于挽回名誉,建议去袭击胡克的后方,李同意了这个计划。斯图尔特于6月25日起程,他应允在几天后就使部队与主力汇合,但意想不到的困难使骑兵的归期推迟了1周,而李却在盲目进兵。李的部队驻扎在约克·卡莱尔和宾夕法尼亚的钱伯斯堡,仍然相信胡克还在弗吉尼亚。实际上联邦军队在弗雷德里克,而且"斗士"也已不再是它的统帅。当李的灰色纵队从拉帕汉诺克向宾夕法尼亚行进时,胡克不愿意与其交战,这使林肯大为恼火。6月27日,总统命令乔治·米德接替了他。这位新上任的指挥官承认,他应当采取守势以逸待劳,因为李绝不会不战而退回弗吉尼亚。与此同时,李获悉联邦军队就在不远的地方,形势危险,于6月28日命令他的部队在卡什镇集中。3天后,詹姆斯·佩蒂格鲁旅去夺取葛底斯堡的军鞋供应站。他们在那里与北方佬的先头部队——约翰·布福德骑兵遭遇,北方部队一直抵挡着灰制服士兵直到步兵增援部队抵达。虽然双方都没有计划要在葛底斯堡交锋,但是,战斗一旦打响,双方部队就都向那里集中了。

乔治·G·米德接任司令官。很久以前他曾在墨西哥与罗伯特·李共过事。现在,当李的部队北上宾夕法尼亚州时,米德派出骑兵部队寻找南军。1863年7月1日,双方的先头部队在美丽的小镇葛底斯堡遭遇了。

杰克逊的继任者皮特·朗斯特里特认为这个场所是不适于南部邦联军发动进攻的。北军占据着山头和高地,狭长的旷野将会给他们许许多多使用他们居于优势的大炮的机会,他感到南军面临一场灾难。相反,李则不是如此。李知道,如果他在葛底斯堡打胜

了，那么哈里斯堡、巴尔的摩、华盛顿、费城甚至纽约，就都会落在他的掌握之中，他下达了命令。

李开始炮轰联邦军的左翼。

第一天的战况既激烈紧张又混乱不堪，联邦第1军和第11军试图占领葛底斯堡以西和以北地段，但同盟军把他们逐出城镇，赶到公墓山和卡尔普山。这里就像一个4英里长的倒置的鱼钩，从倒钩部的卡尔普山，沿着形成钩体的公墓山和公墓岭直到好似鱼钩环的圆顶。同盟军的战线与之平行，从葛底斯堡以东开始穿城而过，然后沿塞米纳里山岭向南。联邦部队不仅在高地掘壕固守，而且建筑了内部工事以利机动和通信。米德于午夜抵达战场，凭借月光就能清楚地知道他88000人的部队占据着居高临下的地形，只等着李来进攻呢！

7月2日，李转而炮轰联邦军的右翼。

1863年7月3日拂晓，由于在两翼尝试都没成功，李决定试试中央突破。

李计划发起进攻，由朗斯特里特向米德的南侧发起主攻，而尤厄尔向卡尔普山和公墓山进行助攻，朗斯特里特不赞成在葛底斯堡作战，他告诉李，部队应当绕过联邦左翼，进到米德和华盛顿之间，寻找有利的防御地形，反客为主，迫使波托马克军团进攻，李拒绝了这个建议，发布了进攻的命令。朗斯特里特连续猛攻，但未能突破联邦军的主要防线，尤厄尔也只是稍有进展，在卡尔普山的低矮山坡上取得了一个立足点。当天傍晚，米德与其部下开会，以决定部队下一步是应当撤退、进攻或是继续坚守阵地。几乎所有的人都一致认为联邦军应当继续保持防御态势。李最可能在哪里发起进攻呢？米德推想敌人已经在侧翼尝试过了，有可能选择进攻中部战线，他果然料敌如神，李计划先大规模炮击然后攻击鱼钩的中部。突击部队有13000人，配置在1英里长的战线上，李再次把进攻的任务交给朗斯特里特，而他仍反对这位上司的计划。但是，这位南方的统帅挥手让他的部下走开。"敌人就在那里，朗斯特里特将军，"李遥指着公墓岭说道，"我要揍他们。"

李的计划像伯恩赛德的一样异想天开。它导致了另一件胜负颠倒的弗雷德里克斯堡。震天的炮火打破了下午1时酷热的寂静并一直持续了将近两个小时，然后同盟军部队从塞米纳里山岭的丛林中走出来，像在阅兵场上一样昂首阔步地前进。这次进攻被称作"皮克特冲锋"，是得名于乔治·皮克特，他指挥着三个进攻师中规模最大的一个。他以勇敢精神来对抗对手的火力。40分钟就决定了胜负。北方的炮群向着暴露无遗的队列雨点般地倾泻着葡萄弹和榴霰弹。联邦步兵不停地进行射击，而来自侧翼的猛烈火力也吞噬着这支纵队。阵阵炽热的弹雨将进攻纵队打得七零八落，造成了50%的伤亡。

"这都是我的错。"李向幸存者说道，并督促他们重整旗鼓以防米德反攻。北弗吉尼亚军团在几小时之内又重新集结起来，但米德并没有离开他的战线。就像安提坦战役之后一样，李在阵地上坚守了一天后撤退。战役伤亡人数占他整个部队的三分之一，还有数以千计的人在撤退时掉队。

这年秋天，北军的乔治·米德在东部与李打了几个小仗，然后撤了兵，双方的部队各自回到自己的营地，开始了战场的"冬眠"。

罗伯特·李向南方总统提出了辞呈，说葛底斯堡之役是由于自己犯了 10 个错误，这些错误是他指挥不当，但总统拒绝了他辞职。

双方对峙

李在葛底斯堡之战后，率军转入防御，而联邦军则积极训练，准备进攻。

1864 年 5 月 3 日晚上，波托马克集团的 12.7 万名官兵整队集合，穿着正式军服阅兵。一个团挨着一个团、一个炮兵连接着一个炮兵连地排列开来。军号吹响，战鼓齐鸣。然后部队在一片肃静中聆听进军的命令，这天夜里，当部队在销毁不想带往南方的东西时，点起了数千堆火。

李将军与他的军官们站在克拉克山上，拉皮丹河的好长一段都在他们的视野之内，他指点着远方说，格兰特将渡过伊利河和杰曼纳河这两条浅水河，也就是说要取道莽原——波托马克集团军会遇到许多困难。不过他推断，此次进军，格兰特头上顶着西部战场得来的桂冠，他的自信会使他采取一条直截了当、不要策略的路线，走莽原。

整整一夜，部队和装备越过浮桥，走上进入南边树林的羊肠小道——几英里长的步兵行军行列，后面是几英里长的车队，古弗诺尔·沃伦少将指挥第 5 军，他的行动太迟缓、太小心，所以到第二天晚上，他部队的前锋还没有穿过莽原。在他后面，第 6 军被阻塞在狭路上。

随着夜晚的降临，莽原中枪声渐稀，到了天黑时就完全沉寂了。在冒着烟的树林中，伤员的喊叫声和呻吟声让人毛骨悚然，精疲力竭的士兵们睡得人事不知，双方的伤亡率都高得惊人。格兰特告诉米德，他要发动一场全面进攻，让部队冲到开阔地去。他说，进攻应在 5 点钟发起，在对面一英里开外，李也下令南军在同一个时辰发动进攻。

凌晨，双方同时向对方发起攻击。

这时，北军开始显示出自己的力量，眼看南方军阵地就要被攻破。

这时，李身后传来喊声，他一转身，看见了朗斯特里特的先头部队即得克萨斯第 1 与第 4 步兵团。

"得克萨斯万岁！"李喊道，摘下帽子，在头顶上挥舞，"得克萨斯万岁！"

800 来名士兵跑上前来排成战斗队形。"冲啊！"他喊，部队开始出击。两个团队之间有一道缝隙，罗伯特·李骑着"旅行家"插了进去，他面孔通红，眼睛中闪烁着战斗的光芒。他成了一头猛虎。

朗斯特里特此刻冷静地指挥着他的部队进入阵地。战斗非常激烈，被子弹削断的树枝下雨般落在士兵们头上。南方军向躲在木料和土堆后面开火的联邦军发动进攻。伤亡率高极了。这天朗斯特里特的前锋部队有一半人倒了下去，但是中午时分，联邦军左翼出现了混乱。

正在这时，朗斯特里特受重伤倒下了。

人们把他抬到后方，没有了他的指挥，进攻停顿下来。

黑夜降临。双方都做出不准备采取军事行动的样子，但是在静止不动的士兵与目光穿不透的树木后面，格兰特指挥部队起程了，一路上尘土飞扬，战士们都不知道开往何处。

他们来到了斯波奇尔韦尼亚，发现李正在严阵以待。

当联邦军的前锋到达目的地时，杰布·斯图尔特的骑兵正等在那里，挡住了去路。骑兵撤下来了，卧在地上的南军步兵忽然站起身开了火。斯波奇尔韦尼亚之战开始了。

两军从各自的工事里对打了两天，鏖战声远远大于从莽原里传来的枪炮声，因为在斯波奇尔韦尼亚的开阔地上，炮火可以大显身手。这个战役的伤亡之大是史无前例的。

格兰特在斯波奇尔韦尼亚骑马巡视前沿，发现了一个薄弱之处，南方军的胸墙突出了一个 1 英里长的半圆形。南方军称其为"骡蹄"，可以从两侧和正面同时向它发起进攻，如果能把它拿下来，南方军阵地就被攻破了。

格兰特向南方军的右翼发动佯攻。李中了计，以为主攻之处在此，便把"骡蹄"处的大炮调去对付他所认为的强攻。

接下去的几天，联邦军对南方军的前沿进行骚扰，因为格兰特要找出一个薄弱点。

李也对北方军作了试探袭击，声称一定要狠狠地给格兰特一下。

后来，波托马克集团军要发起进攻，格兰特没有同意，并下令放弃斯波奇尔韦尼亚，再次向左移动，挥师向东又向南，来到北安娜河。当格兰特的部队在沿河北岸摆开阵势时，李的部队也在南岸展开了。

夜幕降临了，格兰特的两翼都到了河两岸，向前推进。于是李灵机一动，就以他的危险处境给敌人造成了一个错觉。他占据了河上的一个渡口，把它作为三角的顶点，让自己的两翼向后退去，形成一个颠倒过来的 V 字形。这样一来他的两翼便可以遥相呼应，而格兰特的部队则被完全分割开了。

双方剑拔弩张，互相对峙。但没有真正交锋。李已经挑战，而格兰特却不接受挑战，双方形成了僵局。

格兰特再次闪向左边，他的部队首尾绵延了好几英里。"李去哪儿你也去哪儿，"他曾这样吩咐乔治·米德，但是现在李却去求助于米德了，他在格兰特东进的部队内部运动。李到达一个叫作科尔德的小镇后，立即筑起胸墙等待联邦军。

格兰特看了李的工事和战壕，如果在科尔德港这地方能把李打败，那么战争就算结束了。如果放过这个机会，那么李就会退守里士满周围 7 个山头的工事之中。这将意味着他们要围困夏季的沼泽地。格兰特想到长期的围困将会使自己水土不服的军队染上可怕的疟疾，他决定打一场歼灭战，最难走的路往往最近，他下令进攻。

6 月 3 日凌晨 4 时半，联邦军主力向南方军工事发起进攻。他们并不想悄悄行动，也不想从侧翼包抄，而是全力突破李的阵地。

联邦军逼上来时，南方军列队站在工事后面，把上了膛的步枪传到前面士兵的手里，射手们简直是弹无虚发地向蓝色军队开枪。这是弗雷德里克斯堡之战的重演。

这场战斗持续了20分钟,后来联邦部队称其为"屠宰场中的杀戮"。伤亡10000人,平均每分钟500人,每秒钟8人。南方军的伤亡仅是这个数字的十分之一。然后战斗结束了。

6月12日夜联邦军在格兰特的指挥下,渡过了詹姆斯河,飞兵进逼里士满以南25英里处的彼得斯堡。他们的目的是切断首都与南方军其余地区的联系。

北方军在对守卫在这里的南方军进行试探性进攻后,发起全面进攻。守将急忙向李求援。然而,北方军在攻陷了南方军前沿阵地后不知为什么停止了攻击。

这时,李火速挥师援救。联邦军坐失良机。当他们发起进攻时,没有表现出在科尔德港时的那种锐气,南方军守住了阵地。

接着,李命令厄尔利率部向北方军首都进攻。

7月11日,厄尔利兵抵联邦首都郊区,拿下了马里兰州的银泉镇,掠夺物品,焚烧房屋。通往华盛顿市内的道路打通了。

格兰特得到消息,立即命令第6军回师首都。他们轻而易举地赶走了厄尔利。

被迫投降

格兰特在弗吉尼亚州阿波马托克斯河与詹姆斯河的汇合处锡蒂波因特(现为霍普韦尔)安营扎寨。

时值酷暑,天气炎热,尘土飞扬,加上疟疾流行,许多士兵死在战壕里。

北方军一名士兵向格兰特建议:"如果能在地底下挖通一条地道,就可以把南方军的堡垒炸掉。"格兰特觉得可行就同意了。矿工出身的士兵们挖了几个星期,挖出一条150米长的地道,尽头处是个十字巷,正好在南方军阵地的下面,填进去将近4吨的黑色火药,足以掀掉一座大山。

1864年7月30日凌晨,导火索点着了。爆炸如火山爆发般猛烈,立刻炸出一个巨大的弹坑。数百名南方军丧了命,炸碎的石头、泥土飞出几条街那么远。李的防线被突破了,通往彼得斯堡的道路打通了。

1865年1月李任南方军总司令。当1865年的战役开始时,北方军斗志昂扬。联邦军已控制了谢南多亚,谢尔曼正向海边进军,再次将南方同盟一分为二,而且南军的两大主力野战军团中已有一个全军覆灭了。此外,在1月份,联邦军夺取了开普菲尔河上的菲希尔堡,控制了威尔明顿,这是南方同盟军最后一个走私港。苟延残喘的南方同盟军的全部剩余部队就是在里士满——彼得斯堡工事中死守的李军团和约翰斯顿的北卡罗来纳州率领的一支小部队。约翰斯顿已被再度召回。

在南方军阵地上,士兵们衣衫褴褛,拿不到薪饷,忍饥受冻。他们以玉米面的面包为食,偶尔吃到点儿咸猪肉,饥馑已经开始了。

整个冬季,格兰特未发动大的进攻,而任凭疾病和逃亡削弱李的部队。李唯一的希

望是能与约翰斯顿会师。因为如能合兵一处，或许有可能打退谢尔曼，然后再回头对付格兰特。

为使格兰特收缩其左翼，从此处打开一条生路，李在3月2日对处于联邦军中心的斯台德曼堡发起攻击。李先获小胜，随后便一败涂地。

格兰特掌握了主动权，在李最靠后翼的五岔口集结了谢里登的骑兵和43000名步兵来对付11000名同盟军士兵。4月1日，联邦军打垮了南方军。

4月2日，格兰特下令进攻彼得斯堡防线，越过了同盟军的堑壕工事。当天夜间，李向西撤退，谢里登的骑兵和步兵两个军穷追不舍。

里士满一片惊慌。装满细软的货车隆隆地驶过街道。人们跑来跑去，只要能搭上出城的车出多少钱都行。火车挤得满满的，船只也是一样。政府工作人员在烧毁文件，火堆上升起团团的浓烟。

薄暮冥冥，司令官手持"旅行家"的缰绳屹立在横跨阿波马托克斯河的桥上，彼得斯堡南方军的最后一批守军正排成纵队从他身边走过去。这时里士满已经挤满了从战壕中撤下来的人。在彼得斯堡，弹药库爆炸了，大地颤抖，天空都被照亮了。他跨上马，徐徐地在黑暗中前进，部队在他身边同行，就像是漫长的严冬之后的一群活骷髅。

军乐队在空荡荡的战壕中奏着乐，以掩盖部队撤退的声音。里士满每一家都把所有的灯点亮了，因为人们都在清理值钱的东西，或者是埋起来，或者是带在身边去逃跑。士兵们把一桶桶的火药搬到停泊在河边的9艘炮舰上，并且准备在部队撤离后烧毁铁路上的桥梁。整整一夜，士兵们川流不息地从战壕里涌出来，向西开拔。

4月3日凌晨，当联邦军准备向如今已经空荡荡的阵地发起全线进攻时，最后一批南方军的士兵越过了詹姆斯河。最后一辆货车也跟在部队后面过了河。这时候负责善后工作的军需官们宣布说，政府仓库里的东西可以随便拿。人们一哄而上去抢肉类、粮食、糖、面粉——政府的一切东西，除了已经护送走的价值50万美元的黄金。

破晓之前，炮舰上的导火索一个个地点燃了火药桶，浪花飞溅，炮舰化为碎屑，冲击波震碎了离河两英里的房屋的玻璃窗。灰烬随风飘落，引起烧掉全城三分之一的大火。里士满烧起来了，醉醺醺的抢劫者走街串巷，撬开商店和民房。军队在行军，在它后面，南方军的首都遭受着浩劫。

不久，联邦军穿过冒烟的废墟来到里士满的大街上，其中包括一支黑人骑兵部队，战刀出鞘，高唱军歌，并发出了一道声明："戈弗雷·韦策少将特此宣布，格兰特麾下的美利坚合众国军占领了里士满城。"

在华盛顿，为攻克彼得斯堡鸣放了300响礼炮，为攻克里士满鸣放了500响礼炮，炮声持续了几小时。

在西面，格兰特追赶着李。

李加快速度，朝40英里外的阿美利亚考特豪斯前进，满载着给养的火车已受命开到该处。李带着30000名饥肠辘辘的士兵来到阿美利亚考特豪斯，在那里等待他们的是成箱的弹药——没有任何吃的。装了食品的列车错开到了现已落入联邦军之手的里士满。

这时,格兰特的部队已经紧随李之后,谢里登的部队已赶在李的部队之前,堵住了李从阿美利亚考特豪斯西行的退路。

4月7日,尤利塞斯·格兰特走上法姆维尔一家旅馆的台阶,给李将军写了一封短信:

将军:

上星期战斗的结果一定已经使你明白,继续抵抗是徒劳无益的。我认为情形就是这样,同时我还认为我有义务使自己免于承担继续流血的责任,因此我要求你率领号称北弗吉尼亚集团军的南部邦联军投降。

顺致敬意,你忠实的仆人

U.S.格兰特

这封信放在一面白旗下送到了李的手中。这天晚上,李看过信,默默地把它递给皮特·朗斯特里特。"还没到这种地步。"朗斯特里特说。

李在回信中写道:

尽管我不敢苟同你所说的北弗吉尼亚集团军继续抵抗是徒劳无益的见解,但是我赞同你那避免继续流血的愿望,我特此请你提出我军投降的条件。

4月8日,格兰特收到李的信后,再次回信告诉李,为了和平,建议他们举行一次会晤。

于是,李无奈地打着白旗来到格兰特的驻地,与格兰特会晤。

李首先挑明题旨,要格兰特提出接受投降的条件。

格兰特说:"就是在我昨天信中明确讲明的条件——你的官兵将凭誓获释,不得重新拿起武器。全部武器、弹药、给养都要作为被缴获的物品而交出。"

"这正是我盼望你提出的条件",李说,因为这样就不会有押着成排俘房作胜利游行的情况,也不会有绞刑。

会谈结束,李在受降文件上签了字,双方交换文件。

4月9日,罗伯特·李率残部28000人在弗吉尼亚境内的阿波马托克斯镇向北方军投降。在这之前,他起草了最后一份给战士们的文告:

经过了4年勇敢刚毅的艰苦战斗以后,北弗吉尼亚集团军在寡不敌众的情况下现将投降。

我无需对这些身经无数次恶战、始终坚贞如一的勇敢幸存者说,我同意这样做并不是因为信任你们,只是因为感到英勇和忠诚是无法补偿继续战斗所招致的损失,所以我决定避免无谓的牺牲。

我永远敬佩你们对自己国家的坚贞和忠诚,永远铭记你们对我本人的宽宏大量,我在此向你们全体深情地道别。

李将军留在阿波马托克斯,直到最后一批南部邦联军凭誓获释,最后一面军旗献出,最后一支滑膛枪摞在武器堆上由征服者运走。

几个月后,李出任华盛顿学院(现在的华盛顿与李大学)院长。当时,该院规模很小,

只有 4 名教授,95 名学生(其中 94 名来自弗吉尼亚),几乎濒临倒闭。在李的指导下,华盛顿学院在全国率先实行选修课制度,鼓励学生学习如何设计,如何研制复合化肥,如何重建铁路和运河,并为工厂设计图纸。

李任院长两年后,招生规模已扩大到 410 人(来自 26 个州)。在他的任期内,华盛顿学院增设了 10 个系,着重强调科学技术和现代语言,此外,还准备建立商学院、农学院、新闻学院和法学院。甚至在哈佛和约翰·霍普金斯这样的大学在高等教育中重视科研之前,华盛顿学院就已开始了公共福利等课题研究,并为研究人员提供研究基金了。几年的时间,李已被公认为美国一流的教育家,而不再提及他过去的军旅生涯。

1870 年 10 月 12 日,罗伯特·李在弗吉尼亚州莱克星顿市去世,终年 63 岁。

制敌护国运良谋

——马歇尔

人物档案

简　　历:美国军事家、政治家、外交家,陆军五星上将。第一次世界大战期间,马歇尔没有直接指挥过作战行动,而是参与制定作战计划;二战期间先后参加了华盛顿会议、伦敦会议、卡萨布兰卡会议、魁北克会议、开罗会议、德黑兰会议、马耳他会议、雅尔塔会议和波茨坦会议;1945年12月作为总统特使来到中国;1947年,担任美国国务卿,同年提出"欧洲复兴计划";1950年9月出任国防部长;1953年12月被授予"诺贝尔和平奖"。1959年逝世。

生卒年月:1880年12月31日～1959年10月16日。

安葬之地:阿灵顿公墓。

性格特征:善于把握全局,整体筹谋制胜先机,拘谨、矜持。

历史功过:任本宁堡步兵学校副校长期间,在本宁堡的教官和学员中,有160人受到马歇尔的赏识,他们在第二次世界大战中都成为美国陆军的骨干,其中许多人立下了赫赫战功。这些从步校出来的出类拔萃的将领都把自己日后得以攀上高峰归功于马歇尔。情况表明,马歇尔在训练军官方面所做的工作,对美国后来的军事影响显然是很大的。

名家评点:二战后,杜鲁门在评价马歇尔时说:"他是我们这一时代伟人中的伟人,我衷心地希望,当我跨入另外一个世界,马歇尔能收留我当他的部下,从而我得以努力报答他为我们所做的一切。"

进入军校

1880年12月31日,乔治·卡特利特·马歇尔出生在美国宾夕法尼亚州尤尼恩敦的一个煤炭商人家庭。他是家中最小的孩子,上面有一个哥哥和一个姐姐。老马歇尔是一

家焦炭熔炉公司的董事长，在宾夕法尼亚拥有煤矿。

马歇尔幼年时期调皮但并不聪颖，学习不好，考试总是最后一名。他后来承认，9岁时他便认定自己注定是"全班的劣等生"。父亲对他很失望，常用柳条鞭管教他。父亲的"棍棒教育"、哥哥姐姐和同伴的冷嘲热讽，可说是家常便饭，但这也未能使他的学习成绩好起来。

马歇尔在少年时代就立志要当一名军人。老马歇尔对军队情有独钟，也希望儿子能成为军官。聪明的长子似乎可以实现父亲的梦想，他以优异成绩考进著名的弗吉尼亚军校，但他志趣不在军队，毕业后却改行到一家钢铁厂当了化学师。父亲只好将希望寄托在小儿子身上，但小儿子平时不成器，这么愚钝的孩子能考上一所像样的军校吗？父亲似乎没有信心。

这时，马歇尔雄心勃发，一再要求父母送他到哥哥的母校弗吉尼亚军校。他如此想上军校，并非因为喜欢军队或想穿上军装出出风头，而是因为要胜过他那个自命不凡、百般嘲笑他的哥哥。

1897年9月，16岁的马歇尔进入弗吉尼亚军事学院。他刚入校，便受到老生的"考验"。高年级学员以命令新学员蹲坐刺刀来取乐，老学员让他悬蹲10分钟，正下方固定着一把刺刀。他刚患过伤寒，身虚体弱，没坚持几分钟便坐到刀上，臀部受伤，血流如注。他被抬到医务所急救，但始终未说出受伤的缘由。在这次"刺刀事件"中，马歇尔所表现出来的勇气和沉默，赢得大家的赞许，他受到尊敬，在军校站住了脚。

在校期间，马歇尔认真钻研军事课目（军事课目成绩优异而其他课目成绩一般），正确履行军事职责，严格参加军事训练，重视进行战场考察。一年级结束时当上伍长，两年后升为队长。校内举行的所有重大仪式，他都担任学生指挥。他声如洪钟，面色威严，发号施令极具威慑力。他还是出色的橄榄球运动员。马歇尔曾深有感慨地说：弗吉尼亚军事学院"不但给了我与人相处的日常行动准则，而且还给了我一种军事遗产——荣誉与自我牺牲精神"。

1901年，马歇尔以名列第8的优秀成绩毕业于军事学院。年底进入陆军，次年2月被授予陆军少尉军衔，并被派往菲律宾。临行前他与相爱的美丽姑娘伊丽莎白·卡特·科莱斯结婚。新娘患有心脏病，未能与他同行，留在国内。

这时菲律宾驻有美军3.5万人，维持某种"和平"，战事已缓，年轻的少尉服役两年，没有参加战斗，但经历了丛林环境和疫病的考验。菲律宾服役期间，马歇尔体验到严明纪律和恢复控制的重要性。矜持和拘谨，似乎成了马歇尔的独特风格。

1903年夏，马歇尔回到美国，被派往俄克拉荷马地区的雷诺堡。妻子身体不好，仍不能与他同行。马歇尔在雷诺堡的出色表现受到上级注意。1905年，他奉命领导美国西南部荒漠地区的勘测绘图工作，因工作出色而获得4个月休假。

1906年底，马歇尔被选送到步兵与骑兵学校（次年改为陆军军官进修学校）进修。进修学员都是上尉以上的军官，他是唯一的少尉，一年后他以名列第一的成绩获得继续深造的资格。这时，妻子搬到利文沃思堡与他同住。但是疾病使她无法与丈夫过正常的

夫妻生活,也无法生育。虽然如此,马歇尔与妻子相亲相爱,外人认为他们的婚姻生活完美无缺。

1907年3月,马歇尔晋升为中尉(他称"晋升中尉的时候"是一生中最激动的时刻)。经过一年的努力学习,他被选送到陆军参谋学院学习。1908年,马歇尔毕业留校,担任教官至1910年。1910~1913年,先后担任国民警卫队教官和步兵连长。1913年,出任菲律宾军区美军司令的副官。

1914年,第一次世界大战爆发。此时,马歇尔已在陆军担任军官12年。在美国14个不同的部队驻地服役,两次在菲律宾服役,两次在国民警卫队服役,无论在哪里,他都得到上级夸奖。他肯吃苦,精通兵法,足智多谋,忠诚可靠。但他仍是一个中尉。处于苦恼之中的马歇尔只能向弗吉尼亚军事学院院长致信诉说:"步兵中晋升工作的绝对停滞不动使我做了一俟工商业情况好转即行辞职的暂时打算。"院长爱德华·尼科尔斯复信劝他坚持不懈,并确信马歇尔"将成为陆军最高级的军官之一"。他的上司哈古德将军1916年在有关军官能力的报告中写道:"马歇尔理应在常规军中任准将职,推迟一天任命,军队和国家就遭受一天损失。"

1916年5月,马歇尔调任西部军区司令詹姆斯·贝尔(后为陆军参谋长)的副官。已在陆军服役14年的马歇尔终于晋升为上尉。

任教显才

1917年4月6日美国向德国宣战,站在协约国一边参加了延续三年的第一次世界大战。这时塞伯特将军组建陆军第1步兵师,调任马歇尔任参谋部临时中校衔参谋。第1步兵师在潘兴将军的美国远征军编内,最先在法国登陆。

在法国前线,马歇尔作为师参谋部参谋,他的任务是向师指挥所报告前沿阵地的情况,检查部署及给养状况,维持部队士气。他执行任务一丝不苟,大部分时间是在前沿战壕里。他常常一人徒步巡视阵地。他渐渐习惯了炮火,学会了放开胆子赶路,听到炮弹的呼啸,他会本能地卧倒在泥地上。他也像其他战士一样,最害怕一件事,那就是不知哪颗炮弹会把毒气撒在自己面前。

6月,在美国远征军总司令约翰·潘兴主持的第1步兵师战术演习中,代理参谋长马歇尔(师长和师参谋长均不在)的言行引起了潘兴的注意。1918年7月,马歇尔调任远征军司令部(驻地在肖蒙,所谓"肖蒙帮"即因此得名)参谋,晋升为上校。战争期间,马歇尔没有直接指挥过作战行动,而是参与制订作战计划,对司令部工作实施某些改革,保证指挥官得以实施有效指挥。

1918年11月,第一次世界大战以德国战败而告终。美国远征军总司令潘兴成为美国和欧洲的英雄。马歇尔被调到这位总司令的身边,当他的助手。他陪潘兴在巴黎参加了一系列的庆祝活动。

在巴黎热热闹闹地过了 10 个月,1919 年 9 月 1 日,马歇尔随潘兴将军凯旋。得胜回朝的将士们受到一片热烈的欢迎之后,一切归于平静。

马歇尔调任潘兴的副官,帮助撰写战争回忆录。马歇尔的能力一度引起战时曾在美国陆军任职的某些富商的注意。1919 年,有个富商建议马歇尔去摩根财团任职,许诺最低年薪 2 万美元,遭到马歇尔的拒绝。1920 年,马歇尔失去上校临时军衔,成为年薪仅3000 美元的少校,但仍然留在陆军服役。马歇尔认为军人在军中服役绝不是为了金钱。

1921 年,潘兴将军出任陆军参谋长,马歇尔作为首席助手随他到华盛顿赴任。这次他升了一级,领中校军衔。1923 年潘兴任满离职,马歇尔决定到野战部队任职,以充实自己。

1924 年 7 月,马歇尔调任驻中国天津的美国陆军第 15 步兵团代理团长,稍后改任副团长。在此期间,马歇尔实际主持全团的工作,熟悉和培养了一批有能力的军官。

1927 年,马歇尔返回美国,担任陆军军事学院教官。是年 9 月,他的爱妻伊丽莎白因突发心脏病去世,马歇尔为此痛不欲生。

此后不久,马歇尔调任本宁堡步兵学校副校长的职务,这段时间是他生活中最重要的阶段之一。该校是美国陆军最大的军事学校,坐落在佐治亚州哥伦布市数公里之外。马歇尔就任后负责教学工作,他对教学方法大胆进行改革。主张授课应简明扼要,尽量将复杂的军事问题用三言两语加以概括;演习要力求形象逼真;并调配最富有改革精神和工作能力的军官担任教官和系主任。他对学员要求也很严格,经常督促他们,鼓舞他们,激发他们的热情;注意考察和了解每一个学员,并用"小黑皮本"记下能力突出而有发展前途的军官,后又逐步建立了一个学员档案,把他认为有才华的青年军官都一一记在上面。当时在本宁堡的教官和学员中,有 160 人受到马歇尔的赏识,他们在第二次世界大战中都成为美国陆军的骨干,其中许多人立下了赫赫战功,被晋升为将官,如:布莱德雷(兵器系主任)、史迪威(战术系主任)、柯林斯、霍奇斯、李奇微等。这些从步校出来的出类拔萃的将领都把自己日后得以攀上高峰归功于马歇尔。情况表明,马歇尔在训练军官方面所做的工作,对美国后来的军事影响显然是很大的。

1930 年 10 月,马歇尔同一位教授的女儿凯瑟琳·布朗结为夫妻,他的老上级潘兴将军作了他的男傧相。他们有 3 个儿子和 1 个女儿。

1932 年底,陆军参谋长麦克阿瑟将马歇尔调到斯克雷文堡,任营长,后任莫尔特里堡驻军司令(团长)。1933 年底调任伊利诺伊州国民警卫队的高级教官。此举几乎葬送马歇尔的前程,但马歇尔只能努力工作,耐心地等待时机。正如他所说:"一个真正的将领无论环境如何艰苦,都能够展现才华,转败为胜。"

时机终于来临。1936 年 8 月,马歇尔晋升为准将。9 月,调任第 5 步兵旅旅长。1938年夏,又调任陆军助理参谋长兼作战计划部部长。同年 10 月,马歇尔晋升为陆军副参谋长。随后,总统决定任命马歇尔为陆军参谋长一事,意味着马歇尔将越过比他资深的 20位少将和 4 位准将而获得晋升。

1939 年 9 月 1 日,罗斯福总统任命马歇尔为陆军参谋长,正式授予他少将军衔,并暂

领上将军衔。他上任的第 3 天,9 月 3 日,第二次世界大战爆发。

二战备战

1939 年 9 月 1 日,德国——波兰战争爆发。也就在此时,马歇尔在陆军部宣誓接受少将军衔、暂领上将军衔,并就任陆军参谋长,成为美国历史上第二位没有进过西点军校而担任陆军参谋长的将军。

第二次世界大战爆发后,美国没有马上参战。美国国内有人主张全力避免战争,有人主张积极参战。马歇尔认为,无论愿意与否,美国必然要卷入战争。他作为陆军参谋长,积极备战责无旁贷。他支持罗斯福总统的援英战略,认为英国人是在为美国赢得准备时间。

1939 年秋天,马歇尔这位新任参谋长所面临的形势十分严峻。当时美国军队在世界武装力量中排名第 17 位,正规军的兵力仅有 19 万人,许多军官缺乏正规训练。由于装备较差,兵力不足,导致防卫力量甚至低于和平时期的水平。马歇尔深感需要更多的兵力、更严格的训练和更先进的装备,以保卫美国,防止敌人入侵。

马歇尔开始从事战争的准备。

作为陆军参谋长,马歇尔除了不定期地会见总统、内阁成员、陆军部长和副部长,以及负责生产、分配和经济政策的委员会成员以及他的部下以外,他还定期参加制定军事政策的例会。他是总统委员会的成员,且是常设联络委员会的成员。

为使美国陆军足以应付未来战争,马歇尔曾经组织采取如下措施:组织拟制重整军备计划,争取获得国会的同意;组建装甲部队,提高陆军机动作战的能力;加强各军种联合作战训练,提高部队协同作战的能力;晋升有指挥能力的军官,将年老体弱和军事思想落后的军官解职退役;提高陆军航空兵的地位(让陆军航空兵司令兼任陆军副参谋长),组织拟制对英援助计划并根据总统命令付诸实施;组织拟制战时陆军的人力、物资和作战计划(统称"胜利计划")。总之,这时美国已着手积极加强陆军的战备工作。

面对这些艰巨的任务,马歇尔起用了一些高效的管理人才,协助他处理大量的日常工作。马歇尔对部下要求非常严格、态度严厉。军官们被叫到将军的办公室汇报工作,一定要按规定的时间到达,他不能容忍夸夸其谈,总是不客气地打断冗长空洞的谈话。他坚持要求他的助手善于言辞,这令那些笨嘴拙舌的人和讲话前无所准备的人感到惴惴不安。最了解他的部下们对他常常是既爱慕,又敬畏。

1940 年 7 月,美国陆军总司令部在华盛顿成立,马歇尔出任陆军总司令。后来因为美国实施两洋作战而陆军总司令部不便指挥,陆军总司令部于 1942 年 3 月撤销。尽管如此,马歇尔仍然是事实上的陆军总司令。

1941 年 11 月下旬,马歇尔前往北卡罗来纳州视察军事演习,但由此却耽误了对有关日本准备发动太平洋战争情报的及时处置。12 月 26 日,美陆军情报部截获了有关日本向美国宣战的重要情报,也因马歇尔过分刻板的作息制度和陆军无线电通讯故障等原因

未能及时处置。

1941年12月7日（星期日），日本海军偷袭珍珠港，使美国陆军和海军遭受重大损失。紧接着，菲律宾、关岛、威克岛美军均遭到日军进攻。

面对重创

日本袭击珍珠港后，太平洋战争爆发，美国终于卷入战争。珍珠港事件使许多军队领导人受到处分，但对马歇尔的职位未造成影响。他受到质询和责难，但没人想到要撤换他，也不再有人对他主张美国参战的设想表示异议。

为了适应战争的需要，马歇尔加强了对军队的整顿。他提出一长串应当退役的军官的名单。这些军官并非无能，而是因为年事已高，思想大多囿于第一次世界大战的经验，甚至有人还用美西战争时期的方式思考问题。马歇尔认为应该是吐故纳新的时候了。他自己也提出要辞去职务，因为他与被自己开革的大多数军官是同代人。他向总统明确表示，自己这个61岁的老人理应让位给后来人，他们能更好地应付美国面临的挑战。总统批准了马歇尔所列的退伍军官的名单，但坚决留住了马歇尔。

马歇尔需要精力充沛、年富力强的军官填补空缺。这时马歇尔的那个档案发挥了作用。档案里又添了一些新名字，其中有年轻的上校艾森豪威尔。他在路易斯安那州的模拟战中是第3军参谋长，曾展现出卓越的策划才能，大挫对手的锐气。第3军军长克鲁格称他"目光远大，不拘陈规，对于军一级指挥问题的重要性具有深刻了解，积极主动，足智多谋"。由于艾森豪威尔表现出色，克鲁格建议给他晋级。马歇尔观看了路易斯安那州的演习，对艾森豪威尔印象至深。回华盛顿后，他立即保荐艾森豪威尔升任准将，并将他调到自己的作战处任副处长。

巴顿在马歇尔的档案上也榜上有名。马歇尔对他的评语是："乔治带兵所向无敌，无往不胜。但要紧紧勒住他的笼头。"1941年马歇尔让他指挥了一个装甲军团。后来巴顿带兵打仗，屡立战功。

为了战场的需要，马歇尔积极想方设法，调兵遣将。

1941年英国首相丘吉尔向罗斯福总统建议在年底之前举行一次会议，以确定盟国的政策。于是在该年12月22日~1942年1月14日英美两国领导人聚集到了华盛顿，举行了"阿卡迪亚"会议。会上马歇尔代表美国军方淋漓尽致地发挥了自己杰出的协调组织能力。他力主美英军队实行统一指挥，并最终说服丘吉尔接受了这一建议，双方达成了以下协议：在华盛顿设立美英联合参谋长会议；在太平洋地区设美英荷澳联合司令部；组建中国战区并设中缅印战区美军司令部，重申盟国战略为"欧洲第一"。

1942年2月，由美国陆军参谋长、海军作战部长、陆军航空队司令和总统参谋长等人组成的美军最高指挥机构——参谋长联席会议正式设立。由于总统参谋长威廉·李海只是会议召集人以及陆军在现代合成军队中占有的特殊重要的地位，马歇尔实际上扮演

了主席或总参谋长的角色。在美英联合参谋长会议中，马歇尔也以其良好的军事素质和严谨的工作作风赢得了英国同行的钦佩。

马歇尔一直坚持认为德国是主要的敌人，打败德国是取胜的关键。因此策划和推动第二战场(欧洲)的开辟，是马歇尔这一段时间内所担负的主要工作。1942 年初，马歇尔向罗斯福总统提交了关于欧洲大陆进攻计划，建议集中建立一支拥有 5800 架飞机、48 个师和其他必要装备的联合部队，于 1943 年 4 月 1 日实施欧洲攻势。欧洲大陆进攻计划具有明显的优点：即如果苏联战场崩溃，盟军即可发动牺牲性进攻；如果德军几乎全部被苏联牵制或德军力量遭到削弱，美英盟军即可及时向欧洲大陆推进；同时在西欧发起攻击，会给苏联战场以最大支持，加速德、意法西斯的灭亡，马歇尔这一计划得到了罗斯福总统的批准。

1942 年 4 月 8 日，马歇尔和总统的亲密顾问霍普金斯抵达伦敦，开始与英方磋商欧洲大陆进攻计划。丘吉尔等人表面赞同该项计划，实际上则顽固地支持所谓间接路线战略，主张登陆北非，而这样就势必影响甚至破坏为进攻西欧而进行的兵力集中。在各次盟国首脑会议或军事会议上，马歇尔均极力主张实施西欧登陆作战、开辟欧洲第二战场。但是，由于英国的反对、罗斯福的妥协以及军事形势的变化，马歇尔只得同意实施北非战役，通过进攻西西里岛而迫使意大利退出战争。直到 1944 年 6 月，盟军才开辟欧洲第二战场。

1942 年 3 月，马歇尔和陆军部长史汀生将美国陆军改组为陆军地面部队、陆军航空部队和陆军后勤部队。1942 年 6 月，马歇尔先后参加华盛顿会议和伦敦会议。会议决定实施"火炬"作战计划，推迟"围歼"计划。

马歇尔为这次代号"火炬"的战役进行了积极准备。他指派艾森豪威尔将军出任盟国北非远征军总司令，全权指挥这次战役。他与艾森豪威尔商量，选中乔治·巴顿指挥美军特遣队在卡萨布兰卡附近登陆。同时，他还把奥马尔·布莱德雷推荐给艾森豪威尔。

沉默寡言的布莱德雷很快便证明他是美军有史以来最富才干的将领之一。他曾是艾森豪威尔的同班同学，在本宁堡当过马歇尔的下属。马歇尔极其赞赏布莱德雷的指挥才能，曾打定主意，一旦美军发动大规模战役，即委以重任。后来艾森豪威尔很快就将第 2 军交给了布莱德雷。再以后布莱德雷指挥了越来越多的军队，为打败法西斯德国立下赫赫战功。

英美联军按期于 11 月 8 日开始实施"火炬"登陆作战计划，登陆成功。经 5 个月的激战，盟军于 1943 年 4 月 9 日集中优势兵力发起总攻。英军第 8 集团军自南向北进行突击，美英联军自西向东发动进攻，经过 18 天的战斗，于 5 月 7 日分别攻占了突尼斯城和比塞大港。被挤压在这一地域的 25 万德意军队走投无路，于 5 月 13 日投降。至此，德意在北非的部队全部被肃清，非洲战场的战事以美英的最后胜利而结束。

拒绝荣名

英美联军在北非登陆之后，两国便开始考虑下一个主要战略行动方向。

1943年1月14~24日，罗斯福与丘吉尔率两国军事首脑在卡萨布兰卡举行会议。马歇尔将军参加了这次会议。会上，他极力主张横渡英吉利海峡，从法国北部攻入欧洲大陆。丘吉尔不同意。会议未能就此做出决定，实际是将进攻西欧的计划推迟实施。会议最后决定实施攻占西西里"赫斯基"计划（7月），加速"围歼"计划的准备工作，扩大对德国的战略轰炸范围。

5月，马歇尔参加华盛顿会议。这次会议决定，在1944年4月以前，继续扩大对德国的战略轰炸，在英国集结29个师，彻底打败意大利；增加对中国的空运物资，打通滇缅公路；把日军驱逐出阿留申、马绍尔、加罗林、所罗门、俾斯麦等群岛和新几内亚。

1943年7月10日，盟军在西西里岛登陆，8月中旬占领全岛，随即向意大利本土进军，很快进逼罗马，在纳粹控制的欧洲取得立足点。但是盟国决策者和一般公众在想到光复欧洲时，并不是把目光放在地中海地区，而着眼于法国、荷兰、比利时等国，以及德国本身。大家都知道，只有英美联军横渡英吉利海峡，在法国登陆后，导向最后胜利的大反攻才算真正开始。也正是基于这一认识，马歇尔一直主张排除对其他因素的考虑，尽可能早地渡海登陆西欧作战，全力消灭德军。

8月和11月，马歇尔又连续两次参加会议，讨论盟军的军事战略计划。8月的魁北克会议决定，9月进攻意大利并迫其投降，使之成为盟军从法国南北协同进攻的跳板，夺取吉尔伯特群岛和马绍尔群岛，向新几内亚进军并孤立腊包尔，组建东南亚盟军司令部以收复缅甸，打通滇缅公路。这次会议不同意让马歇尔出任将来进攻欧洲的盟军最高司令。11月的开罗会议和德黑兰会议决定，实施"霸王"和"铁砧"计划为盟军首要任务，西南太平洋盟军应于次年10月抵达菲律宾，中太平洋盟军必须攻占马绍尔群岛和马里亚纳群岛，推迟缅甸战役。

根据有关规定，马歇尔的任职期到1943年9月1日便告结束。但是，1943年8月，罗斯福从魁北克返回美国后，却宣布无限期地延长马歇尔的陆军参谋长任期。

1943年12月，罗斯福、丘吉尔和斯大林在德黑兰会议上最终商定，于1944年5月由美英军队在法国北部诺曼底地区登陆。这次登陆战役的代号定为"霸王"。

人们普遍认为，指挥"霸王"战役的盟军最高司令一职非马歇尔莫属。马歇尔将军已是众望所归的人。此际，美国陆军的步兵和航空队同时活跃在世界的六大战场，战线极长，但是由于马歇尔在华盛顿指挥得力，对各路人马的状况、需求、配备和军务缓急了如指掌，应付自如，协调有致，为美军的不断胜利创造了良好条件。

为表彰马歇尔的功绩，美国众议院和罗斯福总统曾打算特设陆军元帅一衔授予他，但是马歇尔拒绝了。他努力实干，不务虚名，此举博得许多人喝彩。

1943年秋，同盟国首脑在魁北克会议上一致同意让马歇尔出任将来进攻欧洲的盟军最高司令。当然作为军人的马歇尔也非常希望自己能够在战场上指挥千军万马，成为盟军的最高司令。

罗斯福让马歇尔指挥欧洲战役的决心本是十分坚定的。他在给潘兴将军的一封信中说："我们准备让他指挥的是这次战争中最大的作战行动。我认为他将担负的乃是欧

洲战场的全部指挥行动，而不仅仅关系到某一地区。此外，英国三军参谋部将同他就一切事宜进行磋商。再者，我认为如果不给乔治一个亲临前线统兵作战的机会就太不公平了……我所能做出的最好的解释是，我想让乔治成为第二次世界大战的潘兴……"

然而，罗斯福总统最后同意了潘兴将军的看法。这位身卧病榻的老将在信中说："……我们在打着一场全球性战争，离结束之日尚远，因此要由最成熟的军官担任参谋长一职，以便明智地把握战略方向。明达的军界人士一致认为，马歇尔将军正是这样一位军官。而假若把他调往某个地区作战，则无论这个战场看上去如何重要，都将使我们因为失去这样一位深谙战略、任何其他人都无法同他相比的参谋长，而蒙受损失……"

为此，罗斯福在 1943 年底，决定任命艾森豪威尔为盟军欧洲最高司令，指挥"霸王"战役。事先，罗斯福征求了马歇尔的意见。尽管马歇尔内心深感遗憾，但是他认为这应该是总统决定的事情。他没有利用自己的权力和各种机会为自己做任何活动。可以说是他自愿放弃了他的永久抱负，把最高司令的职务交给了艾森豪威尔，并一如既往地支持艾森豪威尔。

1944 年 1 月 3 日，马歇尔被选为美国《时代》杂志的封面人物。

措置有方

马歇尔作为美陆军参谋长，既需协调解决美军多军种之间以及政府与军队之间的一些问题，又需协调妥善处理好美军与盟国军队的关系，工作比较繁杂，但他能通观全局，处置适度，因而颇获好评。

马歇尔清楚看到，在抗击德国和日本法西斯的战争中，美军并非孤军奋战，他必须倚重、倚靠甚至倚赖友军，才能取得最后的胜利。在欧洲战场上，他始终要求艾森豪威尔遵循他的指示，打败德军，赢得胜利，同友军保持良好的关系。1944 年 6 月 6 日，美英军队在诺曼底登陆后，美军将领认为英军最高指挥官蒙哥马利一心想唱主角，因而对他十分不满，双方矛盾重重。马歇尔不断提醒盟国欧洲远征军最高司令艾森豪威尔说，将军们都容易变得"虚荣自负"，绝不要忘记，"蒙哥马利可说是英国唯一的英雄"，可不要和他找麻烦。

在欧战的最后阶段，一些美军将领要求抢在苏军之前攻占柏林，丘吉尔和蒙哥马利也坚决反对放弃柏林，认为这等于西方把宣传上的一个大胜利白白丢掉了。但是马歇尔顶住了这股压力，在他看来，放弃柏林是正确的军事决策，不能忘记苏联还是西方的盟友。

1944 年 12 月，马歇尔获得了新设的美军最高军衔五星上将。

1945 年 2 月，马歇尔先后参加了马耳他会议和雅尔塔会议，会议通过了艾森豪威尔提出的战胜德国的计划，并批准了这一作战计划，还要求太平洋盟军攻占硫磺岛与冲绳岛。

1945 年，罗斯福总统去世后，对战争形势所知甚少的杜鲁门继任美国总统，马歇尔的责任显然得到进一步增加。

1945年5月8日，纳粹德国终于被打败了，德军向盟军和苏军无条件投降。这时马歇尔已快满65周岁。他虽然体力尚好，但心力却不济了。战争几乎绞尽了他的脑汁。他的烦恼和忧虑也有增无减。他一心想卸下参谋长的重任。

但是，对日战争还没有结束，马歇尔还不能休息。7月，马歇尔又参加了波茨坦会议，这次会议决定英国增加对日作战兵力，苏联对日作战，美国则向日本投掷原子弹，结束亚洲战事。

8月，在中国、美国、苏联和其他各国的共同打击下，日本被彻底打败了。8月15日，日本天皇在电台上亲自宣读了《停战诏书》，宣布无条件投降。美军占领了日本。9月2日，在停泊于东京湾的美国"密苏里"号战列舰上举行了日本投降签字的仪式。

第二次世界大战结束了。

这年夏天英国首相丘吉尔给马歇尔写了一封信，对他在这场战争中所做的贡献给予了高度赞扬："……你不仅创建了野战大军及辅助部队，还造就了大批指挥人才，他们驾驭现代化兵种和军团的庞大有机体，迂回转战，以无比的速度调遣运动，几乎是哪里需要，哪里就涌现出这样的指挥官……这些年来，你的勇气和精力在我心中激起的尊敬和敬仰正与日俱增，你的所作所为对于与你共患难的同志，真是一种绝大的安慰。"

1945年8月20日，马歇尔给杜鲁门总统写信要求卸任："现在战争已经结束，军队正积极复员，有关削减军备生产的重大军事决策已经做出，战后军事计划也进入相当深入的阶段，现在我觉得，我可以心安理得地要求辞去参谋长这个职务了。"马歇尔信中还写道："我在陆军部服务7年有余，其中6年任参谋长，深知任务之艰辛繁重，如能获得解脱，则幸甚矣。"最后马歇尔提名艾森豪威尔继任参谋长。

杜鲁门总统考虑了一些时候，终于接受了马歇尔的辞呈，但要求他干到秋天。

退出军界

1945年11月，总统在白宫为马歇尔举行了告别仪式，在他佩戴的军功章旁边添上一簇橡树叶章。总统亲自宣读了嘉奖令。他在评价马歇尔时说："在这场就规模和恐怖程度而言都是史无前例的战争中，数百万美国公民曾为祖国立下了殊勋，而五星上将乔治·卡特利特·马歇尔奉献的则是胜利……他的品格、作为、效率鼓舞了全军、全国、全世界。美国之得有今日，实赖于马歇尔和千百万人民。他于世间大将军行列中名列前茅。"

仪式结束后，杜鲁门总统把马歇尔拉到一边，祝他退休生活安适，愉快长寿，还保证说："将军，你已经为国家做了这么多的事情，我不会在你退休以后再来打扰你的，你该好好休息一下了。"

但是杜鲁门总统食言了。10天后，他给马歇尔打了电话："将军，你愿意为我到中国跑一趟吗？"

1945年12月，已经退休的马歇尔作为总统特使来到中国，负责"调处"国民党与共产党

的关系,调解国共军事冲突,推行美国扶蒋反共的对华政策,其使命最终以失败而告结束。

1947年,马歇尔返回美国,担任国务卿,同年提出"欧洲复兴计划",主张乘战后欧洲经济困难之机,以"美援"为手段,打开西欧之门户,控制西欧。这项计划被称为"马歇尔计划"。马歇尔也十分注意加强美国与拉丁美洲的联系。1947年9月,美国与其他18个泛美联盟成员国签订了《美洲国家间互助条约》,美国企图利用这一条约进一步从军事上控制拉丁美洲。

1950年9月,马歇尔出任国防部长。他提出只干6个月到1年,还要求任命他的老同事、老朋友罗伯特·洛维特为国防部副部长,看来他已认定在他退休时由洛维特接替他。当时正是朝鲜战争打得最为激烈的时候,他的主要精力集中在这场战争上。在谈到朝鲜战争时,他说:"神话已经破灭,美国原来并不是像人家所想象的那样是一个强国。"与此同时,他重视增强美国及其盟国的国防实力,强调"集体安全",尤其是通过在欧洲部署更多的美军来加强北约的作用。在马歇尔1951年离任前夕,美国分别与菲律宾、澳大利亚、新西兰和日本签订了《安全条约》。

在此期间,马歇尔还提出了一套军事理论。他反对只重机械力量忽略人力的说法,主张人力物力必须兼而有之。他认为:必须深入敌境,歼灭敌人,毁坏其军事根据地,并消灭其生产机构,战事方能结束。他虽然重视海、空军,但特别强调陆军的决定作用。他说:"任何关于我们只用机器而不用地面部队就可以打仗的想法,在我看来都是毫无理由的。"

马歇尔力主美国实行军国主义化,他认为美国军事力量的最大弱点在于陆军兵员不足,因而特别强调实行普遍军训的重要性,他在1951年春向国会提出的"普遍军役军训计划",就是企图通过后备陆军兵力的组织和训练,达到平时既可以不负担大量的军费,又可以随时取得大量陆军兵力的目的。在军需生产方面,马歇尔力主扩大军需生产的潜力,飞机坦克在平时不要生产过剩,而是要加强生产设备,以便在必要的时候,能"在24小时内开动全部生产能力"。

马歇尔还提出用经济侵略与外交力量相结合,达到美国对外军事扩张的目标。他提出,通过对外工业、贸易、财政和货币,控制扩张目标国,再由经济的控制达到政治的支配,并逐步使其成为美国的附庸。马歇尔推行美国的侵略扩张政策,堪称是煞费苦心的。

马歇尔的主要著作有《马歇尔报告书》等。

1952年9月12日,马歇尔离开了五角大楼,回到了他的故乡——弗吉尼亚的利斯堡。1953年12月,因"马歇尔计划"对欧洲复兴的"贡献",他被授予"诺贝尔和平奖"。

1959年,长期身患流感使马歇尔的健康开始恶化。10月16日,他在华盛顿的沃尔特·里德陆军医院去世,终年79岁。

安葬时,全美国举哀一日。他留有遗言:"简葬我,一如军中忠诚为国之寻常将士。切忌铺张。典式毋盛。追悼会宜简,到场只限亲属,尤须悄然为之。"

遵照其遗嘱,马歇尔的葬礼极其简朴。马歇尔的遗体在阿灵顿公墓入土之时,一名士兵吹响安息号,而自发前来的老部下们则肃立致敬。

战争史上的"太上皇"

——麦克阿瑟

人物档案

简　　历：美国陆军五星上将，著名军事将领。出生在美国阿肯色州小石城。1903年6月11日从西点军校毕业，进入工兵营，前往菲律宾服役；1917年赴法国参加世界大战，参加了巴黎保卫战；1942年4月18日，任命为西南太平洋区统帅，参加了中途岛、瓜达尔卡纳尔之战，"车轮"战役；1945年，被任命为盟军驻日本占领军最高司令官。1952年，参与美国共和党总统初选，但未胜出。1964年4月5日，麦克阿瑟因胆结石去世，终年84岁。

生卒年月：1880年1月26日~1964年4月5日。

性格特征：被人称为"狼性"，性格中带着凶狠和决断。

历史功过：他领导的美军与日本进行太平洋战争，歼灭了大量日本有生力量，为反法西斯胜利做出了贡献。和尼米兹共同指挥太平洋战场上的作战，他根据美军的海空优势，提出了越岛战术，大大加快了战争进程缩小了美军损失。

名家评点：尼克松评价说："麦克阿瑟是美国的一位非凡人物，一位传奇式的人物，就像一则传奇故事一样，包含着各种矛盾和对立。他既是一位善于思考的知识分子，又是一位趾高气扬、惟我独尊的军人；既是一位独裁主义者，又是一位民主主义者；他是一位天才的、很有感染力的演说家，喜欢发挥丘吉尔式的雄辩口才，打动过千百万人的心，同时也使许多自由主义者气得晕头转向。"

将门虎子

道格拉斯·麦克阿瑟于1880年1月26日出生在阿肯色州小石城的军营里。他有两

个哥哥,二哥 6 岁时死于麻疹。

麦克阿瑟的父亲阿瑟·麦克阿瑟,是苏格兰移民的后代,1845 年生于马萨诸塞州。17 岁就参加了第 24 威斯康星州自愿步兵团,开始了他的军旅生涯。

老麦克阿瑟以令人畏惧的勇敢和顽强精神,荣获国家最高奖赏——荣誉勋章。19 岁时成为联邦军队中最年轻的上尉,1865 年复员。一年后,阿瑟·麦克阿瑟又重披军服,几经辗转。后晋升为中校。1898 年,阿瑟·麦克阿瑟作为陆军准将赴菲律宾参加了美西战争,开始了他军人生涯的鼎盛时期。战后,他又经过十几次浴血战斗镇压了菲律宾人民要求自由的战斗,成为美国驻菲律宾最高军事指挥官,并成为该岛的军事总督,后离开菲律宾回国,不久被任命为中将。

道格拉斯·麦克阿瑟的母亲玛丽·平克尼·哈迪于 1852 年生于弗吉尼亚一棉花商人家庭,她以优异的成绩毕业于巴尔的摩一所中等专科学校。1875 年 5 月 19 日与阿瑟上尉在弗吉尼亚诺福克的哈迪种植园结婚。

麦克阿瑟的父母对他性格的形成和职业的选择都产生了非常深远的影响,使他长大后在任何困难时刻都能以爱和理想鼓舞自己坚持下去。

麦克阿瑟 4 岁那年,他的一家到了新墨西哥州一个位于湖畔的小哨所——塞尔察堡。后来麦克阿瑟在回忆这段生活时曾说:"甚至在我学会说话和走路之前,就学会了骑马和打枪。我母亲在父亲的帮助下,开始教育她的两个儿子,启迪我们的责任感。对于该做的正当之事,不管个人做出什么样的牺牲,都要去实现它。我们的国家永远高于一切,永不说谎骗人,永不惹是生非。"在麦克阿瑟成长的关键时期,他的母亲给了他许多教益,在她的南方人优良传统的熏陶下,麦克阿瑟形成了贵族的气质,坚定的家庭观念和维护荣誉的责任感。麦克阿瑟坚信:"他命中注定"会成为像他父亲一样的"伟人"。

麦克阿瑟 6 岁时开始在堪萨斯州的利文沃思堡接受正规教育。这 3 年,他的学习成绩不好,以后他进入首都华盛顿军队公立小学学习了 4 年,成绩依然平平。13 岁时,全家搬到休斯敦,他进入西得克萨斯军校。这时他在体育和学业方面显露出才华。4 年学习期间,他始终名列前茅。

1897 年在毕业典礼上,他代表毕业生致告别词。麦克阿瑟曾回忆说:"这是我的起步之处。"从此,麦克阿瑟也就把做一名像他父亲一样的军人,作为他一生追求的目标。

为了进入著名的西点军校,麦克阿瑟的母亲曾陪他在密尔沃基的一家旅馆里住了一年多时间,来准备考试课程。1898 年春,赴考的前夜,由于紧张麦克阿瑟无法入睡。母亲以她坚强冷静的信念,使麦克阿瑟鼓起了勇气。她说:"如果不紧张慌乱,你肯定可以取胜,你必须相信自己,我的儿子。不然的话,别人谁也不会相信你。要树立信心,要依靠自己的力量,纵使不能取胜,你也会知道你尽了最大的努力。现在去吧!"考试结束,她的儿子——道格拉斯·麦克阿瑟果然独占鳌头。

一战显勇

1899 年 6 月 13 日,年轻英俊的道格拉斯·麦克阿瑟进入了"名将的摇篮"——西点军校,这是他"孩提时代全部梦想的实现"。多年后他回忆道:"做一个西点军校学员的那种自豪和激情,从来没有稍许消失过","我仍然可以说,'这是我最大的光荣'"。在这里麦克阿瑟受到许多磨炼。在校 4 年,他的表现十分突出,有 3 年名列全班级第一。他二年级时被任命为连队下士,三年级升任连队上士,四年级时成为学员队第一队长。

1903 年 6 月 11 日,23 岁的麦克阿瑟以 98.14 分的总成绩毕业,据说这是 25 年来学员所取得的最高成绩。

毕业时,按照西点军校高才生的传统,麦克阿瑟选择了工兵。他进入第 3 工兵营,前往菲律宾服役,但很快便因患了疟疾而被送回旧金山,一年后病愈。

1905 年 10 月,麦克阿瑟被派去给他父亲当随从参谋,他父亲作为日俄战争官方观察员住在日本。他到达日本时,日俄战争已经结束。父子两人所面临的任务,就是分析估价日本的军事力量。这时期,日本的扩张野心给麦克阿瑟留下了深刻印象。他写道:"既然已经征服了朝鲜和台湾,他们势必要伸手去控制太平洋,称霸远东,这是显而易见的。"

父子两人受命把情报收集活动扩大到整个远东。他们做了一次长达 9 个月的旅行,到了中国香港、新加坡、仰光、加尔各答、孟买、爪哇、暹罗、印度支那和中国上海。这段经历使年轻的麦克阿瑟眼界大开,加深了对东南亚的认识。

1906 年秋,麦克阿瑟父子回国。此时战事沉寂,军人无用武之地,军界谋事很难。麦克阿瑟中尉回到驻在利文沃思堡的第 3 工兵营,任连长。他的母亲曾意图让他改行,但由于对军队生活的酷爱和他父亲的榜样,他拒绝了。1912 年,被麦克阿瑟奉为楷模的父亲,在向南北战争时期的老战士发表演说时,猝然逝去。为照料母亲,他请求调到了华盛顿陆军部工作。次年,他成为陆军参谋长伦纳德·伍德将军参谋部的成员。

1914 年第一次世界大战爆发后,麦克阿瑟晋升为少校,当了陆军参谋长兼陆军部长牛顿·D.贝克将军的助手,同时兼任陆军部新闻检查官。

1917 年,美国参加第一次世界大战后,从各州国民警卫队抽调人员组成第 42 步兵师。麦克阿瑟出任第 42 步兵师参谋长,晋升为上校,赴法国参加世界大战。他声称该师人员来自美国各地,犹如跨越长空的彩虹,故该师亦称"彩虹师"。

1918 年 2 月中旬,该师开进洛林南部一个"平静的防区"吕内维尔,这时恰逢几十年最寒冷的冬天。该师在洛林地区前线不断地进行战斗,麦克阿瑟虽然是个参谋官,但他不断深入前线,身先士卒,不避艰险,率领和激励士兵勇敢作战,以超人的勇气和突出的作用获得了他军人生涯的第一枚勋章——十字军功章,并获得美国陆军银星章。6 月 26 日麦克阿瑟被提升为陆军准将。7 月在保卫巴黎的战斗中以作战英勇而获第二和第三枚银星章。10 月在攻击夏蒂隆山的战斗中,麦克阿瑟严重中毒,几乎双目失明,但他却拒绝

住进医院。11 月战事结束。麦克阿瑟因为勇猛善战,战功卓著,在大战中被授予两枚优异服务十字勋章,一枚优异服务勋章、7 枚银星章、两枚紫心勋章及数枚法国勋章,成为战争中受勋最多的军官之一。潘兴将军盛赞他为"我们所有的最伟大的将领"。

同年 11 月,麦克阿瑟在大战结束之后担任彩虹师代师长。

婚姻二度

第一次世界大战结束,麦克阿瑟于 1919 年 4 月从欧洲归国。6 月,他被任命为西点军校校长。当时西点军校比较混乱,课程陈旧,学员知识面极为狭窄。新任陆军参谋长佩顿·马奇对此深为不满,他对麦克阿瑟说,西点军校有悠久的历史,要使军校恢复起来,重放光彩。麦克阿瑟开始尽力推辞,最后勉为其难,偕其老母,走马上任。他在西点军校当了整整 3 年的校长。其在任职期间排除各种障碍,开拓新路,使西点军校适应迅速发展变化的世界,开始了现代化的军事教育。他还念念不忘亚洲对美国的重要性,下令在校内张挂亚洲地图,供学生们阅读。

麦克阿瑟在 3 年任期内,成绩斐然。美国著名传记作家詹姆斯博士写道:"人们一致认为,是他而不是任何别人领导西点军校踏进迅速发展变化的世界,开始了现代化的军事教育。确实,他在美国军事院校方面所做的开拓新路的努力,是他对建设现代化军队做出的最重要的贡献之一。"

此间,年逾 40 的麦克阿瑟第一次坠入情网。他与一个 35 岁的富有寡妇路易丝·布鲁克斯相爱。1922 年 2 月,两人结为伉俪。由于她厌倦军旅生活,7 年后与麦克阿瑟离异。

麦克阿瑟于 1922 年 6 月结束军校工作之后,前往马尼拉担任军事总督伦纳德·伍德将军的副手。

1925 年 2 月 15 日,麦克阿瑟晋升为少将。这时他 45 岁,是陆军中最年轻的少将。他奉调回国,统辖第 3 军区。先后在亚特兰大和巴尔的摩任军长。同年,麦克阿瑟在米切尔准将(主张建立独立的空军)案件中奉命担任审判官,以致后来不得不在回忆录中为自己辩解。

麦克阿瑟于 1927 年秋出任美国奥林匹克委员会主席,率美国代表队参加 1928 年在阿姆斯特丹举行的奥林匹克运动会并获得冠军。陆军参谋长为此致电祝贺:"你不仅获得了美国人决不撤退的美誉,而且获得了美国人深知如何获胜的光荣。"1928 年夏天,麦克阿瑟再次被派往马尼拉,担任美国驻菲律宾部队司令。他对再次赴菲十分高兴,他在回忆录中写道:"没有什么委任比这更使我高兴了。"他同参谋人员相处得十分融洽,他常常能见到菲律宾参议院议长——他的老朋友奎松。他和美国当时驻菲律宾总督史汀生建立了亲密的友谊。

1930 年 8 月 5 日,麦克阿瑟收到陆军部长发来的电报,胡佛总统决定由麦克阿瑟出

任陆军参谋长之职。当时资本主义世界正处于世界经济危机之际，和平主义情绪高涨，军队预算缩减，麦克阿瑟认为此时如去担任参谋长必将面临严峻的考验，所以有推辞之意。其母得知此情后，立即拍去电报，力劝儿子接受这个职务，她说："如果你表现出怯懦，你父亲在九泉之下也会感到可耻。"

11月21日，麦克阿瑟宣誓就职。这一年他50岁，是美国陆军史上最年轻的参谋长。任内，麦克阿瑟用机械化装备代替马匹，提高了部队的机动能力和速度；制定战争总动员计划；为诸兵种建立统一的采购制度以减少浪费；建立航空队司令部以提高地空部队的协调效率；反对国会因经济原因而欲裁减陆军机构的企图；反对削减军官队伍，声称"一支陆军可以缺乏口粮，可以居住简陋，甚至可以装备破旧，但如缺少训练有素及指挥有方的军官，则在战时注定会被歼灭。胜利与失败的不同，全在于有无干练而有效率的军官队伍"；每年均成功地阻止削减陆军员额的议案，并为陆军的战备辩护。

需要特别指出的是，作为陆军参谋长的麦克阿瑟于1932年不惜亲自披挂出马镇压华盛顿的美国退伍军人的"退伍金进军"。当时，由于美国正处于经济危机之中，人民生活困苦，1932年春天和夏天，25000多名曾参加第一次世界大战的军人及其家属纷纷从各地向华盛顿举行"饥饿进军"，要求政府立即发放退伍金——根据1924年通过的国会法令，应在1945年发给他们。麦克阿瑟根据胡佛总统的命令，竟然亲自出马，进行驱赶和镇压。

7月28日发生流血冲突，作为陆军参谋长的麦克阿瑟竟派骑兵、坦克对付退伍军人，他还身穿装饰着一排排勋章的军装，亲自指挥杀戮，用武力驱散了曾为他胸前的勋章流过血而今日难以糊口的战友。这一切使麦克阿瑟在陆军中的形象黯然失色。麦克阿瑟出于反共本性，直到临终前还深信索取退伍金进军是赤色分子的阴谋，认为自己的行为不是野蛮而是明智的。

1938年，富兰克林·罗斯福就任总统，为挽救财政危机，他命令麦克阿瑟把陆军预算削减50%。尽管在麦克阿瑟当面直言力争和以辞职要挟下，罗斯福总统做了一定的让步，但实际上军费还是被削减许多，致使陆军不得不节约俭省，连最有魅力的新式武器也不得不拒绝接收或延缓装备部队。而此时日本人却在远东积极侵略，希特勒也在扩建陆军和空军。凡此种种，激起陆军的极大愤怒，他们把这一切归咎于麦克阿瑟一人。

1935年，麦克阿瑟参谋长任期结束，他接受菲律宾自治政府总统奎松的邀请，担任菲律宾军事顾问，这是他第三度赴菲。菲律宾自美西战争后即成为美国的殖民地。1934年，美国国会通过了泰丁斯—麦克杜菲法案，批准菲律宾于1935年建立自治政府，1946年完全独立，届时美国部队全部撤出。美国的如意算盘似乎是鼓动菲律宾在美国"援助"下，逐渐建立起一支军事力量，在1946年获准独立时能够达到自卫的程度，使这块美国势力范围不落入潜在敌人之手。麦克阿瑟就是在这背景下出任菲律宾军事顾问的。

1935年底，麦克阿瑟带着复杂的心情"乘胡佛总统"号班船离开旧金山，赴菲律宾"军事顾问"之任。同行的有他87岁高龄的母亲（这位一生曾给他无数教益的母亲于两个月后，在马尼拉溘然长逝），还有他的前副官、现任参谋长的德怀特·艾森豪威尔少

校——后来的五星上将,美国总统。

在旅程中他还结识了在身世和个性上酷似他深爱的母亲的琼妮·费尔克洛思。琼妮·费尔克洛思是一位富商的女儿,1937 年 4 月他们在美国结婚,1938 年 2 月生下一个男孩。麦克阿瑟一行抵达菲律宾以后,迅即着手实施组建菲律宾军队的计划,计划规定,至 1946 年菲律宾将拥有 40 个师——一支 40 万人的地面部队,一支拥有 250 架飞机的空军和一支由 50 艘鱼雷快艇组成的海军。其目的是要把这个美丽富饶而又具有重要战略地位的岛国,建成为美国在远东太平洋地区的堡垒,并企图永远占有它。

麦克阿瑟曾为此大肆吹嘘说:"到 1946 年,我将把这个群岛变成太平洋的瑞士,任何侵略者必须付出 50 万人、3 年时间和 50 亿美元的代价才能征服它。这些岛屿必须守住,而且也能够守住。我是遵照上帝的旨意来这里的,这是我的使命。"这个计划由于经济、政治等多种原因而基本流产,麦克阿瑟的夸口后来在日本侵略者面前也彻底破产。1936 年,麦克阿瑟接受奎松总统授予菲律宾陆军元帅的军衔,与此同时,他正式退出了已服役 37 年的美国陆军。麦克阿瑟在菲律宾俨然是个殖民主义大老爷,他月薪为 16500 美元,免费住有空调和讲究的住房。他经常在楼顶平台上散步,俯瞰风光旖旎的马尼拉湾。他身穿自己设计的荒唐可笑的"陆军元帅"服,服装用白色雪克斯金丝呢制成,翻领的下边缀着红色肩章,镶有 4 颗星,手中还提着一根金短杖。美国的自由主义批评家评论麦克阿瑟是"吕宋的拿破仑"。

败却受荣

1939 年德军突袭波兰,第二次世界大战爆发,希特勒迅速在欧洲取得大胜,日本也在远东积极扩张,侵略了东方古国中国并占领了印度支那半岛。华盛顿不得不冷静地对待世界形势,制定了范围广泛的全球军事战略。1941 年 7 月麦克阿瑟应召服役,以中将军衔任远东美军司令,统管全部远东陆军和空军,下辖温赖特指挥的第 1 军和帕克指挥的第 2 军。

12 月 7 日,日军偷袭珍珠港,同时向南洋大举进攻,日美交战,太平洋战争爆发。

12 月 8 日凌晨 3 时,马尼拉得到日本偷袭珍珠港的消息。美军指挥部估计到日本飞机可能偷袭菲律宾美军基地,但是在中午时分,当从中国台湾起飞的日本轰炸机飞临吕宋美国空军基地时,美军仍被打了个措手不及,大半飞机未及起飞便被炸毁在地面上。次日,日机又袭击了菲律宾甲米地美国海军基地。美军保卫菲律宾的海空力量损失殆尽。

12 月 10 日,日军发起了对菲律宾的地面进攻。麦克阿瑟麾下美军 1.9 万人,菲军 11.2 万人,未能挡住日军进攻。到 12 月 24 日,日军已在吕宋岛多点登陆,向马尼拉实施向心突击,并在其他各岛登陆。

日军随后多次进攻巴丹半岛,但未能成功。当日本广播电台的"东京玫瑰"嘲笑美国

太平洋舰队的时候，麦克阿瑟要求陆军部派遣飞机飞越菲律宾上空以打击"敌人宣传的气焰"，稳定守军士气。然而，这种要求没有也不可能得到满足。

麦克阿瑟看到马尼拉势所难保，虽战无益，决定弃城，将吕宋岛守军全部撤到巴丹半岛，据守科雷吉多要塞，扼住马尼拉湾进出口咽喉。于是麦克阿瑟宣布了马尼拉为不设防的城市，并于1942年1月1日前将吕宋岛守军撤到了巴丹半岛，他的司令部随迁该地。1942年1月2日，日军开进马尼拉。

麦克阿瑟将全部8万守军沿巴丹半岛长约20英里的颈部一线展开。温赖特将军和帕克将军分兵各守西、东岸。两部被横亘其间的纳蒂布山分隔开来，彼此几乎失去联系。

麦克阿瑟没有海上和空中支援，半岛军需贮备仅够一个月之用。药品奇缺，热带雨林的流行疫病侵扰着美军。守军处境异常艰难。

此时，日本大本营认为菲律宾战役已基本结束，剩下的仅是扫尾，攻占巴丹半岛如探囊取物，遂将精锐部队移向其他战场，只留下一些新兵居多的部队。

1942年1月9日，日军65旅开始对巴丹半岛进攻。美菲军坚守阵地，挫败日军进攻。日军进攻两周未果，便集中了两个精锐团，改用中间突破战术，直插温赖持和帕克两军中间，左右扩展，将守军分割开来。

麦克阿瑟命令全军从第一防线退至半岛中部的第二防线，扼守半岛南部。

日军进行了不间断地连续进攻，激战两周，终未突破美菲军第二防线。

至此，日军已强攻巴丹半岛月余，损兵折将7000余人，另有上万人染上疟疾和登革热或脚气病。日军暂停进攻，等待援兵。据守半岛的美菲军却无援兵可待，给养也供应不上，处境更加恶化。在日军再次发动进攻之前，日美两军对峙了1个多月。

南进势如破竹的日军在巴丹半岛受挫，气急败坏，声言将活捉麦克阿瑟，将他绞死在东京帝国广场上。

由于美国政府执行先欧后亚，先打败德国再战胜日本的战略方针，因此，对菲律宾的美菲军队难以及时增援。奎松总统抱怨美国政府，人们辱骂美国，再加上麦克阿瑟不去巡视部队，又风闻他还在尝着美味，过着豪华的生活。因此，在巴丹半岛上流传着一支讽刺麦克阿瑟的歌谣："麦克阿瑟狗，躺着心发颤，不怕遭突袭，不会挨炸弹。麦克阿瑟狗，吃喝在巴丹，且看他部下，饿死无人管。"

华盛顿对援菲问题一再拖延，以至菲律宾总统奎松发怒，发电报给罗斯福总统要求独立，并宣布菲律宾为中立区。罗斯福当然不会同意，但他一面授权麦克阿瑟向日本投降，一面安排舰艇护送奎松和麦克阿瑟前往澳大利亚。

当时新几内亚和澳大利亚也面临着严重威胁。为保住澳大利亚这一反攻基地，罗斯福总统和陆军参谋长马歇尔一致认为有必要任命一位新的盟军总司令，麦克阿瑟成了当然的理想人选。

马歇尔向麦克阿瑟转达了罗斯福总统要他撤离的命令，命令麦克阿瑟将守军交给温赖特将军，他本人离开被围之半岛，前往澳大利亚担任新成立的西南太平洋战区盟军总司令。但麦克阿瑟坚持只有总统亲自下令他才撤离，为的是不让人指责他胆怯。

3月11日,麦克阿瑟登上PT—41号鱼雷艇,在其他3艘鱼雷艇的护航下,乘夜雾悄然离开科雷吉多岛,逃出日本海军封锁线,抵达卡加延港,然后搭飞机飞往澳大利亚。3月17日上午9点30分,麦克阿瑟终于踏上澳大利亚国土。这次出逃海空行程1500英里,历时5天,几经险境。

麦克阿瑟再乘飞机飞抵澳大利亚中部的艾利斯普林斯,然后转乘火车前往墨尔本。在阿德蒙德停留时,记者请麦阿瑟发表讲话。他说:"美国总统命令我冲破日本人的防线,从科雷吉多来到澳大利亚,目的是组织对日本人的进攻,主要目标是解放菲律宾。我脱险了,但我会回去的!"

4月9日,巴丹的9000多名美军和45000名菲军向日军投降。哥黎希律要塞的守军抵御了日军长达1个多月的围攻,直到弹尽粮绝,无法进行抵抗时为止。5月6日下午美远东军司令温赖特请求投降,7日深夜通过马尼拉电台命令菲律宾所有美菲军队无条件投降。当麦克阿瑟将军听到哥黎希律陷落时,他写道:"它用自己的炮口写下了自己的历史……我将永远有一幅图景隐现在脑际:一群神情严酷、形容憔悴、像鬼一样苍白的好汉们,依然无畏地挺立着。"麦克阿瑟逃离哥黎希律出乎日本人的意料之外,使他们生俘麦克阿瑟并在东京帝国广场当众绞死的梦想破产。后来,麦克阿瑟在回忆录中这样写着:"我一点也没有想到5年之后,在占领军的首次阅兵式中,我就在预言执行我死刑的地点作为盟军最高统帅而接受献礼。"

在太平洋战争开始盟军连遭惨败的最黑暗时期,麦克阿瑟在巴丹半岛英勇阻击日军进攻10周之久,使他成为英雄。

当麦克阿瑟到达墨尔本、驱车驶入市内时,他受到成千上万群众的热烈欢呼。

罗斯福总统授予他荣誉勋章,更为他的业绩增添了光彩。而他骗过狡猾的日本人安然逃离战区,则几乎使他成为神话般的人物。

但是在澳大利亚,麦克阿瑟绝无英雄凯旋的兴奋,有的只是沮丧。他这个盟军司令尚无一支强大的陆军和空军。到处是失败主义的情绪,士气低落。他意识到,他所许诺的返回菲律宾的道路将是漫长而艰难的。不久,从巴丹半岛传来的消息更使他沮丧到了极点。

轴心国的发言人兴高采烈地称麦克阿瑟是一个"逃跑将军",是"胆小鬼"。麦克阿瑟怒不可遏,发誓要雪此大辱。他认为只有解放菲律宾,才是洗刷罪责、挽回美国及他本人名誉的唯一途径。

逐岛反击

1942年4月18日,麦克阿瑟被正式任命为西南太平洋区统帅,尼米兹担任南太平洋区指挥官,开始布置策划太平洋的防务。西南太平洋与南太平洋的划分原以东经1600为界,后又改为1590,因为瓜达尔卡纳尔岛是海军陆战队防区,要归入南太平洋区的海军

地盘。

　　麦克阿瑟到达澳大利亚后迅速建起他的司令部。随后,澳大利亚帝国陆军第6师、第7师和美国陆军第32师、第41师调拨给他指挥。同时,澳大利亚开始实施组建10个陆军师的计划,其中8个师已经开始接受训练。美国陆军参谋长马歇尔还下令组建有8个大队的以澳大利亚为基地的空军,其第一线的轰炸机和战斗机有535架。美国金海军上将给他派去了6艘驱逐舰、2艘潜艇补给舰和6艘老式S级型潜艇,并着手改造澳大利亚基地的20艘潜艇。

　　麦克阿瑟在澳大利亚东北部建起新的机场网,使轰炸机离日军的所罗门、新不列颠和新几内亚的基地大为接近。

　　7月,麦克阿瑟将盟军司令部从墨尔本移到布里斯班。

　　此时,日军为切断美澳海上交通线,在占领了所罗门群岛的图拉吉岛并登上瓜达尔卡纳尔岛之后,又开始在新几内亚的布纳登陆,欲图攻占东南亚重港莫尔兹比。

　　日军先遣队约2000人于7月21日从布纳登陆后,直向莫尔兹比扑去,29日占领了科科达。8月中旬,日军南海支队主力13000人陆续从布纳登上新几内亚。9月14日,日军进攻部队指挥官堀井已登上了莫尔兹比港背后的伊米塔山脊。

　　麦克阿瑟组织了反击,迫使日军停止了向莫尔兹比港进军,并从科科达山道撤向布纳,在戈纳—萨纳南达—布纳一线绵延10英里的海岸建起了滩头阵地。

　　11月6日,麦克阿瑟在莫尔兹比港设立前线指挥部。

　　11月14日,麦克阿瑟命令左翼澳军第7师攻击并扫荡戈纳—萨纳南达之敌,右翼美军第32师攻击并扫荡布纳之敌。11月16日,两师发起攻击,但遭到日军顽强抵抗。美澳军伤亡惨重,补给跟不上,丛林疾病猖獗,大雨不断。进攻开始后两周,盟军完全陷入困境,士气低落,裹足不前。

　　11月30日,麦克阿瑟撤掉了前线指挥官哈丁将军,命令新编美第1军军长艾克尔伯格少将接任。麦克阿瑟对艾克尔伯格说:"我要让你到布纳任司令官,撤掉哈丁,我送你去。我要你撤换所有不会打仗的军官,如有必要,撤换团级和营级指挥官,让中士负责营的工作,下士负责连的工作,只要会打仗,由谁负责都可以。时间至关重要,日军在任何一个晚上都可能登陆增援。我要你夺取布纳,否则就别活着回来。"

　　第二天,艾克尔伯格飞往布纳前线。他整顿了队伍,撤换了所有畏缩不前的军官,组织调动了大批的补给,重新发起进攻。他身先士卒,率众冲锋陷阵,一寸一寸地向前推进,到12月14日,艾克尔伯格终于攻占布纳,左翼澳军也拿下戈纳。

　　但是日军防线并未崩溃,数千日军仍在死守阵地。麦克阿瑟及时派去生力军。得到增援的盟军部队于12月18日再次发动进攻。激战两周,日军溃退。

　　1943年1月21日,麦克阿瑟用新几内亚的全部盟军,以钳形攻势,围歼了沿岸登陆的全部日军。新几内亚莫尔兹比战役以盟军胜利告终。此役美澳军伤亡8500人,歼敌12000人,挫败了日本在南太平洋的战略企图,为美军在这一区域实施战略反攻创造了有利的条件。

在此后的半年里，新几内亚岛上的地面战事暂告沉寂。盟军据守莫尔兹比、布纳一带，日军占据莱城、萨拉茅阿一带。为减少日后进攻日军占领区的阻力，麦克阿瑟以其辖下的海军和空军，全力阻击日军从海上向新几内亚运送增援部队。

麦克阿瑟所辖海军以布里斯班为基地，主要由潜艇组成，力量不大，但是由肯尼将军任司令的空军部队则是一支举足轻重的力量。肯尼的飞机不断从莫尔兹比、来尔恩湾和布纳的前线基地出发执行任务，架次越来越多，战绩日益显著，除给日军阵地施加压力外，还多次摧毁向新几内亚运送援兵给养的日军舰船。

3月初，麦克阿瑟通过可靠情报得知将有一支运送援兵和给养的日军庞大船队驶往莱城，当即命令空军拦击。肯尼在新几内亚集结了207架轰炸机和150架战斗机，组成了强大的突击机群。此外他还在澳大利亚东北部各基地集中了80架轰炸机和95架战斗机，作为预备队待命，随时准备出击。

3月2日，肯尼捕捉到日运输船队，立即实施攻击。第二天，又先后派出400多架飞机，组成巨大机群，几乎将这支日军运输船队和护航驱逐舰全部击毁，运输船上的日军绝大多数丧生鱼腹，船队装载的给养、军需用品，也全部沉入海底。麦克阿瑟称这次袭击日军运输船队的战斗为"俾斯麦大海战"。巨大的机群给日军船队以毁灭性打击，炸沉了全部12艘运兵船，击沉10艘护航战舰中的6艘。据麦克阿瑟总司令部的战报，歼敌15000人。据日方战报，日军损失3000人。

肯尼在3月4日午夜唤醒麦克阿瑟，报告了袭击日船队大获全胜的消息。麦克阿瑟当即对飞行员发出嘉奖："请向全体将士转达我对他们的感谢和祝贺。作为一次在任何时候都可以看作是最彻底的歼灭战，它不能不被载入史册。我为你们全体人员感到的骄傲和满意，是无限的。"

越岛战术

日本侵略者南进之后，势如破竹，连连取胜。但是，通过1942年和1943年初的中途岛、瓜达尔卡纳尔岛之战，日本在太平洋战场上开始逐渐转攻为守，完全丧失了主动权。盟军从1943年开始对日军发动局部反攻，美国的战略目标是进攻日本本土诸岛，但这一目标是通过一种越岛进攻的战术来实现的。

美军参谋长联席会议于1943年3月28日确定了当年太平洋战争的新计划：仍以新不列颠岛上的重要港口腊包尔为主攻目标，盟军轰炸机由此逐步前移。西部战区，在麦克阿瑟直接活动范围内，夺取莱城、萨拉茅阿和新几内亚附近的几个地区，并在新不列颠南部登陆。东部战区，在哈尔西海军上将直接活动范围内，夺取所罗门群岛中的新佐治亚和布干维尔，两战区联合作战，麦克阿瑟为总指挥。

麦克阿瑟和哈尔西制定了代号"车轮"的进攻计划，并积极进行了战役准备。

6月30日，麦克阿瑟发动了"车轮"战役。这是一次极为复杂的军事行动，战线绵延

1000英里的陆地和海域,有美国、澳大利亚、新西兰等多国陆海空部队参战。盟军两路出击,一路指向所罗门群岛,一路指向新几内亚东海岸,对腊包尔形成钳形合围之势。

右翼哈尔西的两栖部队在6月30日首先开始攻击新佐治亚,经1个月的激战,于7月底完成占领,8月15日占领佛拉拉佛拉岛。到10月1日,盟军在新佐治亚和佛拉拉佛拉已经有了4个前进机场,下一个进攻目标布干维尔处在盟军飞机的作战半径之内。

左翼,麦克阿瑟麾下的美军第6集团军司令克鲁格上将也于6月30日挥师进攻。他首先攻占了伍德拉克和基里维纳。麦克阿瑟在那里建立了空军基地。这两个岛屿距布干维尔很近。与此同时,美军还拿下了萨拉茅阿以南60英里的拿骚湾,掌握了向萨拉茅阿和莱城跃进的前进站。

7月,麦克阿瑟向萨拉茅阿进军。日军撤退。

9月,麦克阿瑟进攻莱城,这是二战中最漂亮的行动之一。进攻是在极其缺乏两栖舰艇和海上护航舰只的情况下实行的。麦克阿瑟的计划是:以澳军第9师从海上进攻莱城;美第503伞兵团同时在莱城的纳德扎布机场空降,占领机场;而后肯尼将澳军第7师全部空运过去,从背后攻打莱城,与第9师形成夹击。

9月4日日出时,对莱城的进攻开始了。巴比海军上将的5艘驱逐舰炮轰莱城以东的滩头阵地之后,澳第9师潮水般涌上海岸,向西直抵莱城日军要塞,一路几乎未遇抵抗。

次日,肯尼出动由302架飞机组成的庞大机群,将第503团空投在莱城背后的纳德扎布机场。伞兵上午10时20分开始跳伞,数分钟后,全团1700人全部着陆,随即占领机场。日军未做顽强抵抗。

麦克阿瑟在一架B-17"高级将领"式轰炸机上观战。战前,他曾探望伞兵。肯尼在编队中驾驶另一架B-17"高级将领"飞机。由于这次飞行,麦克阿瑟被授予空军勋章。

攻打莱城的战役按计划发展。澳第7师空运到莱城背后,盟军夹击莱城。日军于9月15日弃城败逃。澳第7和第9师胜利会师莱城。麦克阿瑟下令扩大战果,发展胜利。澳第7师乘车和飞机一气向北推进200英里,直抵拉穆峪,攻占了卡亚皮特和杜姆普。澳第9师各部于10月2日夺取了芬施哈芬。至此,盟军从日军手里夺回了新几内亚大部。

此间,罗斯福、丘吉尔和盟军联合参谋部的参谋长们商定,为免使麦克阿瑟在直接进攻腊包尔防区时遭受重大损失,将置腊包尔于不顾。"车轮"计划以占领布干维尔和新不列颠南部告终。

11月1日,右翼哈尔西的部队在日军防线最弱点布干维尔的奥古斯塔皇后湾西岸登陆,33000人上岸后站住脚,建立了环形防御地带,并开始修建机场。

为了击退进攻布干维尔的盟军部队,日军从特鲁克向腊包尔派去一支庞大的巡洋舰队。麦克阿瑟盟军司令部的情报部门破译了日军密码,肯尼和哈尔西的侦察机很快就发现了日舰队的行踪。麦克阿瑟和哈尔西决定将日舰队放入腊包尔港,然后用飞机摧毁。

11月5日上午11时30分,哈尔西的两艘航空母舰上的100架舰载机袭击了腊包尔,将日军防空力量吸引过来。1小时后,肯尼的100架飞机集中袭击新开进港内的日本

舰队。这次袭击取得成功,炸伤日巡洋舰 6 艘和驱逐舰 2 艘。日舰队严重受创,被迫撤离腊包尔,取消了对进攻布干维尔的盟军部队的所有海上攻击行动。

在进攻主轴上,萨拉茅阿—莱城—芬施哈芬战役结束之后,麦克阿瑟于 12 月中旬发动了对新不列颠的进攻。两支美军部队于 12 月 15 日和 16 日分别在南岸的阿拉维和西北端的格罗斯特角登陆,并站住脚。

一直在新几内亚北部海岸作战的澳第 7 师和第 5 师向马丹推进。日军节节败退。澳军第 7 师占领了锡奥后,又得到澳第 5 师的增援,追击逃窜之日军。澳军 1944 年 2 月中旬占领达塞多尔,3 月攻下马丹。

此间,麦克阿瑟的另一个进攻目标是阿默勒尔蒂群岛的马努斯岛。麦克阿瑟决定采用肯尼的建议,先用小股部队迅速占领马努斯岛附近的洛斯罗内格罗岛,修建机场,为进攻马努斯岛提供空中支援。

进攻前,他先让空军对该岛进行侦察,发现该岛主要机场完全废弃,敌人防御阵地薄弱,遂决定于 2 月 29 日晨发动进攻。当美军在该群岛的洛斯内格罗斯岛登陆时,由于日军对这次突袭毫无准备,只遇到轻微的抵抗,两小时后就占领了主要目标莫莫特机场。当天夜里,日军组织反攻,但为时已晚,盟军已建立起滩头环形防线,不久,大批增援部队在空军的掩护下陆续登陆。3 月底,盟军即全部占领了阿德米勒尔提群岛,4000 日军除75 人被俘外,其余全部战死,盟军仅损失 320 多人。

不久,肯尼的机群从洛斯内格罗岛上的机场起飞,掩护克鲁格的大部队登上马努斯岛。美军全歼岛上守军 4500 人。麦克阿瑟掌握了阿默勒尔蒂群岛连同重要港口锡阿德勒港。

占领马丹后,麦克阿瑟原计划下一个目标是汉萨湾。但汉萨湾和威瓦克有日本第 18集团军的 5 万人防守,是两个强固据点,一时难以攻下,即使攻克,最远也只能跃进 200 多英里。因此,麦克阿瑟决定越过这两个强固据点,进攻艾塔佩与荷兰的亚,这样就可以一次向前挺进 500 英里。

据情报部门了解,荷兰的亚将成为日本设想的新防线的堡垒,日军在那里修建了一些机场,并将该地作为海上补给线的终点,修建队已着手实施庞大的港口扩建计划。这些情报表明,盟军占领荷兰的亚,在战略上有重要意义,空军可以控制到新几内亚最西端的鸟头半岛,盟军西进的时间可提前几个月。麦克阿瑟决定在荷兰的亚两侧,即享博尔特和塔拉梅拉湾登陆,同时用一小股兵力在艾塔佩登陆。占领荷兰的亚的部队集中到内地三个机场的侧翼,占领艾塔佩的部队控制战斗阵地,阻止威瓦克与荷兰的亚日军彼此会合。进攻日期预定在 4 月 22 日。进攻时,尼米兹的太平洋舰队将全力予以支援。

此外,麦克阿瑟还制定了欺骗日军计划。他一面命令空军在汉萨湾和威瓦克上空投放照明弹,模拟照明侦察,投放假降落伞;一面让海军把空橡皮舟遗弃在海滩上,造成盟军要进攻汉萨湾和威瓦克的假象。通过照相侦察和破密情报证实:日本第 18 集团军果然加强了这里的防御。荷兰的亚日军机场有三四百架飞机,部队有 12000 人,多是勤务保障部队。这时,美国空军已拥有许多 P-38 战斗机,其航程足以掩护重型轰炸机到达荷

兰的亚，但为了进一步麻痹日军，麦克阿瑟严令这些战斗机不准飞越艾塔佩以远。集中在阿德米勒尔提群岛北部、由113艘舰船组成的盟军特混舰队（不包括从尼米兹那里借来的8艘小型航空母舰），也只准向西北与攻击目标荷兰的亚和艾塔佩平行方向行驶，以使日军摸不清盟军下一步棋会怎么走法。

待到进攻荷兰的亚前夕，即3月30日、31日和4月3日，美国空军突然每天派出由75架P-38护航的约65架重型轰炸机，还有171架中型和轻型轰炸机对荷兰的亚连续进行了3次袭击。这3次袭击，几乎全部摧毁了荷兰的亚的日本空军力量，并炸毁了弹药库、维修设施、兵营和食堂。一直在攻击目标荷兰的亚和艾塔佩平行方向行驶的盟军特混舰队，这时也突然向南一转，直指荷兰的亚。

4月21日傍晚，盟军小股兵力驶向艾塔佩，准备登陆。22日凌晨4时，继续前进的特混舰队一部迅速驶向荷兰的亚北部20英里的塔拉梅拉湾，主力护航队则直接向亨博尔特湾驶去。天一亮，海军重炮向岸上目标进行了猛烈的炮击，空军也向岸上目标予以饱和轰炸。盟军部队登陆时，比想象的要简单得多，日军执勤部队没有怎样抵抗，即向大山或丛林逃去。荷兰的亚和艾塔佩一被占领，威瓦克和汉萨湾的日军就成了笼中之鸟，不久亦被盟军所消灭。

从1943年7月到1944年4月的9个月的时间里，麦克阿瑟占领了新佐治亚、佛拉拉佛拉、奥古斯塔皇后湾、萨拉茅阿—莱城、芬施哈芬、格罗斯特角、锡奥、赛多尔、马丹、洛斯内格罗斯—马努斯。"车轮"行动的大铁钳从东西两个方向合围了腊包尔要塞，盟军机场形成了半圆形包围圈。腊包尔的主要补给基地特鲁克岛也被封锁，另有10万日军被困在布干维尔、腊包尔和卡维恩。至此，"车轮"行动以胜利告终。

麦克阿瑟对布干维尔、腊包尔和卡维恩诸岛被困之敌围而不打，直接跃向下一目标，将他们甩在后面，这是一种越岛进攻的战术。

对日军的西南太平洋的最重要海空基地腊包尔围而不打，即是应用越海战术的典型一例。日军被困死在岛上，无所作为，坐以待毙。美军每获得一个据点，便立即修建机场，然后以机场为出发点，夺取新的据点和修建新的机场。这种越岛进攻的战术打破了日军的逐岛防御体系。东条英机曾认为，越岛进攻战术是盟军胜利的主要原因。当然，东条英机的说法只不过是为他的失败寻找借口，但这种战术确实使日本处于穷于应付的被动地位。

率部攻菲

至1944年春、夏，美军已攻占阿留申群岛、吉尔贝特群岛、所罗门群岛、新不列颠岛、新几内亚岛、马绍尔群岛、加罗林群岛和马利亚纳群岛等。美军这时在太平洋上已拥有绝对优势，问题是下一步的进攻目标在哪里。对此，麦克阿瑟和中部太平洋盟军司令尼米兹上将意见不一，各有主张。

麦克阿瑟要迅速攻占菲律宾,理由之一是在中国台湾登陆是冒险的;之二是一旦攻克吕宋,可进攻冲绳而完全绕开中国台湾;之三也许是最重要的,出于政治上的考虑,他要实现1942年春天离开菲律宾时所许下的诺言:"我还要回来!"

尼米兹认为在棉兰老取得空军基地之后,孤立吕宋,进攻中国台湾和沿海,进而打击日本本土,可以缩短战争进程。陆军总参谋长马歇尔和海军作战部长金各为自己部下撑腰,僵持不下。

最后,罗斯福出面仲裁,他于1944年7月来到珍珠港,召集两员大将开会商讨,经过两天激烈的辩论,特别是麦克阿瑟向总统力陈述首先占领菲律宾的政治和军事意义。最后,尼米兹做了让步,总统接受了麦克阿瑟的建议。

麦克阿瑟进攻菲律宾采用中间突破战术,首先攻打中部的莱特岛。

日军守岛主力是第35集团军第16师约2万余人,集团军司令铃木宗中将任指挥,协助守岛的还有空军的大量飞机和海军的大量舰艇。

美军攻岛部队是鲁格将军的第6集团军,有4个突击师,共约20万人。麦克阿瑟辖下的第7舰队司令金凯德海军上将集结700余艘舰船,肯尼将军集结4700架飞机,负责运送部队和支援进攻。

10月16日,麦克阿瑟登上金凯德的旗舰"纳什维尔"号,亲率进攻部队出战。菲律宾流亡政府总统奥斯默纳也乘"约翰·兰德"号运输舰一同出发。由800艘舰船组成的舰队浩浩荡荡地向莱特岛驶去。这是有史以来最庞大的舰队。麦克阿瑟后来回忆当时的情景时写道:"我们顶风停下,等候天明进入莱特湾。低头俯视,是阴森森的海水;抬头仰望,是黑漆漆的天空,我们好像被裹在一个无形的斗篷里。"

天亮时,进攻开始。金凯德军舰上的舰炮进行了炮火准备。10时,美军登陆梯队在莱特岛附近的杜拉格和塔克洛班两个小岛首先登陆。

10月19日,盟军在莱特湾诸岛迅速登陆。麦克阿瑟将军身着卡其布军装,戴着墨镜,头顶着他那"人人都知道的"战斗帽,带着来自他父亲的可以使他"永远都不会被活捉"的手枪,跳下水,冒着日军迫击炮和狙击手的射击,穿过登陆舰被击中后发出的"壮烈的火焰"涉水上岸。

10月20日,克鲁格将军的部队分三处在莱特岛东岸和南端登陆。

麦克阿瑟率部在莱特岛登陆之后,在菲律宾总统的陪同下,从广播车上激动地宣称:"菲律宾人民,我回来了!……让巴丹半岛和哥黎希律岛上的那种不屈不挠的精神发扬光大。在战线推进到你们所在的地区时,起来战斗!利用每一个有利机会,打击敌人!为了你们的故乡和家庭,战斗!为了你们神圣的死者,战斗!"就这样,麦克阿瑟在离开菲律宾两年半以后,又回来了。

菲律宾是日本从南方供应石油和橡胶的生命线。失去菲律宾,就意味着日本将输掉整个战争。所以日本大本营下令实施"捷1号"作战计划,决心投入一切可以集中的力量,摧毁哈尔西第3舰队和金凯德第7舰队,并将登陆盟军部队赶出滩头,坚决守住菲律宾。

从 10 月 23 日到 26 日，在莱特湾展开了二战中规模最大的海战，双方共投入战舰282 艘。在这次海战中，日军首次使用"神风特攻队"，采用人机一同攻击目标、同归于尽的"特攻战术"。在 4 天激烈的海战中，日军损失航空母舰 4 艘，战列舰 3 艘，飞机 100架，人员 2800 人。

在莱特岛战役即将取得最后胜利的时候，12 月 15 日，美国国会授予麦克阿瑟新设置的五星上将的军衔，以表彰他的功绩。该新军衔相当于其他国家的元帅军衔。麦克阿瑟是获得这种军衔的将领之一。

美军在莱特岛战役获胜后，立即将进攻矛头指向吕宋岛。麦克阿瑟首先派遣一支登陆部队占领了离吕宋岛航程较近的民都洛岛，控制了岛上机场，并将美国第 5 航空队调到岛上，为进入吕宋提供强大的空中支援。

退守吕宋岛的日本第 14 方面军陷于困境，粮食极其缺乏，自 11 月中旬后，每人每天的主食减少到 300 克，武器弹药等军需品也供应不上。方面军司令山下奉文大将决定以其主力确保吕宋北部的重要地区，以其一部兵力确保马尼拉东面的山地与克拉克西面的山地。

占领民都洛岛后，麦克阿瑟计划让盟军第 8 集团军驻扎在吕宋岛南部的海岸以外，准备在莱加斯比、巴丹和其他南部港口登陆，对敌造成威胁，把大部分日军吸引到南部来。第 6 集团军以两栖战术包抄无掩蔽的吕宋岛北部海岸，并从那里登陆，然后迅速向纵深发展，迫使南部日军退回北部。这时，第 8 集团军再次登陆并向纵深发展，造成南北夹击日军之势。根据这一计划，麦克阿瑟命令空军不停地轰炸吕宋岛南部地区，其他飞机对巴丹、塔亚巴斯地区进行摄影侦察。运输机在同一区域的上空飞来飞去，伪装为空降部队。鱼雷快艇在吕宋岛的西南方，最北达到马尼拉湾的沿海进行巡逻。登陆舰船向这些地区的海滩靠拢，当日军向它们开火时，就溜走。如此安排，果然使日军中计，他们把部队从北方调到南方来，造成北方空虚的局面。

1945 年 1 月 9 日，由 164 艘舰艇组成的庞大的美国舰队到达吕宋岛的仁牙因湾。民都洛岛上的美机对吕宋岛的日军各机场进行了猛烈轰击。7 时 20 分，美军在仁牙因湾登陆，主力占领圣伐比安。日军进行了顽强的抵抗。但是美登陆部队迅速由海岸向马尼拉推进，2 月 3 日，开始攻入马尼拉市区。2 月 7 日，麦克阿瑟随第 37 师进入市区。2 月 26日，马尼拉守军司令官岩渊三次少将自杀，市区战斗于 2 月底结束。

3 月 4 日，美军占领了马尼拉。5 月中旬，菲律宾群岛的大规模战斗行动基本结束。美军占领了菲律宾。

麦克阿瑟将军回到他父亲曾战斗、他母亲长眠于此的马尼拉。而后他的部队攻占了科雷吉多和巴丹，面对着无数战士浴血的地方，麦克阿瑟将军感慨万分："我相信它将作为世界上的一次决定性的战役载入史册。"

在马尼拉市，麦克阿瑟到了圣托马斯和老比利比德监狱，探望 5000 名美军被俘人员，其中 800 名是巴丹半岛幸存下来的。麦克阿瑟在回忆录里写道："在我一生中充满了激动人心的场面，但我不记得哪一次比这一次更令人感动……当一个战俘气喘吁吁地

说：'你回来了！'我回答说：'我回来晚了，但我们到底回来了。'"

美军在莱特登陆时，菲律宾人民抗日军就积极配合盟军的攻势，对日军展开了大反攻，切断日军后方重要交通线，他们为抗日战争胜利做出了重大的贡献。但是，当美军重返菲律宾之后，那号召菲律宾人民战斗的麦克阿瑟又露出了帝国主义者反共、反人民的真面目，视人民抗日军为他们独占胜利果实的障碍。1945年2月5日，美军解除攻打马尼拉的人民抗日军的武装；7日，又突然袭击人民抗日军第77支队，100多名战士竟被活埋。

1945年7月菲律宾群岛战役以日军的惨败而结束，麦克阿瑟赢得了菲律宾人民对他永存的感激之情和忠诚。在后来东南亚政局动荡的岁月里，菲律宾群岛大都是亲美的，成了美国至关重要的战略基地。

战后驻日

1945年4月6日，太平洋战区的美军进行了整编。美国总统罗斯福任命麦克阿瑟指挥所有地面部队，尼米兹指挥所有海军部队，空军上将阿诺德组建并指挥战略空军部队。

1945年7月，在麦克阿瑟的统一指挥下，澳大利亚的陆军和海军配合美国第7舰队，占领了婆罗洲，控制了巴厘巴板的油井和炼油厂，切断了日军的石油来源之一。婆罗洲战役之后，美军参谋长联席会议命令麦克阿瑟停止南进，集中力量攻打日本本土。

由于中国和亚洲各国人民坚持长期抗日战争及盟军在太平洋战场的胜利反攻，1945年7月，日本法西斯已经是"人命危浅，朝不虑夕"了。8月6日和9日，美国投掷两颗原子弹，屠杀和伤害了大量的平民百姓。8月8日苏联出兵对日作战，8月15日，日本宣布无条件投降。同一天，杜鲁门任命麦克阿瑟为盟国驻日本占领军最高司令官，受命处理3个法西斯帝国之一的日本的接收工作——处理军事投降人员，在日本本土登陆，建立军事占领政府，实现《波茨坦公告》的各项条款。麦克阿瑟对任此职务深感荣幸，他在给杜鲁门的致电中说："我对你如此慷慨地给予我的信任深为感激……"在他的回忆录里有这样的描述："此刻，堆在我面前的贺词、贺电和勋章多得无法计数……从最早的童年时代以后，我就未曾哭过。这时，我激动得热泪盈眶。"

8月28日，麦克阿瑟命令艾克尔伯格将军的第8集团军最先进驻日本，先遣队分乘48架飞机抵达东京附近的机场，开始以盟国占领军的名义占领日本。

同日，拥有383艘军舰，1300架舰载机的哈尔西将军的第3舰队开进东京湾。

1945年8月30日下午，在距横滨约20英里的厚木机场，麦克阿瑟佩有"巴丹"标记的座机降落在日本的土地上，机场上只有一支小得惊人的武装部队。麦克阿瑟将军叼着玉米芯烟斗步出机舱，他没有携带任何武器，他的随从也是一样。

此后一周里，美第8集团军和第6集团军共46万人陆续进驻日本，控制了各大城市和战略要地。

1945年9月2日,在停泊于东京湾的哈尔西的旗舰"密苏里"号战列舰上,举行了日本正式签署投降书仪式。

8时30分,盟国占领军最高司令麦克阿瑟将军登上"密苏里"号。8时50分,盟国九国代表及其他将领相继登舰。九国代表是:美国尼米兹海军上将,中国的徐永昌将军,英国的弗雷泽海军上将,苏联的杰烈维亚科中将,澳大利亚的布拉梅,加拿大的科斯格雷夫,法国的勒克索,荷兰的赫尔弗里克,新西兰的艾西特。

8时55分,日本新任外相重光葵、陆军参谋总长梅津美治郎及其他人员登舰。盟国代表严峻地默视日方人员的到来。

9时,受降仪式开始,由麦克阿瑟将军主持。他首先发表了简短演说:"我以盟国占领军最高司令名义,在此声明……以正义和宽容来履行我的职责;同时,为了彻底、迅速、忠实地遵守投降条件,将采取一切必要措施。"

接着,战败国日本的代表首先在投降书上签字,然后最高司令麦克阿瑟签字,最后美中英苏澳等九国代表依次签字。仪式仅用了14分钟。

麦克阿瑟在签字受降时,特意安排太平洋战争初期即被日军俘虏了的美国将军温赖特和英国将军珀西瓦尔站在身后的荣誉位置,然后动用5支笔签署英日两种文本的投降书。第1支写完"道格"即送给温赖特;第2支笔续写"拉斯"之后送给珀西瓦尔;第3支笔签完"麦克阿瑟"而后送交美国政府档案馆;第4支笔开始签署其职务和军衔,而后送给西点军校;第5支笔是从军服口袋内掏出的粉红色小笔,签完其职务和军衔,而后送给麦克阿瑟夫人。

当麦克阿瑟宣布"仪式完毕"时,天空传来嗡嗡的机群声。从关岛起飞的400架B-29式轰炸机和从美航空母舰起飞的1500架舰载机同时出现在东京湾上空,宣告第二次世界大战结束。

这次仪式举行后不久,杜鲁门总统两次邀请麦克阿瑟回国庆祝胜利,但均被麦克阿瑟以日本的"形势复杂而困难"为由加以拒绝。杜鲁门对此甚为恼怒,他们之间的关系也由原来的友好渐渐转入紧张。

麦克阿瑟的权势非但未因战争的结束而削减,反而更加炙手可热。作为盟国驻日本占领军最高长官,他到达了权力的顶峰。在美国历史上,不曾有任何人拥有过麦克阿瑟在日本所拥有的那种至高无上的权力。这位65岁的将军,是一个有7500万人口的国家的绝对统治者,是独裁者,是太上皇,是日本幕府时期的大将军,是沙皇。他的这一地位保持了5年零7个月,战后日本的历史无疑印下了他深刻的痕记。

受降仪式6天之后,麦克阿瑟和总司令部迁往东京,原美国大使馆作为他私人官邸,司令部设在东京商业区第一大厦——一家日本大保险公司的大楼上。

战争结束的这一年,麦克阿瑟已经65岁了,但他又以盟军最高统帅的身份执行了占领和改造日本的任务。他将资本主义民主强加给日本人,用专制独裁的手段使日本摆脱了封建专制与法西斯主义,走向了现代民主主义,使日本历史掀开了新的一页。由于阶级的局限,他也成功地限制和镇压了日本的民众运动,为把日本建成美国的远东反共小

伙伴而竭尽全力。

麦克阿瑟仇视共产党和人民革命运动。这种态度在战后表现得极为突出。他在回忆录中写道："我在那里（远东）担任最高统帅那么长久，以致我已成为自由世界的一种象征……一个遏制共产主义的堡垒。"

解职回国

根据雅尔塔和波茨坦会议的协议：战后朝鲜将成为一个在美、俄、英、中四国共同控制下的托管国，时间约为 25 年。1945 年 9 月麦克阿瑟指挥下的第 24 军占领了 38 度线以南的朝鲜。为平息南朝鲜的政治动乱，美国抬出了一位流亡在国外的朝鲜人李承晚，试图恢复南朝鲜的秩序。朝鲜爱国者金日成在北朝鲜也建立了政府机构，开始在这个被日本奴役了 40 多年的土地上进行社会主义建设。1948 年 8 月 15 日，李承晚在汉城宣布就任"大韩民国总统"。麦克阿瑟发表谈话说："就我本人而言，我愿做我能做的一切来帮助和保护朝鲜人民。我将像积极保卫美国免遭侵略一样去保卫他们。"于是在美国陆军的指导下，南朝鲜刚刚成立的政府开始了建军工作，到 1949 年中，已建成 8 个师 10 万人的陆军。对于一个刚刚成立的"民主"国家，这就不单单是防卫了。

1950 年 6 月 25 日，在朝鲜半岛上爆发了战争。

美国总统杜鲁门为了挽救李承晚政权，控制整个朝鲜，于 6 月 27 日宣布美国军队"支援"南朝鲜军队，并命令麦克阿瑟从日本调出美国占领军的两个师去朝鲜。与此同时，杜鲁门命令第 7 舰队侵占台湾海峡，以武力阻止中国人民解放台湾。7 月 7 日，联合国安理会在美国操纵下通过决议，成立由各国派遣人员组成的"联合国军"，杜鲁门任命麦克阿瑟为总司令。这样，朝鲜战争由原来的内战迅即转化为国际性战争。

6 月 29 日，麦克阿瑟乘飞机在汉城以南 20 英里外的水原着陆，以便实地观察朝鲜战场的形势。当他看到南朝鲜军队正处于全面瓦解和溃逃之中时，他要求政府派地面战斗部队入朝。经华盛顿批准后，他选派迪安少将指挥的第 24 师开进朝鲜，结果迪安被俘，全师几乎被消灭。

麦克阿瑟竭力主张扩大侵朝战争，执行一项更冒风险的政策，要求政府增派军队介入战争。7 月底，他擅自决定飞往中国台湾，同蒋介石磋商所谓"军事防卫问题"。

8 月，麦克阿瑟起草了一份演说稿，并在正式发表前广为散发，攻击所谓"鼓吹太平洋绥靖政策和失败主义情绪的人"，力图使美国政府对朝鲜进行更大规模侵略和进一步干涉中国内政。麦克阿瑟认为，五角大楼军人集团的人员海外阅历局限于欧洲，观点基本上是欧洲式的。他还认为杜鲁门和他的军事顾问们并未竭尽全力阻挡共产党的"侵略"。麦克阿瑟上述一些行动引起了世界舆论界的注目，公开暴露了他和美国政府在策略上的分歧，使美国政府处于被动地位。

杜鲁门为此大为恼火，他下令麦克阿瑟收回这份演说稿。八九月间，美李节节败退，

最后龟缩在东南部釜山一隅。美国政府以挽救李承晚政权为借口,最终走上了扩大侵略战争的道路。

当时麦克阿瑟提出在仁川登陆的建议,这个计划遭到华盛顿军方的反对。

经过一段时期的激烈争论和麦克阿瑟的坚持,8月底,参谋长联席会议才同意由两栖部队在仁川实施一次"转向行动"。9月12日,麦克阿瑟在佐世保登上"麦金利山"号舰,向登陆地点驶去,亲自督战。

9月15日美国调集了它在远东的几乎全部陆军约4万多人,以及300多艘军舰,500多架飞机,在朝鲜中部的仁川登陆。登陆部队向东开进,并与釜山防御出击的沃克将军的队伍合力攻打汉城。30日,攻陷汉城。

这时麦克阿瑟踌躇满志,贺电纷至沓来,杜鲁门也为桀骜不驯的麦克阿瑟喝彩说:"干得好,干得漂亮。"10月4日美军越过三八线,10月15日杜鲁门同麦克阿瑟于威克岛会谈整个局势和下一步行动。当总统走下飞机的时候,不修边幅、傲慢的麦克阿瑟敞着衬衣、戴着一顶旧帽子,上前迎接。一副墨镜、一套褪了色的卡其布军装、一顶旧帽子和一支玉米芯烟斗,这是人们非常熟悉的在第二次世界大战期间麦克阿瑟的形象。在会谈中,麦克阿瑟大言不惭地说:"我认为到感恩节,正规抵抗在整个南北朝鲜就会停止。我本人希望到圣诞节把第8集团军撤至日本。"在离开威克岛时,杜鲁门授予麦克阿瑟优异服务勋章。

战火迅速向北延伸,终于飞机开始轰炸鸭绿江——中国边界的界河。在美国日益扩大的侵略战争面前,中国政府多次发出警告。

但麦克阿瑟之流置中国严重警告于不顾,继续疯狂向北推进。10月21日,侵占平壤,侵略的战火燃烧到中朝边境。面对武装入侵的危险,中国人民掀起了抗美援朝、保家卫国运动。10月下旬,以彭德怀为司令员的中国人民志愿军应邀入朝参战,同朝鲜人民军并肩战斗,严惩侵略者。

到1951年5月,中朝军队胜利地进行了5次大规模战役,将麦克阿瑟赶回三八线。美国在朝鲜战场上的失败加剧了美国统治集团内部的矛盾以及美国与其盟国之间的矛盾,反对美国侵略的呼声日益高涨。美国政府被迫开始寻求停火,但是麦克阿瑟反对任何停火企图,公开与美国政府唱对台戏。

1951年3月24日,麦克阿瑟竟然发表声明,声称要把战争扩大到中国沿海地区和内地,对中国人民进行战争威胁,并狂妄宣称:"我随时准备与敌军总司令在战场上会谈。"接着,4月5日美国众议院少数党领袖小约瑟夫·马丁在众议院发表了麦克阿瑟3月20日给他的复信,信中麦克阿瑟尖锐抨击了政府政策,要求在亚洲对共产主义扩大战争。麦克阿瑟上述言论轰动世界,美国舆论哗然,使杜鲁门政府尴尬到极点。

1951年4月11日凌晨,杜鲁门总统发表公告:"陆军五星上将道格拉斯·麦克阿瑟已不能在涉及他所担任职责的问题上全心全意地支持美国政府和联合国的政策。根据美国宪法赋予我的特殊责任和联合国赋予我的责任,我决定变更远东的指挥。因此,我解除了麦克阿瑟将军的指挥权……"

于是，麦克阿瑟在一夜之间便从辉煌的顶峰跌落，成为一个悲剧性人物。杜鲁门撤销麦克阿瑟的一切职务，标志着美国侵略政策遭到严重失败，是杜鲁门推卸朝鲜战场上一切失败责任的"脱身计"。

然而，有意思的是，由于通信故障，麦克阿瑟自己开始还不知道被撤职的事，是从妻子琼妮那里获悉被解职的消息的，而其妻子则是别人从广播中听到后告诉她的。当麦克阿瑟听到这一消息时自我解嘲地说："琼妮，我们终于要回家了。"他的 52 年戎马生涯从此结束。麦克阿瑟对杜鲁门不宣而撤的方式耿耿于怀，认为对他是一种"嘲弄和侮辱"。后来他写道："就是对办公室的勤杂工、干粗活的女佣或者随便什么样的仆人，也不能这样无情无义，不顾一般的体面，随便打发呀！"

1951 年 4 月 16 日，麦克阿瑟将军在远东渡过了 14 年的时光后，踏上了回国的旅程。当他回国时，仍受到英雄凯旋般的欢迎。

麦克阿瑟返回美国后曾在国会发表演讲，继续主张扩大侵略战争，对中国实行经济封锁，怂恿蒋介石反攻大陆等政策。美国国会亦曾举行麦克阿瑟听证会。1952 年，麦克阿瑟企图获得共和党总统候选人提名，但未能成功。不久，任兰德公司董事长，著有回忆录《往事的回忆》。从此，他与妻儿隐居在纽约曼哈顿的一座公寓里，安度晚年。

1960 年，年已 80 的麦克阿瑟患了前列腺炎，此后，体质渐衰。他曾做过包括摘除胆囊在内的几次手术。

菲律宾人没有忘记他，1961 年他被邀请参加菲律宾独立 15 周年纪念活动。所到之处，这位依旧身着卡其布军装、戴着墨镜的 81 岁的年迈老人，受到了隆重热烈的欢迎。

1962 年 5 月，麦克阿瑟将军在西点军校发表演说："我的生命已近黄昏，夜色已经降临，我昔日的风采和荣誉已经消失。"

1964 年 4 月 5 日下午 2 时 30 分，麦克阿瑟在沃尔特·里德陆军医院病逝，终年 84 岁。

二战中的血腥将军

——巴顿

人物档案

简　　历：第二次世界大战美国著名的军事将领。1918年8~9月，率领自己组训不久的坦克旅参加了圣米耶尔战役和阿尔贡战役；1942年，被派往大西洋彼岸的非洲战场作战；同年，执行"火炬"战役计划；1943年2月参加制定和准备实施"爱斯基摩人"作战计划；欧战结束后被任命为巴伐利亚州军事长官。1944年1月，到英国就任美国第3集团军司令；1945年3~5月，巴顿率领部队突破德国"齐格菲防线"，强渡莱茵河，突入德国腹地，进至捷克斯洛伐克和奥地利边境；4月，晋升为四星上将；5月9日，对德战争结束，巴顿被委任为巴伐利亚军事行政长官，因政见不同被解职；10月，任第15集团军司令；12月，外出打猎时突遇车祸而受重伤，21日，不治在德国海德堡去世，享年60岁。

生卒年月：1885年11月11日~1945年12月21日。

安葬之地：安葬在欧洲西部的小国卢森堡。

性格特征：内向，喜欢独处，口无遮拦，善良敏感。

名家评点：赫尔曼·巴尔克将军评价说："巴顿将军是第二次世界大战中杰出的战术天才。我至今仍将曾与他对抗看作是一种莫大的荣幸和难忘的经历。"

出身名门

乔治·史密斯·巴顿1885年11月11日出生在加利福尼亚州圣加夫列尔一个具有文韬武略的传统家庭里，曾祖父是美国独立战争时期大陆陆军的一名准将，祖父和父亲都是弗吉尼亚军事学院的毕业生。祖父在南北战争中曾任联邦上将，而父亲则是一名律

师。母亲是一位参加过独立战争,后来成为田纳西州众院议长的后裔。

巴顿年幼深受双亲的宠爱,在牧场中度过了愉快的童年。他在少年时代就喜欢骑马且骑术精湛。他对历史特别有兴趣,很早就已决定当军人。

18 岁时,巴顿进入私立弗吉尼亚军事学院,一年后他又获得入西点军校的保送资格。第一学年因注重队列练习而忽视数学,被留级一年,但这并未影响他发奋努力。巴顿在初期受挫面前毫不退却,经过刻苦努力,数次刷新了学校田径比赛纪录;第四年又升为令人羡慕的学员副官。毕业时,他的队列训练成绩名列第一。

1909 年 6 月,巴顿军校毕业,随即以少尉军衔赴伊利诺伊州谢里丹堡美国第 1 集团军骑兵部队服役。

1910 年,巴顿与马萨诸塞州纺织业巨头的女继承人比阿特丽丝结为伉俪。他的婚姻极其美满,生有一男二女。巴顿夫妇腰缠万贯,生活阔绰,经常出入上层社会,结交了不少军政要员。

1911 年,巴顿调到华盛顿附近的迈耶堡服役,这是他一生事业的第一转折点,他在这里和政府中的要人有了进一步接触的机会。他曾经临时担任当时陆军参谋长伍德和陆军部长斯蒂姆逊的副官,后者在第二次世界大战期间再度出任部长。巴顿深知“争名于朝”的道理,他一方面培养那些将来可能作为后援的关系;另一方面又努力上进,研究他的本行。

巴顿喜欢并擅长体育,骑马游泳样样在行。他经常参加各种马术比赛。1912 年,他自费前往斯德哥尔摩,参加第 5 届奥林匹克运动会现代五项的比赛。游泳比赛中,当他游完 300 米到达终点时,因过于拼命,力量耗尽,人们不得不用船钩将他从池中捞上来。在 4000 米越野赛中,他又因精疲力竭而晕倒在终点线上。但他在 43 名参赛者中获得了第 5 名,是美国正规军官中表现最出色的一个。回国途中,他特意绕道前往法国,到著名的索米尔骑兵学校学习了一段时间的剑术。次年,他又专程赴法进修,不断提高剑术。由于他刻苦训练,获得“剑术大师”称号。巴顿在参加多样的体育活动中练就了强健的体魄,为以后从事艰苦的军事训练和紧张的战斗奠定了基础。

1915 年,巴顿调到布里斯堡第 88 骑兵团,在潘兴将军手下服役。这期间他有了表现自己的机会。1916 年,潘兴率领一支部队深入墨西哥追剿土匪,他把巴顿带在身边做一名临时的副官。巴顿身兼数职——助理情报官和司令部指挥官,并且还要亲自担负传令和联络的工作。他每战都身先士卒,赢得了英勇的美名。巴顿曾率领 14 人,分乘 3 辆汽车,去突破敌人占领的一个牧场,这也许要算是美国陆军史中的第一次摩托化行动。

一次,他奉命冒险追捕墨西哥革命领袖弗朗西斯科·维拉。他没能追上这位革命领袖,但是在一个牧场里击毙了维拉的警卫。当时巴顿抽枪射击的动作极为迅捷,这与其说是一次军事行动,倒不如说是一场西部的打斗。巴顿追捕的成绩虽然不大,但颇出风头。这位实干的年轻军官得到潘兴的赏识,潘兴称赞他:“是一个真正的斗士!”

1916 年 5 月 26 日,潘兴将军将他提升为中尉。从少尉到中尉,巴顿等了 7 年的时间。而这还属破格提拔。和平时期陆军晋升十分缓慢,一次小小的提升可能要等 15 年

之久。但是巴顿自这次晋升之后，便开始扶摇直上了。从 1916 年到 1918 年不到两年的时间里，他从中尉逐级升至上校。

1917 年初，巴顿随潘兴凯旋。

在这期间，巴顿曾以潘兴为心目中的指挥官楷模。他研究潘兴如何自律，如何判断他的部下，如何做出决定。他也像潘兴一样，坚持严格的纪律，绝对恪尽职守，从上到下打成一片。他重视部队的仪容和礼节，像潘兴一样，他的观点和行为都是完全讲求实际，他相信努力工作注意观察才能保证成功。

组建新军

1917 年美国参加第一次世界大战，巴顿又随美国远征军总司令潘兴到了法国。巴顿担任副官兼营务主任，晋升上尉。巴顿天性好动，喜欢表现自己，对在参谋部任职不感兴趣，于是去见潘兴，要求调到战斗岗位上去。恰巧，潘兴这时正设法组建美国的坦克部队，便提出两个职位供其选择：或者去指挥一个步兵营，或者去坦克部队。当时，坦克还是一种发明不久、尚有争议的武器，仅在英国和法国的部队中使用。巴顿一时拿不定主意。

于是他写信征求岳父的意见，那位波士顿纺织业家回信说："我是一个爱好和平的人，对战争一无所知。我对你的劝告是：应该选择那种你认为对敌人打击最沉重、对自己伤亡最小的武器。"这句话言简意赅，使巴顿定下了去坦克部队的决心。从此时起，巴顿和坦克结下不解之缘。

1917 年 11 月，巴顿受命去组建美国第一支坦克部队。他刚接触坦克时并不怎么喜欢，把它称之为"带轱辘的棺材"，但不久却热情地投入了这一组训工作。巴顿的具体任务是在美国远征军中训练和指挥出两个坦克营，然后组成坦克第 1 旅。

对于训练和指挥这一新兵种，巴顿一窍不通。因此，他从零做起，在进行训练以前，先到英国博文顿坦克学校和法国夏普勒坦克学校学习专业，钻研坦克技术，研究坦克参战的战例，摸索使用坦克的规律，并且爱上了这个他称之为"早产而患有无数先天疾病的婴儿"。

后来，巴顿根据他自己熟悉此种武器性能和用法的优势，写了一份详细的报告，这也就成为关于美国坦克的基本文件。他在报告中论述了坦克的构造、修理和维护，兵员的训练以及战术等问题，其主要思想就是用坦克支援步兵来突破对方的防线。

1918 年初，巴顿在马恩河上游的朗格勒附近建立了一个训练中心。这时，他将最初的怀疑态度转为无限的热情。他说："在我看来，没有坦克我们就无法打开缺口，这一点越来越肯定无疑了。杀人武器很多，但我相信，不断改善的坦克最能克敌制胜。"

法国援助了巴顿少校所需要的 22 辆坦克，这批坦克在一个月色当空的夜里运到布尔附近的铁路支线上，当时在训练中心劳累了一天的巴顿正在寝室里蒙头大睡。晚上 11

时，他的传令兵闯进室内："少校，坦克运到车站了，需要你去接货。"

巴顿穿上衣服，直奔车站，接着用了4个小时将坦克从平板车卸下来，送进库房。每辆坦克都由他亲自操作，因为训练中心只有他一人会驾驶坦克。

此后，巴顿开始了艰苦的训练工作。当年3月他晋升为中校。

到1918年7月，巴顿组建了6个坦克连。这是公认的美国远征军中最厉害的部队。而巴顿也以远征军中"最残酷最严格的"教官而声名远扬。

1918年8~9月，巴顿率领自己组训不久的坦克旅参加了第一次世界大战中的两个战役。当时坦克的时速很慢，装备也很差，这个坦克旅参战对整个战役当然不会起多大作用，但却显示了巴顿勇猛和富有攻击精神的指挥特色。

8月22日，巴顿奉命参加圣米耶尔战役。因为坦克之间无法联络，于是，他不时出没在坦克内外，时而在前头引导坦克前进，时而又到坦克后边去督促，他的足迹踏遍了整个战场。后来，他竟一人开着坦克，冲入德军的防线之内，差点送了命。当他在冒险之后兴高采烈地跨进上司的办公室时，立即遭到了严厉地训斥，并要解除他的指挥职务。巴顿一再检讨，事情才算了结。9月26日，巴顿第二次参加作战，在阿尔贡战役中，他早已把上次的教训抛到脑后，这次他离开坦克，冒着枪林弹雨，带头冲锋，结果身负重伤，被送入医院。

第一次世界大战结束后，巴顿由于组训坦克旅和作战有功，晋升为上校，还获得了"优异服役十字勋章"。

痴迷坦克

1919年5月，巴顿回到美国。此后20余年里，他大多在"和平的军营里"消磨时光，十几次调动，等待战争的召唤。

回到美国之初，巴顿被派往米堡坦克训练中心。经过第一次世界大战，巴顿认识到坦克在未来战争中的潜力，因此在训练中心致力于这种武器的研究、发展与训练工作。可是，战后美国孤立主义思潮抬头，军备受到限制，加上陆军部对发展坦克缺乏热情，因而巴顿的工作十分困难。他常常得自己掏腰包购买训练坦克用的汽油或解决坦克的一些技术问题。他与人合作，为加农炮和机枪发明了同轴架，以便于射手瞄准目标，但军械署拒绝使用这种发明，而这种同轴架在以后的第二次世界大战时成为中型坦克的标准设备。当时，有人设计了一种提高行驶速度的"M19"坦克，巴顿发现后就安排在米德堡表演，并说服陆军部的7名将军，得到了肯定。据说，后来苏联购买了这种坦克，成为20世纪30年代苏军坦克的骨干。

但巴顿的努力很快便付诸东流。1920年，美国国会通过了一项国防法案，改组和削减陆军。装甲兵归步兵建制，坦克全年经费仅为500万美元。正规军的军衔也普遍降低，巴顿由上校转为正式上尉。他不愿加入步兵，便又回到骑兵部队。

在和平时期，巴顿同其他军官一样，调动频繁，有些职务纯属闲差。巴顿有很多时间阅读书刊和参加社交活动。巴顿夫妇拥有自己的游艇、良种马、最新式的摩托车。他参加各种赛马活动，当上了陆军马球队的队长，还学习驾驶飞机。他曾驾驶自己的游艇去火奴鲁鲁岛。他还进行飞靶射击、打网球、玩手球。他在最擅长的马术比赛中，得过 400 枚奖章和 200 个奖杯。

巴顿衣着讲究，仪表堂堂。他的制服都是由他自己设计而特制的。他总是随身佩带一支擦得锃亮的珍珠镶嵌的手枪。他的奢侈生活十分引人注目，人们称他和他的妻子为"公爵和公爵夫人"。

除了参加体育和社交外，巴顿夫妇都喜欢读书。他们拥有自己的家庭图书馆，军事藏书相当丰富。巴顿特别重视军事史的学习，曾熟读拿破仑、李·格兰特、腓特烈大帝等所进行的各次战役的书，可以复诵某些重要段落和名言。他还攻读战略、战术以及新技术兵器方面的著作，以提高自己的军事素养。他不时地给《骑兵杂志》撰写文章，阐述自己的学术观点。

巴顿在对他个人和部队的要求方面受他的老上司潘兴的影响颇深，他要求部属坚持严格的纪律，整洁的军人仪表，绝对忠于职守，上下打成一片，在平时训练和作战时刻都强调部属要坚强勇敢。他的口号取自普鲁士国王腓特烈大帝："果敢、果敢，永远果敢。"他为人豪爽，对下属有同情心，但又经常表现粗暴，满口脏话。因此，他在部队中绰号很多："血胆将军""绿色大黄蜂""赤心铁胆老头儿"等。他的 5 岁小孙子在晚祷中也祈求上帝"保佑这血胆老头"。

其间，巴顿还曾先后在赖利堡骑兵学校、利文沃思指挥参谋学校和华盛顿陆军大学学习和深造。

1935 年，巴顿被派到夏威夷军区担任情报处长。当年 4 月 26 日，他写了一份报告，论述未来太平洋的风波以及夏威夷群岛在太平洋的战略地位。他在结论中说，日本对珍珠港发动突然袭击既是潜在的危险，也是很可能发生的事，而这样一次袭击对美国来说将是灾难性的。他的这一见解没有受到重视，但历史证明他的话绝非危言耸听。在夏威夷任职期满后，巴顿调任驻赖利堡的第 9 骑兵团团长，同时兼任教导主任。1938 年 7 月，巴顿终于晋升为上校，调任驻克拉克堡的第 5 骑兵团团长。

20 世纪 30 年代开始，欧洲和亚洲的战争风云日益紧急。随着新的战争的迫近，新的军事理论和新的兵器技术不断涌现。当英国的富勒将军和法国的戴高乐上校关于使用坦克的新理论被本国的当权者置若罔闻的时候，希特勒的将军们却接连发表了许多关于装甲兵在未来战争中使用的新原则。古德里安和隆美尔的著作和主张传到美国后，在美国的决策人物中少有反响。但巴顿和部分有识之士却非常重视这些观点，他贪婪地阅读从公开报纸和内部资料得到的材料，从而使他对于在未来战争中发挥坦克突击性的思想更加明确起来。

巴顿加紧研究德军的最新军事论著，根据德军的全新战例指导沙盘演习，预言"不要听那些老顽固对未来战争中乘马骑兵的前途如何高谈阔论，我还是对你们说，当战争来

临时,在美国军队中不会有几匹马的"。他因而被某些人称为"克拉克堡的疯子"。

巴顿奇特的个性,锋芒毕露的言行,受到一部分有眼光的将领们的赏识,但在高层军政领导中树敌不少。夏威夷军区司令威廉·鲁思文·史密斯将军对他下的评语是:"此人在战时会成为无价之宝,但在和平时期却是一个捣乱分子。"有一段时间他十分消沉,郁郁不得志,买了一所庄园作为退步之计。

受到重用

正当此时,华盛顿上层的政治变革也在进行,一度默默无闻的巴顿好友马歇尔受到罗斯福总统的赏识,从上校被提升为陆军参谋总长。马歇尔上任后,意识到战争的临近,他按照罗斯福的意见立即着手人事改组,把那些身居高位而实则老朽的高级军官调离,同时物色一批富有进取精神的将领充实指挥岗位。

巴顿的军事才能得到了马歇尔的赏识,被认为是在战场上能够对付快速机动的德军并取得决定性胜利的优秀人才,是美军克敌制胜绝对不可缺少的人物。就在 1938 年 11 月,巴顿调任第 3 骑兵团团长兼迈尔堡驻军司令。

1939 年 9 月,第二次世界大战全面爆发。美国面临战争,罗斯福总统改组了陆军总参谋部。马歇尔上将出任陆军参谋长,他将巴顿调到华盛顿附近的迈尔堡,以便随时召用。

1940 年 7 月,马歇尔批准组建装甲师,巴顿受命组建一个旅,并被晋升为准将。

同年,巴顿被任命为第 2 装甲师师长,晋升为少将。巴顿主张的作战要领是"运用手中的一切手段在最短时间内给敌人造成最大伤亡的破坏"。在他率部参加的 1941 年田纳西州演习、得克萨斯州—路易斯安那州演习和南北卡罗来纳州演习中得到较好的体现。

1941 年 12 月珍珠港事件之后,美国对德日意宣战。1942 年 1 月,巴顿升任第 1 装甲军军长。

1942 年 3 月,巴顿被调往迪奥沙漠训练中心,负责坦克部队干部的培训工作。不久,美国参加对德战争,巴顿被派往大西洋彼岸的非洲战场作战。

1942 年 7 月 30 日,陆军参谋长马歇尔在华盛顿紧急召见巴顿,命令他去执行英美联军在法属北非登陆的"火炬"战役计划,指挥这个战役中的美国特遣部队。在第二次世界大战中,他是第一位率领美国军队参加战斗的美国将军。

执行"火炬"作战计划是一个十分艰巨的任务,因为要横渡大西洋。巴顿看到这个战役的详细计划后,怒气冲冲地打电话给马歇尔的副手说:"我需要数量大得多的人员和舰只去执行这项任务。"马歇尔听到这个口信后,只说了一句话:"命令巴顿回到迪奥去。"巴顿接到命令后回到了沙漠训练中心,但思想受到了极大的震动。两天后,他打电话给副参谋长说:"在此期间我想了很多,得出结论,我也许能用你那些笨蛋参谋人员所愿意给我的兵力去完成任务。"这样,巴顿又回到华盛顿,为实施"火炬"计划而努力工作了。

当时，无论美国或英国的高级军事领导人对执行这一计划都忧心忡忡，认为前途莫测。根据英国陆军部有关将领的估计，完成这一使命，需要 11 个师，最大的困难是海军支援力量和登陆艇不足，以及要对付深秋时节大西洋的汹涌波涛。马歇尔为了了解英国方面对这个计划的态度，派巴顿去伦敦调查。巴顿在伦敦待了 10 天，为"火炬"战役计划大展口才，走访伦敦的"关键部门"，不断进行游说，终于使英国的高级将领们赞同了这一计划。巴顿的态度也使马歇尔坚定了实施这一计划的决心。有人说，如果没有巴顿富有感染力的热情和乐观主义，"火炬"作战计划可能会束之高阁，这也许不是夸张之言。

1942 年 9 月下旬，美英两国参谋长联席会议在伦敦确定了实施在西北非登陆的"火炬"作战计划的细节，决定两国军队于 11 月 8 日在摩洛哥的卡萨布兰卡、阿尔及利亚的奥兰和阿尔及尔三处同时登陆。

巴顿将军被任命为在摩洛哥登陆的西线先遣队总指挥。

10 月 24 日，巴顿登上"奥古斯塔"号旗舰，率领由 36 艘运输舰、货船和油船运载的美国特遣队 4 万多名官兵，在 68 艘军舰的护航下，从弗吉尼亚州的诺福克港出发，横渡 3000 英里的大西洋，前往法属摩洛哥的海滨。11 月 8 日，美国特遣队在卡萨布兰卡地域登陆，经过整整 74 个小时的战斗，终于迫使驻摩洛哥的德军投降。北非登陆成功，为盟军顺利地完成北非战局部署创造了有利的条件，并使盟军控制了通过苏伊士运河、从大西洋向印度洋进行的海上运输。1 月底，盟军占领了摩洛哥、阿尔及利亚，并突入突尼斯境内。

巴顿将军被任命为美国驻摩洛哥总督。他作为总督在摩洛哥的所作所为引起了英国人的非议。

巴顿打仗内行，但当总督、搞政治外交却不是天才。一旦对手放下武器，巴顿也就尽量显得宽宏大度，他同法国维希政府在摩洛哥的军事长官打得火热，允许法国法西斯分子和亲纳粹分子组成执政机构继续掌权，默许他们继续实行迫害犹太人的种族主义政策。巴顿的司令部变成了一个社交中心，像是一个豪华的宫廷。美国副领事对巴顿的行为大为不满，他描述当时的情况说，维希法国人决定同美国人合作后，对美国将军百般献媚，博取欢心，在富丽堂皇的现代化寓所里举行各种美妙的晚会，令人乐而忘忧。在最高层，巴顿迈着大步，手枪摆弄得嘎嘎作响，颐指气使，自我欣赏。英国特工认为巴顿在摩洛哥"和魔鬼打得火热"，向丘吉尔首相做了报告。丘吉尔为此两次写信给罗斯福总统，表示不满。若非艾森豪威尔因战事需要将巴顿调到前线，真不知他还会搞出什么名堂。

接任军长

1943 年 2 月 2 日，艾森豪威尔指令巴顿参加制定和准备实施在西西里岛登陆的"爱斯基摩人"作战计划。西西里岛是 1 月在卡萨布兰卡召开的英美两国首脑会议上所确定的下一个作战目标。参加此役的地面部队将是蒙哥马利的第 8 集团军和预定由巴顿指

挥的美国第7集团军。"爱斯基摩人"作战计划定于1943年7月中旬实施。英美两国估计那时非洲战事将告结束，可以移师东渡。但是此时，突尼斯战役正酣。

退守突尼斯境内的隆美尔于2月中旬在南部集结了两个坦克师，对弗雷登多尔的美第2军发起突然进攻，弗雷登多尔治军不严，指挥不力，美第2军几乎溃不成军。德军突破美军防线，向北纵深推进150公里。盟军急忙向被突破地带调去一个加强装甲师，并出动大量空军，才堵住缺口，迫使德军退却。至5月25日，美军防线恢复原来态势。

3月5日，艾森豪威尔将弗雷登多尔调离第2军，派巴顿接任军长。

其实，巴顿早就期待着到突尼斯前线去。他对人说，他对隆美尔的书不知读了多少遍，对这家伙了如指掌，早就盼望着和这个"厉害的杂种"厮杀一场并亲手击毙他。艾森豪威尔告诉巴顿，他必须立即重振萎靡不振的第2军的士气，使其恢复高昂的战斗精神。

巴顿3月6日晚到达设在库伊夫山的第2军司令部，当时在250英里外的梅德宁正展开激战。巴顿将军显出一副令人生畏的神情，头戴两颗星的擦得亮亮的钢盔，就像一个战车驾驶员一样，站在装甲车上，开进那个满是土屋的小村庄。

巴顿的使命首先是重振萎靡的第2军，使其恢复战斗力。他的做法在许多人看来，只不过是"一个狂暴急躁的严厉军官的小动作"而已。巴顿规定早饭在7时30分前结束，参谋人员上班不得迟到。他重申军容风纪条例，要求所有军人戴钢盔，包括护士在内。他亲自四处巡视，检查执行纪律情况。他将那些没戴钢盔的官兵集合起来，训斥说："我对任何不立即执行命令的兔崽子都不会容忍。我给你们最后一个选择机会——要么罚款25美元，要么送交军事法庭。我可要告诉你们，送交军事法庭是要记入档案的。"

这些人被迫拿出25美元，对这位新军长咒骂不已。

有人认为巴顿注重的仅是鸡毛蒜皮的小事，但是他正是通过抓军容风纪震动了第2军，迅速改变了全军涣散的软弱状态。新任副军长、后来的集团军群司令布莱德雷说："每当战士扎上绑腿和扣上钢盔时，他们就不能不想起现在指挥他们的是巴顿，以前的日子结束了，纪律严明的新时代开始了……尽管他的做法未能使他赢得众人的好感，但是在人们的头脑中留下了不可磨灭的印记：第2军的老板是巴顿。"

巴顿从到达第2军的那天起，便全力以赴地整肃军纪。他视察了所属的4个师的每一个营，每到一处都发表一通鼓舞士气的讲话，话里常夹杂着不三不四的脏话。这期间，他督促参谋人员迅速落实作战计划，其余的时间便去搜寻那些不戴钢盔、不打绑腿或领带的官兵。他一丝不苟，上厕所忘戴钢盔的人也要受罚。

3月17日，英美联军开始进攻。英第8集团军和美第2军分别从东、西两个方向夹击德军。

进攻前夕，3月16日晚，巴顿将军向部队发出号召："明天我们要开始进攻了，不成功便成仁！"

巴顿的第2军面目一新，猛攻猛打，进展迅速，很快与蒙哥马利的第8集团军胜利会师，在突尼斯北部完成了对德军的合围。

在英美联军发起最后进攻前5天，4月14日，艾森豪威尔将巴顿召回摩洛哥，由副军

长布莱德雷接任第 2 军军长。

此时西西里战役已迫在眉睫。艾森豪威尔认为巴顿已经完成了他在第 2 军的使命，现在需要他全力以赴地准备"爱斯基摩人"作战。

回到摩洛哥不久，巴顿晋升为中将，准备担任在西西里岛登陆作战的美国第 7 集团军司令。

耳光事件

1943 年 7 月 9 日，盟军发起西西里岛登陆战役。

这天下午，盟军登陆部队在马耳他集结，当晚实施登陆和空降。攻占西西里是历史上规模最大的水陆两栖作战之一。盟军投入了两个集团军共 13 个师、3 个独立旅和 5 个特种侦察登陆部队，总兵力达 47.8 万人，并动用了舰船 3200 艘和飞机 5500 架。

蒙哥马利的第 8 集团军在岛东南登陆，逼近墨西拿湾的东海岸，切断敌军。巴顿的第 7 集团军保护英军的后方和侧翼。但巴顿不满足于此，他要求进而攻取巴勒莫。盟军副总司令亚历山大同意了巴顿的建议。

7 月 18 日，巴顿兴冲冲地回到西西里岛。他命令凯斯指挥他的临时军第二天开始进攻巴勒莫。这个军从其占据的滩头阵地向西北挺进，只有第 2 军的两个师在岛中部到恩纳一线支援第 8 集团军。

巴顿第 7 集团军主力向 100 英里之外的巴勒莫进攻，粉碎了敌军的抵抗，大获全胜，这一胜利很快以头条新闻见诸报端。他的训练有素的部队进展神速。凯斯直到逼近市郊还未动用留作预备队的坦克部队。然后，凯斯命令坦克部队突然出击，沿街道向市中心开进，巴勒莫市于 7 月 22 日晚向凯斯投降。此役美军共损失 200 余人，而敌军死亡 2900 余人，投降 53000 人。巴顿进驻豪华大厦，那种梦幻般的情景，连他自己也不敢相信是真的。

尽管夺取巴勒莫并无战略价值，但是这一胜利却激动人心，鼓舞士气。消息传到美国，举国欢腾。艾森豪威尔闻讯，喜不自禁。

此时，蒙哥马利在东海岸的进攻受阻，进展异常缓慢。亚历山大决定改由巴顿的第 7 集团军从巴勒莫沿北部海滨公路向墨西拿推进，与沿东部海滨公路推进的第 8 集团军遥相呼应。7 月 23 日，亚历山大命令巴顿进击墨西拿。

第 2 军在特罗伊纳受到德军的顽强阻击。在这里发生了西西里战役中最为激烈的战斗。也正是在特罗伊纳，发生了两件巴顿打人事件。

在诺曼底登陆后展开的 1944 年 7 月 25 日的"眼镜蛇"攻势中，巴顿第 3 军团的装甲部队攻陷汤斯，越过莱塞山隘，闯进法国心脏地区的大门，又直扑法国边境。在南方、东南方接连攻克马延、拉瓦耳；在西方将德军赶出了布列塔尼半岛的内陆，并和美军第 1 军团、英军第 2 军团将德军反击部队近 20 个师包围在法莱兹、莫尔坦之间的狭窄地带。接

着巴顿将第 3 军团编成若干坦克群,不顾一切地向前猛冲。曾参加二次大战的英国记者亨利·莫尔叙述说:巴顿"曾命令部下:'以尽快的速度,向一切可以推进的地方前进!'"最后歼灭了敌人的大量有生力量,取得了惊人的战果。

当战斗进入高潮时,8 月 3 日,巴顿到尼科西亚视察后方医院,发现一个叫库尔的士兵无伤住院。巴顿问:"孩子,你有什么病吗?"库尔说:"没有,我只是受不了。"巴顿问他是什么意思。库尔说:"我就是受不了去当炮灰。"巴顿说:"你是说你开小差?"他突然眼泪直流。医生诊断他得了"急躁型中度精神病"。这是库尔第三次到后方医院了。

巴顿勃然大怒,痛骂库尔,用手套打他的脸,然后将他推出帐篷,怒吼道:"我不允许你这样的胆小鬼藏在这里,你卑劣的懦夫行为败坏了我们的名声。"叫他站起来,归队去,做一个堂堂正正的男子汉,库尔遵命回去了。

后来,库尔得了疟疾,体温升到 40℃,医务人员把他送到北非医院。由于人们忙于打仗,这件事并未立即引起反响。

8 月 10 日,巴顿在特拉斯科特部队后方医院视察时,又发现一个未受伤的士兵住在医院里。此人叫贝内特,据称患有"炮弹休克"症。他在床上哆哆嗦嗦,缩作一团。他说:"我的神经有毛病。我不怕炮弹飞来的声音,就怕爆炸声。"巴顿又愤怒地吼起来:"你的神经,滚蛋!你这婊子养的胆小鬼……真该枪毙你。"

他掏出手枪威吓贝内特,并挥手打了他一个耳光。贝内特号啕大哭,巴顿继续打他,将他的钢盔打掉。医生劝阻,巴顿对医生大吼:"你给我把这个胆小鬼赶出去,决不能让这些胆小鬼躲在医院里。"此事也未立即掀起波澜。

8 月 17 日,巴顿抢在蒙哥马利之前拿下了墨西拿城。盟军占领了西西里岛,德军退到意大利本土。

这时,巴顿打人事件终于被披露出来。第 7 集团军许多人已风闻巴顿打了人。一些随军记者对此十分关注。《星期六晚邮报》记者德马雷·贝斯进行了彻底调查,证明传闻属实,向艾森豪威尔提交了一份详细的调查报告。

军医们不同意巴顿的做法,他们向艾森豪威尔提出了抗议。其他一些人也写信控告巴顿。艾森豪威尔认为巴顿是个不可多得的将才,是盟军夺取胜利不可或缺的人物,不愿因此失去他。

8 月 17 日,艾森豪威尔致信巴顿,附有军医官控告信副本。艾森豪威尔在信中说:"我十分明白,战场上,严厉和硬心肠是必要的,有时需要采取严厉措施。但这不能成为打骂病人的理由。"他要求巴顿认真检讨自己的行为,写出报告,保证不再重犯,并要求巴顿向西西里全体部队道歉,从而使新闻界保证不得将此事宣扬出去,避免了公众提出撤换巴顿的要求。但同时艾森豪威尔又决定,巴顿的职务不能高于集团军司令。11 月,当美国公众知道这次打耳光事件后,仍有人感情用事,要求撤换巴顿,但是艾森豪威尔断然加以拒绝。

巴顿意识到问题的严重性,按艾森豪威尔的要求一一做了。他复信给艾森豪威尔,表示对此事追悔莫及。他说:"你对我有知遇之恩,我本当赴汤蹈火,但却给你惹来麻烦,

我诚感悔恨、内疚和痛苦。"

这件事并未就此平息。3个月后，波澜又起。新闻界大谈此事，轰动了国会，也惊动了白宫。最后由陆军部长史汀生将事件的经过、处理情况和考虑提交参议院军事委员会主席。史汀生强调处理此事必须考虑到战争的需要。他还举行了两次记者招待会，说明情况，使事件渐渐平息。

巴顿被保护过关，但失去了指挥美国第5集团军进攻意大利的机会，也失去了指挥美第一梯队在诺曼底登陆的机会。他被免去第7集团军司令的职务，晋升为正式少将的时间也被推迟。

公众心目中的巴顿形象和现实生活中的巴顿本人相差极大。巴顿实际上是一个性格内向、喜欢独处、善良敏感的人。他喜欢独自骑马、看书，也喜爱作诗、写小说和论文等等。然而，巴顿更认为，一个优秀的军官必须具有"男子汉"气概，所以他尽力掩饰自己沉默寡言的一面，而表现出豪爽、直率和暴躁的一面。他讲话时爱咒骂，语言粗俗，这也是他有意塑造的军官形象。

巴顿认为"美国士兵唯一不具备的气质就是狂热。当我们与狂热者作战时，这是一个极为不利的因素"。巴顿试图用那种粗鲁、泼辣和咒骂的语言来唤起那种狂热气质，努力使士兵仇恨敌人。巴顿是依据这样的原则来行动的，即他的使命是勇猛、迅速、毫不留情地消灭德国人。战争是毁灭，而不是好事，人们不能文质彬彬地投入战争，因为这种斯文人一定打不过嗜血成性的刽子手。

第二次世界大战中所有隶属于巴顿的师长们几乎毫无二致地认为，巴顿那种特有的粗俗语言，是其领导艺术的内容之一。当然也有例外，如第87师师长弗兰克·丘林少将说："巴顿讲话就像个密苏里州的赶骡汉，试图哄骗那些顽固的骡子，替他载上重负。"

当有人问巴顿讲话为什么粗俗时，他回答说："他妈的，你没有粗俗劲就无法指挥军人。"在巴顿看来，他用的是士兵们所能理解的语言，也许这是对少数人的冒犯，但为的是多数人。

在巴顿手下工作的士兵更知道巴顿的严厉只是外表，而内心是善良的。他的领导艺术所以切实可行，获得成功，主要依靠的是为士兵着想并尊重他们，而不是其他的东西。他认为一个优秀的军事将领首先应当像一个技艺精湛的工匠那样，懂得如何使用工具，所不同的是，将领使用的工具是士兵。巴顿常对他的指挥官们说："士兵们有兴趣的一切，将官也必须有兴趣，有兴趣就会了解到许多情况。"巴顿是一位亲临第一线的领导者，士兵们到处可以看到他的身影，一会儿在滩头卸船，一会儿在泥水中帮士兵推车，他对士兵的甘苦关怀备至，确保他们吃好、穿暖、休息足，不要担无谓的风险。士兵中的英雄事迹一出现，他当场授勋。对受重伤的士兵，巴顿常在战场上或病床前向他们颁奖。奖章由他的副官随身携带，并同时记下立功表现作为立功报告的依据，巴顿相信拿破仑的格言："只要有足够的勋章，我就能征服世界。"

纵横驰骋

1943 年 10 月,暂无任职的巴顿奉命带了 10 余名参谋人员到科西嘉、马耳他等地游荡。盟军司令部利用德国人对他的注意,布下疑兵之计,使敌军对盟军的重点作战目标产生错觉。

1944 年 1 月 22 日,他奉命去伦敦另有任用。他到达后得知被任命为第 3 集团军司令,该集团军将在诺曼底登陆以后投入陆上的作战,它的士兵大部分还在美国。但处于当时情况的巴顿,仍然以感激的心情接受了这项任命。盟军司令部为了隐蔽诺曼底登陆的企图,决定在位于加来海峡的多佛设立一个假司令部,受到德国人注目的巴顿在这里扮演着这个虚构司令部的司令,这使他大为生气。巴顿的第 3 集团军司令部暂时设在曼彻斯特和利物浦之间一个叫克纳兹福德的小城里。就在此时,他又闯了一次祸。该地一个妇女俱乐部开会欢迎美军的到达并邀请巴顿发言。巴顿在会上讲了一些无关痛痒的话,但这些话被记者们一编造就出现了政治问题,美国国会议员攻击他"干预政治""诬蔑俄国盟友"。这场小小的风波再次使巴顿处于困境,他不仅失去晋升的机会,还可能被免去第 3 集团军司令的职务。但艾森豪威尔在权衡轻重之后,还是决定留下巴顿,从而使他又越过了一道"险滩"。

1944 年 6 月 6 日,诺曼底登陆战打响。盟军出动各种舰船 9000 余艘,飞机 13700 多架,总兵力达 287 万人。作为后续梯队的巴顿第 3 集团军仍留在英国海岸。巴顿急于投入战斗,如热锅上的蚂蚁,受着等待的煎熬。唯一可告慰的是:德国人仍以巴顿的行止判定盟军将在加来海峡实施主要登陆,不肯将加来海岸的庞大兵力调援诺曼底。

7 月 6 日,巴顿奉命从英国飞往战场,但他的第 3 集团军还没有集结完毕,仍然不能很快参战。他原来的副手、现在的上级布莱德雷也生怕巴顿对他俩职务上的变更心存芥蒂,唯恐掌握不了巴顿,因而迟迟没有让巴顿率领第 3 集团军投入战斗。直至 7 月 28 日,当布莱德雷发动"眼镜蛇"战役取得进展,需要发展时,他才允许巴顿以第 1 集团军副司令的职务,到前线监督第 8 军的作战。巴顿求战心切,顾不上计较职位高低,一旦到了前线,早忘记了他只是监督职务,下令把两个装甲师调上来开路,一举夺取了通向布列塔尼的"大门"——阿夫朗什,为扩大战果创造了条件。

1944 年 8 月 1 日,巴顿终于可以指挥他的第 3 集团军作战了。第 3 集团军在布莱德雷任司令的新组建的美第 12 集团军群之内。

巴顿受领的任务是从阿弗朗什地区向南推进,直插雷恩,然后挥师向西,占领布列塔尼,夺取圣马洛和布勒斯特,打开半岛港口。但是巴顿认为用 1 个集团军攻占布列塔尼既浪费兵力,又将失去战机。他命令编成内米德尔顿的第 8 军西攻布勒斯特,海斯利普的第 15 军主力向东推进,沃克的第 20 军掩护集团军主力随时准备进攻。

命令发出后,巴顿便以超人的精力和近似疯狂的热情检查、督促、协调、干预,甚至隔

级指挥各部。

　　巴顿坐着吉普车到处巡视,后面跟着一辆装甲车。他时不时停下车去干预他喜欢或不喜欢的事情。在阿弗朗什,看到装甲车和步兵在过分拥挤的街道上缓慢蠕动时,他爬上一个岗亭,指挥交通整整一个半小时。

　　至8月8日,第3集团军部队围困了布勒斯特,并向东占领了卢瓦尔河上的勒芒市,从而打破了盟军被阻于诺曼底"灌木篱墙"地区的局面。

　　8月9日,巴顿下令向东进攻的部队向北发起进攻,以便配合美国第1集团军和蒙哥马利的部队,从背后迂回和包围莱兹地区的德军。

　　8月12日,第1军推进到阿尔让当,巴顿给集团军群司令布莱德雷打电话,要求允许他的部队越过和英军的分界线,迂回和包围法莱兹村区的德军。蒙哥马利不同意美军越过分界线,艾森豪威尔和布莱德雷指示第15军停止越线向北发起进攻。但北翼的英军和加拿大部队推进缓慢,延误了3天才到达合围点,致使德军大部得以从缺口逃走,丧失了一次漂亮的歼灭战的机会。巴顿异常恼怒。

　　此后,第3集团军一部继续向东追击,渡过塞纳河,粉碎了德军沿河设防的企图。8月底,巴顿进抵马斯河。据可靠情报,此时德军的西部堡垒——齐格菲防线已是一座虚空工事。希特勒没想到这座工事还会派上用场。巴顿打算乘虚而入,突破西部壁垒,强渡莱茵河,插入德国腹地,置敌于死地。他千方百计推行他的计划,四处游说,但毫无结果。在蒙哥马利的强烈要求下,艾森豪威尔决定仍按既定计划以整个后勤系统保障英军在北部向鲁尔地区展开大规模攻势。巴顿的第3集团军作为侧翼配合行动。给第3集团军的油料限制在最低限度,一些卡车也被调走。巴顿对此大为恼火,他命令部队不要停顿,把四分之三的燃料集中起来,保障四分之一的坦克部队继续高速前进。

　　巴顿决心不理睬盟军司令部的限制,想方设法找到汽油加速前进。在他的授意下,集团军后勤人员搞汽油达到不择手段的地步。他们采取劫持,偷别的部队的油库,或冒充第1集团军的人员领油。巴顿为了引起重视,自己驾驶着油箱里只剩下最后的一点汽油的吉普车到布莱德雷指挥部去,要求让他在集团军群的汽油站把油灌满。

　　此时,希特勒正准备在阿登地区发动一次反攻,妄图扭转形势。他认为最大、最直接的威胁是巴顿突进。他招来赫赫有名的巴尔克将军,命令他不惜一切代价"制止巴顿"。

　　而此时艾森豪威尔也下达了限制巴顿突进的命令。

　　敌我双方都发出了"制止巴顿"的呼声,这无疑是整个战争中最不可思议的咄咄怪事。

　　巴顿不肯就范。他已经到达默兹河并冲过了凡尔登,距梅斯35英里,距萨尔不到70英里。

　　8月30日,巴顿命令队伍继续前进,冲过马恩河和默兹河,直捣莱茵河。"我只需要那可恶的40万加仑的油料,就能赢得这场该死的战争。"他吼道。其实他还不止需要油料,给他的其他供应物资也已经到了接应不上的地步。

　　8月31日,第7、第5装甲师相继越过默兹河,在凡尔登建立了桥头堡。第9师已抵

达兰斯,第4装甲师已从康麦斯和默兹桥两处越过默兹河,而这一天,第3集团军已用尽最后一滴油料。

9月上旬,当巴顿部队再次获得了油料和集团军群司令布莱德雷的支持,开始新的进攻时,战机已经失去。希特勒已下令把各地闲散部队集中起来,拼凑了13.5万人把防线重新布置起来,以阻止巴顿的横冲直撞。因此,巴顿部队虽然攻占了南锡,但终于未能攻破齐格菲防线,进攻受到了阻滞。

阿登战役

1944年12月16日,希特勒不顾其他将领的反对,拼凑了25个师,在阿尔登地区实施反扑,企图以优势兵力突破盟军防线,越过默兹河,直插西北方向的安特卫普和布鲁塞尔,以断绝经安特卫普的海上运输,将盟军分割歼灭,以便而后集中兵力对付苏军。

在阿登一线驻防的美军第1集团军的第5、第8两军共6个师,猝不及防,当即被德军冲垮。12月17日和18日,米德尔顿将军的防线被打开缺口,形势异常危险。12月19日,艾森豪威尔在凡尔登召集高级将领开会,紧急做出反击部署。

巴顿根据德军兵力集结的情报,对这次反扑及其方向已经有所察觉,他在16日的早晨就下令他的参谋部拟订一个计划,让第3集团军放弃东进,来一个90度的大转弯,向德军反扑的侧翼——北部的卢森堡方向实施进攻。因此,当盟军为粉碎德军反扑进行紧急部署调整时,艾森豪威尔问巴顿你的部队何时可以对德军发动进攻,巴顿回答说,12月22日早晨即可开始。这个回答不仅使与会的司令部人员大为惊讶,连艾森豪威尔也以为巴顿在故意挖苦,气恼地说:"别胡闹,乔治。"

巴顿不动声色地解释说:"不是胡闹,将军。我已经做好了安排,我的参谋人员正在全力以赴地拟定作战细节。"他介绍了自己的计划,又补充说:"我肯定可以在22日发起强大攻势,但只能投入3个师。在22日我不可能投入更多的兵力,几天后可以。但我决心在22日发起进攻,不能等待,否则会失去出其不意的效果。"

散会以后,巴顿和他的司令部参谋人员立即投入了紧张的准备工作。

12月22日早6时,巴顿用第3军的3个师如期在南部发起进攻。战斗进展顺利。在西面第4装甲纵队攻到布尔农和马特兰格。在右翼,第26师向前推进了16英里后在朗布罗赫一格罗斯伯斯地区与敌交火。第80师前进5英里后在梅尔齐遇到德军阻击,经激战占领该城。

到24日,巴顿已摧毁了德第7集团军在左翼建起的保障中央进攻的屏障依托。

紧接着,巴顿命令第4装甲师"拼命狂奔",前去解救陷于德军重围的巴斯托涅。巴斯托涅是美军阻挡德军推进的一个钉子。18000美军死守孤城,顽强抗击希特勒两个最凶猛的军团的进攻。

26日凌晨,加菲将军的坦克冲进巴斯托涅与守军会师。次日,大部队沿打通的道路

驶入城内,最终粉碎了德军的围攻。加菲将军的第4装甲师随即在第9装甲师和第80步兵师的支援下,开始扩大通道并打通了阿尔隆通往巴斯托涅的公路。

12月29日,巴顿挥师沿公路向赫法利策进军。突破阿登美军防线的德军受到南北夹击,被迫撤回,战线恢复。

阿登战役是第二次世界大战中西线最大的一次阵地战,也是第3集团军遇到的最残酷的一次血战,战死1万余人,受伤7万余人,对此,一向以勇敢无畏著称的巴顿也产生了与他性格迥然不同的某种悲哀情绪。

1月16日,第3集团军经过血战后在乌法利兹胜利会师,当时,全军都在为胜利而欢呼雀跃,而巴顿却躲进自己的办公室,悄悄地写下了一首凄婉忧伤的小诗,表达他对战争的残酷性的深刻认识:

噢!乌法利兹,小小的城镇,

我看见他们依旧躺在那里;

起伏破碎的街道,

只有飞机在上空翱翔。

夜色如墨的街道,

见不到一丝可怜的灯光。

永恒的希望和恐惧被带入地狱。

晋升四星

打退德军阿登反扑之后,盟军最高司令部确定,以蒙哥马利元帅的第21集团军在北部发动主攻,巴顿的集团军在原地进行防御。巴顿对此大为不满,决定不执行原地不动的命令,下令第3集团军的部队分别向普吕姆和比特堡方向推进。至3月12日,北翼部队完成了对萨尔河和摩兹河三角地带的清剿,攻克了德国境内的特里尔市;南翼部队推进到莱茵河畔,并肃清了该河以西的德军。

巴顿在取得以上胜利后,毫不放松地扩大战果,但为了加速渡过莱茵河向法尔茨推进,他很需要增加一个装甲师。3月16日,艾森豪威尔的飞机因风雪阻滞在巴顿的机场做短暂停留,巴顿立即抓住了这个机会,在短时间内组织了隆重的欢迎:机场安排了仪仗队,当天晚上举行了丰盛的宴会,找来了4名漂亮的红十字会女士作陪,当晚宴会气氛达到热烈高潮时,巴顿以战场的好消息打动艾森豪威尔,并提出,根据第3集团军作战进展情况,能否再拨给他一个装甲师,最高司令官马上一口答应下来。

巴顿抓住部队后,立即发起了向莱茵河畔的科布伦茨和美茵兹推进的作战,突破了齐格菲防线,并将溃退的德军两个集团军大部歼灭,余部逃过了莱茵河,从而抢在蒙哥马利之前在莱茵河东岸建立了两个桥头堡。巴顿在渡河部队打退了德军的反扑、巩固了桥头堡之后,给布莱德雷打了电话,他扯着嗓子大喊道:"快向全世界宣布,我们已渡过了

河。""我要让全世界知道，第3集团军在蒙哥马利尚未渡河之前就渡了过去。"3月24日，巴顿乘车过了莱茵河，当车开到浮桥中间，他让车停下来，朝河里吐了一口唾沫，以表示他的胜利和对德国人所吹嘘的天险的轻蔑。巴顿越过莱茵河后，继续向卡塞尔和富尔达快速推进，粉碎了德军想在埃德河和韦拉河一线组织防御的企图。

4月10日，第3集团军已开始向穆尔德河进军。巴顿的装甲部队长驱直入，把埃尔富特、魏玛、耶拿和格拉甩在后面，一直推进到克姆尼茨才住脚，5天共推进80英里。

4月14日他应邀去参加在美茵兹的莱茵河桥通车典礼剪彩时，他拒绝别人递给他的一把大剪刀。"他妈的，给我拿把刺刀来！"他嘟嘟哝哝地说，"你把我当成什么人了，裁缝师傅吗？"

4月中下旬，巴顿率领第3集团军推进至捷克斯洛伐克西部边境，根据和苏联达成的协议，巴顿未被允许进入捷境，奉命改变进攻方向，向西南方向推进，以粉碎德国的所谓"全国防御堡垒"。据盟军司令部获得的情报说，一些狂热的纳粹分子，正准备在阿尔卑斯山大规模地集结部队和物资，企图拖延战争，这处山地要塞被称为"全国防御堡垒"。

4月16日，巴顿接到向该堡垒进军的命令，翌日，他在巴黎看到他被晋升为四星上将的报道，巴顿只是略表高兴地说："很好，但是如果早在第一批发表的话，我会更高兴。"

4月20日，第3集团军开始转向南方发动新的攻势，进攻未遇德军顽强抵抗。巴顿的3个军沿阿尔特米尔河、多瑙河和伊萨河一线，将德军赶进奥地利。事实上德军并未在阿尔卑斯山一带集结重兵设防，所谓"全国防御堡垒"是德军的欺骗宣传，并不存在。

4月21日，巴顿率第3集团军推进到克姆尼茨近郊方才停住。

这时，欧战结束的日子已屈指可数。4月25日，布莱德雷的部队在易北河之畔与苏军乌克兰第1方面军的部队胜利会师。4月30日，希特勒自杀身亡。5月2日，苏军攻克柏林。

5月4日，进抵林茨的巴顿获准再次转向，进攻捷克斯洛伐克。5月5日，巴顿请求布莱德雷允许他占领布拉格，并提出以他失踪几天为掩护，使他争取时间占领该市，以便造成既成事实。但布莱德雷不敢贸然行事，他打电话请示艾森豪威尔，艾森豪威尔断然命令制止巴顿盲目行动。因为在此之前的一天，艾森豪威尔已和苏军参谋长安东诺夫商定，美军应根据协定停止在此一线，不得在捷境越过最初划定的界线，以免军队之间出现混乱。艾森豪威尔命令布莱德雷，不论巴顿在哪里都要把他找到，并告诉巴顿，在任何情况下都决不可强行越过布德魏斯—比尔森—卡尔斯巴德一线，更不要去碰布拉格这座城市。当巴顿接到布莱德雷电话时，他大声抗议，但布莱德雷没有再理睬他就挂上了电话。

5月7日晚，巴顿看到来自盟国远征军司令部的一份电报："德国的最后投降定于5月9日柏林时间午夜零时一分。"

5月8日，德国投降。

巴顿完全清楚战争的残酷无情，但他却深深地热爱战争，以至于5个月后，德国政府签署无条件投降书、欧洲战事结束时，巴顿却感到可怕的孤独和惆怅。他为战争结束而感到遗憾，为无仗可打而感到无限的苦闷，于是他想在空军司令阿诺德来访时，让他在马歇尔面前替他讲讲情，准许他参加远东对日战争。同时他自己也给马歇尔写了好几次

信,表示宁愿降职,哪怕指挥一个师也行,让他参加远东战争。然而,巴顿虽然雄心勃勃、斗志高昂,力争彻底摧毁法西斯主义的最后一个巢穴,但他最终未能再走上战场。

车祸身亡

欧战结束后,巴顿成为仅次于艾森豪威尔的最受欢迎的人物。他曾引起的种种风波一时统统被人忘怀。他和其他人一样沉浸在胜利的欢乐之中。欢呼的人群,无数的鲜花,盛大的游行,使他兴奋异常。在伦敦,在波士顿,在丹佛,在洛杉矶,在卢森堡,在所到之处,他都受到英雄凯旋的欢迎。在巴黎和斯德哥尔摩,他参加了隆重的授勋仪式。

不久,巴顿被任命为巴伐利亚州军事长官。

巴顿对苏联人有着深刻的偏见,当他听说苏联人曾经杀害了数千名波兰军官和其他一些人的消息时,这种偏见简直变成了一种不可更改的憎恨。欧战结束不久,巴顿参加了盟军的阅兵仪式,苏军的高级将领们对他这位美国著名的将军显然比较注意。他们不时地向巴顿投以微笑,但巴顿则紧皱眉头,表现极不友好。当一名苏联将军派一名翻译来邀请他在阅兵之后去饮酒时,他竟然愤怒地说:"告诉那个俄国的狗崽子,根据他们在这里的表现,我把他们当成敌人,我宁愿砍掉自己的脑袋,也不同我的敌人去喝酒。"巴顿命令那个被吓坏了的翻译一字一句地翻译过去。那位将军听后哈哈大笑,很幽默地说,他对巴顿的看法和巴顿对他的看法一样,既然如此,巴顿先生为什么不能同他一起饮酒呢?这次几乎酿成一场小小的尴尬的外交事件的舌斗就此了结,巴顿最后还是同意了去喝酒。巴顿对不少苏联的高级将领都有一些刻薄的描述,反映了他对社会主义制度有着深刻的成见,也反映了他的保守的政治偏见。当他听到苏联人抱怨在他管辖地段中的几支德国部队的遣散和拘禁工作太迟缓时,他怒不可遏,扬言要把他掌握的德国军队武装起来,把那些"该死的俄国佬赶回俄国去"。

巴顿对苏联人的憎恨和对德国纳粹分子的偏爱形成鲜明的对照。

在捷克斯洛伐克,他曾被当作解放者受到热烈欢迎,但几天后,由于他下令迁走约1500多名波兰法西斯分子以使他们免于惩罚,激起了捷克人的愤怒。他还雇佣了一个原德国党卫队的人,并对清除一批有纳粹主义污点的银行家和企业家提出质疑,为此他受到公开批评和责难。德国人很快看出巴顿是他们的朋友,他被称为救星而到处受到欢迎,这使巴顿更加忘乎所以。于是他重蹈覆辙,就像他在摩洛哥任总督时一样,再次和魔鬼打得火热。他甚至召开记者招待会,抨击盟军所实行的非纳粹化计划,声言如果军管政府雇用更多的纳粹党员参加管理工作和作为熟练工人,就会取得更好的效益。一名记者问他,大多数德国人参加纳粹党是否和美国人参加共和党与民主党差不多。他没有意识到这是一个圈套,不假思索地回答说:"是的,差不多。"当记者以醒目的标题报道了他的谈话时,舆论反应是迅速而强烈的。

这时,巴顿引起的轩然大波已不像战时那样容易平息了。艾森豪威尔不再迁就,撤

掉了巴顿第3集团军司令和巴伐利亚州军事长官的职务,改任他为无声无息的第15集团军司令。其实这称不上一个集团军,只是一个有名无实的空架子而已,这个集团军的任务是整理欧战史。1945年10月7日,巴顿忍泪告别了第3集团军。

巴顿在他生命的最后两个月里,强压心头激愤之情,外表轻松而懒散地打发着日子。1945年12月9日,当他乘车到莱茵法尔地区的施佩耶尔附近森林中去打鸟的途中,他的轿车和一辆卡车相撞,巴顿受了重伤,颈部折断,颈部以下瘫痪,处于病危状态。

12月21日,在妻子守护的德国海德堡一家医院病床上,巴顿带着平静的微笑,永远地停止了呼吸。

世界各地的许多报纸都发表了消息和社论,向巴顿致哀。《纽约时报》的社论写道:"历史已经伸出双手拥抱了巴顿将军。他的地位是牢固的。他在美国伟大的军事将领中名列前茅……远在战争结束之前,巴顿就是一个传奇式的人物。他引人注目,妄自尊大,枪不离身,笃信宗教而又亵渎神灵。由于他首先是一个战士,因而容易冲动而发火;由于他在急躁的外表之下有一颗善良的心,所以易受感动而流泪。他是一个奇妙的火与冰的混合体,他在战斗中炽热勇猛而残酷无情,他对目标的追求坚定不移。他绝不是一个只知拼命地坦克指挥官,而是一个深谋远虑的军事家。"

巴顿无疑是一代名将。

但巴顿不是帅才,他的短处和他的长处一样突出。对战略,特别是政治战略的浅见,作风的粗暴与骄浮,使他不仅在平时备受非议,即使在战时也是几经沉浮,最终在被免职遗恨中谢世。

抗日时美国援华的飞虎将军

——克莱尔·李·陈纳德

人物档案

简　历：美国陆军航空队中将、飞行员，生于美国得克萨斯州康麦斯，1936 年 6 月 3 日，宋美龄任命陈纳德为中国空军顾问，帮助建立中国空军。1958 年 7 月 27 日，陈纳德逝世。

生卒年月：1893 年 9 月 3 日～1958 年 7 月 27 日。

安葬之地：华盛顿阿灵顿军人公墓。

性格特征：热爱生活，自强自信，别出心裁，好强、果敢、冒险。

历史功过：建立飞虎队，抵抗日本侵略。帮助中华民国建立空军，训练飞行员。

名家评点：英国人对飞虎队的胜利感到钦佩，丘吉尔称赞他们说："此等美国人在缅甸上空的胜利，在性质上（如果不是在规模上的话）能够和不列颠之战皇家空军在肯特忽布草地上空所获得的胜利相媲美。"

征途坎坷

陈纳德原名克莱尔·李·谢诺尔特，1893 年 9 月 3 日出生在美国得克萨斯州的科默斯一个小农场主的家里。后来在路易斯安那州的乡下小镇长大成人。

陈纳德 5 岁时，母亲病逝，10 岁那年，父亲娶了陈纳德的继母。继母是一位小学教员，给了年幼的陈纳德以"同情和爱的教养"。15 岁时，继母不幸去世，但继母的教诲在陈纳德的心中留下了不可磨灭的印象。

陈纳德从小很要强，无论做什么事都想比别人强，比别人好。他学习很努力，每门功课都是名列前茅。中学毕业时，他以优异成绩考入路易安那州立大学，后又入克里佛航空学校攻读，并取得优异成绩。

从学校毕业后，1908～1913 年，陈纳德先后担任过密西西比州比洛克西商学院的英语老师，当过肯塔基州路易斯维尔基督教青年会的体育训练助理主任，还担任过得克萨斯州中学校长。

1911 年 12 月 25 日，陈纳德与内尔·汤普逊结婚，他们先后生了 8 个孩子。

第一次世界大战爆发时，陈纳德进入印第安纳州·本杰明·哈里逊堡的军官训练学校受训。3 个月后，成为预备役中尉转入陆军通信兵航空处。

1918 年秋，陈纳德到长岛米契尔机场担任第 46 战斗机队的副官，他利用工作之余学习飞行，克服了许多困难和阻力，终于掌握了飞行技术，并且在 1920 年 3 月得到飞行员的职位，从而转入正式飞行，与蓝天结下了不解之缘。

1920 年秋季，陈纳德从新组建的陆军航空处得到正式任命。

1921 年，被调到第 94 战斗机队，他是这个大队见习军官中的成绩佼佼者。

1923 年，陈纳德被调到夏威夷珍珠港的机场工作。这时，他开始研究新的航空战术，并领导他所在的部队钻研各种新的战术。在一次演习之后，陈纳德根据他们所采用的战争方式写了一份报告，颇获好评，并引起上司的注意。在此后的 15 年中他担任过多种职务，其中包括 1923～1926 年在夏威夷担任第 19 驱逐机中队中队长。

1930 年，陈纳德被保送到弗吉尼亚州兰黎空军战术学校学习。毕业后在亚拉巴马州马克斯韦尔基地的航空兵战术学校任战斗机的战术教官。

20 世纪 30 年代，世界空军界被意大利军事理论家杜黑的空战理论所笼罩。杜黑主张，空军在作战中应集中大量远距离、运弹量大的重型轰炸机，将其分布在一些机场上，一有敌情，即以多个纵队对战略目标轮番进行轰炸袭击，而地面武器却无法形成对这些轰炸机的防御，这样经过 3～4 天的不断轰炸，就可迫使被轰炸国家求和。据此，欧洲的军事家断定，轰炸机一旦进入空中，它就无法阻挡。

在杜黑的"轰炸至上"理论的影响下，战斗机受到漠视。许多驾驶战斗机的好手，都不约而同地改习轰炸机了。

陈纳德对这一套理论持怀疑态度。他坚信，现代空战是不能没有战斗机的；在未来的战争中，战斗机将像轰炸机一样扮演着重要的角色，当然必须配备灵活有效的自卫武器。

为了证明自己的看法，陈纳德认真研究了第一次世界大战的空战记录。他根据以往的战例和自己的演练经验指出，过去战斗机离队俯冲目标，并进行一对一战斗的空战方式显然已经过时。交战时，在各种因素完全相同的情况下，交战双方的火力的差别不是火力单位的差别，而是火力单位差别的平方。就是说，一个由两架战斗机编队的机组攻打一个目标，这不仅是二对一而且是四对一的优势。他断定，两机小组是最容易运动的，并且最能集中火力攻击敌人的轰炸机或战斗机，同时又最能保护每一个进行攻击的驾驶

员。另外，他还认为为了发挥战斗机的作用，必须做好情报工作，建立完整的警报系统。

一个思想和一种思潮作对，总是招致众多人的敌视。1931年，陈纳德针对"轰炸至上"的理论写了长达8页的批驳文章，寄给持这种理论的安诺德将军。安诺德将军看后便写信给陈纳德所在的学校查问："这个混蛋陈纳德是什么人？"

陈纳德对这些责难毫不在乎，他坚持自己的观点。1935年，他编著出版《防御性追击的作用》一书，进一步阐述了自己的观点。此书出版后，其战术理论在美国陆军航空兵中有着一定的影响。他将书交给上司，希望能引起重视，结果却如沉大海，杳无音信。

陈纳德在马克斯韦尔基地还曾与威廉·麦克唐纳和约翰·威廉森组成"三人空中飞人"特技表演队，成为美国陆军航空兵公认的最好的特技表演队。

陈纳德技术精湛，但征途坎坷。他的战友都荣膺校官，可他已46岁肩上还扛着尉官的牌牌，这对于一个好胜心很强的人来讲，他的思想情绪可想而知。当时他的身体也不好，患有慢性支气管炎、低血压等病。于是他的上司顺水推舟，于1937年4月以上尉军衔让他退役。

来到中国

正在这时，陈纳德的好友霍勃鲁克从中国来信，问他是否愿意来华任职，条件是月薪1000美元，此外还有津贴、汽车、司机、译员，并有权驾驶中国空军的任何飞机。他答应了。1937年4月1日，他从旧金山启程来中国。

5月29日，陈纳德踏上中国的土地。6月3日，蒋介石、宋美龄接见了他。宋美龄曾在美国佐治亚州读书，陈纳德和她一见如故，此时，宋美龄任航空委员会的秘书长，实际上领导着空军。宋要他担任她的专业咨询。她将自己关于建设一支现代化空军的设想告诉他，并要他用书面的形式写下来，又讨论了他如何当顾问的问题。宋给他两架T-13式教练机，以便于他视察中国空军的现状。

次日，陈纳德会见了蒋介石的顾问端纳。端纳向他介绍了中国政治生活中的事实，如上海、南京和当时的权力结构的政治情况。

陈纳德来华时，国民政府聘有意大利空军顾问，而由于当时美国政府不愿干预中国内部事务，只有小部分美国人以个人名义在空军服务。陈纳德发现，国民党空军无论在训练技术上还是在装备上都很不正规。从训练方法来说，意大利人对基础飞行训练很不重视，只是教授一些初级飞行课程，结果所有毕业的驾驶员除了起飞和降落，几乎再也干不了什么。由于当时的飞行学员多是从中国上层社会挑选来的，需要照顾学员的面子，所以洛阳航空学校由意大利教官所教出的学员个个都能毕业，但他们却既不能驾驶战斗机，也不能驾驶轰炸机。

国民政府从意大利进口的飞机和零件也都是劣质产品，战斗的实践证明，战斗机多是容易着火的废物，轰炸机只能作运输机用。在抗战开始前，国民政府名义有500架飞

机,但实际上只有 91 架能起飞战斗。

当陈纳德即将完成对中国空军的考察时,抗日战争爆发了。战争正是检验自己空战理论的机会。他决心在蓝天上实现自己的抱负。他马上给蒋介石去电,表示愿意在任何能够尽其所能的岗位上服务。后来蒋介石回电接受了陈纳德志愿服务的请求,让他"即赴南昌主持该地战斗机队的最后作战训练"。

根据蒋介石的要求,陈纳德招募了部分美国飞行员组成了第 14 志愿轰炸机中队。

1937 年 8 月 13 日,淞沪会战开始。第二天,陈纳德派飞机参战。轰炸机队奉命轰炸停泊在长江口上的日舰,但由于技术差,投弹偏离目标,击中了上海国泰旅馆和江中饭店,炸死了 150 多人。他对轰炸结果十分不满,但中国战斗机与日机作战的战果又使他高兴,他们在当日的空战中取得了胜利。

日机不断对上海、南京进行轰炸,使中国遭受了严重的损失。陈纳德根据以前在美国建立航空地面情报网的设想,在南京、上海、杭州三角地带组织了一个地面电话警报网,又挑选出一些优秀的战斗机驾驶员,来对付日军的轰炸机。这些措施立刻收到了很好的效果。当日机飞临时,早有情报到来,一架战斗机从日机上面俯冲下来,另一架从下面升空,而第三架则按兵不动,伺机进行攻击。日军轰炸机在没有护航的情况下对南京连续袭击 3 天,一下子损失了 54 架,这时他们才明白,没有战斗机护航的轰炸等于自杀。

此后,日轰炸机改为晚上袭击,陈纳德又将在美国的设想拿到这里施行。他将探照灯布成格子形,当日机一临近即处于探照灯光中,敌驾驶员在灯光照射下,既看不到轰炸目标,也看不到攻击它的飞机。此时,陈纳德指挥战斗机驾驶员用最快的速度由下而上,背着探照灯对日轰炸机的肚皮开火。这一战法给日机轰炸造成了很大的困难。

1937 年 10 月,中国的飞机只剩下 10 多架,许多中国飞行员阵亡。陈纳德设法雇用了 4 个法国人、3 个美国人、1 个荷兰人和 1 个德国人,加上 6 个幸存的最优秀的中国轰炸机飞行员,组建了一个"国际中队"。他们成功地袭击了几个敌占区目标,造成日军的恐慌。但是一天下午,日军飞机袭击了机场,使国际中队的飞机全部被炸毁。

按照陈纳德与中国航空委员会所订的 3 个月合同,他的顾问任期到 10 月就满了。他有妻子和 8 个孩子,他留恋家乡农场大自然的风光。但他想到在中国有这么多的事要做,费了这么大的劲搞起的训练一走就完了,他又舍不得。这时,蒋介石、宋美龄也邀他留在中国一起参加抗战。于是他决心留下来。此后,他们也没有谈延长合同的事,每月照常发给薪金。

当时,美国政府对日侵华战争持"中立"态度,日本人知道美国顾问在华帮助中国,曾要求美国下令让所有在华的美空军人员离开中国。美国务院将此情况转告陈纳德时,陈斩钉截铁地回答:等到最后一个日本人离开中国时,我会高高兴兴地离开中国的。

1937 年 12 月,南京失陷,陈纳德随军撤退到汉口。这时中国的空军几乎损失殆尽,只得靠苏联援华的飞机来保卫城市。

1938 年 4 月 29 日,是日本天皇的生日,陈纳德和中国、苏联的空军指挥官断定这一天日机不会空袭,决定惩罚日本侵略者。陈要中国和苏联的飞机在前一天佯作撤离汉

口,飞往南昌。飞机起飞后先在武汉上空盘旋,让人们(包括日本间谍)看到他们要撤离,当夜又溜回机场。29日清晨,日机从芜湖机场起飞,轰炸机在战斗机的掩护下飞临武汉上空。陈纳德事先侦得日军战斗机只有从芜湖到汉口一个来回的汽油,于是派了20架战斗机在城南拖住日军战斗机,使他们消耗大量汽油,在城市安排40架俄国飞机埋伏在高空,等日机折回芜湖时把轰炸机和战斗机分开,日军战斗机因缺油不敢去保护轰炸机。中苏飞机一队攻击轰炸机,一队攻击战斗机,将39架日机击落36架,只有3架轰炸机落荒而逃。这就是天皇生日的惨败。

返美求援

1938年8月,根据宋美龄的要求,陈纳德去昆明筹办航空学校,训练飞行员。同时,在陈纳德的建议下,中国一些地区开始建立空袭警报系统,从沿海的沦陷区到西部地区,都使用收音机、电话和电报等各种手段,用以预报敌机来犯。当一架敌机离开基地时,靠近该基地的中国特工人员即报告飞机起飞的时间、数量和去向,其他情报人员接到消息后即依次传下去,当敌机到达拦截区时,驾驶员已对敌机的情况了如指掌。1941年12月到1943年,美国志愿队和来华航空队得以取得对日空战的成绩,就是依靠这个警报系统。

1938年底,中国抗日战争进入相持阶段,日飞机不断对四川进行轰炸。陈纳德明白,要对付日军的地面进攻和空中轰炸,空军是最好的手段,因此他在昆明极其简陋的条件下对学员进行严格的训练,不少人中途被淘汰。

这一时期,陈纳德曾在1939年回国同家人团聚,住了1个月,其余时间都在昆明航校。1940年后苏联空军援华人员陆续撤走,中国空军在数量上处于劣势,特别是飞机更为缺乏。这时的中国空军和日本飞机之比是1∶53,日本完全控制了中国的制空权。日轰炸机无须战斗机护航就可进行轰炸,据统计,仅1940年5月20日~6月14日,日军飞机对四川地区的空袭就达277架次,而中国没有1架飞机迎战,陈纳德在昆明航校的宿舍也被炸塌。航校仅有几架作训练用的飞机,学员毕业后也无飞机驾驶。

1940年5月20日,蒋介石召见陈纳德,要他去美国,设法搞到尽可能多的作战物资。

陈纳德是以蒋介石的军事代表的身份被派往华盛顿的,这种身份属"民间行政",与外交无缘。他作为一个退役的上尉,在美国军方也没有什么分量。美国陆军航空队的阿诺德将军对陈纳德的空战理论非常反感,而且对陈在服役期间的印象颇为不佳。美陆军参谋长马歇尔从来没有听说过陈纳德其人和他的作战理论。

在这种情况下,为中国筹款、采购军需品等具体事情,都要靠常驻美国的宋子文的关系来办。当时宋子文以中国国防供应公司行政长官的名义驻在华盛顿。

宋子文向美国财长摩根提出要500架飞机的援助,但摩根认为美国政府不可能把飞机交给陈纳德。

1941年2月,罗斯福总统的经济顾问居里从中国考察回美,主张援华。居里在中国期间调查了中国空军的状况,他很赞成陈纳德关于建立空军的计划。罗斯福总统的一个亲密助手托马斯·科立被陈纳德口若悬河的游说打动,也在罗斯福面前赞扬这一计划。罗斯福决定对华进行军事援助,他要求国务院、陆军、海军和财政各部先拟一个计划。各部几经磋商后,决定暂缓向中国供应轰炸机,可先调拨一批战斗机,以把日本拖在中国,罗斯福同意了这一主张。但决定的事并不等于实现,战斗机的事仍困难重重。美国自己的军队需要飞机,它的欧洲盟国也预订了今后几个月生产的全部飞机。陈纳德急得四处联系,几经周折,最终得到100架P-40型战斗机,数量虽少,但是可解燃眉之急。有了飞机,飞行员又是一个棘手的问题。4月14日,罗斯福总统签署了一项命令,准许预备役军官和退出陆军和海军航空部队的士兵,参加赴华的美国志愿队。

1941年7月中旬,陈纳德回到中国时,除有68架飞机外,已有110名飞行员、150名机械师和其他一些后勤人员到达中国。

打击日机

8月1日,蒋介石发布命令,正式成立中国空军美国志愿大队,"由志愿来华参战之美国人员及航空委员会派赴该队之中国人员共同组成",下辖3个驱逐中队,任命"陈纳德上校为该大队指挥员"。对此,陈纳德非常高兴。

志愿队的成员和代表中国政府的中央飞机制造公司签订了一年的合同,一年后回原部队,享受原有军衔。尽管合同上没有关于作战的条文,但在招募时,陈纳德对每个飞行员都说明了将同日本人作战,并规定每摧毁一架敌机有500美元的奖金。这支志愿队实际上是中国政府的雇佣军。由于这100多名飞行员中,半数以上没有驾驶过战斗机,因而作战前必须对他们进行专门的训练。为避免日本空军的袭击和供应上的方便,经与英国军方协商,训练基地设在缅甸同古附近的一个英国机场。

同古是位于丛林中一个破烂不堪的小镇,晴天热到华氏100度,雨天一片烂泥,电力供应时有时无。8月12日陈纳德一到,就有5名驾驶员和数名地勤人员向他递交了辞职书。陈纳德批准了他们的辞职。留下来的人牢骚满腹,但看到陈纳德一大把年纪,满脸的皱纹,也只好挺了下来。

陈纳德冒着酷暑,穿着短裤、短衫,头戴钢盔,爬上一个摇摇晃晃用竹子搭成的指挥塔,一手拿着望远镜,一手拿着麦克风,对飞行员进行指导。

经过几个月的训练,志愿队人员的技术、战术水平有了很大提高。到11月,陈纳德在指挥塔上看到志愿队飞机在天空中俯冲翻滚,配合默契,脸上露出了笑容。

1941年11月,陈纳德美国志愿航空队按作战需要编为3个中队。第1中队为"亚当与夏娃队",主要由前陆军飞行员组成,该队飞机均有亚当围着苹果追夏娃的图案;第2中队为"熊猫队",该飞机未画熊猫而画有飞行员漫画像;第3中队为"地狱天使队",由陆

军、海军和海军陆战队的飞行员组成,该队飞机均有姿态各异的裸体天使的图案。

1941年12月8日,太平洋战争爆发,志愿队立即进入战备状态。9日,陈纳德派机去曼谷侦察,发现日军正在那里登陆,机场上停有多架飞机。陈纳德听后火冒三丈,但手上没有轰炸机,无法采取行动。

7日,陈纳德率第1中队和第2中队到昆明,他第一件事就是使机场上的通讯和云南的警报网联系起来。20日,一批日机向云南方向飞来,警报网不断将情报传递过来。10时50分,昆明机场所有的飞机升空迎击,出师告捷。日入侵飞机10架,被击落6架,3架负伤,只有1架平安落地。志愿队仅有1架飞机因无油迫降在稻田里,飞行员负了轻伤,其余无恙。

志愿队的初战胜利,给了饱经日机轰炸的昆明人民以极大的鼓舞。当天晚上,昆明各界为美国志愿队举行庆功会,报纸以头版头条报道战斗的经过,称美国志愿队的飞机是"飞虎",从此飞虎队成为志愿队的代称。

12月23日,英军司令韦维尔请示将志愿队调往仰光,协同英军作战。陈纳德派第3中队转往仰光。同日,54架日机来犯,志愿队和英皇家空军迎战,击落日机32架,志愿队损失3架,英皇家空军损失4架。陈纳德担心仰光的警报系统质量低劣,会给志愿队带来不必要的损失,决定将志愿队撤回。由于缺乏志愿队的飞机,英空军无力在缅甸作战,于是向伦敦告急。在英美联合参谋部和丘吉尔、罗斯福的干预下,蒋介石同意把志愿队留在缅甸作战。

在仰光上空两个多月的空战中,美志愿队捷报频传。这时志愿队大多在中国境内作战,在仰光作战的飞机从未超过20架,最少时只有5架,英美战斗机对日机的比例是1:4至1:14。他们对日作战31次,共击落日机217架。

1942年2月3日,宋美龄致电陈纳德,要他出任驻华空军指挥官,军衔升为准将,任务是协助中国人训练空军。

陈纳德从一个鲜为人知的退役陆军航空上尉,一跃成为世界各地的新闻人物,美国和欧洲的记者蜂拥而至。陈纳德对记者采访的要求有点不知所措,他尽力满足他们,同时更加尽责地指挥着志愿队。

在美国,太平洋战争开始后,各个战场上的消息都不佳,战争正处于最黑暗的时刻。在一片枯燥无味、节节失败的新闻消息中,突然冒出陈纳德带领一小批"兵油子"取得辉煌胜利的消息,自然引起美国人的轰动和兴奋。陈纳德、飞虎队在好几百家报纸的头版得到颂扬,他们的照片出现在当地电影院的新闻片里,陈纳德顷刻之间成为美国家喻户晓的人物。

陈纳德也因此获得"飞虎将军"的美称。此后,腾空而起且头戴星条高帽的飞虎队愤怒地抓破日本太阳旗的图案,便成为美国志愿航空队及其所属作战飞机的著名的非正式标志。

英国人对飞虎队的胜利感到钦佩,丘吉尔也称赞他们说:"此等美国人在缅甸上空的胜利,在性质上(如果不是在规模上的话)能够和不列颠之战皇家空军在肯特忽布草地上

空所获得的胜利相媲美。"

陈纳德在盛名之下自然欣喜万分,同时也为志愿队的飞机损失和驾驶员的战斗减员而操心。他一边指挥战斗,一边忙着找油料、找零件。但更使他伤脑筋的是复杂的人事关系。

陈纳德被中国方面晋升准将后,马歇尔、阿诺德对陈纳德的提拔颇为恼火,他们决定限制陈的权力。为此,他们挑选了陈纳德在航空队战术学校的老冤家,曾经讥讽陈纳德的空战理论的比斯尔做他的上司。陈纳德对这一决定十分生气,他愤怒地发电给居里,同时就比较合适的人选提出自己的意见。可是,居里只不过是总统的经济顾问,无法改变这既定的决定。

然而,陈纳德的烦恼到此并没有结束。1942年1月底,美国决定任命史迪威为中国战区参谋长。陈纳德很清楚,史迪威来华,马歇尔起了决定作用,因为他俩是老战友。这无疑对陈纳德是不祥的征兆。

1942年1月,陈纳德命令以第1中队接替第3中队参加仰光空战。

1942年3月4日仰光沦陷。志愿队继续在缅甸活动,协同地面部队作战。这时日军有四五百架飞机在泰国、缅甸,而美英在缅甸只有30架战斗机和10多架轰炸机。面对优势的敌人,陈纳德指挥志愿队采取灵活多变的战术。他们在不同的机场起飞降落,使敌人无法获取飞机的数量和部署,并在飞机场制造假飞机迷惑日军,以待其轰炸。当日本空军集中兵力来挑战时,志愿队飞机避开锋芒,移往他处;当日机一无所获悻悻而返时,志愿队则乘机奔袭日本机场,摧毁刚刚着陆的日机。陈纳德这些空中游击战术激怒了日本空军,他们的电台警告志愿队放弃这种不正规的战术,否则将被作为游击队员,受到不仁慈的待遇。

随着中缅印战区美军司令部的组建,1942年4月,陈纳德及其美国志愿航空队被征召服现役,接受美国陆军第10航空队的管辖和补给。陈纳德颇不情愿地成为中缅印战区美军司令史迪威的部下,开始为史迪威指挥的缅甸战役提供空中掩护。

日军进占缅甸,继而进犯云南。云南省主席龙云请求陈纳德给予支援,阻止日军跨越怒江。5月7日,蒋介石令陈纳德"倾美志愿队之全力袭击在怒江与龙陵间之卡车船艇等",阻止日军前进。志愿航空队随即连续出击,袭击保山、腾冲、龙陵一带的日军运输队,企图强渡怒江的一队日军在志愿队的轰炸扫射下几乎全军覆没。志愿航空队的战斗行动,对巩固防线、稳定军心起了重要作用。

5月中旬,滇缅一带进入雨季,美志愿队大部移往衡阳、桂林一带,开始对驻华中的日军作战。

6月,陈纳德率司令部及2个中队前往桂林,仅在昆明和重庆留下数架F-40保护两个机场并对付来自缅甸和印度支那的日本空袭。美国志愿航空队不仅执行了桂林空战,而且执行了轰炸衡阳和扫射汉口附近机场以及长江船只的任务。

6月12日,志愿队在桂林上空一举击落日机8架,自己仅受伤1架,桂林人民为之欢欣鼓舞,集资2万元慰劳美飞行员。日军遭受打击后,飞行员上天心慌胆怯,因而要求增

派飞机。

正当志愿队在空战中不断取得胜利之时,美国陆军部却做出将志愿队并入陆军航空队的决定。一些志愿队成员对此十分反感。有的提出,他们宁愿回家,也不愿意如此。

6月20日,美国陆、海两军种归并委员会成员来到中国,并同志愿人员谈话。史迪威和比斯尔一再声明,美国志愿队如不接受归并,将不予补给,并允诺以一个完整的战斗机大队来替代志愿大队。

陈纳德参加了归并委员的谈话,尽管他认为最重要的事是打日本人,但没有责备那些要走的人。他反对归并,但他知道反对没有用,只好在表面上顺从归并委员会做工作。

1942年7月3日,陈纳德根据美国陆军部和蒋介石的命令,解散美国志愿航空队,而以志愿航空队部分队员为主组建隶属美国陆军第10航空队的第23战斗机大队。美国志愿航空队在缅甸、印度支那和中国作战7个月,以空中损失12架飞机和地面被毁61架飞机的代价,取得击落约150架飞机和摧毁297架飞机的战绩。美国志愿航空队共损失26名飞行员。

原志愿队共有237名队员选择了返回美国,有5名驾驶员、5名行政人员和29名地勤人员留下。美国志愿航空队成为历史。

筹谋攻日

美国志愿航空队解散之后,该队所留飞机和人员归并美国陆军航空队第23战斗机大队,与派驻中国的第16战斗机中队组成美国空军驻华特遣队,隶属美军第10航空队。

陈纳德在美国志愿航空队解散的同时改任美国驻华航空特遣队司令,军衔仍为准将。第10航空大队的司令是比斯尔,史迪威终于使陈纳德居于自己麾下。

美国驻华航空特遣队下辖第23战斗机大队(包括第74中队、第75中队和第76中队)、第16战斗机中队和第11轰炸机中队。陈纳德命令第75中队驻衡阳,第76中队驻桂林,第16中队驻云南驿,第74中队留守昆明,装备B-25轰炸机的第11轰炸机中队则暂驻桂林和衡阳以轰炸印度支那、缅甸、泰国、香港、广州和汉口的日军目标。

美国驻华特遣队名义上有两个中队,但成立之初只有五六十架战斗机和轰炸机。由于大批身经百战的志愿队飞行员离开中国,因而战斗力实际下降了。此时,日军得知志愿航空队解散的消息,遂将原在南洋的第3飞行师团转到中国,企图一举歼灭新来的美国空军。

美国驻华空军特遣队编成后,陈纳德在给史迪威的一份电报中谈了自己对美国空军在华作战的打算。此时,史迪威刚刚经历缅甸的失败撤退到印度,对陈的计划很冷淡。

7月份,日本空军凭借数量上的优势,对华中尤其是衡阳基地的美国空军发起进攻。面对数倍于自己的敌军,陈纳德仍采取志愿队的空中游击战术,以奇袭和机动作战方式打击日军,到7月底,共击毁日军战斗机2架,轰炸机12架;自己损失战斗机5架,轰炸机

1架。特遣队初试锋芒，粉碎了日军企图一举扫除在华美空军的企图，也表明该队有能力与数倍于己的日本空军周旋。

8月上旬，特遣队继续在华中上空打击日军，但因连续作战和替补零件短缺飞机得不到修理，使特遣队的战斗力减弱，同时从印度到昆明的空运量有限，满足不了特遣队的需要。特遣队之所以能战斗下去，除了依赖比较健全的警报网以外，还靠中国人在特遣队进驻机场之前已储存好汽油、弹药，尽管这些

史迪威与陈纳德

东西的型号和口径五花八门，但能凑合着用，特遣队的飞行员有时用口香糖的胶泥堵补油箱上的弹孔，有时用胶布粘贴衣服上的窟窿。食品无法运来，就食当地宰杀的猪牛和蔬菜，喝惯了咖啡的美国大兵就喝当地产的茶。另外，特遣队的指挥系统复杂得令人难以置信。史迪威在重庆和新德里均设有司令部，两地相距 2000 英里。比斯尔的第 10 航空队司令部设在新德里，陈纳德大部分行政问题都得向他请示。有时为了一件事，要把信先送到新德里，再由那里转到重庆。这一状况使陈纳德焦虑万分。

8 月 13 日，陈纳德又向史迪威递交了一个较为积极的驻华空军对日作战计划。

史迪威将陈的计划搁置到 9 月初，才由自己的参谋班子制定出一个空军计划来回答陈纳德。史迪威在这个计划中规定驻华空军特遣队的主要任务，是保卫从印度来昆明的驼峰空运线和辅助地面部队进攻缅甸。陈纳德在给史迪威的回电中，同意保卫驼峰空运线为首要任务，但他仍要求史迪威同意他对日军发动进攻，使驻华特遣队成为一支独立的进攻力量。陈纳德不愿做一个执行防御任务的配角，他要做一个叱咤风云的主角，担负独立的作战任务，在中国上空大显身手。显然，他们两人在使用空军上有不同的看法，这也是两人发生尖锐矛盾的主要原因。

10 月初，罗斯福总统的特使威尔基访问中国，陈纳德向威尔基全面阐述了他的空中作战计划，而后将该计划成文由威尔基转交给罗斯福。这封致罗斯福关于美国空军在华作战的信，被美国史学家称为"有关战争的特别文件之一"。陈纳德在信中认为，只要有由 105 架新式战斗机、30 架中型轰炸机和几架重型轰炸机组成的美国空中力量（需要得到一定的补充）并保持印度与中国之间的空中补给线，就能在一年之内摧毁日本的空中力量。信中还流露出陈纳德的自信和对史迪威等构想的不满。

罗斯福总统对此颇感兴趣。11 月初，他曾计划召陈纳德到华盛顿与他面谈在华作战问题。当时史迪威主张反攻缅甸，罗斯福等对此也表示支持。但英国方面对此消极，蒋介石则明确表示中国军队将不参加缅甸作战，因而反攻缅甸作战的计划无形取消。在此

情况下,罗斯福要陆军参谋长马歇尔考虑让美国空军首先在中国对日军发动进攻,建议给陈纳德100架飞机,并提出为了更好地发挥陈纳德的积极性,让他脱离史迪威的管辖来"唱主角"。

陈纳德绕过史迪威和马歇尔与罗斯福直接联系并施加影响,对此,史迪威和马歇尔颇为不满。因而,马歇尔竭力反对陈纳德的建议。他认为陈纳德的空战计划近乎荒唐。由于两人意见大相径庭,致使陈纳德的计划一度搁浅。

1943年1月,在卡萨布兰卡会议前夕,蒋介石致电罗斯福表示支持陈纳德的空中战略,在此之前,蒋介石指示威尔基通过有关人员向美国政府表示,希望陈纳德握有全权,同时还以和陈纳德相同的口吻指责史迪威等不懂空中战略的基本原则,不知道空军在战场的重要作用。1月9日,蒋介石给罗斯福的电报中正式提出:中国战场对日作战的首要任务是空中进攻,同时表示对缅甸作战持"谨慎态度"。蒋介石的电报,既表明了他支持陈纳德的空中战略,又反对了史迪威的整训国民党军队的计划和反攻缅甸的企图。当史迪威知道电报的内容后,把这封电报归咎于陈纳德,认为是陈纳德使他陷入困境。史迪威原来就不同意陈纳德的空中战略,蒋介石的电报无异于火上加油。

但蒋介石的电报对罗斯福产生了重要影响,他当即在卡萨布兰卡会议上决定"加强陈纳德驻华空军,增派人员,使之有效作战",并明确空中进攻是"当务之急",应优先于缅甸作战。会议结束后,罗斯福和丘吉尔联名致电蒋介石,通知他已决定"立即支援陈纳德,使他不仅可以攻击日军重要航道,也可以攻击日本本土"。

赶史迪威

1943年3月10日,在罗斯福的过问下,美国陆军航空队将驻华航空特遣队编为美国陆军第14航空队,陈纳德晋升少将司令。该队计划实力为第23战斗机大队、第51战斗机大队(辖两个战斗机中队)和第308轰炸机大队(辖4个重型轰炸机中队,装备B-24)、第34轰炸机大队(辖3个中型轰炸机中队,装备B-25)。

第14航空队成立后,美国军方对罗斯福"加强陈纳德"的指示进行抵制和拖延,陈纳德的处境和以前别无二致。4月底,陈纳德和史迪威应召返美讨论在华军事战略问题,空中战略成了美国决策层争议的中心。陈纳德到华盛顿后向参谋长联席会议递交了一份《在华作战计划》,重申他的空中战略。

陈纳德的计划遭到史迪威的坚决反对。

但蒋介石积极支持陈纳德。就在陈纳德到美国后,蒋几次致电罗斯福,并通过在华盛顿的宋子文、宋美龄告诉罗斯福,他将集中所有的资源,"致力于空中攻击之准备"。

支持蒋介石是罗斯福的基本态度,罗斯福怕蒋介石垮下来。于是,在5月中旬的英美首脑华盛顿会议(即三叉戟会议)上,罗斯福强调了中国危机四伏的局势,认为必须支持蒋介石,因而"空中意义重大"。5月18日,罗斯福接见宋子文,明确保证立即加强美国

驻华空军,以不使中国战场形势恶化。由于马歇尔的坚持,罗斯福总统搞了平衡,在批准陈纳德空中战略的同时,也赞同继续准备反攻缅甸作战。

陈纳德从美返华后,首先在指挥权上与史迪威发生了冲突。5月底,史迪威的参谋长贺安通知中国军事当局,今后中国对美国空军的作战要求须由史迪威驻重庆总部转达,如果美国空军接到中国方面的命令,必须先征询美军重庆总部,然后方可执行。史迪威想通过对陈纳德的约束来限制美国驻华空军的作战权,以保证缅甸战役能顺利进行。

此时的蒋介石毫不相让。6月中旬,蒋介石直接命令陈纳德配合中国军队在洞庭湖一带作战,连续4天轰炸藕池口和石首。但史迪威却命令陈纳德不得去轰炸。6月24日,蒋介石召见陈纳德得知此事后,十分愤怒,立即决定以后给陈纳德的命令由中国航空委员会直接转达,不经史迪威重庆总部。为了使陈纳德脱离史迪威的指挥,蒋介石于7月12日致电罗斯福,要求将陈纳德提升为中国战区空军参谋长。

罗斯福收到蒋介石的电报,立即召集霍普金斯、马歇尔等在总统卧室举行会议。罗斯福总统对空中战斗寄予厚望,因而倾向于蒋介石的主张,同意陈纳德"独立于史迪威的指挥"。但马歇尔竭力反对,他认为陈纳德是一个战术上的天才,但他是中国政府出钱雇佣的人,受蒋介石的影响较深。面对这种情况,罗斯福在蒋介石和马歇尔之间采取了折中的办法。7月1日,他致电蒋介石,同意让陈纳德担任中国空军(而不是中国战区)参谋长。

指挥权限的扩大使陈纳德开始发动计划中的攻势作战。从7月下旬起,美日双方为争夺制空权在华中上空展开了激烈空战。日军以其他战场抽调而来的优势兵力,在华中的衡阳、零陵和桂林等地对美空军频频发动进攻。陈纳德指挥美空军,依靠精密的情报通讯网,以对空通讯之绝对优势,完全掌握了制空权。仅在7月下旬8天的空战中,美军就击落日军飞机62架,自己仅损失3架。

美空军掌握了制空权之后,即对长江和北部湾的日本轮船进行轰炸,并接连袭击汉口、香港和广州的机场、码头,给日军以沉重的打击。

10月,第14航空队组建中美混合飞行联队。11月,位于衡阳东部的遂川机场建成。同月25日是美国的感恩节,陈纳德指挥轰炸机远征日军在台湾的机场。清晨,15架战斗机掩护14架B-24型重型轰炸机呼啸升空,飞机低空飞过江西、福建省,穿越台湾海峡,直指台湾新竹机场。他们出敌不意,争先恐后打掉了企图拦截的日20架战斗机中的15架。机群横扫了整个日军机场,炸弹和机枪子弹全部倾泻在跑道两侧的日本飞机上,把机场上的42架飞机全部摧毁。战斗结束返航时,护航战斗机几乎耗尽了最后一滴油才飞回大陆,幸运的是所有参战飞机无一损伤。陈纳德兴高采烈,专门派一架C-40运输机运来火鸡,让大家美餐一顿。

从7月至年底的半年时间中,第14航空队南征北战,共执行作战任务358次,出动飞机3519架次,迫使日军改变作战战术。

尽管第14航空队战绩引人注目,但它却没有完成陈纳德在4月底提出的作战任务。产生这一问题的原因除了飞越驼峰的运输力有限以外,主要是物资分配权在史迪威手

里,史迪威是不会让陈纳德顺心的。另外,原来应诺在 7 月中旬增派给第 14 航空队的两个战斗机中队和两个轰炸机中队也没有兑现。9 月份,第 14 航空队中实际上只有 85 架战斗机和 9 架轰炸机。为此,陈纳德向罗斯福求援。他告诉罗斯福,由于作战物资缺乏,第 14 航空队的轰炸机不能"自由作战",增补的飞机又没有按计划到达,因而"延迟"了对日作战的进程,使第 14 航空队"无法完成预定任务"。

罗斯福对陈纳德的请求高度重视,在罗斯福的干预下,驼峰空运量至 1943 年 12 月突破了 1 万吨,第 14 航空队的物资供应状况也因此得到改善,补充飞机亦源源运抵中国。

12 月,陈纳德根据华东和云南两个主要战区的作战需要,组建第 68 混合联队和第 69 混合联队。以东经 108 度为界,以东为 68 联队作战区域,联队总部设在桂林,以西为 69 联队作战区域,联队总部设在昆明。

1943 年秋季,陈纳德提出第 14 航空队在 1944 年的作战计划,把日本运输船只和空军作为重点打击对象,并强调了物资供应的重要性,他将这个计划呈送给美军中缅印战区司令部后,又写信给罗斯福总统寻求支持。

陈纳德的作战计划遭到史迪威的断然否决,史迪威以战区司令部的名义答复他:"目前之储备及燃料使我们尚无能力从后勤上支持这一计划。"罗斯福在 10 月底就陈纳德的计划回电:"你是医生,我同意你的诊治。"然而不久,罗斯福的看法却发生了重大变化。

1944 年初,日本大本营决定发动豫、湘、桂战役(一号作战),企图打通大陆交通线,摧毁美国驻华空军基地。

日军在黄河流域的调兵遣将引起了美国空军的警觉。2 月中旬,陈纳德第一次发出警告:日军可能发动一次大规模的进攻。在 4 月上旬,陈纳德接连致电史迪威,报告中国局势危在旦夕,请求增加物资供应。

可是在陈纳德发出日军进攻的警告时,史迪威正在缅甸的丛林中指挥反攻。罗斯福也两次致电蒋介石,以强硬的口吻要求驻云南的军队跨过怒江入缅作战。史迪威担心关于日本大举进攻的消息会影响中国军队出兵缅甸,因而命令陈纳德不得将此情况报告蒋介石,并拒绝增加对第 14 航空队的物资供应。

局势十分严重,陈纳德不顾史迪威的命令,还是将情况向蒋介石做了报告,说:"日本威胁已近,事不宜迟。"4 月中旬,蒋介石又接到罗斯福催促其在云南发起攻势的电报。而陈纳德此时却要求蒋介石调动华中部队对付日军,并请求史迪威将在滇缅作战的第 14 航空队所属的 69 联队调往华中,这显然与史迪威的主张背道而驰。恰在此时,史迪威重庆总部的情报却表明,日军在黄河两岸没有进攻能力。这一错误的情报使史迪威认为陈纳德在以空中攻势干扰缅甸作战。为此,史迪威要求美国军方解除陈纳德的第 14 航空队司令一职,让他专管中国空军的训练作战。由于美军方考虑到陈纳德在蒋介石那里的特殊地位,没有这样做。但二人的宿怨又加深了一层,使两人在面临日军进攻的严重局势中难以协调一致。

4 月 17 日,日军开始"一号作战"。国民党军队一触即溃,整个中国战场局势骤变,引起美国的严重关注。5 月 11 日,蒋介石在重庆召见史迪威驻重庆的代表,要求将在成都

守卫 B–29 轰炸机的第 14 航空队的战斗机移至河南南部,支援洛阳一带的中国军队。

与此同时,陈纳德再次向史迪威告急,要求每月给 1 万吨物资,并准予借用 B–29 型轰炸机的储存物资。接着,他又写信寻求罗斯福的支持。但这时的罗斯福已"接受了史迪威认为蒋介石没有能力使中国在战争中发挥作用的看法",因而也"抛弃了蒋介石与陈纳德提出的依靠空军制胜的论点"。

6 月,陈纳德指挥第 14 航空队进攻湖南的日军,袭击日军的航运,轰炸日地面部队的桥梁、营房,配合地面部队作战。但由于油料告缺,致使第 14 航空队无法进一步扩大战果。

8 月上旬衡阳失守,衡阳机场被日军占领。

10 月、11 月间,美空军频频出击,袭击日长江航运和京汉铁路运输,给日军的物资供应造成很大的困难。但由于国民党军队作战不力,第 14 航空队的这些战绩不能对整个战局产生更大的影响,日军仍继续南下。11 月初,桂林、柳州相继失陷,日军完成"一号作战"任务,华中机场尽落入日军之手。陈纳德对国民党将领的无能破口大骂,但他对蒋介石消极抗日的思想仍毫无认识。

当美空军在华中作战时,第 14 航空队所属第 69 联队正在云南前线配合中国军队进行滇西战役。

1944 年春,国民党在河南战场的溃败,证明了史迪威关于国民党军队不堪一击的说法。为了有效地打击日本,史迪威曾提出武装八路军的意见。6 月,罗斯福总统派华莱士副总统来中国,"说服蒋介石同共产党人谈判"。蒋介石当然不同意这样做。蒋在同华莱士谈话中,"历数了史迪威不满足第 14 航空队许多需求的做法,并说他本人'对史迪威将军对事物的分析判断缺乏信心'"。

史迪威同蒋介石闹得不可开交,陈纳德从中火上加油。罗斯福面临着要蒋介石还是要史迪威的选择。1944 年 10 月 18 日,罗斯福总统决定:立即调回史迪威。陈纳德在昆明听到这消息后欣喜若狂。他的老对头消失了。

辞职返美

史迪威离开后,魏德迈于 1944 年 10 月 31 日来华接替他为美军中国战区参谋长。罗斯福和三军参谋长从史迪威与蒋介石的关系中学到了东西,他们给魏德迈规定了一系列的新任务和新作用。魏德迈并不像史迪威那样对蒋介石及其将领冷嘲热讽,他讲策略,不使人感到紧张,并注意小节,因此他的建议很合蒋介石的胃口,魏德迈与陈纳德的关系也是如此。

魏德迈上任后第一件事就是让陈纳德施行"幼虫行动",将两个中国师、新六军司令部、一个重迫击炮连、一个通讯连和两所战地外科医院返回中国。

这时第 14 航空队的实力也大为增强,共有人员 17473 名、535 架战斗机、109 架中型

轰炸机和47架B-24重型轰炸机。补给的物资也剧增,1944年11月为14729吨,到1945年7月陆续增加到了71042吨。

此时,第14航空队有36个战斗中队,分属第68和69混合联队、中美混合联队、第312战斗机联队。陈纳德将第69联队派往昆明,该联队由第51战斗机大队和第341轰炸机大队(中型)组成,任务是保卫驼峰航线和中国的西南。他让第68混合大队(由第23战斗机大队和第118战术侦察中队组成)承担支援京汉沿线的中国地面部队和维持一个地区性反击战役的任务。由第3战斗机大队、第5战斗机大队和第1轰炸机大队(中型)组成的中美混合联队被派到华中地区、黄河流域,甚至到宁、沪地区,由第311战斗机大队的3个中队组成的第312战斗机联队原来的任务为保卫成都,现在被改为拦截华北和华东的铁路线。

由于实力得到加强,陈纳德在昆明的记者招待会上宣称,现在"我们可以集中力量攻击日本的空军基地、航运和交通了"。

在对日作战的最后几个月中,第14航空队在中国上空纵横驰骋,四处出击,每月出动飞机三四千架次,对日本空军和机场进行了歼灭性打击。在美空军的连连打击下,日空军士气涣散,毫无斗志。4月,美空军在中国上空仅遭遇到3架日机。5月20日,由于日机大部用于保卫本土,在中国仅留42架战斗机和18架侦察机,致使日机失去了应战的能力。从5月15日到7月1日第14航空队在中国上空未遇任何敌机。

与此同时,在第14航空队的轰炸下,日军在长江的布雷和航运几乎陷入瘫痪。第14航空队还配合地面部队进行了豫西、鄂北战役和芷江战役,给中国地面部队以有力的支援。

正当陈纳德指挥第14航空队顺利进军时,一连串不祥的征兆相继出现,以致影响到他在中国的地位。

首先是蒋介石对他的怀疑。1944年7~8月间,日军的"一号作战"攻势正在进行,直接危及华南桂林、柳州、衡阳的机场。陈纳德力图不让日本取得这一批基地,因此他赞成立即给第9战区司令长官薛岳以武器,当时该部正在桂林地区奋力阻击日军。陈纳德也知道薛岳不是蒋的嫡系,也不受蒋的青睐,但他当时根本不管政治上的风波,还是在衡阳向薛岳空投了一批弹药。

蒋介石是不容他人染指军用物资的,即使陈纳德这样的人,蒋也不会饶他。

自史迪威离华后,马歇尔等人就开始考虑改组在亚洲的陆军航空队。1945年1月,驻印度美军航空兵司令斯特拉特迈耶草拟了一份建议,将所有驻缅甸和印度的空军调往中国,由驻华的空军司令部指挥第10和第14航空队。这一建议在1月中旬的密支那会议上得到魏德迈的赞成,驻印军代司令索尔登特也同意。陈纳德表示反对,理由是后勤工作无法跟上一下子涌来中国的那么多人。

陈纳德的反对无力,没有得到华盛顿的支持。

6月20日,魏德迈在成都召开了一个由在华所有将军参加的紧急会议。会上,魏德迈念了阿诺德的特别信件。信中说,马歇尔和阿诺德都希望对中国空军进行的改组能按

计划执行,不管后果如何。实际上,马歇尔和阿诺德的目的很清楚,就是要赶走陈纳德。对此,陈纳德心中也是清楚的。

对于陈纳德这样的结局,蒋介石是完全可以干预的,但是,由于陈纳德犯了他的忌讳,这次他没有过问。

7月6日,陈纳德提出辞职,魏德迈等立即批准并任命了斯通将军接替陈纳德指挥第14航空队。

陈纳德辞职后即到中国各地作辞别旅行。他飞越日军的前线与薛岳会晤,并告诉薛:所有美国的军火都要运到华西的新军那边去,也许他得不到援助了。两人挥泪而别。

陈纳德在中国8年,为打败日军立下了很大功劳,中国人对他去职的依恋是自然的。蒋介石设宴为他送行,并授予中国最高荣誉——青天白日大蓝绶带。

1945年8月1日,陈纳德"带着十二分的愤怒和失意离开中国"。

据称:1942年7月以来,陈纳德率部摧毁2600架敌机,击沉和击伤大量商船和44艘海军舰船,己方损失500架飞机。

重返中国

陈纳德回到了美国。在遭到沉重打击之后,他无论感情上还是体力上都已精疲力竭。回到美国几天以后,日本投降了。他想到自己在最后不能参与其事感到十分难受。他说:"8年来我唯一的雄心是打败日本,而现在我却被褫夺参与那最后的胜利的权利。在战胜日本后,我热切希望能够在东京湾登上'密苏里'号战斗舰,看看日本人正式宣称他们的战败。"可是没有人邀请他。更使他难受的是,他的老对头史迪威倒从冲绳被请去参加了受降仪式。

陈纳德在美国的处境也很不妙,除了身体的情况外,他和妻子内尔分居多年,关系恶化,8个孩子都已成家,他独守空房。有人劝他竞选州长、参议员,但他缺乏政治经验,干别的威望又不够。陈纳德此时已55岁,在经历了几十年风风火火的戎马生涯之后,现在这样无所事事的寂寞生活对于他来说等于自杀。他在美国已无选择的道路,他想起在云南时,曾与龙云讨论过一旦战争结束,成立一个省一级航空公司的事。但不久他得知龙云已被蒋介石以武力夺去了权力。此时他的好友威劳尔打算在中国办航空公司,他很想利用陈纳德在国民党上层的老关系,于是和正在考虑出路的陈纳德一拍即合,两人于1945年12月离开美国来到上海。

陈纳德重返中国,受到蒋介石、宋美龄的欢迎,宋美龄并答应为他帮忙。经过陈纳德在中国上层朋友和美国朋友的帮忙,1946年10月25日成立了行政院善后救济总署,不久即成立民航空运队。他们买了15架C-46和4架C-47飞机,经修理后飞到中国,在上海设立了总办事处。飞行员是前志愿队、第14航空队的伙伴。到1948年秋天,民航队有1100名职员分布在全中国,其中85%是中国人。

1947年1月底，"行总"驾驶员驾驶印有"飞虎"标记的飞机，将一批批救济物资运往中国各地。但民航空运队的目的是盈利，他们运送救济物资赚不了钱，于是陈纳德和威劳尔到南京去见蒋介石。蒋同意对合同进行修改，允许民航空运队运载中国批准进口的东西，其中包括走私贩毒，牟取暴利。到7月，空运队就开始赚钱了。

在1947年一年中，民航空运队飞了约200万英里，运送了700万吨货物，盈利颇丰，偿还了联合国善后救济总署预支的款项。

这时，陈纳德与原妻内尔离婚已一年多，一直过着独身的生活。1947年12月21日，他在过了57岁生日后不久，与曾多次采访并报道他及其部属的23岁中国记者陈香梅姑娘（英文名字为安娜）结婚，后来生有两个女儿。

按照民航空运队原来与行政院善后救济总署签订的合同规定，只要该署存在，空运队就应不断工作。此时国民党在军事上处处失利，蒋介石也需要他们参与内战。1948年1月，陈纳德与国民党政府草签了一个要空运队继续工作的协议。此后，陈纳德帮助蒋介石空运军队、武器，进行内战。沈阳被解放军围困，他们将食品运进沈阳城，扔下大量照明弹和炸弹。

淮海战役中，他的民航空运队帮助国民党补充给养。在太原被包围的情况下，他利用青岛为基地，每日补给太原200吨食品。他们对阎锡山的援助一直持续到太原解放。

1949年11月，陈纳德策划"购买"业已宣布起义但被港英当局非法扣压的中国航空公司和中央航空公司在香港的飞机和其他财产，最终获得成功。陈纳德的回忆录《一个战士的道路》于1949年在纽约出版。1950年6月，民用航空运输公司由美国中央情报局花100万美元购得，将空运队改为控股公司，陈纳德任公司董事长。

空运队被中央情报局控制后，飞机可以在日本的冲绳、东京和汉城等地起飞，向中国大陆撒传单、空降物资和武器弹药等，支援国民党残存的军队、特务和土匪。这些活动遭到人民解放军的反击，不少飞机被击落，驾驶人员被俘。空运队还参与了朝鲜战争、越南奠边府战役。1953年底应蒋介石的要求，将溃逃到缅甸的国民党残兵2000名、家属300名运到台湾。1954年又从泰国运出了3000名士兵、500名家属。

1956年陈纳德仍然是空运队的董事长，但很少为空运队办事。1957年他在医院体检时发现肺上有一个恶性肿瘤，同年8月进行了手术。两个月后陈纳德携妻和女儿回到台北，出席了空运队的会议。

1958年7月15日，艾森豪威尔总统要求国会晋升陈纳德为中将，18日，美国国会通过晋升他为空军中将的法案。

7月27日，陈纳德在华盛顿去世，终年67岁。

保卫大英帝国的陆军元帅

——蒙哥马利

人物档案

简　历：英国军事家、政治家,陆军元帅,第一代阿拉曼的蒙哥马利子爵。1908年,桑赫斯特军事学院毕业,到皇家沃里克郡团服役;第一次世界大战期间,参加了对德作战;第二次世界大战期间,参加了哈勒法山之战、阿拉曼会战、奥吉拉会战,打败了德国常胜将军"沙漠之狐"隆美尔;继而挥师攻入意大利,并率军参加诺曼底登陆;1944年实施市场花园行动失败,但仍向德国腹地推进。1945年在吕讷堡接受德军投降,任盟国管制委员会英方代表盟军联合统帅部副统帅。1946年后相继任英国参谋总长、西欧联盟常设防御组织主席、北大西洋公约组织欧洲盟军副总司令等职。1958年退役。1976年在汉普郡奥尔顿逝世,享年88岁。

生卒年月：1887年11月17日~1976年3月25日。

安葬之地：爱德华王子岛卡文迪什社区公墓。

性格特征：稳重、谨慎、坚韧、冷酷、孤僻、固执,刚愎自用,宽厚、大度,和蔼而富有人情味,粗犷、干练。

历史功过：成功掩护敦刻尔克大撤退,第二次阿拉曼战役战胜隆美尔,领导制定诺曼底登陆计划,参与诺曼底登陆,吕讷堡受降。

名家评点：被韦维尔将军誉为"我们所拥有的头脑最清楚的军官之一,是一个卓越的军队训练者"。

出生伦敦

蒙哥马利1887年11月17日生于伦敦。他的母亲名叫莫德,是维多利亚女王时代一

个名叫法勒的教长的女儿。莫德16岁时嫁给亨利·蒙哥马利,当时亨利已34岁,在法勒手下任副牧师,伯·劳·蒙哥马利是他们的第四个孩子。蒙哥马利两岁时,他们全家迁往偏远荒凉的塔斯马尼亚,后来父亲在那里做了大主教。

离开繁华的伦敦,蒙哥马利一家跌入了艰难的境地,以致后来他在回忆录中说:"我的童年是不幸的。"当然,这种"不幸"只是相对艰苦而已,因为事实上并没有什么特别凄惨、特别尴尬的事情发生。蒙哥马利的这种印象,也许与其家世有关。他的祖先是爱尔兰人。1066年,蒙哥马利家族从诺曼底的法莱斯迁到英国。18世纪末,他的祖上塞缪尔·蒙哥马利经商发财,在福伊尔潟湖畔购置了1000英亩地,并盖了一所叫"新公园"的住宅。蒙哥马利的祖父罗伯特曾远走印度,在那里做过一个省的副总督,并被封为爵士。因此在蒙哥马利一家看来,他们应该算望族,望族受到艰苦的磨难显然是令人吃不消的。

参加一战

蒙哥马利年少时天真无邪,但同时有些冷酷和孤僻。他曾在圣保罗学校读过书,稍大,入了桑赫斯特军事学院。在这两所学校里,他都很难算是好学生,成绩一般,又有些喜欢说大话,据说还曾差一点被军事学院开除。那时的蒙哥马利别说元帅,当个好士兵都不能说是合格的。1908年,蒙哥马利毕业,因为成绩太差,没有如愿被分往印度,而是到了条件一般的皇家沃里克郡团服役。正是这个条件一般的团队,成了他迈向事业巅峰的第一级台阶。

1914年第一次世界大战爆发,蒙哥马利所在团作为英国远征军的一部分开赴法国前线。10月,蒙哥马利参加了对德作战。当时,他所在的第1营奉命进攻一个叫梅泰朗的小村子,已是排长的蒙哥马利表现得勇敢机智。在村边,他遭遇了一名德国兵。后来他回忆说:"千钧一发,必须当机立断。我纵身向那个德国人猛扑过去,用我全身的力气猛踢他的下腹部,正好踢中他的要害。"这个德国兵于是成了他平生抓获的第一个俘虏。此后,他又指挥全排上刺刀冲锋,顺利攻克梅泰朗村。战斗中,蒙哥马利身负重伤,被送回英国治疗,同时被授予优异服务勋章,提升为上尉。这是1914年12月。1个月后,蒙哥马利伤愈出院,惊奇地发现自己已被任命为旅参谋长了,这时他只有27岁。1916年,蒙哥马利返回法国前线,任第35师旅参谋长。第二年,升任第33师二级参谋,并很快升任第9军二级参谋。1918年,他出任第47伦敦师一级参谋。第一次世界大战结束时,蒙哥马利30岁,军衔为中校。

战争使蒙哥马利迅速成熟起来。1920年1月,他获准入坎伯利参谋学院深造。在他认为纯粹是教一些"完全过时和不现实的东西"的这所军事学府里,他最初形成了自己关于军事、战争以及军事家品格的思想。蒙哥马利认为,第一次世界大战中英军一个不可饶恕的错误,就是因为计划不当而造成伤亡惨重,由于不必要的伤亡和高级指挥官不亲临前线而造成士气低落。所以,他的一些想法和军事学术观点与学院是相左的,被认为

固执、非正统和刚愎自用。一年后，蒙哥马利毕业回到部队。1926年，他作为教官又返回这所参谋学院，在这里执教3年。1934年，他被任命为奎达参谋学院的首席教官，又执教3年。前后6年的教官生涯，对蒙哥马利最终由职业军人转变为军事家是十分重要的。这期间，他发表了《步兵训练教范》等军事著述，较系统地简述了他的军事思想。其中最引人注目的，是他关于部队士气的观点。他认为，士气是一个军队能否取得胜利的至关重要的因素，不能把部队看作是"被驱赶着在金属屏障后面向前冲的一堆人肉"，应该爱兵，使士兵感到温暖，从而激发他们的勇气和献身精神。他反对并极端蔑视高级司令部人员不与前线士兵接触，主张尽全力消除各级指挥员与士兵之间的"信任鸿沟"。他还说："我的战争经验使我相信，参谋机构必须为部队服务。"不仅如此，在教学中，他还特别关心学员，注意培养那些有潜力的青年军官。这些思想和做法，都深为同事和学员称道，并且成为他以后军事生涯中的不变准则和制胜法宝。

蒙哥马利1927年40岁时与贝蒂·卡弗结婚，这次婚姻对他影响很大。贝蒂是一位阵亡军官的遗孀，带有两个孩子，嫁给蒙哥马利后，再没生育。这3个人，也就成了蒙哥马利后半生亲情的全部寄托。贝蒂是位艺术家，性情温和而执拗，她反对蒙哥马利所崇拜的大部分事物，包括他的军事、政治观点和忘乎所以的热忱。但他们在一起非常和谐幸福，原因就是互相关爱但互不干涉。贝蒂原谅蒙蒂（对蒙哥马利的爱称）的怪癖，蒙蒂则处处保护贝蒂，不让她做家务，不跟她谈论琐事，而让她专心致志搞艺术。在这种婚姻的温情中，蒙哥马利变了，变得更加宽厚、大度、和蔼而富有人情味。当然，作为军人，他还有着性格的另一面，粗犷、干练和虎虎雄风。这一切，奇特地融合在一起，成了他成长为军事家而非单纯军人的重要内因。所以，当10年幸福婚姻骤然终结时，他的精神几乎崩溃，他跌入的是一个"心灵的黑夜"。他后来说："我回到朴次茅斯的住宅，这儿原来要作为我们的家。我独自待在那儿许多天，谁也不见。我全垮了……我好像堕入一片黑暗之中，心灰意懒。"贝蒂·卡弗是1937年10月被虫咬中毒而死，此后，蒙哥马利再也没有结婚。

1937年夏天，也就是贝蒂去世前几个月，蒙哥马利被提升为驻朴次茅斯的第9步兵旅准将旅长。这个旅属南部军区的第3师。南部军区司令是当时英国陆军著名的改革派之一韦维尔将军，他的现代战争思想后来影响了蒙哥马利。在9旅，蒙哥马利开始贯彻他探索已久的军事思想，尤其是步兵训练方法，出色地指挥和参与指挥了几次军事演习。被韦维尔将军誉为"我们所拥有的头脑最清楚的军官之一，是一个卓越的军队训练者"。1938年10月，蒙哥马利因出色的工作和军事才能被提升为少将，奉命负责巴勒斯坦北部地区军事指挥并组建第8师。这时，战争的阴影已经迫近，巴勒斯坦地区动荡不安。蒙哥马利接管防务后，立即着手分段治理，建立情报系统，组织突然行动，迅速控制了该地区局势。到1939年春，巴勒斯坦北部地区秩序井然。

天才军人

有人说蒙哥马利是个天才军人,这种军人对战争有着猎豹般的机敏和不顾一切地献身精神。所以,当1939年夏秋战争降临前夕,他执意角逐第3师师长职务。他相信,这个第一次世界大战时的老牌"钢铁师",全英最优秀的陆军师之一,将在战争爆发时最早开赴前线。铁血冷月,马革裹尸,他渴望率领一支铁流驰骋沙场,去抒写自己的人生辉煌。

在世间所有谜一般的事物里,战争是极具戏剧性的。1939年9月,当蒙哥马利的第3师随英国远征军雄赳赳地跨海作战时,谁也料不到他们将尴尬地败退而归。

1939年9月3日,英国政府在德军入侵波兰两天后,向全国发出战争动员令,向德国政府发出最后通牒,同时,由陆军部下达组建英国远征军及其编备配属训令。9月底,英国远征军第1军、第2军及空军部队总计16万余人在法国里尔以东地区集结,隶属盟军总司令部下属东北战区的第1集团军群。这时的英国远征军,虽士气不错,但实在不具备进行大规模作战的能力。首先是装备太差,像第3师这样的全英第一流陆军师,反坦克装备只是一些能发射两磅炮弹的炮,再有就是步兵0.8英寸战防炮和能发射1磅炮弹的小炮,其他都是轻武器。其次是缺乏实战经验,战争爆发前几年,英军甚至都没有组织过一次实战演习,通讯设备落后,后勤供应跟不上,运输能力差,没有健全的指挥系统。类似蒙哥马利这样的军中有识之士早就预感到,他们将遭受一些挫折,但想不到最终竟差不多到了落荒而逃的地步。

英国远征军总司令是英军总参谋长戈特勋爵。蒙哥马利一直认为,任命戈特统率远征军是一个错误。戈特属于那种豁达、赤诚、好心肠的人,在部队担任过的最高主官是步兵旅长,所以他注重战术,对军事战略却似懂非懂。1939年冬季,蒙哥马利预感到德军很可能在来年向盟军发动攻击,率部进行严格的冬训,并设置了大量反坦克障碍、掩体、堑壕和铁丝网。第2军军长布鲁克对此大加赞赏,认为蒙哥马利的一些想法、做法和训练方法使他大开眼界,蒙哥马利是一个具有非凡前程的高级军官。但这些都没有引起戈特的注意。1940年10月底,布鲁克吸取了迪尔、蒙哥马利等人的意见,正式向戈特提出,德军将很快有所动作,无奈戈特仍心存侥幸。1941年1月,希特勒果然下达了入侵荷兰、比利时、卢森堡等低地国家的"黄色战役"命令。

"黄色战役"第一次打击,于1941年5月10日凌晨3时降临到荷兰和比利时头上。英国远征军立即按预定作战方案,以蒙哥马利的第3师为先头部队向东急进,越过边境,进驻迪尔河南岸的罗文南北地区,准备接替比利时第10师防务。5月11日凌晨,比利时士兵还沉浸在睡梦中,蒙哥马利部队就在迪尔河畔展开了。随后德军扑来,比利时第10师慌忙撤走,蒙哥马利部队开始向德军炮击。这是5月14日。5月的阳光灿烂地照耀着比利时美丽的土地,阵地侧畔鸟语花香,然而蒙哥马利眼前却阴云密布。战争形势的急剧恶化超出了他的想象,鹿特丹遭到轰炸,荷兰要求停战,德军装甲部队全线挺进,比利

时军队后撤，英军右侧的法国集团军垮了……几乎没有一个消息是令人鼓舞的，整个盟军陷入了一片慌乱。在残酷的战争面前，蒙哥马利再一次显示了一个杰出军人的良好素质。他表现得异常镇定。许多人后来回忆说，蒙哥马利在那段时间不仅从容自信，甚至还养成了巡视前线、指挥作战、进餐、就寝等等一切都严格按计划进行的刻板习惯，说他"具有一种在自己周围创造沙漠中的宁静绿洲的诀窍"。蒙哥马利的自信和镇定，使第3师在险恶的局势中巍然屹立，极为有效地阻击着德军的进攻。

此后盟军开始潮水般地后撤。第3师一直坚守到最后关头，才开始有秩序地撤离。5月17日，第3师撤抵布鲁塞尔。18日，英国远征军第1军行动迟缓，布鲁克接管了其第1师。这个师的师长，是哈罗德·亚历山大少将。于是，后来统率英军驰骋非洲战场的3位著名将领布鲁克、亚历山大和蒙哥马利，就在一种令人尴尬的境地里走到了一起，第一次合作，并挽救了深陷重围的英国远征军。

后撤的英国远征军采取环形防御，边打边退。但是5月27日夜，比利时国王利奥波德却命令比军向德军投降，使这条环形防御带的左翼出现了一个缺口。当时，蒙哥马利的第3师正在鲁贝前线与德军对峙，布鲁克急令他们立即前往堵住这一缺口。第3师连夜强行军，在黑暗崎岖的道路上运动25英里，28日拂晓前工事已经做好了，然后是整整一天的阻击。5月29日深夜，第3师进入敦刻尔克桥头堡左翼的海滩阵地，在这里掩护大部队撤离。由于战事险恶，伦敦方面决定尽快把远征军中的优秀将领撤回国去。30日，布鲁克接到撤离命令。这位具有远见卓识的著名将领，向伦敦总部力荐他属下3个少将中资历最浅的蒙哥马利接替他出任第2军军长。当天下午，蒙哥马利以新任军长的身份出席了戈特总司令召集的关于最后撤退的紧急会议。会上，戈特按照伦敦方面的要求，命令第1军最后撤离，同时指定第1军军长巴克中将在他回国后接替他指挥部队。蒙哥马利认为巴克年纪太大，能力不足，不能够担此重任，于是直言举荐亚历山大出任此职，戈特采纳了他的建议。5月31日深夜，第2军开始撤离。第二天，蒙哥马利所部冒着炮火在敦刻尔克港集结并安全撤回多佛尔。两天后，亚历山大冷静而机智地指挥远征军残余部队撤抵英国。

英国在第二次世界大战中的第一次出击就这样多少有些难堪地结束了。

这是一次带有很大盲目性的军事行动，它暴露了英国军队在装备、训练、指挥等等许多方面的问题，使得他们有可能在以后的战争中避免更多的错误和伤亡。对于蒙哥马利，跨海作战则成了他军事生涯的新起点，他在军队中的地位、声望都因此有所提高，他成了英军最有希望、最受重用的将领之一。后来许多人都对这一时期蒙哥马利军事思想的迅速成熟给予了很高评价，认为正是从此起，他才开始真正成为一位军事家。这一印象当然还与以下事实有关。敦刻尔克撤离之后，蒙哥马利向帝国陆军部提出，他不再担任军长职务，而重新出任第3师师长。他要把这个在跨海作战中遭受重创的钢铁师再造成一流部队，以肩负未来反攻重任。

蒙哥马利再次统领第3师后，只用了10多天时间就在萨摩塞特完成了整编，接受了新装备。随后，他向前来3师视察的首相丘吉尔提出，将国内满街乱跑的公共汽车征调

一部分入伍,装备第3师使之成为机动能力更强的可以打运动战的师。这一建议很快被采纳,当然,得到了汽车的第3师并没有立即上前线。但这时他和布鲁克相继提出的进攻性防御理论,即在沿海前线建立一条相对薄弱的防线,尽力阻击入侵之敌,而在后方部署高度机动的战斗部队,乘敌立足未稳实施集中打击的思想,却被认为是非常有创见的"军事哲学思想"。

1940年7月,蒙哥马利被任命为第5军军长。他在这个军里推行了一系列大刀阔斧的改革,清除了一批他认为年龄偏大的和懒惰、缺乏才干、没有献身精神、不被士兵敬重的而可以看作是"朽木"的中下级军官,举行师以上大规模军事演习,培养士兵的吃苦耐劳精神和实战本领。他要求部队"无论雨、雪、冰、泥,无论好天气还是坏天气,白天还是黑夜,我军都必须比德军善战"。一年后,当他调任东南军区司令时,第5军已经成为一支能在任何恶劣条件下英勇作战的第一流的部队。然后他又在东南军区推行他的军事训练和军队改革方案。东南军区辖肯特郡、萨里郡和苏塞克斯郡,是德军最有可能突袭的地区。蒙哥马利从实战出发训练部队,其逼真刻苦程度在英军中绝无仅有。他的战略思想是训练一支"不会退却的部队",使全体官兵保持旺盛的斗志、攻击精神和乐观自信精神,然后,构筑一种蛛网般的防御体系,无论德军走到哪里,都必将遭到强有力的反击。这样就到了1942年。

1942年的最初几个月里,由蒙巴顿将军领导的"联合作战指挥部"以及英、美两国一些领导人,一直在研究如何实施分别定名为"围捕"和"大锤"的两项作战计划。前者为大规模进攻欧洲大陆的代号;后者则表示在俄国危急或德国即将垮台时,对法国实施小规模突击。到4月时,"大锤"计划被认为不可能在近期进行,"围捕"也只有到来年才有实施的可能。这样,整个联合作战指挥部对未来的战事就有一种隐约的悲观情绪,这导致了后来甚有争议的"迪耶普袭击"。

袭击迪耶普,是因为联合指挥部认为盟军必须占领一个可以进退英吉利海峡的港口,而迪耶普最合适不过。这个港在战斗机航程内,而守备力量又不足,只有一个机场、一个雷达站和各种炮兵连。袭击的任务按计划交由加拿大部队执行,加拿大部队当时配属东南军区,所以,蒙哥马利实际上是这次行动的最高指挥官。6月5日,蒙哥马利主持了袭击行动的作战会议。会上讨论了是否按计划预先用重型轰炸机轰炸迪耶普的防御设施,由于英军和加拿大部队都有人反对这项计划,预先轰炸便被放弃了。这显然是个错误,但蒙哥马利并没有像他后来在回忆录中记忆的那样纠正这个错误。因此,西方战史研究家中有人认为,蒙哥马利应对这次代号为"拉特"的行动失败负有某种责任。这次行动8月19日正式打响,加拿大部队5000人苦战9小时,最后以被俘、伤亡3300多人而告失败。蒙哥马利是8月19日晚得到这一消息的,当时,他正在第8集团军司令部里以司令官的身份款待首相丘吉尔。他对失败的震惊程度正如后来听到有人议论应由他负一部分责任一样,是很难用语言表达的。因为事实上,他的确没有纠正放弃轰炸的错误,却是更明智地、很早就提出应取消这次行动。他曾给国内武装力量总司令佩吉特将军写信,指出这次行动由于参与部队多,又数次延期,早已泄密。他说:"如果要对欧洲大陆进

行袭击的话，无论如何应让他们选择迪耶普以外的其他目标。"历史常常是这样，错误是许多因素共同铸成的，而预料到并力图阻止错误的人，却令人尴尬地成了这许多因素中的一个。

当然，这一切伴随着蒙哥马利入主第8集团军司令部，都显得有些无足轻重了。机遇又一次垂青了这位雄心勃勃而又有些自以为是的军人。

指挥若定

第二次世界大战的北非战场，若干年后成了蒙哥马利辉煌军事生涯的里程碑。但在1942年8月中旬前后，那里差不多是死亡之海。德国大名鼎鼎的以沙漠坦克战著称的常胜将军"沙漠之狐"隆美尔，指挥着他的黑甲虫般的坦克群，把这里搅得天昏地暗。而这时作为隆美尔直接对手的蒙哥马利，对沙漠战还几乎是一无所知。8月12日，蒙哥马利飞抵开罗，次日，巡视沙漠战场。他认为他必须办4件事：第一，在集团军内树立良好的自身形象和权威；第二，整顿指挥机构；第三，建立一个与他的性格和作战理论相适应的指挥系统；第四，打败隆美尔。

打败隆美尔，这在当时是一个神话，但是蒙哥马利料定它会成为现实。隆美尔的北非兵团由两种不同成分的部队构成：一是固守部队，以意大利军为主，没有多少装甲兵；二是机动部队，主要是由德军精锐部队装甲第15师、第21师和所谓"轻兵"第90师编成的装甲军团。隆美尔的作战特点是不断攻击，在1942年8月，他最大的企图就是早日攻下开罗和亚历山大。他有点焦躁。蒙哥马利认为这有机可乘。当时的第8集团军，以蒙哥马利的话说是"危如垒卵"，训练指挥系统不灵，有一批他认为是"朽木"的军官在不紧不慢地工作；后勤供给差；部队没有齐装满员，尤其没有一支可与隆美尔装甲军团抗衡的装甲部队。但这一些，蒙哥马利认为，正是可以向总部提要求的条件。后来，在撤换了许多"朽木"之后，总部果然就同意了蒙哥马利的计划，编成一个下辖第1、第8、第10三个装甲师和一个新西兰师的军，番号第10军。一段训练之后，第8集团军事实上已面貌一新。而正是在这段时间里，隆美尔的部队却在悄悄地发生着衰败。先是隆美尔本人的健康状况非常糟糕，他不仅疲惫不堪，而且患有

蒙哥马利元帅在二战时的军服

胃溃疡和鼻病，血液循环也不好。接着是部队构成出现问题，他的各个师共缺员1.6万人，战斗装备数量比编制规定的少210辆坦克、175辆装甲运兵车，弹药匮乏、口粮不足状况也相继出现，燃料储备出现问题。最不利的是因为苏联战场吃紧，德军许多空军中队赶往支援，隆美尔失去了空中优势。尽管如此，蒙哥马利仍判断隆美尔会不顾一切再次

发起进攻,因为北非战场是德军"大钳形运动"攻势的一部分,希特勒不会同意隆美尔撤退;而隆美尔的固执与自尊心,使他明知此时最好的办法是撤往阿莱曼休整,但他决不会这么干。于是大战不可避免,于是蒙哥马利就有了机会。

1942 年 8 月 30 日夜,隆美尔正如蒙哥马利预料的那样开始了攻击,但他没有想到,蒙哥马利为他设计了一个英国军队从未使用过的陷阱。这样,就有了哈勒法山之战。这场战役被奉为二战"典范"之作,或者叫"第一个典型的蒙哥马利式战役"。

蒙哥马利的陷阱,是在隆美尔攻击正面部署新西兰师箱形阵地;在这个阵地与哈勒法山之间的缺口处,部署第 22 装甲旅;哈勒法山顶,部署步兵第 44 师的两个旅;哈勒法山顶南部,部署第 8 装甲旅。陷阱开放部设有地雷场,并有第 7 装甲师机动待命。蒙哥马利用于设置陷阱的全部战车约 400 辆,形成三面钳制态势,只要隆美尔进攻,无论向哪个方向突击,都会遭到合围。同时,英国沙漠空军的庞大战斗机、轰炸机群也将随时听从蒙哥马利指挥,投下后来很长时间都令隆美尔心惊肉跳的"地毯式炸弹"。

英国沙漠空军 8 月 30 日黄昏先于隆美尔攻击就出动了,他们轰炸了隆美尔的装甲车停车场,使德军大伤元气。隆美尔第二天的仓促攻击,很大程度上是英国空军诱导的。8 月 30 日夜,隆美尔非洲军团突入蒙哥马利的地雷场,爆炸此起彼伏。德军第 21 装甲师冯·俾斯麦将军被地雷炸死,其余受伤官兵甚多。直到第二天凌晨 4 点,才勉强打开一条通道。隆美尔命令部队向北作预定的左包抄运动,这样,他们就又遭遇了早已埋伏好的英军第 22 装甲旅。当德军首批 87 辆坦克慢慢地在地平线上出现时,英军步兵旅的反坦克炮和装甲旅的"格兰特"式坦克几乎同时开火。战斗进行得异常激烈,双方伤亡都很大。不久,英军预备队第 23 装甲旅、第 5 皇家坦克团和苏格兰龙骑兵第 2 团投入战斗,德军开始疲于招架。这一天的傍晚,隆美尔许多部队被迫放弃燃料、弹药消耗殆尽的坦克。晚上,非洲军团遭受了二战以来第一次羞辱性打击——英国皇家空军的照明弹、炸弹以及英军第 13 军炮兵的轰击整整陪伴了他们一夜。而这一夜,蒙哥马利却照常进入梦乡。9 月 1 日晨,蒙哥马利从容洗漱,悠然进餐,关于战役进展,他一句都没有过问。

9 月 1 日,哈勒法山战役接近尾声。上午,有两次小规模的局部战斗。下午,蒙哥马利采取了两个欺骗性行动:一是下令制定"进行夺取主动权的反击"计划;二是命令第 10 军做好追击准备,并把预备队推进到代巴地区。隆美尔错误地认为蒙哥马利已强大到足以与他就地决战,立即下令开始第一阶段撤退。9 月 3 日,非洲军团撤退速度明显加快。英军官兵中有人提出追歼,但蒙哥马利拒绝了,为此他曾受到不少责难。然而事实是,第 8 集团军当时也已是疲惫之师,而且如果追击过猛,隆美尔就会一下子退到奥吉拉地区,在那里他将占据有利地势并得到充足补给。蒙哥马利没有这么干,他下令结束哈勒法山战役。

哈勒法山战役是典型的军团会战,张弛有度,并在英军所希望的状态下结束,它使蒙哥马利在军中的威望达到了前所未有的高度。后来有人评价这次战役,认为蒙哥马利从中赢得了 3 个非同寻常的收获:一是成为军中"偶像"。蒙哥马利镇定自若、潇洒果决的指挥风格给了第 8 集团军官兵深刻印象,他们对他信任极了。从哈勒法山战役时起,蒙

哥马利便开始戴一顶澳大利亚军帽,这顶黑色扁平软帽上,除有一枚英军帽徽外,还缀有蒙哥马利视察一个战车团时,他们送给他的一枚装甲兵军徽。这顶双星软帽后来成了蒙哥马利同时也是"胜利"的标志,它的出现具有不可思议的号召力。直到二战结束,蒙哥马利一直戴着它,它像它主人的名字一样惹人注目。二是改革了装甲兵运动战术,开了装甲兵打伏击的先河。三是完善了指挥系统。他调配了下辖3个军的军长,从英格兰调用了何若克、李斯两位优秀的"少壮派"师长分别任第13军和第30军军长,又提升第1装甲师师长卢姆斯登为第10军军长,同时,调配了高级参谋人员和随军高级牧师。这个指挥阵容,蒙哥马利认为是十分难得的,因为它非常机敏干练,而机敏干练,在蒙哥马利看来是克敌制胜的法宝。

哈勒法山战役洗雪了第8集团军,特别是其第7装甲师的所谓"沙漠之鼠"的耻辱。蒙哥马利伺机扩大战果,以在适当的时候彻底歼灭隆美尔大军。这样,就有了阿拉曼会战。

阿拉曼会战是哈勒法山战役结束的同时就在蒙哥马利头脑中构想好了的。1942年8月和9月,他将这一构想变成作战计划。蒙哥马利设计了两套方案,代号都叫"轻步",作战目标是突袭隆美尔从地中海岸边向内延伸至盖塔拉洼地大约45公里纵深的防线。这个防线只能正面进攻,因此必须保证袭击的突然性。

会战计划经英伦白厅批准后,蒙哥马利再次导演了欺骗隆美尔的行动,他为这个欺骗计划拟订代号为"伯特伦"。"伯特伦"9月28日起实施,首先是伪装前沿地区的巨大的弹药库和作战物资仓库;其次,频繁在前沿地区调动部队与坦克、车辆,使隆美尔对大量部队集结习以为常;然后是挖战壕埋伏步兵;最后是做出在南面前敌部位发动主攻的假象。架设无线电,调动装甲运兵车。这种捉迷藏的战术持续到10月21日,战略目的即使在集团军内也是保密的,按军衔高低分批传达,10月21日传达到普通士兵,而两天后,按计划是阿拉曼会战打响的日子。这个欺骗计划被认为是二战中沙漠战最精巧的欺骗计划。隆美尔毫无察觉,后来他在回忆那场惨败时说:"在黄昏来临之前,23日那天过得像阿拉曼前线上的任何一天一样。"

10月23日到来了。这一天像往常一样,有鸟叫,有晨曦,阿拉曼前线一片宁静。然而就在这一片宁静中,第8集团军所辖3个军以及希腊军1个旅、法军2个装甲旅、2个步兵旅,总计19.5万部队悄悄地展开了。他们共拥有装甲车435辆、坦克1029辆、野炮和中型炮908门、反坦克炮1451门。而隆美尔的德意联军,这时仅有兵员10.4万人,装甲车192辆、坦克496辆、野炮和中型炮约500门、反坦克炮约850门。蒙哥马利占据了足够的优势。隆美尔后来无可奈何地评述说:"这一仗在射击开始之前就由军需官们打了和决定胜负了。"这天清晨,蒙哥马利出席了记者招待会,下午来到靠近第30军司令部的前线指挥部,晚上看了一会儿书就早早上床休息,因为他觉得自己已无事可做了。晚上9点46分,攻击开始,第8集团军所属部队1000余门火炮同时开火,阿拉曼前线地动山摇,一片火海,然后,1200多辆战车开始进攻。隆美尔的非洲军团乱作一团,随后便盲目还击。这时,隆美尔的小心细致帮了他的大忙。还在哈勒法山战役之后,隆美尔就转

攻为守,把防御区设在两个大型地雷场和若干条地雷带构筑的箱、网形结构后,这些雷区共布设地雷44.5万颗,若按3%即1.4万颗杀伤人的理论概率算,那也是一个惊人的数字。第8集团军进攻开始不久,就陷进了雷区,然后不得不边排雷边进攻,推进速度明显变慢。直到10月24日早晨8点,北翼方面的两条走廊地带,还没有被第10军的装甲师完全打通。蒙哥马利不得已下令各装甲师自行杀出一条通道,向开阔地进击。

阿拉曼会战第3天双方陷入胶着状态。由于第10装甲师行动不利,第30军又没有突出南部走廊,战场形势令人沮丧。到10月26日,蒙哥马利便不再能安稳悠然地读书和睡觉。第8集团军及其所属其他部队的步兵伤亡严重,新西兰师大约伤亡和失踪1000人,南非师600人,澳大利亚师1000人,高地师2000人,整个集团军损失总数约6100余人,坦克损失300多辆。26日中午,蒙哥马利重新部署部队,将作战重心转移到澳军步9师辖区,改面北向海岸回旋,来了个180度大转弯。3天后,攻击奏效,隆美尔全部德军集结北部,防止英军突破。10月30日,蒙哥马利用隆美尔高度集结所露出的战线过窄、人员过密、不利于展开等破绽,大胆制定了代号"超装药作战"的行动,命令集团军所属部队在10月31日和11月1日待命,准备全线出击,第30军向西推进,第10军向西北、西和西南推进,第13军向南佯动。11月2日凌晨1点,"超装药作战"行动开始,第8集团军在正面3650米、纵深5500米的开阔沙漠地带全线出击,非洲军团措手不及迅速败退。至傍晚,第8集团军俘获德军1500多人,隆美尔率部西退。

11月5日,阿拉曼会战形势进一步明朗,蒙哥马利完全控制了战场主动权。他于是命令全线追击,他的口号是:"挺进!挺进!挺进!最大限度地挺进!"他的目标是的黎波里,为此,必须攻占隆美尔最后也是经营最久的防线奥吉拉,阿拉曼会战便变成了奥吉拉会战。

奥吉拉会战的前奏是长途奔袭。第8集团军先后以第10军、第30军为先头部队,在沙漠空军强大机群掩护下,冒着滂沱大雨,13天内挺进了900千米,同时,部队得到27.2万吨弹药和1.84万部车辆的补充,空军也切断了隆美尔的黎波里和奥吉拉之间的后勤补给线,决战时机成熟。12月上旬,蒙哥马利将详细作战计划交给第30军军长李斯,命令按计划进行战役准备并于12月15日发动总攻。之后,他飞回开罗英军总部。蒙哥马利星期日晚上出现在圣乔治礼拜堂时,迎接他的是狂风暴雨般的掌声。由于哈勒法山战役和阿拉曼战役,蒙哥马利已经成了打败"沙漠之狐"的英雄,成了英国家喻户晓的名人。

奥吉拉会战12月15日如期打响。新西兰步兵师按计划直插敌后,第7装甲师以锐不可当的气势向前猛扑,两个师形成夹击态势,德军被分割成许多小股。16日激战一天,隆美尔遭到了强有力的拦击和空中打击,伤亡惨重,但最终在付出巨大代价后向西突围成功。蒙哥马利适时下令停止追击,宣告奥吉拉会战结束。

从阿拉曼到奥吉拉,蒙哥马利率部追击2000千米,重创不可一世的隆美尔非洲军团,埃及从此"安若磐石"。1943年1月23日凌晨4点,第8集团军进入的黎波里。

1943年3月20日,蒙哥马利追逼隆美尔非洲军团至突尼斯境内的马雷斯防线,以整编后的第30军3个师、新西兰步兵师、第10军2个装甲师和强大的空中打击部队,与隆

美尔激战。7天后马雷斯战役结束,德军被俘2500余人,伤亡惨重,残部逃过盖布斯峡谷。4月6日,第8集团军与非洲军团在盖布斯以北鏖战一天,俘敌7000余人。4月8日,第8集团军与由加夫萨东进的美第1集团军在盖布斯以北会师。5月6日,美第1集团军和英第8集团军一部,联合对突尼斯德军发起攻击,英第7装甲师最先攻入突尼斯。第二天,英美联军占领比塞大和突尼斯。5月12日,德军有组织的抵抗全部停止,被俘24.8万人,仓库、堆栈、重兵器和装备器材等全被英美联军缴获,除极少数溃窜崩条半岛外,德非洲军团全军覆没,非洲战争宣告结束。这个胜利,令英国首相丘吉尔欣喜若狂。6月初,他在蒙哥马利的纪念册上写道:"从西北非登陆战役开始,到阿拉曼会战的胜利,到现在的大获全胜,真让人感到无比辉煌、无比自豪。望再接再厉,取得更加光辉灿烂的成绩。"

强壮作战

西西里岛在第二次世界大战开始后相当一段时间是非常平静的。德国人、意大利人都不大相信盟军会直捣意大利本土。然而,1943年7月10日凌晨,风大浪高的西西里岛东南部的锡拉库萨港附近,却突然出现了登陆艇和英军第5师的皇家苏格兰燧发枪团的士兵。他们抢占滩头阵地后,立即向港口挺进,傍晚,占领锡拉库萨。在更偏南一点的诺托湾,英国第30军也登陆成功。南部海岸,美军3个师苦战一天登陆成功。同时,英军第1空降旅、美军第82空降师也突然出现在锡拉库萨和杰拉内陆上空。西西里岛变成了战场。这一切都源于1943年1月同盟国在卡萨布兰卡的一次会议。这个会议决定,在清除了非洲大陆的敌人后,立即开始彻底击溃意大利的作战。第一步就是攻占西西里岛,行动代号为"强壮作战"。

"强壮作战"是盟军第一次大规模联合登陆作战,是诺曼底登陆的预演。1月23日,联合参谋长委员会任命艾森豪威尔为"强壮作战"行动的最高统帅,亚历山大为副统帅,海军上将坎宁安为海军部队指挥官,特德为空军部队指挥官。艾森豪威尔受命组建一个特别参谋部,并任命地面部队指挥官。蒙哥马利被任命为东部特遣部队司令官,这个部队最初称545特遣部队,实际上就是第8集团军,下辖第13军和第30军;巴顿任西部特遣部队即343特遣部队司令官,这支部队也就是美军第7集团军。这两支部队都在亚历山大司令部的指挥下作战,该司令部起初叫第141部队,后来则干脆将所辖两个集团军番号数字相加,称为第15集团军群。对这次作战和人事安排,蒙哥马利大致是满意的。他清楚地意识到非洲沙漠时代已经成为过去,现在是与美军共同作战,要忠诚于共同的事业而不是狭隘的民族利益。事实上,他为此做了很大努力,譬如在作战计划上、后勤供给上都一再妥协,但他执拗的个性使他又一再与美军将领们发生不愉快。3月23日,他曾宣称:"本集团军指挥官打算用第8集团军的名称和声望来影响这次作战,因此打算尽可能使用第8集团军的名称,而不使用东部特遣队的名称。"这一举动很有些自我炫耀、

自命不凡和闹独立性的意思，触怒了美国人，艾森豪威尔和巴顿都十分不满。但他们同时又都是以大局为重的人，因此只能一再容忍蒙哥马利。蒙哥马利后来反省自己："我们现在已由自己的小天地汇入了北非作战盟军的主流，我们必须学习如何调整本身的作风，使之能适应全局战争的环境与要求，这也正是一般所谓的'折中'。"他说："我们将不得不学习如何和别人共事，并且，为了整体利益将不得不牺牲自己的利益。但有一点我绝不松口，就是绝不容许第8集团军在一种拙劣计划的驱使下，随随便便地投入战斗，绝不许将官兵们宝贵的生命虚掷于暴虎冯河式的冒险勾当。"在"强壮作战"行动过程中，蒙哥马利的意见与艾森豪威尔、巴顿多次相左，最终都是在这一大的原则下得到解决的。在这个过程中，他们也增加了相互之间的了解，为联合行动的胜利奠定了基础。

西西里岛登陆成功后，盟军面临的第一个问题就是如何攻占墨西拿。墨西拿是意大利的大门，但"强壮作战"计划却没有把如何占领这个"大门"讲得很清楚。亚历山大的想法是将这个岛"截为两半"，直捣大门。蒙哥马利也有这个意思，他电告亚历山大他想向北进攻，以实现亚历山大这一意图。当时，只有两条比较好的公路可供机械化部队使用：一条是经过埃特纳火山的东翼侧向北延伸的114号公路，蒙哥马利准备让第13军使用；另一条是向西北方向延伸而经过卡尔塔吉罗内—恩纳—莱昂福泰的124号公路，但这条公路位于美军作战区域内。攻击开始后，德军凯赛林部抵抗非常顽强，蒙哥马利推进迟缓。亚历山大向帝国参谋总长报告，他打算用第13军经由卡塔尼亚向墨西拿进攻，并命第30军先到圣斯特凡诺海岸，然后转攻墨西拿。7月16日，亚历山大将这一计划变为命令下达，使巴顿和美第2军军长布莱德雷十分不满，他们认为他们完全有能力攻占墨西拿，而亚历山大的命令却表明"只有蒙哥马利才被允许去进攻墨西拿"。巴顿立即派人乘飞机去找亚历山大说理。亚历山大权衡再三，于7月25日召开了一次协调会议，会上把向墨西拿突进的任务交给了美第2集团军。7月26日，墨索里尼下台，意大利的主要防线由德军接管，凯赛林命令德军尽可能安全地撤离西西里，战役变得相对简单多了。8月16日傍晚，第8集团军突击队进入墨西拿，迎接他们的却是满脸胜利喜悦的美军第3师第7步兵团。

巴顿抢先一步进入墨西拿，成了英雄，蒙哥马利感到失落与苦恼。当然，这并没有从根本上影响蒙哥马利的情绪，他是那种具有进攻型、挑战型性格的人，他决心在以后的战争中创造奇迹。

这一年的8月底，进攻意大利本土的最后战役计划制订完成，由英第8集团军北渡墨西拿海峡，进入意大利作战，代号"贝镇作战"；由美第5集团军在萨勒诺登陆，进入意大利作战，代号"雪崩作战"。9月2日，蒙哥马利以其惯有的激情和做法，发布了"告集团军官兵书"，鼓励大家说："第8集团军是同盟大军踏上欧陆本土的第一支队伍，对于我们，这是一种无比的殊荣。这次行将来临的会战将只有一种结果，这种结果就是'另一次成功'。"9月3日凌晨4时30分，"贝镇作战"开始。这一天，恰好是战争爆发纪念日，蒙哥马利后来回忆说："成千上万发炮弹开始向墨西拿海峡对岸轰击。这些炮弹是第30军密集部署的炮兵部队发射的，由于从巴顿的第7集团军借来了80门中型炮和48门重型

炮,这次炮击的火力格外猛烈。与此同时,15 艘战舰轰击了海峡南端的雷焦的敌防御部队。驻在内陆的重型轰炸机也做出了贡献。这一切都是'贝镇'行动的雄伟序幕。大约 300 艘登陆艇和渡船在一种差不多像节日一般欢乐的气氛中把 13 军的第 5 师和加拿大第 1 师送上了意大利本土。"

由于道路状况和后勤保障不够理想,踏上意大利本土的第 8 集团军有劲使不上,组织不起大规模进攻。自 9 月底起,第 8 集团军在意大利作战的过程就是从一条河向另一条河稳步推进的过程。在特里尼奥河,第 8 集团军遇到了第一次真正意义上的抵抗,德军第 76 装甲师在冷雨、泥泞中坚持了很长时间才被赶跑。此后,第 8 集团军就逼近了桑格罗河。

夺取桑格罗河及河岸后部地区之战,是蒙哥马利在意大利组织的最后一次战役,是罗马战役的第一阶段,是英美联军协作的新的一页,同时,又被称作是在意大利进行的第一次重要的"蒙哥马利式"战役。然而,它没有以盟军的胜利而告终。蒙哥马利将失利原因归结为恶劣的交通和气象条件。德军在桑格罗河 65 千米的正面部署了 4 个师,蒙哥马利以 5 个师正面强攻,时间定在 11 月 20 日。在那些日子里,桑格罗河地区或者暴雨倾盆,或者阴雨连绵,或者下雪,洪水泛滥,道路泥泞不堪,攻守双方都被搞得十分狼狈。第 8 集团军的攻击部队如新西兰师、印度师和第 78 师,甚至都无法获得一块干爽的或者稍微坚固一点的阵地。德军凭借自然条件顽强地坚守着,直到第 8 集团军不得不主动撤出战斗。这是二战开始以来,最令蒙哥马利无可奈何的一个战役。

反攻欧洲

如果今天让人们列举第二次世界大战中影响最深远的事件,相信绝大多数人都会说是诺曼底登陆。诺曼底登陆是世界军事史上的奇迹,是永垂史册的反对侵略战争的辉煌篇章。但是一般人并不知道,这个被称为"霸王战役"的作战计划,1943 年 8 月中旬魁北克会议被通过时,叫作"摩根将军纲要"计划。它只打算用 3 个师的兵力对巴约附近的诺曼底海滩进行一次类似西西里战役式的突击,在欧洲大陆上夺取一个立足点,以备以后进攻欧陆时作为桥头堡。这个计划在 1944 年的最初 5 个月里被做了重大调整,到 1944 年 6 月初,英伦三岛上聚集了盟军的 300 多万军队,其中英军约有 175 万,美军 150 万。此外,还有作战飞机 1.3 万架,训练和预备队飞机数千架,空降滑翔机 3500 架,战舰 1200 多艘,登陆艇 4000 多艘,运输船 1600 多艘。这是一个史无前例的庞大作战阵容。当时人们开玩笑说,如果不是因为大不列颠上空飘动着大量的拦阻气球,英伦三岛就会让这些军队压得沉入海底。诺曼底战役的作战目标,也由建立反攻欧陆桥头堡,改为直接反攻欧洲并给德国法西斯以毁灭性打击。

蒙哥马利在诺曼底战役中有两点特殊贡献。第一,他以军事家的敏锐、历经战事磨炼的果决和善于抓住问题实质的独特才能,及时地发现、提出并促使决策层修订了作战

计划中不彻底的部分。同时，由于他的正确判断和出色指挥，避免了登陆作战最容易陷入的登陆面过窄，部队展不开不能很好地巩固滩头阵地并向纵深发展的弊端。第二，他参与了战役的核心指挥。1943 年 12 月底，蒙哥马利被英国陆军部任命为第 21 集团军群总司令，调离了他指挥了一年多的第 8 集团军。这次升迁，使他有机会施展军事才能，在更广大的战线上创造辉煌战绩。当时，熟知蒙哥马利的美国将军艾森豪威尔已就任第二战场最高统帅，他十分倚重蒙哥马利。1944 年 3 月 10 日，艾森豪威尔发布命令说，蒙哥马利"要负责制定计划和指挥参加这次战役的一切地面部队，直到盟军最高统帅给美国第 1 集团军群司令官划定责任区域为止……"这就是说，在这一年的 8 月 1 日之前，也就是巴顿接管美第 3 军、布莱德雷接管美第 12 集团军群之前，蒙哥马利在艾森豪威尔领导下，实际上全盘指挥地面战斗，因此，在诺曼底登陆总体计划的批准和执行期间，蒙哥马利是主要负责人，他的指挥，对诺曼底战役胜利起了直接作用，是这个战役获胜的诸多重要因素之一。

诺曼底登陆前的作战计划是改了又改的，这主要是因为盟军最高统帅与战场指挥官在一些具体细节上未能迅速达成一致。在等待最后作战命令的日子里，蒙哥马利做了两件事。第一件是旅行和演讲。他在国内许多公共场合露面，向大量平民，特别是工厂中加班加点的工人讲解他的作战意图。他访问了许多工厂。1944 年 2 月 22 日，他在尤斯顿车站向铁路工人代表做了一个半小时的演讲，赢得了铁路工会干事们的支持。3 月 3 日，他到伦敦港口，向大约 1.6 万码头工人、搬运工人和驳船工人讲话。随后，又参加全国储蓄委员会主持的"向军人致敬运动"。他告诉人们："不论是在前线作战的士兵，还是国内生产线上的工人，我们都属于一支伟大的军队。工人们的工作同我们的工作一样重要。我们的共同任务是把工人与士兵连成一个整体。"他说："我决定在讲话中号召全国人民鼓励军队为伟大事业而战。"同时，他还乘坐"轻剑号"专列，检阅了参加诺曼底登陆的每一个部队，告诉士兵们他们将干什么，怎样干。他的这些活动曾一度惹恼过政界、军界要人们，他们怀疑他有什么政治企图。第二件，是整顿部队和落实作战准备计划。这段时间起至 8 月底，先后有 1 个集团军指挥官、3 个军长、36 个师长因被认为不能胜任战役指挥而遭解职。蒙哥马利还将诺曼底登陆区域划分为 5 个独立的部分或登陆点，由不同的部队负责，制定独立的登陆计划。同时，组织两支海军特遣队，分别用来支援英军和美军的登陆行动。空中，则统一调配打击力量。他计划登陆这一天，英军出动各种战斗机、轰炸机 5510 架，美军出动 6080 架，总计 11590 架。蒙哥马利在战前的准备工作是精细而谨慎的，这差不多可以算是他的一贯作风。

诺曼底战役攻击开始日定在 1944 年 6 月 5 日。然而从 6 月 2 日起，英吉利海峡气候骤变，艾森豪威尔不得不在 5 日凌晨 4 时召开紧急会议，将攻击顺延 24 小时。这样，这场决定欧洲和世界反法西斯战争命运的激战，实际上是 1944 年 6 月 6 日打响的。

6 月 6 日，英吉利海峡万舰竞发。虽然德军没有正确判断出盟军登陆区域，但由于已调任该防区司令官的隆美尔生性谨慎，早已在诺曼底滩头布设了大约 500 万~600 万枚地雷、大量的防登陆艇墩桩，以及密集的炮火和坚固的滩头阵地，还是给盟军登陆作战造

成了极大困难。由于海上波涛汹涌，登陆艇在离岸还有 20 千米左右就不得不下水。士兵们挤在狭小的艇体中，浑身透湿，冷得发抖，战斗力受到影响。在美军第 1 师登陆地奥马哈海滩，由于战舰炮火和美军第 8 航空队轰炸受气候影响没有准确打击滩头，德军的岸边防御几乎完好无损，同时，岸上的敌人，除原来的防御部队德军第 716 师外，6 日，又增加了第 352 机动师，所以战斗比预想的要残酷得多，由取胜变为求生。最后，美第 1 师在伤亡了 3000 人后，终于在滩头站住了脚。这一天，奥马哈滩头有 3.4 万人登陆。美军第 4 师攻击的犹他滩头情况要好一些，26 辆水陆两栖坦克全部安全上岸，269 架中型轰炸机将德军滩头阵地摧毁一空，2.3 万人没有遇到顽强抵抗就登陆成功。在英军和加拿大军队登陆地的戈尔德、朱诺和斯沃德滩头，蒙哥马利的两个战略构想起了作用。一是空降部队策应，虽然大多空降部队降落地在恶劣气候影响下不符合战役计划，并且伞兵们相互联系也出现了问题，但还是扰乱了德军正面防御；二是水陆两栖坦克快速跟进，装甲部队几乎与登陆艇同时上岸，工兵部队扫雷、架桥衔接得也比较好。所以，这些滩头的进攻相对顺利一些。当 6 月 6 日的黄昏到来的时候，诺曼底的硝烟渐渐向内陆飘散，德军防线退缩了 6.5~10 千米，伤亡巨大。在美军的两个滩头阵地上，约有 57500 余名官兵登陆，还有空降部队 15500 人，伤亡约 6000 人；英军和加拿大部队共有 75215 人登陆，空降 7900 人，伤亡、失踪 4300 余人。诺曼底战役登陆打击首战告捷。

蒙哥马利是第二天早晨乘驱逐舰抵达诺曼底滩外海面的。这时滩头纵深处还在作战，蒙哥马利先驶入美军控制海域，靠上布莱德雷将军的指挥舰，与布莱德雷交换了对战役进展情况的看法，随后驶回英军控制海域，听取了邓普塞将军和魏安将军关于步兵和海军作战情况的报告。6 月 8 日清晨，蒙哥马利踏上了诺曼底海岸，并将指挥部设在克勒里的一座花园里。

在全面分析了诺曼底战况后，蒙哥马利提出在接下来的作战中，盟军的战略要点主要有三个：一是将各个滩头阵地连成一个相互衔接、相互支援的便于统一指挥、统一行动的战线；二是保持战场主动权；三是在德军重新配置兵力并得到有效增援之前，在狭窄的占领区内建立起行之有效的行政后勤系统。6 月 12 日，第一个战略要点实现，盟军控制了一个长 80 千米、纵深 13~20 千米的地带。6 月 18 日，蒙哥马利下达了攻占卡昂和瑟堡的命令，他计划以这两地为支撑展开全面进攻。攻占卡昂行动亦称"赛马场"作战，因英吉利海峡风暴又起，延迟至 6 月 25 日进行。这次作战，在卡昂南面形成大钳形攻势，当面德军有第 1 装甲军、党卫军第 10 装甲师和第 9 装甲师、党卫军第 2 装甲师、勒尔装甲师以及第 21 装甲师等，是块"硬骨头"。蒙哥马利把这块硬骨头留给英军啃，而将德军设防薄弱的瑟堡让给美军主攻。结果，美军几乎没遇到德军装甲部队任何抵抗就攻陷了瑟堡，英军却遇到了大麻烦。英军拥有绝对的空中优势，700 多门大炮，第 8 军、第 30 军和第 1 军全部部队，然而战斗进行得却异常艰苦。到 7 月 1 日，按蒙哥马利的设计，担任正面主攻的第 8 军，也不过只巩固了第一道河障——奥东河对岸的桥头堡。但蒙哥马利设计这次战役，目的不是为了攻占地盘，而主要是为了有效地吸引、消耗德军预备队，为诺曼底战役全胜奠定基础。所以，卡昂、瑟堡作战后，蒙哥马利认为诺曼底战役发生了重大转

折,盟军已经完全控制了战局。

　　此后便是攻克卡昂和"古德伍德"作战。这是诺曼底战役中蒙哥马利遭到指责和误解最多的两次军事行动。攻克卡昂,是因为试图分散德军进攻美军的注意力。蒙哥马利将英军第 1 军所属 3 个师全部投入战斗,同时配有 450 架重型轰炸机。在付出伤亡 5500多人的惨重代价后,第 1 军于 7 月 9 日攻入卡昂。蒙哥马利被认为是不会维护英国利益的"傻瓜"。"古德伍德"作战意图很简单,就是用 3 个装甲师越过奥恩河,踏上东岸,然后一直向南攻击,以牵制大量德军作战。7 月 18 日开始后,出现了装甲部队、步兵和空中支援衔接不紧密的情况,进攻一直不顺利。而蒙哥马利由于消息闭塞和考虑不周,竟在这一天的下午发报给帝国总参谋长说进攻顺利,晚上更将这个错误扩大化。他发表了一份特别文告,用了"突破"字样,并说:"蒙哥马利将军对这场战斗第一天的进展感到十分满意。"这显然有过早邀功的意思,因为他所谓的"突破""胜利"等等其实还不存在。此后,战局并未给蒙哥马利的报告以弥补,而是进一步恶化。7 月 20 日,倾盆大雨将战场变成一片泥潭,攻守双方都不能采取有效行动。"古德伍德"作战只能不了了之。"古德伍德"作战的失利,使蒙哥马利陷入各盟国领导人、公众和新闻舆论的一片失望抱怨声中,他几乎不可能将失利的客观原因以及自己更为长远的战略意图解释清楚。因此这段时间,蒙哥马利是很苦恼的,唯一可聊以自慰的,是他的攻击给了宿敌隆美尔以最后的致命一击:这次战斗中,隆美尔的指挥车因受英国空军袭击撞在树上,隆美尔负伤,部队大乱。后来,隆美尔虽伤愈出院,但被怀疑参与推翻希特勒的行动,没有再回部队。这年 10 月,他在希特勒的逼迫下服毒自尽。

　　诺曼底战役以后又进行了一系列作战,至 8 月 19 日,在历时两个多月后胜利结束。这场战役,英军伤亡 6.8 万余人,美军伤亡 10.2 万余人,付出了总计伤亡约 17 万人的代价,取得重创或歼灭德军 40 个师,毙伤德师长以上高级将领 22 人,毙伤德军约 30 万人的重大胜利,创造了世界战争史上大兵团作战的典范。蒙哥马利在这场战役中表现出的非凡的军事指挥天才和他那好胜的、不易与人合作的个性一起,成为他作为一个杰出军事家的鲜明标志,为世人熟知和接受。

　　1944 年 8 月 31 日晚,蒙哥马利意外地收到丘吉尔首相的急信,信中说:"非常高兴地通知阁下,经我提议,英王陛下极为愉快地批准,自 9 月 1 日起晋升阁下为陆军元帅。王室对阁下亲临法国指挥这场值得纪念、也许是决定性的一战所建立的卓越功勋,深表嘉奖。"这封信使蒙哥马利高兴极了。自入桑赫斯特军事学院,蒙哥马利就认定自己会成为一个非凡的军人。他深入研究军事理论,刻苦磨炼自己的意志,在战场上忘我厮杀,目的都是为了建功立业,但他没有奢望当元帅,这个目标太远大了。所以,当他确信自己真的攀上了这军界最高阶梯时,禁不住欣喜若狂。第二天,英国广播电台在新闻节目中发布了这一消息,艾森豪威尔立即发来热情洋溢的贺电,英第 21 集团军群将士为自己统帅获得晋升欢欣鼓舞,美军、加拿大军乃至敌对的德军也都对这颗帅星的冉冉升起十分瞩目。后来,蒙哥马利从国王的私人秘书艾伦·拉塞尔斯爵士那儿听说,晋升他为元帅的命令,是 8 月 31 日早上,国王去医院探望发高烧的丘吉尔首相,首相趁机送上呈文,国王便在首

相病床的枕头上签署的,这大约是世界军衔晋升史上罕见的特例。蒙哥马利为此十分感动。晋升元帅,加重了蒙哥马利在盟军指挥机构中的砝码,也使他暂时走出与美军合作中的分歧所引起的不快。

这分歧是盟军1944年8月25日攻克巴黎后,在确定塞纳河北岸进攻战略时产生的。诺曼底战役和巴黎作战后,德军实际上已被击溃,蒙哥马利认为结束欧战实在是"唾手可得",因此,他拟订了集中挺进计划。蒙哥马利设想,盟军在横渡塞纳河后,即以第12和第21集团军群总计约40个师的兵力,组成强大兵团,集中全力快速向东北方向推进。第21集团军群扫荡海峡沿岸加来海峡省、西佛兰德,占领安持卫普和荷兰南部;第12集团军向阿登行动,直捣亚琛和科隆。此外,龙骑兵从法国南部出发,攻占南锡和萨尔。这个计划,是要迅速拿下鲁尔,摧毁德军的最后防线,尽快结束欧战。蒙哥马利认为事实上英国已对战争不堪重负,无论经济状况还是人民心理,都无法承受更长一些的持久战。然而,当时正值美国总统选举年,美国国内舆论对美军的胜利要求很高,同时德军在诺曼底战役之后也得到了一个短暂但有效的喘息机会,美军将领们特别是艾森豪威尔,并不认为盟军可以速胜。于是,他们提出了"宽大正面战略",将兵力平均分布于海峡对面德国的布伦、根特、阿纳姆、杜塞尔多夫、科隆、科布伦次、曼海姆、斯特拉斯堡、第戎等地,造成全面进攻态势。同时,艾森豪威尔还决定,由他亲自指挥地面部队作战。这两种战略,指导思想各有侧重,理应由双方加强沟通与协调。但好胜的蒙哥马利固执地认为,美军的计划是要造成一个美军起战争主导作用的印象,尤其是地面部队改由艾森豪威尔亲自指挥,更让他不能接受。诺曼底战役以来,他已经习惯了地面部队指挥官的角色,所以,他一再反对美军将领们的计划。当然,他的计划也同样遭到了来自美军高层的激烈批评。

蒙哥马利晋升元帅后,情况有了一些变化。艾森豪威尔更多地加强了相互间的协调工作,给了蒙哥马利一定的地面指挥权限,采纳了他关于空中支援和后勤供给的一些意见,但整个战略构想并没变。因为蒙哥马利的计划即使在军事上百分之百地可行,在政治上也是绝对行不通的。美国公众以及罗斯福、马歇尔和美国参谋长联席会议决不会同意在他们看来是"极大的背叛行为"的不利于美国及盟国利益的冒险军事行动。这一点,艾森豪威尔清醒,而在政治上十分幼稚天真的蒙哥马利却浑然不觉,他甚至一直斤斤计较于谁任地面部队指挥官。所以,当他奉命实施"宽大正面战略"作战时,心情是闷闷不乐的。他决心进行一次快速作战,以表明他也能像巴顿一样迅速前进。

按照蒙哥马利的战术思想,英军坦克部队在1944年9月初的第一个星期内,向东横扫了400千米。9月3日,警卫装甲师突入布鲁塞尔;第二天,第11装甲师攻占安特卫普。面对胜利,蒙哥马利忽视了打开通往安特卫普航道的重要性。希特勒及其参谋部却迅速反应过来,下令通过布雷、炮击和地面增援,使通往安特卫普的斯海尔德河不能通行。9月17日,蒙哥马利按照"宽大正面战略"的总体构想,指挥英第21集团军群及由英第1空降师、美第82空降师、美第101空降师和波兰伞兵旅组成的盟国第1空降军,开始了旨在突击阿纳姆、拿下莱茵河上桥头堡的"市场花园"作战。盟军动用10095人,92门大炮,500辆吉普车,300辆摩托车,400辆拖车,数百架飞机和滑翔机,结果只把大约700

人送到了莱茵河大桥这一战略要点上。主要原因在于艾森豪威尔、蒙哥马利等盟军高级指挥官不同程度的轻敌和指挥不够协调。战役突击曾预计9月初进行,结果推迟至9月中旬,使德军第2党卫队坦克军等主力部队得以完成整编,恢复了作战能力;盟军的右翼掩护和空中支援、后勤供应也都出现了一些纰漏。所以,当实施空降突击时,德军的阻击是强有力的,英军第1空降师及其他部队伤亡3716人,被俘2200多人,美军第82、第101空降师伤亡3542人,"市场花园"失利。

此后,盟军又于1944年12月16日至1945年1月16日施行阿登战役,但这是一个噩梦。希特勒对这次作战早有准备,将其看作是第二个"敦刻尔克",命陆军元帅龙德斯特指挥作战,动用800辆军列集结了整编一新的第6装甲集团军,使盟军的进攻重重地碰了一次钉子。进攻开始日,蒙哥马利感到自己需要休整,乘飞机去埃因侯温打了几局高尔夫球,而这时,布莱德雷指挥的美第12集团军群正遭到德军的分割包围,战斗异常酷烈。其后不久,蒙哥马利回到前线,命令他的部队要确保右翼和右后方安全。1945年1月7日,蒙哥马利在战役最紧张的关头,召开了一次记者招待会,描述了他所做的贡献。德国人迅速而又巧妙地辑录了他的讲话内容,搞成一个精心歪曲的讲话稿,对盟国的团结造成了危害。后来蒙哥马利曾反省说,"根本不该举行什么记者招待会"。因为他的一些说法实在是太不慎重了,比如他说:"后来,局势开始恶化。但整个盟军队伍团结一致,迎击这种危险,狭隘的民族之见被抛到一旁,艾森豪威尔将军令我指挥整个北部战线。我调用了英国集团军群全部可用的力量。"这一点曾被人指出是错误的,他并没有调用"全部可用的力量",因为阿登战役后的伤亡统计数字是:美军阵亡8497人,受伤46170人,失踪20905人;英军阵亡200人,受伤969人,失踪239人。毫无疑问,是美军承受了大部压力和牺牲,蒙哥马利做得并不像他说得那样好。他将自己竭力打扮成一个救世主的做法,损害了他在盟军和盟国公众心目中的形象。在盟军最高统帅部,美国将军们一致抱怨艾森豪威尔对蒙哥马利的宽容,唆使他和蒙哥马利一刀两断。连马歇尔都曾电告艾森豪威尔:"在任何情况下都不得做任何性质的让步。你不仅得到我们的完全信任,而且,如果你做出这一让步,将会在国内引起极大的愤慨。"这些,都表明作为一个杰出军事将领的蒙哥马利,在政治上实在是太不成熟了。

阿登战役失利的阴影很快就被扫荡一空。1945年3月初,盟军连续进行了"诚实"作战和"手榴弹"作战,打垮德军19个师,毙伤9万余人。莱茵河西岸大部解放,德国法西斯气数已尽,欧战行将结束。3月23日夜,蒙哥马利大军强渡莱茵河,开始了战争结束前最后一次大的作战行动,代号"大表演"。

蒙哥马利是那种好胜、也许还是好表现自己的军人,但他同时也是正直、严谨、优秀的将领和元帅。民族的和全世界爱好和平人民的共同利益,在他心目中始终是第一位的。所以,尽管有着各种争执和不愉快,蒙哥马利还是极其负责地执行盟军最高统帅部和最高统帅的命令,率部进行彻底消灭德国法西斯的最后一战。这时,英军在欧战中的地位事实上已开始衰退。相比苏联红军在东部战场、美军在西部战场的排山倒海般的攻势,英军在北部战场的攻势和气势都屡弱得多,因此蒙哥马利对"大表演"格外看重,集中

了 660 多辆坦克、4000 多辆装甲运输车和 3.2 万辆其他车辆，3500 多门大炮，以英国第 2 集团军和当时属蒙哥马利指挥的美第 9 集团军实施正面突破。战役气势如虹。到 3 月 27 日，进攻部队全部越过莱茵河，建立了宽 55 千米、纵深 32 千米的桥头堡，歼敌、俘敌近 2 万人。此后，蒙哥马利甚至还有丘吉尔想挥师直取柏林，但没有被盟军最高统帅部批准。4 月底，蒙哥马利根据艾森豪威尔的命令挥师东进。5 月初，攻占波罗的海的维斯马和卢卑克，封锁丹麦半岛，并建立起由此向易北河的东西两条防线，俘敌 50 多万人。

1945 年 5 月 1 日，德国电台广播了希特勒死亡的消息，德军在继任总统、海军上将邓尼茨的指令下陆续投降。5 月 4 日，蒙哥马利在他的吕内堡荒地上的军营中，接受了由德国海军总司令、海军上将弗里德堡率领的投降代表团递交的投降书，接受荷兰，包括一切岛屿在内的德国西北部以及丹麦境内全部德国武装部队的无条件投降。同时，美军、苏联红军也在各自的战区内接受了德军投降。在欧洲大陆鏖战经年的 3 支重要的反法西斯武装力量——英军、美军和苏联红军胜利会师，欧战结束。

走出战争

走出战争的蒙哥马利元帅，情绪的亢奋和某种情感的失落几乎并存。作为军人，他毫无疑问已经登上了事业的巅峰。当统率大军纵横欧陆时，他对民族的忠诚，对人民的热爱，对反法西斯战争胜利的贡献，对军事理论与实践的发展，一如无形的丰碑，树立于欧洲乃至世界爱好和平人民的心里。然而，作为一个有着独特个性的人，他往往过高估计自己功业、过分看重荣誉的想法和做法，却使他对战后国家利益的划分和政治家、军事家贡献的评价，感到不尽如人意。当然，他不是斤斤计较于一己私利，他曾经否定有人要给贡献卓著的将领们一笔巨额奖金的动议，他认为"除国王的荣誉勋章外，金钱的奖赏是过了时的东西"。他需要的是与轰轰烈烈的戎马生涯相称的最广泛的理解和拥戴，是英雄般引人注目的荣誉。这种心态显然不适合于和平年代人们的普遍心理，所以在克服这种心态时，蒙哥马利是痛苦的。在此后的漫长的和平年代里，他渐渐地学会了做一个告别血与火、习惯会议和外交斡旋的军事家。

德军投降后，蒙哥马利首先着手解决遗留军事问题。当时英第 21 集团军群辖区内，有 100 多万难民、100 多万德国伤病员和 150 万德军战俘，蒙哥马利划分了 4 个军区来管理相关事务，同时，他担任了英国占领军司令兼盟国对德管制委员会的英方委员，协同民事部门处理占领区内军民生活及其他问题。其次，他对自己在第二次世界大战期间的一些军事思想进行了梳理。他认为，军事将领必须有一个好的参谋班子和一位第一流的参谋长协助工作，要关心士兵，了解士兵，减少士兵伤亡。他认为，战争后勤至关重要，在作战意图和后勤物资两者之间，必须建立一个明确而长期的关系。他认为，有作为的高级指挥官必须果断，敢于下决心，敢于"驱使"部下去干，同时要学会"争取军心"。他认为，"要卓有成效地从事高级指挥，必须具有忍受痛苦和审慎准备的无穷能力，也必须具有一

种有时超越理性的内在信念"。这些军事观点，在后来的英军指挥官特别是高级将领中，产生了广泛而深刻的影响。

1945 年 7 月 13 日午夜，盟国远征军最高统帅部正式撤销，这意味着第二次世界大战欧洲战场的善后事务进入一个新的阶段，蒙哥马利同艾森豪威尔，同其他一道战斗过的盟军将领们依依不舍地分手了。回首过去的许多岁月，他们感慨万千。在处理了一些事务后，蒙哥马利决定去看望他指挥过的加拿大第 3 师。他的座机在降落中坠毁，他受了战争中都未曾受过的伤，两根腰椎骨被撞断。蒙哥马利忍着剧痛向加拿大第 3 师的军官们做了演讲之后，便疼得动不了。此后大约一年多时间，蒙哥马利的健康状况一直不好，常患感冒，还得了胸膜炎、关节炎和脊椎变形。有一段时间，他甚至以为自己再也不能像以前那样工作了。

但情况很快就发生了变化。1946 年 1 月 26 日，蒙哥马利被确定为英军参谋总长人选，并被通知 5 个月后上任。这一意外的喜讯，非常有利于蒙哥马利康复。不久，他便再一次奇迹般地康复，并开始正常工作。他把出任军队最高长官，看作是对他军事才华和战争贡献的莫大褒奖，心中对国家、对赏识他的政府首脑充满感激。在准备去白厅上任的前几个月里，他着手研究军队改革并部分付诸实施。首先，他草拟了《战后陆军问题》，提出要解决战后英国陆军的组织问题，使官兵生活方式现代化，创建一支士气旺盛的、人人引以为自豪的强大军队。其次，他制定了一个内容广泛的陆军战术概则，并征询了海军、空军首脑的意见，确定在就任参谋总长后进行一次陆军演习。再次，他计划在上任后，提出亲自担任陆军最高统帅，掌握陆军。最后，他决定逐一访问驻有英国武装部队的地中海国家。1946 年 6 月，他先后到过埃及、巴勒斯坦、印度、希腊、意大利，了解其国情、驻军状况，对军事整顿及防务问题进行了重点研究。这样，在去白厅上任前，他已对其任上的工作和今后英国军事战略做了认真思考和充分准备。

蒙哥马利担任英军参谋总长后，着重加强军队正规化建设。在第一次参加陆军委员会会议时，蒙哥马利就正式提交了《战后陆军问题》。这份文件，是蒙哥马利战后军事思想的集中体现，共涉及 13 个较大的问题。这些军事思想，是蒙哥马利战争经验的总结，也是他对和平时期世界军事理论，特别是军备和陆军建设理论的贡献。当然，由于受强烈民族意识和特定意识形态的影响，蒙哥马利军事思想中也有一些明显局限。

1946 年 8 月，蒙哥马利出访美国、加拿大。1947 年 1 月起，他又先后访问了苏联、澳大利亚、埃及等国家和地区，会见了美国总统杜鲁门、苏联党和国家领导人斯大林等，会见了二战时的战友艾森豪威尔以及他曾指挥过的美军、加拿大军、澳大利亚军和新西兰军等军队，就战争和军事防御问题与这些国家的政府首脑和军队领导人广泛交流了看法。海外之行，使蒙哥马利对世界政治、军事格局有了新的了解，反观英国和英军内部，他感到存在不少亟须解决的问题。于是蒙哥马利有一段时间十分爱挑毛病，被看作是白厅中"讨厌的人"。

蒙哥马利惹一些人"讨厌"的第一件事，是主张在和平时期实行国民兵役制。二战后，英国政府大量裁减兵员，但当时，巴勒斯坦局势动荡不安，埃及内乱，波斯湾油田纷争

不息,全世界差不多都笼罩在动乱或者叫作"不稳定的和平"的阴影里,军队兵员过少,士兵服役期过短,显然不利于国家和地区的稳定。于是,蒙哥马利提出反对议会把兵役期限从 18 个月缩短为 12 个月的决定。他向首相建议,"陆军当务之急是稳定",解决兵员不足唯一最好的办法是从 1949 年 1 月 1 日起实行服役两年的国民兵役制。1948 年 10 月 19 日,蒙哥马利召集陆军委员会军方成员开会,向政府提出建议。11 月 1 日,他调离陆军部,11 月下旬,政府决定仍实行一年兵役制。他的想法最终是由他的继任比尔·斯利姆实现的,兵役期限维持 18 个月。第二件事,是要求保证有足够数量的陆军正规军。1948 年 1 月,蒙哥马利接到国防部通知,陆军在 6 亿英镑军费中所占份额为 2.22 亿,正规军人数 18.5 万,国民军人数 10.5 万。他立即表示反对,要求增加军费,并将陆军正规军人数增至 20 万。第三件事,是建议改组白厅防务组织。关于白厅防务,蒙哥马利自 1946 年 6 月进入陆军部不久,就提出了 4 点弊端:一是国防大臣亚历山大不称职;二是国防部秘书处"不中用";三是三军参谋长气质各异,不协调;四是在人力、物力均极为匮乏的情况下,三军各为自己打算。他认为,从国家战略、和平时期军队发展长期计划、战争计划以及和平和战争时期海外军事计划的长远需要看,白厅防务组织必须改组。这 3 件事,使蒙哥马利在议会和白厅中大出风头,遭到一些人的嫉恨。1948 年 9 月,当西方联盟各国总司令委员会需要一名主席时,英国陆军大臣亚历山大理所当然地想到了蒙哥马利。这一年的 11 月,蒙哥马利赶赴法国枫丹白露,出任总部设在那里的西方联盟各国陆海空总司令委员会的常任主席。

1949 年 4 月,美、英、法等 12 国参加防务联盟,签署了北大西洋公约,北大西洋公约组织成立。蒙哥马利在"北约"服务。1951 年 4 月 2 日,西方联盟各国陆海空总司令委员会改编为欧洲盟军最高司令部,艾森豪威尔出任最高统帅,蒙哥马利为副统帅。此后到 1958 年,蒙哥马利一直在这一任上,先后在艾森豪威尔、李奇微、艾尔·格仑瑟、诺斯塔德 4 位美军派任的最高统帅手下工作过。1958 年 9 月,蒙哥马利退休。

蒙哥马利是那种把自己的一生都奉献给军队和战争的军人。自 1908 年从军,他在军中服役 50 年,时间超过威灵顿、马尔巴勒等英军名将,是 1855 年英国取消军械局成立陆军部以来,英军中服役时间最长的军人。他又是那种个性非常鲜明的军人,有才华,有智慧,有贡献,有棱角,有缺点,有失误,不是一句话就能说得清的。他还是那种十分敬业的军人,戎马一生,战功卓著,他把自己融入了英国军队的历史进程中。蒙哥马利的晚年,仍然保持着他所认为的英国士兵的形象,艰难时坚定沉着,胜利时仁慈宽大。直至生命的终了,他都是一名军人。1976 年 3 月 25 日,蒙哥马利元帅在原籍平静去世。

指挥魔鬼之师的"沙漠之狐"

——隆美尔

人物档案

简　　历：纳粹德国陆军元帅，军事家。1914年，第一次世界大战爆发后作为野战炮团的一名排长奔赴法国战场；第二次世界大战期间，入侵波兰、攻破马其诺防线、攻克了圣瓦勒雷城；在北非他指挥德国非洲军团的兵力，在环境极为恶劣的情况下多次击败英军，因此被称为"沙漠之狐"；指挥了诺曼底抗登陆战役。1944年，隆美尔被卷进了密谋推翻希特勒的计划中，在希特勒的逼迫之下，隆美尔被迫于1944年10月14日服毒自尽，时年53岁。

生卒年月：1891年11月15日～1944年10月14日。

安葬之地：乌尔姆近郊赫尔林根的教堂墓地。

性格特征：青年时代的隆美尔性格坚毅，腼腆内向，不吸烟，不饮烈酒，不近女色，始终过着严谨的斯巴达式的禁欲生活。坚忍不拔，富于感情，有想法。

历史功过：迅速扭转北非战局的初期局势，创作《步兵进攻》，发展进攻力学。第二次世界大战这场人类历史上空前规模的大悲剧在希特勒的策划下，由隆尔美亲手拉开了帷幕。

名家评点：时任英国首相温斯顿·丘吉尔评价说："这个人一到北非，便以闪击战术屡败我军，不仅挽救了处于危险中的意大利军队，而且还扭转了整个北非战场的战略态势，仅数月的时间，他就吞噬了我军在北非战场上的所有战果，并把战线推到阿莱曼地区。为此，人们都称他为'沙漠之狐'。一个勇敢的对手在同我们作战，虽然我们双方在战争的格斗中相互攻杀，但请允许我说，他是一位伟大的将军。"

早年岁月

1891 年 11 月 15 日,隆美尔出生在德国瓦登堡邦首府乌尔门附近的海登海姆。他父亲是当地的一位中学校长。他母亲是当地职位显赫的政府官员冯·鲁斯的女儿。

隆美尔从小偏爱机械学,想长大做一名飞艇师。14 岁时,他和朋友制作了一架盒式滑翔机,并使它飞上了天。可是,在父亲的鼓动下,他却走上了戎马生涯。

18 岁时,他参加军队,很快被选入但泽皇家军官候补生学校学习。

但泽是一个漂亮的港口城市,四处林立着宏伟的建筑。在当地的一次舞会上,一个清纯美丽的女孩闯入了隆美尔的眼帘,隆美尔严肃古板的样子也引起了女孩的好奇。女孩名叫露西,她与隆美尔很快相识并热烈地相爱。隆美尔常常按照当时普鲁士流行方式戴上单片眼镜逗得露西哈哈大笑。

军校毕业后,隆美尔被授予中尉军衔。1914 年,第一次世界大战爆发,他匆匆告别心爱的露西,作为第 49 野战炮团的一名排长奔赴法国战场。

在战场上,他作战勇猛,带领士兵爬过一百码带刺的铁丝网,闯进法军的主要阵地,占领了四个地堡,并凭借这些地堡打退了法军一个营的反攻。这使他获得了一枚铁十字勋章——这在全国还是第一次授予一个中尉如此的殊荣。

1915 年 10 月,隆美尔被调任伍尔登堡山营连指挥官,整训一年后奔赴德俄激战的罗马尼亚前线。

在这里,他出类拔萃:身材纤弱的他似乎总是被一种神圣的热情所鼓舞,不知疲倦;他仿佛总能洞察敌方,知道他们可能做出什么样的反应;他的计划往往是惊人的,出于本能而又自然,很少含混不清;他有一种罕见的想象力,总能在最棘手时找出意想不到的解决方法;在危急关头,他总是身先士卒地召唤士兵跟随他冲锋陷阵,仿佛根本无所畏惧。士兵们都被他那富于魅力的个性所吸引,把他当作偶像来崇拜,并无限地忠诚于他。

1916 年底,在战争的间歇,隆美尔请假回到但泽,和露西结婚。婚后不几天,他便重返前线,夫妻俩只能靠书信倾诉彼此思念之苦。

1917 年 9 月,隆美尔又被调往一个更为紧迫的战场——意大利北部。在这个地形十分险恶的战场上,隆美尔学会了如何应付突变的局势——甚至不怕违抗上司的命令。为了出其不意地进攻敌人,他率领自己的部下,经历了人类所能经受的一切艰难困苦。他们爬越新雪初落的山梁,负载稍重一点的人很容易在那一地带陷落;他们攀登陡峭的悬崖,即便是熟练的山民也会裹足不前;他们冒着种种危险,让少数勇敢的步兵和机枪手绕到丝毫没有察觉的意大利士兵的防御工事背后,用机枪猛烈地扫射。结果,数量上占优势的意大利军队常常被打得溃不成军。

1917 年 12 月,为了表彰隆美尔的杰出表现,德皇特授予他一枚至高无上的功勋奖章。隆美尔非常珍视这份荣耀,他总是用一根绶带把这枚与众不同的十字勋章挂在自己

的脖子上,并对朋友得意地说:"你简直无法想象军官们对我的功勋奖章多么嫉妒!在这一点上根本谈不上什么战友之情。"

第一次世界大战结束后,隆美尔回到妻子身边。这时的露西已是一个仪态大方、相貌端庄、性格刚毅的成年女子了,但泽舞会上那迷人的青春时代已一去不复返。她依旧爱笑,笑声依旧又响又长,却已丝毫没有了放荡不羁的意味了。隆美尔也不再是一个体弱的年轻人,而是一个壮实的成年汉子。严峻的战争生活已把他造就成为一个刚强、坚毅的人。他用阅兵场上那刺耳的咆哮和粗鲁的举止,以弥补自己性格上的不足,夫妻俩相得益彰,生活美满。

1928年,露西生下一个男孩子。隆美尔欣喜万分,给儿子取名为曼弗雷德。

1929年10月1日,隆美尔被派往德累斯顿步兵学校任教官。"我们在战场上应该流汗,而不是流血。"隆美尔对学员们强调道。他以自己的战斗经历为示范讲解战略战术,并鼓励学员们有自己的见解,受到了学员们的热烈欢迎。

1933年春天,希特勒上台。作为一个爱国者,纳粹的爱国口号对隆美尔产生了强烈的吸引力。但是.作为一个军人,隆美尔又对冲锋队(纳粹组织)的飞扬跋扈十分反感,故而与纳粹保持着一定的距离。

1934年6月,希特勒对冲锋队进行了残酷的清洗,同时,他又向军队表示,德意志显赫的武功一定要得到恢复和发扬。此举赢得了军人们的真心拥戴,隆美尔也不例外。

1935年,隆美尔被派往波茨坦——普鲁士军国主义的摇篮。"这标志着我已经成了新的波茨坦陆军学校一名成熟的教官。"他兴奋地在给妻子写信道,"这是绝密!到波茨坦来吧!不要告诉别人。"

在教学中,隆美尔特别强调身体素质的重要性。当他向学员咨询对教学训练有什么意见时,有个学员说:"清晨两个小时的体育训练太多了,我们太累,不能很好地听课。"隆美尔咆哮着把他骂走。同时,隆美尔也注重培养学生们在军事理论方面的独立思考能力。当学员在他面前引证克劳塞维茨(著名军事理论家)的讲话时,他指出:"别理会克劳塞维茨怎么说,关键是你自己怎么想!"

闲暇时,隆美尔锻炼身体、骑马,沉醉在自己的爱好中。他熟记对数表,几乎和著名的数学家不相上下,并且能够惊人地心算出任何随意抽出的17位根数。而且,他还努力按照自己的理想塑造年幼的儿子。

一次,他让儿子爬上游泳池边高高的跳台。

"要勇敢并不难,"他对儿子喊道,"你只要克服第一次的恐惧就行了。现在你往下跳吧,一、二……"

可是儿子并未听从命令。

"快跳啊!"

"我害怕,你知道我不会游泳。"

"不要紧,我会来救你的。"隆美尔安慰儿子道。

"可是,你穿着马靴。"儿子指着他的靴子道。

"这有什么关系。如果有必要,我会脱掉它的。"

"那你现在就把它脱掉。"儿子悻悻地说。

环视了一下四周围着的学员们,隆美尔拒绝了这个要求。于是,他的试验宣告失败。

儿子7岁时,隆美尔把他带去骑马。这事是悄悄干的,因为露西认为孩子太小,不能骑马。孩子的双脚被塞进马蹬皮带里,因为他的腿太短,还够不着马蹬。结果,那马挣脱了缰绳,拖着一条腿挂在马蹬皮带里的孩子跑了很远。孩子的头划破了一个口子,隆美尔吓得面如土色,他在孩子手里放了一枚硬币说:"回家时,如果你告诉母亲这是从楼上摔下来的,你就能得到这枚硬币!"

回到家里,隆美尔用碘酒给儿子洗了伤口,儿子疼得放声大哭。隆美尔大发雷霆,叫他把钱还回来。然而狡黠的儿子早就把钱藏了起来。从那以后,隆美尔再也不让儿子骑马了。

"我父亲,"隆美尔之子曼弗雷德回忆道,"对我有三点希望:他要求我做一名优秀的运动员,一个伟大的英雄和一名出色的数学家。可他的三个希望都落空了。"

平步青云

1936年9月,隆美尔被任命为希特勒的警卫部队指挥。当时,纳粹党在纽伦堡集会。这种正常的例行公事,使隆美尔担负着比一般安全警卫更大的责任。

一天,希特勒决定外出兜风,指示隆美尔,他的车后最多只许跟六辆车。

到了指定时间,部长、省长、将军们的汽车将希特勒公寓的马路挤得水泄不通,他们争相随驾出游。然而,隆美尔让前面六辆车通过后,便威风凛凛地站在路中间,命令其他车子停止前进。纳粹党要员们大声诅咒道:"真是无法无天,我们要将此事报告给元首!"

当天晚上,希特勒召见隆美尔,赞赏他执行命令果断。这次召见为隆美尔的晋升奠定了基础。

不久以后,另一件事又使希特勒留意到隆美尔。在波茨坦任教期间,隆美尔整理了自己的讲课稿,然后又把它们写成了一部井井有条而又激动人心的书,并把它交给当地的一个出版商。1937年初,这本书以《步兵攻击》为名公开出版。它是当时有关步兵教程的最佳读本,受到广泛赞扬,并多次再版。

这两件事使隆美尔在希特勒眼里身价倍增,很快得到了希特勒新的任命。1938年,他突然被晋升为元首大本营的临时司令官。元首的赏识重用,加上9月份希特勒在苏台德不流血的胜利,到1938年底,希特勒已经成了隆美尔心目中最完美的领袖了。当许多他的同行军官还在对纳粹哲学感到无所适从的时候,隆美尔的转变无疑是十分彻底的,他甚至在写给朋友的私人明信片上也要签上"嗨!希特勒!你诚挚的隆美尔"的字样。从此,他成为希特勒的忠实信徒,为希特勒的战争政策效尽犬马之劳。

现在,一个新的职务正等待着隆美尔。因为希特勒要吞并奥地利,于是决定让隆美

尔到维也纳附近的一所军官候补生学校任司令官。到任后,隆美尔一家住在一所迷人的平房里,四周是一个大花园,巨大的城堡式建筑便是学校的校舍。隆美尔雄心勃勃地要把这所学校办成全德国最先进的军事学院。

尽管远离首都柏林、隆美尔依旧摆脱不了来自希特勒总理府的吸引力。1939 年,希特勒两次派隆美尔去指挥他的流动司令部———一次是在 3 月 15 日占领布拉格;另一次是 3 月 23 日,希特勒乘船到默默尔的波罗的海口岸监督立陶宛"自愿归属"德国。希特勒在侵占捷克斯洛伐克一事上所表现出的超人胆识给隆美尔留下了深刻的印象,他给妻子写信道:"结果好就证明一切都好,我们的这些大邻国只是对事态摆出一副恼怒的面孔而已。"

不久,希特勒又准备对波兰下手。

1939 年 8 月 25 日,隆美尔就任元首司令部的指挥官。这时的德国首都柏林沉浸在酷暑的热浪之中,希特勒和外交部长里宾特洛甫一起宣布:将在次日拂晓时分进攻波兰。

然而,英国立即宣布与波兰结盟,意大利则拒绝站在德国一边宣战。最新的国际动态迫使希特勒推迟了进攻。

8 月 27 日,隆美尔飞往柏林探问究竟发生了什么事情。

"除去有和元首同桌进餐的特权外,没有别的新消息,"他向妻子透露说,"部队在焦急地等待前进的命令,然而我们军人需要的就是忍耐。意外的障碍是不可避免的,得花费一定的时间去加以清理。毫无疑问,无论元首做出什么样的决定都是恰当的。"

几天以后,隆美尔谈得更加具体了:"我倾向于认为,这次进攻可能告吹,我们会像去年收复苏台德地区那样从波兰得到一小块土地,英、法和波兰的勇气实在不可小瞧。"

8 月 31 日,隆美尔又说:"等待令人心烦,但又不能不这样。我深信元首知道怎样做对我们更有利。"

几乎在同一时刻,电话来了,命令他准备行动。当天晚上,在隆美尔召集军官的火车站候车室里,电话里又传来了希特勒的命令:"明天凌晨 4 点 45 分开始进攻。"

没有任何人,至少可以说隆美尔本人当时也没有意识到,9 月 1 日德国入侵波兰的军事行动,竟然会无情地把一个又一个国家卷入了战争的漩涡,延续达六年之久,使四千万人死于非命,整个欧洲和大半个亚洲惨遭战火的蹂躏。就这样,第二次世界大战这场人类历史上空前规模的大悲剧便在希特勒的精心策划下,由隆美尔亲手拉开了帷幕。

德军势如破竹,不到一个月便几乎完全使波兰覆灭。10 月 5 日,希特勒在隆美尔陪同下在华沙举行胜利大阅兵。隆美尔的赫赫战功得到了希特勒的高度赞扬。

魔鬼之剑

东线获胜以后,希特勒决定在西线对英法展开决战。

1940 年 2 月,隆美尔受命前往莱茵河的巴特戈德斯贝格指挥第七装甲师。

隆美尔的到来震动了全师。他的第一个行动便是让师里的指挥官们休假，并宣布："在我自己掌握情况之前不需要你们。"随即他又解除了一位无视军规的营指挥官的职务，并勒令他在90分钟内离开军营。这一切都使全师为之肃然。

在这里，隆美尔认真地观察坦克演习，并对此进行了深入的分析。不久，他便创造出许多新颖独特的坦克战术。他命令部下编成各种大小不一的队形组织，用快速的、熟练的无线电指挥和重炮轰击的形式进行越野训练。每天晚上，他都要向所有军官做一些简要的指示，然后再处理文件，直到11点钟休息。早上6点钟他便起床，沿着莱茵河边的林荫小道慢跑，保持良好的精力和身体状态以准备投入即将来临的大战中去。

1940年5月10日清晨，德军在西线发动了进攻。

隆美尔率装甲师一马当先，冲锋在前。他们冒着暴露侧翼和后方的危险，大胆地向前推进。有时由于前进得过快，他们远远脱离了大部队，仅仅与后面的后勤补给保持着单线联系。这时，若对方采取迅速而坚决的行动便可折断这个咄咄逼人的指头。然而，正如隆美尔估计的那样，敌军过于恐慌，陷入混乱状态，根本无力采取果断行动。

为了达到军事目的，隆美尔发明了残忍而野蛮的火海战术。进军时，他往往命令士兵把沿途所有房屋迅速点燃，使得装甲师得以在烟幕的掩护下迅速前进。为了找到哪些村庄有敌军驻守，他发明了著名的烟火开屏——整个装甲师一齐开火，以引诱对方暴露自己的位置。

在迅速占领比利时之后，隆美尔率军直扑法国。

漫长的马其诺防线横亘在他们眼前。

这个坚固的地堡防线前沿是一片森林，法国人在森林里构筑了前沿工事。隆美尔命令坦克的全体成员一枪不发，一律坐在坦克外面手摇白旗迅速通过森林。法军对此不知所措，眼看着他们通过森林。

穿越森林后，隆美尔命令一个营掉转车头，迅速歼灭森林里的法军。其余的坦克则向前边的地堡群发射烟幕弹，担任突击任务的工兵则迅速上前，用喷火器烧毁一个个地堡。

很快，第七装甲师开始隆隆滚过地堡线上被炸开的缺口。前导坦克向前面的黑夜开火猛轰，其余的坦克用舷炮射击不停，把法军打得不敢抬头。

这样，法国人经营多年、自吹为"坚不可摧"的马其诺防线被奇迹般地摧毁了。

在阿拉斯，飞速前进的隆美尔部队遇到顽强的抵抗。"当敌人的坦克一次一次冲了过来的时候，"隆美尔在手稿中写道，"每一门炮都必须迅速开火以打退敌人的进

隆美尔和部属在一起

攻。我把炮兵指挥官们提出的反对意见抛在一旁，坚决地命令炮手们一炮接一炮地射向敌人。"就在这里，副官在身旁阵亡，隆美尔依旧镇定自若地指挥战斗。部下大受鼓舞，经

过一天的浴血奋战,取得了胜利。

6 月 12 日,隆美尔攻克圣瓦勒雷城,法国第九军指挥官在市政广场向隆美尔投降,他身后跟着 11 名英国和法国的将军。

局势到了如此不可收拾的地步,英国人感到十分恼火。法国人抽着香烟,默认了自己的失败。

一位足以可以做隆美尔父亲的法国将军拍拍隆美尔的肩膀赞赏地说:"你的行动可谓飞速,年轻人。"另一个法国人则怀着病态的好奇地问隆美尔指挥的是哪一个师。隆美尔告诉了他。"天哪!"这位法国人叫道,"又是魔鬼之师!最先在比利时,接着是阿拉斯,现在又到这里。它一再地切断我们的进军路线。我们可是真正领教了你们的厉害!"

6 月 17 日,法国提出停战呼吁。希特勒命令德军迅速占领法国濒临大西洋的海岸线,直抵西班牙边境。隆美尔挥师向南疾驰。

6 月 18 日,隆美尔在高速行进中攻克了瑟堡——那天的行程超过了 220 英里。这样,隆美尔在法国的闪电战到此宣告结束。在法国战场上仅仅六周的时间里,隆美尔率军共推进了 350 英里。他的魔鬼之师俘获 97000 名敌军官兵,而自己仅损失了 42 辆坦克。

纳粹宣传家们大肆宣扬隆美尔的战功。"他的装甲师就像一支魔鬼的舰队,"一位宣传家这样写道,"他的魔语是速度;英勇无畏是他的资本。他的故事就如一幕电影一样,正在上映之中,孤胆英雄式的作为正闪耀着迷人的光辉。他眼神中流露出的坚定和无畏深深打动了我。"

纳粹宣传部长戈培尔则拍摄了一部《西线的胜利》来夸耀隆美尔的战功。各大纳粹报刊连篇累牍地登载隆美尔的消息,他成了人们注目的中心,英雄的美誉环绕四周。

法国投降后,隆美尔驻留法国西海岸,为入侵英国做准备。

1941 年,希特勒决定放弃入侵英国的计划,转向别的目标。

一项新的重大任务正在等待着隆美尔。

驰骋沙漠

在德国西线大捷的同时,墨索里尼统治下的意大利企图趁火打劫,在北非的意属殖民地利比亚聚集大军,对驻埃及的英军发起攻击。但是,狂妄的意军很快被挫败。英军稳住阵脚后,发起反攻。意军不堪一击,节节败退。墨索里尼慌忙向老朋友希特勒求援。

1941 年 2 月,隆美尔被希特勒委任为德军驻利比亚总司令,挥师直指北非,援救意军。

世界上最大的沙漠——撒哈拉沙漠便位于北非。这里沙漠广布,气候异常炎热干燥,故而步兵作战大受限制,以坦克为主力的装甲部队才能充分发挥作用。隆美尔在北非指挥的部队主力便是第五装甲团,这是一支富于献身精神的专业化精锐部队。

他们很快便在利比亚的黎波里登陆完毕。为了欺骗英军的空中侦察，隆美尔命令部下用木头和纸板做了几百辆可以乱真的假坦克，并让卡车和摩托在这些"坦克"之间绕来绕去，而真正的坦克却悄悄地转动着履带开过了沙漠对英军发动了进攻。

北非战场上的隆美尔

英军大吃一惊，急忙后退。到 1941 年 3 月 4 日，隆美尔军队已将战线推进到离的黎波里 480 英里的地方。

3 月 19 日，隆美尔飞往柏林。第二天，希特勒召见了他，给他胸前佩戴了一枚橡树叶勋章，同时命令他守住现有的战线，不要轻举妄动。希特勒这样做是因为纳粹准备入侵苏联，无力在北非投入更多的兵力。不明内情的隆美尔大为不满，失望地飞回北非，并决心违背这项命令。

这时的英军正在迅速后退，德军迅速占领了利比亚重镇阿杰达比亚。

隆尔美命令部下稍事休整后，分北、中、南三路向昔兰尼加（利比亚东部的一个鳞茎状半岛）挺进，截断英军退路。

英军惊惶失措，对班加西（利比亚东北部的重要港口）大肆破坏一番后，仓皇后撤。

德国最高统帅部闻讯后大为气恼，勒令隆美尔停止推进。但这位善使诡计、刚愎自用的冒险家一意孤行，继续挥师东进。这时，意大利指挥官也接到停止冒进的指令，他要求隆美尔解释。而隆美尔只是咧嘴笑着说："不论如何，没有必要在我们势头正旺之时打击战士们的士气。"意大利指挥官固执倔强，坚持服从命令，二人僵持不下。这时，德国统帅部又电示隆美尔执行命令，他看完电报后竟对意大利指挥官说，元首已给了他绝对的行动自由。意大利指挥官无可奈何，只好作罢。

隆美尔挥师展开跨越昔兰尼加的战斗，4 月 9 日，德军攻陷梅奇尼要塞，很快包围了重镇托布鲁克。英国首相丘吉尔从伦敦发来命令，要求英军"死守托布鲁克，决不允许产生撤退之念"。隆美尔军在托布鲁克久攻不克，只好留一部继续围攻托布鲁克，另一部向南绕过托布鲁克，一直推进到埃及边境，并占领了埃及城市萨卢姆。

这一时期中，隆美尔取得胜利的原因有一点是他做梦也想不到的。在战争中他与德国最高统帅部的全部秘密通讯全都是由艾尼格马密码机传送出去的。纳粹密码专家宣称这种密码绝对安全，无法破译。然而，英国人已成功地破译了它。他们对德军统帅部的命令了如指掌，殊不料，隆美尔不止一次地违背艾尼格马电码发给他的命令。这使得不知就里的英国人如陷迷雾，处处被动。

托布鲁克是个极具战略意义的港口，供给充分的英军在此扼守，成为隆美尔的心腹之患。因为他们随时可以冲下来切断隆美尔的补给线，使他不敢轻易发动对埃及和尼罗河流域的远征。

　　隆美尔清楚地认识到这一点，指挥部下连连发起猛攻。然而，英军又宽又深的反坦克壕使德军坦克派不上用场；严密的防守使得德军寸步难行；猛烈的炮火使得德军伤亡惨重。隆美尔只好承认遇到了真正的对手。"英军士兵打起仗来十分惊人，他们远比我们的士兵训练有素，"他私下给妻子写信道，"就我们的现状而言，迅速用武力征服托布鲁克是不太现实的。"于是，他下令停止进攻，让部下挖壕固守，避免不必要的流血牺牲。

　　在阵地战方面，隆美尔颇具天才。"他是个搞蒙蔽和伪装的老手，"他的一位部将后来回忆道，"他总是干那种很少有人意料得到的事。倘若敌人认为我们在某地的兵力最强，那么你可以肯定那里恰好是我们力量最薄弱的地带。而当敌人认为某处是我们的弱点并冒险接近的时候，我们又会变得确实十分强大。' 和你们这位将军打交道，我们简直不知道自己在什么地方。' ——这是一位英军俘虏所发的牢骚。如果他发动进攻的同时又有佯攻伴随，敌人就总是把假的当成了真的，并把他们的炮弹全部倾泻到佯攻的地方。如果敌人根据判断，认为是典型的佯攻而采取行动的话，那么下一次的情况就很快会发生变化，他们接着又得上当。如果他们把这些进攻看成是摆样子而加以忽视，而实际上这却是真正的进攻。"

　　"有一次，"另一位部将回忆道，"我们把托布鲁克的敌人惹恼了，他们用炮火轰击了我们的观察哨。于是隆美尔命令迅速重架观测塔。所有的电线杆都被锯倒，一夜之间在托布鲁克周围竟出现了30余个这样的塔楼，而且都有全副武装的假人在不停地活动，不时顺着楼梯上上下下——这些假人由躲在防空洞里的士兵用绳子操纵。敌人十分疑惧，向这些观测塔发射出一连串猛烈的炮火。在以后的几天中，他们将无以计数的炮弹都倾泻向这些观测塔，有些塔楼被炮火打塌了，但许多仍伫立在那里。过了不久，英军发现了真相，放弃了原先的做法——而就在这时，我们把假人换成了有血有肉的真正的观察兵。"

　　在这个新的环境里，隆美尔还创造了一种新的战斗指挥风格。他喜欢把混合作战部队放在后方，让意大利高级军官及下级指挥员之间保持着一种永久的联系，然后率领指挥部的一小部分成员乘坐几辆敞篷车离开部队，后面跟着无线电流动卡车，以便和作战部和部队之间保持联系。这种做法自然会带来许多问题，因为电台在异常的气候条件下经常会失灵，电池消耗也很快。同时，由于在汽车的挡泥板上插有黑、白、红三色指挥旗，敌人很容易辨认出隆美尔的位置，他的安全也经常受到威胁。但是，隆美尔认为，这些都是次要的问题，关键是，这样他便可以在任何一个战斗最激烈的地方出现，并亲临现场指挥作战。

　　一旦战斗打响，隆美尔常常废寝忘食，几片面包或一份冷餐便一连维持好几天。他坚定顽强，同时他也如此要求自己的部下。一次，他发现一位部将在清晨6点半时还在慢条斯理地用早餐，于是便怒气冲冲地对那人呵斥道："滚回老家去！"起初，达不到他的要求的指挥官人数很多，随后便发生了很大的转变。由他指挥的意大利部队也逐渐崇拜起他来了，这些士兵和军官很少看到哪一位意大利将军会出现在战场上，因而乐意看到隆美尔对那些顶撞他的脑满肠肥、无所用心的意大利将军的粗暴态度。1941年10月，德

国情报局甚至得到一个对这些士兵们的调查报告。他们认为:意大利应该由像隆美尔这样有才干的德国人来领导。

1941年6月,英军实施"战斧"行动计划,对德军发起反攻。两军在沙漠灼热的高温和令人窒息的尘雾中展开厮杀。德军英勇顽强,在隆美尔指挥下挫败英军。到6月18日,英军退回原先阵地。在整个战斗中,德军损失20辆坦克,却摧毁了英军200余辆坦克。隆美尔激励士兵道:"让英国人再来进攻吧,他们将被杀得片甲不留。"

这时,隆美尔在德国国内的声誉达到了顶点。当宣告隆美尔胜利的嘹亮的喇叭声仍在帝国广播电台里回荡时,许多人认为,现在可以给隆美尔写一部完整的传记了。"我想着手写一部有长远价值的作品,"一位上校给隆美尔写信道,"它将表现我们时代一位典型的年轻将军,要把他作为后代子孙的榜样,为激励尚武精神高潮的到来提供一个起点。"

信件像雪片似的飞向隆美尔。纳粹妇女组织寄给他许多巧克力——尽管在沙漠的酷热中吃这样的食物是难以想象的。一个十岁的小女孩在新闻纪录片中看到她的这位偶像后,从奥格斯堡写信给他:"……我并不害怕像别人一样,从您那里得到冷淡的回答。对于您——隆美尔将军,我可以从心底倾吐自己的语言,我非常崇拜您和您的军队,并热切地希望您赢得最后的胜利。"

纳粹陆军统帅部则决定晋升隆美尔为上将,同时设立"隆美尔装甲兵团"。"这么年轻我就被提拔到了如此高的地位,这太令人高兴了,"隆美尔志得意满地说,"然而如果可能的话,我将在自己的肩章上添上更多的星。"

与此同时,隆美尔吃惊地获悉希特勒已入侵苏联。德军在苏联战场初期的胜利使得希特勒大喜过望。他得陇望蜀,设想消灭苏联后,南下攻占伊拉克与叙利亚,然后从东面侵入埃及,和隆美尔师在北非胜利会师。这样,隆美尔在利比亚的任务便被正式纳入了希特勒的远景规划。

6月28日,德军统帅部指示隆美尔为此拟定一个草案。"我们在俄国取得巨大的胜利。"隆美尔写信告诉露西,"或许比我们料想的还要快得多。对我们来说,最重要的是,我们必须一直坚守到俄国的战役结束。"现在他终于明白,在前一段时期内他迅速取胜的设想是多么不着边际,因为他没有考虑到进攻苏联的战役。

7月31日,隆美尔飞往东普鲁士狼穴——希特勒的大本营。希特勒高兴地接见了他,并批准了他大规模进攻托布鲁克的计划。

返回前线后,医生们诊断隆美尔患了严重的黄疸病。但他仍坚持巡视前线,加紧周密部署进攻。

这时,英军获得增援,发动了"十字军远征",企图一举消灭隆美尔军。双方力量对比悬殊,英军在战役中投入724辆坦克,此外还有200多辆坦克作后备,而隆美尔军只有414辆坦克(包括意大利军队的154辆坦克)。战斗时断时续地打了三个星期后,至12月8日,隆美尔只好下令德军收缩战线。

"十字军远征"行动严重搅乱了隆美尔的计划,但丝毫没有影响他进攻托布鲁克的决

心。他决定迅速实施"仲夏夜之梦"行动计划,猛攻托布鲁克。

在德军潮水般的攻击下,英军的抵抗眼看就要崩溃。不料埃及的英军在获得大量增援后,迅速东进,对隆美尔军形成了合围之势。

这时的德军伤亡惨重,给养严重不继,尤其是汽油严重匮乏,装甲部队难以维持。为了避免被围歼,隆美尔指挥德军虚晃几招以后,向西撤去。

英军尾随而至,德军只好且战且退。在紧靠阿米达比亚的地方,隆美尔发现两个英军旅之间有一个诱人的突破口,于是马上派军冲击。在两次熟练和胜利实施的进攻中,大量英军被歼灭。英军一蹶不振,德军获得了喘息之机,到1942年1月,在的黎波里附近的布雷加港一线,德军站稳了脚跟。"暴风雨已经过去,我们重又看到了蔚蓝色的天空。"隆美尔兴奋地宣布道。

不久,希特勒给隆美尔运来50多辆坦克和2千吨航空汽油。这使德军的给养得到充分的补充。

并且,意大利间谍盗窃了美国驻罗马大使馆,并且拍摄了"黑色密码"的附件。这样,意大利和德国的密码侦破人员便可以偷听美国绝密的通讯联系了。它的宝贵价值在于:美国驻开罗的武官波尼尔·费勒斯上校拍回华盛顿国防部的报告便采用的是此密码。而费勒斯上校是一个极有洞察力的战地观察家,并始终注意着英军进攻隆美尔的计划和它对德国装甲兵团下一步行动的估计。这使得隆美尔获得了大量有重要价值的军事情报,对英军活动了如指掌。

经过一小段时间的休整后,隆美尔认为大规模反攻的时机已经成熟。他决定对英军发动突然袭击,使其猝不及防。

为了保守机密,他禁止炮兵用胡乱发射的炮火对英军进行轰击,禁止所有的卡车在白天向敌方运行。与此相反,他故意让卡车运输队直到黄昏还在向西方运行,然后,在黑夜的掩护下再把车辆掉转头驶向敌军。坦克和大炮也都做了巧妙的伪装。他甚至把这一秘密瞒着柏林的最高统帅部,无线电没有发出任何讯号。对于士兵,他也只是通过那些通往前线的所有客栈的通告牌告诉他们:发起进攻的时间是1月21日上午8点30分。当这一时刻接近时,天空被建筑物的火焰映得通红,沿海岸的船只也被隆美尔有意点燃,借以迷惑英军。

发起进攻的时刻终于到了。隆美尔身先士卒,指挥在海岸公路上的战斗部队穿越布雷区。与此同时,他的部将在右翼也发起攻击,两军配合得天衣无缝。第二天早上,德军攻占阿米达比亚,英军狼狈逃窜。德军以3名军官和11名士兵阵亡及三辆坦克被毁的微小代价,击毁了299辆英军坦克和装甲战斗车、147门大炮并俘获了935名俘虏。

1月26日,隆美尔决定不顾一切地继续进攻,直指梅奇里。英军火力被一支佯攻梅奇里的德军所吸引,对于经过长途跋涉突然出现在身后的德军主力猝不及防,束手就擒。

在伦敦,丘吉尔在议会中被有关北非危机的愤怒质问所包围。他自己早先炫耀的不久英军将进入的黎波里的大话现在听起来显得十分空洞可笑。现在,全世界报刊上的英雄不是丘吉尔,而是一个戴着有机玻璃眼镜,佩着功勋奖章的德国坦克将军。"我只能告

诉你们，"丘吉尔对议员们说，"眼下昔兰尼加西部前线的形势很糟。因为我们的对手是一个十分大胆而又精通战术的人，若撇开战争的浩劫而论，他是一位了不起的将军……"

1月29日，德军攻占班加西。第二天，希特勒在自己的演说中高度赞扬隆美尔，提升他为标准上将，并托人带话给隆美尔，"告诉隆美尔，我钦佩他"。隆美尔则兴高采烈地回信道："为元首，为民族，为新的思想贡献微薄之力使我感到十分荣幸。"他再接再厉，直指埃及边境。

"在我们向埃及边境猛插期间，无论在哪里都能找到隆美尔。这位军人总是把他那奇怪而又不可思议的力量传播到官兵身上，甚至直接倾注到每一名士兵身上。人们私下里对他都直呼其名，他和士兵谈话时也直言不讳；他不和他们一道唉声叹气，然而却以诚相待；他常常言辞严厉，但也同样知道如何称赞他们，鼓励他们，知道怎样提出自己的建议，怎样把复杂的问题深入浅出地使他们容易理解。大家彼此了解，并有着沙漠特有的忠诚和友谊。士兵们了解自己的将军，并且知道将军和他们一样吃着沙丁鱼罐头。"一位随军记者这样写道。

这时，德军面临着英军的卡扎拉防线，它顺海岸而下，进入沙漠，延伸到托布鲁克以西四十英里的地方。沿着这条防线，英军埋下了一百万枚地雷，并切断了所有的理想的沙漠小道。隆美尔决定让军团迂回到南面，对英军进行侧翼包抄。他下令士兵在卡车上安装上巨大的螺旋桨，放在战线正面，让螺旋桨高速转动卷起的风沙吸引英军的火力。

进攻开始时，德军取得了胜利，但随后，隆美尔和他的士兵们便陷入了重围。因为情报部门的情报有误，在他们为隆美尔准备的地图上，漏掉了一个敌军装甲旅和四个旅群，英军仅仅上了一半圈套。隆美尔似乎也失去了对战斗的控制力，情况十分危急。幸亏他与德国空军指挥官瓦尔道取得了联系，瓦尔道派出326架飞机扫荡战场，局势才开始变得对隆美尔有利。

到6月18日，经过残酷厮杀的德军包围托布鲁克。

这时的托布鲁克已远不及1941年被围时牢固，沙暴填平了又宽又深的反坦克壕，英军士气低落，给养匮乏。

在空军火力的配合下，隆美尔军经过两昼夜苦战，终于攻克了托布鲁克。

消息传出，整个纳粹帝国欣喜若狂。一座新落成的桥以隆美尔之名命名；鲜花和贺电淹没了隆美尔家；希特勒则宣布晋升隆美尔为陆军元帅。

隆美尔踌躇满志，挥师东下。英军节节败退，直到一个污秽的小火车站阿拉曼附近才稳住了阵脚。尼罗河湿润的河风轻轻吹拂着士兵们被沙漠烈日烤得焦黑的脸庞，开罗便矗立在不远处。这是英军在尼罗河前的最后一道防线了。

墨索里尼和一批法西斯要员已经飞抵利比亚，焦急地等待着进入开罗的庄严时刻。领袖们的白马嘶鸣不已，准备美餐尼罗河畔青青的牧草。

一场惊心动魄的大战即将在阿拉曼展开。

棋逢对手

　　面对着德军的威胁，指挥英军的奥钦莱克将军几乎失去了信心，他开列出一张在德军占领埃及前必须破坏的项目表：电台、电报和电话系统，石油和汽油装置，交通以及动力供给系统。防御工事正在金字塔附近修建，埃及首都已宣布进入紧急状态。德国特工人员通知隆美尔，英国军队已经接管了开罗。隆美尔的威名在他本人之前启程了。他知道，厌恶英国人统治的埃及人正怀着难以抑制的兴奋心情等待着他的到来。他希望随之而来的反英骚乱扰乱英国人的后方。在他与外交部保持永久联络的特别通讯车里，一份电报发往柏林："陆军元帅隆美尔要求在埃及尽快展开积极的策反宣传活动。"

　　在伦敦，英国首相丘吉尔则陷入了议员们的猛烈攻击之中。为解燃眉之急，他决定起用自敦刻尔克（1940年）战役后一直赋闲的蒙哥马利将军取代奥钦莱克将军，任北非英军总司令。

　　矮小结实的蒙哥马利长着一副鸟一般的相貌，他那高昂并带鼻音的嗓音听起来刺耳而又不友善。蒙哥马利有许多方面都和隆美尔相似，两人都很孤僻，在自己同行将军中，敌人多于朋友；两人都很专横、傲慢，是缺乏文化素养的职业军人；在受到约束时，两人都是难以对付而又抗上的军官，然而在一切由他们支配时，却又是最优秀的和有独到见解的战地指挥官；两人都不吸烟，也不喝烈性酒，而且都喜爱冬天的运动和注意保持身体健康。

　　蒙哥马利注重与领袖保持良好的关系。他用靠近海滨浴场的舒适住所招待丘吉尔，并给他提供白兰地和美味的食物。同样，隆美尔也重视他对希特勒的忠诚以及和戈培尔的友谊。两人都挑选出类拔萃、年轻有为的军官组成自己的"军事家庭"，并且都很注重自己的名誉。正像隆美尔戴着他那著名的帽子和有机玻璃风镜一样，蒙哥马利则是用带有团队徽章的不协调的澳大利亚丛林帽子来装饰自己。孩提时代的隆美尔对鸟类和动物曾有过短时间的残忍行为，他用放了辣椒的食物喂天鹅，并对它们的痛苦哈哈大笑。蒙哥马利在学校上学时，便是一个调皮鬼，还有着恶霸的名声。

　　然而在战场上，他们却截然不同。隆美尔是个勇武的军人，与他对垒的英军也不否认这一点。蒙哥马利则命令士兵们："无论在哪里，发现德国人就打死他们。"这赋予了这场沙漠战争以新的特点，而隆美尔却谨慎地避免这种残忍；蒙哥马利是个行为古怪的人，而他的纳粹对手隆美尔却是一个正统的军事指挥官，并主要以随机应变的能力和深邃的战术洞察力而著称；隆美尔总是在战场上冲杀在前，身先士卒，蒙哥马利则决不会冒着生命危险走上前线；隆美尔完全依靠自己的才智，蒙哥马利则更懂得运用别人的智慧。

　　还有一点必须强调：在情报方面，蒙哥马利也远比隆美尔占优势。隆美尔与德军统帅部之间的许多绝密电报，几小时后便会被英国情报机关破译后送呈蒙哥马利。而此时，美驻开罗武官费尔斯已奉召回国。德情报机关通过破译他和华盛顿之间电报以获取

情报的渠道便不复存在。

抵达阿拉曼的德军可以说已是强弩之末,疾病大为流行,许多士兵染病丧失战斗能力。并且可投入战斗的德军坦克仅 203 辆,英军则是 767 辆。更为致命的是,德军的燃料供应严重不足,整个装甲兵团的汽油仅够行驶 100 多英里。

面对这种情况,隆美尔决定速战速决。

1942 年 8 月 30 日晚,一轮苍白的明月挂在波浪起伏的沙漠的上空,隆美尔选择了克拉克山作为突破口,发起总攻。

殊不料,这一情报被英军获得。英军在这里密布地雷,设下圈套。德军闯入布雷区后,整个阵地被英军伞兵的照明弹照得通明透亮,英空军对德军实施了凶猛的空袭。德军死伤惨重,俾斯麦将军等重要战将相继阵亡。拜尔莱因上校挺身而出,临时担任前线指挥,带领德军拼命向前冲杀。

第二天清晨,德军终于突破到布雷区尽头。拜尔莱因上校余勇可贾,向隆美尔请命继续进攻。隆美尔鉴于德军损失惨重,犹豫不决。上午 8 点 35 分,他电告装甲师:"原地待命。"拜尔莱因争辩说,眼下放弃进攻,对那些为突破布雷区做出牺牲的士兵是一种嘲弄。隆美尔只好同意了他的看法,但却对作战计划做出了灾难性的修改。不是按原计划向东推进二十英里到达左侧那座令人生畏的阿拉姆·哈勒法山脊,再迁回过山脊从后方进攻敌人的主力,而是让全部主力此时尽快地横跨山脊。

这种进攻路线正是蒙哥马利求之不得的,他正打算在阿拉姆·哈勒法山脊彻底打破沙漠之狐不可战胜的神话。

趁着沙漠风暴,隆美尔军顺利推进到山脊下。这时天放晴了,集结在山脊上的英军坦克和大炮立即开火,轰炸机也铺天盖地而来。前线指挥向隆美尔报告,装甲兵团已经受困,并且所剩燃料只够行驶二十英里了。

9 月 1 日拂晓,隆美尔驱车前往战场时看到在这片狭窄的地段上,铺满了德军坦克残骸,许多坦克还燃着熊熊的大火。英军发起了六次轰炸。空气几乎令人窒息——硝烟灼热呛人的气味夹杂着细沙,使人无法呼吸。冰雹一般打来的岩石碎片加大了爆炸和子母弹的威力。德军被压得抬不起头来,伤亡惨重。面对这种情况,隆美尔下令装甲兵团迅速回撤。

这一决定在很大程度上延误了战机。因为德军虽伤亡惨重,但士兵们仍勇猛拼杀,已从侧翼包围了英军所谓的最后希望的防线。

蒙哥马利获悉后,兴奋地宣告:"埃及已经没有了危险,我将最终消灭隆美尔是确定无疑的。"

事实上,这次战役英军的胜利,与其说是物质上的,倒不如说是心理上的。隆美尔利用保留被占领的英军布雷区和重要的卡伦特·希梅麦特高地进一步加强了自己的防御线,使蒙哥马利的南翼受到了严重威胁。同时,英军虽牢牢站住了脚跟,但却比德军付出了更大的代价,他们损失了 68 架飞机、27 辆坦克和比德军更多的伤亡人数。然而,英军能够迅速弥补这些损失。隆美尔却无能为力,特别是此次战斗使德军消耗了 400 余辆卡

车，使德军的运输工具严重不足。

这时，隆美尔的健康状况严重恶化。希特勒召他回国治疗休养，命施登姆将军暂时接替他的职务。

9月23日，隆美尔动身回国之前，把有关在阿拉曼战线上必须继续加紧工作的最强硬命令交给了施登姆。他认为，由于无法对战线进行侧翼包围，蒙哥马利很可能会从正面插入。为了减少英军炮火和空中轰炸的影响，隆美尔设计了十分全面的防御系统。英军的主要攻击目标将是连绵的德军布雷区战线，所有的布雷区均无人驻守，但却布下了成千上万的地雷和陷阱。这条防线的前沿将由德军战斗前哨部队守卫，每一个步兵营抽出一个连的兵力。在布雷区后面大约2000码处是主要的步兵防御阵地，后面有布局巧妙的更大型的反坦克炮，防御阵地后方作为机动后备力量的是装甲和摩托化师。

这些主要的防御地带便是隆美尔著名的"魔鬼的乐园"。大多数地雷的威力都足以炸断坦克的履带或摧毁一辆卡车。而其中百分之三的地雷具有多种毁灭性的杀伤力，或通过电线引爆，或是一触即响，接着这些地雷就像玩偶匣似的飞向空中爆炸开来，无数的钢球将飞溅到四面八方。在蒙哥马利发起进攻之前，德装甲军团埋设了249849颗反坦克地雷和14509颗杀伤地雷，加上南线上占领的英军布雷区，隆美尔的防御线上一共有445000多颗地雷。

隆美尔的基本战术计划是让敌军的进攻陷入他的布雷区，然后德军再从战线的北端和南端发起反攻，使蒙哥马利的精锐部队落入他的圈套。

"一旦战斗打响，"他向施登姆保证说，"我将立刻放弃治疗，返回非洲。"

隆美尔回国后，形势进一步恶化。英国的情报机关接连截获德军运输船即将到来的消息，于是派出飞机和潜艇在海上等候，并将它们摧毁。德军燃料供应严重不足，士气低落。

英军司令蒙哥马利获悉这些情况，并知道隆美尔的部队无论在哪一方面都不能与他的大军匹敌。他告诉军官们，隆美尔已"告假养病"，德军战斗力衰竭，军粮不足，汽油弹药短缺，英军发起总攻的时机已经到来。

"你们训练有素，眼下正是杀敌之时，"蒙哥马利动员士兵道，"向坦克开火，向德军开火吧！"

1942年10月23日，英军发起凌厉攻势。施登姆将军亲临前线指挥德军作战，不幸阵亡。10月25日，隆美尔急忙赶回前线。当他跨进司令部的汽车时，阿拉曼战役的大厮杀已进行了48小时。英军的炮声震耳欲聋。隆美尔询问为什么英军集结进攻时他们不用炮火轰击。托马将军和威斯特法尔两人解释说，施登姆将军严禁进行炮击，以免浪费炮弹。在隆美尔看来，这简直铸成了致命的大错。正因为如此，英军才能以排山倒海之势轻而易举地压过前沿阵地，占领了德军的布雷区。

英军进攻的重点在北部，他们以步兵为突击队，在浓郁的烟幕掩护下从布雷区杀开一条通路，以便坦克突破防线。在这些通道之间兀立着可作为炮兵观察所的光秃秃的28号高地。但此高地已落入英军之手。

隆美尔率军向这块高地发起了殊死的反攻，但是，数次冲击均告失败，德军反而在这块无法隐蔽的地段上，遭到英空军的无情轰炸。

此时还有一项战术措施可以运用，那便是后撤几英里，退出英军炮火射程之外，再诱英深入，使对方坦克卷入激战，以优势兵力全歼之。然而，隆美尔已无足够汽油支持实施此计划，并且德国空军此时也无力支援。

隆美尔感到心灰意冷，但他仍向指挥官们发布命令，指出此乃生死攸关时刻，任何人都必须绝对服从命令，都必须战斗到底。

很快，蒙哥马利又发动了一次大规模的攻击。德军勇猛拼杀一夜，终于击退了对方的攻势。蒙哥马利被迫重新考虑战略部署。

这时德军燃料已所剩无几，并且，英空军的狂轰滥炸也使德军招架不住。隆美尔清楚地认识到：要是他的部队固守在原地，一旦英军突破防线，就会形成包抄之势，德军那时插翅也难飞了。

于是，他命令所有的非战斗部队撤到富卡防线更远的西部——梅尔沙马特鲁地区。就这样，隆美尔神不知鬼不觉地开始了撤退。

他向希特勒汇报了这一打算，然而希特勒拒不批准，并电令他："你可向你的部下指明，不胜利，毋宁死，别无他路！"

隆美尔只好命令前线部队继续坚守阵地。这使得很大一部分部队错失撤退良机，惨遭覆灭。到11月4日，德军南线总指挥凯塞林元帅赶来给部队打气时，前线德军只剩下22辆坦克了。

"我觉得应把元首的电报看作是呼吁，而不是一成不变的命令。"凯塞林指出。

"我认为元首的指令是绝对不能更改的。"隆美尔诚惶诚恐地说。

"但必须随机应变，"凯塞林反驳说，"元首并不愿意你和你的士兵葬身此地。"

凯塞林劝他立即电告希特勒："就说部队损失惨重，人员剧减，不可能再守住防线。要在非洲立足的唯一机会完全取决于此次撤退的成功与否。"凯塞林同时答应亲自向希特勒电告此事。

不久，希特勒回电隆美尔，悻悻道："既然事已至此，我同意你的要求。"

就这样，隆美尔七万人的残部开始了艰难的大撤退。

很少有这样残酷的环境，竟然在一支军队撤退时如此恶毒地消耗着它的精髓。然而，隆美尔依旧表现了身处逆境时那种惊人的狡诈。好多次，蒙哥马利的炮火还在向德军轰炸不止，可是德军早已悄然后撤，只留下数以百计的地雷阵在恭候前来探头探脑张望的英军。

虽然疾病缠身，头晕目眩，但隆美尔仍率七万德意联军，穿越了北非海岸线数百英里荒无人烟的沙漠。一路上，他们忍受着热带白昼酷热的煎熬，经受了疾风暴雨的吹打，硬挺着寒冷彻骨的黑夜。这支首尾长达60英里，由坦克、大炮以及各种载人车辆拼凑起来的队伍，一路上经常遭到无情的空袭。有好些日子，由于缺乏燃料，整个撤退行动不得不瘫痪下来，与此同时，隆美尔那些身经百战、忠诚不渝的士兵在缺水少粮的情况，仍然在

为掩护撤退做着殊死的抵抗。几星期、几个月过去了,终于,突尼斯的青山丛林映入了眼帘,隆美尔才长长松了一口气。

在突尼斯,隆美尔受到了凯塞林、突尼斯德军总指挥阿尔尼姆以及意大利最高统帅部的合力排挤,只好于1943年3月称病告别了非洲。

在他离开两个多月后,北非的德军接连溃败,只好举手投降。

火中取栗

德意联军在北非彻底失败后,意大利便直接暴露在英美盟军面前。这时的意大利国内局势也日益不稳,墨索里尼的地位岌岌可危。

希特勒急忙任命隆美尔组建一个新的集团军司令部的参谋班子,并指示他:一有紧急情况,便进占意大利。

1943年7月9日,英美盟军用伞兵和登陆艇对意大利的西西里岛实施进攻。

7月25日,意大利发生政变,墨索里尼被囚。虽然新政府宣布不背弃德国,但希特勒根本不相信这一点。他强烈主张立即进军意大利,扶植墨索里尼重新上台。隆美尔却力主采取谨慎的行动,逐步渗入意大利。经过一番争论,希特勒冷静下来,同意了隆美尔的意见。

于是,隆美尔开始不慌不忙地把部队直接渗入意大利北部。他计划:横跨从热那亚到里米尼(意大利中部靠近亚得里亚海的重要港口城市)的意大利北部,占领一条战线,然后再把忠实可靠的德军遍布意大利。他认为,德军先应在西西里打一场旷日持久的战役,然后沿意大利的"靴形"地势(意大利在地图上很像一只斜放着的靴子)撤退北上,在横跨意大利的科森察(意大利西南部的重要城市)至塔兰托(意大利东南部的重要港口城市)之间的一系列防线上进行防御,最后再沿亚平宁山脉进行抵抗。总之,他认为:"与其在自己的国土上打仗,不如在意大利进行战斗。一定要拒战争于德国本土之外。"

7月29日,希特勒获得情报——意大利的新政权正秘密与敌人接触,停战指日可待。他急忙下令隆美尔执行秘密入侵意大利的阿拉里奇行动计划。

隆美尔对突击营的指挥官扼要交代说:"你们要对意大利人保持友好和睦,避免摩擦。"

"他们要是抵抗呢?"

"那就谈判,"隆美尔说,"如果他们向你们进攻,你们就还击。切勿使用意大利人的电话线。与后续部队一定要保持紧密的联系,使意大利人无法将部队插进来。"

德军迅速占领了意大利北部边界地区的关隘。等意军反应过来,大批德军已滚滚而来,占据了意大利北部的各战略要地。意大利最高统帅部对此非常恼怒,他们将大批军队调往北部抵挡德军,同时加紧同英美盟军接洽投降事宜。

为协调德军在意大利的行动,希特勒调凯塞林元帅指挥南部军队作战,让隆美尔专

门负责指挥北部德军行动。

9月8日,意大利宣布向英美盟军投降,德国最高统帅部用电话向隆美尔和凯塞林下达代号为"轴心"的命令,让他们立即快刀斩乱麻地收拾意大利军队。

德军行动迅速,很快占领罗马和各大城市。意大利新政府要员和王室逃跑到英美盟军那里,乞求援助。

第二天,美军第五军团在那不勒斯(意大利南部的重要港口城市)南部的萨莱诺从海上进攻。从破译的美军无线电通信密码中得知,意大利人已将战略部署泄露给敌人。凯塞林接到希特勒的直接命令:"如果有必要",边打边向北撤,向罗马方向运动。但是美军和德军防守部队一交锋便被打垮。这未免令人手痒,凯塞林决定就在当地及时吃掉敌人。

与此同时,隆美尔在北部将一切力量都投入到了海岸防线,并不再保留后备部队,准备拒敌于海面。

9月10日,隆美尔因阑尾炎住进了医院。躺在医院时,他不止一次听到了空袭警报。这使他意识到在奥地利的家也已不安全,急忙写信给妻子要她迁居外地。

凯塞林极想遏制住盟军的攻势,甚至把他们赶下海去,但这几乎是梦想。9月12日,他得到反攻的许可,但是英美盟军已经有八个师登陆,正以优势兵力压向德军的四个师。于是德军开始边撤边退。希特勒授权凯塞林一路上破坏桥梁、公路、隧道和铁路等设施,阻止敌人的推进。

这便是27日隆美尔出院时的局势。那天下午,陆军元帅凯特尔从最高统帅部打来电话,要隆美尔飞回"狼穴"(希特勒设在东普鲁士的大本营)参加会议,与希特勒讨论秋季战略。这一回凯塞林也出席了会议。

隆美尔和凯塞林向希特勒汇报了在意大利的战果:他们解除了80万意大利士兵的武装,取道北部押送了26万8千人到德国服苦役,缴获了448辆坦克、2000门大炮和50万支步枪。然而这并不是最令人叹服的战果。在拉斯佩齐亚的三条隧洞里,隆美尔的部队发现了为意大利潜艇和军舰贮藏的燃料油,共有38000桶,相当于165万加仑。正是这个意大利最高统帅部,一边窝藏着这么多的燃料油,一边说海军没有燃料,不能为船只护航,无法把给养物资运送在北非的隆美尔。在随后的几个星期里,别处也找到了更多的意军秘密贮藏的燃料油。

出席会议的戈林插话道:"我们还缴获了数百架第一流的意大利战斗机。"

"这些家伙怎么竟干得这样神不知鬼不觉呢?"希特勒吃惊道。

戈林冲动地说:"意大利和墨索里尼多年来一直在有意捉弄我们。意大利人把飞机和原料藏起来,墨索里尼怎会一无所知? 真该一枪把他崩掉。"

这些话并不对希特勒的心思。他依然费尽心机,把墨索里尼从被关押的山庄里搭救出来,并帮他重新建立起政权。"真正的过失全在国王和他的将军们身上,"希特勒强调道,"他们策划这次叛变是蓄谋已久了。墨索里尼和他们不同,他是我们的朋友。"接着,他转向凯塞林和隆美尔说:"我们在意大利坚守的每一天、每一周、每一个月,对我们都是

生死攸关的大事。我们必须赢得时间，因为只要把战争拖延下去，就能使对方屈服。"

然而，隆美尔不能保证的也正是时间。他建议最好的办法就是依次安全迅速地沿意大利半岛撤至罗马以北 90 英里的地方。

可是，凯塞林却要求在罗马以南 90 英里只有先前一半长的战线上进行最后的防御战。他相信至少能在即将到来的冬季守住这条防线。这一建议比隆美尔的建议显得更为乐观，并且更合希特勒的意。

然而，隆美尔指出，凯塞林的计划中有一个明显的漏洞，因为对方若在罗马的任意一边，海上或更远的北部绕过这条防线，德军就会腹背受敌。

凯塞林为自己辩护说，若北部德军严阵以待，密切配合的话，此防线必然固若金汤。故而他要求由一人通盘指挥意大利战事。

10 月 17 日，希特勒派人请来隆美尔，让他独自指挥意大利战场的德军，但同时要求他依凯塞林计划行事，至少要在整个冬季守住凯塞林现在控制着的从加埃塔到厄托纳的防线。隆美尔则提出了强硬的保留意见。他要求在接受"意大利最高司令官"一职前，必须亲自视察凯塞林的战区，再根据实际情况制定作战计划，不同意盲目执行别人的计划。希特勒对此大为恼怒。

10 月 19 日，希特勒决定将意大利的最高指挥权授予乐观的凯塞林。

那么隆美尔该做什么呢？他那齐心协力的参谋部又该怎么办呢？难道隆美尔该靠边站了，这对德国来说是无法理解的。希特勒此时陷入了进退两难的窘境，该给这位他自己的宣传机器鼓吹出来的神秘元帅分配什么工作呢？希特勒做出了第一个十分不当的决定，让隆美尔集团军的参谋班子原封不动，在必要时可以给他出谋划策。这虽然迎合了隆美尔的数学头脑，因为数学是一门充满了"寻求问题答案"的科学，但是对隆美尔本人而言，这不过是让他蒙受耻辱，丢尽脸面罢了。他感到自己终于被抛在了一边。

负隅顽抗

希特勒的战略顾问约德尔将军提出了解决隆美尔问题的方法。10 月 30 日，他把德国军界年事最高、资格最老的陆军元帅，西线总司令伦斯德的连篇累牍的报告呈交给希特勒。该报告指出，自 1942 年 8 月以来，在欧洲与英国隔海相望的海岸线上，希特勒曾大肆鼓吹的"大西洋壁垒"事实上已经不堪一击。以英美盟军在西西里和萨莱诺成功登陆的实力来看，"大西洋壁垒"根本无法阻挡对方决意进行的入侵，必须尽快地彻底检查和加固海岸防御工事。约德尔的建议认为：这对隆美尔及其参谋班子来说是一项很合适的工作，无论对方从什么地方发动攻势，从战术上来说，隆美尔都可以胜任反入侵的指挥任务。但是希特勒并不想做得太过火，他要约德尔起草一份适合于隆美尔的命令，只说是"研究任务"，而不指明"战术指挥"这样的概念，因为那样做未免过分了点。

11 月 5 日晚些时候，希特勒在"狼穴"把这项命令下达给隆美尔。他着重指出，这项

工作对德国具有重要意义。"敌人要是从西线进攻的话，那就将是这场战争的决定性时刻。"希特勒说，"那么，我们必须举国上下全力以赴。"遵照希特勒的直接命令，隆美尔开始着手研究在盟军获得立足点之后必须采取的防御计划和可能的反攻措施。

希特勒暗示隆美尔，如果战斗打响，他可能要担任战术指挥。可是，希特勒并未把这个意思告知西线总司令伦斯德。相反，希特勒却事先派最高统帅部司令凯特尔秘密前往巴黎，向伦斯德担保他可以稳坐总司令的宝座。

与希特勒短暂愉快的会面，使隆美尔倍受鼓舞。他兴致勃勃地写道："元首的精力多么充沛！他给他的人民以巨大的鼓舞和坚强的信心！"

希特勒之所以选派隆美尔的原因是：在纳粹指挥官里唯有隆美尔具有数年与英美军队作战的经验，盟军非常畏惧他；此外，希特勒也想给隆美尔一个挽回声望的机会。

在视察过与英国隔海相望的全部海岸防御工事后，隆美尔认为：若发动进攻，盟军首先会以猛烈的空袭开路，然后在海上军舰和空中战斗轰炸机的火力掩护下，用数以百计的突击艇和装甲登陆艇在广阔的战线上从海上登陆，与此同时，在离海岸不远的内陆投下空降部队，从后面打开"大西洋壁垒"，从而迅速地建立桥头堡。故而，唯一有效的防御手段便是在滩头就歼灭入侵之敌。

为了实施这一计划，隆美尔决定在整个大西洋壁垒地带构筑一道六英里宽的坚不可摧的由地雷阵地和钢筋水泥掩体构成的防线。

他四处巡视，监督士兵们加紧修建防线，并且独出心裁地发明了各种新的防御技术。他建议用救火胶管的射流把笨重的木桩打入海滩下面。结果这个主意很奏效，木桩在3分钟内就能整根地打到沙地下面，而用常规的打桩机则要花费45分钟。接着，隆美尔命令士兵把地雷紧紧地捆在障碍物上，并给障碍物插上锋利的铁刺和参差不齐的钢板，这样它们就可以保证把登陆艇炸得粉碎。为了克服地雷的短缺，隆美尔创造了利用120万颗废炮弹的方法。这种致命的"坚果"地雷是一颗嵌在水泥障碍物上的炮弹，其中安有一块木板，作为临时触发器，一旦船只从旁经过，就会引起爆炸。为了把笨重的障碍物运到较远的海滩，他还绘制了有关使用浮漂起重机、船只和马拉队，以及滑车等技术的草图。设计图和使用方法印制出来后便分发给整个防区的指挥官们。为了克服物资的不足，他开办了生产水泥和四方体障碍物的工厂，修建发电站，重新开采矿山等。尤其值得一提的是，隆美尔的创业精神在西线激发了士气，士兵们的情绪日益高涨。

1944年初，英美盟军在欧洲开辟第二战场的意图日趋明显。

3月19日，希特勒在伯格霍夫召见隆美尔，对他说："显然，英美即将联合对西线发起进攻。在任何情况下，都不允许敌人的进攻持续几个小时。要坚决歼灭他们，这将使罗斯福不能蝉联美国下一届总统之职，英国人则会产生厌战情绪。而且一旦西线胜利，我们就能全力对付东线。因此，这场战斗关系到我们国家的命运！"

同时，希特勒还指出：英美的联合进攻一旦开始，诺曼底海岸将是他们的进攻目标，而战略目标则是夺取瑟堡港。

隆美尔却不同意这一判断，他认为敌人可能进攻的海岸线必定是自比利时延伸至法

国索姆河的第十五军团驻守的地段。

果然英军侦察机频繁骚扰第十五军团防区,他们的空袭也集中在这一地区。

5月20日,德军在索姆海湾抓到两名英军突击队员,他们正在从事侦察活动。

接着,隆美尔在北非时的部将克拉默因患严重的哮喘病被英国人释放回国。他跑来找隆美尔告诫说,敌人进攻选在索姆河附近地区。

所有的迹象都表明,英美盟军进攻的目标是靠近英吉利海岸的第十五军团的防区。

隆美尔对自己的判断更是深信不疑,他将这一地区视为防御重点,加固工事,投注重兵。1944年6月6日,自认为万无一失的隆美尔回到家中,愉快地去给妻子露西过生日去了。

殊不料,他中了老对手蒙哥马利的圈套。正是6月6日这一天,盟军在隆美尔防御最薄弱的诺曼底登陆。

闻讯赶回的隆美尔立即组织抵抗,但终未能阻止住盟军排山倒海的攻势。

十天后,隆美尔对德国的败局确信无疑,他上书希特勒阐明德军处境,请求希特勒考虑和英美盟军谈判议和。他对希特勒说:"现在,政治应该起到它应起的作用了,否则,西线的局势很快将恶化到难以收拾的地步。"

"这不是你应该关心的事。让我来决定吧!"希特勒冷冷地答道。

6月末,德军在诺曼底作了最后一次反攻,但很快失利。

7月中旬,隆美尔和另一位陆军元帅克鲁格联名敦促希特勒从政治上考虑,做出最后的决定。并且,他还在手下的将领中竭力宣传自己的主张。

"要是元首拒绝我的建议,那我就敞开西线,让英国人和美国人先于俄国人到达柏林。"他对第17空军野战师作战部长瓦宁说。

不久,他与装甲群指挥官埃伯巴赫将军秘密会晤。

"我们不能再这样继续下去了。"隆美尔指出。

埃伯巴赫模棱两可地问道:"只要元首在台上一天,你能想象情况会有什么变化吗?"

隆美尔摇摇头说道:"我希望得到你的支持。为了德国人民的利益,我们必须合作。在以往的类似行动中,人民总是慷慨激昂的。"

"那将会在德国引起一场内战。"埃伯巴赫忧虑地说。

"是啊!唯愿元首同意我的计划。"隆美尔答道。

7月17日,隆美尔视察第一党卫装甲军。他问军长迪特里希:"你愿永远执行我的命令吗,甚至这些命令和元首的命令相抵触的时候?"

这位党卫军将军伸出那瘦骨嶙峋的手对隆美尔说:"你是头儿,陆军元帅阁下。我只听从你的,不管你打算干什么。"

殊不料,在返回途中,隆美尔的汽车遭盟军飞机轰炸,摔进一条沟渠里。他头部受了重伤,被送到巴黎郊外一家医院进行治疗。

祸起萧墙

1944 年 7 月 20 日，德国国内发生了谋杀希特勒事件。密谋分子施道芬堡把一只装有炸弹的皮包放在东普鲁士希特勒的作战会议室里，结果炸弹仅使希特勒受到轻度烧伤和撞伤，暗杀宣告失败。

隆美尔被深深地牵连进这次谋杀案之中。密谋分子供出了与隆美尔关系亲密的克鲁格元帅和隆美尔的参谋长斯派达尔中将。希特勒解除克鲁格的职务并召其回国。克鲁格知道在劫难逃，就吞下了氰化毒剂自尽身亡。斯派达尔在审讯中，宣称一位密谋分子曾将暗杀阴谋告知了他，而他则及时地向隆美尔报告了此事，若隆美尔没有上报这个警告，那就不是他本人的过错了。

秘密警察相信了这一供词，并写成报告交给了希特勒。本来就对日益悲观、持失败主义论调的隆美尔大为不满的希特勒怒气冲天，指出斯派达尔尚可饶恕，隆美尔则罪不可赦。

8 月 8 日，隆美尔被送回德国家中养伤之时，已被秘密警察监视起来。

10 月，希特勒决定处死隆美尔，但仍对他的爱将施舍了最后的恩惠。希特勒为其指出两种选择：一是如果隆美尔否认他人的指控，就向元首当面交代，否则理应受到处决。对于隆美尔之死，希特勒也为其指出两条路：一是作为人民公敌被公开处死；二是自杀，对外宣布自然死亡，死后享有一个陆军元帅应有的一切荣誉，家属不受任何牵连。

就这样，希特勒给他宠爱的陆军元帅出了最后一把力。对于那些被吊死在钢琴弦上的密谋分子，他从来没有过这样的恩惠。人民永远不会知道隆美尔和叛变分子沆瀣一气，甚至隆美尔的妻子露西也被蒙在鼓里。希特勒同样不让戈林和邓尼茨这些纳粹高级将领得知事实的真相，隆美尔的人事档案中也没有任何蛛丝马迹表明他参与过密谋，他的一生"清白而无瑕"。

1944 年 10 月 14 日，陆军人事部部长布格道夫、陆军人事部法律处长官迈赛尔少将亲自来到隆美尔家里处理此事。

书房里，布格道夫宣布："元帅阁下，你被指控为谋害元首的同案犯。"接着他将斯派达尔等人的书面证词递给了隆美尔。

这些证词构成了毁灭一个人的起诉书，隆美尔看完后，一种极度痛苦的表情浮现在脸上。他现在是有口难辩，他怎么说得清楚自己没有参与暗杀阴谋，甚至时至今日都一无所知呢。

他所盘算的"一切"，难道不就是无论元首同意与否都要与蒙哥马利达成单独停战的尝试吗？即便如此，他也必须承认，这也足够引起元首的忌恨，把自己送上绞刑架了。

"元首知道此事吗？"隆美尔怀有一线希望地问。

布格道夫点点头。

"那么，我承担一切后果。"隆美尔两眼闪出绝望的泪花道。

布格道夫告诉隆美尔，元首允诺：如果他自尽，将对他的叛国罪严加保密，不使德国人民知道原因。为了纪念他，还将树立一座纪念碑，并为他举行国葬，而且保证不对他的家属采取非常手段。此外，其妻露西还将领取陆军元帅的全部抚恤金。"这是对你从前为帝国建树的功勋的肯定。"布格道夫强调道。

隆美尔被这突如其来的晴天霹雳搞得目瞪口呆。他请求给他几分钟的时间收拾一下东西。他心力交瘁，步履蹒跚。这该是多么具有讽刺意味的一幕。他，隆美尔，在两次世界大战中经历了多少枪林弹雨，多少次出生入死，而现在却要为他从未参与过的一次失败的阴谋去死，而不是马革裹尸，为国捐躯！

"我可以借用你的小车安静地开到别处去吗？"他问布格道夫，"恐怕我不能很好地使用手枪。"

"我们带来了一种制剂，"布格道夫温和地答道，"它在三分钟内就能奏效。"

布格道夫说完便退出了房间。隆美尔则上楼去和妻子诀别。"15 分钟之内我将死去，"他木然地对露西说，"我被牵连进了 7 月 20 日的阴谋之中，在劫难逃了。"露西没有哭，泪水只是以后当她孑然一身时才潸然而下。他和她谁也没有意料到这场离别。露西顿时感到头晕目眩，天昏地暗，然而她却勇敢地迎接了他最后的拥抱。

接着，隆美尔叫来儿子，从衣兜里掏出家里的钥匙，把它连同钱袋一并交给了他，并告诉他："斯派达尔对他们讲，我是 7 月 20 日阴谋的主犯之一。我不能再和你们生活在一起了，你要照料好妈妈。"

最后，他走出门，安静地和布格道夫一起钻进了车子的后座。那位司机，党卫队的一名军士长，松了一下离合器，车子随即消失在路上，朝着前面的村庄驶去。

这位司机当时 32 岁，叫海因里希·多斯。他后来讲述了接下去的一幕。车子行驶了两百码以后，布格道夫命令他停车。"我下了车，"这位司机说，"迈赛尔将军和我一道，沿着公路往回走了一段路。过了一会儿，大约四、五分钟，布格道夫叫我们回到车子那里。只见隆美尔坐在后座上，正处于弥留之际。他已神志不清，颓然倒下，啜泣着——并非是死前的那种挣扎或呻吟，而是在啜泣。他的帽子落下来，我把他的身子扶正，给他戴上帽子。"

第二天，德国报刊上登出了隆美尔因病去世的讣告，他终年 53 岁。

悲剧英雄

战争刚一结束，隆美尔的名字便和刺客施道芬堡周围的密谋分子联系起来，也许这是不可避免的。1945 年 4 月，在布格道夫与迈赛尔将军登门拜访后，隆美尔便因病去世。这足以让人们去猜测他的死因。当时，还有许多别的高级军官被这个阴谋牵连而自杀身亡，人们在揣度隆美尔的死因时也就会自然而然地作如是之想。但是，隆美尔的家人依

然认为反希特勒的阴谋是卑怯的,效忠希特勒是一个陆军元帅唯一本分的职责,把隆美尔的名字与密谋分子施道芬堡混为一谈是玷污了这位陆军元帅的荣誉。1945 年 9 月 9 日,隆美尔的遗孀露西声明道:"为了使隆美尔的名字洁白无瑕,为了维护他的荣誉,我要把此事的真相公诸于世。我丈夫并没有参与 7 月 20 日的阴谋。我丈夫一向直言不讳,他曾开诚布公地把自己的见解、意愿和计划向最高当局陈述过,虽然他们并不喜欢他这样的做法。"

这是千真万确的事实。但是,密谋分子的标签已经贴到了隆美尔的身上。

英国人和美国人喜欢抓住隆美尔的神话不放。他们把隆美尔视为抵抗运动的英雄,认定他们所敬畏的纳粹分子隆美尔一定参与过反对他们的头号敌人希特勒的密谋。

当然,密谋分子隆美尔的神话还要归功于斯派达尔。1946 年,即使是个白痴也清楚,当时,在战后的德国,只有被证明与施道芬堡密谋分子有联系的人才被认为是可信赖的反纳粹分子,才能得到权力。斯派达尔曾经是隆美尔的参谋长,若隆美尔被塑造为一个令人肃然起敬的密谋分子并能长期保持这一角色的光彩,那么斯派达尔作为一名密谋分子的凭证显然将变得更为合情合理;如果隆美尔被树为战后德国身价极高而又恰如其分的人物,那么,与之有联系的斯派达尔也必然得到高升。他于 1946 年在美军集中营里曾很坦率地对另一位德国将军说:"我想使隆美尔成为全体德国人民的英雄。"

斯派达尔在获释后发表的一本书中继续编造这个神话。他提出的论据认为:从 1944 年 4 月开始——此时他作为隆美尔的新任参谋长刚刚到任——一批排成四路纵队的密谋分子齐步走进了城堡司令部的大门,隆美尔在那里热烈地欢迎他们,并许诺支持他们的计划和手段,表示愿意在希特勒被推翻后上台执政。

显然,斯派达尔的这招深思熟虑的棋很快就奏效了,隆美尔成了永垂不朽的神话元帅,而斯派达尔本人则在其光荣的回光返照之下,从一名战俘一跃而成了德意志联邦共和国陆军的新任司令官,继之又步步高升,当上了北大西洋公约组织的高级将领。

那么,历史的真相到底是什么呢?

毋庸置疑,到 1944 年 6 月中旬,隆美尔已多次耳闻纳粹集中营大屠杀等残暴事件,逐步认识到希特勒政权的滔天罪行。当诺曼底战役对他形成不利局面时,隆美尔便沉溺于白日梦中。他开始左右摇摆地产生了与希特勒背道而驰的念头,想直接和敌人打交道。然而他自己可能也明白,他绝不会这样做。

有一段插曲是隆美尔这种个性气质的最好写照。它发生在 1944 年诺曼底登陆前那令人疲惫不堪的最后几周里。隆美尔在短途巡视中,常常在德国娘子军为他的士兵开办的旅店里停下来吃午饭或喝午茶。漂亮的空军姑娘和护士们时常围住他,要他签名留念。有的少女被这位大名鼎鼎、气宇轩昂的军人迷得神魂颠倒,她们送给他礼物、纪念品,并温情脉脉地向他暗示,这一切弄得隆美尔十分尴尬。然而有一天,姑娘们的热情和浓烈的法国香水味甚至也挑逗得这位严肃固执的陆军元帅动了心。当他出了房间朝等待着他的车子走去时,对陪同的工兵指挥官梅斯将军说:"你知道,梅斯,"他狡黠地一笑,"有些姑娘真是迷人,我差不多要为之倾倒了。"然而,隆美尔明白自己绝不会陷进去,因

为他对爱情是忠贞不渝的。

在政治方面，他动过反对希特勒的念头，但他就像一个在感情方面非常忠诚的丈夫偶尔在不规矩的奇思怪想中得到满足一般；但绝不会真的去寻花问柳。"我差不多要为之倾倒了！"他对梅斯这样说。但无论如何也只是"差不多要"，事实上却并没有。

再者，比起其他的将军来，他更为有胆识，敢于向希特勒陈述自己的观点。1944 年 6 月，他就曾口头对希特勒建议与英美盟军议和。7 月，他更是与克鲁格元帅一起向希特勒上书建议此事。并且他还想写一封给蒙哥马利的信，自愿把诺曼底战线开放给盟军，天真地希望德、英、美三国联合对抗苏联红军等等。

然而，我们看到，这些与希特勒政策相背离的想法和计划，虽时时出现在隆美尔的头脑中，并常在他与朋友的谈话中流露出来，但这并不意味着隆美尔会在行动上背叛希特勒。如同当年在但泽的婚礼仪式上他向妻子发的誓一样，1934 年他和每一个军官对元首的宣誓足以使具有隆美尔这种信念的军人不会去干那种背叛元首的违背神圣誓言的勾当。此外，隆美尔和一些积极的陆军元帅还在 1944 年 3 月在给希特勒的第二份效忠书上也亲自签名发过誓。双重的誓言更使得隆美尔不敢越雷池一步。非日耳曼民族的人一定很难接受这样的事实：一位刚直不阿的将军竟然会由于自己的效忠宣誓而被这种极权统治捆住手脚。但他们确实就是这样，他们的整个军事生涯都被这种形式所支配。一种绝对服从上级命令的民族气质牢牢控制了他们。接连不断的胜利由此产生，而失败往往也起源于此。一位德国将军的观点可以说是代表了包括隆美尔在内的许多德国将军的普遍观念，他说："我深信，誓言永远是誓言，它永远也不可违背，尤其是在危急关头，就更要恪守誓言，用鲜血和生命去捍卫它。"

最后，对于隆美尔其人我们又能说些什么呢？

跟别的婴儿一样，他呱呱落地时并没有什么特别的形容词可以用来修饰他；他在襁褓和孩提时代得到的不寻常的形容词也几乎寥寥无几；作为学生，他纤弱但勤奋上进；作为青年，他守纪律、坚忍不拔而且喜欢发明创造；作为丈夫和父亲，他不但富于感情，有想象力，而且忠诚不渝。

他在军队中出人头地，勇猛无畏，足智多谋，但有时也轻率莽撞，自以为是；他虽然也意识到自己出身寒微，只是一个教员的儿子，但具有非凡的抱负；他憧憬远大的目标，时刻渴望着权力和高官厚禄。在生命的最后几周，他对儿子说："你知道，还只是一名陆军上尉的时候，我就已经懂得怎样指挥一个军团了！"在整个一生中，他从未表露过个人的畏惧，甚至明知是去赴死，他也一如既往，迈着坚定的步伐毅然前往。

但是，实事求是地说，由于年龄的增长、思想的成熟和官爵的升迁，他变得固执武断，对同僚和上司的劝告置若罔闻，他鲁莽草率，傲慢无礼，对别人的指责和非议常常神经过敏。

正如希特勒在 1944 年 8 月评论他的那样："他不是一个真正持之以恒的军人。"隆美尔只是一个有其不足之处的普通的军官，在取得接二连三的胜利之后，他对士兵来说确实是个鼓舞人心的源泉；但一经失败，他顷刻之间就丧失了勇气。

作为一个战略家，隆美尔目光短浅。他只重视军队眼前的战斗，却看不到战争全局

的势态发展。譬如1941年,他对希特勒即将进攻俄国的野心勃勃的战略竟一无所知,从而导致了在利比亚战线拉得太长的灾难性事件。1943年,隆美尔也居然看不到为争取时间而拖延战争的好处,从而被希特勒调离意大利战场。事实证明,凯塞林秉承希特勒意旨在意大利的抵抗曾使罗斯福和丘吉尔一时被缚住手脚,动弹不得。事实上,有时隆美尔似乎只有一个主导思想——在力所能及的范围内将部队尽快地撤回德国本土。他先从利比亚撤到突尼斯,以后又力主从意大利南部加速撤退到阿尔卑斯山。这样便首先把巴尔干暴露在敌人的进攻面前,然后又使德国南部遭到英美盟军的战略轰炸。

不过话又说回来,尽管隆美尔有这些缺陷,他的能力和才智还是不可否认的。有人曾这样评价他:"他不仅对别人,而且对自己都极为严格。他精力充沛,从不姑息自己。由于有能力创造丰功伟绩,所以对自己的下属也要求甚高,意识不到一般人的体力和智力毕竟有限。"他具有不凡但又显得呆板的军事天赋,因此我们不大容易忘记隆美尔这位天才的军事家。战斗过程中的士兵们可不是一群傻瓜和白痴,他们能辨认指挥官的伟大与否。不容否认的是,隆美尔的士兵们,不论他们是由什么民族组成,都毫无例外地钦佩和崇拜他们的指挥官——隆美尔。

历史永远不会忘记,在两年的时间里,隆美尔曾在硝烟弥漫的北非沙漠中指挥着仅仅两个装甲师和为数不多、装备较差、后勤供应不足的步兵,与整个英帝国对垒,并且还能屡出奇兵,轰动一时。

今天,在隆美尔的坟墓上竖立着一具孤零零的十字架。千里之外的利比亚沙漠中也矗立着一块石碑,它俯瞰着长眠在此的德军士兵们。当年幸存下来的德军士兵一年一度来到这里,以隆美尔的名字向牺牲的战友们志哀。这就是隆美尔的另一种纪念碑:他永远活在他们心中。当狂风呼啸,天空弥漫着炙热的飞沙走石,沙漠风暴又开始怒号时,或许人们能够听到隆美尔那渐渐远去的呼喊:"冲啊!"于是,装甲纵队的发动机响起了雷鸣般的吼声,朝着东方,滚滚而去。然而,命运注定了隆美尔只能是一个悲剧英雄,因为他所从事的事业是反动的、非正义的,这一切也决定了他所从事的战争只能以失败而告终。

偷袭珍珠港发动太平洋战争的赌徒

——山本五十六

人物档案

简　历:日本帝国海军将领,大将军衔,第二次世界大战期间担任日本海军联合舰队司令长官,偷袭美军珍珠港和发动中途岛海战的谋划者。1916年毕业于日本海军大学校,曾于1919~1921年在美国哈佛大学学习。历任驻美武官、第1航空战队司令、海军航空本部长、海军次官。大力发展航空母舰和舰载飞机,并组织部队进行严格训练,对日本海军航空兵的发展起了重要作用。1939年,山本五十六任日本联合舰队司令,是旧日本海军中,反对日本加入轴心国的高级军官。反对日本对美国所在势力发动侵略战争,但在日本右翼势力庞大的压力和日军高层的压力下最终发动了太平洋战争。试图先发制人,在对美开战之初以舰载航空兵袭击了珍珠港,消灭美国的太平洋舰队主力,确保日军进攻东南亚的翼侧安全。同时重视海军航空兵在海战中的作用,但未能完全摆脱"巨舰大炮制胜"理论的束缚,企图在美太平洋舰队得到加强前以海上决战的传统战法将其歼灭,结果导致日本海军在中途岛海战和瓜达尔卡纳尔海战中遭惨败。1943年4月18日,山本五十六在视察部队途中,因座机被美军击中而身亡,终年59岁。

生卒年月:1884年4月4日~1943年4月18日。

安葬之地:东京日本天皇居住地南面的日比谷公园。

性格特征:刻苦、固执、好胜、忠诚、疯狂、残忍,赌博成性。

历史功过:参与策划侵华战争,策划偷袭珍珠港,发动太平洋战争。

名家评点:曾经的美国海军司令小威廉·弗雷德里克·哈尔西当时就信誓旦旦地说:"必须让山本五十六受到惩罚,要用铁链将他牵到宾夕法尼亚的大街上游行,让所有美国人来踢他的屁股以宣泄心中怒气。"

初涉航空

1884 年 4 月 4 日,日本长冈市武士高野贞吉家的第六个儿子呱呱坠地了。因为这一年高野贞吉 56 岁,所以给儿子取名为高野五十六。

这个贫困武士的儿子,自幼具有坚强的意志和争强好胜的进取精神。17 岁那年,他考入江田岛海军学校,1904 年毕业后任"日进号"装甲巡洋舰上的少尉见习枪炮官,参加了日本海军名将东乡平八郎指挥的 1904~1905 年的日俄海战。在战斗中,他负了重伤,左手的食指、中指被炸飞,下半身被炸得血肉模糊,留下了累累弹痕和终身残疾。由于他只剩下了八个手指,同僚们给他起了个"八毛钱"的绰号。1914 年,他以上尉军衔进入海军大学深造,1915 年晋升为少佐。1916 年,他从海军大学毕业后,登记为山本带刀之养孙,改姓山本,由高野五十六成为山本五十六。

他是一个孝子,当军官后还常常回乡为高野、山本两家的祖坟扫墓,大部分薪水都寄给了母亲,接济哥哥、姐姐,有时还为亲戚和老师的子弟缴纳学费。据说这是他迟迟不成家的一个重要原因。1918 年 8 月,山本和故乡一位朴实、美貌的挤牛奶姑娘礼子在东京举行了婚礼。婚后他们生有两男两女。

山本五十六身材短粗,略显驼背,但却很结实。他身高只有 1.59 米,与他崇拜的偶像东乡平八郎恰好一般高。他外表文质彬彬,神情忧郁,显得心事重重,内心却倔强刚健,胆大心细,深谋远虑,富有带兵才能。1924 年,山本刚调到霞浦航空队任副队长时,这里的飞行员留长头发,蓄小胡子,军容不整,军纪松弛。他决心加以整顿。可那些散漫惯了的飞行员,起初根本看不起这个其貌不扬的外行长官。年已 40 的山本,除严格要求部属履行自己的职责外,每天主动像小伙子一样接受几小时的飞行训练。没过多久,他的飞行技术超过了不少青年学员,达到了单飞教练机的水平。他以自己的意志和才干,在飞行员中建立了威信。在山本的组织指挥下,霞浦航空队的训练和军纪焕然一新。1926 年,山本调任赴美时,队员们十分惋惜。当山本乘坐的"天洋丸号"起航时,一个中队的飞机出现在该船上空,飞行员们驾机俯冲掠过,向他们尊敬的上司道别。

偷袭扬名

1928 年,山本从美国归国,先后在巡洋舰"五十铃"号、航空母舰"赤城"号上担任舰长和海军航空部技术处长、第一航空队司令官等职。1930 年和 1934 年两次赴伦敦参加海军裁军会议。1934 年晋升中将,就任航空部部长。在此期间,山本最感兴趣的是飞机,他大肆鼓吹"空军本位主义","以航空母舰为基地的进攻战"。

1939 年 9 月 1 日,在德国入侵波兰的当天,山本当上了联合舰队司令官。从这时起,

他基本上可以放手按他的观点建设现代化日本海军,训练重点放在以航空母舰为基地的航空兵方面。在 1940 年的一次春季演习中,当他看到航空兵在训练中取得理想成绩时,转身对他的参谋长说:"训练很成功,我想进攻夏威夷是可能的。"从这时候起,山本就着手准备珍珠港之战了。

珍珠港位于日美之间太平洋东部的夏威夷群岛,距日本 3500 多海里,距美国本土 2000 海里,是美国太平洋舰队最重要的基地。1941 年 1 月 7 日,山本写信给海军大臣及川古志郎,正式提出了偷袭的设想。此后就和几个参谋一起,极端秘密地制订"Z"作战方案。6 月,正式方案提出后,曾在日本上层引起争论,一些人不相信庞大的舰队横渡 3500 海里而不被发现,对这一计划的可行性表示怀疑。山本固执己见,甚至以辞职相要挟。日本统治集团为了"南进",于 10 月中旬批准了这个计划。于是。山本指挥联合舰队选择了与珍珠港相似的鹿儿岛湾,开始了紧张的模拟训练。

1941 年 12 月 7 日凌晨,从 6 艘航空母舰上起飞的第一攻击波 183 架飞机,穿云破雾,扑向珍珠港。7 时 53 分,机群发回"虎、虎、虎"的信号,表示奇袭成功。此后,第二攻击波的 167 架飞机再次发动攻击。仓促应战的美军损失惨重,8 艘战列舰中,4 艘被击沉,1 艘搁浅,其余都受重创;6 艘巡洋舰和 3 艘辅助舰艇被击伤,188 架飞机被击毁,数千官兵伤亡。日军只损失了 29 架飞机。日本联合舰队的军官们额手称庆,欣喜若狂。山本虽故作镇静,而但他的部属们仍看得出他激动得满脸通红,露出开心的笑容。

珍珠港事件发生后,美国总统罗斯福把 12 月 7 日宣布为"国耻日",而大洋另一边的日本则举国欢庆。山本五十六立即成为家喻户晓、妇孺皆知的大英雄。山本策划和创造了世界海战史上远距离偷袭的奇迹,使得他威名大震,显赫一时。

赌徒失利

山本面对其一生的最得意之作,并没有丧失理智。他深知,当时美国的生产能力数倍于日本,美国的战争机器一旦开动起来,日本断难获胜。出于赌徒的本能,山本想对美国再进行一次奇袭,进攻珍珠港西北 1300 英里的中途岛。

1942 年 2 月,当第一阶段作战即将结束之时,山本指示联合舰队司令部拟订下一阶段作战计划,即中途岛作战计划。1942 年 4 月 18 日,美国航母"大黄蜂号"运载的 B-25 轰炸机 16 架空袭东京、横滨、川崎、横须贺等城市,这是日本本土自开战以来第一次受到轰炸,引起了不小的震动,为了进行报复和消除来自中太平洋方向的威胁,山本所坚持的中途岛作战计划立即顺利通过。

1942 年 6 月初,山本亲率作战舰只 200 余艘开赴中途岛和阿留申群岛。山本认为,取得这次决战的胜利,对美国的战斗意志将是一次更为沉重的打击,但进攻中途岛的行动企图被美军发现。美军破译了日军的密码,赢得了作战准备时间,调兵遣将,布下了伏击日军的陷阱。美国太平洋舰队司令尼米兹选择了最佳时机对由南云指挥的航空母舰

编队实施了突然而集中的打击,以劣势兵力重创日军,击沉了日本的4艘航空母舰,一艘重巡洋舰,重伤1艘重巡洋舰和2艘驱逐舰,击毁日机332架,数千日军包括许多富有经验的舰载机飞行员丧生。美军仅损失航母1艘、驱逐舰1艘,飞机147架。这一挫折,沉重打击了山本的自尊心,日本海军也从此开始走下坡路。

此战以后,山本无可奈何地说:"我将向陛下直接请罪。"日军大本营于6月10日发布消息称,中途岛作战击沉美军航母2艘,日方航母1艘沉没,1艘重伤。为了防止真实情况外露,南云舰队生还的官兵只准在基地内活动,不允许和外人接触,甚至和家人见一面也不准,不久他们就被遣往南洋作战去了。这就是山本所说的一切由他负责。

因袭而亡

1943年2月,在瓜岛作战的日军残余部队1.3万人最终撤出,战况对日军更加不利。4月,山本将司令部由特鲁克移至靠近前线的新不列颠岛腊包尔基地。他此行的目的是为了执行一个代号为"阿号作战"的计划。该计划是把联合舰队的舰载机300余架转移到腊包尔陆上基地,企图以集中的轰炸,把美军近期夺去的前进基地拔除一至两个,以挫败美军的攻势。从4月1日至14日,日机共进行5次攻击,出动飞机652架次,分别攻击了瓜达尔卡纳尔岛、图拉吉岛和新几内亚岛上的基地和附近海面的船只。"阿号作战"结束后,山本突然宣布,在返回特鲁克岛基地以前,他要到离瓜达尔卡纳尔岛前线较近的肖特兰地区各基地巡视一天,以提高守卫部队的士气。

山本的行程以电报通知了各基地,1943年4月,美军情报人员再次破译了日军的密码。美国对这个偷袭珍珠港的策划者恨之已久,自然不会放过这个除掉他的良机。罗斯福总统亲自做出决定:"截击山本。"

4月18日晨,山本率领舰队参谋长宇垣中将等分乘两架轰炸机由腊包尔机场起飞,预定在市根维尔岛南端的一个小岛——布困岛降落。他的座机由6架战斗机护航。当座机飞抵布困岛上空降落之前,从瓜达尔卡纳尔岛起飞的美军飞机16架,乘日军护航战斗机离开的瞬间,接近目标,一举将两架座机击落,山本摔死,参谋长宇垣受重伤。第二天,日军找到了座机残骸。山本五十六依然被皮带缚在坐椅上,他头部中弹,仍挺着胸,握着佩刀,但垂下了头。山本之死在日本引起很大震动,日本海军拖了一个月后才将山本的死讯通知其家属。5月21日,日军大本营公布"联合舰队司令长官海军上将山本五十六于本年4月在前线指挥全盘作战时遭遇敌机,在机上壮烈战死"的消息。日本当局追授山本元帅军衔,并赐国葬。山本的国葬于1943年6月5日在东京的日比谷公园举行,百万人参加了葬礼。

击败拿破仑的俄罗斯名将

——库图佐夫

人物档案

简　历：俄罗斯帝国元帅、军事家、外交家。参加俄土战争，并在强攻伊兹梅尔要塞的过程中表现尤为突出；1792 年 11 月被任命为驻土耳其特命全权大使；18 世纪 90 年代，被任命为波多利斯克集团军司令官，同拿破仑在疆场上相遇，并在战争失败后遭到了流放；1812 年指挥了俄国卫国战争，并大败拿破仑。1813 年，库图佐夫在追击拿破仑的途中病逝。

生卒年月：1745 年 9 月 16 日~1813 年 4 月 28 日。

安葬之地：彼得堡喀山大教堂北侧祭坛。

性格特征：城府很深，疑心重重，孤独怪癖。

历史功过：他身经百战，屡建战功，他的一生也几度沉浮，历经坎坷，毁誉不一。但作为一名军事统帅，其天才的指挥才能是举世公认的。他孜孜不倦的实践活动，把俄国的军事艺术推向一个崭新的、更高的发展阶段。

名家点评：俄土战争时的联合集团军司令尼古拉·瓦西里耶维奇·列普宁评价说："库图佐夫将军的聪颖和机智不是我用一切赞美的语言所能表达的。"

少年立志

米哈伊尔·伊拉里奥诺维奇·库图佐夫，1745 年 9 月 16 日出生于俄国彼得堡的一个名门望族。他的家族在俄国历史上曾显赫一时，先人在俄国中央集权建立和巩固时期，在政府和军队中担任要职。母亲早逝，库图佐夫是在祖母的抚育下长大的。他的父亲是一位高级军事工程师，有教养且富于同情心，由于博学多才，人称"活书本"。他经常注意培养孩子的学习兴趣，激发他强烈的求知欲望。然而，对这位未来统帅影响最大的是一位本家亲戚——海军上将伊万·洛吉诺维奇·库图佐夫。年幼的库图佐夫在母亲

去世后的一段时间里寄居在这位亲戚家里,饱览了家中丰富的藏书,很快掌握了法语和德语。由于父亲和海军上将亲戚的安排,1757年,年仅12岁的库图佐夫踏入了炮兵工程学校学习。虽未成年却思想早熟,聪明能干,很快成为在校学生中的佼佼者。

库图佐夫在工程兵学校学习的这段时间,接受了正规的基础训练,为成长为未来的统帅做了充分准备。1759年12月10日,校长、炮兵总监鉴于他"修业勤奋,外语及数学成绩俱佳,且对工程学颇多爱好。因此根据学校推荐,特令擢升其为工兵军一级技术员"。并被留校任教,辅助军官教授其他学生。其间勤学不辍,阅读了大量军事学术、军事历史和哲学方面的书籍。

当时俄国与普鲁士正在交战,俄军取得的一系列辉煌胜利,都鼓舞着、吸引着血气方刚的库图佐夫。他产生一种强烈愿望:要去体验军队的战斗生活,并立志献身军事事业。经他多次恳求,1761年6月,库图佐夫被派往驻守彼得堡的阿斯特拉罕步兵团任连长——从此便掀开了他50余年漫长坎坷的军旅生涯的序幕。

初露锋芒

库图佐夫一出校门便投身于频繁出现的军事事件当中。当时俄国和普鲁士之间七年战争(1756~1763)尚未结束,这场战争是18世纪中期最大的事件。欧洲列强纷纷卷入了这场战争。英国和普鲁士为一方,法国、奥地利、瑞典、俄国等国为另一方。双方参战国在战争中各求所需,俄国则意在打败普鲁士,以消除对自己国境安全的隐患。库图佐夫虽未去战场拼杀,但他却极为关注战争的进程,仔细研究历次重大交战。他的许多军事学术观点,在很大程度上受到俄军与当时西欧最强大的普军作战经验的影响。同时,命运似乎对这位未来元帅很是青睐——库图佐夫所在的这个团,隶属于俄国当时著名将军苏沃洛夫。苏沃洛夫带兵有他自己的一套:真正以仁慈之心对待士兵,真正和士兵同呼吸、共命运。库图佐夫看到了部队生活的新面貌和当时鲜见的战斗训练。他几乎把全部时间和精力用在下属中间,训练他们列队、操枪,率领连队参加全团的野外演练,无论春夏秋冬、阴晴雨雪从不间断。他深信苏沃洛夫的一贯原则:"训练多流汗,战时少流血。"每当训练和演习结束,库图佐夫常常可以看到苏沃洛夫把斗篷铺在篝火旁,然后坐下来和士兵们一起休息,无所不说,还不时地说些俏皮话,或者开玩笑。返回营房后,苏沃洛夫还要教士兵的孩子们学习,亲自教孩子们识字。库图佐夫明白了:为什么士兵们那样爱戴和信任苏沃洛夫,为什么他们跟着他赴汤蹈火也在所不辞。他懂得,这些士兵是不可战胜的,因为他们所受的训练,无论是俄国军队还是外国军队都无可比拟。苏沃洛夫也发现了库图佐夫的才干,对他亲近备至,并让他懂得俄国军队的力量在于士兵;要根据战争的需要进行训练,使士兵在和平时期也如置身于战争之中……苏沃洛夫的教诲,库图佐夫在此后数十年的征战生活中时刻牢记并付诸实践。

库图佐夫任连长约一年。1762年3月,他被任命为雷瓦尔省省长的副官。他对从政

不感兴趣,第二年便又到驻波兰的俄军中任职,随后又参加了新法典编纂委员会的工作。在此期间,他结识了不少当时先进的社会活动家,开阔了眼界,更好地了解了俄国的现实和国家的政治经济情况。新法典编纂工作结束后,库图佐夫又回到军队,参加了一些小规模的战斗,但对军事才干的增长无济于事。他自己也承认"尚未理解战争"。其后俄土战争的爆发,才真正对库图佐夫成长为统帅产生了重大影响。

18世纪后半叶,俄国因生产力的发展,急需大力扩大与加强同外部市场的经济联系。为争夺黑海的出海口,俄国与得到英法支持的土耳其矛盾日益尖锐。土耳其不但掌握着全部濒黑海低地、克里木和高加索沿岸地区,而且还威胁着俄国的南部地区。1768年,土耳其在西方列强的怂恿下对俄国宣战,战争一直持续到1774年。这是库图佐夫军旅生活的重要阶段。

1770年,库图佐夫被调到和土耳其作战的鲁缅采夫指挥的集团军内任军作战处处长。他非常庆幸能在杰出统帅指挥下作战,表现出非凡的参谋才能,出色完成了侦察敌情、现场勘察、拟制兵力部署图、组织行军等等工作,并亲身参加了俄国历史上著名的坑凹墓地战斗、拉尔加河战役和卡古尔河战役,出生入死,拼杀在最前线。由于库图佐夫在拉尔加河战役中英勇机智,战功卓著,被晋升为一级少校衔作战处处长,深为鲁缅采夫所赏识。

然而,库图佐夫的博学多才、英勇善战,加上他激烈抨击在当时俄军中被奉为至尊的普鲁士军事体系,招致了在俄军团司令部中占据几乎所有职位的普鲁士军官的忌恨。一天,库图佐夫突然被毫无道理地调离了鲁缅采夫的集团军。原来,他的一个"朋友"向鲁缅采夫报告说,库图佐夫在闲暇时曾模仿总司令的举止和步态,博得同事们哄堂大笑。元帅的度量非常狭小,觉得自尊心受到了伤害。碍于库图佐夫出色的工作成绩和卓越的战功,鲁缅采夫没有给他处分,只是把他调到斯摩棱斯克步兵团了事。然而这件事却给库图佐夫心中留下了深深的烙印,以至于他换了一副性格,由热情开朗、待人宽厚继而变成一个城府很深、疑心重重、孤独怪癖的人。从此他再也不相信任何人了。

即便如此,库图佐夫认为鲁缅采夫是一位坚决、果敢,同时又是一位谨慎细心的统帅。在他的指导下,库图佐夫初步"懂得了战争"。他从鲁缅采夫那里学到了一条基本的军事艺术原则:在武装斗争中不是靠数量,而是靠本领取胜。

1772年,库图佐夫奉调克里木集团军,在独立支队内任营长。一次,他率部抗击土耳其的登陆部队。激战中,库图佐夫高举军旗,身先士卒,率领全营冲锋陷阵,英勇厮杀,不幸身受重伤,子弹从他的左太阳穴射入,从右眼穿出。子弹穿透了颅骨,但并未伤及大脑。医生们认为他伤势严重,无法医治。但库图佐夫却活了下来。女皇叶卡捷琳娜也亲自过问库图佐夫的伤事,并准予他到国外就医。库图佐夫在国外一年有余,他游历了德国、英国和奥地利,所到之处,除治病外,还注意了解西欧各国军队的军事艺术状况,结识了许多欧洲著名学者和先进人物。

1777年,库图佐夫回国,受命到当时闻名遐迩的苏沃洛夫元帅麾下任职,使他再一次有机会全面学习苏沃洛夫的治军方法。库图佐夫成为苏沃洛夫的得力助手,被委以防卫

克里木沿岸地区的重任。在此后的 6 年里,库图佐夫踏踏实实地接受了苏沃洛夫一整套部队训练与教育方法,深刻理解了苏沃洛夫"制胜之科学"的最重要原则,领略了苏沃洛夫战略和战术要旨。导师对他这位天才的学生十分器重。根据他的请求,库图佐夫被提升为上校,并被任命为长枪团团长,后又被任命为骑兵团团长。和鲁缅采夫相比,苏沃洛夫对库图佐夫的影响更大,库图佐夫继承了苏沃洛夫的坚定信念,即俄国军队的主要力量蕴藏于兵士之中,关怀爱护兵士,赢得他们的信任和爱戴,就能使他们在战争中发挥最大的勇敢顽强精神,夺取战斗的胜利。这一点在他以后的军事行动中得到切实体现。

1778 年 5 月,库图佐夫与当时著名军事活动家比科夫中将的女儿叶卡捷琳娜·伊里伊尼奇娜结为伉俪。妻子经常伴随他转战沙场。他们生有 1 个儿子 5 个女儿。

1782 年,37 岁的库图佐夫晋升为少将,出任新的轻步兵兵种——猎兵军军长。库图佐夫指挥猎兵军 5 年,这一时期是陶冶统帅高尚品质的重要阶段。他注意在平时战斗训练中培养士兵养成积极主动、机智灵活的战斗作风,且时时关心士兵的生活和健康,严惩玩忽职守、对部下傲慢无礼的个别军官。

1787 年,土耳其向俄国重新挑起战端。库图佐夫指挥自己的军担任了守卫沿布格河走向的俄国边界的任务。在攻打奥恰科夫要塞时,土军偷袭布格河猎兵军,两军发生激战。库图佐夫在率部冲锋时身体中弹。子弹打穿头部,几乎是从第一次负伤的部位射入的。医生断定他活不到天亮。但是,库图佐夫又一次顽强地活了下来,只是右眼开始失明。枪伤刚刚痊愈,他又投入新的战斗。

在俄土战争最后阶段,库图佐夫起的作用越来越大,他承担了越来越重的任务,成为俄军的著名军事长官之一。他卓越的统帅才能在准备和实施强攻伊兹梅尔要塞的过程中表现得尤为突出。

1790 年,战争仍在继续。俄军虽然打了许多胜仗,但仍未取得预期战果。位于多瑙河上的伊兹梅尔要塞具有极其重要的战略意义,谁控制了伊兹梅尔,谁也就控制了多瑙河。俄国能否巩固已经取得的成果,完全取决于伊兹梅尔之战的结局。俄军决定攻取坚固的伊兹梅尔要塞,迫使土耳其尽快缔结有利于俄国的和约。

伊兹梅尔要塞屹立在陡峭的河岸上,构筑非常牢固。它高墙耸立,堡垒密布,护城河水既宽又深,用高低双层炮火封锁了通往要塞的所有交通要道。驻守要塞的军队由 3.5 万名土耳其精兵组成,并可得到其他要塞兵力的支援。当时多雨的秋季已经来临,俄军疲惫不堪,减员严重,而土军自恃要塞强固,准备充足,拒不投降。

攻打伊兹梅尔要塞的重任又非苏沃洛夫莫属。库图佐夫协助元帅制定攻击计划,积极训练军队,提供物质技术保障,一切准备工作就绪。

1790 年 12 月 11 日夜里 3 时,第一颗信号弹划破夜空。俄军对伊兹梅尔要塞展开猛烈攻击。库图佐夫指挥的第 6 纵队从左翼,经基利亚门实施突击,夺取伊兹梅尔最坚固的支撑点之一——新堡垒。当部队冲到壕沟时,即遭土耳其人疯狂抵抗而前进不得。这时,库图佐夫带领士兵跳进堑壕,猛攻敌人的壁垒和五角堡,两次攻上城墙均被敌人击退,俄军损失惨重。在这关键时刻,库图佐夫把预备队中的猎兵和掷弹兵集中起来,亲自

率领他们实施第三次冲击，猛攻五角堡，用刺刀杀开一条血路，突入要塞。不久，苏沃洛夫和库图佐夫两支部队在伊兹梅尔广场会师——伊兹梅尔要塞终于被俄军攻破。

伊兹梅尔的战斗，深深地震撼了库图佐夫。他在给妻子报平安的信中说：

"很久没打过这样的仗了，真令人毛骨悚然。昨天傍晚，当看到自己还活着，而这座可怕的城市已经落入我们的手中时，我特别高兴，可是，晚上回营后，却像是落入了荒漠。我没有问营中的任何人是死了还是活着，我的心里血泪并涌。

"整个夜晚就我一人，而且有那么多麻烦事……比如清运城里的大约 1.5 万具土耳其官兵尸体，恢复城内秩序……。

"我无法集合起一个军，几乎没有军官活下来。"

苏沃洛夫对库图佐夫在战斗中的表现大加赞赏。他说：

"他表现出高超的作战艺术和非凡的勇敢精神。他冒着敌人的炮火，克服一切困难，爬上城墙，夺取了五角堡。当在优势敌人的压制下前进受阻时，他身先士卒，临危不惧，制服了敌人，在要塞里巩固下来……他虽在左翼，但却是我的主要助手……"

在伊兹梅尔城下，库图佐夫得到了儿子死亡的噩耗，这使他震惊不已，悲痛万分——那是他 6 个孩子中唯一的男孩。但性格坚强的库图佐夫经受住了命运的打击，依然平静地处理军中事务，参加了争夺多瑙河各个渡口及黑海沿岸城堡的艰苦战斗。

伊兹梅尔战斗胜利后，库图佐夫声威大振。他被擢升为中将，荣获三级乔治勋章，并被任命为伊兹梅尔要塞司令，统辖部署在德涅斯特河和普鲁特河之间的全部军队。

1791 年，苏沃洛夫被派赴守卫俄国芬兰边境，库图佐夫成了能承担继续进行俄土战争任务的主要将领。新任命的联合集团军司令列普宁上将在很大程度上要依靠库图佐夫，时常请库图佐夫出谋划策。

土耳其失去了伊兹梅尔要塞后，伺机进行反扑，妄图将其夺回。库图佐夫采取有力措施加固要塞，同时缜密地组织侦察，查清了敌人的兵力和企图，继而采取了极其大胆的、深思熟虑的决定：与其固守，不如先发制人，在土耳其军队进犯之前，对伊兹梅尔附近出现的两股土军予以各个歼灭，不给他们以会合进行联合作战的可能，结果大败土军。总司令列普宁对库图佐夫在战斗中运用灵活机动的战术，采用各种不同战斗队形，给敌人以毁灭性的打击做了这样的评价："库图佐夫将军的聪颖和机智不是我用一切赞美的语言所能表达的。"

俄军在攻占伊兹梅尔之后取得的胜利，再次轰动俄国舆论界。库图佐夫受到人们的交口称赞。

1791 年，土耳其战败求和，俄土战争结束。库图佐夫对土耳其多年战争实践，使他取得了丰富、全面的战斗经验，锤炼了作为军事长官的优良素质，掌握了更精深的军事知识。

俄土战争的结束，标志着库图佐夫生平事业一个重要时期的完结。此时，库图佐夫已成为具有渊博军事知识和战斗经验，能解决复杂的战略、战术任务的高级军事领导人。

身处逆境

1792 年 11 月,智勇双全的库图佐夫将军出人意料地被沙皇叶卡捷琳娜二世任命为驻土耳其特命全权大使。18 世纪末,英、法、普鲁士和俄国在土耳其的利益错综复杂地交织在一起,使得出使土耳其是一件极为困难的工作。但他出色地完成了这一重任,使许多极为复杂的问题顺利获得有利于俄国的解决,并大大改善土耳其同俄国的关系。他还成功地抵制了西方列强针对土耳其对外政策散布的敌视俄国的影响,使俄罗斯国威大振。

1794 年 9 月,库图佐夫回国后被任命为陆军武备学校校长,担负起为俄国军队培训军官的重任。库图佐夫曾多次亲自授课,竭力把渊博的军事知识传授给学员,充分表现出他是一位有才干的军事教育家。第二年,他还兼任了驻芬兰陆军司令。库图佐夫经常视察部队,组织领导构筑工事,参加旨在改善俄国和瑞典关系的外交活动。1797 年,库图佐夫奉命前往柏林执行外交使命,仅用两个月时间,就使普鲁士站到俄国一边反对法国。后奉命担任立陶宛和彼得堡督军。因主张在俄军中实施进步改革,反对使俄国军队走上曾被打败的、当时已落后了的普鲁士军队走过的道路,为沙皇所不容,无缘无故地命他交出彼得堡督军的职务。库图佐夫受到不公正待遇,感到莫大屈辱,被迫离开彼得堡。1802 年初,独自回到故乡沃伦省戈罗什卡村,实际上,这是对他的一次放逐。他在那里住了三年有余。

为打发孤独难挨的时光,他从事农业生产,又买了一所硝石厂,经营大麻纤维和碳酸钾,但那离他所向往的驰骋沙场、建立功业的愿望毕竟太远了。他给妻子的信中流落出悲观失望的情绪:

"这里的情况如此之糟,使我对工作和改善经营毫无兴趣。有时由于绝望,真想了却一切,顺从上帝的意志。我在年轻时代所经历的一切艰难险阻和身上的处处创伤,看来全都枉然了。思想上的苦闷使我百无聊赖,一事无成……"

此时库图佐夫不仅精神无所寄托,战时负伤的伤口隐隐作痛,旧病复发,因风湿而变形的双腿艰难地支撑着肥胖的身躯,被子弹打中的那只眼睛完全失明了。一个无所作为、面临贫困的被彻底忘却的人所特有的忧郁之感笼罩在库图佐夫的心头。他想起无论声望、地位、还是财产都胜过他的苏沃洛夫,被贬逐到荒僻的小村庄,在孤寂凄清中了却伟大统帅辉煌的一生,不禁悲从中来,更感前途黯淡。似乎库图佐夫的军事生涯就此终结,然而时来运转,库图佐夫东山再起的机会来了。

远征奥地利

18 世纪 90 年代,法国资产阶级革命胜利,动摇了欧洲的封建制度。1805 年以前,欧

洲的封建国家先后两次组织反法同盟,都被拿破仑统帅的强大军队所打败。1805 年,拿破仑在英吉利海峡沿岸集结军队,宣称要进军英国。英国急忙拼凑起包括英、俄、奥三国在内的反法同盟。根据同盟国的作战计划,集结在多瑙河沿岸的俄奥联军向法国推进。

战争迫在眉睫,一个十分尖锐的问题摆到沙皇亚历山大一世的面前:派谁来统帅派往奥地利的俄国军队?沙皇历数俄国军中统帅,都无一能胜任,于是就像保罗一世被迫请出苏沃洛夫一样,亚历山大迫不得已想起了被黜的库图佐夫将军。

库图佐夫和他的老师、上司苏沃洛夫有着相同的命运:他们都遭到诬陷、迫害、贬谪。当没有战争时,他们就被忘记;而当战争来临,君主及其宠臣们都无能为力时,他们又被想起。

库图佐夫似乎从来没想到这些。他生平中一个重要时期来到了:他第一次率领俄军出国远征,并第一次同小他 24 岁、但却威震欧洲的拿破仑在疆场上相遇。

库图佐夫抵达彼得堡后即被任命为波多利斯克集团军司令官。然而出师伊始,库图佐夫就被置于尴尬的境地:虽然他被委以重任,但却不赋予他一个在国外作战的军队司令官所应有的实权——他隶属于奥地利军队总司令,且沙皇亚历山大不止一次地要求他"无条件服从奥军总司令的命令"。制定战略计划,也不要库图佐夫参加,只能遵命沿着规定的行军路线仓促向奥地利挺进。

然而,奥军统帅早在战争一开始就犯了一个严重错误:不待所有部队集结完毕就命令匆忙集中的兵力向巴伐利亚、意大利北部和蒂罗尔挺进,这就使在总兵力少于联军的拿破仑能在其选定的方向上取得数量上的优势,并将联军各个击破。同时,俄军的运动路线过长,它必须穿过整个加里西亚、奥地利,然后进入巴伐利亚的乌尔姆地区与奥军会合。

拿破仑利用奥军所犯的错误,在莱茵河两岸调动和集结军队,试图在库图佐夫军队到达前消灭突前过远的奥军麦克集团。奥军统帅为了弥补这一疏漏,多次要求俄军加速前进,险恶的环境和高强度的急行军,使俄军士兵疲惫不堪,病号大增。强行军给俄军带来新的困难:步兵快速前进,炮兵、骑兵、辎重却远远落在后边。军队的火炮、马匹和弹药告急,库图佐夫多次为此和奥地利政府交涉,对方反应冷漠。

1805 年 10 月中旬,俄军越过巴伐利亚边界,进抵因河,行程一千多公里,在布劳瑙城附近停止前进,结束了为时近两个月的长途跋涉和艰难历程。

还有几日行程,俄奥两军便可会师。但战略形势急转直下——拿破仑在乌尔姆以重兵对麦克集团实现迂回包抄,并迫其投降。会师的对象已被消灭,俄军成了与拿破仑军队对阵的唯一力量,并且处境十分艰难,右侧是多瑙河滔滔巨流,左侧是高耸的阿尔卑斯山,后方直到维也纳没有任何预备队。俄军总数不超过 5 万人,而法军却有 15 万人。此时,奥军总司令向俄军提出了不可能实现的要求:力避失败,完整无损地保存部队,不同拿破仑交战,但也不准他前进一步。库图佐夫冷静地分析敌我形势,清楚认识到:唯一的出路是把部队从布劳瑙地区撤出,以便与俄国后续开来的布克斯格夫登集团军会合。

拿破仑军队紧紧尾随追赶撤退的俄军。大部分兵力沿布劳瑙大路挺进。小部分兵

力向萨尔茨堡推进，以便从右侧包抄俄军。最终目的是想把俄军压向多瑙河边，围而歼之。

在有奥地利国王参加的军事会议上，库图佐夫分析形势，认为只有沿多瑙河谷退却，利用特劳恩河和恩斯河等水障，消耗敌人的力量，然后将部队调至多瑙河左岸，构筑坚固防御工事，阻止敌人渡河，并争取时间组织积极的战略进攻。

在秋季恶劣的天气里，饥寒交迫的俄国士兵在被大雨冲毁的道路上前行。同盟国奥地利答应供给的炮弹、粮草、被服等等，库图佐夫一样也没有得到，更别说军事上有帮助——俄军陷入孤立无援的境地。但在这种危急的情况下，奥地利皇帝弗兰茨却要求保卫维也纳，亚历山大又一次支持了他，要求库图佐夫"同奥地利将军们同心同德"。但库图佐夫拒绝保卫维也纳，因为在当时的条件下，这是俄军力所不能及的事。

法军紧紧追随在俄军后面。巴格拉季昂指挥的俄军后卫和缪拉指挥的法军前卫在恩斯河渡口相遇。法国士兵、元帅和拿破仑本人都第一次看到，他们面前的军队既不同于奥地利人，又不同于普鲁士人，也不同于意大利人。第一阵枪响过后，俄国人非但不跑，反而端着刺刀转入反冲锋。法军被击退了。这样，关于法军不可战胜的神话第一次被打破了。

就这样，库图佐夫以巴格拉季昂为后卫，采用机动灵活的战术打败了追击的敌人，使俄军安然北撤。只要渡过多瑙河，然后炸毁桥梁，俄军就到了安全地带，法军的一切努力都将会付之东流。

拿破仑也看到了这一点，他决定派莫捷隐蔽过河，夺取桥梁，在克雷姆斯附近截击俄军。

此时，俄军的处境相当危险，莫捷在河北岸拦截，而拿破仑的主力正步步逼近南岸。出路只有一条，即抢在莫捷之前到达克雷姆斯附近。库图佐夫当机立断，命令部队加快行军速度，超过莫捷。

俄军在库图佐夫的率领下，以超人的努力强行军。后卫刚刚到达北岸，法国的猎骑兵就踏上桥头。就在这时，大桥"轰隆"一声塌落河中。

拿破仑慌了——他不仅放走了库图佐夫，而且把莫捷这支孤军留在了北岸。库图佐夫抓住时机，命令米洛拉多维奇和多赫图罗夫从正面和翼侧向莫捷发动进攻。莫捷终于带着残兵败将逃走。多瑙河北岸的敌人被消灭了。

至此，拿破仑围剿俄军的计划成为泡影。在从布劳瑙到克雷姆斯史无前例的退却机动行军中，俄军在库图佐夫的运筹帷幄下巧妙地和拿破仑周旋，不是停下打后卫战，就是一撤再撤，最后胜利渡过多瑙河，在法国皇帝眼皮底下击溃莫捷军队，在全世界面前出了他的丑。

库图佐夫这次机动行军从 1805 年 10 月 25 日开始至 11 月 22 日结束，持续了近一个月，俄军行进 400 多公里。结果俄军摆脱了被合围的危险，取得了战略上的胜利，它表明法军轻易取胜的时代已经过去了。同时，这次行军作为战略机动的出色典范载入军事学术史册。

经历了长途行军之后，驻扎在克雷姆斯疲惫不堪的俄国士兵们头一次埋锅造饭，头一次安安稳稳躺下休息。他们虽然摆脱了拿破仑的合围，但仍然没有实现与从俄国赶来的布克斯格夫登集团军的会师。此时，拿破仑岂肯善罢甘休，又开始实施新的更为狠毒的计划。

多瑙河上的桥梁在两军交战中毁灭殆尽，只有位于维也纳附近的塔博尔斯克桥尚完整无损。一条大路与此桥相连直通茨奈姆。而库图佐夫只有经过茨奈姆才能与布克斯格夫登集团军会合。拿破仑命令自己的元帅们立即占领维也纳，不惜任何代价夺取大桥，抢在库图佐夫之前到达茨奈姆，同时向俄军发动猛攻。

塔博尔斯克桥被法军设计谋轻易夺取。

拿破仑的前卫向茨奈姆前进。他命令主力从正面进攻北岸的俄军，同时分兵在克雷姆斯附近渡过多瑙河，从背面进行夹击。俄军面临覆灭的危险。

在这关键时刻，库图佐夫命令巴格拉季昂率5000名士兵昼夜兼程，迎头阻击法军前卫并坚持到俄军主力到达茨奈姆。

在一个风雨之夜，巴格拉季昂率领部队出发了。他们穿山林，越沟壑，涉泥泞，走小路，终于在拂晓前抢先赶到预定地点，做好了迎击法军的准备。与此同时，库图佐夫也行动起来。饥饿的士兵扔掉了锅中没有煮熟的饭，鼓起最后的力气，向茨奈姆前进，迎接从国内来的预备队。

巴格拉季昂在申格拉伯恩附近的阵地上截击敌人。此时他得知，在他前方的奥地利伯爵诺斯蒂茨叛变了，放过了法国军队，使巴格拉季昂的部队暴露在法军面前。

此时，法国人展开进攻队形，冲向申格拉伯恩。但法军将领缪拉在获悉俄军主力离巴格拉季昂阵地不远时，就犹豫了。他不敢进攻库图佐夫的军队，便耍了个花招：以法军的停止进攻换取俄军撤离奥地利。库图佐夫假意应允，把聪明的法国元帅诱进了他自己设的陷阱中。库图佐夫在向沙皇奏折中写道："根本没有想要接受条约。我坚持过20小时再做答复，同时继续撤退，走出距法军两天的路程。"

拿破仑得知此事后，气得暴跳如雷，痛骂缪拉一通，一边命令他立即进攻俄军，一边驰往申格拉伯恩亲自督战。

法军前卫3万余人向巴格拉季昂5000人的部队猛扑过来。法军依仗人多势众，从两翼夹击俄军，并以一次比一次更猛烈的攻势向中央进攻。巴格拉季昂率部顽强抵抗，且战且退。战斗一直持续到深夜。俄军发起反冲锋，同数量上占优势的敌人展开肉搏，以阻断通往茨奈姆的道路，使库图佐夫统率的俄军主力安全撤退。

深夜，拿破仑确信继续进攻是徒劳的，遂命令停止射击。巴格拉季昂击退了包围的法军，用刺刀杀开一条血路冲了出来，追赶上已经远去的库图佐夫。俄军终于抵达茨奈姆。

库图佐夫拒绝了奥地利皇帝弗兰茨要他同拿破仑作战的要求，继续撤退，终于与布克斯格夫登集团会师了，并在奥尔米茨附近占据了有利阵地。此时，他的兵力有8.6万人，另有8万名奥地利军队正向他靠拢。俄军在库图佐夫的领导下已脱离了危险。

兵败蒙羞

库图佐夫的大踏步撤退使拿破仑的法军背上了沉重的包袱：占领了维也纳和奥地利半壁河山，大量的部队被用于保卫城市和漫长的交通线，兵力高度分散。拿破仑此时手中总共只有5万机动兵力，而且决战就在眼前。相比之下，俄军占有绝对的优势，这使得沙皇亚历山大的虚荣心迅速膨胀起来，产生了亲自统帅军队的念头。但是他既想给自己戴上战胜拿破仑的桂冠，同时又对名闻天下的拿破仑怕得要死，他不敢统率俄国军队和联军，却施展出惯用的两面手法：任命库图佐夫为总司令，而实际上是他亲自指挥；同时任用头脑不清、屡败于拿破仑手下的奥地利将军维依洛特尔为自己的顾问。亚历山大的用意很明显：胜了，他就是英雄；败了，责任归库图佐夫。

亚历山大召开军事会议，提议进攻拿破仑的军队。几乎所有的人都随声附和，跃跃欲试想和敌人交战。只有库图佐夫一人反对进攻。他建议不与拿破仑作战，而是继续向有粮草保障的地区撤退。库图佐夫深知：尽管拿破仑的现有兵力比联军的兵力少，但他能抢在奥地利军队到达之前把分散的各军集结起来，而俄军由于离开了奥尔米茨的有利阵地，必将再次陷入困境。因此，俄军必须继续撤退，以赢得两三周的时间。届时，从意大利赶来的8万奥军已到达，联军的力量得到加强，而被迫实行追击的拿破仑将被彻底削弱。

亚历山大对库图佐夫的意见不屑一顾，仍旧决定进攻，这正中拿破仑的下怀。拿破仑知道追击撤退了的俄军会拖垮法军的，他需要交战，他想在联军预备队到达之前打败联军。

联军在秋季泥泞的道路上缓慢地前进着，经过三昼夜的行军才到达奥斯特利茨。

奥斯特利茨的西南部有一片由湖泊和鱼塘组成的水网地带，它与利塔河相连，形成许多隘路。普拉秦斯高地位于整个战场的中央，毫无疑问，它决定着交战的结局。

拿破仑通过自己的谍报人员，对联军准备进攻的情况和计划早已了如指掌。他在左右两翼中部署极少的兵力，在中央，即普拉秦斯基高地却集中了大量兵力。他的意图很明显。在实施翼侧防御的同时，进攻普拉秦斯高地，从正面对联军实施中央突破。

尽管库图佐夫仍旧是总司令，但亚历山大实际上剥夺了他的作战指挥权，而让维依洛特尔来指挥。而维依特洛尔却不研究实际情况，也不侦察敌情，仅仅依据自己的偏见写出了关于奥斯特利茨交战的书面命令。

维依特洛尔拿着俄国沙皇和奥地利皇帝批准的书面命令来到库图佐夫的司令部。他召开了军事会议，啰啰唆唆地宣读了这份命令。大多数与会者明白，这份命令根本行不通。库图佐夫独坐一隅，一语不发。此时，他比联军中的任何人都更明白眼前危险的局势。但他却无力与两位皇帝，与他们的侍从、维也纳朝廷的奥地利将军们抗争，他被排斥于军队的领导之外，只有把唯一希望寄托在俄国士兵的无比勇敢上，寄托在他在战斗

中能通过自己的正确决定挽救局势。而库图佐夫有可能指挥的仅仅是五个纵队中的一个纵队。

12月12日清晨，联军自左翼发起攻击。他率领士兵占领了普拉秦斯基高地，开始准备交战，按照书面命令，他们应该继续前进。但库图佐夫认识到高地的重要性，对维依洛特尔的要求不予理睬。

拿破仑在自己元帅的簇拥下，正站在奥斯特利茨原野的另一端，按兵不动，等待时机。在俄军离开普拉秦斯基高地之前，他不敢贸然发动正面突击。在这隆冬雾气蒙蒙的早晨，双方就这样相互对峙着。

亚历山大一世对库图佐夫的行动极为不满，他急驰到普拉秦斯基高地，把第四纵队驱赶下高地。当俄军放弃高地正向下离去的时候，拿破仑向俄军发起了猛烈攻击，库图佐夫的先头部队被击溃了，法军占领了高地——中央被突破。库图佐夫竭尽全力阻止部队溃散，却无法挽回颓势。他自己也负了伤。手执战旗、和他一起冲锋陷阵的女婿蒂森豪森也被打死。库图佐夫带着一个旅且战且退，试图摆脱敌人的突击，然后转入防御。

拿破仑突破中央之后，全力对付俄军的两翼。巴格拉季昂所在的右翼还在激战，打退法军的多次进攻，损失惨重；左翼是俄军主力布克斯格夫登指挥的三个纵队。库图佐夫派人给他送去立即撤退的命令。这个命令如被执行，就能保存下大部分俄国军队，交战的结局也会大不相同。但蠢笨自负、对形势一无所知的布克斯格夫登却没有执行，继续实施无用的进攻——奥斯特利茨惨痛的一幕发生了：溃败的俄军从磨坊的坝上突围，但磨坊中炮起火，道路被阻塞；士兵们从桥上过利塔瓦河，但桥"轰隆"一声塌落；士兵们涌向池塘与湖泊上尚未冻坚的冰面，冰层塌陷，溺死者不计其数。此时，法军在高地上架起数十门大炮，向被封锁在各条隘路上和水中挣扎的俄军将士们开炮。

深夜，当脸部受伤的库图佐夫、多赫图罗夫和巴格拉季昂集合残部准备再战时，两个皇帝和他们的侍从正在找酒喝呢。第二天早晨，安安稳稳睡了一夜的亚历山大起程回国了。

也是这天早晨，老人库图佐夫在奥地利一户农民的小木房里失声痛哭。朋友们试图安慰他，给他回忆说，在战斗最激烈的时候，他负了伤，并亲眼看着蒂森豪森死去，他仍然镇静自若地指挥战斗。

"昨天我是统帅，"库图佐夫强忍悲痛，回答说，"而今天我是父亲……"

库图佐夫不单是为自己的亲人阵亡而痛哭，他更伤心痛哭的是在奥斯特利茨阵亡的数万名俄国士兵。

库图佐夫心中的创伤长久不愈，因为奥斯特利茨的失败而带来的种种指责时常折磨着他。后来，人们都知道了失败的责任在俄国皇帝，而不是库图佐夫。但这样一来，亚历山大一世更加痛恨库图佐夫了。他把库图佐夫调离军队，任命他为基辅督军，当时被人称为"光荣的流放"。

库图佐夫本人对奥斯特利茨的惨败是问心无愧的，战役结束后十天，他在给妻子的信中写道："你一定听到了有关我们不幸的消息。我可以告慰你的是，虽然我严于律己，

但对己无可非难。"

派出奇兵

　　18 世纪下半叶的俄土战争虽以俄国胜利而告终,但并没有解决两国的尖锐矛盾。土耳其帝国不甘心丧失自己往日的威风,它伺机找到一个同盟者,勾结后以便向俄国卷土重来,夺回割让的克里木,争夺黑海沿岸地区及其主要据点。拿破仑瞅准这一时机,千方百计鼓动土耳其撕毁和约,发动了对俄战争。

　　俄国军队越过德涅斯特河后,两月之内接连攻克土耳其许多重要要塞后抵达多瑙河沿岸地区。接着,俄军的任务是攻占土耳其在多瑙河左岸的全部要塞,然后渡过多瑙河并在河右岸发起攻势,迫使土耳其政府议和。然而战事既开,进展缓慢。为改善事态,维护沙俄帝国的荣誉,沙皇亚历山大一世不得不勉强委任库图佐夫为摩尔达维亚军队主力军的司令。尽管库图佐夫在奥斯特利茨战役中失利,但在全军乃至全国仍享有崇高的威望。摩尔达维亚军队中的将军、军官以及士兵都很了解他、敬重他。唯有总司令官——七十五岁的普罗佐罗夫斯基元帅既寄希望于库图佐夫,却又嫉妒这位老将军的过人才干和指挥才能,担心自己在军中的威望会日益下降。因而不听库图佐夫的劝说,在较少的兵力和缺少炮火攻击的情况下就强攻坚固的布拉伊洛夫要塞。结果要塞未攻下,俄军损失过半。这样一来,库图佐夫与总司令的关系更加紧张。普罗佐罗夫斯基却以攻打要塞失利为借口,向沙皇大进谗言。库图佐夫被排挤出摩尔达维亚军队,被任命为立陶宛总督——这是他又一次"光荣的流放"。

　　俄土战争已进入第五个年头,多瑙河俄集团军司令已撤换 4 个,他们战绩平平,哪一个也没有什么惊人的举动。这期间国际形势的发展,使得法国拿破仑军队入侵的威胁已迫在眉睫。这场即将爆发的俄法战争关系到俄国的生死存亡,因此必须尽快结束同土耳其的战争,打破拿破仑想拉土耳其做他的军事伙伴的图谋。沙皇亚历山大一世环顾朝野众将帅,也只有库图佐夫具有足够的知识和才能与土耳其作战,挽狂澜于既倒。因而,尽管亚历山大一世对库图佐夫有积怨,1811 年 4 月还是被迫起用库图佐夫为多瑙河集团军总司令。

　　此时,多瑙河战区的形势对俄军已极端不利:摩尔达维亚军队有一半被调往西部边境,防御拿破仑的入侵。库图佐夫统辖下的军队总兵力只有 4.5 万人,且分散在一千余公里的战线上;而土军的兵力已达 8 万人,集结于一地,对付俄军的中央,要在如此不利的情况下取得胜利,如果再使用过去的打法难以奏效。库图佐夫审时度势,想出一个大胆新颖的奇策:先将自己的军队撤回多瑙河北岸集结,形成一个强有力的拳头,引诱敌土军攻打鲁什丘克要塞,然后集中兵力全力以赴,进行决定性进攻,彻底消灭敌人。这是他不盲目照搬苏沃洛夫和鲁缅采夫的作战方法,力争在新的更加复杂的条件下采用的新战略。

奇策既定,库图佐夫进行了一系列异常紧张的准备工作:架设桥梁,补给弹药,储备粮草,并坚持不懈地进行军事训练,还耍了一个迷惑敌人的花招——派代表和土军开始议和谈判,以便为俄军的进攻争取时间。

一切准备就绪。6月30日夜库图佐夫率主力在一夜之间秘密渡过多瑙河,登上右岸并在鲁什丘克以南4公里的拉兹格勒大路附近占领了阵地,准备和土军决战。

值得注意的是俄军的阵地是一片开阔高地,右翼有陡峭的河岸和灌木作屏障,左翼是开阔平原。面对4倍于俄军的强大敌人,库图佐夫背向多瑙河部署军队,似乎是犯了兵家的大忌,冒了很大风险。一旦失利俄军就有被全歼的危险。库图佐夫也知道这个阵地不是很有利,但他认为,打仗阵地固然重要,但起决定作用的是有坚忍不拔精神的士兵和用兵有方的司令官。库图佐夫依据自己丰富的作战经验和多年对土耳其军队的深刻了解,将直接进入阵地的骑兵、步兵、炮兵分三线组成,纵深配置,机动灵活。

7月2日凌晨,俄军打退了土军骑兵试探性的攻击。7月4日清晨,激战正式开始。敌人70门大炮向俄军的正面全线开火,接着,土军骑兵、步兵在炮火掩护下急促冲击俄军的中央和两翼,接连发动了五次冲击都被英勇的俄军将士击退。土军扔下了许多尸体和伤兵,躲进了筑垒工事。土军总司令又派出1万多名精锐的骑兵以排山倒海之势扑向俄军左翼,并从一二两线边缘突破,企图从后方包抄俄军。然而,库图佐夫早有先见之明,迅速将留在鲁什丘克的军队投入战斗,把土军骑兵驱赶到远离要塞的地方。部署在三线的所有俄军骑兵调转马头突入后方的土军骑兵。土军骑兵四面受敌。战斗开始出现转折,俄军转入全线追击,一直追到土军营地附近,然后遵照库图佐夫的命令返回鲁什丘克。激战持续了近12个小时,虽然土军4倍于俄军,但仍以彻底失败而告终。土军伤亡4千余人,俄军损失不过500人。

鲁什丘克战斗是俄土重开战火五年中首次大规模的野战战斗,虽然敌我兵力众寡悬殊,但由于库图佐夫深谋远虑,善于运兵,仍取得辉煌胜利。

土军虽遭受重创,但并未被歼灭。土军司令凭借坚固的堡垒和众多的兵力,重整旗鼓准备再战。库图佐夫深知凭借俄军微薄的兵力,短时间的准备去攻打土军营垒,只能是以卵击石,削弱俄军的力量而不能取得有决定意义的战果,甚至会葬送俄军。因此库图佐夫做出完全出人意料的决定:撤出鲁什丘克地区,炸毁要塞,然后将军队撤出多瑙河左岸。命令一出,许多将士大为不解,甚至指责库图佐夫优柔寡断,胆小如鼠。他们没有想到,主动放弃鲁什丘克,是库图佐夫经过深思熟虑的一次战略机动,目的是将战场移至多瑙河左岸,以期在那里消灭土军。

土军总司令更没预料到库图佐夫会来这一招,轻信了俄军撤退是软弱表现的说法,于是立即派兵乘虚而入鲁什丘克,宣布大获“全胜”。土耳其苏丹奖赏了总司令,拿破仑也为此兴奋异常。此时,库图佐夫却在加紧构筑工事,调整部署,等待土军的到来。

果不其然,在苏丹要求“打败俄国人”,拿破仑要求早日“活捉库图佐夫”的催促下,土军总司令率主力7万人中的5万人渡过多瑙河,向俄军阵地进发。而把大本营——包括2万士兵、旗帜、粮草,军火等留在南岸。库图佐夫见调虎离山,时机成熟,便在一个漆

黑的秋夜里,命令马尔科夫将军在远离土军的多瑙河上游率 7 千人渡河占领对岸,对土军大本营实施突袭。土军被这突然袭击惊呆了,抱头鼠窜,俄军俘虏土军士兵 2 万多名,并缴获火炮、弹药、粮食等全部辎重,损失不过死 9 人,伤 40 人。库图佐夫出奇制胜的这一招,从根本上改变了整个战略形势。紧接着,库图佐夫调集俄军将土军的主力重重包围。土军断粮 8 天,人马损失 2/3 以上,其余被困的 1.2 万人被迫投降。

土耳其要求和谈,但法国竭力阻止土耳其和俄国签订和约,许诺说,如果继续打下去,拿破仑将于近期率"大军"攻打俄国,而且出师必胜,以至谈判拖延半年之久。由于库图佐夫的坚持不懈和外交才干,终于克服重重困难,于 1812 年 5 月 28 日,即拿破仑入侵俄国前一个月,签订了对俄国有利的布加勒斯特和约,条约规定土耳其不得与拿破仑结盟,避免俄法战争爆发后,俄国腹背受敌的危险。

虽然库图佐夫率领俄军在对土战争中战绩辉煌,但由于亚历山大一世对库图佐夫怀有恶感,再次撤销了他在军队中的领导职务。库图佐夫又回到了戈罗什卡村自己的庄园。

东山再起

土耳其对俄战争的失败,使拿破仑利用土耳其打击俄国的计划成为泡影。但拿破仑称霸欧洲的野心并未削弱,他一面采用外交手段和俄国签订和约蒙蔽世人,一面向俄国边境调集部队,组建法国和包括西欧各附庸国军队在内的 60 万"大军",以排山倒海之势,于 1812 年 6 月 24 日不宣而战侵入俄国——俄国卫国战争开始了。

俄国此时处于孤立无援的境地:拿破仑经过历次战争,几乎征服了除英国以外整个西欧大陆,而俄国与英国的同盟关系早已断绝;俄国曾将希望寄托在盟国普鲁士身上,但它虽然维持表面的独立,实际上已成为法国的附庸。而在俄国西部边境地区,和 60 万拿破仑军队对峙的,只有约 20 万俄国士兵,且分别由巴克莱和巴格拉季昂两位将军统领。敌人在数量上占有明显优势,迫使俄军不得不从业已形成的局面中寻求出路。而解脱目前困境的唯一的办法是:巴克莱和巴格拉季昂的两个集团军沿向心方向撤退,尽快联合起来。

交战初期,沙皇亚历山大一世不断干涉军队的作战方案,贻误战机。拿破仑趁机占领了一个又一个城市,竭力阻止两军团的会合,然后将其各个击破。经过一个多月的奋战,8 月 3 日,两军团终于在斯摩棱斯克实现了期待已久的联合。这是 1812 年卫国战争中的重大事件。8 月 16 日,法军向斯摩棱斯克开进,妄图一举攻占该城。俄军在坚守斯摩棱斯克两天,打退了敌人的多次攻击,最后被迫撤退了。

然而,沙皇亚历山大一世过多干预和未确立对军队的统一指挥所造成的不协调日益严重,并导致了巴格拉季昂和巴克莱的意见分歧,两人势不两立,巴格拉季昂坚决反对撤退,而巴克莱认为只有撤退才能不断削弱拿破仑。但俄国士兵再也不愿后撤了,他们急

欲和法军交战。由于退却而产生的不满情绪在部队中滋长，内部出现了混乱，而法军气势咄咄逼人，形势十分严重，急待采取果断措施。

沙皇亚历山大一世在这紧急关头惊慌失措，束手无策。他知道，俄国处在生死存亡的关键时刻，急需一位能力挽狂澜统管全部武装力量的统帅，同时善于解决极为重要的、与战争密切相关的重大国家问题。此人非库图佐夫莫属。

历史再一次将库图佐夫推上波峰浪尖，此时他已是 68 岁的老人了。

拿破仑入侵俄国的消息，库图佐夫是在他的戈罗什卡村庄园听到的。纵然没有人召他前往，但作为一个真正的爱国者，对这次战争他是有准备的，可没想到来得这么突然。他此时没有时间去考虑个人的恩怨，他甘心情愿把自己的全部精力和多年的作战经验贡献出来，保卫祖国，摆脱奴役。他换上戎装，乘车直奔彼得堡。

库图佐夫应邀参加紧急召开的内阁秘密会议，商讨对敌事宜，沙皇也于当天降旨库图佐夫："鉴于形势危急，朕委任您组建军队，保卫彼得堡。"由于军队兵力有限，彼得堡和莫斯科都急需组建民兵，库图佐夫当选为总司令，并投入紧张的组建和训练当中。每到夜晚，他都把自己关在房间里，在战争形势图前一坐就是数小时，全神贯注地研究军队的行动。

前方战事愈来愈紧，急需一名统辖全军的总司令，来协调在广阔空间各自为战的各个集团军。亚历山大一世考虑了三天，最终给库图佐夫写了一封信：

"米哈伊尔·伊拉里奥诺维奇：

您在军队中的崇高威望，您对祖国的真诚热爱，您屡建奇功的丰富经验，使您有权赢得这一信任。在选择您担当此重任之际，我请求上帝保佑您旗开得胜，马到成功，不负众望。

亚历山大谨启。"

亚历山大一世重用库图佐夫显得无可奈何，他从内心深处痛恨库图佐夫，甚至不想在宫廷里听到"库图佐夫"这几个字。他在给姐姐叶卡捷琳娜的信中写道：

"我在彼得堡发现，大家都坚决拥护库图佐夫这个老头子任总司令。这是众望所归。我由于了解这个人，开始反对任命他。罗斯托普钦 8 月 5 日写信告诉我说，整个莫斯科都希望库图佐夫统率全军，因为巴克莱和巴格拉季昂两人均不胜任此职。况且，巴克莱在斯摩棱斯克城一再失误。人心所向，我只得听之任之，只好起用库图佐夫为总司令。迫于形势，我无法做出别的抉择，只能根据大家的呼声做出选择。"

亚历山大为一旦作战失利好推卸自己的责任，便在任命库图佐夫为总司令时，转托一个特别委员会物色总司令人选，而该委员会一致同意库图佐夫。同时，亚历山大任命贝尼格森为参谋长，以便在必要时接替库图佐夫。

拿破仑在得知库图佐夫的任命时，意味深长地说："这可是一只'北方老狐狸'！"库图佐夫在得知拿破仑的反应后，谦逊地说："我将努力向这位伟大统帅证明：他说得对！"

库图佐夫在市民的热情欢送下离开彼得堡去正在向莫斯科撤退的军中赴任。

然而，他刚一到任，就与仇视他的参谋长贝尼格森发生了冲突。贝尼格森认为自己

是唯一能与拿破仑相匹敌的统帅，而如今库图佐夫却不公正地夺走了总司令的职务。数十个曾与巴克莱作对的阴谋家，现在一齐把矛头指向了库图佐夫。库图佐夫清醒地认识道，除拿破仑外，自己在司令部也有许多敌人。尽管如此，他对俄国军队的英勇顽强、对这场战争的胜利深信不疑，他在给妻子的信中说："我找到一支士气高涨的军队，它有许多优秀的将军……我满怀信心……我想我们能取胜。"他一面有计划组织部队继续向后撤退，一方面积极准备预备队，为随时转入反攻创造必要的条件。最后，在莫斯科附近的博罗季诺，法军的优势已不明显，可以通过会战进一步消耗其兵力。在这里，库图佐夫部署并指挥了著名的博罗季诺会战。

博罗季诺位于莫扎伊斯克以西约12公里，莫斯科以西120公里，科洛查河左岸。附近的新斯摩棱斯克大道经莫扎伊斯克通往莫斯科，是俄军主要的交通线和退路。往南还有一条老斯摩棱斯克大道经乌提察森林通往莫扎伊斯克，地势起伏，多丛林，可以隐蔽地配置军队和实施预备队的机动。俄军在博多季诺以东占领阵地，正面为科洛查河，右翼临莫斯科河，左翼直至乌提察森林。库图佐夫在这里布置了一个以支撑点为骨干的，有一定纵深的防御体系。第一集团军防守右翼和中央，由巴克莱统一指挥；第二集团军防守左翼，由巴格拉齐昂指挥。部队成三线配置：第一线为步兵，第二线为骑兵，第三线为预备队。2/3的兵力兵器集中在右翼，牢牢控制新斯摩棱斯克大道。库图佐夫试图利用博罗季诺阵地的布置及工程设施定能可靠地掩护通向莫斯科的各条主要道路，并使拿破仑在北有河流、南有森林的战场上无法机动其军队，迫使法军在对其不利的地形上交战——即在狭窄的战线地段进行正面突破。

参加这次会战的俄军有12.5～13万人、640门大炮，法军13～13.5万人、587门大炮。俄军在炮兵方面，特别是大口径炮方面略占优势。

9月5日中午，法军主力到达瓦卢耶瓦。拿破仑决定首先攻占俄军左翼阵地前沿突出部的舍瓦尔丁诺多面堡——它妨碍法军后续部队与主力靠拢，并对法军主力翼侧构成威胁。拿破仑出动4万人、186门大炮，攻击俄军1.2万人、36门大炮，双方争夺激烈，鏖战至深夜，最后俄军被迫放弃舍瓦尔丁诺多面堡，撤回主阵地。这次战斗是大会战的前哨战。库图佐夫通过这次战斗赢得了在博罗季诺阵地完成防御工事的时间，查明了法军的主力正好针对俄军中央和左翼，并相应地做了调整，加强了左翼兵力。

9月7日晨5时，隆隆的炮声拉开博罗季诺会战的序幕，双方展开激烈的炮战。法军在猛烈炮火的支援下，对俄军正面中部的博罗季诺村发起了进攻。俄军向后退却，渡过科洛查河。这时，法军的主攻方向指向俄军左翼，双方激战最为激烈的要属争夺巴格拉季昂棱堡的战斗。俄军在6小时内打退法军七次进攻。第八次，拿破仑调动了4.5万人和400门大炮来对付俄国人在一公里半阵地上的2万人和300门大炮，库图佐夫派部队前去增援，而巴格拉齐昂不待援军到达，即率领全军反击，和法军展开激烈的白刃战。他本人身负重伤，部队随即陷入混乱。法军乘机占领了巴格拉季昂棱堡——第一兵团处境险恶。

在这危急时刻，库图佐夫果断命令普拉托夫指挥的哥萨克骑兵部队和乌瓦罗夫指挥的第一骑兵军偷渡科洛查河，迂回到法军左翼实施奇袭，两支部队立即出发。

在争夺巴格拉奇昂棱堡的同时，拿破仑命令一支部队渡过科洛查河，攻击俄军正面中部的拉耶夫斯基炮台。俄军拼死抵抗。法军占领谢苗诺夫村以后，拉耶夫斯基炮台即暴露在法军三面炮火的围攻之下。拿破仑集中3.5万人、近300门大炮准备最后夺取炮台。恰在这时，库图佐夫派出的骑兵部队突然攻击法军左翼。这出乎拿破仑意料，打乱了法军的部署，使得法军对拉耶夫斯基炮台的最后攻击推迟约2小时。在此期间，库图佐夫重新部署了兵力，用第二、三军加强了俄军的中央和左翼的防御。

14时许，拿破仑下令对拉耶夫斯基炮台再次发起攻击，炮台几度易手。最后法军绕到炮台后方，迫使俄军撤到第二、三道阵地固守。

在这关键时刻，拿破仑的元帅们请求他把最后的预备队——近卫军投入战斗，以争取最后胜利，但拿破仑没有同意，他不敢拿他的军队的核心去冒险。他最终放弃了已攻占的俄军阵地，将军队撤回出发地。至此，博罗季诺会战结束。

库图佐夫在向亚历山大一世报告博罗季诺会战结果时说："26日发生的战争，是当代所有的著名的交战中最残酷的一次浴血奋战。我们完全守住了阵地，敌人却逃回到他们原先向我们发起冲击时的阵地。"

博罗季诺交战对拿破仑来说是一次空前的得不偿失的消耗战。拿破仑后来曾写道："在我一生的作战中，最令我胆战心惊的莫过于莫斯科城下之战。作战中，法军本应取胜，而俄军却博得了不可战胜的权利。"俄军却在这次会战中增强了战胜敌人的信心，同时也显示出库图佐夫高超的战略思想和善于最大限度杀伤敌军，为以后交战保存实力。

博罗季诺会战，使拿破仑妄想"速战速决"占领俄国成为梦想，改变了1812年卫国战争的进程，为战争最后胜利奠定了基础。

俄军在博罗季诺会战中给拿破仑以重创，自己也损失惨重，但从总的兵力对比看（俄军主力约5万余人，法军近10万人），俄军转入反攻的条件尚不具备，而且沙皇政府也不能采取有效措施征集兵员，补充武器、弹药和给养，于是库图佐夫采取了在当时是唯一正确的决定：即俄军主力经莫扎伊斯克撤到莫斯科，以保存实力，积聚力量，然后再彻底消灭侵略者。他写道："这场战争并不仅是为了赢得几次战役的胜利，其整个目的在于彻底歼灭法军。……因此，我决定撤退。"

功成一世

俄军撤离莫扎伊斯克，向莫斯科退却。法军在后面不紧不慢、一步不落地尾随。

越是接近莫斯科，库图佐夫的危机感也就越重。作为军队的统帅，一个严峻的问题摆在他面前：撤到莫斯科怎么办？是在它的城下进行决战，守至最后一兵一卒呢？还是弃城不战，保存实力，以谋求最终战胜敌人？其实，具有远见卓识的库图佐夫当听说斯摩棱斯克失陷后，就预感到"莫斯科的大门被打开了"。他深知以当时俄军的损失惨重、缺少预备队的实际情况要武装保卫莫斯科，再打一场流血战斗只是无谓的牺牲。他现在唯

世界名人百传

军事将领

一要做的是如何说服司令部的其他军官放弃坚守莫斯科。

9月13日,库图佐夫在菲利召开了军事委员会。不出所料,放弃莫斯科的决定在司令部引起激烈争执。部分将军主张放弃莫斯科,而参谋长贝尼格森一贯对库图佐夫嫉贤妒能,看出沙皇是不得已才启用库图佐夫,因此千方百计竭力阻挠贯彻库图佐夫采取的一切措施。这一次更是纠集一些将军,有恃无恐地指责库图佐夫放弃莫斯科是害怕拿破仑,根本不是什么战略转移。双方意见完全相悖,会议一时陷入僵局。一双双眼睛注视着库图佐夫,等待着他的最终决定。

库图佐夫坚信:战争的结局最终取决于俄国人民和军队渴望胜利的意志,取决于俄国所拥有的军事潜力。只要有军队在,有人民的支持,就最终能打退侵略者,收复失地。即使我一时不被人理解,被沙皇误解又算什么呢? 时间紧迫,不能再犹豫了。于是库图佐夫沉稳地站起身来,语气舒缓而坚定地说:"丢掉莫斯科就是保卫俄罗斯。我认为,首要的天职是保存军队,并和前来增援我们的军队靠拢,我们放弃莫斯科是为敌人挖掘坟墓……什么时候军队存在并有能力抗击敌人,什么时候就有赢得最后胜利的希望。但是,军队一旦被消灭了,莫斯科乃至整个俄国将断送。因此,我命令撤退。"

将军们的争吵平息了,默默地散去了。他们低着头,谁也不看谁一眼,各自返回自己的营地。空荡的大厅只留下库图佐夫一个人,谁也不知道他是如何度过这一夜的。把莫斯科交给敌人,是俄国人民和军队最难以容忍的悲剧,同时也是作为统帅的库图佐夫痛心疾首的局面——当不仅要决定自己的命运,而且要决定千千万万人的生命,决定人民和国家的命运的时候,这位统帅的内心充满了痛苦。有人说从他的房间不时地传出竭力压抑着的痛哭声。

要放弃莫斯科的消息在俄军中引起了一阵骚动。许多人根本不相信撤退的命令,更有人说这是背叛。

库图佐夫自作主张放弃莫斯科,使沙皇政府产生了疑虑。内阁召开了专门会议,提出下列意见:

"内阁认为应致函总司令查明:第一,他应将召开委员会讨论不经任何战斗而将莫斯科让给敌人的决议书呈送上来;第二,今后他应及时呈报有关他采取的措施及其行动的全部材料。"

亚历山大一世甚至对彼得堡的命运忧心忡忡,气愤地写信给库图佐夫:

"倘若敌人得手将大军调往彼得堡,威胁兵力不足的首都,届时您将承担全部责任。因为您所统领的军队,只要采取坚决果断的战斗行动,是能转危为安的。要记住,您还应该对灾难深重的祖国失掉莫斯科承担全部责任。"

不过,沙皇的惶恐和忧虑是多余的,对拿破仑来说,莫斯科是他望眼欲穿的目标。他希望在莫斯科迫使俄国签订和约。即使这样,库图佐夫感到:他和沙皇之间时起时落的冲突达到了危机的程度。只要一决定放弃莫斯科,他这个老帅将永远被逐出军队。但是,他已顾不得这些了。

9月4日拂晓,俄军在莫斯科街道上开始撤退。他们横穿市区,沿着寂静的街道行

进。没有人知道部队要撤到哪里去。库图佐夫对此是严格保密的,他必须充分运用自己的军事机智来隐蔽俄军的行动,欺骗拿破仑,使他对自己的意图产生误解。即使对自己的司令部,库图佐夫也不能泄露真实意图,因为司令部的人,除少数几个指挥官外,他一概信不过。他曾开玩笑地说"统帅所睡的枕头也不应该知道统帅的思想",他必须提防贝尼格森之流随时会泄露他的任何机密,以致出卖最核心的军事秘密。这样做也使库图佐夫陷入尴尬的处境:他不仅不能向沙皇、人民和军队解释自己的决定,说明自己是无罪的,而且使自己在遭到沙皇指责时无法为自己辩护,也给贝尼格森一伙进行恶意中伤提供了更多的口实。

莫斯科的居民,一部分出了城,其他或是集中在沃罗比约夫山上和克里姆林宫内,准备参加保卫莫斯科的战斗,或是待在家里等待战役的开始。留下的人都确信,军队要坚守莫斯科,不让敌人进城。但是,要放弃莫斯科的消息还是传到了他们的耳朵里。大批大批的人蜂拥着跟在军队的后面,人们放弃了家园,携儿带女,搀老扶弱,逃出城去。城里只留下了数千名来不及撤走的伤员,街上一片凄凉景象。

最后一支部队通过了莫斯科。库图佐夫来到多戈米洛夫斯卡亚哨所,准备从城外绕过莫斯科。他无法面对眼前的残酷现实,对传令兵说:"给我带路,不要碰上任何人。"

天色越来越昏暗。在空空如也的莫斯科上空,回荡着教堂的钟声。法军已分批开进了莫斯科城。当卫兵将这一消息告诉库图佐夫时,他正把手撑在膝盖上,陷入了深深的沉思,似乎在等待着什么。

这时,著名的游击队员菲格涅尔大尉来到他面前,向他报告说,他的命令已经执行。在菲格涅尔的住宅里,准备执行统帅密令的人都已到齐,引火物也都准备好了。

菲格涅尔说:"拿破仑进城的第一夜,莫斯科就会燃烧起来。"

原来,俄军准备放火烧毁莫斯科城,留给敌人的将是一片废墟。

库图佐夫拥抱了菲格涅尔,并低声说:"莫斯科将成为波拿巴的最后一次胜利。"

拿破仑率领司令部的全部人马,来到库图佐夫曾经站立过的波克隆山。他得意扬扬地说:"终于到了,这座名城!"确实到了,他多少年来梦寐以求的一生中最大目标终于达到了:莫斯科就在他的脚下。他此时俨然是战局的主人,以一个胜利者的姿态站在波克隆山上,在他个人的辎重车队中,有数辆得到特别保护的马车,车上载着他准备竖在克里姆林宫内的个人雕像和价值连城的帝徽。

法军兵分几路,潮水般涌进了莫斯科,拿破仑自己则住进克里姆林宫,安安稳稳地做起胜利者的美梦来。

突然,他被一阵阵"噼噼啪啪"的声音惊醒。窗户上映照着血色的火光。拿破仑翻身下床,赤着脚,半裸着身子冲到窗前。他被眼前的景象惊呆了:莫斯科市区一片火海,风卷着火球在城市上空翻腾咆哮起来。他赶快穿好衣服,布置灭火。但一切都来不及了。他不由得惊叹道:"这是多么可怕的情景! 这是他们自己放的火。多少漂亮的建筑被付之一炬! 多么大胆的决策! 这是些什么样的人!"

莫斯科大火整整烧了一星期。从多罗戈米洛夫斯基城关到梁赞大道,凡法军行经的

各条街道几乎都烧了起来。莫斯科几乎全部被毁。火灾过后，法军趁火打劫，闯入空无一人的住宅、商店、仓库，抢夺珍宝、油画、衣服等。他们毫不顾忌拿破仑——他们的"雷神"的到来。这使拿破仑感到震惊，他下达了一道又一道命令，结果无济于事。拿破仑看着来回乱窜疯狂抢劫的士兵，一种不祥的兆头涌上脑海："库图佐夫和他的军队现在哪里？"他开始担心起来，下令部下查明库图佐夫的下落。

此时，库图佐夫默默地望着被莫斯科的火光染红的天陲，辎重车辆和人群从他身边经过。九月的寒风送来了阵阵糊焦气味和火灾的灰烬，也吹拂着统帅的满头白发。此时此刻，谁也不知道他脑海里想的是什么，他的心里翻腾着什么样的感情，他将怎样统率军民为拯救俄国而战。伟大的统帅仍和往常一样不动声色。然而，正是在元帅不动声色中，俄军又成功地实行了一次名扬战争史册的机动行为。

俄军在退出莫斯科的第二天，沿梁赞大道行军30公里，从博罗夫斯克渡口渡过莫斯科河。根据库图佐夫的指示，部队突然调头西进。9月19日，部队以强行军奔上图拉大道，并在波多利斯克地域集结。三天后，已踏上卡卢加大道，并在红帕赫拉附近安营扎寨。停留五天后，部队又沿卡卢加大道进行了两次转移，渡过纳拉河，最后进驻塔鲁季诺。

放弃莫斯科以及随后进行的极其英明的机动行军，从根本上改变了整个战略形势，是库图佐夫统帅艺术的顶峰。

库图佐夫统帅天才的全部实质和丰富多彩的内容，通过这一系列行动得到了最鲜明的体现。他理解战争的本质，善于预见战役的过程。他相信自己的人民和军队的力量，摸透了敌人的意图，并与之进行针锋相对的斗争。他通过出色的机动和组织有序的行军，取得了有利的战略地位。他机动灵活，严守秘密，成功地掩盖了自己的意图。他英明果断，谨慎小心，珍惜官兵的生命，力争以小的代价换取胜利。他不顾自己的生命和康宁，以坚忍不拔、始终不渝的气概实现自己的决策，不愧为勇敢、无畏、忠贞为国的光辉典范。

库图佐夫的撤退，是为了赢得时间和空间以发动决定性攻击而实施的机动。在鲁什丘克是这样，在克雷姆斯是这样，在博罗季诺也是这样。他的统帅艺术的实质，就是当所有有利因素都在敌人方面时，在战场以外实行广泛的战略机动，由防御转入进攻，然后消灭敌人。只有现在库图佐夫完成了向塔鲁季诺的惊人的机动行动，造成了对法军的实际威胁的时候，人们才明白，统帅是对的。

现在，人们都想起了库图佐夫说过的话。他说："我放弃莫斯科，是为了使拿破仑走向灭亡，"法军在莫斯科就像水中的海绵，水吸足了，力量也耗尽了。人们想起，库图佐夫在苦口婆心地说服大家的时候曾经说，他放弃莫斯科是为拯救俄国，而俄国的希望在于俄国人民，他曾许下诺言，要像去年对付土耳其人那样，迫使法国人吃马肉。但在当时，大家对库图佐夫的这些话充耳不闻，而这些话确实是具有先见之明的。

现在，人们都明白了，如果一开始就沿卡卢加大道撤退，就会使俄军陷入被夹击的境地；而沿其他道路撤退，在战略上也无利可讲。但是沿梁赞大道实施机动，就可以利用两翼地形的掩护，使俄军在渡过莫斯科河以前摆脱危险。这样，还可取向托尔马索夫和奇恰戈夫集团军靠拢之利。显然，俄军出现在卡卢加大道上，就切断了拿破仑进入俄国南

方各省和从图拉、布良斯克取得武器补给的路线,使拿破仑在斯摩棱斯克方向的主要运输线处于被动挨打的地位。

拿破仑尽管向各条大道派出部队,想摸清俄军主力的行动方向,但他却一无所获。甚至有两个星期摸不清库图佐夫的军队究竟在什么地方。将近十万之众的军队突然在敌人的眼皮底下消失了,恐怕在军事史上也找不到这样的先例。等拿破仑彻底搞清楚库图佐夫的意图时,为时已晚——1812年战争进程中的转折开始了。

大败拿破仑

俄军开进塔鲁季诺地区后,便打开了与俄国南方各省直接联系的局面。那些省可以给军队提供兵力、马匹和其他各种必需品。这次机动也保证了主力集团军与托尔马索夫集团军和奇恰戈夫集团军之间的联系。而且,它给俄军的展开和游击队的活动开辟了广阔的局面;同时,它不仅使拿破仑驻守莫斯科的军队陷入被动挨打的局面,更使拿破仑与大后方的军队乃至与巴黎保持联系的重要交通命脉——莫斯科到斯摩棱斯克的整个交通就不得安宁。

但沙皇亚历山大及其追随者看不到这些。亚历山大只知道拿破仑稳稳地占据莫斯科城,通往彼得堡的道路畅通无阻,而俄军却在塔鲁季诺"按兵不动",便不管战略形势对俄军有利与否,坚持要库图佐夫与拿破仑交战,甚至还想与拿破仑缔结和约。但库图佐夫依然我行我素,与沙皇之间的关系日趋紧张。沙皇虽对库图佐夫怀恨在心,但在战争处于关键阶段的时候,他下不了决心将深受军民爱戴、颇具才干的库图佐夫赶走。

拿破仑在克里姆宫独自徘徊着,窗外秋雨绵绵,风卷起火灾后留下的灰烬,漫天飞舞。街道上弃置着一堆堆破碎的家什;天空中黑云低垂,笼罩着焦土般的莫斯科空城。一向惯于靠赔款、征税和掠夺过寄生生活的法军,一旦军队的供应中断,就连正确利用莫斯科尚存少量的储备品都不会。不少部队由于饥饿,经常为在莫斯科划分抢劫区域而展开争斗,士兵们纪律松弛,开小差者与日俱增,军队逐渐在瓦解。而且严冬即将来临,全军已缺粮断草,士气大落……听着属下的报告,拿破仑感到有些窒息。他感到自己成了俘虏,成了被烧毁的莫斯科的看守人——而这一切是年迈的库图佐夫迫使他这样做的。

为摆脱眼前的困境,万般无奈之下,他放下皇帝至尊的架子,派洛里斯东去库图佐夫的司令部议和。

洛里斯东的来意库图佐夫早有预料,他自然不会与拿破仑媾和的。他的表现颇具元帅风度且富于戏剧色彩:他文质彬彬、礼貌客气地接待了洛里斯东,收下他带来的两封信——一封是给亚历山大的,另一封是给他本人的。库图佐夫接过信,放在身边的桌子上,就与这位使者谈起天气、音乐和巴黎的女人来了。

洛里斯东忍耐不住了,直截了当地建议库图佐夫看一看拿破仑给他的亲笔信,库图佐夫拆开信,把信看了看,就又谈论起巴黎的女人和他访问过的巴黎来了。洛里斯东实

在忍不住了，便坦率说明，拿破仑建议结束战争。

"结束战争？"库图佐夫舒了口气，意味深长地说，"要知道，我们是刚刚开始这场战争……"库图佐夫没有拒绝谈判，但他拒绝做出任何承诺。库图佐夫打算以谈判拖延法军留在莫斯科的时间，从而使自己的军队得到更充分的休整。

就这样，洛里斯东一无所获空手而回。拿破仑明白：非撤退不可了。但是，他对自己的元帅们却说，不是撤退而是向俄军进攻，不是逃出俄国而是到斯摩棱斯克和第聂伯河去过冬以便来春再战。他不但没有急于退出莫斯科，而且还频频举行阅兵式。

库图佐夫预见到将来再次与敌人交锋，并为此积极进行准备。

塔鲁季诺附近的纳拉河河流不深，却河岸陡峭。凭借陡峭的河岸，俄军在这里大兴土木，修筑工事，在正面和两翼都修筑了钝堡和棱堡。

为了开展积极的进攻行动，库图佐夫将第一西方集团军和第二西方集团军合在一起，由他统一指挥，同时采取果断措施，铲除巴克莱、贝尼格森、罗斯托普钦等反对派，使他能按部就班地做好部队决战的准备工作：

补充俄军在博罗季诺会战中损失的部队，按兵种建立预备队，使俄军步兵总数已达8万人。

组建民兵，开展游击运动，游击队常使法军不得安宁。分驻在各村的法军常因住房起火而被惊醒。他们一跑出来，就被游击队击毙。法军大部队行动时，不是桥梁被毁就是道路阻塞；辎重车队经常被抢，护送部队几乎无能为力。

……

一天，库图佐夫登上纳拉河陡峭的河岸视察，对陪同他的军官们说："现在再也寸土不退了，该着手干一场了。好好检查一下武器。要记住，整个欧洲和可爱的祖国都在注视我们呢！"

俄军在塔鲁季诺站稳了脚跟，力量壮大，不仅使拿破仑寝食不安，也使沙皇亚历山大一世心里感到惶恐——库图佐夫处理军事问题方面的威望和作用越来越突出。他想限制总司令的权限，取消法规赋予他的对战区临近各省的直接指挥权，便向大臣委员会提议在尽量靠近元帅所在地之处建立一个特别委员会，而库图佐夫的一切决定须同这个委员会商定。虽然这个企图最终未能实现，但沙皇想尽量限制库图佐夫的活动，使其仅限于解决军事问题的用心暴露无遗。

库图佐夫竭力迫使拿破仑军队放弃莫斯科，采取的办法不是照直进攻，而是利用游击队的骚扰活动和组织封锁等手段，让法军在城里欲住不能。俄国军队的力量增加了。从防御转入决定性进攻的时刻已经来到了。

10月18日拂晓，库图佐夫命令哥萨克团对其防线正面的拿破仑前卫部队进行突然袭击，打响了战略反攻的第一仗。敌营垒遭到打击后顿时一片混乱。俄军插入敌后，迫使法军撤退，战斗在傍晚前结束，法军死伤2.5万人，被俘1000人，损失大炮38门和几乎全部辎重。塔鲁季诺营地一片欢腾气氛。胜利大大鼓舞了俄军的士气，他们竭尽全力，以图尽快将敌人赶出俄国国土。

这天夜里，俄军从一封被截获的信件中得知，拿破仑打算尽快放弃莫斯科。当司令部参谋将这一消息告诉库图佐夫时，这位老人哽咽起来。他跪在床上，转身朝着圣像小声说："上帝啊，我的主啊！你终于听从了我们的祈祷。从现在起，俄罗斯得救了……"他意识到严峻的时刻已经到来：部队将面临对敌主力进行一系列大规模交战的考验。

法军的战败在某种程度上说是库图佐夫向拿破仑抛出的一封挑战书。拿破仑已经预感到前景不妙：征服俄国计划的破产和战争的失败不仅使他在军事上威信扫地，同时也使他在政治上一败涂地——因为放弃莫斯科不可避免地将导致放弃俄国，接着便要放弃他已征服的西欧各国。现在摆在他面前唯一能走的路也只有一条，这就是撤出莫斯科。他气急败坏地说："我们去卡卢加！谁在路上碰到我们就叫谁倒霉！"

于是拥有十万之众的法军放弃了莫斯科。随军运载大批掠夺的财物——几乎每个军官都有一车，这些由四万辆大车组成的庞大的辎重队伍绵延数十俄里，行动迟缓。拿破仑为摆脱库图佐夫的追击，采取一系列军事计谋，并派人送信给库图佐夫，再次提出和约条件，请求元帅"采取措施，使战争的进程能按条款的规定安排"——这一切都是为自己军队摆脱目前困境创造条件。但这些狡猾的勾当，也没能蒙蔽库图佐夫雪亮的眼睛，他从法军俘虏中得知拿破仑及随从人员和近卫军丢下全部辎重在波兰军队的掩护下向小雅罗斯拉韦茨逃去。

小雅罗斯拉韦茨是莫斯科南边的一座不大的城市，它之所以使拿破仑感兴趣，是因为它是通往卡卢加的要冲，从这里还可进而挺进斯摩棱斯克。

10月23日，法军前卫部队到达该市。

库图佐夫得到报告，立即调兵遣将，进行围堵。10月24日拂晓，多赫杜罗夫部队也抵达小雅罗斯拉韦茨。他们在卡卢加大道两旁设伏，阻击拿破仑的前卫部队。多赫杜罗夫抽调三个猎兵团去攻击只有两营的法军。凌晨，法军被逐出城，撤向附近的卢扎河。这时法军后续部队赶到，与俄军又展开激战。库图佐夫也在不断增调兵力，双方部队展开殊死的浴血巷战，这场战斗越打规模越大，越打越残酷。至15时许，法军被打出了城市。

拿破仑赶到交战地点，抽调两个师的兵力，协同其他部队突入市内，重新占领城市。当天下午，俄军主力部队也赶到这里，他们分别占据卡卢加大道两侧的阵地。

城市在继续鏖战中，库图佐夫立刻赶到作战部队。同时代的人回忆道：

"他身处敌人的枪林弹雨之中，人们好心地劝他离开这里，他没有听从身边人的劝告，一心想亲眼识破拿破仑的意图，因为这是有关扭转整个战局的大事。在卫国战争的历次交战中，他从来没有像在小雅罗斯拉韦茨交战中这样如此长时间地置身在敌人的枪林弹雨之中。"

拿破仑得知俄军主力已抵小雅罗斯拉韦茨后，便对自己的元帅们说："这将彻底改变形势。"他终于明白了：通向卡卢加的大门如今已紧紧关闭。

小雅罗斯拉韦茨交战，使争夺战略主动权的斗争达到顶点。它在1812年卫国战争的史册上占有极其重要的位置。交战的结局注定了战争的下一步进程，并注定了拿破仑军队的厄运。两军虽然仍在对峙，但库图佐夫对胜利已深信不疑。因为他的主要目

的——将自己兵力集结在拿破仑退却的路上——已经实现。

拿破仑彻夜未眠。这位伟大的统帅感到难受，因为这是他平生第一次决定逃跑。他知道，他没有光彩的出路了，剩下的只有一条可耻的路——沿着完全被毁坏的斯摩棱斯克大道逃跑。

拿破仑企图尽快突出重围，到达有粮草储备、又可使法军得到新锐兵力的斯摩棱斯克。为了加快速度，拿破仑有意在行军中尽量避开与俄军的接触，以免丧失时间。这一切全在库图佐夫意料之中，并采取一切措施以阻击法军的退却。11 月 3 日，俄军在维亚济马给逃路的法军以重创，法军死伤 6 千余人，被俘 2.5 万人。加之游击队频繁的突袭，法军从此一蹶不振，威风扫地。

拿破仑终于在 11 月 2 日到达斯摩棱斯克。那些疲惫不堪，伤亡过半的各军在一周时间内，陆陆续续进城。1812 年严冬比往年提早近一个月，天下大雪，气候寒冷，法军没有过冬的准备，沿途冻死了不少。人数由退出莫斯科的 10 万人锐减到只剩 5 万余官兵，大部分兵团只剩下一个番号。马匹大批饿死病死，大炮也大量丢失。拿破仑打算在这里补充粮食，休整部队，但这里储备的粮食，早已被先行到达的饥饿的法军自己抢劫一空。眼看在此无法立足，无奈之下，拿破仑决定继续向西撤退。士兵中慌乱和瓦解情绪像"传染病一样在军中蔓延扩散"，撤退几乎变成了狼狈逃窜。

库图佐夫谨慎而又信心百倍地指挥俄军进行追击。俄军士兵顶风冒雪，在业已到来的冬季严寒中追击敌人，也受尽了艰难与困苦。他号召士兵说：

"我们在这些天里，在到处都取得辉煌胜利之后，剩下的任务就是迅速追击敌人。只有这样，才能使敌人梦寐以求的俄国土地成为埋葬他们尸骨的巨大坟场。因此，我们要穷追不舍、毫不懈怠。冬天、暴风雪和严寒就要来临。但是你们，北方之子，难道还怕这些吗？我们的钢铁胸膛无所畏惧，无论是严酷的天气，还是凶残的敌人，都吓不倒它；它是祖国的铜墙铁壁，它将一切敢于来犯之敌碰得粉身碎骨。"

但是，库图佐夫一方面要求士兵们不怕困难，另一方面想方设法减轻他们的痛苦，给军队供应了短皮大衣、面包、肉，甚至酒。

库图佐夫时刻关注逃窜法军的动向。当得知拿破仑为使部队在居民点得到休息，把军队划分成单独的、相互无法支援的纵队后，库图佐夫便不失时机利用这一弱点，决定攻击在路上拉得过长的法军纵队，使其无法合拢，切断其从斯摩棱斯克到克拉斯内，以及从克拉斯内到奥尔沙的退路，以便各个击破。结果拿破仑军队遭到来自四面八方的突击，溃不成军。拿破仑企图用自己的近卫军和法军残部反扑，但大势已去。

拿破仑率领着残兵败将向别列津纳河急奔。他以为，一过别列津纳河，就脱离了危险区。没想到在南方作战的奇恰戈夫集团军早已封锁了各个渡口。巧的是鲍里索夫渡口以南还有一个渡口未被占领。拿破仑一面在那里实行佯渡，一面又在鲍里索夫以北斯图焦卡附近找到一处浅滩，涉水过了河。一周后逃到波兰的斯莫尔贡。尔后，拿破仑将部队交由缪拉指挥，自己逃回巴黎。

库图佐夫打败拿破仑，总共用了 3 个月的时间。1812 年 12 月 22 日，到达维尔诺后，

受命全权向人民和军队宣布："这场战争以全歼敌人而结束。"

拿破仑逃走后，俄国境内的法军残部继续退却，库图佐夫则继续追击。12 月中旬法军渡过涅曼河，退出俄国。几十万"大军"只剩下 2 万余人。

沙皇亚历山大一世来到军中。库图佐夫以非常隆重的礼节迎接了他。沙皇向他颁发了俄军的最高奖赏——一级乔治十字勋章。

英名不朽

法国侵略军被赶出俄国领土，俄军推进至西部国境线。

"俄军是不是立即打出去？"在这个问题上，俄国统治集团内部发生了尖锐矛盾。库图佐夫不反对打出去，但希望充分准备，给俄军以必要的喘息时间。在沙皇亚历山大的坚持下，俄军终于在 1813 年 1 月 13 日越出国界，向西欧进军。库图佐夫在致全军的号召书中写道：

"不要高枕于英雄业绩之上，我们现在将奔向远方，越过国界，竭尽全力把敌人战败在他们自己的土地上。"

横渡涅曼河前夕，俄军只有 10 万人左右，而位于对岸的拿破仑军队总计有 7 万人，基本兵力集中在东普鲁士和华沙。俄军从三个方向上转入进攻：科尼斯堡、但泽方向，普沃茨克方向和华沙方向。

俄军在东普鲁士方向法军的基本兵团（麦克唐纳和约克军）实施了突击，占领了大片土地，使拿破仑无法利用这一地域的人力和物质资源。当地居民兴高采烈地迎接俄军。1813 年 1 月，俄军攻占了麦克唐纳元帅驻守的科尼斯堡——东普鲁士强大的支撑点。普鲁士国王由依附于拿破仑转向沙皇亚历山大。随后俄军在奥得河岸展开对法军的大规模作战，并占领了普鲁士首都柏林。

为解放波兰国土，俄军兵分三路，渡过涅曼河，向维斯瓦河挺进。占领普沃茨克，对驻守华沙地区的敌军构成威胁。1813 年 2 月，俄军进入华沙。

俄军统帅库图佐夫纪念碑

然而，斗争再度复杂起来，拿破仑纠集的军队赶到易北河，企图转守为攻，并逐个歼灭分散的盟国军队。库图佐夫命令在各个方向上行动的俄军和普军联合起来，并向德累斯顿集中。他随部队一起行动，并把自己的司令部移到了本茨劳城。

激烈的战斗在广阔的战区展开。库图佐夫作为总司令殚精竭虑，体力和脑力长时间处于极度紧张状态，再加上充满艰难困苦的远途跋涉，难免不损伤库图佐夫的精力和健

康。这位年近古稀的老人在给亲人的信中，经常讲述他的痛苦、疲倦、疾病和忙碌："我需要安静的休息，我疲倦至极，很久以来我再没有得到过安静地休息了。"临终前他在给妻子的第二封信中说："有多少事等待我操劳，说真的，我得活下去呀！"

以沙皇的弟弟康斯坦丁亲王为首的参谋人员的倾轧仍旧折磨着他。他痛苦地呻吟道："当我的状况如此恶化的时候，我以耶稣基督的名义请求得到珍重……"

前线的形势日益紧张，库图佐夫的病情不断恶化，但他没有向病魔屈服。4月8日，库图佐夫批准了下一步作战计划；4月10日，他高瞻远瞩地预见到形势必将进一步恶化。他写信给沙皇，说明必须尽快向易北河以西集结军队，同时着手解决将丹麦和挪威从拿破仑军队的铁蹄下解放出来的问题。

1813年4月17日，库图佐夫离开盖脑，奔赴德累斯顿。途中元帅走下轿式马车，改为骑马。这一天天气潮湿多风，库图佐夫只穿着平时的一套制服，因而受了风寒，第二天不得不在本茨劳停留。库图佐夫偕同司令部人员下榻在一幢二层的小楼房，他虽然身患重病，仍继续指挥着军队，用他那微弱的、几乎难以听清的声音下达各种命令。可是，病情迅速恶化。4月28日21时35分，元帅库图佐夫与世长辞了。

在他死前不久，沙皇亚历山大一世曾来探视。这位从登基当上皇帝的第一年起就开始迫害库图佐夫的伪君子，现在却假仁假义地向一个临近死亡的人请求宽恕。

"陛下，我原谅您，但是俄国会原谅您吗？"元帅这样回答道。

库图佐夫生前负债累累，以至临终前还为此忧虑不安。即就在他死后，债主们不断登门向其家属追讨欠款，而且沙皇拒绝了元帅遗孀希望得到帮助的请求。

库图佐夫的遗体经防腐处理后收殓在锌制灵柩中，于5月8日掩埋在波兰本茨劳以西的一座小山上。第二天运抵彼得堡。本茨劳和彼得堡的全体市民涌上街头为伟大的俄国统帅送终。1813年6月25日，库图佐夫被隆重地安葬于彼得堡喀山大教堂内。后来，在大教堂的前面为库图佐夫建起一座纪念碑，一直保存至今。

七年后，在本茨劳市广场上，一座大型纪念碑揭幕落成。纪念碑上镌刻着："库图佐夫元帅率领战无不胜的俄国军队到达此地，但就在这里，死神终止了他的光荣事业。他拯救了自己的祖国，开辟了欧洲解放的道路。他的英名永存。"

总司令的死讯被封锁了几天，但驻奥得河和易北河的俄军却总以为元帅仍在领导着全军，继续向西进攻，完成他未竟的事业。

库图佐夫度过了五十多年的戎马生涯，从担任一名地位低下的准尉军官开始，经历了所有军队指挥岗位。他身经百战，屡建战功：因为参加拉尔加河战役、卡古尔河战役和伊兹梅尔战役，因为实施布劳瑙至茨奈姆的撤退行军，而获得多枚勋章、丰厚奖赏和将军军衔；因为在多瑙河打败土耳其人和签订了布加勒斯特和约而获得伯爵和公爵爵位；因为博罗季诺会战而获元帅军衔；因为追击和歼灭拿破仑大军而获得斯摩棱斯基的封号。他的一生也几度沉浮，历经坎坷，毁誉不一。但作为一名军事统帅，其天才的指挥才能是举世公认的。他以其孜孜不倦的实践活动，把俄国的军事艺术推向一个崭新的、更高的发展阶段。

苏联"军神"

——朱可夫

人物档案

简　历：苏联杰出的军事家、战略家，苏联元帅。生于农民家庭。1915 年应征参加沙俄骑兵部队。1918 年参加红军，1919 年加入俄共(布)。1939 年在诺门坎战役指挥对日军作战，后参加苏芬战争；1941 年 1 月 31 日出任苏军总参谋长；第二次世界大战期间，指挥了莫斯科保卫战，赢得了莫斯科战役的最后胜利，指挥了斯大林格勒战役，粉碎了德军的"堡垒"计划，指挥了奥得河战役、柏林战役。1946 年任国防部副部长兼陆军总司令。后被外放为敖德萨军区司令员。赫鲁晓夫在任时升至国防部长，一度进入苏共中央主席团。1957 年被免职退休。1974 年在莫斯科逝世，享年 77 岁。

生卒年月：1896 年 12 月 1 日~1974 年 6 月 18 日。

安葬之地：莫斯科红场克里姆林宫墙外的墓地。

性格特征：性格棱角比较分明，不够圆润，吃苦耐劳、诚实稳靠，自大骄傲，树敌较多。

历史功过：苏德战争中指挥斯大林格勒战役、列宁格勒战役、柏林战役，屡挫德军，诺门坎战役击溃日军，四次荣膺苏联英雄荣誉称号。

名家点评：朱可夫的友人艾森豪威尔赞颂道："牺牲的军人们到达天堂时，一定会得到另一枚荣誉勋章，那就是朱可夫勋章，这种勋章将被每一位赞赏军人的勇敢、眼光、坚毅和决心的人所珍视。"

少年磨难

19 世纪末期，俄国千百万农民虽然摆脱了农奴制的桎梏，但仍生活在沙皇的残酷统治之下，饥饿、繁重的劳动、早夭像瘟疫一样流行着。那时的莫斯科，虽不是最繁华的城市，但也高楼林立，巨商富贾汇集。一掷千金的阔太太、声色犬马的纨绔少年比比皆是。

然而一出莫斯科，便是贫穷落败的农村。莫斯科西南的卡卢加省斯特烈耳科夫卡村，便是这无数个穷村之一。一条没膝深的小河从村边缓缓流过，村里树木葱茏，但美丽的自然风光总掩不住贫穷，村里没有一座像样的农舍，大人孩子们面黄肌瘦、衣衫褴褛。村子中央有一幢很破旧的房子，房子的一角已几近坍塌，墙壁和屋顶疯长着绿苔和野草。其实这房子总共只有一间房，低低地开着两扇窗户，只有晴朗的日子才有阳光光顾这间漆黑一团的房子。然而就是在这样的房子里，1896 年 12 月 2 日诞生了一个男孩，有谁能料到，在那添丁添张嘴、苦苦度日的岁月里，这个声音洪亮的穷孩子日后竟成为国家民族安危系于一身、百万敌人闻名丧胆的英雄呢？也许真的应了那句古话：自古英雄多磨难。

这个男孩名叫格奥尔基·康斯坦丁诺维奇·朱可夫。朱可夫的父亲是一个可怜的弃婴，三个月时被发现在孤儿院的门口台阶上。一位名叫安努什卡·朱可娃的寡妇无儿无女，生活十分凄凉寂寞，在他父亲两岁时将其领养到家。八岁时，朱可娃去世，年幼的父亲就开始到附近的鞋厂当学徒，后来终于在莫斯科的维义斯制鞋厂找到了工作。年届五十时父亲娶了邻村的一个寡妇，她就是朱可夫的母亲。父亲在莫斯科辛苦挣钱，但那时由于作坊主与资本家的残酷掠夺，工人收入十分微薄，父亲每月寄回来的工钱根本无法糊口。母亲是田间劳动的主力，身强力壮，农闲时还要帮人送货，挣点少得可怜的钱贴补家用。朱可夫有一个比他大两岁的姐姐玛莎，朱可夫五岁时，母亲又生下小弟弟阿列克谢。弟弟十分瘦弱，而饥饿威胁着全家，母亲不得不把不满一岁的弟弟交给七岁的玛莎照看，自己仍外出帮人送货。阿列克谢不到一岁便死了，朱可夫和姐姐看着悲痛的父母安葬了弟弟。祸不单行，不久他们那摇摇欲坠的房子终于倒塌了。母亲流着泪卖掉了家中唯一的一头牛，总算在冬季到来之前筑起了新房。多少年之后，已垂垂老矣的朱可夫回忆起当年的情景感慨道："我们这些贫农家的孩子，都看见过妈妈们日子过得多么艰难。每当她们流泪时，我们心里也十分难过。"

苦难使人早熟，朱可夫八岁便已经下地干活了。第一次干农活是跟父亲去割草。八岁的孩子想到的不是累，而是觉得自己终于成为一个对家庭有用的人了。他干活十分卖劲，手上很快打满了血泡，但他不声不响，一直到血泡破了，不能再干为止。繁重的农活锻炼了朱可夫的吃苦耐劳精神，培养了健康结实的体魄，成为日后事业的基石。不久朱可夫进了一所教会小学。虽然衣衫破旧，书包也是母亲用粗麻布缝制的，但穷困遮不住聪明，小朱可夫成绩非常优秀。1906 年父亲因参加罢工被驱逐回乡。由于见过世面，又有技艺，替乡人修鞋制鞋尽量少收工钱，因而父亲颇受尊重。朱可夫非常尊敬自己的父亲，但父子俩脾气都固执，父亲气极了，朱可夫免不了常常挨揍。一次朱可夫又挨打了，他和姐姐玛莎商量好，自己便跑出家门，在一片大麻地里躲了起来，玛莎每天给他秘密送饭。儿子出走后，父亲懊悔不已，母亲焦虑不安，不停地数落着，直到第三天一位邻居发现朱可夫，把他送回家。父亲表示以后再也不打儿子了。就在这一年朱可夫从三年制小学毕业了。母亲专门为他做了一件新衬衣，父亲亲手为他制作了一双皮靴，庆祝朱可夫成为"有文化的人"。日子太艰难，继续深造无望，母亲让儿子在家待了两年，13 岁时，父母决定让儿子去莫斯科学手艺。

"1908年夏天到了,每当我想到我就要离开家、离开亲人和朋友们去莫斯科的时候,就感到心情紧张。我知道,我的童年实际上就此结束了。过去这些年只能将说成是我的童年,可是我又能奢望什么呢?"那时学艺也得有熟人,母亲想到了自己的兄长,已经发了财的毛皮作坊主米哈伊尔·皮利欣。1908年夏天,父亲领着儿子去米哈伊尔·皮利欣的避暑山庄,因为母亲求情还不算,老板要看看徒工身体如何。快到皮利欣家时,父亲对朱可夫说:

"看,坐在门口的就是你未来的老板。你走到他跟前时,要先鞠个躬,说声:'您好,米哈伊尔·阿尔捷米耶维奇。'"

朱可夫反驳说:"不,我要说'米沙舅舅,您好!'"

"你要忘掉他是你舅舅。他是你未来的老板。阔老板是不喜欢穷亲戚的。千万要记住这一点。"

米沙舅舅躺在门口的藤椅上,父亲走上去向他问好。舅舅没有起身,也不搭理,转身看了看朱可夫:身体结实,个子不高,但肩膀很宽。舅舅点了点头。"识字吗?"舅舅问了一句。父亲连忙递上朱可夫的奖状,舅舅满意了,答应收外甥为徒。朱可夫要远行了,当时做学徒的往往四五年不准回家。母亲包了两件衬衣、两副包脚布和一条毛巾,这些便是朱可夫的所有家当。老父亲的眼圈红了,眼泪不住地往下淌。母亲忍不住伤心痛哭,把儿子紧紧搂在怀里,仿佛一生一世再也见不到了。母亲把儿子送到村口,朱可夫问:"妈,你记得吗?就在三棵橡树旁边那块地里,我跟你一起割麦子,把小手指都割破了。""孩子,我记得。当妈妈的对自己孩子的一切,都记得。只是有的孩子不好,他们往往忘记了自己的妈妈。"朱可夫坚定地说:"妈妈,我绝不会那样!"

朱可夫第一次坐火车,第一次来到莫斯科,那时他还是一个孩子,一个穷孩子。有谁能料到二十多年后,这个城市受到威胁时,率领千军万马保卫它的,竟是这个穷孩子! 朱可夫来到舅舅开在季米特洛夫大街(后称普希金大街)的作坊,他是最小的徒弟。除了学艺外,他每天还要打扫房间,为大小主人擦鞋、点灯、熄灯,帮厨师洗餐具和生茶炉子,还要经常跑到外面帮师傅们买烟打酒。每天早上6点起床,晚上11点才能睡觉。熬到第三年,朱可夫当上了徒工的头,指挥着6名徒工。尽管生活很苦很累,朱可夫却渴望读书。老板的儿子亚历山大与朱可夫年龄相近,对朱可夫也很不错,帮助朱可夫读书。老板不在家时,朱可夫便抓紧时间学习,晚上爬到后门楼道的高板床上借着厕所透过来的光线读书。在老板两个儿子的游说下,老板终于同意朱可夫去上课程相当于市立中学的文化夜校。老板希望聪明好学的朱可夫能带动他那两个不上进的儿子,再说几年下来朱可夫吃苦耐劳、诚实稳靠也使老板对他颇有好感。老板时常打发朱可夫去送货,给他几个戈比的车马费。朱可夫总是一路小跑去,省下钱来买书。最后,朱可夫以优秀成绩通过了中学的全部课程考试。

1911年,离家四年的朱可夫终于盼到了十天的假期,老板允许他回家探亲。离家时他还是一个孩子,刚来莫斯科时那种对亲人、对家乡的思念常使得性格本来十分刚强的朱可夫暗自流泪。在老板的责骂,甚至殴打下,对亲人的思念只好藏在心底。如今朱可

夫已长成威武少年。母亲赶到小站去接，差点认不出自己朝思暮想的儿子了。母亲哭着，摸着自己的儿子："我以为我死以前看不到你了。"回到家时，天已经黑了，父亲和姐姐在门前的土台上迎着，姐姐已长成大姑娘，父亲驼着背，老泪纵横："我终于活到了这一天，看到你长大成人了。"

返城不久，朱可夫学徒期满，当上了师傅，月薪10卢布。这在当时的工人阶层中算是高收入了。米哈伊尔非常信任朱可夫，经常派他到外面联系业务，办理托运。朱可夫利用外出的机会，了解了俄国当时的政治情况，一有机会便阅读布尔什维克的《明星报》和《真理报》。朱可夫百看不厌，报纸仿佛说出了自己的心里话，又使他懂得了为什么工人和资本家、农民和地主之间的矛盾不能调和。1914年，第一次世界大战爆发了，在沙皇的宣传鼓动下，不少有钱人的孩子被"爱国主义"激励，纷纷参军了。老板的儿子亚历山大也决定去，并极力劝朱可夫去，一开始朱可夫真动心了，后来他去找他最尊敬的费多尔·伊万诺维奇商量。伊万诺维奇说："亚历山大的心愿，我是理解的，他父亲有钱，他有理由去打仗。你呢？傻瓜，你为什么去打仗？是不是因为你父亲被赶出莫斯科？是不是因为你母亲被饿得发肿？你被打残废回来了，就再也没有人要你了。"

朱可夫放弃了当兵的想法。那时他正与房东的女儿玛丽亚恋爱，并开始商量结婚，然而美好的生活计划被破坏了，沙皇前线兵员不足，败仗连天。1915年7月，沙皇决定提前征召1896年出生的青年，朱可夫只好上战场了。到那时为止，朱可夫并不知道自己还有军事天赋。

军事天赋

参军后，朱可夫很幸运地分到骑兵连。骑兵是人们当时心目中的英雄，驰骋疆场，威风凛凛，剽悍潇洒。但当了骑兵之后，朱可夫才知道骑兵的辛苦。除了学习步兵的科目外，还要学习马术，学会使用马刀等冷兵器，每天还要刷三次马。朱可夫十分坚强，两条大腿都磨出了血，刚结了疤，又磨破了。发给他的那匹烈马起初并不怎么看得起这个矮壮的主人，重重地摔了朱可夫好多次，但烈马发现主人越摔练的时间越长，最后只好屈服，朱可夫很快掌握了骑兵的基本技术。在等级森严的沙皇军队里，朱可夫作为最下层的一员，感受最深的是军官们的军阀作风。军官高高在上，根本不与士兵交流，士兵与长官之间除了上下级关系外，心理距离很大。特别是有些军官随意毒打部下。朱可夫记得很清楚，当时他们骑兵训练班一个小小的军士就曾打掉好几个士兵的牙齿。因为在沙皇军队里，打骂士兵谁也不认为它违反什么法规，士兵也从来没有权利为自己辩护。那些处事公道、性情温和的旧军官在士兵们心中拥有很高的威望。旧军队的经历给朱可夫留下了太深的印象，以后朱可夫成为红军高级将领后，从不责骂士兵，处事公道，凡事以身作则。

训练结束后，朱可夫获得准军士衔。1916年8月朱可夫就随部队上前线了。时间不

长,朱可夫在一次侦察时踏上地雷,被从马上掀了下来,受了严重震伤,昏迷了一天一夜后,被送往后方医院。这时朱可夫获得了两枚乔治十字勋章。一枚是因为俘虏德军军官被授予的,另一枚则是因为这次受重伤奖给的。伤愈后,他被派到骑兵连训练新兵。不久俄国国内爆发了二月革命,彼得格勒建立了工兵代表苏维埃,沙皇被赶下台,统治俄国300多年的罗曼诺夫王朝灭亡。2月27日凌晨,朱可夫所在的骑兵连突然集合,大家都不知道发生了什么事情,朱可夫问排长,排长问连长,连长只知道到团部集合,其他也不清楚。朱可夫的连到达团部时,工人"打倒沙皇! 打倒战争! 工兵代表苏维埃万岁"的游行队伍包围了过来。很快连长和其他一些军官被捕,朱可夫的连被苏维埃政府接管。局势非常混乱,11月7日,列宁率领

着常服的朱可夫元帅

布尔什维克再次起义,推翻了资产阶级临时政府,建立了苏维埃政权。政权建立以后,列宁立即宣布退出战争。1918年1月又决定组建苏维埃自己的武装力量——红军,红军宣布官兵一致,人人平等,团级以下军官由军人代表大会选举产生。它极大地调动了广大士兵的积极性,8月朱可夫加入红军。他被编入莫斯科骑兵第一师第4团。团长是铁木辛哥,师长就是当时正值盛名的布琼尼将军。从1918到1922年,朱可夫投入到保卫苏维埃新生政权的血战中。当时苏维埃政府立足未稳,外有英法德日的武装干涉,内有沙皇、地主、旧军阀的武装叛乱。朱可夫出生入死,其军事天赋开始崭露,在实践中他的作战经验日渐丰富,职务也一再提升。正是在这一时期,朱可夫加入了布尔什维克。他后来在《回忆录》中这样谈到"现在,许多事情都记不得了,但我被吸收入党的这一天,却终生难忘。"

1919年9月,布琼尼所在的师成为保卫察里津(后改名斯大林格勒)的主力之一。朱可夫英勇地加入了战斗,战斗中朱可夫又一次负伤。第二年,由于作战勇敢,朱可夫被选派到骑兵训练班学习,训练班用半年时间授完了正规军校两年的课程,训练班结业后,朱可夫成为一名红军正式军官。军人事业初现成效,但初恋的情人玛丽亚却不愿等待,朱可夫伤心地看着自己的情人出嫁了。此时朱可夫成了排长,一次朱可夫率领全排追剿残匪,由于朱可夫指挥有力,身先士卒,残匪被全歼,而全排无一人伤亡,不久朱可夫又被升为连长。1922年苏维埃内战结束,红军大批裁员,但一批有指挥能力的军官被留下来。朱可夫不仅没有被裁掉,反而由连长升到了骑兵第7师第40团的副团长。1924年7月朱可夫以团长的身份被派往列宁格勒高等骑兵学校学习。朱可夫很轻松地通过了考试,并名列前茅。和他同时入学的有罗科索夫斯基、巴格拉米扬和叶廖缅科等后来苏联著名将领。朱可夫在这里受到了高等军事理论的训练。"像其他许多学员一样,我是第一次到列宁格勒。我们怀着浓厚的兴趣参观了该城的名胜古迹,走遍了十月革命时作过战的

地方。当时我哪能想到,17年后我会指挥列宁格勒方面军,抗击法西斯军队,保卫列宁城!"深造班结业后,朱可夫和其他三名同学决定不乘火车而是骑马返回明斯克。路程963公里,计划7昼夜,这么远程的集体乘马行军当时在世界上还很罕见,领导批准了,但不提供沿途的给养与食宿。第七天,他们克服了许多意想不到的困难到达明斯克,到达时马匹减重8至12公斤,人员减重5至6公斤。朱可夫获得了政府的奖金和首长的嘉奖,并允许短期休假。

朱可夫又一次回到了阔别的家乡。老父亲已经离世了。母亲也苍老多了,但仍像以前那样辛勤劳作着。姐姐已经出嫁,并有了两个孩子。两个小外甥毫不客气地掏着出息了的舅舅的箱子。朱可夫深刻地感到农民的日子尽管并不富裕,但情绪好多了。特别是新经济政策颁布后,农民的日子逐渐好起来。告别母亲后,朱可夫回到营地,此时他被任命为团长兼团政委。由于朱可夫从严治军,经常率领全团野外训练,从而使朱可夫所在团威名远扬。布琼尼(骑兵集团军司令)和叶果罗夫(白俄罗斯军区司令)先后光顾该团,并给予高度赞扬。1929年朱可夫再次获得深造的机会,他被派往著名的伏龙芝军事学院高级干部深造班学习。这次学习,令朱可夫终生难忘。此时,正值苏联军事学科形成时期,朱可夫带着浓厚的兴趣研读了伏龙芝的军事著作,沙波什尼科夫的《军队的头脑》,图哈切夫斯基的《现代军队的作战特点》等。特别是图哈切夫斯基对坦克在未来战争中作用的描绘,引起朱可夫的高度重视。从此,朱可夫开始研究坦克。1933年3月,朱可夫接到命令,他被委任为骑兵第4师师长。第4师是骑兵第1集团军的核心,并以伏罗希洛夫的名字命名,布琼尼曾任该师师长,率领该师出生入死,立下赫赫战功。朱可夫十分高兴,收拾停当就赶往4师驻地列宁格勒。此时朱可夫不再是独来独往了,他已经有了自己的小家:妻子亚历山德拉和女儿埃拉。布琼尼亲自主持了朱可夫的授职仪式。朱可夫的军事才能已引起高层领导人的重视。

担任师长后,朱可夫越来越意识到建立大规模坦克部队的重要性。当时苏联红军已经成立了第一批机械化军,每军编成两个机械化旅、一个步兵机枪旅和一个独立高炮营,一个军配备500辆坦克和200辆汽车。尽管如此,苏军内部对于组建专门的装甲部队意见分歧较大,不少高层领导人认为装甲部队应分散在步兵和其他军队中才能发挥作用,这一观点直接左右着斯大林。由于苏军关于装甲部队的设置首先在骑兵部队中开始,朱可夫在实践中指出,现代坦克可以起独立作用,这个新的强有力的武器不应和行动缓慢的步兵部队一道展开,这样会降低它的威力。装甲部队不仅要坦克与炮兵相配合,而且必须配备摩托化步兵,否则就不能充分利用远距离作战的机械化部队所取得的成果。但朱可夫的这些观点直到1941年苏军在德国装甲兵团的凶猛攻打下大规模溃败时,才予以重视。

1935年苏军实行军衔制,布琼尼、伏罗希洛夫、叶果罗夫、图哈切夫斯基、布留赫尔成为第一批苏军元帅。此时朱可夫的第4师由于作战训练与政治训练表现出色,获得了政府的最高奖励——列宁勋章。朱可夫本人也获得了一枚列宁勋章。布琼尼元帅亲自到第4师授勋。布琼尼紧紧拥抱着朱可夫激动不已,宽阔的手掌重重地拍打着朱可夫的脊

背,感谢朱可夫为他的师赢得至高的荣誉。不久苏联国防人民委员伏罗希洛夫又视察了第4师。1936年秋,由伏罗希洛夫举荐,并经斯大林同意,朱可夫离开骑兵第4师,参加了苏联派往西班牙的军事观察团。朱可夫和其他军事专家一起利用这一机会考察了苏制坦克的性能和现代战争的特点。1937年朱可夫回国担任骑兵第3军军长,7个月后又调任第6军军长。1938年夏,朱可夫到中国担任军事顾问,考察日本作战战略与战术,以对付将来与日本可能的战争。同年冬,朱可夫又被召回国,委以白俄罗斯特别军区副司令员之重任。白俄罗斯是苏联西部的重要门户,德国纳粹的威胁首当其冲。此时,斯大林在国内掀起了大规模的肃反运动,军队内部受冲击十分严重。大批高级将领被以希特勒内奸的名义处死,第一批授勋的五名元帅只剩下两名:布琼尼和伏罗希洛夫。据苏军自己人士分析,这是由于斯大林与两位骑兵元帅曾经生死患难(特别是保卫察里津),因而对骑兵很信任。朱可夫大概托此宏福,在大清洗时期不仅没有受牵连,反而得以提升。历史将会证明,这不仅是朱可夫一人的福分,而且是苏联人民的万幸。

奔赴远东

1939年6月1日,明斯克,朱可夫正与白俄罗斯军区的高级将领就刚刚结束的首长——司令部演习进行讲评,军区军事委员苏赛科夫匆匆走进会议厅,对朱可夫说:刚才莫斯科电话通知,命令你立即动身,明天向国防人民委员报到。

朱可夫草草收拾了一下,立即搭乘火车前往莫斯科。2日清晨,朱可夫走进了伏罗希洛夫的接待室。伏罗希洛夫的助手告诉朱可夫:

"你进去吧,我马上去命令给你准备远行的行装。"

"什么远行?"

"进去吧,人民委员会告诉你一切的。"

进去后,伏罗希洛夫对朱可夫说:"日军突然侵犯我友邻蒙古的边界。根据1936年的苏蒙条约,苏联政府有责任保卫蒙古不受任何外敌侵犯。这是入侵地区5月30日的情况图。……日军的海拉尔警卫部队侵入蒙古人民共和国领土并袭击防卫哈勒欣河以东地区的蒙古边防部队,我认为这里孕育着严重的军事冒险。无论如何,事情并没有到此结束……你是否立即飞到那边去,而如果需要的话,把部队的指挥权接过来?"

"我马上可以起飞。"朱可夫回答。

"非常好,"伏罗希洛夫说,"你乘坐的飞机16点可准备好,在中央机场。你到斯莫罗基洛夫(代副总参谋长)那儿去,在他那里你可以拿到必要的材料,同时商量一下今后同总参谋部的联系问题。派给你几个专业军官,在飞机上等你。再见,祝你成功!"

6月5日朱可夫一行人到达驻扎在蒙古的塔木察格布拉克的苏军第57特别军司令部。朱可夫发现司令部对前线缺乏了解,司令部里除政委基舍夫外没一人到过发生冲突的地域。朱可夫建议立即到前边去就地考察,但军长借口莫斯科随时可能来电话找他,

让政委陪朱可夫一同上前线。到了冲突地段，经过一番了解，朱可夫迅速得出结论：单靠57军的兵力无力阻止日军的军事冒险。朱可夫马上电告参谋部：增派航空部队，增调不少于3个步兵师和1个坦克旅的兵力，并大大增加炮兵力量，否则无法获胜。第二天，总参谋部同意请求，并增派了21名荣获苏联英雄称号的飞行员，领队是朱可夫早在白俄罗斯军区就很熟悉的斯穆什克维奇。总参同时送来了新型飞机——现代化的伊—16和"鸥"型飞机。当时日军在哈勒欣河的目标是：围歼哈勒欣河东岸的全部苏蒙军队，渡过哈勒欣河，前出至河的西岸，消灭苏蒙预备队，夺取并扩大哈勒欣河西岸的登陆场，保障日后的行动。日军把第6集团军从海拉尔调来，计划在秋季到来前结束在蒙古境内的全部军事行动。日军把握十足，战役之前甚至把一些新闻记者和外国武官请到作战地区，观看他们的胜利进军。被邀请的客人中就有希特勒德国和法西斯意大利的记者和武官。

7月3日拂晓，蒙军苏联总顾问阿福宁上校到巴英查冈山视察蒙军第6师的防御，但他很快发现那里已被日军占领，蒙军第6师已退至巴英查冈山西北，日军乘夜色已经偷渡过了哈勒欣河，情况十分紧急。朱可夫此时已接任苏军第57军军长之职，得到情报后立即命令所有预备队出击，坦克、装甲和炮兵部队受命在行进间向敌人进攻，同时命令航空兵对

1939 年 7 月在塔木

敌人进行轰炸和强击。在苏军实施反突击的预备队到达以前，用航空兵的袭击和炮兵的火力把日军钳制并阻止在巴英查冈山。炮兵还受令向哈勒欣河渡口进行炮击。上午9时，苏军坦克第11旅的前卫营先头部队已抵达作战区域，很快苏军投入坦克第11旅（有150辆坦克）、摩托化装甲第7旅（154辆装甲车），还有装备45毫米加农炮的蒙军装甲营第8营。并召来了所有的航空兵，苏联英雄的飞行员们发挥了高超的作战能力，虽然当时总兵力苏军远不及日军，但苏军集中了全部火力进行反突击并充分发挥了坦克部队的威力。到第5日，日军抵抗被最后粉碎，日军开始仓皇向渡口退去，但他们自己的工兵由于害怕苏军坦克突破，把渡口炸毁了，日军军官全副武装跳入水中，溺死者甚众。日军严重遇挫后，开始全面建立防御，运木材、挖堑壕、筑掩蔽部、加固阵地等。而朱可夫并没有陶醉在胜利中，他正加紧准备大反攻，以最后粉碎侵入蒙古的所有日军。

朱可夫考虑到战役战术的突然性是决定此次战役取胜的决定因素。苏军要以突然行动使日军无法抵挡苏军歼灭性的突击，也无法进行反击。朱可夫还注意到日军没有良好的坦克兵团和摩托化部队，无法迅速从次要地段和从纵深调来部队抗击苏军的突击集群。为完成战役准备，朱可夫调动了近3000辆卡车和1000多辆油罐车，从距哈勒欣河至少650公里的供应站运来了55000吨作战物资，朱可夫甚至将部队的火炮牵引车都派去运送物资。为了达到战役的突然性，除行动与作战计划绝对保密外，苏军指挥部还制定

了一系列蒙蔽日军的计划,达到了预期的目的。它们包括:

——隐蔽运输和集中为加强集团军从苏联调来的部队。

——隐蔽调动在哈勒欣河东岸进行防御的兵力兵器。

——部队和物资储备隐蔽地渡过哈勒欣河。

——对出发地域、部队的行动地段和方向进行现地勘察。

——参加此次兵役的各兵种特别隐蔽地演练各种科目。各军兵种隐蔽地实施补充侦察。

——发布假情报,欺骗敌人。如用易于破译的密码发布关于建立秋冬防御的命令;印制几千张传单,传单内容是战士防御须知;模拟夜间部队调动的各种杂音(飞机飞行、火炮、迫击炮、机枪及各类枪支射击的声音),在战役开始前 12~15 天便开始实施,使日军习以为常等。

1939 年 8 月 20 日,哈勒欣河战役打响。这是一个星期日,哈勒欣河西岸风和日丽,日军指挥部深信苏蒙军队不想进攻,毫无防备,不少军官甚至获准休假,有的还跑到海拉尔娱乐去了。5 时 45 分,苏方炮兵对日军高射炮和高射机枪突然开始猛烈袭击,部分火炮还对航空兵即将袭击的目标发射烟幕弹。之后,哈勒欣河的天空立即出现了苏军 150 架轰炸机和 100 架歼击机,一个半小时之内日军炮火无力进行还击,敌人的观察所、通信联系、炮兵阵地被彻底摧毁。苏蒙军队顺利渡河,渡河之后与日军发生了激战。日军进行了顽强抵抗,到 26 日本第 6 集团军终于被苏蒙军队合围。但分割歼灭的战斗仍然十分艰苦。哈勒欣河流域流沙、沙坑、沙丘众多,日军指挥官告诉士兵苏军枪杀俘虏,被围的士兵极为顽固,战至最后一人,宁可自杀,也拒不投降。8 月 30 日,侵入蒙古边界的日军第 6 集团军被全部歼灭。此次战役苏军伤亡 1 万人,而日军伤亡 5.2 万到 5.5 万人。伏罗希洛夫代表国防部给哈勒欣河的指挥员与士兵以高度赞扬和嘉奖。朱可夫获苏联英雄称号。9 月 15 日,苏联、蒙古与日本在莫斯科签订协议,双方同意交换战俘,并建立一个委员会来划定哈勒欣河地区蒙古与中国满洲之边界。远东的战事逐渐沉寂下来。

1940 年 5 月,朱可夫接到莫斯科命令,去人民委员部另行分配工作。朱可夫抵达莫斯科后马上被授予大将军衔,并被委任为苏联第一大军区基辅军区司令员。赴任前,斯大林亲自召见了这位远东战役的英雄。朱可夫第一次见到斯大林,非常激动。斯大林在短暂寒暄后问道:"你认为日军怎么样?""与我们在哈勒欣河作战的日军训练不错,特别是近战,他们守纪律,执行命令坚决,作战顽强,特别是防御战。下级指挥员受过很好的训练,作战异常顽强。下级指挥人员一般不会投降,'剖腹'自杀时毫不迟疑。军官,特别是中高级军官,训练差,主动性差,习惯于墨守成规。"朱可夫认为日军的技术装备是落后的,与苏军作战的是日本精锐部队。斯大林又问:"我们的部队打得怎样?"朱可夫回答说:"我们的正规部队打得很好。但如果没有两个坦克旅和 3 个摩托化装甲旅,肯定不可能如此迅速地合围敌人,我认为应大大扩充装甲坦克部队和机械化部队。"朱可夫坦率地谈了自己的看法,斯大林最后说:"现在你已经有作战经验了。你到基辅军区去,利用自己的经验训练部队。"带着殷切的希望与嘱托,朱可夫又一次踏上了征程。

总参谋长

　　1940 年 5 月朱可夫匆匆赶赴基辅军区任职之时，国际局势日益紧张。希特勒德国已拥有欧洲的半壁江山，虽然苏联已与德国签订了互不侵犯条约，但谁都心里明白，这不过是缓兵之计。1939 至 1940 年，苏联红军建立了东方战线，将国境线向西推进了 200 至 300 公里，苏军与芬兰、波兰、罗马尼亚等国军队发生了直接战斗，特别是苏芬战争，苏军在开始之初严重受挫。苏军在武器、组织、训练、指挥各个环节暴露了许多弱点。1940 年 3 月苏共中央召开了政治局会议，大会批评了苏军的战斗训练与教育问题。斯大林还亲自参加军事会议，号召将领们研究现代战争。5 月中旬，伏罗希洛夫被免职。铁木辛哥出任国防人民委员。这一系列变化使朱可夫多年来压在心底的想法得以实现：国家终于重视现代战役的特点，坦克部队、机械化兵种的配合作战终于引起了高层领导人的重视，回想 1939 年斯大林曾下令取消坦克部队真令人心寒。5 月朱可夫拜访了乌克兰党中央第一书记赫鲁晓夫（基辅为乌克兰首府），朱可夫介绍了远东战役的情况，并请求乌克兰对军区在物质生活方面提供帮助。赫鲁晓夫对朱可夫很有好感，后来赫鲁晓夫在回忆录中曾这样谈道："朱可夫是一位天才的组织者和强有力的领导人。他在战争中表现出是有气概的。可惜的是，像铁木辛哥和朱可夫这样的人是少数。在老的近卫军被清除之后，像麦赫利斯、夏坚科、库利克这样的人跑了上来，国防人民委员部成了疯狗窝。"6 月，朱可夫亲自走访了基辅军区几乎所有的部队和兵团。他带着军区司令部在塔尔诺波耳、利沃夫一带进行了大规模的野外作业。一年之后，德国法西斯正是在这一带对乌克兰实施了主要突击。在野外训练中朱可夫发现，担任集团军、兵团及司令部领导职务的大多为年轻军官，而且刚从较低职务上提升上来，战役战术基础很差，尤其对现代战争了解甚少，而对旧的教科书上的条条框框奉若神明，朱可夫十分担心。朱可夫一面把自己在远东作战的经验变成军事条例贯彻到基辅军区的训练中，一面把经验汇集起来提供给总参谋部，制定新的军事条例，但欧洲战争发展太快了，这些宝贵的经验来不及实施战争便爆发了。

　　1940 年 9 月，朱可夫接到总参谋部通知，要他参加 12 月在莫斯科举行的高级将领会议，并指定他在会上做题为《现代进攻战役的特点》的报告。通知还说，会议期间将进行大规模战役战略演习，朱可夫被指定为"蓝方"。12 月底，苏联最高统帅部在莫斯科召开了这次极其重要的会议，各军区、各集团军司令员、参谋长，各军事院校校长，各兵种监察部部长，苏共中央政治局全体成员都参加了会议。会上朱可夫的报告使众将领形成了广泛运动战的共识。在会上朱可夫还尖锐地指出苏军在西线边境线上的防御离边境太近，敌人的火力足以达到全部防御纵深，建议防御线大大后撤，这一宝贵建议因引起争论而被搁置。6 个月后德军的猛烈进攻将证明这一建议的搁置使苏军付出了惨重的代价。会议结束后当天晚上，斯大林召见各位代表，建议各司令员待演习结束后再离开。1 月 12

日,演习开始,总指挥为铁木辛哥和总参谋长麦列茨科夫。演习的前提是假设苏联遭到德国进攻,朱可夫与波罗的海沿岸军区司令员库兹涅佐夫代表进攻方"蓝方",西部特别军区司令员巴甫洛夫和克里莫夫斯基代表防御方"红方",双方兵力:蓝方 60 多个师,红方 50 多个师,双方都有强大空军支援。演习中双方都用了很大心思用进攻部队深入敌阵,以击败大量的敌方部队。演习中充满戏剧性的情节,这些情节与 1941 年 6 月苏军遭到德军进攻后所发生的一些情况在很多方面极为相像。演习中暴露了许多问题,特别是双方都没有给第二梯队和预备队留下足够的兵力,主要进攻方向的兵力优势,是以削弱方面军次要地段的兵力达到的。演习结束后,铁木辛哥组织了讲评。斯大林出人意料地亲自打来电话,建议在克里姆林宫再进行一次讲评。斯大林的决定使总参谋长麦列茨科夫手忙脚乱,心情紧张。他的报告很不连贯,显得支离破碎,他作的一些结论和建议脱离了实际,斯大林极不满意。副国防人民委员库利克更令斯大林恼火,这位军方重要负责人居然大谈"组建坦克和机械化军团,目前还不宜开始",建议把步兵师编制人数增至 16000～18000 人,要求炮兵用马匹牵引。会后斯大林下决心更换军方高层领导人,国家已到了十分危急的时刻,已没有更多的时间考虑了,当晚政治局召开会议,对军队高层领导人进行了一系列任免。

第二天上午,斯大林召见朱可夫。他叼着大烟斗,神情十分严峻,说:

"政治局决定解除麦列茨科夫总参谋长的职务,任命你接替他。"

朱可夫愣住了,太出乎意料,他一下子不知如何作答,沉默了一会儿,朱可夫说:

"我从没有在司令部工作过,我始终在部队里。总参谋长我干不了。"

"政治局决定任命你,你应该服从。"斯大林一脸严肃,特意把"任命"二字咬得很重。

朱可夫知道任何反对都无济于事,他立即表示感谢最高统帅对他的信任,然后又强调说:"如果发现我不是一个称职的总参谋长时,我将请求再回部队。"斯大林总算满意地点点头。朱可夫赶到铁木辛哥的办公室,铁木辛哥微笑着说:"我听说了,你拒绝担任总参谋长的职务。刚才斯大林同志给我打电话了。现在你回军区去,然后尽快回莫斯科。基尔波洛斯上将(列宁格勒军区司令员),将受命接替你当军区司令员。"

1 月 31 日,朱可夫正式出任苏军总参谋长。此时苏军总参谋部人才济济。第一副总参谋长是闻名全国的瓦杜丁中将,此外还有索科洛夫斯基和华西列夫斯基等优秀将领,朱可夫率领参谋部和铁木辛哥配合加速推动军队改革、改组机构、淘汰不称职的军官,反对军事上的官僚主义。朱可夫还亲自向斯大林发出警告:大量德军集结在东普鲁士和波兰、巴尔干一线,而苏联西部各军区都缺乏足够的战斗准备。然而这种担心并没有转变成积极防卫。此时德国进攻俄国的"巴巴罗萨"计划早已送到希特勒案头。"德国武装部队必须在英国战役结束之前就准备好以快攻战击溃俄国……陆军必须为此运用所有部队,留下若干部队用以防止被占国家遭受突然袭击。海军仍应集中主力攻打英国!……必须大胆作战,坦克分四路深入,以消灭俄国西部的大量俄国陆军;必须防止枕戈以待的敌方部队退入俄国的辽阔地区。"德国人很明白俄国地大物博,资源丰富,必须采用闪电战,用绝对的优势兵力在极短的时间内消灭其有生力量。因此"巴巴罗萨"选择了白俄罗

斯作为主攻方向。为达到战役的突然性,德军采用了各种欺骗措施,德国外长亲自访问莫斯科,并邀请苏方人员回访德国,一再表白苏德友好,同时在英吉利海峡大造声势,作渡海作战的各种逼真伪装。军队的调动采取极为隐蔽的形式,直到战争爆发前夕,德军才在边境线上实施集中,坦克部队仍配置在很远的地方,6月21日夜间才进入出发地域。而苏联一方在德方周密布置天罗地网时,做出了一个又一个的错误判断。首先斯大林认为德军主攻方向将在乌克兰。乌克兰是苏联粮库,煤炭资源极为丰富,后面有高加索的石油宝库,当时无论斯大林,还是朱可夫的参谋部对于德国的闪电战没有足够认识,认为苏德战争将是一场长期战,而且像以前一样先会在边境交战几天,之后双方主力才进入交战。而闪电战的特点是战争在很短的时间内结束,根本无需考虑资源问题,哪里兵力薄弱,哪里将成为突破口。当时德国几乎拥有整个欧洲,已拥有足够的人力与物力资源。斯大林对主攻方向的判断,尽管朱可夫等将领都在场,但并没有引起大家的怀疑。

战争的前夜紧张不安,各种情报真真假假纷至沓来。斯大林作为最高统帅心里很清楚和德国的战争不可避免,但他始终贯穿一个愿望,那就是尽可能避免战争,竭尽全力制止战争,实在避免不了则尽量往后拖。因为无论斯大林,还是身为总参谋长的朱可夫都非常了解苏军当时的情况:军官年轻缺乏足够训练;1941年才开始恢复组建机械化师和坦克师,朱可夫任总参谋长后要求至少配备20个机械化师,但一年之内苏联根本就生产不出32000辆坦克;1941年4月才组建空降军,战争爆发时,空降兵只能当步兵用,所有的训练根本来不及。战争爆发时,苏军在西部边境虽有149个师,但每师编制仅8000人,而德国进攻动用了190个师每师编制为15000人。越来越多的迹象表明战争一触即发,朱可夫寝食难安。6月13日,他和铁木辛哥再次前往克里姆林宫,请求使部队进入一级战备状态。斯大林着急了:"这就是战争!你们懂不懂?"斯大林很清楚他不能轻举妄动。

然而,战争终于突然而至!

6月21日晚,朱可夫接到基辅军区参谋长的电话,报告有一名德军司务长投诚,说德军正在进入出发领域,将在22日晨发动进攻!朱可夫立即和铁木辛哥赶往克里姆林宫,铁木辛哥建议立即命令前线部队进入一级战斗准备。斯大林仍表示也许问题还可以和平解决,最后在斯大林指示下用平和的语调下达了一级战备令。21日晚总参谋部和国防人民委员部全体人员奉命留在各自岗位上,朱可夫通过电话电令西部各军区司令员在岗位待命。22日凌晨3时30分,西部军区报告,德军空袭白俄罗斯13分钟后,基辅军区报告乌克兰遭德军空袭!3点40分,波罗的海沿岸军区报告敌人开始进攻!战争终于爆发了!朱可夫感到全身的血液仿佛一下子全集中到头上,脑袋嗡嗡作响。铁木辛哥大声命令朱可夫给斯大林打电话,电话要通了,朱可夫报告了德军轰炸苏联西部各城市的消息,请示允许还击。斯大林惊呆了,好一会儿没有声息,电话那端的朱可夫着急了:"您听懂了我的意思吗?"仍然是沉默!最后斯大林疲惫地说:"你和铁木辛哥到克里姆林宫来一趟,通知政治局全体委员。"人员到齐了,长时间难以承受的沉默,最后斯大林说道:"下命令吧!"然后顽强地从椅子上站起来。

保卫首都

　　1941 年 6 月 22 日拂晓，德国法西斯对苏联发动突然袭击，一个半小时之后才正式向苏联宣战。意大利、罗马尼亚、匈牙利、芬兰也相继参加了侵苏战争。法西斯 190 个师（153 个德国师）、4300 辆坦克、5000 架飞机、总兵力 550 万人从波罗的海到黑海 1500 公里的战线上全面突进。一天内苏联就损失约 1200 架飞机，成千上万的苏军被合围，被消灭，损失惨重！9 月，北路德军包围了列宁格勒，中路推进到离莫斯科约 400 公里的斯摩棱斯克，铁木辛哥亲自指挥斯摩棱斯克的保卫战，但几乎全军覆没！斯大林在盛怒之下要罢免铁木辛哥，被朱可夫力阻。南线德军一路攻至第聂伯河，乌克兰首府基辅危在旦夕。

　　7 月 29 日，朱可夫请求斯大林紧急接见，一到克里姆林宫朱可夫分析了局势，建议从西部与西南方向，以及统帅部预备队各抽调一个集团军立即加强莫斯科所在的中央方面军，同时建议西南方面军立即撤过第聂伯河。斯大林警觉地问，"基辅怎么办？"朱可夫明白放弃基辅谁都接受不了，但作为总参谋长，朱可夫告诫自己不能感情用事，他断然回答："基辅不得不放弃。"难堪的沉默，朱可夫试图再解释什么，斯大林终于发火："把基辅交给敌人，亏你想得出来！"朱可夫也急躁起来，请求解除总参谋长职务，上前线去实地指挥。斯大林同意了，沙波什尼科夫出任参谋长，朱可夫战争开始后第一次奔赴前线。从 7 月 30 日到 9 月 9 日，朱可夫在距离莫斯科最近的防线叶利尼亚突出部成功地组织了一场反突击，苏军收回了叶利尼亚，德军在付出 5 个师的代价后被迫后撤，此役在败绩连篇的战争初期极大地鼓舞了苏军士气。而同一时期基辅保卫战在残酷地进行着，9 月 19 日基辅失陷，约 65 万名苏军官兵被德军俘虏，苏军指挥员赫鲁晓夫、布琼尼、铁木辛哥等差一点儿当了俘虏。在残酷的事实面前，斯大林承认当初朱可夫的建议是明智的，从此以后战场上所有重大问题，斯大林都注意听取朱可夫的意见。

　　9 月 9 日晚朱可夫被突然从前线召回，斯大林直截了当地对他说："你到列宁格勒去，接替伏罗希洛夫指挥方面军和波罗的海舰队。"列宁格勒是苏联的北方门户，1924 年朱可夫作为一名骑兵高级指挥官曾在此接受培训。此时的列宁格勒已被包围，指挥列宁格勒方面军的伏罗希洛夫元帅几乎完全失去了信心。斯大林意识到列宁格勒一旦失守，德芬军队必将会合从北面进攻莫斯科，苏军不得不消耗准备用于保卫莫斯科的预备队来开辟北面的新战线，而且将不可避免地失掉强大的波罗的海舰队。危难之际朱可夫飞抵列宁格勒。朱可夫一到立即颁布一系列稳定战线的措施，他亲自部署了海、空兵种的火力配置，下令波罗的海舰队除炮火支援外，水兵组建水兵师投入列宁格勒保卫战。同时下达死守列宁城的命令。列宁格勒的居民被动员起来挖战壕，筑街垒，全体军民做好了保卫每所房屋、每条街道的准备。惊慌失措的情绪很快被稳住，德军装甲部队攻到距列宁格勒约 9 公里、4 公里处仍被苏军顽强击退。到 9 月底一方面希特勒准备进攻莫斯科，不得

不从列宁格勒抽调部分兵力，另一方面由于朱可夫指挥下的苏军拼死抵抗，攻占列宁格勒的企图不得不放弃。列宁格勒最危险的时刻终于熬过来了。但之后希特勒采取封锁战术，列宁格勒军民一直被饥饿困扰，直到1943年才突破封锁，这期间约60多万市民被活活饿死！

1941年10月5日，正在列宁格勒指挥作战的朱可夫突然接到斯大林电话，斯大林命令朱可夫立即返回莫斯科。此时莫斯科方向局势十分紧张。9月30日德军发起了对莫斯科的总攻，德军投入了180多万兵力，1700辆坦克和1390架飞机。10月2日德军从中部突破了苏军防线，6日德军南北合围了保卫莫斯科的西方面军、预备队方面军的4个集团军！苏军虽浴血奋战，但绝大多数被歼被俘，从10月2日到10日苏军仅被俘人员就达66万之众！7日朱可夫飞抵莫斯科，斯大林说"你立即到西方面军司令部去一趟，我无法从西方面军与预备队方面军得到有关真实情况的详细报告"。当时西方面军已与最高统帅部失去了直接联系。朱可夫不敢有片刻停留，从总参谋部要来西部方向的地图，马不停蹄地赶往前线。由于时间紧迫朱可夫只好打着手电在颠簸起伏的汽车里研究地图。在列宁格勒的20多天里朱可夫几乎没有睡过整觉，现在更没时间打盹了，困得实在不行时，朱可夫只好让司机停下车，他跑上一段路再往前开。

天开始下起小雨，空旷的田野大雾弥漫，汽车开过了朱可夫的家乡，那熟悉的一草一木很快将成为战场，朱可夫想起了年迈的妈妈，还有姐姐，如果真的德国人打来了，妈妈她们很可能成为俘虏！有那么一瞬间朱可夫有些心动，车子只要拐一下就可以接走亲人，但理智告诉他：军务紧急，不可有片刻延误！车子开过了村边那条熟悉的小河。三天后，朱可夫派人接走了母亲及家人，两个星期后，朱可夫家的房子连同整个村庄被德军烧成了灰烬。

朱可夫找到了西方面军与预备队方面军司令部，在向斯大林汇报完情况后不久，斯大林正式命令两个方面军合并为西方面军，由朱可夫任司令员。朱可夫以他特有的充沛精力和工作效率开始了他的新任务。他立即与副司令员科涅夫和参谋长索科洛夫斯基开会，当场决定在莫斯科正西方向，从沃洛科拉姆斯克到卡卢加一线建立防御带，建立第二梯队和方面军预备队，同时组织被围的苏军实施突围。但突围未能成功，英勇的红军官兵在被合围的情况下仍不屈不挠地战斗，虽付出了巨大牺牲，却为朱可夫争取了建立新防线的宝贵时间。

10月13日德军在通往莫斯科的所有方向上发起猛烈进攻，当天朱可夫下令放弃卡卢加，莫斯科附近的塔鲁萨与阿列克辛两个城镇失守，德军还包围了莫斯科南方门户图拉。战斗十分激烈，莫斯科附近10月的防御战在苏联人民保家卫国的战争史上可歌可泣！朱可夫在战后的回忆录中也十分感慨地谈道：他一生最难忘的是莫斯科保卫战的日日夜夜。那时几乎所有的预备队都投到了战场，莫斯科步兵指挥学校学员被混编成步兵团派往前线最重要的地段，临行前校长发表了演讲："凶恶的敌人要闯入我们祖国的首都莫斯科……现在没有时间进行你们的毕业考试了。你们将在前线，在与敌人的战斗中经受考验。我相信，你们每个人都会光荣地通过这次考试！"学员们急行军85公里，于10

月7日达到前线,他们不怕危险,不怕牺牲,一直牢固地守住了防线。10月20日开始,莫斯科实行戒严,在此之前中央机关与所有外交使团已疏散到古比雪夫,斯大林决定留在莫斯科。莫斯科的工人、职员、学生被动员起来建立了4个民兵师,几十万莫斯科人不分昼夜构筑环绕首都的防御工事,这一主要由妇女与少年组成的修筑大军用自己的双手挖出了300多万立方米的土,修建了近13万米长的战壕、7.2万米长的防坦克壕、近8万米的断崖。整个10月份德军虽然前进了200多公里,推进到离莫斯科仅60多公里处,但德军被拖得精疲力竭,希特勒在10月中旬攻战莫斯科的计划破产了。

　　11月7日斯大林在征询朱可夫意见后,在德国军队几乎兵临城下的危局中,在莫斯科"马雅科夫斯基"地铁车站举行了纪念十月革命24周年庆祝大会,并在莫斯科红场举行了传统的阅兵式,极大地鼓舞了苏军士气。11月15日德军向莫斯科发起了第二次进攻。从15日到18日德军疯狂已极,德军坦克不惜任何代价试图冲进莫斯科,27日德军攻占了离莫斯科仅24公里之遥的伊斯特腊,德军用望远镜可以望见克里姆林宫的顶尖。深夜,朱可夫正在司令部里组织反击,突然斯大林来电话:"你坚信我们能够守住莫斯科吗?我怀着内心的痛苦在问你这个问题,希望你作为共产党员诚实地回答。"朱可夫坚决地说:"毫无疑问,我们能够守住莫斯科!"此时德军虽没有放松进攻,但已到了强弩之末。到12月5日德军第二次进攻被彻底粉碎。6日朱可夫下令西方面军从莫斯科南北两面开始反攻。朱可夫已严重睡眠不足,但仍靠坚强的毅力支撑着。10多天的反攻使疲弱已极的德军在冰天雪地中后撤了150~300公里。希特勒一面撤职查办伦斯德、古德里安等,一面下令拼命死守,德军才没有全线崩溃。红军解放了克林、加里宁、卡卢加等城市,赢得了莫斯科战役的最后胜利。苏联报纸刊登了朱可夫的巨幅照片,朱可夫作为拯救莫斯科的英雄而举世闻名。

激战斯城

　　莫斯科战役之后,朱可夫负责指挥苏联西方面军和加里宁方面军对德军实施不断突击。进入1942年后,希特勒决定主力进攻苏联南部。1942年4月5日希特勒正式签发了作战指令:一切可用的军队将集中到南翼的主要战线,其目的是在顿河这边消灭敌人,以夺取高加索油田和进入高加索山区的隘口。希特勒特别强调:"无论如何,必须竭尽一切努力到达斯大林格勒市区。或者至少使这座城市处于重炮射程之内,从而使它不能再成为工业中心和交通枢纽。"丘吉尔在他的回忆录中曾这样谈道:斯大林格勒的诱惑使希特勒着了迷。这座城市的名字本身就是对他的挑战……这座城市成为一块吸铁石,把德国陆军与空军的主力都吸引过去了。

　　由于德军在整个冬季作战中伤亡了110多万人,德军兵员严重不足,希特勒亲自出马在轴心国集团中搜罗到52个师,并将其中41个师派到苏联南部。尽管德军将领并不十分赞成用盟国军队充数,但德军现在要防守漫长的防线,同时要保证南线进攻,早已力

不从心，而这些素质极差的盟军，后来证明不仅成事不足，反而败事有余，加速了德军在斯大林格勒城下的溃败。

1942年7月23日，德军以5个师的兵力进攻防守在顿河西岸的苏军，揭开了长达200天的斯大林格勒大会战。7月25日德军在给予苏军强大打击之后，企图在长拉奇附近强渡顿河，直扑斯大林格勒。希特勒还特意从南高加索抽调第四坦克兵团前往斯大林格勒，德军攻势凌厉。苏军顽强抵抗，粉碎了德装甲兵团在"行进"中占领斯大林格勒的计划，但德军主力仍然渡过了顿河，已经逼近了斯大林格勒。8月23日，德军坦克冲入维尔佳奇地域，将斯大林格勒的防御分割为两部分，同时德军进行了侵苏以来第二次规模最大的空中攻击，一昼夜出动了2000架次飞机狂轰滥炸，全市成为一片火海！

斯大林格勒岌岌可危！形势发展不堪设想！一旦城市沦亡，将切断苏联欧洲部分南北水陆交通、将切断中央与南方重要经济区高加索的联系。不仅如此，从斯大林格勒沿伏尔加河北上，可以威胁莫斯科；或由高加索南下切断英美经伊朗向苏输送物资的供应线。8月27日，正在西方面军负责牵制德军、以减少斯大林格勒方向苏军压力的朱可夫，突然接到斯大林电话："你必须尽快到最高统帅部来，留下参谋长代理你的工作。"晚上，朱可夫赶到克里姆林宫。斯大林说：德军可能占领斯大林格勒，国防委员会决定任命你为最高副统帅，并派往斯大林格勒地域。末了斯大林问："你打算什么时候起程？""我需要一昼夜时间研究情况，29日能飞往斯大林格勒。"斯大林点点头，十分郑重地说："你必须采取一切措施。不然的话，我们会丢掉斯大林格勒！"朱可夫再一次临危受命！

29日朱可夫飞抵伏尔加河地域。9月3日，在朱可夫指挥下，苏军近卫第一军团发起进攻，但在德军的强大阻击下，只前进了几公里就被迫停了下来。德军离斯大林格勒仅有5公里之遥，形势急剧恶化。9月5日，朱可夫在斯大林格勒地域再次组织反突击，但德军仍很顽强，经过一天交战，苏军进展甚微。9月6日，苏军仍被遏制，10日朱可夫再一次巡视了各集团军的部队，他得出一个结论：目前，苏军在斯大林格勒地区浴血奋战，只能蒙受沉重损失。以现有的兵力是不能突破敌人的战斗队形并消除其分割苏军而形成的走廊。

12日，朱可夫奉命飞往莫斯科，汇报前线形势，总参谋长华西列夫斯基也被叫去，当二人汇报完情况后，斯大林聚精会神地研究着地图。为了不打扰斯大林，朱可夫和华西列夫斯基走到离桌子稍远的地方，低声地说："显然需要找个什么别的解决办法。"斯大林突然抬起头来问道："有什么别的解决办法？"朱可夫和华西列夫斯基十分惊讶斯大林的听力，连忙走到桌前解释，斯大林说："这样吧，你们到总参谋部去，好好想想，在斯大林格勒地区应该采取什么措施。"

第二天，朱可夫和华西列夫斯基向最高统帅斯大林提出如下建议：苏军继续以积极防御来疲惫敌人，然后发动一次特大规模的反攻，在斯大林格勒围歼德军，从而根本改变南部战略形势。斯大林有些意外地问：

"现在有足够力量实施这样大规模的战役吗？"

朱可夫说："根据我们计算，过45天，战役可得到必要的兵力和兵器保障，而且能够

充分准备完毕。"当时配备有苏联最新式 T-34 型坦克的装甲兵团正在组建。斯大林又提出了几个问题。朱可夫与华西列夫斯基解释说,战役分为两个主要阶段:第一阶段是突破德军防御,合围德军斯大林格勒集团并建立牢固的正面防线,以隔绝该集团与外部敌人的联系;第二阶段,歼灭被围的敌人并制止敌人解围的企图。

正当苏军计划组织反攻时,德军统帅希特勒却做出了十分狂妄的决定:同时拿下斯大林格勒和高加索!陆军总参谋长哈尔德竭力主张集中兵力攻占斯大林格勒,并一再陈述德军根本没有力量能在不同方向同时进行两场重大战役的意见。而希特勒反驳说,苏联人已经"完了"。当有人提醒他说苏军于 1942 年仍有可能在斯大林格勒附近集结到 100 万生力军,并证实苏联每月能为前线提供 1200 辆坦克时,希特勒暴跳如雷,不许今后再有人提及这些愚蠢的废话。

虽然希特勒的狂妄完全忽视了苏联的巨大潜力,一场涉及 150 万兵力的大反攻正在进一步酝酿之中,但斯大林格勒的局势仍在恶化。9 月 13 日,朱可夫飞抵前线,历时两个月的斯大林格勒市区争夺战开始了。17 万德军在近 500 辆坦克和 1700 门火炮的掩护下攻入市区,斯大林格勒的每条街道几乎全成了激烈的战场,双方短兵相接,逐街逐屋反复争夺。一号火车站一星期内易手 13 次。红军战士为保卫斯大林格勒的每寸土地顽强战斗着,巴甫洛夫中士等 24 名战士在一幢楼房里,顶住一个师德军反复冲击 58 天,守住了大楼。10 月,德军占领了城市的大部分,有的地区甚至推进到伏尔加河边。苏军背水奋战,寸土必争。11 月下旬,高加索方面德军的攻势也因兵力不足而被阻止。希特勒既没有拿下斯大林格勒,也没有占领高加索,反而因兵力分散,捉襟见肘,不得不把斯大林格勒战线侧翼交给战斗力极差的意、罗、匈等国的军队去掩护,暴露了自己的薄弱点。而苏联红军则不仅度过了最艰难时刻,而且大反攻的一切准备已经就绪,一百多万进攻部队在德军毫无知觉的情况下进入了进攻地域。

1942 年 11 月 19 日早晨,经朱可夫、华西列夫斯基、斯大林等周密筹备两个月的大反攻终于开始。苏军 110 万兵力,1500 辆坦克、15000 门火炮、1350 架飞机分两路,首先向战斗力薄弱的罗马尼亚第 3 集团军阵地发起冲击,罗马尼亚军队惊恐万状,很快土崩瓦解。苏军迅速渡过顿河,直捣德军后方。另一路苏军从斯大林格勒南部发起进攻,突破罗马尼亚第 4 集团军防线后,迅速向西北推进,11 月 23 日在卡拉奇与北路苏军会合,从而完成了大反攻的第一阶段,德军第 6 集团军 22 个师约 30 万人被紧紧压缩在包围圈中。苏军突然而强大的反攻,打得希特勒晕头转向,他急忙把冯·曼施泰因元帅从列宁格勒调到南方组建"顿河"集团军,以解救被围的德军。

12 月 12 日,曼施泰因来不及等部队全部集结完毕就向斯大林格勒方向猛冲,19 日,这支不顾重大伤亡、被称为"同死神赛跑"的军队离斯大林格勒仅 40 公里时被迫停住,此时被围德军因燃料短缺,坦克跑不了 40 公里,眼睁睁地看着死里逃生的机会倏忽而逝。苏军在朱可夫等指挥下又一次南北两路冲击顿河集团军,而对潮水般涌来的苏联军队,曼施泰因担心的不再是被围的 30 万德军,而是如果继续往前,自己的军队也将面临被包围的处境,曼施泰因被迫下令德军往南撤退,希特勒解围计划成为泡影。

被围的德军处境越来越差，希特勒一开始还赌咒发誓保证他们的供给，到1943年1月，希特勒也明白斯大林格勒城下败局已定，从而将重点放到建立新的防线上，对被围德军处境无动于衷。1月10日，苏军开始围歼被围德军，1月30日希特勒下令授予第6集团军总指挥保卢斯元帅军衔，指望他能战斗到一兵一卒，然而第二天保卢斯就投降了。2月2日，被围德军全部投降或歼灭，经过200天的鏖战，这场二战中最大的一次战役结束。这一战役极大地鼓舞了苏联人民和全世界人民反法西斯的信心和勇气，它成为整个战争的转折点。

战役结束后，朱可夫再次受到隆重表彰。他与华西列夫斯基等将领一起获得苏沃洛夫一级勋章，而且朱可夫获得第1号苏沃洛夫一级勋章。在斯大林格勒战役尾声，1943年1月18日，朱可夫被晋升为苏联元帅，朱可夫的名字再次享誉全世界。

进军柏林

斯大林格勒战役后，希特勒决定于1943年夏季实施"堡垒"进攻计攻，试图夺回苏德战场上的主动权，而苏军一方也在摩拳擦掌，争取彻底粉碎"堡垒"计划，从根本上击败德军。朱可夫作为最高副统帅又一次被派往交战地域库尔斯克。苏军配备了130多万兵力，3444辆坦克和强击火炮，近20000门火炮，近3000架飞机。7月5日双方开始激战，经过10天左右的战斗，德国在强大的苏军攻势面前开始后撤，8月3日和5日苏军攻克别尔哥罗德和奥廖尔城，5日晚苏联首都莫斯科120门大炮齐鸣12响，卫国战争以来苏联国土上第一次响起祝捷礼炮。8月23日，乌克兰第二大城市哈尔科夫被解放，至此苏联卫国战争中最大的一次会战以苏军的胜利而结束，德军为他们的"堡垒"计划又损失了50多万兵力和至少1500辆坦克。朱可夫元帅又一次获得苏沃洛夫一级勋章。

1943年12月，朱可夫奉命回到最高统帅部，总参谋部决定就1943年的总结和近期战争前景征询元帅的意见。经过几天的全面总结和局势分析，苏军最高统帅部决定在1943年冬和1944年初展开北由列宁格勒南到克里木的大范围进攻。1944年年初朱可夫奔赴苏德战场的核心：乌克兰方面军与德国南方集团军群战场，朱可夫负责协调乌克兰第1、第2方面军，总参谋长华西列夫斯基负责乌克兰第3、第4方面军。在朱可夫指挥与协调下，乌克兰第1和第2方面军向前推进了200多公里，全部解放了基辅州、日托米卫州、基洛夫格勒等重要地区。1944年1月，乌克兰1、2方面军在科尔松—舍甫琴柯夫斯基地域又合围了德军包括9个步兵师、1个坦克师和1个摩托化师在内的强大集团，尽管由于经验不足，一批德军得以突围，但仍消灭了55000名德军。2月18日，莫斯科为负责合围战役的乌克兰第2方面军鸣放礼炮。3月，由于乌克兰第1方面军总指挥瓦杜丁大将负伤牺牲，朱可夫又被正式任命为1方面军司令员。朱可夫元帅率领1方面军在南线掀起一股旋风，28天作战，解放了16173平方英里的苏联领土，3个乌克兰中心城市，57个城镇。在喀尔巴阡山山麓乌克兰第1方面军击溃德军，并前进到捷克斯洛伐克和罗马

尼亚边境,莫斯科数次响起向乌克兰第1方面军致敬的礼炮,朱可夫打到哪里,胜利便降临哪里的神话到处被传颂。

4月22日,朱可夫奉命回最高统帅部,讨论1944年夏秋季战局。此时驱逐德军于国门之外,完全解放被德军占领的苏联领土成为夏秋战役的目标,为此斯大林、朱可夫、华西列夫斯基等缜密筹划,准备通过10次战役完成这一任务。此即苏联史书上常说的10次打击。经过10次接连不断、此起彼伏的重大打击,苏军解放了列宁格勒州、全部乌克兰、敖德萨、克里木半岛。击败芬兰军队,芬兰当局停战求和。白俄罗斯全境解放,波罗的海大部分领土收复,迫使保加利亚、罗马尼亚退出战争,并对德宣战。包围了匈牙利首都布达佩斯,俄军攻入捷克斯洛伐克与南斯拉夫境内,北线逼近华沙与德国的东普鲁士。

华沙—柏林方向的进攻很快成为苏军的主攻方向,白俄罗斯第1方面军被配置在这一重要方向上。苏联众多战绩赫赫的将领都渴望成为指挥进攻柏林这一光荣任务的候选人。然而由于斯大林的厚爱,这一美差落到了常胜将军朱可夫的头上。1944年11月16日,他被斯大林任命为白俄罗斯第1方面军司令员。原司令员罗科索夫斯基被调任白俄罗斯第2方面军司令员。这两支部队与科涅夫大将指挥的乌克兰第1方面军共250万人成为即将攻克柏林的主力。然而朱可夫面临挑战,在柏林战役正式打响之前,在著名的维斯瓦河—奥得河战役结束后,苏联战略正面的几个方面军基本处于同一线上。虽然斯大林对朱可夫很器重,但战场上的主动权则由各位实地作战的将军们掌握的。特别是指挥乌克兰第1方面军的科涅夫,原本就对最高统帅将白俄罗斯第1方面军指挥大权交给朱可夫不服气,此时更是信心十足决心与朱可夫一较高低。

1945年4月1日,斯大林召回了朱可夫与科涅夫两员虎将,商议柏林战役的最后准备工作。此时英美盟军已打过莱茵河,为未来的政治前途计,盟军也试图攻克柏林。斯大林问两位将军:"现在谁将要攻克柏林,是我们还是同盟国?"

还没等朱可夫开口,科涅夫抢先回答:

"我保证苏军一定能先攻占柏林!"

斯大林问科涅夫:"你的主力部队在南翼,你怎样建立一个攻占柏林的突击集团呢?"科涅夫表示方面军将保证在规定的时间内完成战争部署。

朱可夫不慌不忙地站起来请求承担主攻柏林的任务,理由是白俄罗斯第1方面军战略正面直接对准柏林,而且离柏林最近。朱可夫坚持白俄罗斯第1方面军可以独立攻占柏林。最后斯大林为科涅夫的主动精神所感动,默许了科涅夫的计划,但斯大林同时也给了朱可夫同等的机会:那就是以柏林东南约60公里的吕本为界,哪个部队先到达吕本,哪个部队就参加攻占柏林。

返回前线的路上朱可夫心情并不轻松。攻占柏林对一位苏联将领来说无疑将是最光荣、最辉煌的一页,是名垂青史的重大事件,朱可夫决不甘心落后。然而令朱可夫更担忧的并非谁将获得头功,而是法西斯困兽犹斗将使柏林战役空前残酷。

德国法西斯派出了以海因里希上将为司令的强大集群部队来抵抗朱可夫的进攻。海因里希与朱可夫曾在莫斯科战役中交过手。他惯于采用一套独特的防御战术,那就是

准确判断对方的进攻时间，然后在敌方发起进攻前将自己的部队迅速后撤到第二道防御线，使对方进攻时猛烈的炮火全部落在空无一人的第一道防御线上。等苏军炮火一停，又重新占领原先的前沿阵地。1945 年 4 月 15 日，海因里希又一次准确判断出苏军的进攻时间，在 4 月 16 日朱可夫发起进攻时将前沿部队后撤。然而朱可夫不甘示弱，一是将进攻时间由以往的清晨改在晚上，同时别出心裁地使用了 140 部，耗电总共 1000 多亿度电的巨型探照灯。德国阵地被照耀得如同白昼，黑暗中的目标全部显露，德军士兵被突如其来的强烈光柱震慑。然而朱可夫的进攻遇到了强大阻击。在朱可夫部队进攻柏林途中的泽劳弗高地是柏林接近地最后的屏障，被德国人称为"柏林之锁"，在德军的强大火力面前，朱可夫部队一次又一次的冲击都被击退。而此时科涅夫大将的乌克兰 1 方面军攻势顺利，很快接近柏林城郊，斯大林甚至同意科涅夫的两个坦克集团军向柏林进发。朱可夫激动了，下令苏军发疯似的进攻，18 日泽劳弗高地终于被攻克。20 日，朱可夫手下的第 3 突击集团军在库兹涅佐夫上将指挥下首先向柏林市区开炮，而科涅夫的军队于 21 日晚逼近柏林市区防御圈，两员战将的攻势再次难分高下。关键时刻斯大林发话：市区攻坚战一分为二。但科涅夫认为斯大林仍然偏心地将柏林市的象征国会大厦划到了朱可夫一方。战功卓著、久经考验的朱可夫再一次领受了最艰巨的作战任务。

希特勒决定死守柏林，柏林的战役因而十分惨烈。德军利用楼房，高大厚实的墙壁，纵横交错的防空通道、地下室、下水道等组成了严密的防御。朱可夫指挥部队不分昼夜不停地进攻，白天第 1 梯队、晚上第 2 梯队，分割德军，各个击破。从 4 月 21 日到 5 月 2 日，单朱可夫的部队就对柏林发射了 180 万发炮弹，相当于 36000 吨钢铁重量。市内攻坚战开始后，苏军铺设了专门的路轨，将每发重半吨的要塞炮运抵战场，有的德军驻守的楼房仅一发要塞炮便可顷刻拔掉。4 月 29 日朱可夫的部队离希特勒的总理府仅一街之隔了，30 日凌晨希特勒自绝身亡。30 日早晨，朱可夫的部队开始攻打国会大厦，朱可夫的部队与党卫军精锐部队进行了一场近距离血战。苏军占领了下面各层后，上面楼层的德军仍拼死抵抗，苏军不得不每个房间、每个楼层地与德军搏斗，直到夜间国会大厦才升起了苏联的旗帜。亲自指挥这一历史性战斗的库兹涅佐夫拿起电话机，兴高采烈地向朱可夫报告：

"国会大厦上升起了红旗！元帅同志，乌拉！"

朱可夫激动不已，14 年卫国战争，多少牺牲，多少困难，终于盼来了这一历史性时刻！朱可夫激动地下令继续战斗，完全彻底地击溃法西斯！

5 月 1 日，德国汉堡广播电台发表声明：

"我们的元首阿道夫·希特勒同布尔什维克主义战斗到最后一息，今天下午在德国总理府的作战大本营里为祖国牺牲了。4 月 30 日，元首任命海军元帅邓尼茨为他的继承人。"邓尼茨政府试图讨价还价，但遭到苏联坚决回绝，5 月 2 日德军柏林城防司令魏德林将军率残部投降，柏林战役胜利结束。

战斗一结束，朱可夫匆匆赶赴帝国办公厅，想亲自查实希特勒之流自杀的情况，然而苏军的重炮毁掉了所有痕迹。正当朱可夫带着扫兴的心情准备离开帝国办公厅时，忽然

有人报告发现了戈培尔6个孩子的尸体，久经沙场的朱可夫不忍心去目睹这一悲剧，匆忙离开了。经过详细调查，朱可夫确信希特勒自杀属实。当朱可夫向斯大林报告希特勒已自杀身亡的消息时，最高统帅也不顾及文雅不文雅，冲口大骂：

"完蛋啦？这个混蛋！可惜没能活着把他抓到！"

5月7日，邓尼茨政府在艾森豪威尔的盟军总部签署了无条件投降书。斯大林十分气恼，要求德军投降书应在反希特勒联盟所有各国的最高统帅部面前签署，地点必须在法西斯的侵略中心柏林。斯大林的建议为盟国所接受。5月9日，德国无条件投降仪式在柏林正式举行，朱可夫作为苏军最高统帅部的全权代表端坐在正中。5月9日零点43分，签字仪式结束。苏、英、美、法各国代表欢庆一堂，柏林上空响起了胜利的礼炮，朱可夫一身戎装，情不自禁地跳起了"俄罗斯舞"，在欢快的旋律和互相亲切的祝愿中，一个时代结束了。

元帅离世

战争刚结束的那段日子，朱可夫的声望达到了高峰。在柏林还在举杯同庆胜利的时刻，朱可夫得到了艾森豪威尔、蒙哥马利等著名将领的称赞。在国内，各类报刊上大篇幅地登载着朱可夫满佩勋章、喜气洋洋的文章与照片。斯大林对朱可夫的器重，几乎全世界人民都有目共睹。1945年6月24日，莫斯科红场举行了盛大的阅兵式，隆重庆祝反法西斯战争的胜利，斯大林特意安排朱可夫担任阅兵首长，自己退到幕后。同时朱可夫被委任为四国对德管制委员会中苏方最高长官，协调各国对德国问题的处理。朱可夫获得了美国政府与英国政府颁发的荣誉勋章。尽管有不少分歧，朱可夫和艾森豪威尔之间忠诚的友谊逐日加深，8月12日在苏联体育节检阅那天，两位将军在列宁墓的检阅台上热烈拥抱，红场上的苏联人民热烈欢呼，为和平的未来，也为两位战争英雄的珍贵友谊而欢呼。然而祸兮，福兮！极大的成功、至高的荣誉，与一位即将成为美国总统的人的不同寻常的友谊，加之元帅本人倔强、果断、喜欢自夸的性格，这一切的一切在未来的岁月里，给将军带来了不少麻烦。或许人们要说将军此时功成名就，急流勇退就好了，免得之后几十年风风雨雨，大喜大悲，阅尽政坛险恶，尝尽世态炎凉。然而人在高处时，有几人能主动走下神坛？更何况历史的车轮在滚滚向前，朱可夫元帅也和许许多多重要人物一样，战争一结束，便卷入到苏联变幻莫测的政治漩涡中。

1946年2月14日，朱可夫尚在柏林即被选为最高苏维埃代表，他的名望仅次于斯大林，是斯大林身后最耀眼的明星，选民们甚至用"乌拉"来欢颂他。4月10日，朱可夫离开柏林，回国就任苏联陆军总司令。然而暴风雨悄然而至，7月份，《真理报》不动声色地刊登了一则消息：朱可夫被调到敖德萨军区，担任一个不重要的职位。一时间到处在传说着朱可夫被贬的原因，连美国的艾森豪威尔将军也在分析：人们对于他实际上已不公开出面所推测的原因之一是：他与我有人所共知的友谊。我不相信这是原因。实际上元帅

的被贬是几种原因造成的：一是战争结束后，斯大林作为最高统帅，他在二战中的作用与地位绝对不能受到旁人的威胁，斯大林不能容忍朱可夫的名望太高而喧宾夺主。将军在二战中的赫赫战功在群众心中正光芒四射，加之将军喜欢自夸的个性更加渲染了他的军事天赋，许多要人开始不满。有一次朱可夫出席党的会议，会议主席十分粗暴地大声对他嚷道："我们胜利的功劳不属于你，而属于党和领袖！"此外便是将军的直率，朱可夫对于斯大林坚持把战争胜利归于他的天才，越来越轻蔑，继而反感，在一些场合元帅直抒胸臆，公开表示不满，秘密警察们一字不漏地报告了斯大林。第三是固执地坚持军队的职业化，轻视党和政治工作对军队的影响。在战争期间，斯大林让了步，军队取消了政治委员，但现在仗打完了，斯大林再也不能容忍朱可夫对党的工作人员的排斥态度。

朱可夫离开了他仅坐了三个月的陆军总司令的交椅，老对手科涅夫取而代之。朱可夫的下坡路还没走完。朱可夫在敖德萨任职期间，在列宁格勒被围战役中有过严重分歧的戈沃洛夫，以监察部长的身份视察了敖德萨，早就对他怀恨在心的戈沃洛夫向国防部递交了一份对朱可夫极为不利的报告，朱可夫再次被贬，他被调到乌拉尔更低的岗位上。

元帅无法承受这一次次不明不白的打击，他请求离开他为之终身服务的军队，他抗议政府对他的功绩一笔勾销，抗议秘密警察没完没了的盘查，但请求没有得到任何回音。然而元帅生命的转折又降临了，1953年3月5日，一代巨人斯大林因患脑溢血突然离世，3月6日凌晨，莫斯科电台宣布了斯大林逝世的消息，同一天，朱可夫被任命为国防部副部长，并同时负责苏联陆军部队。

元帅生命的春天又一次来到。一代巨星斯大林陨落后的星空，朱可夫又一次成为耀眼的明星。这在巨人逝世后的年代里对于稳定军心与民心产生了积极作用。斯大林时代之后继之而起的赫鲁晓夫，需要将军的帮助，仰赖军队的支持，更何况朱可夫的美国朋友成了美国总统，在美苏冷战激烈的时代，或许元帅与艾森豪威尔的私情能化解东西方的坚冰，总之，朱可夫很快又大红大紫起来。他参与了处置贝利亚集团的重大事件，对秘密警察的切齿痛恨使元帅对贝利亚毫不手软。军队在苏联的柱石作用重新得到了承认。1955年7月，朱可夫以军方代表身份出席了赫鲁晓夫与艾森豪威尔在日内瓦举行的美苏高层会晤。然而令艾森豪威尔伤感的是，元帅已今非昔比，会晤时讲的话仿佛在背诵台词，嘴里轮回地念着冠冕堂皇的辞藻。那个独立而充满自信、敢作敢为、精明果断的将军已成了永恒的记忆。但将军的固执依旧，他对军队实行军事首领的一长制终身不逾，他坚持文职当局必须放手让军事司令员处理军队事务，而不要让政治委员来干涉。在朱可夫的领导下，苏联军队进入了一个新的时代，军官重视军事理论，而党的观念淡化了，不少政治干部因没有前途，纷纷离开军队。这是一种潜在的危机。党的领导视为这是军队对党的挑战，对元帅而言，这一思想与客观现实将再次成为他跌向低谷的重要原因。

此时的朱可夫尚不能离开政治核心，赫鲁晓夫深知要在政治强手如林的政治漩涡中站稳脚跟，还离不开朱可夫。1957年4月马林科夫、莫洛托夫、卡冈诺维奇开始向赫鲁晓夫发难，他们抨击他的各项政策，大家异口同声地谴责这个以反斯大林个人崇拜而扬名的人搞个人崇拜，要求赫鲁晓夫立即辞去党的第一书记职务。赫鲁晓夫在目瞪口呆之余

终于回过神来,坚持立即召开全体中央委员会会议,以决定他的去留。危难之际朱可夫毫不迟疑地支持赫鲁晓夫,并命令国防部迅速派军用飞机把分散在全国各地的中央委员火速接到莫斯科。赫鲁晓夫赢了,马林科夫等人作为"反党集团"被清洗。由于三人又曾经是30年代对红军指挥人员血腥清洗的重要参与者,军人集团对这个反党集团有着特殊的怨恨,朱可夫也决不手软地要清算这笔血债。元帅在政治舞台上似乎有些忘乎所以,他痛斥反党集团是害群之马,他公开呼吁为30年代蒙受不白之冤的军官们平反。也许出于对朱可夫的感激,赫鲁晓夫默许了元帅的种种建议:图哈切夫斯基元帅和布留赫尔元帅平反昭雪了。苏军总政治部向党中央直接报告的制度停止了,转而向朱可夫报告工作。军队派代表参加秘密警察领导机关的活动,对内务部的军队和国家安全委员会的边防军都有权指挥。正式和公开地谴责斯大林时代对军队的清洗等等。然而元帅不懂得党的领袖们始终是一个整体,他们在许多方面,几代人都是一脉相承。元帅似乎肆无忌惮地向党的隐蔽处进攻,显然触犯了政治敏感的神经。元帅出席各种集会的机会多了,对自己往日的功劳也许表白得太多。"朱可夫想干什么?"这一问题在党的领袖们脑海里挥之不去。"不能让他为所欲为",赫鲁晓夫暗自决定。

1957年10月,朱可夫春风得意地在南斯拉夫、阿尔巴尼亚访问。访问结束后,朱可夫原计划取道克里木去检阅那里的部下。赫鲁晓夫的秘书打来电话请元帅直飞莫斯科,说是11月7日革命节的40周年盛大军事检阅有许多事情等着老将军回来定夺。朱可夫压根没有想到,那个得到他大力帮助的赫鲁晓夫早已为他准备好了陷阱。

朱可夫被免去了国防部长的职务,这一新闻立即传遍了世界各地。朱可夫又一次突然从社会和政治生活中消失了。新任国防部长马林诺夫斯基操纵《红星报》说:一个高级军人被他自己成功的军事经历迷住了心窍,他为此犯了严重的错误,受到了党的严厉制裁。朱可夫的亲密战友和部下如罗科索夫斯基、索科洛夫斯基、扎哈罗夫等异口同声地声讨他。老对手科涅夫元帅决心一鼓作气把这个竞争者彻底搞臭,他竭力贬低朱可夫在战场上的功劳,说朱可夫占领德国国会大厦是他的乌克兰第1方面军让出来的,朱可夫窃取了不应有的荣誉云云。那个幸亏朱可夫而免遭灭顶之灾的赫鲁晓夫公开表示:"就一个生命来说,一个细胞死亡,另一个细胞代替它,生命才能继续下去。"苏联战争史在悄悄改变,朱可夫的功绩被一点点遮盖。元帅又一次面对精神与肉体的摧残,在中央委员会全体会议上,元帅自己投票赞成把他从主席团清除出去。

朱可夫退休了,在莫斯科郊外的一幢别墅里悄悄地度着自己的晚年。外界的风雨时而也敲打着将军的窗棂,但将军已经习惯地漠然处之。1964年,68岁的元帅离婚,与比他年轻25岁的格林娜结婚,不久老将军晚年得女,小玛莎的活泼与格林娜的温柔给心灰意冷的元帅带来了慰藉。

历史的车轮滚滚向前,克里姆林宫再次更换了主人。1964年10月勃列日涅夫担任苏联党的第一书记。1965年5月9日,反法西斯战争胜利20周年纪念日,莫斯科红场举行了盛大的阅兵式,在列宁墓顶上,人们又看到了久违的英雄——朱可夫元帅。许多人感动得流下了热泪。

　　1969 年，朱可夫著名的回忆录——《回忆与思考》在苏联出版了，第一版就发行了 60 万册。1966 年 12 月，为庆贺老将军 70 岁生日，最高苏维埃主席团授予朱可夫国家最高级勋章——列宁勋章，致贺的电报、亲切的问候纷至沓来。同年 8 月，蒙古人民共和国授予元帅英雄金星勋章。面对荣誉和善良的人们忠诚地问候，老元帅激动不已，荣辱兴衰，宦海沉浮，沙场浴血，世态炎凉，往事如烟，一切都交给后人评说吧！

　　然而历史不会忘记那些对历史做出了贡献的人们，人们也不会忘记那些挽救了历史的英雄，朱可夫元帅的伟大贡献将不仅被苏联人民铭记，而且将永远被全世界人民铭记。

　　1974 年 6 月，朱可夫在莫斯科安然离世。

美国首个黑人国务卿

——科林·鲍威尔

人物档案

简　历：出生于美国纽约，美国军人，上将军衔，第65任美国国务卿，是美国历史上首位任职美国国务卿的非裔美国人。在1990至1991年的海湾战争中担任参谋长联席会议主席，是第一位担任此一美军最高军职的非裔美国人。2021年10月18日早晨，科林·鲍威尔因新冠并发症去世，终年84岁。

生卒年月：1937年4月5日～2021年10月18日

安葬之地：华盛顿国家大教堂。

性格特征：聪明、能干、自信，口碑极佳，以闪电般的速度不断晋升。

历史功过：曾在20世纪末21世纪初帮助数届共和党政府塑造了美国的外交政策。有关军事冲突的观点也塑造了一种国家安全观，即战争应该是最后的手段，而且要有明确的目标、公众的支持，以及果断的行动，这一主张被媒体称作"鲍威尔主义"。曾努力改善美国同俄罗斯和中国的关系。他还支持扩大美国在全世界各地抗击艾滋病和疟疾的努力。

名家评点：美国总统拜登评价说："他是'一位朋友'和'一位拥有至高无上的荣誉和无与伦比的尊严的爱国者'。"

平民大学

　　1937年4月5日，鲍威尔生于纽约市哈姆莱黑人居住区。他的父母都是牙买加移民。他父亲在20岁时，同很多黑人一样，为了寻求一条较好的生路，也为了给子孙后代寻求一个较好的前途，从牙买加背井离乡，移居美国，开始在一家种植园当工人，而后在

一家服装厂干活。4岁时,鲍威尔一家搬到纽约。父亲两手空空来到美国,每天清晨乘地铁上班,整日拼命地干活,晚上8点钟才回到家里。年幼的鲍威尔和姐姐相依为命。有一次他在地板上玩,把一根发卡塞进一个电源插座内而差点被电击死。

南布朗克斯区被称作"香蕉大街",是个民族杂居的地方,也是纽约最贫穷最脏乱的地区之一。一幢又一幢烧坏的破烂公寓,满街垃圾,遍地杂草,吸毒者、精神病患者到处可见。盗窃、殴斗、吸毒成为这个地区的主要特征。年幼的鲍威尔就生活在这种世界里。勤劳的父母成为鲍威尔成长的榜样。多年以后,当鲍威尔接受记者的采访谈到他的父母时,他用充满敬仰之情的声音说:"我父母当年不曾认识到他们自己的力量。这力量不在于他们说了些什么,给我们教导过什么,而在于他们克勤克俭地度过他们的一生。如果他们的价值观显得是正确的和恰当的,孩子们就会跟着遵循。我的成长不是靠说教,而是靠榜样,靠精神上的潜移默化。"在那滋生罪恶的环境中,正是父母的言传身教将鲍威尔送上了一条人间正道。

年少的鲍威尔乖巧听话,活泼可爱,成天无忧无虑,没有抱负。9岁的时候,鲍威尔从3年级升到4年级,是同班级的末等生,仅勉强升级;体育运动上,鲍威尔也一无所能。这对于只有靠求学或者体育来摆脱困苦的牙买加移民的后裔来说,鲍威尔的表现很让家人失望。但鲍威尔似乎从小就对战争充满了深厚的兴趣。他成长的年月正是战争的年月。在他4岁时,美国参加了第二次世界大战,他收集了不少用软木和彩色纸做的飞机模型,还常常在家里的地毯上玩打仗,摆弄用铅笔做的小兵,指挥它们冲锋陷阵,和小朋友们常常爬到屋顶上观察天空,看有没有德国的战斗机或者轰炸机悄悄飞来轰炸,他们用假想的武器扫射假想的敌人:"砰!砰!你死啦!""我才没死呢!"

鲍威尔童年最开心的事,是曾在第4装甲师服役的姨父战后回家时送给了他一顶非洲军团的黄军帽,鲍威尔保存它达40年之久。1950年鲍威尔上中学时,美国又进行朝鲜战争,从来没有嗅过硝烟的鲍威尔对战争想入非非。第二次世界大战甚至改变了鲍威尔的名字的读音。原先,鲍威尔一家按照牙买加人的英国式读音,把它念作"卡林"。美国第一批战斗英雄中有个人叫科林·P.凯利,是一位飞行员,在珍珠港事件后两天,他用自己的飞机撞击日本一艘战列舰而英勇牺牲,被追授卓越军功十字勋章。他的事迹为所有的男孩子津津乐道。美国式的读音把"卡林"念作"科林",人人都这么念,从此以后小朋友也把他叫作"科林"。

1950年,13岁的鲍威尔由于成绩不佳,上了一所普通中学——莫里斯中学。这时的鲍威尔依然没有奋斗目标,最喜欢的事是同一帮小伙子们逛马路、看牛仔电影。他常和父母一起去教堂,在那里他做一名教士的助手。每星期五的夜间,他负责教堂开灯和关灯,做这项工作可以挣到一枚25美分的硬币。少年的鲍威尔顽皮而淘气。在他参加夏令营的一天夜里,他和几个伙伴悄悄溜出去买啤酒喝。为了把啤酒凉一凉,他们把它藏在厕所马桶水箱里。可是这个秘密很快被人发现了。当班的教士把大家召到会议厅,既不威胁也不责难,而是问有谁准备承担责任,谁愿意像个男子汉那样站出来认错。当时只有鲍威尔站起来说:"神甫,是我干的。"他的榜样带动了别的孩子也承认了错误。为

此,大度的神甫专门打电话告诉鲍威尔的父母,使鲍威尔的父母怒气顿消。鲍威尔也一下子从坏孩子变成了英雄。童年经历的这件事,使鲍威尔懂得了诚实可嘉,从此永志不忘。

1954年2月,由于学校缩短学制,不满17岁的鲍威尔从莫里斯中学毕业。当时的他一无所长,练了一阵短跑,又练了一阵篮球,都半途而废。但他有一件事情干得不错,就是在教堂当教士助手,他喜欢教堂的这些有组织、有传统、有秩序、有礼仪、有宗旨的活动,这种类似军队的活动似乎很早就向他发出了召唤:到军队来吧!

中学毕业后,遵照父母的愿望,鲍威尔向纽约的两所大学递交了入学申请,一所是纽约市立学院,一所是纽约大学。幸运的是两所大学都录取了他。他最后选择了公立的、一年只收10美元的纽约市立学院。一开始,鲍威尔遵照父母的愿望,报考的是"能赚钱的"工科专业,但这一行很快让他感到头疼,而后改学地质学。就在这时,鲍威尔知道了设在该学院的后备军官训练团。长期扎根在鲍威尔心灵深处的英雄形象立即促使他报考了后备军官训练团。在当时,纽约市立学院也许比不上西点军校,可是在20世纪50年代,在那里的军官训练团的学员是全国大专院校中最多的,在朝鲜战争高潮时多达1500多人。入伍那天,鲍威尔站在教练场上,领取了草绿色的军衣军裤、褐衬衣、领带、皮鞋和一顶船形帽,穿戴得整整齐齐。军装使17岁的鲍威尔有了归属感,而且产生了他多年来所没有过的豪情。这年秋季,校园里的三个军事社团都来拉鲍威尔入伙,这些都是后备军官训练团里的大学生联谊会式的组织。最后,鲍威尔加入了他认为是最好的一个——"潘兴步枪会"。

在完成入伍教育,进行军人宣誓之后,鲍威尔在制服上佩戴上蓝白色的肩章和珐琅会徽,这些特殊的标志深深吸引了年轻的鲍威尔。虽然他上中学时也打过篮球,参加过田径队,还短期参加过童子军的活动,但只有"潘兴步枪会"才给了他一种归属感和广泛而持久的友谊,生平第一次使他成为一个兄弟会的成员,这些成员的民族成分多种多样,许多人还是移民子弟。在当时,纪律性、组织性、同志情谊和归属感,都是鲍威尔迫切需要的东西。在这种环境里,鲍威尔几乎立即成了一名带头人。在他们的队伍里,鲍威尔感到了一种无私的精神,就如同家庭里的关怀气氛。"潘兴步枪会"的会员为了彼此帮助,为了团体,不惜赴汤蹈火。如果说这一切都体现出当兵的意义,那么,当时的鲍威尔从心理准备心甘情愿地要成为一名军人。

刚上大学的鲍威尔常常利用节假日去打工。第一学年暑假结束后,他参加了国际搬运工人工会,成了第812分会的一员。鲍威尔在可乐装瓶厂干勤杂工时,由于其认真勤奋,到暑期末当上了副领班。这段经历给年轻的鲍威尔上了宝贵的一课:所有的工作都是光荣的,任何时候都要尽力而为,因为总有人在盯着你。

大学三年级时,鲍威尔被后备军官训练团高级班录取,由于具有出色的领导才能,他从小队长升到了高级班的营长和队列教练、"潘兴步枪会"的纳新官。在他大学生活的最后三年中,操练成了鲍威尔生活的中心。通过后备军官训练团,鲍威尔第一次认识了陆军的脊梁——军士们。几乎每个星期六,他差不多都到训练场,有时一待就是七八个小

时。在那里，他跟"潘兴步枪会"的会友们一起拿着 M-1 步枪整日操练。1957 年春，他们参加了纽约市各大学后备军官训练团的军事操练比赛，结果，鲍威尔所带领的"潘兴步枪会"在满分 500 分的比赛中得了 492 分，高居榜首。这年夏天，鲍威尔去北卡罗来纳州的布拉格堡参加后备军官训练团的夏训。在那里，他抓紧时间刻苦学习，6 星期的夏训结束后，全体后备军官学员在大操场列队，接受颁奖。颁奖的名次排列依据是功课学分、打靶成绩、体育分数以及表现出来的领导水平评定的。鲍威尔以优异成绩被授予"D 连优秀学员"称号，并被奖给一套文具——一块大理石基座的笔插和两支钢笔。这套文具一直被鲍威尔珍藏着。多年以后，当他担任白宫国家安全顾问及在五角大楼担任参谋长联席会议主席时，都把它放在写字台上。鲍威尔珍爱它据说是因为它上面的"D 连优秀学员"这个题词，多年以来一直激励着他奋勇向前。

在大学时期，鲍威尔努力上进，军训成绩全优，但别的功课却是平平。有一个暑假，鲍威尔担任了全校 1000 人的后备军官训练团学员团团长，同时还当选为"潘兴步枪会"会长。但就在鲍威尔春风得意之时，却发生了一件他意想不到的事。在全市校际比赛中，由于他的迁就，委任当时情绪不佳的一位朋友担任一个分队的领导，结果因为这个朋友指挥失误而使"潘兴步枪会"在校际比赛中屈居第二。这件事使鲍威尔吸取了一条深刻的教训，那就是，当主管，就意味着做出决策，不论是多么不愉快的决策。如果行不通，就应该修正它。这样做，"你才会赢得那些在不利情况下吃苦头的人们的尊敬"。通过这次军事操练比赛，鲍威尔懂得了决不能有辱使命，不能为了照顾一个人的面子而让多数人付出代价。多年以后在五角大楼时，鲍威尔还在办公桌玻璃板下压着一张写着这一教训的字条："负责任有时意味着炒别人的鱿鱼。"

崭露头角

1958 年 6 月 9 日晚上 8 时整，鲍威尔穿着特制的新军装，意气风发地走进了纽约市立学院的阿罗诺维礼堂，宣誓入伍。由于鲍威尔是"优秀军训毕业生"，所以被破格授予正规军衔，而不是后备役军衔。但这同时也意味着要服现役 3 年，而不是两年。对此，鲍威尔欣然接受了，并怀着欣喜的心情来到佐治亚州的本宁堡参加步兵基本训练。在这里，年轻的鲍威尔第一次尝到了步兵的甘苦，也第一次对所选择的军旅生涯产生了疑虑。多年以后，他依然记得，在佐治亚州的北部山区里，沿着一条 100 英尺高的绳索急速滑下的情景：只差几秒就要撞上一棵大树。这种叫作"求生滑行"的练习是鲍威尔一生中经历的最恐怖的情景之一。但正是这种使精神和肉体都达到极限的训练，使鲍威尔学到了在任何时候都要勇敢坚定、顽强拼搏、机动灵活和无私奉献的牺牲精神。"为了完成任务，必要时我们就得冲进地狱。与此同时，我们又得学会在完成任务的同时尽力保存自己和士兵，防止伤亡。"多年来，鲍威尔常常对年轻军官们说，他的军事造诣大多是在本宁堡的那头 8 个星期当中学到的。他将这些教育归纳为以下几句格言：

——站好这个岗位,看守好所有的国家财产。这是陆军的第一要则。

——任务至上,然后关心你的士兵。

——别站着不动,干吧!

——以身作则。

——"没有意见,长官。"

——军官要吃在最后。

——永远记住,你是美国步兵,是最好的兵。

——永远随身带上手表、铅笔和记事本。

经受了"求生滑行"和"澳大利亚式绕绳下崖"以及从飞机上跳伞等诸如此类的考验,在基础课结业时,鲍威尔名列全体新兵的前10名,这证明经过后备军官训练团和"潘兴步枪会"的锻炼和正规的训练,鲍威尔已成为一名合格的职业军人。然而更重要的是它培养了鲍威尔的胆量。在此之后的岁月里,每逢遇到必须做的事情,鲍威尔对自己从来不怀疑。当在前进的道路上碰到艰险时,鲍威尔总是自告奋勇,第一个迎上去。对他来说,这种经历是一生最值得庆祝的大事。从此以后,21岁的鲍威尔走上了他人生的新的起跑线。

他的第一个工作岗位是驻西德的第3装甲师,被任命为第48步兵团第2装甲步兵营B连的排长。在那里,他学到了在西点军校或军事教科书上学不到的东西。最让他难忘的是他丢手枪的故事。在那地球似乎分成了白色和红色两块的冷战时代,鲍威尔受命带领全排去警卫原子炮。正在路上,他突然发现腰上的手枪不见了。在当时,丢失武器可是件不得了的事情。当他心乱如麻地向他的上级米勒上尉汇报后,米勒上尉震惊之余,只是镇静地命令他继续执行任务。任务完成后,米勒将他悄悄叫到一边,递给他那支手枪,并说枪是从枪套中掉出来,让村子里的孩子们捡到了,孩子们打出了一发子弹,被他听到后要回来了。末了,米勒上尉没有责怪他,只是拍了拍他的肩说:"以后再别出这种事了。"米勒上尉走后,鲍威尔检查手枪,却发现弹夹是满的,没有打出过子弹。他这才知道,手枪是他出发时掉在房间里了。米勒编了孩子们捡枪的故事,是为了吓唬他,让他以后小心一些。鲍威尔打心里感谢米勒——他没有如同常规地进行调查,否则,在此之后或许会在鲍威尔的档案上留下一个致命的污点。如果真是如此的话,未来指挥沙漠风暴行动的四星上将就不是鲍威尔了。米勒这种有人情味的领导作风给鲍威尔留下了难忘的印象,同时也使他立下了做人的准则:任何人都不是一帆风顺的,当人们跌倒的时候,应把他们扶起来,掸掸他们身上的灰尘,拍拍他们的背,推他们继续前进。

1959年年底,鲍威尔在服役18个月后,获得第一次晋升,成为中尉。在此之后,他多次担任临时职务,他担任师手枪队的队长,赢得了冠军;他还担任仪仗队的领队,最后调回旅部任副官。在所有这些岗位中,他都取得了骄人的成绩。一份对他的鉴定这样写道:"鲍威尔工作努力,坚定刚毅,办事妥善,能与各种级别的人打交道。他在军中有无限发展前途,应加速培养。"年仅22岁的鲍威尔备受器重,他开始有点飘飘然了。可几个月之后,又一纸鉴定使他落回地面。这时他任第48步兵团第2营D连的连副。素以强硬、

苛刻、精明闻名的连长给他写了一纸鉴定:"脾气急躁,尚能努力控制。"这句话在外行人看来也许算不上灾难,但就鉴定用语而言,这就是严厉的批评。这是鲍威尔从参加后备军官训练团的那天起,在他的鉴定报告中第一次出现的批评。这次批评给他的影响很大,在此之后,他虽然仍有时发火,但只要一发作起来,耳边就会响起这句批评。

1960年末,鲍威尔在德国的两年任期届满。当时的鲍威尔已担任该连的连长,而且是全营唯一的一个中尉连长。他告别了第48步兵团,调回马萨诸塞州的德文斯堡。这时鲍威尔已是一个相当有经验的职业军人了。他在德文斯堡的第一个职务是战斗群司令部的联络官,后来又担任了D连的连长。在担任连长期间,鲍威尔在连里组织了各种竞赛,不仅是体育竞赛,还评比最佳宿舍、最佳娱乐室、最佳武器保养等等,凡是能评分的都开展竞赛,给予奖励,通过这些活动给士兵灌输归属感和自豪感,让他们认识到了自己的价值。鲍威尔通过自己的辛勤劳动赢得了士兵的尊敬和爱戴。在此之后,他第二次以中尉的身份担任上尉级的职务——营副官。

1961年夏季,鲍威尔3年义务服役期满,面临着何去何从的选择。鲍威尔不得不认真思考:作为一个年轻的黑人,除了当兵,几乎什么也不懂。留在军队,很快就可以一月挣到360美元,在时下是相当丰厚的,我的才干有多大,就可以走多远——在美国社会里,一个黑人从事任何职业都不会有这样多的机会。而且最重要的是,我爱当兵这一行。就这样,年轻的鲍威尔定下了继续当兵的决心。就在这年11月,鲍威尔遇到了他有生以来最让他动心的姑娘——阿尔玛·约翰逊,他们第一次约会就坠入了爱河,她让他第一眼就感到她将是自己一生中最完美的终身伴侣。第二年8月,他和阿尔玛结婚。同年秋,鲍威尔提前晋升为上尉。这年底,鲍威尔接到了派驻越南的调令。带着对未来的憧憬,鲍威尔告别了新婚不久的妻子,风尘仆仆地奔赴太平洋另一端的未知世界,开始了他军旅生涯的新的一页。

两赴越南

在接到担任越南军事顾问的命令后,鲍威尔和同伴们所做的第一件事是到大街上买一本世界地图,从上面查查越南是在什么地方。他对越南一无所知,对那里的战争更是感到茫然。在当时,越南对于大多数美国人来说,是一个陌生的国家,一方神秘的土地。但在当时,能够被派往越南担任军事顾问,是一项很高的荣誉,因为这批新的军事顾问,实际上是美国陆军未来的希望,用陆军的俚语说,都是属于"平步青云者",也就是被确定为经过一定的培养,最终将成为陆军栋梁之材的人,这在当时是一个公开的秘密。鲍威尔就是这群人中的一个。

1962年10月,新婚宴尔的鲍威尔偕阿尔玛离开戴文斯堡,前往北卡罗来纳州的布雷格堡基地,在陆军特种作战训练中心接受为期6个星期的丛林作战和山地作战训练,并学习组建和训练越南军队所需的知识,他在那里的所见所闻,令他眼界大开。布雷格

堡特种作战训练中心是美国"反叛乱"作战准备的中心基地,这里精英荟萃,美国陆军的精华全部在此亮相,其中包括"绿色贝雷帽部队"等闻名于世的美国陆军特种部队。

1962 年 12 月,热血沸腾的鲍威尔离开美国,赶赴越南。当时,鲍威尔对自己使命的"正义性"深信不疑,他走下飞机,恨不得大声呼喊:"越南,战争,我来了!"在西贡向有关机构报到后,鲍威尔到了越南的六朝古都顺化,成为驻南越军队第 1 军第 1 师的美国军事顾问。当时,战火已经蔓延到了越南全境,鲍威尔担任军事顾问的南越陆军第 1 师,是南越军队的王牌师,所以被赋予了最艰巨的任务:镇守南越的北大门。但鲍威尔很快认识到,他所在的南越军队战斗力低下,当游击战争的战火在南越丛林中燃起时,南越军队根本无法应付"越共"的进攻。但鲍威尔并没有因此而认为自己所担负的使命毫无意义,他认为,跟一支从未打过交道的外国军队夺取战斗的胜利,那才是具有过硬军事才华的表现。他对自己的处境泰然处之,对成功依旧充满自信。在顺化,他最后确定担任位于阿绍河谷的第 1 师第 1 团第 2 营的军事顾问。

阿绍河谷是游击战的天堂、正规战术的坟墓。而对于美军和南越军队来说,阿绍河谷则是顺化、岘港以及沿海平原的屏障,因此,美军和南越军队不惜一切代价也要保住阿绍河谷。因而,在历时 13 年的越南战争中,阿绍河谷是血腥战斗的代名词。正是在这血与火的战斗中,锻炼了鲍威尔的卓越军事才能。当鲍威尔到达阿绍河谷时,南越军队在阿绍河谷的作战行动主要是实施围剿,鲍威尔实际上是在扮演着侵越美军先驱者的角色。鲍威尔所在部队的任务是:深入丛林,寻找"越共",然后或者将它歼灭,或者与它保持接触,等候地面和空中支援部队到达,将它一网打尽。

当时的鲍威尔虽然从军六载,但从来没有参加过真正的战斗。他不缺乏勇气和冒险精神,可他并不真正了解战争,更不了解越南的丛林战争。民族解放战线的武装已经完全融入人民群众之中,神出鬼没,四处进攻。鲍威尔在本宁堡步兵学校和布雷格堡训练基地都是优秀学员,可那里跟眼前所进行的战斗相比,无论是步兵学校的强化训练,还是训练基地的特种作战技能传授,都根本难以比拟,他所参与的是一场全新的战争。鲍威尔回忆说:"在阿绍河谷,我们每次外出作战都花费一个星期甚至一个月的时间,终日待在丛林之中,寻找越共。这简直是大海捞针。结果是,越共可以很容易地发现我们,而我们却总是难以发现他们。几乎每天,我们都要遭到伏击。"越南丛林的战斗需要勇气和智慧的交融,需要一种超人的毅力和灵活素质。鲍威尔在越南的热带丛林中经受了一次地狱之火的"火浴"。

随着战争的进行,鲍威尔所在的部队在丛林中艰难前进。鲍威尔的热情也在不断减退。他发现,越南的丛林简直是一座迷宫,一座永远无法走出的迷宫。他此刻才真切地感到,美国陆军的战略战术根本难以适应这种丛林作战的要求。丛林战的特殊环境,极大地消耗着他的体力和精力。但另一方面,丛林战的"火浴",则使他迅速变得成熟起来。他对丛林战的特点和性质逐步有了比较深刻的认识,成为一名智勇双全的下级指挥员。他和这支部队一起度过了他在越南的一段岁月,并和南越士兵建立了深厚的友谊。在一次巡逻中,他不慎掉进了陷阱,被竹签扎穿了左脚,是南越士兵连抬带背,帮他脱离了险

境。他被送回后方治疗,并获得了"紫心勋章"。他本可以像其他美国人那样以养伤为由,在后方医院消磨时光,等到工作期限结束后,再出院回国,但他伤愈后却马上归队,重新回到丛林,与南越士兵共同战斗。鲍威尔的所作所为,使他在南越士兵中享有极高的威信,成为极少数能够被南越士兵和军官信任和依赖的美国军事顾问。美国军事顾问团的上司也对鲍威尔的工作赞不绝口,称他是"最适合做军事顾问的人"。

在这血与火的战争中,鲍威尔的第一个儿子出生了。随着战争的进行,他渐渐开始考虑政府对越南战争的政策。一年以后,当他结束在越南的使命回国的时候,他曾对别人说:"要打赢这场战争,美国需要投入 50 万军队。"就在鲍威尔离开越南之后,仅仅过了两年多的时间,美国军队就开始大规模入侵越南。到 1968 年,侵越美军的最多兵力达到了 50 多万人。不过尽管最终付出了 5.8 万人死亡的代价,美国却没能打赢越南战争。

1963 年 11 月 23 日,鲍威尔离开越南,返回美国。回到美国之后,他于 1963 年 11 月重返本宁堡,在美国陆军步兵委员会工作。此时,他的履历表中已经有了许多令人羡慕的荣誉,他已经在陆军中站稳了脚跟。在本宁堡陆军步兵委员会,鲍威尔再次显示了他的卓越才华。步兵委员会是一个临时机构,它是陆军官方实验机构,负责对各种步兵武器进行性能测试。该机构权力不大,但责任重大,是生产厂家和陆军部队之间的一个中介单位,它有权对各种装备的前途做出判决。鲍威尔把他在阿绍河谷所获得的全部经验,都在新装备的测试中施展了出来。尤为可贵的是,在委员会的工作中,他很好地处理了维护陆军利益和激励生产厂家科研热情的关系,使生产厂家和陆军都皆大欢喜。这种令人拍案叫绝的工作方式赢得了上司的高度评价。鲍威尔本人也获得了相应的奖励,1964 年 8 月,鲍威尔被选送到本宁堡步兵学校学习。与第一次到本宁堡步兵学校学习不同,鲍威尔这次进入的是步兵学校的步兵军官进修班。在美国陆军,这是通往中级军官的必由之路。

在这里,作为紫心勋章的获得者,鲍威尔从不炫耀自己的经历和功绩,也从不做出风头的事情。他的勤奋精神获得了教官和同学们的钦佩。1965 年 5 月,鲍威尔出色地完成了在本宁堡步兵学校的学业,他的毕业成绩不仅在同级学员中名列前茅,而且在步兵学校历届学员中也是佼佼者。他所在的学员班是本宁堡步兵学校历届毕业生中最优秀的班级之一,在这个班中后来出现了许多将军和政界人士。鲍威尔在当时就是班上最优秀的学员,而且是学员中的首领。

从本宁堡步兵学校毕业一年后,鲍威尔晋升少校。由上尉到少校,他用了四年时间,这在美国陆军中是不多见的。鲍威尔的腾飞开始了。1966 年 2 月,在回到步兵委员会工作后不到一年,他被本宁堡步兵学校选中,重返母校,担任步兵军官进修班的教员。鲍威尔虽然从来没有从事过教学工作,可是根本不需要适应期,他立即被学员们称作"最优秀的教员",似乎他的一生都是在讲台上度过的一样。他因此得到了比在步兵委员会更高的荣誉,用陆军的行话来说,就是在他的军帽上又"插上了一根羽毛"。

又过了一年半的时间,鲍威尔被从本宁堡步兵学校的讲台请到了另一所陆军院校的教室。1967 年 8 月,他成了美国陆军指挥和参谋学院的学员。这是一根更大、更耀眼的

"羽毛",因为他的军人职业生涯将由此进入一个新的天地。这所院校的任务是培养陆军营、旅的指挥员和师以上中高级司令部机关参谋军官,鲍威尔被选到这所学校学习,标志着他的军事生涯已经越过了低级阶段,踏上了向将军迈进的新起点。这里的学习生活,使鲍威尔的思想、意识、观念发生了根本性的变化,他开始用一种全新的思维方式来审视自己所从事的军事职业。他的视野开始跨越步兵狭隘的专业界限,进入了整个陆军的总体范畴。他因此而初步具备了一名中高级指挥员和参谋人员所必须具备的协同意识。在以后的军事生涯中,他被公认为是协同意识最强的军官,这种意识使他受益匪浅,可以说,他的成功,在很大程度上是得益于他卓越的协调能力。对于鲍威尔来说,这里是他的再生之地。他的收获不仅在于学业和事业上的成就,还在于他在不同肤色、不同兵种的军官中建立了威信,他的朋友不再局限于步兵的圈子,已经扩展到了整个陆军。他成功地打入了陆军军官传统的关系网之中,这对于他尔后在陆军、在华盛顿、在五角大楼、在白宫的发展,将产生重要的作用。

1968 年 6 月,鲍威尔以优异的成绩从陆军指挥和参谋学院毕业。在 1244 名学员中,他名列第二。

从陆军指挥和参谋学院毕业后,鲍威尔面临众多的选择。作为陆军指挥和参谋学院的高才生,他可以随意选择服役的机关和部队。而他当时最大的愿望却是继续上学,进地方的大学深造。可就在这时,他得到一个消息:他在纽约市立学院"潘兴步枪会"的朋友托尼在越南阵亡,而他们是约好回到越南战场的。鲍威尔为自己继续上学的念头感到耻辱,他决定重返越南战场。

1968 年 6 月,鲍威尔重返越南,被任命为美国陆军第 23 步兵师第 11 旅第 1 团第 3 营副营长。而此时,南越的丛林使得几十万现代化的美国军队泥足深陷,现实打破了鲍威尔的幻想:他所见到的美国军队是一支士气低落、纪律涣散的军队,他所在的第 11 旅,更因为参与了屠杀平民的"美莱事件"而臭名昭著。鲍威尔为美军的暴行而感到羞愧,为部队低落的士气而失望,但他一如既往地勤奋工作,出淤泥而不染。他开始真正理解了越南战争的真相,他发现这场战争与自己心目中那场战争相去甚远,他从美国在这场战争中的政策制定、战略转变和部队作战情况中悟出了许多东西,也得出了许多结论。后来,当他指挥美军在海湾作战向伊拉克军队开战时,人们发现,鲍威尔的许多作法实际上是对越南战争期间美国政策和战略的一种纠正。他充分吸取了越南战争的教训,为海湾战争确定了切实可行的制胜方略,带领美国军队以胜利彻底走出了越南战争的误区,重新获得了美国公众的拥戴。

鲍威尔开始任职第 3 营副营长,主要负责后方基地的运作。当时,由于该营副营长已经缺编多时,整个后方基地处于混乱之中,问题之多已到了积重难返的地步。鲍威尔上任以后,奇迹般地整顿了后方基地。在他上任后的第四个月,第 23 师进行年度大检查时,该营的各项指标都名列全师榜首,并被确定为下次年度大检查的标兵营。他的名声立即传遍了全师。师长查尔斯·盖蒂斯在军官能力鉴定书中对他在第 3 营的工作给予了最高评价,并调任他为第 23 师司令部 G-3 处助理参谋,之后升任助理参谋长——这是

全师最重要的职务，一般从来都是由中校或者上校担任。这是鲍威尔军人生涯的最重要的转折点之一。盖蒂斯将军的破格提拔，使鲍威尔获得了一次难得的机会，得以大展才华，脱颖而出。

鲍威尔就任第23师助理参谋长后，担负起为全师制订作战计划的重任。这是一项他从未做过的工作，但客观条件不允许他有适应期，他必须在战争中学习战争，在实践中熟悉业务。当时，由于第23师是一个新组建的师，司令部工作尚未走上正轨，指挥和参谋军官缺乏经验，所以在许多时候，作战计划在执行过程中总是发生众多不尽如人意的地方。在鲍威尔出任负责G-3处的助理参谋长后，盖蒂斯将军发现，全师的作战行动悄然间正发生着某种变化，昔日杂乱无章的事物逐渐变得条理清晰，全师的作战协同动作不断改进，作战效益日益提高，特别是与友邻部队的协同作战成效越来越大，关系越来越融洽。他感到奇怪，后来，他发现，这一切都跟鲍威尔的上任有关。

鲍威尔以自己的实际行动赢得了上下一致的赞誉。一次，侵越总司令克赖顿·艾布拉姆斯上将到第23师视察，见负责G-3处的助理参谋长竟是一名少校军官，大为不解，他命令鲍威尔马上汇报全师的作战情况。鲍威尔条理清晰、分析精确，汇报会结束后，这位久经沙场的将军喜形于色，带头为鲍威尔的精彩表现鼓掌。鲍威尔的名声从此传遍了整个美军部队。盖蒂斯师长的提拔和艾布拉姆斯司令的青睐，为鲍威尔日后的飞黄腾达奠定了基石。

在越南战争中，鲍威尔还因为自己的勇敢精神赢得了荣誉。1968年11月16日，他陪同师长盖蒂斯将军乘直升机视察部队。由于地形险峻，飞机下降时撞在了树上。鲍威尔很快跑了出来，当他看见别人没有出来时，不顾自己脚踝受伤，在飞机随时可能爆炸的情况下，奋不顾身冲向着火的飞机，将师长、参谋长背了出来。为表彰鲍威尔的英勇行为，他被授予"士兵勋章"。多年后，他还被誉为"士兵的楷模"。

1969年7月21日，鲍威尔结束了第二次越南之行，启程回国。越南丛林的"火浴"，使鲍威尔终生难忘。

参悟中枢

当鲍威尔离开越南返回美国时，越南战争和美国军队已经成了美国英语中最肮脏的两个名词。军人遭到人们的唾弃，反战活动遍及美国每个城市。最令鲍威尔伤心的是，他所献身的军队也完全堕落了，大部分军官和士兵都在想着尽快离开军队。这一切使鲍威尔第一次处于职业生涯的十字街头。几度思索之后，他最终还是选择了军队。他决定申请到地方大学攻读硕士学位。结果，他如愿以偿，在通过考试后，他被华盛顿大学录取为硕士研究生，并选择了工商管理专业。事实证明，这对他以后的事业发展十分有利。

两年的研究生生活，鲍威尔避开一切干扰，潜心读书，虽然在班上年纪最大，可学习成绩一直最优。1971年7月，他以优异的成绩毕业，获得工商管理硕士学位，并且谢绝了

导师劝其继续攻读博士学位的挽留，立即向国防部报到，重新回到他所熟悉的绿色世界。

陆军欣赏鲍威尔的这份忠诚，将他晋升为中校，分配到陆军副参谋长助理办公室工作，担任作战研究分析员。这是他第一次进入五角大楼，也是他第一次在军队的最高统帅部任职。尽管在五角大楼的几万名工作人员中，他只是多如牛毛的中校、上校中的普通一员，可幸运的是，他被分配到了美国陆军最杰出的将军手下工作，并结交了一批出色的军官，从而为他在陆军和华盛顿的事业奠定了基础。

1972 年的一天，鲍威尔参加了"白宫人员计划"的考试，这是美国最高决策层的一项选拔人才计划，要求极高。经过历时一年的层层淘汰，鲍威尔凭借自己长期磨炼的随机应变的出色本领顺利过关，成了 17 名入选者中仅有的两位黑人青年中的一个，而且很快成为这 17 人中的首领。他的勤奋和才华在年轻的白宫人员中树立起了一种高尚的准则，成了年轻伙伴的楷模。

集训结束时，在众多的选择中，鲍威尔选择了在白宫管理和预算署任职。白宫管理和预算署负责整个国家机构的经费预算和拨款管理，被称作美国政府机制动作的心脏。幸运之神再次照顾鲍威尔，让他得到了他一生最重要的任命。1972 年 9 月，鲍威尔正式在管理和预算署上班，开始了他第一次白宫之旅。这次，他被安排在一个角落中，做做起了。他二话没说，坐到办公桌前，一头钻进了文件堆中。随着 1972 年美国总统大选拉开帷幕，鲍威尔负责《每周总统竞选指令汇编》的工作，这使白宫第一次有了完备的总统竞选指令汇编，它对尼克松的竞选工作起了很大作用，因而使得同事和上司对他刮目相看。当时的副署长弗兰克·卡卢奇对鲍威尔赞不绝口，立即任命他为自己的助理。从此，鲍威尔成为当时的署长温伯格和副署长卡卢奇的心腹。1973 年 8 月，鲍威尔在管理和预算署的工作期满，他谢绝了挽留，提出回到陆军去，到驻韩美军第 8 集团军第 2 步兵师任营长。当时，美国军队处于空前的混乱之中，鲍威尔出任的第 32 团第 1 营更是问题成堆。他首先身体力行，参加训练。他卓越的指挥能力和富有人情味的领导艺术很快迷住了所有的军官和士兵，成了第 1 营军官的偶像。接着，他果断地清除了军队中的害群之马，解决了部队中的种族冲突问题。鲍威尔不负众望，很快改变了第 1 营的面貌。曾经是第 2 师重灾区的第 1 营，变成了全师最好的两个营之一。一次全师夜间演习，第 1 营获得卓越步兵奖章的人数，比其他部队一个旅 3 个营的总和还要多。

1974 年 9 月，鲍威尔结束了驻韩美军第 2 师营长的任职，带着优异的服役记录回到了五角大楼，在副国防部长助理的办公室重新干起了研究分析员的工作。一年后，1975 年 8 月，鲍威尔再次走出五角大楼，进入位于迈尔堡的美国陆军战争学院深造。陆军战争学院，号称"军中哈佛"，是美国陆军的最高学府，也是陆军军官晋升将军所必须登上的最后一级院校台阶。在一年的学习中，鲍威尔潜心读书，认真钻研理论，系统研究了古往今来的战争历史，学习了外交、国家安全政策、国际政策、国际政治、战争艺术、国际安全环境、政策和资源分配等知识，大大丰富了他的理论修养。

1976 年 8 月，鲍威尔刚从战争学院毕业，一纸任命书已经放到了他的案头，他被任命为第 101 空降师第 2 旅上校旅长。美国陆军第 10l 空降师是美军最精锐的部队之一，承

担着战略值班预备队的重任。该师从组建之日起，即以勇猛善战名冠全军，被称作"呼啸之鹰"，自二战以来在该师任职的军官将星如云。但鲍威尔所接管的第2旅却是最差的一个旅。

鲍威尔亲临部队，迅速摸清了部队的情况，制定了切实措施，仅用6个星期就使得第2旅重新处于亢奋状态，鲍威尔在该师声名鹊起。但由于在军事训练上与该师师长存在分歧，他受到了严厉训斥。但他理智地处理好与上司的关系，最终达成了一致。

从1973年到1976年，鲍威尔在部队中度过了自己的大部分时光，这是他塑造个人形象的镀金时期，也是他事业的过渡时期，他经受了种种考验。1977年7月，他离开第101师重返五角大楼，1977年7月，卡特任总统之后，鲍威尔在国防部任国防部长特别助理的行政助理。这是鲍威尔职业生涯的又一个新起点。在以后的11年中，鲍威尔三进三出五角大楼，但始终没有离开国防部长和参谋长联席会议办公区的核心部位，这种工作环境使他变成了政界和军界的明星人物。1978年12月，42岁的鲍威尔晋升为准将，成为当时美国军队最年轻的将军。鲍威尔在卡特政府国防部的任职是他第一次真正进入五角大楼的中枢，参与国家最高军事决策，这为他以后的军事生涯奠定了基础。

在五角大楼，鲍威尔表现出来的诚恳坦率的作风和敏锐的政治嗅觉，以及在与国会、新闻界打交道时表现出来的高超的协调能力，都受到广泛赞誉，也引起了当时的国防部副部长查尔斯·邓肯的注意，被任命为邓肯的军事助手。在邓肯身边工作，鲍威尔学会了处理突发事件和应付危机的方法与程序，也进一步学习了与国会和新闻界打交道的技巧。他的出色工作深受五角大楼主人的器重，当时的国防部长布朗直言道：鲍威尔有充分的理由成为美国历史上第一位黑人陆军部长。

1980年罗纳德·里根入主白宫后，温伯格和卡卢奇卷土重来，成为五角大楼的新主人。鲍威尔迎来了自己在五角大楼的黄金岁月，卡卢奇毫不犹豫地任命鲍威尔为自己的军事助理，负责具体组织工作交接。鲍威尔又以自己出色的协调能力完成了交接工作。这时，卡卢奇直言不讳地指出：参谋长联席会议主席的位置非鲍威尔莫属。但鲍威尔非常清醒，他向卡卢奇提出，要到部队去，为自己取得第二颗星（晋升少将）。

1981年9月，鲍威尔如愿被任命为美国科罗拉多州卡森堡的陆军第4机械化步兵师的副师长。1982年8月，他被调离第4师，赴利文堡担任有"美国新装备、新思想库"之称的美国陆军联合作战装备发展计划中心副主任，顺利晋升少将。一年之后，他又重回五角大楼，成为国防部长温伯格的首席军事助理。鲍威尔在任国防部长军事助理期间，以其高超的协调艺术，赢得了陆军和其他军种的广泛信任，使他在五角大楼的所有军人中建立了威信。他是公认的"会议大师"，善于调和各种相左的意见，采取切实措施。他简洁明快的工作作风甚至受到了里根总统的肯定。

但好景不长，时隔不久，"伊朗门事件"曝光，鲍威尔也同样卷入了这场风波，因为他在这次事件中扮演了一个举足轻重的角色，理所当然地被送上了国会听证会的证人席。他在军界的前途面临着一次最严峻的考验。在听证会上，鲍威尔与国会议员斗智斗勇，展开了一场殊死的较量。面对国会议员的轮番攻击，鲍威尔面不改色，沉着迎战，步步为

营，灵活应付。他利用美国不同法律条文之间的矛盾，以冠冕堂皇的理由，巧妙地躲过了国会议员的质问，以法律的外衣为自己和温伯格以及五角大楼披上了一层金色的袈裟。温伯格对其表现十分赏识，立即安排他晋升中将，于1986年6月出任驻德国美军第5军军长。在一次乘坐"空军一号"专机中，里根总统欣然与鲍威尔握手，说："我为你骄傲，将军。你做了一项非常伟大的工作，你将继续为国家承担重任。"

"伊朗门事件"之后，美国国家安全委员会改组，卡卢奇被任命为国家安全事务顾问，里根总统亲自给鲍威尔打电话，任命他为总统国家安全事务助理。鲍威尔重新回到了白宫。这时，他已成为一颗冉冉升起的政治明星。他与卡卢奇配合默契，上任伊始，就大刀阔斧地对国家安全委员会进行改革，组成了一个精干、高效的国家安全委员会班子，建立了由自己亲自领导的政策评估小组。

1987年11月，温伯格辞去了国防部长职务，由卡卢奇接任，鲍威尔则接替卡卢奇出任总统国家安全顾问。这是华盛顿最重要的职务之一，在政府中的地位仅次于国务卿和国防部长。鲍威尔在这个位置上再次显示了他高超的领导能力。在1987年美苏销毁中程核武器谈判、处理巴拿马危机中，也显示了他高超的政治手腕。

政治将军

1988年11月4日，布什在大选中获胜，成为美国总统。这时，摆在鲍威尔面前的有两条路，一是离开政府到商界求发展；二是回到陆军，继续担任指挥军官，等待时机，然后东山再起。鲍威尔最后选择了后者，因为他心目中最向往的职务是参谋长联席会议主席，而要通向这个宝座，他必须也只能回到陆军去。1989年4月，鲍威尔告别白宫，前往佐治亚州就任美军部队司令部司令。鲍威尔对这个新的岗位并没有大的兴趣，因为他的眼睛盯着参谋长联席会议主席这个位置。正好，新上任的国防部长切尼是他的政治盟友。切尼通过仔细权衡和考察，最后认为，鲍威尔是一个具有政治头脑的将军，做事有主见，并且敢作敢为，同时具有强烈的分寸感，他知道什么时候服从命令，与上司保持一致，而且总会让上司满意。他决定向布什提名鲍威尔出任参谋长联席会议主席。由于鲍威尔一贯的良好声誉，布什总统很快同意了切尼的提名，国会关于鲍威尔任职问题的听证会也进行得异常顺利，议员们投票一致同意鲍威尔出任参谋长联席会议主席。鲍威尔创造了一系列美国历史之最：第一位黑人四星上将，第一位黑人美军战区总部司令，第一位黑人总统国家安全顾问，第一位黑人参谋长联席会议主席。

1989年10月1日，鲍威尔正式出任美国参谋长联席会议主席。

到达事业顶峰的鲍威尔并没有陶醉，他很清楚，美国正进入一个新的历史时期，美国军队正经受一系列新的考验，作为最高军事长官，他肩负着历史的重任，他必须为自己，也为美国军队确定明确的奋斗方向和行动准则。

上任后的第一天，他把一张卡片压到办公桌的玻璃下面，上面写着：

科林·鲍威尔的座右铭

1.事情不像你想的那样糟。到新的一天来临时,它会变得好起来的;

2.有时可以大发雷霆,然后要平静下来;

3.不要让你的自我太靠近你的职务,以免失去职务时也失去你的自我;

4.不能干那事;

5.小心地做出抉择,选中的应该是可以做到的;

6.不要让专家的因素阻止你做出精明的决策;

7.你不能替别人做出抉择,更不能让别人替你做出抉择;

8.核查小事;

9.与别人分享荣誉;

10.保持镇静,态度和善;

11.具有远大目光,要求严格;

12.决不能受恐惧和犹豫的影响;

13.永远乐观,力大无边。

还有一条格言,鲍威尔没有写下来,但时常对人提及:"除非设法去做,否则你永远不会知道你能干什么。"

在他的岗位上,鲍威尔赋予参谋长联席会议主席一种新的内涵,形成了一种新的军人准则,就是正确处理政治和军事、军队和民众的关系。新时代的将军不仅要做一名军事家,而且要做一名政治家,要做一名"政治将军"。这是对美国乃至西方国家传统观念的一种反叛,因为在西方国家中,有一个根深蒂固的观念:政治是文官的专利,将军要绝对服从文官的领导,只是负责把文官的决策付诸实施,而绝对不能干预政治,参与政治的将军是不务正业。鲍威尔曾是恪守这种准则的典范,而且即使他形成了"政治将军"的观念,也对文官领导军队的原则毫不动摇。但他同时相信:战争本身就是政治的继续,不懂政治的将军就是不合格的军人,只有了解政治的奥妙、了解政治领导人的思维的将军,才能完成文官所赋予的任务。因而,鲍威尔对有些人关于他是"政治将军"的议论丝毫不感到难为情,反而觉得这是对自己的一种抬举。

做一名政治将军,并不意味着放弃军人的职责。鲍威尔得到了各军种参谋长的拥戴,成了名副其实的美国军事最高长官。他以其敏感的政治嗅觉,老练而圆滑的外交手腕,非同一般的忍耐力和坚定的原则,成为一名名副其实政治将军。在其上任后不几天,他即以处理菲律宾政变证明了自己的能力。在这个过程中,他没有轻言出兵,而是慎重地权衡各方利益,不仅成功地制止了政变,帮助了阿基诺夫人,同时也使美国进一步加强了在菲的影响力。这次危机的处理过程,使鲍威尔奠定了他在布什内阁中的地位。更为重要的是,促使他为美国海外用兵确立了明确的原则。他曾对二战后冷战的历史特别是越南战争的情况进行反思后并总结出四条教训:一是出兵要有明确的政治和军事目标。二是,美国经受不起一场旷日持久的战争,美军一旦卷入战争就要力求速战速决,决不允许战争长期化。三是,美国军队缺乏对电视时代的准备,不知如何应付战地记者。

妥善处理与新闻记者的关系,是各级指挥官要严肃对待的问题。四是,战争的政治目标和军事目标,一旦确定,就应该坚定不移,直至胜利。据此,他为美国用兵海外进行战争确定了四项原则:一、战争必须有明确的政治目标,否则就失去了使用军事力量的依据。二、战争应该是而且必须是一种终极手段。三、如果决定诉诸武力,必须有绝对的取胜的把握,而且要保证获得迅速而彻底的胜利。四、一旦进入了战争,就必须全力以赴,不能再有丝毫的犹豫和动摇。"干则真,动则胜。"鲍威尔渴望战争给他一个机会让他施展自己的才华。

上帝没有让他失望,就在他上任参谋长联席会议主席伊始,即给他送来了一件礼物:巴拿马。1988年2月25日,巴拿马在10小时内发生了两次政变,而政变的最终结果是被美国迈阿密地方法院和大陪审团提出公诉的被告、巴拿马国防军司令诺列加掌权。为了保住在巴拿马运河的既得利益,美国开始计划入侵巴拿马的行动。制订入侵巴拿马计划的重任就落在了新任参谋长联席会议主席鲍威尔的肩上。既要抓住诺列加,又要将自己的伤亡降低到最低程度,鲍威尔有一种如履薄冰的感觉。他立即与负责指挥入侵巴拿马部队的第18空降军军长卡尔·斯廷纳中将一起重新审查入侵计划——"蓝勺子计划",设法拿出一个闪击战方案,基本思路是:利用夜幕掩护,突然发起排山倒海般的攻击。只有发起协调一致、大规模的军事入侵,首先打烂诺列加的指挥与控制系统,使其在几分钟内就耳聋眼瞎、四肢瘫痪,才能直捣诺列加的老巢将其擒获,以最低的伤亡占领巴拿马,把平民的伤亡降低到最低。鲍威尔首先把情报和作战部门协调起来,制订了有60毫米厚的作战大纲——《南方总部司令官1-90号作战命令》。为了演练这个计划,又不暴露企图,鲍威尔派美国军队不断在巴拿马演习,利用"狼来了"的心理,麻痹巴拿马和诺列加。鲍威尔周密地制订了作战计划,只等机会了。

1988年12月,4名美国军官在巴拿马城迷路,遭到巴拿马国防军的袭击,其中1名海军陆战队军官重伤死亡。鲍威尔感到是行动的时候了,他在总统征询自己意见之前,果断采取行动,首先统一军方意见,与南方总部司令、各军种参谋长和国防部长切尼达成了共识。在圣诞前夜布什总统召集的决策会议上,鲍威尔指出:我们的目的是,彻底解决问题,不但要捉住诺列加,还必须摧毁国防军。我们必须泰山压顶,一举将对手制服。布什立即同意了鲍威尔的计划。起名为"正义事业"的入侵巴拿马行动正式开始了。

鲍威尔仔细检查了行动计划,但把行动的执行全权交给了前方指挥官斯廷纳将军。1989年12月20日,美军入侵巴拿马的行动正式开始了。鲍威尔在几千里外的五角大楼巨大的情况显示屏幕前听取前方的汇报。当得知虽然美军占领了国防部大楼、机场等要地,但诺列加却逃进了梵蒂冈使馆避难,鲍威尔又向前方指挥官建议,让他们使用心理战术,下令美军在使馆周围实施"重金属摇滚乐轰击战"。最后终于迫使诺列加走出使馆向美军投降。结果,入侵巴拿马的行动胜利结束。

鲍威尔并没有沉浸在胜利的喜悦中,他的眼睛始终瞄准在下一次战争上。在一次接受采访时,他指出,我们从中学到了正确的经验,这就是:周密细致的计划,部队的战备程度与应付问题的能力。这就是我们学到的经验,但绝对不要把巴拿马行动经验搬到下一

次战争中。所有这些都是鲍威尔的经验之谈,他的优点在于:不仅善于总结经验,而且善于运用经验,而那是一门艺术。经历了巴拿马危机和入侵,鲍威尔的指挥艺术又跃上了一个新的台阶。8个月后,当海湾危机来临时,鲍威尔已经胸有成竹,因而能以一次辉煌的胜利,把自己的名字载入史册。

再铸辉煌

鲍威尔非常了解海湾地区对美国和西方世界的重要性和当地的复杂与微妙性。两伊战争结束后,他担任里根政府国家安全顾问时,就对伊拉克庞大的军队很恼火,认为伊拉克在解除伊朗的后顾之忧后,会给别人找麻烦。鲍威尔认为最有可能把美国军队卷进战争的地方有两处:一个是朝鲜半岛,另一个是波斯湾。因此,鲍威尔在1989年秋就要求中央总部司令施瓦茨科普夫重新制定在波斯湾的作战计划,把伊拉克视为对手。他已经意识到,未来可能在海湾地区有一场大战,而美国陆军将扮演战争的主角。尽管如此,直到伊拉克入侵科威特的前一天,鲍威尔也没有想到萨达姆会对科威特动手。这不是鲍威尔的判断失误,而是萨达姆在此之前巧妙地戏弄了美国总统、埃及总统和沙特阿拉伯国王。他巧妙地利用了阿拉伯人对犹太人的仇恨,美国与伊朗的敌对关系、阿拉伯君主国家对美国西方复杂而矛盾的心理、对伊拉克的恐惧,完成了军队集结和战略、战役展开,然后马上进攻,给美国和阿拉伯世界制造了一个不得不咽下去的既成事实。

鲍威尔对伊拉克的行动一直保持着高度的警觉。1990年春,萨达姆向以色列发出威胁,把西方的注意力集中到伊以关系上。但很快又指责科威特偷采了伊拉克的原油,并偷偷向科伊边界增兵。鲍威尔得知这一情报后,迅速要求施瓦茨科普夫制定两套方案:一套方案是如果萨达姆制造边界麻烦,美国进行军事报复的手段;一套方案是如果萨达姆的意图不明,如何制止他冒险,如何保卫这个地区。当发现伊拉克正以惊人的速度向伊科边界的部队运输补给品时,他要求施瓦茨科普夫立即向他汇报行动方案《90-1002号计划》。可是一切都太晚了,300多辆伊拉克坦克很快占领了科威特。

布什政府很快召集了国家安全会议商议对策。鲍威尔在会上否决了轰炸伊拉克输油管的方案。他从一个政治家的角度和军人的使命出发,感到必须为总统提

国务卿鲍威尔

供一个切实可行的方案,这个方案必须具有明确的政治目标和军事目标。他开始迅速审查施瓦茨科普夫提出的《90-1002作战计划》。在当时各军种纷纷站在自己的立场上拿出方案、各执一词之时,为了达成共识,防止各军种为了自己的荣誉而各行其是,在关键

时刻轻率行事,导致五角大楼和白宫出现决策性的偏差,鲍威尔当即召开了参谋长联席会议,讨论军事行动方案问题。他指出,各军种要在军事方案问题上步调一致,要有统一的方案,要与施瓦茨科普夫将军密切合作,绝不能各行其是。最后终于达成了一致,美国必须实施《90-1002作战计划》。

在得到布什总统的同意之后,1990年8月6日,鲍威尔果断命令第一支美国军队飞往沙特阿拉伯,同时命令美国运输司令部把散布在世界各地的运输机召回美国,准备向海湾运兵。接着,鲍威尔又与施瓦茨科普夫研究确定一个恰当的名字。最后,他们想到了"沙漠盾牌",他们认为,这个名字既表明了保卫沙特阿拉伯这个沙漠国家的决心,又可顺理成章地把下一步进攻行动叫作"沙漠风暴"。"沙漠盾牌"行动的军事目标是威慑和防御,具体目标有四个:一是提高美国在海湾地区的防御能力,慑止萨达姆的进一步进攻;二是如果威慑失败,能够有效地保卫沙特阿拉伯;三是建立有效的军事联盟,把所有联盟部队都纳入作战计划;四是强制执行联合国的经济制裁决议。《90-1002作战计划》则是以伊拉克为假想敌在阿拉伯半岛实施驻军和防御的具体计划。这样,以保卫沙特阿拉伯为目的的"沙漠盾牌"行动开始了,美国开始了自越南战争结束以来最大规模的军事集结。

鲍威尔对美国的增兵沙特阿拉伯充满信心,他有把握在两个月内在这个沙漠国家集结起一支足以让萨达姆不敢轻举妄动的军队,这支军队能够击退对沙特阿拉伯的所有进攻。在进行军队部署的过程中,他向布什总统做出了征召后备役人员、商业飞机转军用等建议,布什当日就签署了命令,授权国防部长征召编组后备役部队和单个后备役人员服现役。

"沙漠盾牌"计划顺利完成,鲍威尔要求施瓦茨科普夫将军迅速制定向伊拉克的进攻计划。他指示空军、海军、陆军和海军陆战队和相关兵种都参加到方案的制定工作中来,但把制定方案的领导权转到联合参谋部作战主任手中。于是,如何最大程度地发挥空中力量的威力,实施对伊拉克武装力量全方位空中打击的方案日益成熟。鲍威尔非常巧妙又不动声色地运用法律授予参谋长联席会议主席对各军种的领导权,通过扩大"总体威慑力量",经联合参谋部作战部之手,把空军与各军种的航空兵融为一体,把一个最初慑止萨达姆的空中力量进攻计划,变成一个对伊拉克实施全方位空中打击的计划,最后通过施瓦茨科普夫,把空中打击纳入了对伊拉克作战的整体计划。

与此同时,鲍威尔以极大的精力协调中央总部与各军种、各战区总部的关系,理顺了海湾战区美军部队的战场指挥体制。针对施瓦茨科普夫将军的中央总部平时没有军队,出征海湾的部队是从各个总部调遣、范围涉及美国军队的各总部和军种这样一种客观情况,鲍威尔明确规定了中央总部和各战区总部、各军种的指挥关系。这是一个全新的指挥与控制体系,中央总部成了其责任区域内所有美国军队的制定行动计划和负责贯彻实施的司令部,施瓦茨科普夫将军则成为唯一有权对辖区所有美国军队实施战术指挥的总司令,他可以根据所承担的任务,最大限度地发挥主动性,依据战场的实际情况,灵活地指挥各军兵种。

正在这时,美国空军参谋长杜根向新闻界泄露了美国的作战意图,鲍威尔当机立断向国防部长切尼做出了撤销杜根职务的建议。平息了这场风波之后,鲍威尔把注意力集中到如何在空袭和增兵这两种方案中权衡的问题上来。鲍威尔没有建议总统应当采取哪一种方案,而是要把各种方案及其要求和优劣点都摆在总统面前,供总统选择。他要以一个最佳的军事行动方案呈报总统,要排除其他貌似很好、实际不可行的方案,让总统的军事决策既能产生最大的军事上的胜利,又能把政治上的负面影响降低到最小。这是参谋长联席会议主席的职责。他立即要求施瓦茨科普夫将军向总统汇报把伊拉克赶出科威特的进攻方案。他要让总统相信,如果要进攻,就不能单纯依靠空中力量,必须有足够的地面部队。不久,他与施瓦茨科普夫制定了后来那100小时地面战的作战计划。在向布什及国家安全委员会成员的汇报会上,鲍威尔慷慨陈词,说服了布什向海湾增兵。海湾笼罩在战争的阴云之中。

对于美国参谋长联席会议主席鲍威尔来说,他发现自己处在一个十分特殊的地位。他正好位于总统布什、中央总部司令施瓦茨科普夫和国防部长切尼之间,处在政治领导人和战场指挥官之间的中心位置,是一个两头受气的角色。他必须协调两方面的关系,减轻他们的压力。他天天与施瓦茨科普夫通话,任凭他在电话里对自己大喊大叫,发泄他的无名大火。事后施瓦茨科普夫回忆说:"我觉得鲍威尔从我肩上卸下了千钧重担。"对于切尼对施瓦茨科普夫急躁脾气的怀疑,鲍威尔坚定地表示,他对施瓦茨科普夫无比信任。他一次次向切尼保证,施瓦茨科普夫是波斯湾地区最适当的指挥官,从而打消了切尼的疑虑。

对于布什总统,鲍威尔竭力为布什排忧解难,出色地协调了各方面的关系。他凭借多年与新闻界打交道的经验,小心谨慎地与新闻界处理关系。在海湾危机爆发之时,就向记者们敞开大门,以便让美国公众了解战区的真实情况,同时规定了严格的新闻检查制度,防止泄密。在鲍威尔的努力下,沙特阿拉伯也放宽了对新闻记者的入境限制,记者们的报道在美国激起了自二战结束以来从来没有过的爱国主义热情,把美国公众团结起来。为了及时把国内公众的慰问信和慰问品送到沙漠官兵的手中,鲍威尔调来C5A巨型运输机,以每天3~4架次的速度,向沙特阿拉伯运送,让在异常艰苦条件下的将士们感觉到国内人民的关怀和期望,极大地鼓舞了他们的士气。鲍威尔耐心地向国会议员做工作,改变了许多议员原来的想法,促使国会通过对总统宣布开战的授权。

大战来临之际,面对数千人的和平示威鲍威尔毫不动摇,在他看来,这种情况不可避免,但无足轻重,他有更重要的事要做。他详细审查了轰炸目标,为了万无一失,甚至请一些律师参加轰炸目标的审查。在最后一次国家安全会议开过之后的1990年1月15日下午,鲍威尔向施瓦茨科普夫发出了进攻的命令。"沙漠风暴"行动正式拉开。

当战争正式打响之后,鲍威尔松了一口气,他对美国和反伊联盟军队的胜利坚信不疑。他一方面做国内公众的工作。面对美国公众对伤亡的担心,鲍威尔在电视上沉着自信地用27个英文单词对战胜伊拉克军队的总体战略目标作了概括:"我们收拾这支军队的战略非常简单:先揍瘫,再取命。"他的那句著名的结束语"请相信我"使美国大众的疑

虑顿消。另一方面,他沉稳地做好前方指挥官施瓦茨科普夫的工作,把施瓦茨科普夫的火气降低到最低限度。1990年2月24日,以美国军队为首的多国部队在地面发起了排山倒海的攻势,"沙漠风暴"进入了最后阶段——"沙漠军刀"。在胜局已定的情况下,摆在布什政府面前的问题是:何时和如何结束战争。在这个关键时刻,鲍威尔极力向布什总统建议结束战争。27日21时,为时100小时的海湾战争宣告结束。这是一次辉煌的军事胜利,谁也没有料到这场战争会以如此辉煌的胜利宣告结束。

虽然施瓦茨科普夫在战后大出风头,但所有人都明白真正把海湾战争引向胜利的是参谋长联席会议的主席——科林·鲍威尔。在布什和切尼的眼中,鲍威尔是文官控制将军的大管家;而在将军们的心目中,鲍威尔是军人利益的守护神。新闻界高度评价鲍威尔在海湾战争中的功绩,称他使美国重新感到了自己的稳定和强大。在公众心目中,鲍威尔则是"美国梦"的集中体现。凯旋的鲍威尔受到了美国各界的热烈欢迎。在鲜花和欢呼声中,鲍威尔没有陶醉,异常冷静,他知道战争结束了,冷战结束了,等待他的新使命将是裁减军队。这是他不愿意干却不得不干的事情。首先他不得不安排了施瓦茨科普夫的退休。

1992年美国大选中,共和党和民主党争相拉拢他。民主党候选人克林顿派人试探他的意向,他回答说:"第一,我不能第一天脱下军装,第二天就投身政界。第二,我还不知道自己的政治倾向,是民主党还是共和党。第三,乔治·布什提拔了我,支持我,我不能反对他。"民主党人一直不死心,想把他拉入自己的阵营,直到大选揭晓后的11月1日还在问他是否想在未来的克林顿政府中当国务卿或国防部长,但都被他婉言谢绝。

布什被克林顿击败后,鲍威尔大失所望,他婉言向克林顿提出退休的意图,但被克林顿挽留下来。在此之后,在军队同性恋问题、美国武装力量军事战略问题上,他与克林顿发生了严重分歧。虽然鲍威尔以他的品格、以他老练的处事方法和他无法抗拒的个人魅力,赢得了克林顿政府阁员和民主党的尊重和爱戴,并且按照美国法律规定,他可连任三届参谋长联席会议主席,但他自己最终还是选择了离开。

1993年9月30日,鲍威尔度过了他军事生涯的最后一天。在他的告别仪式上,克林顿总统授予他"自由勋章",并在演说中高度评价了他的功绩。退休之后,鲍威尔回到佐治亚州过起了悠闲的田园生活。

1994年美军入侵海地,克林顿仓促决策,仓促出兵,直到开战时,方感到有些准备不足。鲍威尔临危受命,与前总统卡特一起前往海地,与海地军人独裁者塞德拉斯将军谈判,软硬兼施,迫使塞德拉斯放弃政权,美军得以兵不血刃进入海地。克林顿对此赞叹不已,向鲍威尔明确表示希望他接替克里斯托弗,担任国务卿。鲍威尔婉言谢绝了。

1995年美国总统大选再次拉开了帷幕,克林顿力图卫冕白宫,共和党领袖参议员多尔志在必得,但美国新闻媒体和公众倾向关注的却是既没有说明自己的政治倾向,也没有说自己是否参选的鲍威尔。许多美国人希望鲍威尔入主白宫,给他们带来"黑色希望",从而形成了美国历史上最大规模的支持某人竞选总统的自发性运动,许多政界要人也都表示支持鲍威尔。面对沸沸扬扬的外界舆论,鲍威尔始终保持沉默。在他的回忆录

《我的美国之路》出版以后,第一版即印了60万册,鲍威尔在全美进行回忆录的推销活动,结果掀起了一股强劲的黑色旋风,其力量之猛烈,震撼了美国政坛。鲍威尔本人也宣布:将在推销活动结束之后,再决定是否参加总统选举。然而,在推销活动结束之后,鲍威尔却于1995年11月8日出人意料地宣布,他尊重朋友,特别是妻子的意见,不参加总统大选。消息传来,许多美国人大失所望。鲍威尔的决定给人们留下了一个难解之谜。鲍威尔会东山再起吗?华盛顿上空会再次刮起黑色旋风吗?

执柄外交

2000年乔治·沃克·布什在大选中获胜,他立刻就在得州自己的庄园任命鲍威尔为美国第65届国务卿。鲍威尔没有拒绝这一次的任命,于是,鲍威尔又在美国历史上创造了一个第一——第一位黑人国务卿。这也是美国有史以来黑人获得的最高文职。鲍威尔是美国黑人心中至高无上的英雄,他当之无愧。布什在宣布任命时赞扬说:"我找不出比鲍威尔更合适的人选担当此职,他是美国的英雄,美国的模范,美国的传奇。"鲍威尔含泪接受了任命。

布什宣布任命后,鲍威尔发表了接受提名讲话。他说,在全球三类国家中,美国将继续致力于西半球的民主化和市场经济进程,同时与中国、俄罗斯这样正在寻找通向民主和市场经济之路的国家合作,不再把它们当成敌手。但对扰乱国际秩序的第三类国家,美国必须展现自己的力量,保卫美国的利益。他还说,将会就发展导弹防御系统计划与其他国家谈判。在此之前,鲍威尔就曾经说过,虽然政治团结和军事力量使西方得以遏制苏联,但是,导致冷战结束和东欧实现民主的关键是思想观念的威力。鲍威尔说:"人民自由之威力、个人自主之威力……这些是把冷战世界重新塑造成当今世界的强大力量……我认为这些力量不可抗拒。"

鲍威尔在担任国务卿领导美国外交事务期间,美国面临许多前所未有的新挑战:领导全球联盟进行反恐之战,帮助阿富汗和伊拉克建立民主,支持北约组织的扩大,抗击艾滋病,努力实现公正与平等的中东和平,以及支持扩大世界各地的自由和经济机会等。特别是在美国遭受"9·11"恐怖袭击后,世界反恐形势变得更加严峻,特别是阿富汗战争、伊拉克战争过后,两国的重建问题,伊朗、朝鲜半岛的核问题,这些都是美国外交工作所面临的难题。作为美国直接负责外交事务的最高官员,鲍威尔在任职期间的担子并不轻松。

在一系列国际问题上,鲍威尔主张,美国不应随意在海外进行军事介入;如真的要干预,美国应有充分和明确的政治目标,并出动绝对优势兵力,一举获胜。鲍威尔的这一思路来自越战失败的沉痛教训,他说:"战争应是最后的政治手段。"这话颇有中国"兵者,圣人不得已而为之"的哲理。他的这一主张被媒体标注为"鲍威尔主义"。但是,在外界看来,作为美国历史上首位黑人参谋长联席会议主席,军人出身的鲍威尔却是本届布什政

府中稀有的"鸽派",他与副总统迪克·切尼和国防部长唐纳德·拉姆斯菲尔德等"鹰派"人物早有隔阂,因此,在布什政府里,所谓的"鲍威尔主义"并不吃香。

"9·11"事件发生后,鲍威尔的首要任务就是争取国际社会的广泛支持,向恐怖主义宣战。不过,本可以在国际舞台上有所作为的鲍威尔却在伊拉克问题上与"鹰派"代表人物拉姆斯菲尔德产生了严重分歧,他的"鲍威尔主义"更被布什抛于脑后。然而,军人的天性却让鲍威尔始终不折不扣地执行布什总统发出的指令。最让人们记忆犹新的事例是,2003年2月5日,他在联合国安理会的讲台上为美国发动伊拉克战争进行辩护。然而,虽然他有心争取国际社会支持,却因美国的强权政策路人皆知,因而他的努力便显得苍白无力。

2001年7月28日,鲍威尔第一次访问中国。在与江泽民总书记的会谈中,鲍威尔说,中国的改革开放给中国人民带来了巨大的利益。美国希望看到中国继续发展和进步。美方愿在寻求合作中相互促进。在台湾问题上,鲍威尔表示:布什政府会像近30年来历届美国政府一样,奉行一个中国的政策。

2004年10月,鲍威尔再次来到北京,国家主席胡锦涛、国务院总理温家宝分别会见了他,外交部长李肇星与他举行了会谈。双方就中美关系、朝鲜半岛核问题、反恐问题、台湾问题等共同关心的问题广泛交换了看法。鲍威尔在接受中国媒体采访时曾说,美国现在将中国看成朋友,布什政府内没有人视中国为敌人。中国是一个重要的国家,正在赢得新的世界地位,现在更是世贸组织的一员。因为参与全球经济活动,中国现在正在创造财富。他说:"我们想同中国一起,为中国的经济增长出力,造福全体中国人民,不仅是城市里的人,还包括生活在中国其他地区的人。因此,我们这两个政治制度和信仰都不同的国家,完全有可能合作,缩小分歧和互相支持。我们不把中国看成是敌人。"在此期间,他还谈到了反恐问题,他说:"基地"组织不仅是美国的敌人,而且是全世界的敌人。"基地"组织可以在印尼引爆炸弹,可以在美国引爆炸弹。"如果他们想的话,他们也可以在中国引爆炸弹。"中国本身也关注一些与恐怖主义有联系的组织,美国在这方面一直与中国合作,从"9·11"事件以来,中国领导人和人民对美国的所有支持,对此美国必须表示赞赏。

鲍威尔性格坚毅,言行一致,做事深思熟虑。与其他出身军界的政治家不同,他不崇尚武力和战争,对于政治,他推崇相对温和的中间路线。在加盟布什政府前,鲍威尔一直保持独立人士身份。他主张打破美国共和、民主两党的界限,他说自己倾向于自由派理念。共和党某些人反对关于提高少数民族群体工作机会的平权法案,他曾对此愤怒谴责。这使得不少共和党上层人士对他不怎么放心。

2004年末,鲍威尔即将辞去国务卿职务的消息不胫而走。对于这一点,各界并不感到意外,因为此前鲍威尔就曾表示过只在布什政府内干一个任期。美国媒体认为,由于鲍威尔执行比较温和的外交政策路线,因而与作为布什政府政策核心的副总统切尼、国家安全事务助理赖斯和国防部长拉姆斯菲尔德等人时有冲突,所以鲍威尔在布什赢得连任后宣布辞职也是意料之中的事情。

2004 年 11 月 12 日，鲍威尔正式向布什总统递交了辞职信。鲍威尔在信中说："正如我们这几个月所讨论的那样，我认为现在选举已经结束，我也该从国务卿的位子上退下来了，回到自己的生活中去。因此，我辞去第 65 届国务卿职务，并在您首肯时生效。"鲍威尔在信中也回顾了自己 4 年来经历的风风雨雨和国际时局变迁。他说："我们发动了全球反恐战，解放了阿富汗和伊拉克人民，让世界注意到核扩散问题，加强了联盟关系，为适应冷战后时代做出了调整，采取了重大举措解决发展中国家面临的贫困和疾病，作为其中一分子，我感到高兴。"

2005 年 1 月 15 日，鲍威尔的辞职申请得到了布什总统的批准。在参加美国全国广播公司"与新闻界会面"节目采访时，鲍威尔被问及在离任后是否有意继续从事其他政治活动，鲍威尔坚定而又快速地回答道："不会。"主持人蒂姆·拉瑟特再问："永远不吗？"鲍威尔回答说"是"。同时他还表示："并不打算在今后的日子里隐退。希望能够以一种私人的方式继续为国家服务。"后来他在接受美联社采访时曾表示，离任后可能会从事促进残疾儿童教育方面的工作。

1 月 19 日临近中午时，鲍威尔出现在国务院大厅告别仪式上，几百名职员给予他持续达 1 分钟的欢呼。在夫人阿尔玛的陪伴下，鲍威尔在大厅通向中层楼的楼梯上向人群致辞。"即使我离开这个职位，我也永远不会离开你们，"鲍威尔动情地说，"我将永远是这个出色的家庭的一员。"结束致辞后，鲍威尔与职员们握手，全场掌声又持续了 8 分钟。

1 月 28 日，当继任者赖斯来到国务院办公大楼时，鲍威尔已经走了。人们无法去猜想这四年的外交生涯让他品味到多少欣慰、多少遗憾，但四年来他像一个救火队员一样，一刻不停地奔波在世界各个热点上的身影，却总是让人们难以忘怀。

退休后的鲍威尔的公开身份是演说家，同时是硅谷一家从事信息产业的公司的合伙人，此外，他还是数家非营利性机构的主席。他的办公地点在华盛顿南郊亚利山德里亚小镇，家在离此 15 分钟车程的弗吉尼亚。谈到业余生活，鲍威尔说自己喜欢读书，喜欢看棒球、赛车。他喜欢读历史书，中国的《孙子兵法》他也耳熟能详。2021 年 10 月 18 日早晨，科林·鲍威尔因新冠并发症去世，终年 84 岁。美国当地时间 2021 年 11 月 5 日，科林·鲍威尔的葬礼在首都华盛顿举行。美国首位非裔国务卿科林·鲍威尔的葬礼在华盛顿国家大教堂举行，美国总统拜登夫妇、前总统奥巴马夫妇、前总统小布什夫妇等共同出席了葬礼。

世界名人百传

商界巨擘

王书利 ⊙ 主编

导　读

　　每个商界成功者都是相似的，但他们又有着各自的特质。钢铁大王卡内基、造就财富神话的洛克菲勒、IT 英雄比尔·盖茨……他们纵横商海、惠及五洲，他们是功名卓著的商界成功者，更是真正的人生奋进者！他们顶着炫目的光环，却也无数次遭遇失败，凭借不懈努力、锲而不舍，他们最终取得了辉煌的成就。

　　集聚商界名人，展现智者思想，本卷《商界巨擘》选取了世界历史上最具代表性、最优秀的几十位商界名人，追寻他们从徘徊到自信的心路历程，感悟他们的生存智慧和管理经验，再现世界企业的风云版图，记录和总结世界商界领袖所代表的商业趋势，从这些商界名家的传奇人生中折射出当今这个时代里，无数不甘平庸、奋发有为者走过的不平凡的道路。他们一路走来遇到的荆棘和坎坷会告诉我们，在创业道路上的艰辛与付出；他们历经磨难后取得的突破和成功会告诉我们，只要坚定信念、永不言弃，就能成功。激情会战胜世故，执着会战胜所有的诱惑。

　　他们是时代的领航者，是成功的旗帜，探寻他们的成功轨迹，领悟他们的长远眼光，了解他们独到的经营理念，寻找他们事业的加速点，体味他们的人生结晶，能够为自己的事业腾飞加上一些助力，也会将自己对财富和成功的渴望催生为动能。

美国金融巨头

——摩根

人物档案

简　　历：世界头号金融大亨，摩根集团的创始人，美国钢铁公司的创始人。于1861年创立摩根商行；1892年撮合爱迪生通用电力公司与汤姆逊-休士顿电力公司合并成为通用电气公司；1901年组建美国钢铁公司。1913年3月31日，摩根在去埃及开罗的旅行途中突然去世，终年76岁。其后遗体送回纽约，华尔街降半旗以示敬意。

生卒年月：1837年4月17日~1913年3月31日。

安葬之地：美国纽约。

性格特征：性格温和，意志坚韧，品质虚心，人格真诚。

历史功过：摩根是进步时代显赫的金融家，对效率及现代化的追求和贡献，令美国经济从此改头换面。

名家评点：阿德里安·沃尔德里奇称摩根为美国的"最杰出的银行家"。华尔街日报曾这样评价说："约翰·摩根在1901年重新组织了这个世界。"

一船咖啡

摩根家族的祖先于1600年前后从英国迁移到美洲。传至约瑟夫·摩根的时候，又卖掉了马萨诸塞州的农场，到哈特福定居下来。

约瑟夫最初以经营小咖啡馆为生，同时还卖些旅行用的篮子。如此苦心经营了一些时日，逐渐赚了钱，就盖了个很有气派的大旅馆。他还买了运河的股票，成为汽船业和地方铁路的股东。但使他赚大钱的，还是保险业。

1835年，约瑟夫投资开设了一家叫作"伊特那火灾"的小型保险公司。哈特福是全美保险业的发祥地，而当时的保险公司仅仅有屈指可数的几家。所谓投资，也不要现金，只要你在股东名册上签上姓名即可。投资者在期票上署名后，就能收取投保者缴纳的手

续费。只要没有火灾，这无本生意就稳赚不赔。出资者的信用就是一种资本。

然而不久，纽约突发了一场特大火灾。

投资者聚集在约瑟夫的旅馆里，一个个面色惨白，急得像热锅上的蚂蚁。

不少投资者显然没有经历过这样的事件，他们惊慌失措，纷纷要求放弃自己的股份以求不再负担火灾保险费。约瑟夫通通买下了他们的股份，说："为了付清保险费用，我把这旅馆卖了也在所不惜。不过得有个条件，下一次签约时必须大幅度提高手续费。"

成败与否，全在此一举。一位朋友也想冒这个险，两人凑了10万元，派代理人到纽约处理赔偿事项。

从纽约回来的代理人带回了投保者的现款，这钱是新投保者付的比原来贵一倍的手续费。

"信用可靠的伊特那火灾保险"已在纽约名声大振。

这次火灾后，约瑟夫·摩根净赚15万。

这笔钱，奠定了摩根家族的基业。

约瑟夫·摩根的儿子杰诺斯·斯宾塞·摩根到波士顿的商行当学徒时，年仅16岁。约瑟夫退休后，出资5万元买下了哈特福的干菜店，当时杰诺斯23岁。就在干菜批发店开张的那一年，他娶了皮尔庞特家的女儿。皮尔庞特是波士顿的牧师，还是个热情的诗人，狂热地主张废除奴隶制和实行社会改革。

1837年，一场前所未有的金融恐慌和接踵而至的经济萧条笼罩了美国，成千上万家银行倒闭，企业破产，大批工人失业，国内建设停滞不前。

就在这年的4月17日，在康涅狄格州哈特福亡命者街的一所砖造住宅里，一位将振兴美国经济的财政巨人诞生了，他就是本文的主人公约翰·皮尔庞特·摩根（J·P·摩根）。

杰诺斯不仅视儿子为掌上明珠，并且预感到儿子是个不一般的人物。怎能让他在这样的陋室中成长呢？于是卖了旧房子，重新在一片荒地中盖起一幢豪华新居。

后来，杰诺斯与银行家皮鲍狄合伙经营乔治·皮鲍狄公司。公司设在伦敦，专门经营债券、股票生意，这是英国第一家以发行证券和组织股份公司为业的银行。

约翰·皮尔庞特·摩根上学以后，同学们都觉得他的名字很啰唆，干脆称之为"皮柏"，于是，皮柏的名字一直沿用下来。

皮柏传奇的经济业绩，始于他20岁时一次冒险的商业投机。

1857年，皮柏从德国格廷根大学毕业，进入父亲朋友在纽约华尔街开设的邓肯商行实习。此前先到康涅狄格州的邓肯别墅去度假。就在那儿，皮柏巧遇了一心想成为著名歌唱家的咪咪。咪咪是昵称，她的本名叫做亚美狄亚·斯塔杰。

咪咪温文尔雅，端庄妩媚，有如山间百合那样婀娜多姿。她和邓肯夫妇聊起音乐或美术时，更是神采飞扬，楚楚动人。皮柏一见就倾心了。

有一次，他去古巴的哈瓦那，采购了鱼、虾、贝类及砂糖等货物。在回来的途中，他发挥了自己的冒险精神。

当时，轮船停泊在新奥尔良，他信步走过了充满巴黎浪漫气息的法国街，来到了嘈杂的码头。码头上，晌午的太阳烤得正热，远处两艘从密西西比河下来的轮船停泊着，黑人们正忙碌着上货、卸货。

"哥儿们，怎么样？想买咖啡吗？"一位陌生白人从后面拍了拍他的肩，问道。

那人自我介绍说他是往来巴西的咖啡货船船长，因受托到巴西的咖啡商那里运来了一船咖啡。没想到美国的买主已破产，只好自己推销。如果谁愿意出现金，他可以以半价出售。这位船长大约看出皮柏穿戴考究，有一种有钱人的派头，就拉他到酒馆谈生意。

皮柏考虑了一会儿，就打定主意买下这些咖啡。然后发电报给纽约的邓肯商行："已买下一船廉价咖啡。"

然而，邓肯商行回电严加指责："不许擅用公司名义！立即撤回交易！"

"他妈的！"皮柏抗议公司的命令，马上发电给在伦敦的父亲。在父亲的默许下，用他伦敦公司的户头，偿还了原来挪用邓肯商行的金额。他还在那名船长的介绍下，买了其他船上的咖啡。

皮柏赌赢了！就在他买了这批货不久，巴西咖啡因受寒而减产，价格一下子猛涨了2~3倍。皮柏大赚了一笔，不但邓肯对他赞不绝口，连他远在伦敦的父亲也连夸儿子："有出息，有出息！"

这次商业交易的成功，使皮柏更加看重自己家族的力量。他不仅非常欣赏自己的家谱，而且对前辈的商业冒险、经济思维心领神会。据华尔街老板们说，皮柏对17世纪时横行海上的著名大海盗亨利·摩根很为敬仰，为了纪念这个祖先，他把自己的一条游艇漆成黑色，命名为"海盗号"，并在船桅上高悬一面以骷髅和大腿为标志的海盗旗，漂游海上，以此为荣。

生命体验

年轻时的皮柏，身体很差，经常生病，因为担心伦敦的雾有碍健康，就到瑞士去读高中，毕业后进入德国格廷根大学去深造。

该校不但教授阵容强大，而且学生也是来自各国的优秀人才，在历史上该校的数学和自然科学一向是世界闻名的。

下课之后，皮柏常与英、法、德各国的同学一起顺着莱茵河漫步，畅谈自己的感受。不同国家的同学一起和睦相处，让人真有一种"四海一家"的感受。

受过良好教育的皮柏并不是一切都以理性的商业利己为自己的价值判断、行为取向，在他的情感深处，关怀与爱也是人生的一大需要。

皮柏的第一次婚姻就是这种生活哲学的一次生命体验。

1861年10月7日，皮柏不顾父母的反对，坚决地同身患重病的咪咪小姐结婚。

这是一个与众不同的婚礼。尽管每个人从心底对新婚怀着无尽的祝福，但现场仍充

满着寂静、哀伤的气氛,婚礼犹如葬礼。

婚礼在新娘娘家的豪华宅邸举行。

首先由牧师作了简短祈祷,随后新郎新娘宣誓永远相爱,并交换了戒指,互相拥抱、接吻。整个过程用不了 10 分钟,然而头戴面纱,身穿雪白长礼服的新娘已因为贫血而支持不住,需要新郎来搀扶她。

当新人互相拥抱之后,屏风随即关闭,新娘的双唇一下地如同火烧般炙热,不由自主地倒在了床上。两个女仆赶忙换下新娘的礼服,并喂她吃药。新娘面如纸色,眼珠子一动不动,如同断了气一般。

穿着大礼服的新郎站在屏风外的客厅里,和大家共饮香槟,接受亲朋好友的举杯祝贺。新娘的母亲泪流满面,拉住新郎的手恳求道:"无论如何,您要救救可怜的咪咪!"

新郎双手扶住岳母的肩,信誓旦旦地保证说:"您放心,我一定会竭尽全力医好咪咪的病的!"

他的态度真诚,毫无虚假的表情。他实在是想治好新娘的病呀!他俩是真心相爱的呀!

新郎的穿着切合时宜:黑色礼服的衣领中露出白色的衬衫高领。瘦高的身材,更是显得英武勃发。他走进屏风内,换了一套外出服,轻轻抱起咪咪。

咪咪现已进入肺结核第三期。病情恶化,瘦得皮包骨头,常常不停地猛咳,像要断气似的。她躺在新郎怀中,额头还在轻微地发烧,不断渗出细密的汗珠。

皮柏抱着咪咪下楼,出了庭院,一辆康科特黑色双马马车已在门外等候。他们在参加婚礼的亲友们护送下来到布鲁克林码头,准备搭乘由纽约前往英国利物浦的汽船,皮柏打算在阿尔及尔中途下船。

主治医师曾建议他们,找个温暖的地方去疗养说不定会有收效。皮柏经他这么一指点,心底又燃起了最后一丝希望。他在寻找妻子养病的地点时,曾想到了大学期间曾旅游过的阿尔及尔。

阿尔及尔是地中海对西非贸易的重要转口港,非常繁荣。从 16 世纪起,海盗们曾占据了这一小岛。这儿气候温和,风景秀丽,山丘坡度和缓,在山丘上北非式的城堡星罗棋布;而山丘下,伊斯兰教的清真寺错落有致。在北非式城堡上,可以俯瞰翠绿的山丘,眺望碧波万顷的地中海。

"你就在这样一个景致秀丽的地方疗养……"

"谢谢,皮柏,我的病一定会好的!"

甲板上的新婚夫妇,正亲昵地低语,对未来怀着无限憧憬。

在阿尔及尔,皮柏和咪咪借住在一家法国人的公寓里,从窗口就可俯瞰湛蓝湛蓝的地中海,享受那柔柔的海风和暖暖的太阳。

然而,一切无济于事,咪咪的病情每况愈下。

后来,他们又到法国南部尼斯求治。不久,又到巴黎治疗。在法国医生作了"毫无痊愈希望"的判决后,咪咪年轻的生命在巴黎的医院里结束了。

葬礼在伦敦举行,距他们的婚礼还不到 3 个月。

皮柏完全变成了另外一个人,他身穿黑上衣、黑长裤、黑色背心和雪白衬衫,还打紧领带。整天目光冷淡,沉默寡语,喜怒不形于色。

深不可测

咪咪死后,皮柏带着妻子的骨灰盒和一颗破碎的心,由巴黎返回纽约。但邓肯商行不欢迎这位后生再来上班了。

杰诺斯得知邓肯的拒绝后勃然大怒,立即电告儿子:"不必再和邓肯共事! 自己办一家公司来!"

望子成龙心切的父亲给了他极大的支持。在曼哈顿岛纽约证券交易所对面的一幢油漆都已脱落的旧木制建筑里,二层楼上新添了一块招牌——摩根商行。这个位置对于摩根以后大展宏图,起了不小的作用。

不久,经声望很高的皮鲍狄公司鼎力推荐,摩根在纽约证券交易所拥有了一个席位。皮柏从此开始他的金融生涯。

就在这一年,发生了美国历史上著名的南北战争。战争不仅塑造了战争英雄,也为冒险家们的商业投机制造了机会。

有一天,一位青年投机家克查姆来拜访摩根。小伙子果敢机智,很有才干,皮柏和他谈得很投机,都有一种相见恨晚的感觉。

"近一段来北军伤亡惨重……"克查姆说。

"金价又要涨了!"皮柏预感到。

"我们先同伦敦的皮鲍狄先生打个招呼,通过他的公司与你的商行共同付款方式,购买四五百万的黄金——当然要秘密进行……"

"不错。"

"然后,将买到的黄金的一半汇往伦敦皮鲍狄,剩下一半我们留着。一旦皮鲍狄黄金汇款之事流传出去,而查理斯敦港的北军又战败时,黄金价格肯定会暴涨;那时候,我们就堂而皇之地抛售手中的黄金,岂有不大赚一笔之理!"

听了克查姆的一席话,皮柏高兴得跳了起来:"非常好,奇妙无比!"

摩根因汇兑大宗款项走漏了风声,社会上许多人都说大亨皮鲍狄购置了大量黄金,"黄金非涨价不可"的舆论甚嚣尘上。于是,很快形成了争购黄金的风潮。由于这么一抢购,一下子就把金价抬了起来。

摩根见火候已到,把手中黄金全部售了出去,大赚一笔。

《纽约时报》对这次莫名其妙的金价暴涨进行了深入调查。结论是:纽约的一名青年投机家——J·P·摩根,是这一事件的实际操纵者。

此时,深不可测的摩根,再搭配上短粗的浓眉、胡须,会让人感觉到他是一个深思熟

虑、老谋深算的人。

摩根清楚地认识到,战争提供的巨大商机比和平时期更多,关键是谁能迅速掌握信息,这是商战中致富的一个法宝。

于是,在摩根商行,设立了电信情报检索部门,这在美国金融机构中是第一家。许多商人都还在电信部门办理电讯业务时,摩根商行已自己开展了电报通信工作。

一次,克查姆到商行来,不解地问:"摩根先生,你的商行怎么搞起电信业务来了?这可是电信部门的事。"

摩根边笑边指着一位新招聘来的青年人说:"这位史密斯先生,是摩根商行的电讯人员。他负责商行的电报通讯工作。"

原来,史密斯刚刚从军队复员不久,过去曾做过陆军部电报局的接线生。摩根看中他的一点是北军的主要首领格兰特将军的电报秘书文尼尔上校与史密斯交往甚密。这样一来,摩根很容易得到这场南北战争中前线的军事情报。商场如战场。在战争中欲求得商行发财,没有正确的军事判断,是办不到的。听完摩根的解释,克查姆兴奋地说道:"真了不起,真有眼光!"

没有过多久,电报这种新式武器就发挥出了显而易见的威力。

与摩根一起出入"煤炭厅"地下黑市交易的克查姆,很快从"新式武器"中获益。

1862年10月28日,北方政府的马克利兰将军的波多马克部队,向威灵顿发起猛攻,迫使南军撤退。

自然,这条情报是史密斯从电报室中得到的。而这条情报仅仅是在南军撤退几分钟,就收到了。

克查姆惊喜道:"几分钟!我的天!真是时代不同了!"

摩根笑了一下,说:"别忙,还有呢……"

不一会,史密斯拿着一份电报从电报室中出来。

"摩根先生,这是一份从华盛顿发来的电报……"

"念念吧!"

"好!'选举后11月5日,林肯总统决定由班塞特接替马克利兰将军的总司令之职'。"

克查姆兴奋得满脸通红,拍案大叫:"形势大好!卖了!又可以捞一笔!"

无疑,"新式武器"为摩根商行的商业交易插上了翅膀,生意越做越红火。

一天,史密斯送过来一份由摩根的父亲杰诺斯和皮鲍狄从伦敦发来的电报:

"南军用以突破北军海上封锁线的许多炮舰,都是由英国人的造船厂提供的。美国为此一再向英国提出抗议……林肯总统和斯瓦特国务卿已通过驻英大使亚当斯向英国政府提出了最后通牒,要求停止为南军供应炮舰。你要特别注意华尔街的动向。"

摩根心领神会,不仅密切注意华尔街的反应,而且密切注视华盛顿的动向。

他来到电报室,令史密斯向华盛顿方面查询。

史密斯"啪啪啪"一阵电键响过,传来了新的情报:林肯总统已下最大决心,为炮舰事

件不惜与英国断交。

紧接着,父亲杰诺斯又发来电报:

"英国已答应美国的要求,决定停止为南军承造炮舰,但提出一个先决条件:美国须于5月内拿出100万英镑的赔偿费,用以向英国各承造厂家的赔偿。"

接着,杰诺斯再次来电:

"美国大使亚当斯奉命游说,但更改先决条件的希望终于落空。美国政府只好委托皮鲍狄公司于24小时内准备好价值100万英镑的黄金,作为赔偿费。此消息绝密! 除总统、国务卿外,再无人知晓!"

杰诺斯获知天机,为儿子带来了一捆捆的美钞。

看完电报的摩根,高兴得直拍桌子:"此乃天赐我也! 买进黄金!"

他立即筹款买进大批黄金;皮鲍狄果然大量收购黄金。这样一来,黄金价格飞涨起来;摩根趁涨价,又全部抛售出黄金。

他轻而易举地大赚了一笔。

1863年,皮鲍狄已是事业上取得很大成就的人了,由于年纪大而退居幕后。

在他退休的时候,英国女王维多利亚曾有意授予他英国贵族的爵位和封号,然而他却以身为美国籍为理由,委婉地谢绝了女王的这一好意。他的拥有2000万美元资金的皮鲍狄公司,由于他的退休,不能再继续使用皮鲍狄这一名称了,于是就用他的继承人杰诺斯·摩根的名字来命名,改称"J·S·摩根公司"。

父亲杰诺斯地位、势力的提高,为皮柏飞黄腾达,提供了便利条件。

铁路争霸

1865年4月9日,南军总司令李将军向北军总司令格兰特将军投降。历时4年之久的南北战争以北部的完全胜利而告结束。

美国南北战争的结束,为经济大发展、大繁荣带来了大好环境。皮柏决定抓住机遇,大展宏图,为建立一个垄断美国经济的大帝国而奋斗。

为了扩大公司规模,皮柏将银行家查尔斯·达布尼·古特温拉了进来,并将摩根商行改名为"达布尼·摩根商行"。

1866年,皮柏再次结婚了,新娘是一个名叫法兰西丝·崔西的律师。

1867年,摩根的独生子出世,其子与父同名,世称"小摩根"。

这时的摩根事业、爱情双丰收,翅膀坚硬起来了。

他已是具有丰富投机、经营经验的银行家了,在华尔街名声大噪。

摩根贪婪、深邃的双眼盯上了铁路投机事业,让更多的美金滚滚而来。

铁路在美国资本主义经济发展史上占据一种独特的地位。美国是世界上少数几个由私营公司拥有并经营着全国铁路的国家之一。南北战争中,铁路的价值得到了充分的

体现。可以说,北方之所以打败南方,部分原因就是拥有较好的铁路。美国人明白:铁路运输是使美国发展和安定的最好方法。铁路运输公司决定把铁路继续扩展到美国西部一些不稳定的地方去。计划在 1869 年,铁路将把太平洋沿岸连接起来。

机会再一次撞在了摩根的枪口上。

华尔街再次成为战场。华尔街的少壮派投机家乔治·顾尔德与贪婪的吉姆·费斯克联手,对付在美国铁路运输和船舶工业界赫赫有名的凡德毕尔特。轰动一时的萨斯科哈那铁路争夺战如火如荼。

双方为了争夺这条铁路,不惜收买法官、警官,甚至酿成许多人死亡的血案。

摩根中心外观图

为什么萨斯科哈那铁路对投机者有如此巨大的吸引力呢!

因为萨斯科哈那铁路有着异乎寻常的重要性。

萨斯科哈那铁路从纽约州的首府奥尔巴尼通到宾夕法尼亚州州境的北侧的宾加姆顿。路程其实并不长,只有 227 公里,然而它具有极为优越的地理位置。宾加姆顿城自古便是煤炭集散地,现在更是如此。而且在宾州北部,也就是宾加姆顿周围,有不少铁路通往各煤炭产地。这样,萨斯科哈那铁路便成为联结东部工业城市与煤炭产地的大动脉。这条铁路南接伊利铁路,西达美国中部重镇芝加哥。匹兹堡的钢铁以及产油河的石油都经过这条铁路运抵纽约。

萨斯科哈那铁路是如此重要,所以,华尔街铁路大王之一的顾尔德便不惜一切代价同赫赫有名的凡德毕尔特争夺铁路控制权。顾尔德在渥多维剧场的地下室里,印制虚增的萨斯科哈那铁路公司的股票。而后又利用法院干涉萨斯科哈那的股东大会。几经周转之后,萨斯科哈那铁路便到了顾尔德手中。

凡德毕尔特并不甘心失败,他联合被撤销职务的原萨斯科哈那铁路公司总裁拉姆杰向顾尔德反击。考虑到双方实力的对比悬殊,他们敌不过顾尔德,便决定向艾德·摩根——前任纽约州长求援。艾德就推荐 J·P·摩根,他相信堂弟摩根的能力,应付这件事绰绰有余。

J·P·摩根在详细地问明了事件的前因后果后,向法院起诉。以一封无懈可击的上诉书使法院推翻原判决令,撤销了停止拉姆杰职务的命令。

初战告捷。但事情并没有到此结束。

在铁路股东大会上,还有决定性的一场较量。

摩根分析了整个形势,拿出认为可以取胜的方案反复推敲,做了充分准备。然后派韩特律师先一步出发到会场所在地奥尔巴尼做一些布置,并指定这次股东大会由韩特担

任幕前指挥。

他们觉得,股东大会的选举,已有稳操胜券的把握。

突然有人想起他们忘了一个关键性的问题:顾尔德、费斯克乃卑鄙小人,很可能在选举不利于自己时,拿出杀手锏以武力威胁。

怎么对付这些无耻小人。摩根说:"这件事交给我,我自有办法令顾尔德一伙束手就范。"

至于什么办法,摩根没有细说,但众人皆知他并非虚言。

在股东大会开幕的一天,当摩根一行驱车来到股东会场时,恰遇费斯克在一伙全副武装的打手簇拥下来到会场。

费斯克在向拉姆杰等嬉笑怒骂。

摩根站起,报以冷笑,然后道:"费斯克先生!你早啊!"

费斯克正欲反唇相讥,只听大喝一声:"费斯克!你被捕了!"

费斯克还未明白怎么回事,数十名穿着警察制服、端着枪的警察已冲到跟前,并三下五除二地给他戴上手铐。

那些耀武扬威的打手们见势头不对,纷纷抱头鼠窜而去。逮捕费斯克的"警察""警察局长"均系摩根花钱雇来的角色所扮演,而费斯克一时未辨真伪,在未曾见到出示逮捕证的情况下老实就范,实是恶人尚须恶人制,正所谓"魔高一尺,道高一丈"。

费斯克被捉,打手作鸟兽散,顾尔德原来的全盘计划皆被打乱;而摩根,则一步一步按既定计划行事,将顾尔德击了个一败涂地。

股东大会的结果不难预料了:选举拉姆杰为总裁,摩根为副总裁。

摩根取得萨斯科哈那副总裁职务后,掌握着萨斯科哈那铁路的经营发言大权。其实际地位已超过了拉姆杰。第一次接触铁路投机业的摩根旗开得胜,在华尔街崭露头角,获得了众人的高度评价,提高了知名度。

第一次尝到甜头后,摩根开始拼命地争夺美国的铁路控制权。

投机发迹

约翰·皮尔庞特·摩根是美国经济发展史上的一个重要人物。摩根从一个无名小辈,经过艰辛的努力、奋斗,在对手如林的金融业中站稳脚跟,并一一击败对手,终于发展成为华尔街的第一号人物,荣登美国经济霸主的宝座。

华尔街发展成世界金融中心,是与摩根的成功分不开的。在"摩根时代",华尔街主宰着美国,而摩根则主宰着华尔街。掌握了美国经济命运的摩根,成了权势和意志的化身。《华尔街日报》说:"上帝在公元前4004年创造了这个世界,摩根在1901年重新组织了这个世界。"

作为励精图治、披荆斩棘、不断创造经济奇迹的摩根家族和华尔街的基石,他的经营

思想与战略,是资本主义经济由幼年迈向壮年的体现和反映。

像摩根这样的资本家除剥削工人外,还推动了社会前进,使国家富强,客观上也造福了人类。其奋斗创业、出奇制胜等尤值得我们借鉴。

与众多白手起家的大财阀的发迹史一样,摩根财产的聚敛,首先是从投机钻营开始的。

前述的投机黄金成功刺激他去进行更大的冒险。

1862年,美国内战正酣。

由于北方军队准备不足,前线的枪支弹药十分缺乏。在摩根的眼中,这又是赚钱的好机会。

"到哪儿才能弄到武器呢?"摩根在宽大的办公室里,边踱步边沉思着。

突然,克查姆来了,他是又为摩根提供生财的消息了:"知道吗?皮柏,听说在华盛顿陆军部的枪械部内,有一批报废的老式霍尔步枪,怎么样,买下来吗?大约5000枝。"

"当然买!"这是天赐良机。5000支步枪!这对于北方军队来说是多么诱人的数字,当然使摩根垂涎三尺。

枪终于被山区义勇军司令弗莱蒙特少将买走了,56050美元的巨款也汇到了摩根的账下。

"这是比南军更可怕的武器。"由于错买了这些废枪,而以渎职罪免去司令职务的弗莱蒙特少将发出了这样的感叹。同年,北军总司令格兰特向国民揭露道:"一些不法承办商送到的枪支中,有许多是非常危险的……"虽然社会舆论一致声讨不法商人,但既然政府没有指名点到摩根头上,摩根依然我行我素,按照计划干着他认为必须要干的事。

春天的阳光分外明媚,天空万里无云。窗明几净的摩根商行办公室里,摩根开怀大笑:"哈哈……我们现在又是爱国者了!"

"我向你表示祝贺,你创造了一个经济奇迹。"克查姆恭维说。

他们为什么如此开心呢?

原来,联邦政府为了稳定开始恶化的经济和进一步购买武器,必须发行4亿元的国债。在当时,数额这么大的国债,一般只有伦敦金融市场才能消化掉,但在南北战争中,英国支持南方,这样,这4亿元国债便很难在伦敦消化了。如果不能发行这4亿元债券,美国经济就会再一次恶化,不利于北方的军事行动。政府的代表问及摩根,是否有法解决。

"会有办法的。"摩根自信地回答道。别人一筹莫展的事对摩根却有着无穷的诱惑力。他毅然承担了帮助政府消化其中2亿元国债的任务。

摩根对自己的自信并不过分,他的确有着与众不同的谋略手段。

一开始他并未急于推销,他首先向美国的报界、新闻界施加影响。他经常主动出席有着众多报业、新闻界人物参加的各种聚会。在席中,他向这些人宣讲阐明自己对美国经济发展趋势,以及战争中将会产生的变化。由于他的口才,以及精辟的分析、有条不紊的逻辑推理,使这些舞文弄墨的新闻报业界也不得不对他刮目相看了。

这样，新闻报业界，开始越来越多地阐发他的观点。摩根的观点，通过宣传媒介，为更多的美国人所认识。另外，对于那些在美国有着巨大影响的报纸，摩根向他们资助重金，使这些报纸最终能有力地、不失时机地配合他的推销活动。

条件具备后，摩根不失时机地放手大干了。

他不辞劳苦，从缅因州到弗吉尼亚州，从纽约州到加利福尼亚州进行了一系列火一般的游说演讲。

这位贩卖劣枪的人，竟在美国人民中，大力宣讲爱国主义，激发人民为民族独立、为正义而战的烈火。在这里他带头为前线捐献，在那里亲自走街串巷大声疾呼，同时辅以新闻界的推波助澜。

美国人民被动员起来了，各地都开展了不同形式的支持南北战争的运动。当然，购买国债成为表现爱国主义的最好的体现。很快，这 2.6 亿的国债在美国本土奇迹般地消化了。

当国债销售一空时，摩根也理所当然名正言顺地从政府手中拿到了一大批酬金。

更重要的是：舆论界开始大肆吹捧这位摩根先生，他成了美国的英雄。上至总统，下至庶民，都对他刮目相看了。

摩根先生作为一个事业的成功者，仅仅凭他的精明与投机手段自然是不够的。摩根成功的根本原因就在于他有着比别人更胜一筹的谋略，他有一套特有的战略战术。

摩根投机发迹，聚敛了一大笔财富。令别人眼红的钱财在摩根看来只是"小意思"。他不满足于现状，他的精力已从简单的商业投机，转移到进行银行投资业的开发上。

希望与困难并存。

1871 年，普法战争以法国的失败而告终。法国因此陷入一片混乱中。法国要给普鲁士支付 50 亿法郎的赔款，恢复崩溃的经济，这一切都需要巨额资金来融通。法国政府要生存，它就必须发 2.5 亿法郎的巨债。

摩根被法国当局从纽约请到了巴黎一个豪华的别墅中。如此巨大的债券吓退了所有的金融巨子，唯有雄才大略的摩根决定承揽这个重任。摩根开始动脑子了。

能不能把华尔街各行其是的所有大银行联合起来，形成一个规模宏大、资财雄厚的国债承购组织——"辛迪加"。这样就把需要由一个金融机构承担的风险分摊到众多的金融组织头上，这 5000 万美元，无论从数额上，还是所冒的风险上都是可以被消化的。

当他把这种想法告诉亲密的伙伴克查姆时，后者大吃一惊，连忙惊呼，"我的上帝，你不是要对华尔街的游戏规则与传统进行挑战吗？"

克查姆说得一点也不错。摩根的这套想法从根本上开始动摇和背离了华尔街的规则与传统。甚至是对当时伦敦金融中心和世界所有的交易所投资银行的传统的背离与动摇。当时流行的规则与传统是：谁有机会，谁独吞；自己吞不下去的，也不让别人染指。各金融机构之间，信息阻隔，相互猜忌，互相敌视。即使迫于形势联合起来，为了自己最大获利，这种联合也像小孩的脸蛋，说变就变。各投资商都是见钱眼开的，为一己私利不择手段，不顾信誉，尔虞我诈。闹得整个金融界人人自危，乌烟瘴气。当时人们称这种经

营叫"海盗式经营"。

而摩根的想法正是针对这一弊端的。各个金融机构联合起来，成为一个信息相互沟通、相互协调的稳定整体。对内，经营利益均沾；对外，以强大的财力为后盾，建立可靠的信誉。摩根故意要克查姆把这消息透漏出去，一场风暴不可避免地降临华尔街。他要凭借着自己过人的胆略和远见卓识见风使舵，抓住机会。

消息一传出，立刻在平静的华尔街掀起了风暴："摩根太胆大包天了"，"他是金融界的疯子"。摩根一下子被舆论的激流旋入这场争论的漩涡中心，成为众目所视的焦点人物。

一切都在摩根的预料之中，他泰然自若，最终取得了胜利。辛迪加成立了，法国国债消化了。

这是一个强者的大胜利。

由于摩根在销售债券方面显示出出色的才能，1871年，他从杰伊·库克手中争得了美国财政部发行的2亿美元债券的一部分。

1873年初，财政部准备发行年利率6%的3亿美元国债，在征得父亲的同意之后，摩根再次向杰伊·库克发起挑战。由于摩根以年利率6%、票面100点、承购3亿美元的优厚条件，来阻挠杰伊·库克独家承购的计划。最后，政府放弃了打算让库克独家承购的方法，改为由库克及摩根各承购一半的国家债券。

摩根轻而易举地就处理了自己的一半国债，而杰伊·库克则遇上了麻烦。

1873年9月，华尔街风云变幻。相继有两家大投资金融公司倒闭了。

其中的一人正是杰伊·库克。由于他不能迅速地处理掉债券，致使他的资金周转不灵，最后拖垮了他的商业银行及投资银行，导致最终破产。

杰伊·库克——费城票子街及纽约华尔街的投资金融界的头号人物一倒闭，一场经济恐慌马上在华尔街引发了，多达40家的大公司在费城及华尔街因株连而倒闭。

而摩根的商行却在这次经济大混乱中脱颖而出，一举成为全国最有力的投资金融商行。它就以这种资格继续在欧洲分配主要证券，统治着美国公债市场。

华尔街，宽敞的公司办公室里，德雷克歇感慨地长叹："库克和德尔的破产，是不是意味着时代的交替。"摩根站在一旁，默默点头，表示同感。

"目前，以往的投资方法已经过时了，这个时代迫切需要新的投资战略！"摩根又动脑子了："我们投资银行家要给总统施加些压力，同时应继续加强实力，以后的美国政治，应该是资本家的政治！"

1877年，摩根又承购了5000万元无人敢问津的美国财政部国债，欲借此机会对美国的财政政策施加影响。

摩根又成为大赢家。

年仅42岁的摩根，已取得了辉煌的成就。雄伟壮观的"德雷克歇——摩根商行"大厦，巍然屹立在华尔街一块三角地上，跟美国联邦政府的财政金库和纽约股票交易所相邻，成为全美金融界举足轻重的一面旗帜。摩根在麦迪逊街219号，购买了一栋昂贵而

豪华的住宅;他在哈得逊河畔还购买了一座大别墅,豪华而宽敞,场地内有网球场等,可随时到此度假;在哈得逊河畔,他买下一个码头,以供自己的"海盗号"游艇进进出出……

摩根坐在他的商行的大厦内,聆听着厦顶悬挂的星条旗猎猎作响,俯瞰着纽约城街道、建筑、河流,一种豪气油然而生。

"这座大厦,应该是整个美利坚基础工业的指挥塔!"摩根信心坚定地说。

铁路大王

一个智者的高明之处就在于能及时地从别人的失败中吸取教训,摩根就是这样一个智者。从库克的倒闭中,摩根看到旧的华尔街投资的弊端:华尔街金融界的投资,与其说投资于产业部门,不如说投机于产业部门。他们的投资并非意在促进产业部门的发展,而首先是利用投资,并通过宣传,扩大影响以多多发行巨额股票,从中获利。摩根敏锐地感觉到,今后的金融投资家,首先应重视投资对于产业界的促进,金融家的财源应是进行投资的产业界,而不是投资本身。谁占领未来美国的支柱产业,谁才能真正成为金融霸主。

美国的支柱产业是什么呢? 是铁路、钢铁、石油。

一天,摩根正在思考统治铁路的大计,忽然,秘书推门而至:"摩根先生,凡德毕尔特求见。"机会来了。

拥有纽约中央铁路产业的凡德毕尔特说:"摩根先生,我想把中央铁路的股份开放!"

摩根忍不住心头的惊喜,问道:"你打算让多少呢?"

"35 万股!"

"每股多少价?"

"120 点到 130 点左右吧!"

按理说,这个价并不算高,但因时下的困难,凡德毕尔特只有忍痛割爱了。

讨价还价是一种经营艺术——特别是乘人之危,杀价更为有利可图。

"恕我直言,这个价在目前似乎高了些,115 点吧!"

"可以。"

凡德毕尔特站起来,高兴地握住摩根的手。摩根突然意识到这场交易还可以再加筹码,他飞速地运用自己的大脑细胞,稍加思索,然后又提出了几项于己有利的条件。

纽约中央铁路的股票由伦敦的 J·S·摩根商行销售,实际上,销售出去的总额是2500 万美元。摩根赚了 300 万美元,利润在 10% 以上。

摩根通过这次交易,在纽约中央铁路布下了阵势,他本人也已经成了铁路的负责人之一。在铁路业中渗透"华尔街指令"的目的达到了,不仅如此,同时,还有附带着的收获,也就是在伦敦的信用与日俱增。摩根在伦敦的地位也更加稳固了,因为他有一个计划,这个计划翔实而又精密,表明了他打算把纽约中央铁路的网路加以扩大改造,降低车

费,以此来嘉惠顾客。

由于农产、煤炭、钢铁、石油等的运输量急剧增加,在短短的 32 公里的纽约州的都奥尔巴尼和五大湖湖畔的水牛城之间,虽然有 4 条铁路并行,但铁轨的宽度各不相同,轨间的距离也各不相等。货物从支线运来就必须转到铁路干线上。因而,中继站里停有各种类型的蒸汽机车、客车和货车等,形成一片混乱,因而要设法把铁轨宽度和轨间的距离统一。而同时也有个大问题——中继站的转运设备严重不足,影响转运。虽然总投资已有40 亿美元,但由于各自为政,铁路建设简直没有一点规则,铁路业主还漫无节制地发行公司债券,根据估计,铁路公司的公司债券及负债总额高达 20 亿美元。

在纽约和芝加哥之间,有 5 条铁路干线建造完成,另外,还有两条铁路正在兴建。

其他如西海岸铁路、宾夕法尼亚铁路、南宾夕法尼亚铁路,或是行将倒闭,或是正在扩展。全国铁路业进入了混乱的状态。

面对如此的混乱形势,摩根决定对全国的铁路股票进行购买,取得控制权,对铁路业进行调整改组,实行铁路运输大联盟。

1882 年 2 月,摩根在极其机密的情况下,在麦迪逊街 219 号——他的寓所中宴请了美、英、法等投资企业的代表,以及全国主要铁路的所有人。

秘密会议在摩根的书房中进行。所有与会者围在橡木长桌边,正襟危坐,摩根主持着这次企业界的群英会。

会上,摩根同各铁路所有人达成了联盟的协议,铁路运费共同提高。这样就消除了因铁路之间的竞争而使运费降低,使铁路公司不再白白地受到无谓的损失。

美国的历史学家将摩根这次召开的会议称之为"历史性的摩根会议"。而《纽约时报》的报道是:"这是投资金融家商讨促成铁路大联合的阴谋会议。纽约投资银行有的在此会议中取得了胜利……成为那些面临倒闭却仍互不相让的铁路的新人。"

摩根大搞铁路兼并战。

摩根用 7000 万美元的巨款购买了长达 640 公里的西海岸铁路。

摩根又同纽约中央铁路签了 199 年的租约。然而,墨迹未干,与他签约的凡德毕尔特猝然死亡!这是意外死亡,还是人为,一时难以结论,但中央铁路这条盈利极丰的大动脉,从此彻底归属于摩根。

摩根凭借着自己的金融优势击败了洛克菲勒家族支持的顾尔德,从而确立了他在铁路运输业中的独霸地位。

摩根不断地把各家倒闭的铁路公司收买下来,划归自己的麾下,加以调整、改组,最后派出自己的亲信前去经营,管理各家公司。

摩根为了制定这个战略,可以说是费尽心思。他的这个战略的实施,有五种方法及阶段,可以说是天衣无缝。

第一,组织一个调查小组,派出得力助手,深入铁路企业内部的财产管理,对企业财务状况进行彻底调查。然后推算出最低收入,定下改组的期限,将股票置于无红利的状态。

第二,实施增资计划,给予他们再投资的机会。

第三,约定分红的股票,必须以低价格发行。

第四,收取极高的契约费。

第五,派出自己的人介入各铁路。让四五个得力人员组成介入小组,即所谓的"信托委员会",权限要在股东大会之上。

由于执着地追求,加上方法得当,摩根在铁路行业势如破竹地前进。统计起来,他控制的铁路达12多万公里。无人能与之匹敌。

摩根是当之无愧的"铁路大王"。

摩根雄风

1884年,克利夫兰出任美国第22任总统。从此,摩根开始直接参与白宫财政事务,他在美国的政治生活中开始起着举足轻重的作用。

摩根的信条可以说是石破天惊:

"如果政府和法律不做,我自己来!用以推动世界的不是什么法律,而是金钱!金钱!"

此话成了美国几个世纪以来的名言。

克利夫兰总统面临严重的经济危机。因为在《厦曼白银购买法案》严重冲击之下,美国企业受到了重大打击,相继有数十个企业倒闭,黄金大量流往伦敦,美国国库囊空如洗。

在这种情况下,财政部长卡利史尔公开募集5000万美元的公债——他是事先瞒着投资银行家的情况下进行的闪电战。这,无疑侵犯了摩根等人的利益。

正在摩根余怒未息之际,克利夫兰总统又将摩根请到白宫,向其求援,企盼摩根施法使黄金从伦敦流回美利坚。

但总统却碰了一鼻子灰。他领教了摩根的桀骜不驯。

摩根出言不凡:"总统先生,并非我不爱国。承购国债,行,但有一条,要么是全部,要么是零!""解决陷入破产状态下的国库,只有一个办法,即由我组织'辛迪加'。不过,何去何从总统须作决策,否则我的资金也将流入伦敦。如果不信,我可以马上拍电报,把1000万美元的黄金汇至伦敦!——因为伦敦方面早就催我这样办了。"

总统和财政部长商量良久……

最后,总统摊开双手,无可奈何地说:"摩根先生,可以接受你的'辛迪加'提案。"

摩根答应率领一个辛迪加认购1亿美元用黄金支付的公债去向欧洲人出售,以缓解债券兑换黄金的风潮。

当时纽约国库分库的黄金储备已降至900万美元,而且有一张1200万美元的支票尚未付现。摩根告诉总统:"如果今天有人兑现这张支票,那么一切都完了。"幸好,这张支

票没有被要求兑现。

摩根不仅销售了 1 亿美元的公债,而且与欧洲金融界商议达成了一个国际协定:销售公债的筹款工作完成之前,他们不拿美元兑换英镑或是购买美国黄金。

后来,克利夫兰总统问摩根怎么会知道欧洲银行家会购买这些债券。他回答道:"我只不过告诉他们,这对于维护公众信誉和促进行业内部的和平是必需的,他们就买下了。"

这个故事表明,到 19 世纪末,摩根在商业界的声望超过了美国政府。

1893 年,对美国打击最大的一场经济危机爆发了。大批大批的中小企业纷纷破产,一些大银行、大工业公司也自顾不暇。摩根的公司虽受冲击,但自恃实力雄厚,手段多变,当一些公司有求于他时,倍加索求,强行吞并。

这一年,摩根不但没有在这场经济危机中受损,反而借着危机在加强铁路控制权之后,进一步把大量资本转向工业部门,以空前巨大的规模组织托拉斯。

这一年,摩根组织成立了后来著名的通用电气公司,并控制了许多其他企业。

也是这一年,克利夫兰东山再起,二进白宫。

在第二个任期内,克利夫兰面临的主要问题是经济危机,于是摩根出任克利夫兰的主要财政顾问,出谋发行公债以举借黄金,一切商洽由总统的法律顾问、后来任摩根公司律师的司台特森经办。

摩根和一群华尔街银行家把政府发行的一批又一批债券抢购一空,然后上市卖高价,转手间获取厚利。摩根公司更是居于优越的地位。

克利夫兰为了报答摩根,派兵去伊利诺伊州,血腥镇压摩根财团所属的普尔曼车辆公司工人罢工斗争,制造了美国历史上第一次大规模的流血惨案。

1894 年,德雷克歇离世,"德雷克歇——摩根商行"改名为"摩根公司"。

1896 年,在摩根等金融家和企业家支持下,共和党人威廉·麦金莱出任美国第 25 任总统。

麦金莱入主白宫,正值美国垄断资本迅速发展,美国由资本主义经济强国迅速向帝国主义经济强国发展的时期。他上台不久便召开国会特别会议,通过提高关税率的《丁利关税法案》,后又于 1900 年通过《金本位法案》,以期进一步保证本国工业发展。他大力扶植工业联合企业,促进托拉斯组织迅猛发展和国内经济繁荣,同时致力于把实力日趋雄厚的美国推向世界的舞台。

1898 年 4 月,美国与西班牙发生了战争,4 个月后,美国以胜利者的姿态结束了战争,美国从西班牙手中攫取了波多黎各、西印度群岛、关岛及菲律宾。

但美国也欠下了战争债。为此,总统决定发行 2 亿美元的债券,准备直接卖给全体国民。

摩根可以说是从承购国债中起家的,深知好处有多大,自然不会放过这个发财的机会。

深得摩根好处的麦金莱只好让步,结果摩根及其联合募购组织承购了 2 亿元的债

券,发了一笔大财。

摩根与墨西哥政府做了笔生意,为其发行 1.1 亿美元的国债,发了一笔大财;承购了阿根廷 7500 万美元的国债,又发了一笔;承购了 1.8 亿美元的英国国债,再发一笔……

一场战争,造成几家欢喜几家愁,对摩根来说,是多多益善,而老百姓却大受其苦。

饱受战争之苦的人民群众在华尔街游行。"华尔街是战争的挑拨者。""埋葬摩根、洛克菲勒、卡内基。""杀掉麦金莱。"

示威呐喊的声音,从宽敞的窗户传了进来,是那么的刺耳。但摩根却置之度外,面不改色心不跳,苦苦思索着如何到美属菲律宾和中美洲、日本、中国投资的问题。

"今后将成为国际投资的时代。"这个念头火花般闪过脑际。

摩根陷入了近乎疯狂的思考之中。

搜购美国铁路的时代已经过去了。但世界的铁路事业方兴未艾,需要钢铁。

钢铁的时代来临了。美国必须制造大炮、军舰,需要钢铁。

还有,石油时代也迫在眉睫了。咳,真遗憾,在石油这方面,洛克菲勒这家伙无论如何也不会放手的……

这么一来,那只有钢铁了……

自南北战争后,美国钢铁工业迅速发展,美西战争和布尔战争又为钢铁工业开辟了巨大市场,钢铁价格上涨,利润猛增。

起先,美国钢铁工业中占主要地位的是安德鲁·卡内基的公司。该公司的钢产量占全美钢产量的四分之一。摩根原来只想合并一些企业与卡内基竞争,分享利润,后来野心更大了,干脆计划高价收买卡内基的公司。

钢铁业是工业的基础产业,不把钢铁拿到手,就很难控制全美企业,这是摩根最明白不过的。他着手进行兼并了。

他悄然把触角伸向兴旺发达的明尼苏达铁矿公司,并伺机以它为根基搞钢铁联合公司。

机会来了。

一位叫约翰·盖茨的绰号"百万赌徒"的人,在新泽西州联合 7 家钢铁丝公司,组建了一个拥有 7000 万元资金的"美国钢铁·钢丝公司"。他准备以该公司为基地,进而称雄美国乃至世界的钢铁业。

他向明尼苏达铁矿公司提出了与美国钢铁·钢丝公司合并的方案时,不料对方却提出了一个条件。

"合并可以,但业务全权须委托给摩根先生。"

"摩根财大气粗,将业务大权交到这号人手里,那不是羊入虎口吧?""盖茨先生,那么您是不肯答应这个条件了?"

"还不完全如此。我只是一时拿不准,所以请您去谈判合并事宜,从中也摸摸摩根的脉……"

加利出马以后,经常与摩根及其律师史登松接触。接触中,摩根有意拉拢加利为己

所用。加利自然对财大势强的摩根也频送秋波。

加利回去向盖茨汇报说："摩根先生只是事业心很强的人,为人倒是坦诚正义……"

于是,盖茨拿出一个投资高达2亿美元的"联邦钢铁公司"的构想方案,建立了一个排斥卡内基在外的中西部各州钢铁大联合企业。

加利带着这一使命去见摩根。

摩根说:"排斥卡内基,也是我的战略。可是盖茨没有想到薄铁生意。"

加利忙问,"什么薄铁,盖茨倒是没有提及。"

"现在出现了一个汽车业,方兴未艾,却大有潜力。目下福特一些人正全力以赴……汽车外壳全部由薄铁制成。所以薄铁业的发展前景看好!"

加利听了,觉得腰缠万贯的摩根先生原来如此有眼光。他暗暗钦佩不已。

摩根提出另加265家薄板企业,成为一个企业复合体。

"联邦钢铁公司"终于在纽约正式成立了。

成立大会之后,摩根突然宣布由加利担任公司总裁。这既未征求盖茨的意见,也未征求加利本人的意见。他以闪电手法造成事实的效果更佳:一是令盖茨措手不及;二是令加利死心塌地地跟着自己。

"摩根先生,我一定不辜负您的厚爱和期望。"加利信誓旦旦。

"现在,我来谈一谈建立该公司的设想。加利先生,我们的目光不能只瞄着国内市场,还应该看得更远一些,比如说,欧洲、亚洲、非洲、中南美洲……这些地方,不仅需要大量的钢铁、钢铁制品,还需要其他许许多多的美国商品,当然,主要是钢铁。东北亚的日俄之间,据我观察,一场战争势必发生;中日之间麻烦也不小;中国内部也不稳定;欧洲各国之间也在争战不息……他们迫切需求钢铁和钢铁制品,车辆、武器,都得由钢铁来制造。钢铁的需求是无穷无尽的。联邦钢铁公司的前景,无限美好!你我大展宏图、抱负的时刻到了,我们将支配这个世界!"

这铿锵有力的话语,久久地回荡在加利的耳畔。

摩根的野心,也激发了加利的雄心,决心跟着"摩根帝国"好好搏一搏。

加利已经摸透了摩根的心思。他把卡内基年收入的明细表放到摩根面前。

摩根边翻边轻声念到:"三年净赚700万美元……去年净赚4000万美元!啊,这个讨厌的家伙!竟然他赚了6倍!如此增长率,今年他该赚几倍!"接着,摩根发怒了:"我恨卡内基!我恨那些居然超过摩根的人!我一定要坐钢铁业的第一把交椅!"

美国华尔街,确实是人才汇集、龙争虎斗的地方。就在摩根注意卡内基之时,突然又冒出了个叱咤风云的莫尔。

莫尔系芝加哥的投机家,来到华尔街后,称雄一时,真有点叱咤风云的味道,甚至有人评论道:"华尔街的皇帝,究竟是摩根,还是莫尔,倒很难说清。"

卡内基开出3.2亿美元的价码,定下半年期限,先付100万美元的定金作保证。

结果是莫尔胃口太大,半年内怎么也拿不出3.2亿美元的巨款,生意告吹,100万美元的定金也蚀了。

现在就看摩根的了。

摩根早就暗中买通了卡内基的心腹许瓦布。最终以 4 亿美元收购了卡内基的钢铁公司。

1901 年 4 月 1 日,摩根的"美国钢铁公司"正式宣告成立。该公司资金为 8.5 亿美元。

一个月以后,公司举行新闻发布会,宣布:"美国钢铁公司是一家持股公司,下有十几家经营公司,几百个工厂,从原料开采到成品加工全部都有,拥有资产 13.7 亿美元(美国头一家超过 10 亿美元的工业公司),职工 16.8 万人,钢产量占全国的 65%。"

这样,美国钢铁公司独占着美国钢铁业这一重大基础工业,被称为"钢铁王国"。

摩根高兴了:"我现在成了当今世界的'钢铁大王'! 哈哈……"

以美国钢铁公司成立为标志,美国的垄断资本主义进入托拉斯帝国主义新阶段。

此时的美国,工业生产已跃居世界第一位,产品占全世界的三分之一。

摩根的美国钢铁公司和洛克菲勒的美孚石油公司几乎占去了全国企业总产值的三分之一。托拉斯经济产生了帝国政治,帝国政治又服务于托拉斯经济。

美国女记者马丽·黎斯在一篇报道中写道:"美国政府是一个由华尔街所有、华尔街所治、华尔街所享的政府。"

登峰造极

在托拉斯风云中,能左右美国经济的财团除了摩根之外,就是洛克菲勒财团。

摩根对洛克菲勒一直怀有妒心,力图排挤洛克菲勒的势力。

一天,加利对摩根说:"美国钢铁是美利坚空前的伟业;但这样一来,如购买不到洛克菲勒的五大湖铁矿,公司则将面临原材料匮乏的危机。"

五大湖畔的梅瑟比矿山是全美最大的铁矿产地,藏量 5000 万吨。矿石品质比摩根自己占有的矿山的出品还要优良,居全美之冠。因此,听了加利的提议之后,摩根决定拿下它。为了这笔生意,摩根只好硬着头皮来到纽约西区 54 号洛克菲勒的豪华宅邸。

两个人彼此都很面熟,尽管只见过一面。经人介绍后,他们只是轻轻握了握手,没有说过一句话。

摩根被请到客厅里,他没有寒暄,直接切入正题:

"我想购买梅瑟比矿山和五大湖的矿石输送船。"

"都买下? 果然……"带着假发的洛克菲勒就此打住。

"您到底要卖多少?"摩根穷追不舍。

"哦,梅瑟比矿山嘛,我已经交给犬子管理了,我现在不管事了。待会儿我让他去华尔街拜会先生。"

洛克菲勒此时用的是缓兵之计。他需要一点时间与儿子商量如何跟摩根斗。

小洛克菲勒接到父亲指示后来到了摩根公司，一番寒暄后，他从容地挺挺胸，开门见山地说："摩根先生，我此行不是为了卖梅瑟比矿山而来。"

这话大出摩根意料之外。

"那——你来这儿有何贵干呢?"

"家父要我转告您，对于您的梦想，他无意阻挠。"

摩根大惊，转念一想，这位老兄的话未必可信。于是他单刀直入：

"你们到底要卖多少?"

"7500万元。"小洛克菲勒淡然地说出了谁也料想不到的庞大金额，接着补充：

"价款必须用US钢铁股票支付。"

自从合并US钢铁后，摩根在华尔街多了一个绰号——"宙斯"（众神之王、天之主神）。

此刻，这位"宙斯"心中，陡然涌起一种冲动：

"卡内基也要求US钢铁股票，连洛克菲勒的后代，也想攫取我的股票吗?"这一刹那，他完全陶醉在胜利感之中了。当然，这种感情丝毫也不会表露在他脸上。

摩根伸出右手，默默地却又是坚定地握住这年轻人的手：

"转告令尊：今天的美国必须由东部的新领导阶层这一来自纽约的巨大力量来推动！新的时代来到了。我们必须彼此信赖……"

矿山终于并入摩根的US钢铁公司。

1901年9月14日，美国第25任总统麦金莱被人暗杀，其时他已再度当选。

听到这个消息，前往码头乘坐海盗3号出航的摩根又回到了自己的办公室，仰天长叹：

"这是我生平听到的最悲痛的消息！这种事怎么可能发生?"

麦金莱对美国资本主义的发展立下了汗马功劳。他通过美西战争扩张领土；对内，实行对输入品课以重税的保护政策，对外，要求各殖民地门户开放，以掠夺市场。同时，他也是对大资本的独占垄断协助最积极的共和党总统。

所以，摩根在听到麦金莱遇害的消息后竟哀叹这是他生平最悲痛的消息。

国家不可一日无主。42岁的副总统西奥多·罗斯福一跃登上美国总统宝座。

西奥多·罗斯福系后来二战中美国著名总统富兰克林·罗斯福的堂兄。

罗斯福是在美国跨进20世纪时出任总统的。其时，19世纪末迅速发展起来的托拉斯垄断组织引起人民普遍不满。罗斯福上台后，一方面向国会提出反托拉斯议案，努力革除托拉斯"弊端"，限制腐败力量，一方面则采取一系列保护劳工和维护公共利益的措施，宣扬以公正方式调解劳资纠纷，从而缓和了国内阶级矛盾。

罗斯福执政后，先后对40家垄断企业提出起诉。历史上称他为"托拉斯破坏者"。

1902年2月19日晚，摩根在他麦迪逊大街219号的寓所举行宴会。宴会进行间，电话铃声大作，把摩根召唤过去，接完电话回到座位，他握着杯子的手因愤怒而微微发抖，满脸毫不掩饰地气愤：

"司法部长诺克斯在罗斯福命令下提出无理控告,说北方证券公司违反反托拉斯法,必须解散。这个混蛋!"

晚餐桌上,摩根严厉攻击罗斯福,暴跳如雷:

"一定要把他从总统宝座上踢下来。下一任总统是马克·汉那!"

就在诺克斯提出控告后第三天,摩根晋见了总统,随同的俨然已是他的参谋的共和党全国委员长——马克·汉那。

华尔街股票开始暴跌,情况岌岌可危!假如法院受理总统对摩根的控告而那个年轻的罗斯福又胜诉的话,接着受到起诉的就不只是北方证券公司了……,US 钢铁公司的所有的托拉斯都将难逃法网,如骨牌般相继倒下。

据估计,当时全美各界形成的托拉斯资本总额高达 130 亿美元,所以,罗斯福攻击的对象不只是摩根。此时的美国企业界人人自危,一片恐慌,真是"山雨欲来风满楼"!

摩根与年轻的总统面对面坐着,马克·汉那介于其间,神情诡异的司法部长诺克斯则坐在总统的稍后方。

"您为什么径自提起诉讼,却不事先通知当事人我。"摩根满嘴火药味。

跟他的前任相反,人高马大、胸脯宽厚的罗斯福并不惧怕纽约金融界。控诉提出后的当夜,支持总统的电话、信件就如雪片一样飞来,这使罗斯福的信心十足:

"我才不事先通知呢!古巴出兵以来,我的一贯方针就是决定后立即执行!哈哈哈……"

"总统如果认为我们的企业违法,请司法部长同我们的律师互相协调不就可以了吗?"

"不,不可以!"总统斩钉截铁地将摩根的抗议重重顶了回去。

"走着瞧吧!"摩根也不退让,携马克·汉那的手站起身来,拂袖而去。

司法部长送走客人后,又回到办公室。

总统笑着对他说:"这就是华尔街大佬所想的!他把堂堂美利坚合众国总统当作他的一位投机竞争对手!把我当成要毁掉他公司的人!一旦情势于他不利,便提议妥协了。"

"妥协吗?"

"不!因为屈服的不是我!"总统毅然回答。

1904 年 3 月 14 日,联邦最高法院终于宣布司法部长控告北方证券公司一案终结。9 名最高法官表决结果,5∶4,总统的控告获胜,摩根败诉。

1904 年正是大选之年!

总统跟共和党间发生了巨大变异,这是只有美国才有的变异,令人摸不着头脑。共和党选举委员会的捐献金钱资助总统选举名单通过新闻媒介公诸于世,弄得美国民众百思不得其解。

罗斯福获得了庞大的政治捐献金,那就是财界提供的 210 万美元,这在当时,数目是异常庞大的。

摩根原计划支持马克·汉那竞选总统取代罗斯福的事告吹。因为马克·汉那卧病不起。

摩根估计了一下形势，觉得罗斯福在马克·汉那不能参加竞选的情况下，连任总统的可能性很大。他决定玩弄伎俩，小小教训一下罗斯福，以令其以后能驯服一点。

摩根通过焦炭大王佛里克之手向罗斯福捐赠了15万美元。

摩根抓住这一点大做文章，为抨击罗斯福大造舆论。

佛里克也不甘落后，谴责道："罗斯福表面装得公允、强大，但事实是他唯恐竞选失利而答应同我们妥协，即在他保证不会对铁路、钢铁部门动手才提供政治捐款。但他重登宝座就违约了！让我们白花了冤枉钱！"

"摩根他们在撒谎！"罗斯福发表声明断然否认。

华尔街显然支持摩根，那里传出这一首歌谣：

"据说除了罗斯福，全美都撒谎。挺着宽胸脯，来来回回撒谎的总统，是铁打的吗？不，他只是看来如此，其实只是个泥人……"

嘴硬心虚的罗斯福不久就退让了。

在摩根财团为他起草，由他发表的国情咨文里说得再明白不过了：

"我们不要毁灭大企业。因为大企业对于现代工业发展具有重要作用。我们不可对大企业进行冲击，而只能对付那些随之而来的弊端。"

总统妥协了！

摩根乐了："哼！我摩根没有妥协；妥协的是总统！哈哈哈……"

讨伐垄断企业，这是老罗斯福倍受称赞的一手，被称作"公正的政治"。然而，他却栽在了摩根手中。可见，推动美国政治的是金钱！

在美国资本主义从自由竞争进入垄断阶段中，摩根公司利用种种特权和手段，经过激烈的竞争，不断削弱和击败对手，逐步固定和发展了自己的地位，成了美国金融界最有势力的统治者，迅速扩大了摩根财团的势力范围。

美国总统西奥多·罗斯福不得不公开承认摩根在金融界的"独霸局面"。和摩根竞争的约翰·洛克菲勒等人，也曾一度表示"听命"于摩根。华尔街的金融巨头们把摩根公司当作"银行家的银行家"。

摩根到达了辉煌的顶点。

巨星勋落

1913年1月，北风飕飕地在摩根的庭院里肆虐，院里的大花盆因结冰而裂成两半。

7日，摩根乘亚得里亚号前往开罗，出发前，他悄悄地立下遗嘱：

"把我埋在哈特福，葬礼则在纽约的圣·乔治教堂举行。不要演说，也不要人给我吊丧，我只希望静静地听黑人歌手亨利·巴雷独唱。"

2月7日，船抵开罗，但摩根在开罗期间，体力迅速衰退。于是船由那不勒斯开至罗马，下榻后，随从的电报发往纽约："摩根病危。"

"啊，我现在要爬上山喽!"华尔街大佬与世长辞时，说了最后一句话。

76岁的摩根带着微笑离开了人间。直到将死，他也要往高处走。

丧事按他生前的遗愿有条不紊地进行。

摩根死时的1913年，据美国国会发表的《货币托拉斯调查报告书》，1912年，摩根财团控制着53家大公司，资产总额达127亿美元，包括金融机构13家，30.4亿美元；工矿业公司14家，24.6亿美元；铁路公司19家，57.6亿美元；公用事业公司7家，14.4亿美元。

然而，这位大款的个人财产金额之小，出乎人们料想之外。不动产总额为6600万美元。继承遗产（银行账款个人名义的股票等）为2000万美元。

遗产是这样分配的：长子小摩根分得230万美元，3个女儿各继承100万美元，遗孀法兰西丝100万美元。余下的作为信托基金的年金，由法兰西丝保管，每年支付给所有的佣人。

摩根死后，他的独生子小摩根同摩根公司的合伙人托马斯·拉蒙特一起领导摩根财团。

摩根虽死，但摩根财团雄风未减，摩根霸业更加显赫。

1914年至1945年的30年中，摩根财团的垄断地位上升到前所未有的高峰。

在第一次世界大战后10多年里，摩根财团进一步扩大控制范围，在美国国民经济各个部门占据明显优势。它所属的金融机构的组织情况发生较大的变化。根据美国1933年新的银行法，杰·普·摩根公司改为商业银行，把原来的投资银行业务由新设立的摩根士丹利公司包办。后者由亨利·摩根（老摩根的孙子）和哈罗德·斯坦利经营。该公司很快就成为美国最大的投资银行之一。

1940年以后，一向以合伙形式经营的杰·普·摩根公司改为股份有限公司，并开始经办信托业务，利用经营的信托资产，继续对工商业施加控制。财团所属金融机构的控制情况又有了新的进展。1929年，摩根公司、保证信托公司、银行家信托公司、纽约第一国民银行的总资产达40亿美元，相当于洛克菲勒财团控制的银行总资产的4倍。

杰·普·摩根公司的17个合伙人，占有72家金融和非金融公司的99个董事席位，这些企业的资产合计200亿美元。其中主要的金融机构有保证信托公司、银行家信托公司、互惠人寿保险公司、谷物交换银行、纽约信托公司；主要的工商企业有美国钢铁公司、通用汽车公司、肯尼科特铜公司、标准商标食品公司、得克萨斯海湾硫磺公司、大陆石油公司、普尔曼车辆公司、通用电气公司、费城和里丁煤铁公司、通用柏油公司、鲍德温机车公司、联合百货公司、蒙哥马利——华德公司；主要的公用事业公司有联合公司、费城电力公司、国际电话电报公司、全美（海底电缆）公司；铁路有北太平洋铁路、艾奇逊——托佩加一圣太菲铁路、西太平洋铁路、芝加哥和厄尔铁路等11条。

摩根财团还通过银行家信托公司、保证信托公司和纽约第一国民银行在更多的公司中出任董事，扩大控制范围。这些企业主要有美国熔炼公司、联合化学和染料公司，美国

和国外电力公司、公平信托公司、古德里奇橡胶公司、纽约人寿保险公司、北美航空公司、纽约黑文——啥特福德铁路等等。

在金融业以外，摩根财团除了原有的某些企业外，还着重公用事业和汽车工业等部门增加投资。1929年组织公用事业的持股公司，名为联合公司。该公司开办时，资产仅1.5亿美元，一年后就上升到7.5亿美元，它的子公司拥有51.2亿美元的资产。加上其公用事业垄断组织，摩根财团在公用事业中的垄断程度很高。在1935年美国电力生产有35%在它的控制之下。

20世纪初，汽车工业刚刚兴起时，摩根认为油水不大，通用汽车公司创办人杜兰特要他入股，他只投下50万美元。第一次世界大战后，汽车工业迅速崛起，利润大增。1920年，摩根的儿子资助尼莫尔·杜邦买下杜兰特的股权，和杜邦家族一起取得了通用汽车公司的控制权。

摩根财团也很早就同杜邦财团一起插手化工、航空和飞机制造业。

关于摩根财团对美国经济的控制情况，美国官方也无法否认。国会的国家资源委员会发表的《美国经济结构》一书透露，1935年摩根财团所属企业的资产总额达到了302亿美元，占当时八大财团总资产的一半左右，远远地超过其他任何财团。这时，摩根财团对美国经济的垄断地位已经达到了最高峰。

但是，正当摩根财团的垄断地位盛极之时，30年代的经济危机沉重地打击了美国垄断资本，摩根财团也无法幸免。

第二次世界大战期间，摩根财团也捞取大量战争利润，不少企业不断扩大。但它再也不能像第一次世界大战时那样独揽西欧金融、军需采购业务，在飞机制造等新兴工业部门拿到订单较少，扩张势头受挫。

总的说来，直到第二次世界大战结束，摩根财团所控制的企业资产总额继续增长，仍为美国最大的财团，影响遍及各个经济领域。

树大招风。随着垄断财团发展不平衡加剧，其他财团把摩根财团作为进攻的主要目标，打击了摩根财团的力量，阻挡了它的扩张步伐。这样，从30年代下半期开始，摩根财团的垄断地位便相对下降，对美国金融界的领导权和政治经济的决策作用，也有所削弱。

自从第二次世界大战结束以来，摩根财团的总趋势还在扩张。它所支配的金融力量还是相当雄厚，特别是在信托方面占据优势地位。它和欧洲主要资本主义国家的联系仍然是密切的。它的工业基础比以往更广泛，投资范围更加多样化，对美国的经济控制又有所加强。另一方面，摩根财团的某些大公司已为其他财团的势力所渗入，形成共同控制的局面，它们之间互相渗透、互相竞争的情况又有了新的发展。

最后，需要指出的是：摩根财团是对外扩张的老手，早已是一个国际性的垄断财团。它在国外的势力已遍及整个资本主义世界，但重点在西欧和加拿大。

美国在第一次世界大战中大发横财，由债务国一下子变为债权国，登上国际金融霸主的地位。摩根财团成为美国金融向外扩张的急先锋之一。大战期间，它曾组织了美国国际公司，战后又组织了国外金融公司。自1919年至1933年间，摩根财团的银行曾给法

国、英国、意大利、德国、日本、古巴等 14 个国家贷款,共达 22 亿美元。

摩根财团以"欧洲重建"为契机,加紧直接投资,进而控制了欧洲等地的许多企业。它的银行由于把持了"马歇尔计划"的大部分金融业务而得到进一步的加强。

摩根信托公司在资本主义世界金融界有着广泛的联系,在许多国家开设办事处,其活动的基础是很广泛的。

摩根保证信托公司还在国外开办了好多机构,包括分行和办事处,承揽跨国公司的资金、信贷业务。

摩根财团所属的制造业企业,特别是电子、电器、汽车、化工等企业,大举入侵西欧。它们吞并了西欧许多大公司,把西欧视为最好的市场。

摩根财团也是向亚非拉扩张的急先锋。摩根财团的银行插手巴拿马运河,在巴拿马和玻利维亚建造铁路,在中南美洲设立 22 家银行。

摩根财团将其触角伸到了古老的中华帝国。早在 20 世纪初,它就企图从旧中国夺取广州至汉口的铁路建筑权,后因英国作梗未能如愿,便向清王朝勒索了 675 万美元的赔款。

1909 年,在瓜分中国铁路借款时,摩根代表美国出资 750 万美元。1910 年,摩根财团又对中国货币改革贷款 1250 万美元。摩根财团的制造企业在中国设立了多个分支机构。

世界军火大王

——艾乐·杜邦

人物档案

简　　历:美国杜邦公司的创始人,生于法国巴黎塞纳河畔的古都尼摩尔,1789年举家迁往美国发展,是现代化学之父拉瓦锡的学生。1834年10月31日凌晨,艾乐·杜邦因心脏麻痹在费城合众国旅馆去世。

生卒年月:1771年6月24日～1834年10月31日。

安葬之地:不详。

性格特征:远见卓识,精心钻研,吃苦耐劳,善于经营。

历史功过:创办了美国杜邦公司,现已是美国最大的财团之一。

名家评点:杜邦家族在世界上的知名度和影响力不可低估,因为在垄断资本国际化的进程中,它已成为一棵覆盖世界的巨树。

"根"在法国

杜邦家族,在美国可以说无人不知,无人不晓,因为它在美国的经济发展中举足轻重,在坎坎坷坷中保持了近两个世纪的兴盛;杜邦家族,作为美国最大财团之一,在世界上的知名度和影响力也不可低估,因为在垄断资本国际化的进程中,它已成为一棵覆盖世界的巨树。然而,很少有人知道,这个美国超级垄断财团——杜邦家族的"根"却在法国。

皮埃尔·塞缪尔·杜邦1739年出生在法国贫穷的钟表业世家。父辈们手艺精湛、勤劳操作,经他们的手制作的钟表无以数计,但年复一年,日复一日,日子过得并不宽裕。目睹这一切的皮埃尔发誓放弃祖业,远离嘀嗒的钟表声。

幸运之神能光顾他吗？

1766年，著名的法国资产阶级古典经济学家杜尔哥发表其代表作《关于财富的形成和分配的考察》。文中对资本主义社会的阶级结构作了切合实际的分析。这些思想对于求知欲极强，并正在四处寻找人生支点的青年皮埃尔有着极大的影响。他试着写了一些具有重农学派思想的文章。1764年发表的《对国家财富的观感》引起了杜尔哥的兴趣和注意，这篇文章也成了年轻的皮埃尔结识杜尔哥的"桥"。

由于杜尔哥的扶植和举荐，1765年，26岁的皮埃尔担任了《农商与财政杂志》的编辑，有了令人羡慕的职业。就在这一年，春风得意的皮埃尔与美丽少女玛丽亚结了婚。很快，爱情之花结出硕果：1767年10月1日，他们的第一个孩子维克多诞生；1771年6月24日，第二个孩子艾乐·杜邦诞生了。艾乐·杜邦就是后来杜邦财团的创始人。

老二尚在腹中之时，父母亲似乎预感到了什么，便请他们的恩人杜尔哥做老二的教父，并为孩子赐名艾尔提尔·艾乐·杜邦。学识渊博的教父说："艾尔提尔"是自由，"艾乐"是和平女神。名字寓意深刻。然而，长大后的艾乐却辜负了长辈们的企盼与心愿，他的一生与火药和战争紧紧地联在一起，成为一个制造战争武器的军火大王。

1774年5月11日，法国路易十六即位。杜尔哥是路易十六王朝的财政总监，并深得国王的喜爱。于是，杜尔哥举荐皮埃尔·杜邦进入了路易王朝。

幸运之神所钟情的皮埃尔又碰上了一个好机遇。

大西洋彼岸的新大陆正在进行一场如火如荼的独立战争。1776年7月4日，由资产阶级民主派的代表人物杰斐逊、富兰克林起草的《独立宣言》，正式宣告北美13个殖民地脱离英国，成为独立的美利坚合众国。在这场战争中，法国起着居中调解的作用。皮埃尔受法国政府之命，参与英美之间的谈判，终于促成1783年9月3日《巴黎和约》的签订，英国承认美国独立。这给皮埃尔带来了两大收获。其一是因为他调停有功，法王路易十六于1783年封皮埃尔为贵族，他跻身于上流社会的愿望实现了。其二是他在参与英美谈判期间，结识了美国的头面人物杰斐逊和富兰克林，交往密切，成了好友，这为日后踏上美国土地提供了极大的方便。

正当皮埃尔一家在风景如画的别墅享受贵族生活的时候，不幸突然降临了。

1784年9月，玛丽亚病逝了。全家人陷入莫大的悲痛之中。

皮埃尔担心两个儿子由于玛丽亚的去世而消沉下去，决定提前为他们举行成人仪式，希望通过成人仪式，使他们从悲痛中醒来，并且振奋精神，坚定地走好自己的人生路。

母亲离世后一个月，两个儿子举行了成人宣誓仪式，老大17岁，老二13岁。他们提前"成人"了。

成人仪式庄严肃穆。正面摆着和真人玛丽亚一样高的母亲塑像，父亲皮埃尔坐在塑像旁边的一把高背座椅上，维克多和艾乐一动不动地站在母亲的塑像前，两双深陷的蓝眼睛凝视着"母亲"的眼睛。兄弟俩手中各持一把镶嵌着黄金制家徽的剑。皮埃尔离开座椅走过来，"嗖"的一声拔出腰间同样的剑。"把剑举起来！"皮埃尔命令着。几乎在同时，三把剑举了起来，在不很亮的屋子里闪着寒光。"当"的一声，三剑相交，在静得出奇

的屋子里响声显得特别大,并拖着长长的回声。

皮埃尔威严地问:"你们敢不敢对着亡母的塑像发誓,此刻举着的这把象征着杜邦家族的剑,不为懦弱和畏惧而拔,也不为兄弟之间的互相残杀而拔。"

"敢发誓,不为懦弱和畏惧而拔剑!"

"敢发誓,不为亲人间的相互残杀而拔剑!"

维克多和艾乐极认真地回答着。

皮埃尔满意地点着头。又问道:"你们敢不敢保证,今后不论发生什么事情,你们两兄弟要有福有享,有难同当,为了杜邦家族的荣誉,你们永远要团结在一起。"

"敢发誓,向上帝发誓!""敢保证!"兄弟俩同样庄严地回答着!

家风家训每家都有,而杜邦家族在此后200年的风风雨雨中,有着常人难以想象的家族凝聚力,维系着拥有6000多家族成员的大财团。这是美国全部财阀家谱中独一无二的。杜邦帝国的创始人艾乐·杜邦经过了如此严格的家训和如此庄严的宣誓,所以艾乐之后,实际上仅有4代共12人坐上杜邦财阀大家长的宝座:家长宝座并非单纯的父传子的接力方式,更有从兄传到弟,甚至堂兄弟,以"Z"字形传承,形成牢不可破的血统力量。

在玛丽亚的塑像前,三只手举着三把剑在空中交叉着,久久地举着,久久地交叉着,仿佛在锤炼着意识,仿佛在塑造着家族的凝聚力。

维克多与艾乐将剑收入剑鞘后,父亲以剑身拍击艾乐的左肩,成人仪式便告完成,这天艾乐同时获赠一枚配在剑柄上的金质杜邦家徽。上面镌刻着鸵鸟和梅花。后来这柄剑随他到了美国。

维克多生性好动、言多于行、虎头蛇尾,但凭借皮埃尔的权势,还是在路易王朝中谋到了一个位子,他作为外交部的见习生,被派往路易王朝第一任驻美大使所在地费城,后来升任代理大使兼总领事。

艾乐说话不多,但却极爱动脑,对每一件事都能认真地审视,认真地思考。他办事慎重,律己甚严,把读书视为生活中最重要的部分,对科学有着极大的兴趣和执着的追求。

被称为"法国近代化学之父"的安东尼·拉瓦锡与皮埃尔一起效忠路易王朝,他是制造肥料和火药的化学家。他常到皮埃尔家做客。当两位大人津津有味地谈论火药试验时,坐在角落里静静地倾听的艾乐兴奋极了,甚至忘记了睡觉。

终于有一天,小艾乐按捺不住了,软磨硬泡非要拉瓦锡带他去参观火药工厂。拉瓦锡答应了。"火药工厂"对艾乐简直成了神秘的世界,他看呆了,他与火药有着缘分。

从此,他对化学着了谜,满脑子化学反应公式,却没有心思学习其他功课,学校把他开除了。这倒遂了他的心愿,他索性进了拉瓦锡的火药厂,专心致志地去想他的化学,想他的火药。

1791年,身材瘦长高挑、天资聪颖的20岁小伙子艾乐,和芳龄16岁的美丽少女苏非娅喜结良缘。就在一对新人欢度甜蜜时光之际,不幸已向杜邦家族靠近。

杜邦家族的"不幸",并非全社会的不幸,而是法国资产阶级大革命。这场革命风暴

改变了法国，也改变了新贵族家庭的生活。

1792年8月10日，革命的人们在路易十六的书箱中发现了一个装有秘密文件的铁柜。1793年1月21日，路易十六被指控暗中通敌，企图反对革命，于是被送上断头台。接着，皇后也难逃一死。

1794年6月，化学家拉瓦锡被送上了断头台。皮埃尔给路易十六出谋献策的信件也被发现，于是他被关入牢狱。但狡诈的皮埃尔化装成老医师从狱中逃了出来。然而，好景不长，皮埃尔又被抓住，和儿子艾乐一起投入牢中。

1794年8月25日，大难不死的皮埃尔·杜邦父子获得自由，回到了自己的庄园。但执政的督政府发布公告：一切反对取消贵族而保留贵族爵位的人，都必须离开共和国的国境；若不离境，必须在7年后才能行使法国公民的权利。三十六计，走为上计。杜邦家族不得不挥泪告别自己的庄园和祖国，远走高飞。

美国创业

1799年10月2日，天刚破晓，皮埃尔·杜邦一家的13名成员就来到了哈佛尔港，他们乘坐"美国之鹰"号客轮渡洋去美国。

经过60个日日夜夜的远航，疲惫不堪又担惊受怕的人们终于踏上了美利坚的土地。

1800年1月1日傍晚，杜邦家族乘坐的"美国之鹰"号因偏离航向没有到达目的地纽约，而是到达了罗德岛。

皮埃尔·杜邦带着家人冲向岸边，来到一所小屋前，可主人不在家。这些饿疯了的人不顾一切，敲碎玻璃，从窗户爬进屋去，将主人家为新年而准备的丰盛晚餐风卷残云般地吃了个精光。吃饱后的皮埃尔又恢复了绅士风度，给房屋主人写了一张字条："饥饿使我们享用了你们的晚餐，感谢你们，雪中送炭的好人们。"并取出一枚金币压在纸条上。然后悄然离去。

虽然没到纽约，但只要一踏上美利坚的土地，皮埃尔心里的一块石头就落地了。因为半年之前，皮埃尔就安排续弦妻子的儿子普希，先行来到美国准备接应全家。

普希是一个能干、称职的人，他在新泽西买了一块土地，并利用新闻媒体大肆传播杜邦一家即将抵美的消息。包括美国第一任总统华盛顿在内的各界名流政要纷纷发表谈话，表示欢迎这个有功于美国的法国贵族家族的到来。

所以杜邦一家在美国受到了地方当局的照顾，没有费什么周折，便乘马车浩浩荡荡地开赴到了新泽西州哈得逊河畔——杜邦家族的新据点。

从此，一个来自法兰西的贵族，在美国的土地上，开始了他们的生活，开始书写一个震撼美国的大家族的发展及发迹史。

皮埃尔在美国的第一件事便是召开新闻发布会，介绍杜邦家族与美利坚源远流长的友谊。没过几天，杜邦的名字在纽约就家喻户晓了。轰动效应达到了。

皮埃尔·杜邦雄心勃勃,想在美国购买土地,建立殖民地。但他在申南多亚河畔购买土地的计划因收到美国副总统杰斐逊的回信后流产了。杰斐逊以老朋友的真诚告诉他:美国人民反法情绪日益高涨……

皮埃尔集中全力发展他的进出口贸易公司,他不惜用高薪聘请前华盛顿政府的财政部长亚历山大·汉密尔顿担任公司的法律顾问。

不管老杜邦怎样苦思冥想,然而他时运不佳,七次失败接连向他袭来。老杜邦在美利坚懵了。他几乎支撑不住了,想离开倒霉的美利坚,打道回府,重返法兰西。

正当老杜邦整装待发之时,美国总统托马斯·杰斐逊交给他一项特殊的使命,总统要他捎信给美国驻巴黎大使,商讨路易斯安那问题。富有政治头脑的皮埃尔意识到自己不仅是一个信使,更是在美法之间调停的中介人。皮埃尔精明机智,建议杰斐逊购买路易斯安那。

皮埃尔在巴黎多次秘密拜会拿破仑。在他的周旋下,1803 年 4 月 30 日,美国以 1500 万美元的价格从法国手里买下了路易斯安那共计 214.4 万平方公里的广袤土地,平均每公顷仅花 3 美分! 而且还包括新奥尔良等重要港口,美国的领土一下子扩张两倍多。

这样,皮埃尔·杜邦又成了美利坚的大功臣。

正当老杜邦轰轰烈烈的时候,他的二儿子艾乐没有沉寂,而是在考虑创立家族产业的百年大计。

艾乐的长处是制造火药,他与美国结识的新朋友路易·特萨德考察了全美的火药,觉得这样的火药真是糟糕透顶了。于是他建议老杜邦在美国开办火药工厂。他的分析令老父亲赞叹不已:

"总有一天美国和英国会发生战争,那时将不能从英格兰买进火药,可美国生产的火药又不能用。退一步说,即使英美不打仗,可美国是一个新兴的国家,需要火药的地方多着呢:开垦田园,修筑运河,铺设桥梁……"

听完儿子的精辟见解,皮埃尔认真地说:"这就算我们家来美国后的第八个计划吧!不过,一切都要由你去筹划,选厂址,筹资金,这些都不是容易的事。"

艾乐·杜邦虽然是第一次创办产业,但一切安排得井井有条:他决定先选厂址,并制定了建厂的三个条件:流速快的河流,多树木的森林,出花岗岩的地方。为此,他时常风餐露宿,不停地寻觅,终于在特萨德的帮助下找到了理想厂址:特拉华州的白兰地河畔。

厂址找到了,艾乐更忙了。他开始了筹措资金,买地建厂的工作。

在特萨德的介绍下,艾乐认识了一个名叫彼得·博迪的人,他们合伙购买选中的土地。

经过与地主的多次讨价还价,终于以 6740 美元的价格买下了面积达 3800 公亩的土地。

艾乐大致匡算了一下,要使他的火药制造厂启动起来,包括固定资本与流动资本在内大致需要 36000 美元,如果年生产火药 7.25 万公斤,每年纯利润 1 万美元。如果将每年利润的一半用于追加投资,扩大生产规模,如此不停,用不了几年,它将成为美国最大

的火药厂。

虽然艾乐的预算准确无误，但皮埃尔为了谨慎，只肯出 24000 美元，剩下的三分之一要艾乐自己解决。

为了筹款，艾乐和哥哥维克多于 1801 年来到巴黎，圆满地完成了任务。

1801 年 7 月，艾乐先期回到美国。

1802 年 4 月，杜邦·尼莫尔火药制造公司的牌子赫然挂在特拉华州的白兰地河畔。这是由杜邦家族控股的股份公司，也是在美国出现最早的股份公司，杜邦家族占 11 股，对企业的生产、经营拥有决策权。

艾乐·杜邦的火药厂是杜邦家族兴旺发达的基石。它以 36000 美元的资本起家，最终成为拥有 1000 多亿美元的巨大的垄断财阀。

一声巨响

1802 年 6 月，艾乐·杜邦携带妻子儿女，携带着属于他们的家财器具，辞别了杜邦家族的众多亲人，离开了位于新泽西州哈得逊河畔的豪华住所，毅然上路了，俨然一副背水一战的架势。

艾乐·杜邦一家搬进原农场主布鲁木的小屋暂住。这所房子一直废弃着，蜘蛛网从房顶一直拖到地上，大白天，成群的老鼠在屋里跑来蹿去。艾乐的两个孩子：儿子艾尔弗雷德和维克多里娜吓得哭哭啼啼。但艾乐的妻子苏非娅明白丈夫的用意：一是一定要在这里扎根，二是让年幼的孩子也体验一下创业的艰辛。

屋外，艾乐挥汗如雨地挥锹挖土，把他特意从法国带来的各样植物种子一颗颗小心翼翼地放在土里，他希望自己能够和这些种子一样，虽然来自法国，却能在美国的土地上茁壮成长。

沉默寡语的艾乐有着如此坚强的毅力和如此丰富的内心世界，难怪一个个的竞争对手都败在他的手下了。

艾乐一家在此安营扎寨后便开始生活工作了。他们砍伐响尾蛇遍藏的森林，焚烧土地上的杂草，播种蔬菜粮食，饲养从巴黎带来的 7 只美丽奴羊和一些本地的牛马……

这里的夏天，湿气特别重。屋顶很低，白天热气十分闷人，即使是在夜晚，也像置身于蒸气浴中一样，令人浑身发汗。

艾乐不辞劳苦，骑马奔驰于费城及威明顿等城市，募集木匠、石工及货运车的车夫等。虽然蹩脚的英语给他的工作增添了许多困难，但任何困难都吓不倒这位坚强的创业者。

艾乐·杜邦虽然身边有位法国火药制造厂的设计专家，但艾乐没有采用这位专家尽心尽力绘制的设计图。艾乐深知：火药制造有极大的危险性，稍有疏忽，即可能厂毁人亡；厂房的设计应考虑这一点，但又绝不能让人知道。于是，艾乐自己动手，亲自设计厂

房构造。他告诉法国设计师:"你的设计很好,但这是我们将来的图纸。"

1803 年 2 月,杜邦火药制造厂的基本框架全部搭好,主要厂房已初步竣工,火药生产厂房非常奇特:厂房建造在河畔的斜坡上,一般人只以为这位法国佬过于精明,不愿花费平整土地的工钱,哪里想到艾乐心中的打算。三面是用足有半米多厚的石头垒成的墙壁,而另一面,即面对河水的一面却仅仅用一层薄薄的木板遮挡着,房顶上只是盖了一顶大大的帐篷。

另外还建了一座硝石粉干燥厂和火药仓库,离火药制造厂很远。而且这些建筑要比火药制造厂房坚实得多、严密得多。

3 月 15 日,是艾乐选定的开工日子。一大早,工人们各就各位了。8 点整,艾乐宣布开机,可一切仍是那么的平静,机器转动不起来。原来水的动力不够。他毫不气馁,请求公司的顾问汉密尔顿帮忙征地,水坝建起了,机器终于轰隆轰隆地转动起来了。

艾乐深知:产品质量是成功的关键。因此,从一投入生产,他就亲自严格把住质量关,不远万里从孟加拉国运来的硝石,要一点点地、一次次地去除杂物,然后才投入使用;硫磺从西西里岛运来,也要一遍遍地除去杂质。他不是不计较产品成本,而是清楚:设在美国的杜邦公司不仅是为了眼前赚点钱求生存,而是要在数百家的火药制造厂中出人头地。质量就是杜邦家族的生命。认真帮助艾乐走向成功。

杜邦生产的火药就其质量而言,超过美国任何一家的产品,但要打开销路,还得花费一番气力。

艾乐制定了一套完整的促销计划:不惜花费大价钱在报上刊登广告;并为特拉华州的打猎者免费提供杜邦公司的火药……果然奏效,很多人知道杜邦公司的黑色火药了。

正当艾乐寻求政府订货的时候,传来了父亲皮埃尔顺利完成杰斐逊交给的特殊使命的消息,艾乐紧紧抓住了这个机会,立即给总统先生写了一封信,请求关照杜邦公司。

总统向军方举荐艾乐生产的火药产品。艾乐趁热打铁,在军官们面前做了无数次试验,结果令大员十分满意:杜邦公司生产出了世界最好的火药。

订单像雪片一样飞向杜邦公司。公司的销售额急遽地上升,从 1804 年的 1 万美元增加到 1805 年的 3.3 万美元。1805 年 7 月 4 日,美国杰斐逊政府的作战部长宣布:杜邦公司将承包政府的全部火药。处在领土扩张过程中的美国需要大量的火药,杜邦公司火红了。

正当大批量的订单一张张飞来,杜邦公司在紧张中运转之时,一片阴霾神不知鬼不觉地飞来了。

一天中午,早已过了下班时间,但仍有十几名工人在合成火药的最后一道工序上加班,他们正在将精炼的硝石、硫磺和木炭混合在一起,利用机器的巨大动力将它们打制成粉末状。突然,一声山崩地裂的巨响,令人毛骨悚然的爆炸发生了,熊熊大火在燃烧。

爆炸声如此巨大,以至于人们以为世界的末日来临了。

这次爆炸震惊了整个特拉华州,同时证明了艾尔·杜邦的精明。

首先,他对厂房的奇特设计被证明高人一筹。工厂厂房三面用厚石块垒成的墙安然

无恙;厂房与厂房、仓库、住宅分散布局,相隔较远,从而避免了株连,否则后果不堪设想。

其次,后事的处理在美国社会引起了另一场爆炸,冲击波不亚于火药。

艾乐抚摸着自己亲手安装的心爱的稀巴烂机器,心如刀绞,如丧考妣。但他马上意识到,自己是一位企业家,要着眼于未来,着眼于发展。于是杜邦决定隆重埋葬 40 名死难工人,每个死亡家属抚恤金高达 600 美元,伤者立即治疗。杜邦以此次爆炸事件为契机,向社会公布了杜邦公司的抚恤制度:因事故终身致残者可以在公司内部为其调整力所能及的轻活,并做到终生不解雇;因事故致死的工人家属除一次性的高额抚恤金外,每月还可以领 10 美元的生活费。死者子女由公司负责安排工作……

当时的美国尚没有一家企业能制定出如此笼络人心的抚恤计划。杜邦公司的抚恤制度在全美国产生了轰动效应。

爆炸的第二天,工人们仍然到杜邦公司上班了,恢复工作很快完成。艾乐胸有成竹地在美国各州的主要报纸上刊登消息:

"杜邦公司,这是新诞生的最富有发展潜力的火药生产厂。前不久出了一点小小的事故,承蒙各方关照,现在一切都已正常。为酬谢各方朋友,将以特价提供最优良的黑色火药,保证其品质绝不逊色于欧洲制造的火药。"

订单又开始像雪片一样飞向特拉华,飞向杜邦公司。

精明的杜邦已预见到,随着公司的发展,劳资纠纷将日益增多,劳资关系将日趋紧张。在这种矛盾中,宗教是可利用的驯服工人的方式,于是他斥资在工厂旁修建了白兰地圣约瑟夫天主教堂,并出钱聘请了一位虔诚的爱尔兰神父。杜邦知道,公司借助天主教的严厉教规,可以训练一支绝对服从命令的工人队伍,同时它又是宿命的,公司可以借助这一点,把一个火药工厂的死活祸福的责任推给无形的上帝,而不必由公司来承担。

19 世纪初的美国羽翼尚未丰满,虽是一个独立主权国家,但经常受英国的欺辱。1803 年至 1807 年期间,英国皇家海军一共扣押了 500 多艘美国船只,并在美国沿海游弋,封锁美国。法国也效仿英国,欺负美国。

爱好自由的美国被激怒了,战争的叫喊声在美利坚响成一片。

火药是战争的粮食,战争是火药制造商的盛大节日。

1812 年 6 月 18 日,美利坚对大不列颠正式宣战——美国第二次对英战争开始。

美国政府为了备战,大量购买火药。1811 年,联邦政府订购 5 万磅杜邦火药,1812 年猛增到 20 万磅,1813 年又增加到 50 万磅。再加上海军的订货,在 1812 年至 1814 年的战争期间,杜邦公司共向政府出售了 100 多万磅火药。生意的兴旺给杜邦带来了喜悦。

与此同时,杜邦公司还向与英国交战的法国出售火药,杜邦公司几乎成了法国的火药供应工厂。

在第二次英美战争最激烈的时候,为了按时将政府订购的火药运送到美军手中,杜邦创造性地组织了运送火药的"大篷车队"。杜邦骑马走在车队的最前面,在他身后的每辆车上都插着美利坚合众国的星条旗和杜邦公司的小旗,浩浩荡荡,颇为壮观。所到之处,赢得了人们的掌声和欢呼声。杜邦公司在美国公众中树立了良好的形象。

这次战争使艾乐·杜邦的火药制造厂得到了空前的大发展。战争中,他的资本额翻了好几倍。杜邦家族还在战争中领到了美国公民证。从此,他们真正成了美国人。

正当艾乐大展宏图之时,哥哥维克多因吃喝挥霍而破产了。维克多将14万元借给拿破仑的小弟弟杰罗姆,钱无法收回。

血浓于水。艾乐向哥哥伸出援助之手,其中之一就是给维克多在白兰地河畔建造了一座很像样子的英格兰式的毛纺厂。

艾乐仅用60美元购买了朋友的一个大牧场,收养了近万只美利奴羊。由于羊毛原料充足,维克多的毛纺厂一开始就交了好运,杜邦公司以1美元的价格收购的羊毛,经过加工,价值便魔术般地变成了7美元。

艾乐是一个富有远见的精明企业家,当火药厂红火之时,又开始规划和兴建配套工程,充分利用生产火药的副产品,发展了染料油漆、建筑用焦油、药用木榴油,等等。在白兰地河畔形成了以火药为中心的产业群。

当英美战争接近尾声之时,兄弟俩以5万美元的价格买下了位于白兰地河畔左岸南侧的一个大农场。兄弟俩发誓要将杜邦家族的势力发展到整个特拉华州、甚至整个美利坚。

1833年6月27日,维克多的三儿子与艾乐的女儿苏菲娅·马德琳这一对堂兄妹举行了隆重热烈的婚礼。用近亲结婚来确保灵魂的诚实和血统的纯洁。

结交权贵

杜邦公司走的是一条与政府结合赚取更大利润的道路。

杜邦家族早在来美国之前,就与杰斐逊和富兰克林有特殊的友谊,为日后他们在美国的发展及进入政界提供了许多方便。

皮埃尔·杜邦受命于杰斐逊为美国购买路易斯安那竭力奔走,为杜邦家族进军政界奠定了最初的基石。

杜邦家族的贸易公司聘请汉密尔顿为法律顾问。

艾乐·杜邦在开办工厂时就暗下决心,杜邦家族不能光在经济领域中发展,一定要涉足政界,以经济实力作为参与政治的基础,以政治的力量作为经济进一步发展的保证。

1813年,英国舰队猛烈地攻击特拉华河畔。为了保卫杜邦火药厂,艾乐武装了当地的工人和农民,这支民兵团得到了州政府的支持。

1813年10月5日,是特拉华州投票选举的日子,艾乐指挥民兵团威慑选民投共和党的票。愤怒的群众赤手空拳地赶走了艾乐率领的武装民兵。

于是,艾乐认识到,人心是难以用枪杆子制服的,他改用收买人心的策略,将利润中的极少一部分,投资于公益事业和慈善事业。在白兰地河畔建学校、医院、教堂……企图以此赢得民心,作为进入政界的敲门砖。

1815 年,维克多作为白兰地选区的代表被选进特拉华州众议院,1820 年又进入了州参议院。

杜邦公司谋划着组建一个包括众多产业在内的具有多种特许权的新型大公司。但特拉华州宪法不允许出现垄断性质的大公司。于是在杜邦家族的操纵下,召开了特拉华州议会。议会修改了州宪法,制定了有利于杜邦家族的新宪法。为杜邦公司大发展扫除了障碍。

在 1904 年的大选中,西奥多·罗斯福曾接受了杜邦公司的 7 万美元赞助,因而他的政府的某些政策有利于杜邦公司。

从 1905 年 7 月至 1906 年 7 月,短短的一年时间,美国陆军部就向杜邦公司订购 594.782 万磅无烟火药。杜邦公司把每磅生产成本仅有 0.32 元的火药,以每磅 0.7 元的价格卖给政府。仅此一项交易,杜邦公司就轻而易举地赚了 220 多万美元。罗斯福当政期间,杜邦轻而易举拿到了 1200 万美元。杜邦家还为罗斯福手下的陆军部长塔夫脱的竞选捐助了 2 万美元。而塔夫脱把军界的一大批一本万利的合同交给杜邦公司。杜邦家族从这些公司中赚到的利润难以估量。

用金钱收买选票,是杜邦家族的又一杰作。

从特拉华州至华盛顿,在众议院、参议院以及政府各部门,都有杜邦家族的人,或杜邦公司的代理人,以至使它的力量能凌驾于政府之上。

在国会的两个议院中,特拉华州的代表席位都被杜邦家族的人占据了。杜邦家族的代理人担任过众议员、参议员、美国司法部长、国防部长、中央情报局局长,甚至担任过最高法院院长。

精明的杜邦人一代一代继承了这一传统,他们通过各种方法,各种渠道,与政府建立了良好的牢不可破的"友谊"。这友谊是支持杜邦公司的一根顶梁柱。

军队是国家机器的重要组成部分。杜邦家族在用生产的军火左右美国军队的同时,也没有忘记人员的"融合",他们适时地把家族中的优秀者送往美国军队。维克多·杜邦的儿子塞缪尔·弗朗西斯·杜邦从海军见习官一直升到海军上将,他曾统率过美国有史以来最大的一支拥有 75 艘军舰、25 艘陆军运输舰的海军舰队。他的庞大舰队使用的全部是优质的杜邦烈性火药,甚至他说服了整个海军都使用杜邦公司的火药。

1937 年,杜邦——罗斯福联姻,使杜邦与政府的结合更加密切。6 月,美国总统罗斯福和夫人亲临特拉华州,参加在那里举行的 20 世纪最盛大的婚礼——富兰克林·D·罗斯福之子富兰克林与埃塞尔·杜邦的婚礼。杜邦家族把婚姻也作为达到实现政治和经济目的的手段加以运用。

杜邦家族之所以能长期独占炸药生产,是与美国政府的扶植分不开的。多届美国政府指出:"杜邦公司保持对无烟军用火药的垄断对于国家的安全是绝对必要的。"

杜邦家族的经济势力影响着政府,政府的权力是杜邦家族进一步发展的杠杆,联邦政府与杜邦家族二者相融、相辅相成,构成了杜邦家族的发迹史。

化工帝国

美丽的特拉华州是杜邦家族的大本营。

站在白兰地河畔,不论是上游,还是下游,也不论是左岸,还是右岸,都能听到各种各样机器的轰鸣。有艾乐火药厂的硝石精炼机、黑色火药混合机、干燥机;有维克多的毛纺织机,以及各种各样的配套的副产品加工厂的机器……快的慢的,高的低的,隆隆声,铿锵声,各种机器声交织在一起。

艾乐·杜邦把这种烦人的噪音当作是一曲曲悦耳动听的优美的交响乐,有时他独自一人,静静地站着,静静地听着,仿佛为这乐曲所陶醉。

是啊,面对这一望无际的、厂房林立的杜邦帝国,他的创始人应该陶醉一番了。

通过他的奋斗,杜邦帝国不仅拥有白兰地河两岸,而且拥有了特拉华州。

在著名的港口城市威明顿,放眼望去尽是杜邦的天下。所有醒目的建筑上都飘扬着杜邦家族的旗帜,都刻有 DU—PONT 的标志。耸立在市中心的是杜邦公司大楼——后来成为世界上最大的化学公司总部的大楼、威明顿信托公司大楼、农民银行大厦、纪莫尔大厦、特拉华信托公司大厦、德尔马弗电力和电灯公司大厦、晨报大楼,等等。白兰地河畔、威明顿市,乃至整个特拉华州就是由这样一座座、一幢幢、一群群的建筑构成了一个完整的杜邦帝国。

杜邦公司雇佣了特拉华州 11% 以上的劳动力,如果把杜邦家族的其他企业都计算在内的话,将超过 75%,整个美国有 100 多万人在为杜邦家族而工作。

可是,艾乐·杜邦有一次却伤感起来了。他辛苦了一辈子,挣了这么多家财,儿子却不愿接手,能不伤感吗?

艾乐一走进办公室,立即就会全神贯注地投入到生意当中去了,他要在有生之年挣更多的钱,积攒更多的家财。财富是个怪物,有着巨大的魔力,吸引了他一辈子。挣钱,似乎在艾乐手上产生了没有闸门的惯性。

艾乐·杜邦仍然忙碌着,在孤独和寂寞中忙碌着,他的公司,他的家财在他的忙碌中增长着。突然,他忙中抽空地又钻进了多少年不曾去过的实验室。他年轻时在实验室里废寝忘食地工作,那是因为他太喜欢神奇无比的化学了。而今天进入实验室是为了金钱。他没有找到硝石的替代品,而公司所需硝石要从海外购买,成本颇高,使他少赚了不少钱。

1834 年 9 月下旬,伤感多年的杜邦终于露出了微笑:心爱的小女儿艾尔梯拉有了丈夫,即艾乐挑选的有才华的托马斯·麦凯·史密斯博士。

1834 年 10 月 31 日凌晨,艾乐·杜邦因心脏麻痹在费城合众国旅馆去世。为他 63 年的生命历程画上了一个句号。令人不解的是,他虽然比他的哥哥维克多晚死 7 年,然而兄弟俩却死于同一种病,同一个城市,甚至同一座旅馆。这是因为亲兄弟的难分难解

的手足之情,还是因为维克多的灵魂在召唤? 谁也说不清楚。

艾乐·杜邦留下庞大的财富后走了。他的三个儿子中谁也不愿意承担管理巨大财富的重担。无奈之下,兄弟三人:艾尔弗雷德、亨利和亚历克西斯合伙组成一个杜邦公司管理委员会。不设董事长的职务,三人平起平坐,均为伙伴关系,老大艾尔弗雷德称为高级伙伴,老二亨利和老三亚历克西斯称为低级伙伴。

三足鼎立式的杜邦公司管理模式以此为开端。

"伙伴"们换了一茬又一茬,但这种组织管理模式却延续着。一直延续了60多年。可以说,这是独具特色的杜邦公司管理层的组合模式。

这时的杜邦财阀是一个典型的财产共有式的家族财阀。所有财产都是家族共有的,如果家族中有人结婚,家族送他一幢住宅,但仅仅是使用权而已。

杜邦家族以团结著称于世。三兄弟不但教育工人开源节流,他们自身率先垂范,从不乱花一分钱。三兄弟还清公司成立时期出资者的全部资金,并连同他们所持有的杜邦公司的股票也一同买下。这样,杜邦公司就地地道道是一个没有任何外人插手的纯家族的公司了。

"开源节流"使杜邦公司在经济萧条时期的美国一枝独秀,三兄弟建起了更多的厂房,日产火药达到4530公斤。

从1836年开始的美墨冲突又给杜邦三兄弟带来了发展机遇。1846年5月,战争正式爆发,战争期间,杜邦公司向政府出售了100万磅火药。

公司兴旺发达了,然而艾尔弗雷德却累死了。于是他的长子艾尔提尔·艾尔第二成了两位叔叔的伙伴。

开发西部又是杜邦家族发展的天赐良机。杜邦公司的火药在开发热浪中供不应求。

但是亚历克西斯却在实验室里被爆炸声送进了天堂。亨利·杜邦又将艾尔弗雷德的小儿子拉蒙·杜邦拉进了高层管理机构。拉蒙·杜邦是宾州大学化学系的高才生,是艾乐·杜邦24个孙子中最有才华的一个。

1861年4月12日凌晨,一发迫击炮的爆炸声拉开了美国长达4年之久的南北战争的序幕。

亨利·杜邦听到第一声炮响后,就急匆匆地赶到了华盛顿,向政府表示:杜邦公司将根据战争的需要,研制和生产华盛顿政府所需要的各式火药。

从1861年4月到年底,仅8个月时间,杜邦公司就向联邦政府出售了价值230万美元的枪炮火药。这是杜邦公司自投产以来的最大的一笔交易。

林肯总统于1861年底密令杜邦公司三人委员会之一的拉蒙·杜邦单枪匹马地前往伦敦,以杜邦公司的名义买下世界市场上的全部硝石,并设法运回美国。

拉蒙·杜邦具有政治家的眼光、企业家的头脑,他不辱使命,干净利落地购下了英国的1500吨硝石。这些硝石将迅速转变为北军的强大火力,击溃南军。同时,它也为杜邦公司提供了财运亨通的重要契机。

拉蒙·杜邦下决心继承祖父艾乐·杜邦的遗志,研制硝石替代品。无数次的失败之

后,终于成功了。他从贝壳状软石中成功地得到了硝石的主要成分硝酸钾的替代物——硝酸苏打。从此,杜邦公司再也不必在世界各地跑原料了。

1862 年 3 月 8 日,拉蒙·杜邦经过千辛万苦研制成功的"拉蒙巨型"火药在罕普敦罗得海战中发挥威力,南军鬼哭狼嚎。

杜邦公司因此名扬全美国,甚至全世界。首都华盛顿出现了杜邦广场和杜邦铜像。杜邦公司从南北双方的厮杀中获暴利 100 多万美元。

1872 年 10 月,杜邦公司发起成立了美国的火药托拉斯。

不停顿地吞并中小企业,使杜邦公司的实力和规模大为增加,成为控制着美国黑色火药 85% 的火药霸主。但它并没满足,征服的欲望永无止境。

19 世纪 80 年代,杜邦与洛克菲勒在争夺火药的市场上发生了直接的冲突。杜邦让气大财粗的洛克菲勒第一次品尝到了失败的滋味。

在世纪之交的吞并浪潮中,杜邦吞并了 64 家中小火药公司,并直接和间接地控制了 69 家公司。杜邦公司生产的五种火药当时占全国火药总产量的 64—74%,生产的无烟军用火药占 100%。

"别同杜邦家族过不去。"成为美国人所共知的一句警语。

严厉精明的亨利大叔,在对杜邦公司和杜邦家族统治了 39 年之后,于 1889 年 8 月 8 日辞世而去。他的统治为杜邦家族留下了垄断全国火药产量 92.5% 的火药托拉斯和千百万美元的私人财产。

艾乐·杜邦的三子亚历克西斯的儿子犹仁·杜邦接替了亨利。

犹仁·杜邦也是宾州大学的高才生,素质优良。他改革财团体制——变合伙公司为真正意义上的股份公司。这是杜邦公司从家族企业向现代企业迈出的一大步。

他还依靠实力,通过竞争抢占了世界市场,甚至向火药的故乡——中国倾销杜邦火药。

1902 年 1 月 21 日,雄心勃勃的犹仁·杜邦突然死于肺炎。

接替犹仁的是艾尔弗雷德、科尔曼和皮埃尔三位堂兄弟。新上任的杜邦公司董事长科尔曼是一个精明强干的企业家,既有清醒的头脑,又有勇往直前的魄力。他使杜邦公司开始涉足金融业。他最拿手的就是"吞并",即杜邦这个大鱼吃掉所有的小鱼。他横扫了美国火药市场。

与此同时,艾尔弗雷德和皮埃尔着手整顿企业内部,重新设置公司的组织机构,并专门设立了产品开发研究部,以保证杜邦公司的新产品源源不断地投入生产,使新老产品相互扶植,呈滚动式发展的态势。

1914 年至 1918 年的第一次世界大战,赐予杜邦公司一次发大财的机会。

1917 年杜邦公司的产量是 1914 年的 54 倍。战争期间,协约国射出的炮弹,有 40% 是用杜邦公司的炸药制造的;同时,美国国内所需要的甘油炸药和黑色炸药的一大半是该公司提供的。难怪有人说:"如果没有杜邦公司,协约国就打不起世界大战。"

战时,杜邦公司的交易总额达 10 亿美元;杜邦公司的营业收入比战前多 1130%。战

争使杜邦公司的资本像大海涨潮一般,从 8300 万美元上升到 30800 万美元。4 年的纯利润为 25700 万美元,比以前 126 年的营业所得的总价值还要多。

从此,拥有 3 亿多美元资产的杜邦公司成为实业雄厚的垄断公司。

聪明的皮埃尔没有沉醉在成功的喜悦中,他知道战争不可能长期打下去,和平、建设才是社会发展的主流。于是在杜邦公司最兴旺发达之时,进行了战略性的大转移。杜邦公司新设了发展部。

1915 年,杜邦公司买下了制造油漆、塑料及搪瓷的阿林顿公司,1916 年,买下制造橡胶涂层织品的弗尔费德橡胶公司。1917 年 2 月,杜邦公司拨款 700 万美元,在威明顿对岸的新泽西州建立了一座大型的合成染料厂。随后又连续追加投资 2100 万美元,使其成为具有相当规模的集染料的研究、开发与生产为一体的综合性实体。同时,杜邦公司又连续购进了五家化学染料厂。

经过多次试验和苦苦的探索,杜邦公司在火药与染料之间搭起了一座桥:先生产 TNT 火药,然后从 TNT 火药的溶液中提取苦味酸作为化学染料的原料;同时,还可从作为无烟火药安定剂的苯中提取胺溶液;这种溶液像魔水一般,可以生产出染料的各种各样的美丽无比的色彩。

1918 年,美国政府没收了德国在美国的全部资产,包括多家企业和 4000 项生产技术专利,其中许多是染料生产的专利。杜邦公司千方百计地搞到了这些专利技术。至此,杜邦公司的染料工业有了长足的发展,其生产技术与工艺水平直逼德国。

杜邦公司还从德国挖来了科学家,进行技术攻关。

1920 年,杜邦公司正式关闭了在白兰地河畔的火药工厂,实现了从火药到化学品和染料的转轨。这时的杜邦公司已经成为美国头号的染料制造商,各种染料已达 500 种之多,质量也属上乘。

很快,杜邦公司就发展成为世界上最大的化学工业帝国。

杜邦帝国能征善战。1914 年公司老板皮埃尔·S·杜邦以每股 82 美元的极低价购买了通用汽车公司 6.5 万股份中的 2000 股。这是杜邦适时地向美国汽车业迈出的第一步。1916 年,皮埃尔·S·杜邦出任通用汽车公司的董事长。1917 年,他又购进了 2500 万美元的通用汽车公司的股票。后来再买下 3500 万美元的股票。

通用汽车公司成为他的控股公司之后,皮埃尔按照杜邦公司的组织管理方式,重组了通用公司的管理机构。通用汽车公司是整个 20 世纪世界上利润最大的公司,它并入杜邦家族的产业中,加强了杜邦家族的经济实力。

杜邦家族又以握有 29% 的控股权,将美国橡胶公司牢牢地握在了自己的手里。

从此,杜邦公司成为美国有史以来最大的工业帝国,一个从火药到化学品到汽车的帝国。这个长盛不衰的帝国在美国经济和社会生活中发挥着重要作用。

以 3.6 万美元的投资在美国创业的杜邦家族,早已变成了财大气粗的世界级大财团。杜邦家族的财产究竟有多少,是难以说得很确切的。根据最保守的估计,纯粹属于杜邦家的私有财产大约有 76.29 亿美元,他们占有大部分股份的企业的资产是 1500 亿美元。

如今,全美 50 州,无论何处,无不受到杜邦家族的影响,这绝不是夸张。

杜邦复合企业大集团,如同一株巨大的根深叶茂的树,其势力范围分布图简直就是自独立战争以来美国资本主义经济发展史的缩影。

在法国的尼莫尔宅内进行剑誓之后,在不过 200 多年的时间里,杜邦家族由一棵幼树苗长成为一株覆盖世界的参天巨树。

军火大王

第一次世界大战结束以后,杜邦公司为人们的和平生活生产着尼龙丝袜、包装各种食品的玻璃纸、五颜六色的油漆及各种各样人们所喜爱的汽车。

然而杜邦公司没有忘记下一次战争,杜邦"人不解甲、马不离鞍"地组建了一支包括美国最著名的火药专家在内的 300 多人的军火研制队伍,一刻不停地进行着各种军火产品的研制和开发。300 名专家的薪水待遇相当于 3 万名工人的工资。

1939 年 9 月,当希特勒的闪电战燃起第二次世界大战的熊熊烈焰的时候,杜邦公司已为全面的战争做好了准备。

美国尚未参战,杜邦公司早已介入了战争,它不但向交战的双方供应武器,而且从美国政府那里接受了大批军火订货。1940 年初,罗斯福政府向杜邦公司订购了 2000 万美元的无烟火药。1941 年,轰动一时的杜邦尼龙神奇地变成了"杜邦降落伞"。

1941 年 12 月 7 日,日本偷袭珍珠港。次日,美国对日宣战。

美国的参战,为杜邦公司产品的生产和销售提供了更多更好的机会。杜邦公司紧紧地抓住了这个机会。

战争期间,杜邦公司生产了 40.5 亿磅火药,大约相当于战时全国火药总产量的 70%,比杜邦公司在第一次世界大战期间的产量增加 3 倍。此时的杜邦公司已形成一个拥有众多产品的庞大的产业群,大部分产品也被应用于战争。杜邦的尼龙用于伞兵的降落伞、滑翔机的牵引索和官兵们使用的蚊帐;美国的海军舰队的舰身上涂的全部是杜邦漆;杜邦染料用于军服和战旗;杜邦玻璃纸用于包装给养、药物,具有日晒雨淋不褪色的特点;杜邦防冻剂使军车能在冰天雪地里照常行驶;杜邦的机器制造厂为美国空军的轰炸机生产着各种必不可少的配件;杜邦的通用汽车公司为战争生产各种运输机器。杜邦公司成了美国军队的总供给部。

如果没有杜邦公司,美军将赤手空拳。

这次战争共耗费了 3800 万英里的杜邦尼龙降落伞布;5.0929 万英里的杜邦 35 厘米胶卷;9290 万磅杜邦玻璃纸;1100 万磅杜邦滴滴涕……

1941 年杜邦公司所得利润为 7700 万美元。1942 年杜邦公司创下前所未有的最大销售量——4.98 亿美元。在 1941 年至 1945 年杜邦公司总共获得营业利润 7.41 亿美元。

战争给杜邦公司带来了大丰收。

二战中,杜邦财团从五角大楼获得价值 210 亿美元的军事订货,使其经济实力大为增强。

第二次世界大战期间,杜邦的另一个惊人之举就是参与制造了世界上第一颗原子弹。

早在 1940 年以前,美国的一批物理学家就成功地从天然铀中分离出来铀 235,这是一种具有极强爆炸力的核物质,威力超过任何炸药。1941 年底,罗斯福总统亲自批准将这项研究从实验转为实用,以便在适当的时候用于战争。这就是由莱斯利·格罗夫斯将军领导的"曼哈顿"工程。

参加该项工程的特别研究小组成员有爱因斯坦、培格拉、康卜顿、费米、劳伦斯和杜邦公司的化学工程师理查士·库帕。当时美国最杰出的物理学家和化学家参加了这项极为复杂的实验。

"曼哈顿工程"启动不久,负责人格罗夫斯将军就来到杜邦公司,要求杜邦公司建造一家研制生产"新式武器"的工厂,即分离钚的工厂。

美国政府将如此重大的国家绝密工程交给了杜邦公司,足以说明杜邦公司在美国首屈一指的重要地位。

在签订此项契约时,政府方面提出,由于工程项目特殊,除成本费之外,杜邦公司可以提出适当的利润要求。

令人难以想象的是,一贯以追求最大利润为最高宗旨的杜邦公司索要的利润仅是 1 美元。

当然,1 美元的利润是杜邦公司的老板们经过认真商讨后提出的。

美国政府觉得不可思议。杜邦公司对政府说:这是作为美国政府对杜邦公司信任的回报。

实际上,这也是杜邦公司高明的一种姿态,一种不发战争财、而只效忠于美利坚的姿态。以此姿态,一方面可以赢得美国政府更大的信任,更密切的合作;另一方面,又可以在美国乃至全世界面前,树立起杜邦公司更为高大的形象。他们懂得,信任与形象也是财富,是一种能换取更多有形财富的无形财富。而且,他们对原子弹的杀伤能力非常清楚,他们不愿意在世人面前留下为高额利润而制造原子弹的恶名。

杜邦公司责任重大,独立地承担了全部曼哈顿工程。"曼哈顿工程"已经成了"杜邦工程"。

1942 年 12 月 2 日,格罗夫斯将军及曼哈顿工程特别研究小组的全体成员,都聚集在芝加哥大学足球场内的实验室里。新任杜邦公司总裁卡班达作为实施工程的负责人也来到了实验室。

成功地进行了核分裂试验的费米博士拉动了场内一个放射线堆的镉控制杆。下午 3 时 20 分,连锁反应开始了。所有在场的人屏住了呼吸,紧张地等待着反应的结果。

当放射线增大时,费米适时地关闭了核反应堆,这证明他的核动力方案是可行的。

这一天,1942 年 12 月 2 日,以它特殊的意义载入人类发展的史册——标志着核时代

的开始。这一天在人类科学技术的发展中将是一个重要的里程碑。

同年,美国政府投资20亿美元,由杜邦公司设计、建造的钚工厂建成了:它位于哥伦比亚河畔的韩福德(华盛顿州),占地约600平方英里(约1554平方公里)。工厂四周是一片带刺的铁丝网。铁丝网里面是一片用于隔离的空旷地带,这里昼夜有卫兵巡逻。隔离带里面是一幢幢高矮不一、稀奇古怪的建筑群。透着神秘、阴森、恐怖……

这是一片任何人不能进入的建筑群。

杜邦公司的6万名员工是在极其秘密的情况下,从东向西搬迁了4345公里之后来到此处的。凡是进入建筑群的工作人员不准随便离开。

美国的西北角崛起的这群神秘建筑引起了一位议员的兴趣。他以美国议员的身份前去调查,结果被卫兵礼貌地挡住了。

议员不满地问卫兵:"他们在里面制造什么?"

"口香糖,先生。里面在生产口香糖。"卫兵毫不犹豫地回答。

议员更加疑惑:"生产口香糖为什么如此戒备森严?"

"为了保证卫生,先生。允许人们参观,会将各种传染病菌带进车间,我们的人民和士兵吃了这样的口香糖,将会有什么样的后果,你应该清楚,先生。"

幽默高明的回答似乎令议员先生满足了。他悻悻地离开了生产口香糖的重地。

古怪的厂房里正用气体扩散法从天然铀中分离出铀235,数量很少,威力无比。在原子炉中,天然铀被分离浓缩,然后受到由于铀235分裂而产生的中子照射。具有极强爆炸力的钚239就产生了。

1945年8月6日,一架B-29型轰炸机在日本广岛上空飞行,在5英里高处将一颗铀235原子弹投向下面的城市,顿时出现了一道耀眼的白光和一片火海……

三天后,即8月9日,又有一颗钚239原子弹投向了日本长崎,这座城市被黑色的可怕的蘑菇云所吞没……

杜邦公司生产的这种威力无比的巨型炸弹葬送了13.5万人的性命。日本军国主义分子也被它吓破了胆。日本天皇匆匆宣布投降。

杜邦家风

在200年的历史长河中,杜邦家族能取得如此丰盈的成果,获得全方位的发展,确实令人惊叹。人们不禁要问:杜邦公司有什么秘密武器没有?

秘密武器当然是有的。

翻开杜邦公司的发展史,就会发现:这里荟萃了科技人才、管理人才、金融人才、公关人才……各式各样的人才。人才就是杜邦公司的秘密武器。人才成为推进杜邦公司无止境地向前发展的最强有力的动力。

杜邦家族,不断注重提高自身的素质,因而后劲十足。

杜邦家族,作为杜邦公司的所有者和管理者,家族许多人具有他们所从事的产业的专门知识,家族本身就是一个人才的聚合体。公司创始人艾乐·杜邦从师于"近代化学之父"拉瓦锡;亨利·杜邦毕业于美国西点军校,对公司的管理形成了一套独特的适应军火生产企业的、半军事化的管理方式。拉蒙·杜邦和犹仁·杜邦,均毕业于宾州大学化学系,酷爱化学实验并颇有成果。他们叔侄三人组成的班子,可以说是管理型人才与技术型人才的合理的组合。第三代接班人艾尔弗雷德第二和科尔曼·杜邦同年同班毕业于麻省理工学院,另一位主要管理者皮埃尔·S·杜邦第二也毕业于麻省理工学院;皮埃尔的两位弟弟,即从 20 世纪 20 年代开始进入公司挑大梁的艾乐·杜邦第三和拉蒙第三,均具有麻省理工学院博士学位。这是杜邦家族的第一批博士生。杜邦家族出了 350 位博士。

　　杜邦公司既是一个大财团、大企业,也是一个高级研究院、实验站。

　　在杜邦公司的实验室里,有许多才华横溢的科学家们在有条不紊地进行多学科的科学研究工作。

　　杜邦公司非常重视人才,且任人唯贤。

　　皮埃尔·S·杜邦第二以上乘的科研条件和丰厚的薪金待遇,吸引了一大批来自哈佛大学、耶鲁大学、宾夕法尼亚大学、麻省理工学院的优秀大学毕业生。杜邦不搞论资排辈,对优秀的、有成果的,立即重奖提拔。

　　科学研究上的重大突破,是杜邦产业长盛不衰的重要源泉。杜邦实验室推出了一系列崭新的具有革命意义的产品。

　　人造橡胶——杜邦公司的研究成果。

　　硝酸纤维素亮漆——杜邦亮漆。

　　塑胶——杜邦公司首先推出。

　　尼龙——杜邦的骄傲。

　　四乙铅汽油——杜邦公司的奇迹。

　　……

　　目前杜邦公司有 4000 多位杰出的科学家。

　　杜邦公司十分重视科研投入。1982 年,公司在研究上花了近 10 亿美元。1981 年,公司又在威明顿投资 8500 万美元建造一座生物工程大厦。

　　杜邦公司不仅重视高级科研人才,而且十分注重培训有文化有技术的工人。

　　早在 19 世纪 80 年代,公司创始人艾乐·杜邦就在白兰地河畔建立了一所学校专供公司子女上学,以便使这些学生成为公司好工人。

　　皮埃尔·S·杜邦第二以更大的热情倡导和投资教育,他先后向特拉华的公立学校资助了 1200 万美元。老年的他曾从自己的私人财产中拨款 600 万美元,修建了杜邦高级中学。教育的发展,保证了杜邦公司招进一批又一批有文化的合格的工人。

　　杜邦家族向麻省理工学院捐赠达 3100 万美元。

　　杜邦家族每年向特拉华大学捐款 100 万美元。

为了留住人才和工人，杜邦公司对所有员工分摊股票，宣传拥有股票的人都是公司的所有者、都参加管理的"劳资一家"的思想。

杜邦公司的第二个秘密武器是不断改革。

最早的杜邦公司采用家族色彩极浓的个人管理，及由此演变成的伙伴制度。犹仁·杜邦决断改革，建立责权明确的有限责任公司，组建了杜邦公司执行委员会，成为美国第一家由委员而不是由个人管理的大公司。委员会里充分体现了集体领导，每星期开一次办公会议，讨论公司的重大决策及重要大事安排等。

在经营管理上，管理权高度分散；并采取轮流调换管理人员的做法。

杜邦家族掌管通用汽车公司之后，对生产过程实行了科学的管理——传送装配线管理。将汽车本身放在传送轨道或传送带上，工人们按顺序在装配线上完成一项简单的任务，而汽车零件则按照管理人员控制的速度传送给工人。弗雷德里克·威·泰罗创立的"科学管理"的理论在通用汽车公司得到了最彻底的贯彻。

20世纪初，当杜邦公司再次扩大规模和经营范围的时候，又适时调整了管理方式，亦最终形成财政集中、管理分散的集中与分散相结合的杜邦管理模式。其做法是，让其下属机构成为独立的核算单位，使分散的人员在公司的一个管理小组的领导下，变成一个紧密结合在一起的整体。这样做，既发挥了一个个分支机构的积极性和创造性，又不分散实力，在对外竞争上仍发挥着整体的优势。

杜邦的第三个秘密武器是凝聚力。

凝聚力是企业成功的重要因素。杜邦公司始终将塑造企业凝聚力，置于十分重要的地位，并从福利与文化，即物质与精神两个方面入手，增强企业的凝聚力。

杜邦公司在员工福利方面，一直扮演着社会先导的角色。

19世纪前半期，当美国政府还没有劳工灾害赔偿制度的时候，杜邦公司率先建立内部抚恤制度。此后，职工福利日趋完善，并形成制度。1904年实行退休金制度；自1916年起，公司的员工和退休人员开始定期接受免费的健康检查；1919年实行公司负担的人寿保险；1934年开始实施休假制度；1936年，在人寿保险的基础上，增加了健康保险；1956年，杜邦公司设立了癌症检查中心，对员工接触的化学药品进行检查和监控。杜邦公司明文规定，在员工的福利措施方面，一定不能比同期的竞争者差，而且要超过他们，甚至要超过很多。例如，对于与公务无关的伤残和疾病的医疗，公司可以支付高达6个月的费用。这是其他公司所没有的。

杜邦公司还创造了颇具特色的企业文化。

在杜邦公司，高级主管与普通雇员在生产经营活动之外没有明显的界线。公司不设经营管理人员的专门餐厅，主管与工人在同一餐厅用餐。员工不但可以随时向高级主管反映意见，而且由于公司干部从基层逐级提升和部门间的干部轮换，使几乎所有经营管理人员都熟识工人。公司还设有公共体育娱乐场所。

杜邦公司长期坚持对员工进行"你是一个杜邦人"的教育，从长期的灌输中，使每一个杜邦人养成一种自豪感，从而自觉不自觉地将自己与杜邦融为一体。

杜邦公司不会轻易让职工下岗。

凝聚力是杜邦公司巨大财富的源泉。

杜邦公司的第四个秘密武器是公关。

杜邦公司对政界开展的活动是众所周知的,暂且不表。

杜邦公司十分重视广告的作用。公司创始人艾乐,当他的第一批黑色火药生产出来以后,立即在特拉华州的主要报纸上刊出大幅广告。文字广告简明清楚,并展出实物。公司在销售部门中专门设立了广告部。20世纪50年代,广告部已发展成为拥有2500名工作人员的机构。

杜邦在广告宣传中,除注意多渠道、多形式地将杜邦公司的方方面面立体地推销给社会之外,在分析研究消费者心理的基础上大胆地提出了"保护用户利益"的口号。这是100多年前杜邦公司的口号。

为了更方便、及时地发挥广告的功效,杜邦公司不惜重金买下了一些报纸、杂志;并且投入相当的人力、财力和物力自办报纸杂志,用于推销杜邦公司和杜邦产品。

杜邦公司热情洋溢的广告,通过邮件寄给全美各地乃至世界各地的客商。

商品示范,是杜邦公司的广告宣传的又一高招。公司的所有工作人员全都穿公司自己生产的服装。杜邦公司研制出人造丝袜以后,免费送给美国各大城市的一万名妇女,扩大了影响。杜邦公司生产的电影胶片免费让好莱坞使用。

杜邦公司的广告形式是灵活多样的,非但不令人厌烦,反而引起人们的兴趣。在不知不觉中,杜邦公司及其产品走进了千百万美国人的心田。

可以毫不夸张地说,杜邦公司建立了美国商业史上最富于想象力、最活跃,也是最为有效的宣传组织。这些组织卓有成效地向社会推销着杜邦产品。

早在1920年,杜邦公司首创分期付款的方式,赢得了一个庞大的高档品销售市场。

1929年,杜邦公司实行每周五天工作制,又在美国引起反响。杜邦公司说:"每周五天的理由是,给予工人额外的时间与机会,使他们能够消费自己生产的产品。因为空闲的时间就是消费的时间。"

成果辉煌的杜邦公司总不满足,总是在推陈出新。

资助教育

杜邦家族历来对教育有着深厚的兴趣,经常进行大量的投入。

法国贵族、老皮埃尔·杜邦刚率家人到美国不久,他就给老朋友、当时的美国副总统托马斯·杰斐逊写了一篇关于国民教育的论文,强调"政府应决定在小学使用什么书";只有"拥有足够的私人财产者",或者,"那些适合条件的"子女才有资格由政府从小学选送到中等学校去,在那里无论在教室里还是在个人生活的各个方面,都要维持"秩序"。然而,皮埃尔的这种集中化教育的陈腐观点与美国自由资本主义精神不相吻合,因而未

被采纳。

杜邦家族的教育投资主要是在公司所在地的中小学校。20 世纪 20 年代,有个主持杜邦公司业务的皮埃尔还在特拉华州教育局谋了个职位,他大力设法修改学校规则,削减那些管理基金和选择课本的地方机构权力;接着他要求各地区支持一项旨在提高劳动者文化水平的新的建议规划。皮埃尔拿出自己的 100 万美元修缮 100 所破旧不堪的学校,他便以"教育界名流"的称号成为轰动全国的新闻人物。

皮埃尔先后向特拉华州的公立学校资助了 1200 万美元。在全美 50 个州中,特拉华州的教育水平最高,该州的中等生相当于其他各州优等生的水平。各项测试和各类竞赛中,该州学生总是名列前茅。

这个令人羡慕的教育成就与他们着重于培养有天资的才智过人的专家与优秀管理者的教育方针有密切关联。作为特拉华州的经济支柱,杜邦公司对从本地区劳动阶级和自由职业阶级中补充天然领导者非常感兴趣,因此也促使了他们对本地区教育的极大热情和较大的经济投入。

杜邦家族还对特拉华大学和特拉华工学院投入了大量的资助和人力。

特拉华大学的理事会执行委员会 14 名成员中,有 9 名是杜邦家族成员或杜邦公司经理人员;25 名讲座教授中有 23 名是杜邦财团若干基金会资助的。此外,每年有上百万美元的资助款。

特拉华工学院,在杜邦公司的资助下,着重培养本地青年人成为该州化学工业白领工作者和本地警察等。特拉华工学院是杜邦公司的人才培养基地。杜邦公司以大量的资助款换来了公司发展所需要的各种优秀人才。

然而,杜邦家族对教育的热情与投入,绝不局限于特拉华。只不过是作为身处特拉华州的现实,应有的"主人翁"态度,使他们对本地区给予了更多的关注罢了。

杜邦家族很早就对费城的富兰克林研究所的学术研究倾注了人力和财力。自 1824年起一直有杜邦家族成员在这个研究所的管理委员会任职。

杜邦家族对宾夕法尼亚大学的癌症研究所提供了资助。

作为火药托拉斯总经理的科尔曼·杜邦在招待美国金融巨头的午宴上说,教育是人间的一帖万灵之良药,是互相了解、消除战争的唯一手段。他建议要在世界主要大学间交换论文和学分,以及实行国际奖学金。

此论可谓远见卓识,意义重大。

科尔曼·杜邦以银行家委员会副主席和教育家委员会副主席的身份,研究实施他的这个颇具历史和现实意义的计划。后来的实践证明他的建议有巨大作用。

科尔曼·杜邦对教育的理解以及他本人的实践活动确实有助于教育的发展。

早在 1901 年,科尔曼就向他的母校——马萨诸塞理工学院捐赠了 50 万美元,1920年他再捐出 100 万美元。杜邦家族共向马萨诸塞理工学院捐赠 3000 多万美元。该院动用 11 万美元建立了杜邦纪念室。

杜邦家族有几位成员一直是马萨诸塞理工学院董事会的终身成员。

杜邦家族发起了为哈佛大学图书馆捐款500万美元的运动,并以身作则,带头捐出50万美元。

杜邦家族成员还担任下列大学的各类职位,并有捐款:

宾夕法尼亚大学、普林斯顿大学、康奈尔大学、弗吉尼亚大学、威明顿大学、波士顿惠洛克学院、韦斯利初级大学、斯威特·布赖尔学院、巴克内大学、约翰·霍普金斯大学、菲斯克大学、霍巴特学院、威廉·史密斯学院、德雷克塞尔学院、贝内特学院、汉普顿学院、密执安大学、罗德艾兰大学、华盛顿大学、南方大学、威廉和玛丽学院,以及佛罗里达州的所有主要大学。

杜邦家族继承了皮埃尔·杜邦开创的良好传统,非常积极地向普通教育捐款。而且他们也积极办教育。

塔希尔学校就可以说是杜邦家族自己的,许多杜邦成员在这里得到了最初的社会和文化知识。他们还协办了著名的圣安普学校。此外,他们向许多私立学校提供了大量的资金;也向美国经济特权阶层的教育事业赠款。

在积极向教育界捐赠的同时,杜邦家族也踊跃为社会教育出力。他们向特拉华州计划生育同盟、世界人口计划生育基金会、国际计划生育组织等机构提供赠款,以帮助它们进行更大规模的计划生育宣传活动。

1929年开始的经济大萧条,使美国社会经历了一段可怕的时光。到1930年1月,失业人数已增至400万以上,到10月,又增至500万人。

失业以及随之而来的全家挨饿使人们产生了极度的恐慌,许多人精神失常,自杀率不断上升,有200万人变成流浪者沿铁路线谋生。

面对这种情况,杜邦家族不仅仅是忧虑,更有行动。他们以贷款的形式给公司职工以一些必要的帮助。在佛罗里达,他们动用私人资金开展社会救济活动。每天早晨,杜邦家族的一长串卡车招募失业的黑人和白人,送他们去看管公司和其他公共场所。杜邦家族每天付给他们足以维持生计的工资。失业大军对此无不感恩戴德。

杜邦家族艾尔弗雷德的妻子杰西·鲍尔以佛罗里达最大的慈善家之名响遍美国。她仅捐给尼莫尔基金会用来接济残疾儿童和老人的款项就达千万美元。

杜邦家族建立了35个为公众服务的基金会,这些基金会拥有近4亿美元的资产。

杜邦家族把基金会集中于本族人手中,但并没有强制施行自己的准则。

所有这一切都为杜邦家族的形象增光添彩。

事实上,资助教育和捐赠慈善事业以及关心社会事务,也是一项具有长远战略眼光的措施。以大量的"闲散"资金进行公益事业,树立了家族良好的社会形象,间接起到了对公司的宣传效应。投资教育是一种颇具效益的隐形投资,特别是通过对各大学的资助,达到人才、技术的收获或人才、知识的储备。

豪华生活

拥有天文数字美元私家财产的杜邦家族成员,自然拥有"超豪华"物质享受的资本。在特拉华,在佛罗里达,他们的"庄园"豪华无比,其中的许多庄园占地均在 1000 英亩以上。杜邦家族的 250 位富豪,个个拥有庄园、纯种良马、游艇、仆人,其豪华程度远远超过了英国王室。

杜邦家族的成员有着数也数不清的金钱和各种适合自己兴趣的享受工具和场所,几乎可以说是达到了随心所欲的享乐水平。

他们用豪华名贵轿车学驾驶,开着私人飞机遨游天空,豪华私人游艇游弋在碧波荡漾的水面上。

虽然豪华奢侈,可杜邦家族的事业依旧兴旺发达。虽然随着时代的变迁,其经营方式和手段也随之变化,但杜邦家族仍旧是财源滚滚。

也许,讲求生活奢华,是杜邦家族从贵族出身的遗风代代熏陶出来的。老亨利统治时期,虽然他把地产全部划入自己名下,却允许家族成员拥有私宅。后来的艾尔弗雷德"逃往佛罗里达",也是建造了一艘当时最大的游艇载运而去的。皮埃尔·杜邦的豪宅有占地 1000 英亩的花园、暖房、喷泉,住宅大楼的房间多达 200 个。艾尔弗雷德拥有 70 多个房间,还有气魄十足的石炭岩城堡,有能与巴黎凡尔赛宫媲美的长廊和花园。

有人把威明顿郊外的杜邦领地称为"18 世纪的法国",那里有 40 多座杜邦家族的庄园星罗棋布。在这里的某一座花园里,甚至因女儿初进社会而举行的一次宴会上,就邀请上千名富有的宾客出席……

令人惊奇的是:杜邦家族并没有停留在坐吃山空的地步上。相反,仿佛享受生活也是一种动力。

乘坐豪华游艇到佛罗里达的艾尔弗雷德在那儿建立了另一个杜邦帝国。威明顿的庄园并没有关住杜邦后人的宏图大志。

勤俭才能奋进、奢侈必然衰败的原则在这里一点也说不通。

作为美国最古老的工业家族,杜邦生产炸药比洛克菲勒得名于石油早 68 年;比卡内基得名于钢铁早 86 年;比福特得名于汽车早 90 年。在美国没有任何一个家族比杜邦家族发财的时间更悠久。

如今,杜邦家族的成员一边享受着豪华无比的现代生活,一边加倍珍视家族殊誉。他们不仅在工业领域,而且在金融投资领域和公益事业方面叱咤风云,继续着杜邦家族的辉煌历史。

美国石油大王

——洛克菲勒

人物档案

简　历：美国实业家、超级资本家、美孚石油公司创办人。1855 年毕业于克里夫兰高级中学；1859 年与克拉克合伙开办公司；1870 年创立标准石油；1882 年成为美国历史上第一个托拉斯。1890 年创办了美国芝加哥大学，1901 年创办了洛克菲勒大学。1937 年 5 月 23 日，洛克菲勒去世。2009 年 7 月，《福布斯》网站公布过"美国史上 15 大富豪"排行榜，约翰·洛克菲勒名列榜首。

生卒年月：1839 年 7 月 8 日～1937 年 5 月 23 日。

安葬之地：美国"美孚石油公司"前总部所在的湖景公墓。

性格特征：沉默寡言，神秘莫测，善于伪装，条理清晰，口齿伶俐，很有激情，风趣，养成了尽可能不露心声的习惯。

历史功过：创立了标准石油，在全盛期垄断了全美 90% 的石油市场，被人称为"石油大王"，美国第一位十亿富豪与全球首富，创办芝加哥大学和洛克菲勒大学。

名家评点：洛克菲勒合伙人克拉克评价说："洛克菲勒有条不紊到极点，留心细节，不差分毫。如果有一分钱该给我们，他必取来。如果少给客户一分钱，他也要客户拿走。"

天生商才

美国东部的纽约州有一个偏僻小镇，名叫里奇菲尔德。这个不太起眼的小镇，景色平淡无奇，却有个吉利的名字，"里奇菲尔德"的意思是"富庶之地"。

1839 年 7 月 8 日，离小镇不远处的一个农场的一间普通的小屋子里，一名男婴呱呱

坠地。他清脆的哭声在旷野中久久回荡着，给寂静的大自然平添了几分生机。这个被起名为约翰·D·洛克菲勒的男婴，就是本文的主人公——大名鼎鼎的世界商业巨子、石油大王洛克菲勒，他也是洛克菲勒家族事业的第一代创始人。

洛克菲勒的祖先是法国人，后来于 1723 年移民美国，又与英国人联姻，所以洛克菲勒家族拥有混合血统。

约翰的父亲勇敢、富于冒险精神，他老家原有些田产，但他绝不是一个安分守己的农夫：他把自己的田地交给佃户去耕种，自己则到外乡去经商。他一出去便好几个月，靠推销杂货和行医行骗赚些钱财，回来的时候，总是满载着华美的服装和醇香的美酒、强壮的马匹，引来邻居们一片惊奇的目光。

母亲的个性与丈夫完全相反，她出身于一个富农家庭，是个内柔外刚的妇女，虔诚的基督教徒。她勤劳、俭朴，对孩子们的教育十分严格。是她的美德和宗教信仰对约翰的一生产生了深刻的影响，其程度不仅超过了他的父亲，甚至也超过了她自己的想象。

每当黑夜降临，约翰常和父亲点燃蜡烛，相对而坐，话题常常是生意经。

7 岁的一天，约翰在树林中玩耍，突然发现了一个火鸡窝。小毛孩就动了心思：如果我把小火鸡抱回去养大，到时再卖出去，一定能赚不少钱！说做就做，他飞快地抱走了小火鸡，在自己的房间里精心地喂养起这些小家伙们。感恩节到了，他把长大的火鸡卖给了附近的农民，于是，约翰的存钱罐里，绿色的钞票便增加了许多。而他并不急于花掉这些钱，而是把它们贷给耕作的农民，等他们收获庄稼之后再连本带利地收回。一个 7 岁的孩子，不仅懂得卖火鸡赚钱，还知道贷款取利，不可不谓奇迹！

中学时代的约翰，读书用功，成绩也很不错，但并没有表现出什么特殊的才华。他读到高二便辍学了。主要原因是：父亲不断地向他灌输的金钱和商业意识。"人生只有靠自己，做生意要趁早。人生就是钱！钱！"约翰满脑子都是父亲教的生意经，他决定早一天从商，他对美国多姿多彩的实业界向往已久。

这位十几岁的高中生发誓说："我要成为一个有 10 万美元的人，我一定会成功的！"

中学教育练就了他认真谨慎的好习惯，使他得以发挥出自己求真求精的潜力，当他一步入社会，便能把这些东西派上用场。

1855 年夏天，美国北部靠近伊利湖的克利夫兰，骄阳似火，少年约翰头顶烈日，正在挨家挨户地寻找他的第一份工作。苦苦找了 3 个星期，他终于来到休威特·塔特尔商行当上了记账员（会计助理）。

约翰买来一本个人账本，把第一次找到工作的日子恭恭敬敬地记了下来：

"1855 年 9 月 26 日。"

这个值得纪念的日子后来成为他个人日历上的喜庆日，他把它当作自己的第二个生日来庆祝。

约翰上班的第一天，戴一顶丝织高帽，穿一条条纹牛仔裤，背心上挂着金链子，小小年纪却派头十足。当他被带到一张放着账本的办公桌前时，他深深地向秃顶的老板休威特鞠了一躬，然后就开始了他的工作。虽说约翰是个初出茅庐的新手，但显得训练有素，

有条不紊,令同事们感到惊讶。

约翰的具体工作是审查单据和存货,核对托售商品的买入和卖出的一个个项目,收取佣金。不久,他便培养出了一名记账员对数字应有的敏锐目光。

约翰工作认真、勤恳,三个月后便被正式雇用了。一次公司从佛蒙特州购进一批大理石,可打开一看,却发现这批高价购进的大理石材有严重的瑕疵。约翰马上想到:一定是运输过程中出现了失误,错把劣质的大理石运输回来。由于判断正确,经过周旋,约翰终于为公司挽回了一笔可观的经济损失。老板极为欣赏约翰的能力,用手拍拍约翰的肩膀说:

"好,小伙子。好好干,我一定不会亏待你的!"

果然,约翰第一年的年薪很快调整为300美元,第二年又升到500美元,如此之快的加薪,在该公司实属罕见。

每天面对办公桌处理一大堆账目,对一般人来说,未免感觉枯燥,可正是约翰兴趣所在,丝毫不觉得单调。不仅上班时间工作,甚至晚上回家他还忍不住再工作一段时间。因为他对数字太着迷了,一拿起来便放不下。他擅长心算,并且很自豪地发现自己在速算方面能"打败犹太人"。

约翰把当记账员看作是学习做生意的绝好机会。他和两位老板同在一间办公室工作,直接观察到老板做生意的一切经络,还能听到老板关于出纳问题的交谈。

有心的约翰在替老板工作的同时,也暗地为自己总结出一套好的业务政策:诚信、名声和注意细节。他不是甘于平庸的人,他相信,总有一天,他会有自己的事业。

大概是约翰对商界的一种天生的预感,刚刚参加工作的第一年5月份,他感到房地产生意有利可图,大胆进行了第一次房地产投资。就在这一年,他又贷款给自己的两位老板,获取利息。

在他的私人账本上,每一项收支情况都无遗漏:捐款、膳食、洗衣、租马、杂项,等等,其中有这样的记载:教会捐献0.1元、救济贫困男子0.25元、救济贫困女子0.5元。

至今还保存在美国无线电公司大楼洛克菲勒家族档案里的分类账第二册上,他按时间顺序记下了从1858年4月到12月的一笔猪肉生意的收支情况:

给父亲27.24元,

给母亲6.59元,

给威廉弟弟8.7元,

自己获利:159.39元。

这是他以中间商的身份,向父亲、母亲和弟弟借钱,投资在猪肉和猪油上而记下的账目。小小年纪,竟然在自己的家人中做起了生意!

约翰从工作一开始就养成的记账的习惯,一直坚持到老,从未间断。不仅自己记,而且还传给了他的儿子小洛克菲勒,又由小洛克菲勒传给了他的孙子们,可谓洛克菲勒家族的一大传统。

约翰在雇佣的公司受到了重用,他不仅主持会计工作,还负责外联工作。和约翰打

交道的人各行各业、形形色色。老板在城里的许多产业,也交给约翰去收租。这一切为约翰提供了难得的实践机会,为他日后的发展打下了基础。

一次,约翰在新闻中听说,英国不久将发生饥荒。他想,如果现在趁机把货物运到纽约,一定能够赚大钱。于是他就自作主张地购进了小麦粉和高价火腿,还有肉干、玉米等。约翰想等到钱赚到手以后再给老板一个突然的惊喜。

谁知,老板很快知道了,认为是越俎代庖,很不高兴。

果然,英国发生饥荒,休威特公司把囤积的货物向英国出口,获得巨额利润。

从此,克利夫兰的人们都认为约翰是个"天才商人"。

约翰认为自己对公司的贡献已经超出了公司付给他的年薪,便提出将年薪提高到800美元的要求,老板没有答应。

于是约翰决定辞职不干了。通过两年的锻炼,约翰自信已有相当资本,可以独闯天下了。

不久,约翰结识了一个从英国移民来的人,叫莫里斯·克拉克。此人比约翰大10岁,也是一位炒老板鱿鱼的人,两人一拍即合,都想干一番事业。

于是两人各出资2000美元,合伙开办一个谷物和牧草经纪公司。

约翰虽然提前取得了父亲分他的1000元遗产钱,父亲却要扣除16个月的贷款利息。这父子俩同样精于算计,习惯于契约关系。父亲还喜欢出其不意地向儿子提款,目的是要看约翰能不能付得出,认为这样做给儿子压力,同时也给他动力。

1859年3月18日,是一个值得纪念的日子,克拉克和约翰合开的经纪商行开张了。这是约翰·D·洛克菲勒平生成立的第一家公司。两人分工合作:克拉克当"外场",对付顾客和委托商品,约翰大部分时间干"内场",经营账目和业务资金。他精于此道,沿袭了做记账员时锱铢必较的精细传统。

有一次,公司急需资金,克拉克束手无策,而约翰挺身而出,从银行贷款2000元。从此,约翰在公司占据了上风。

他们勤奋经营,生意兴隆。第一年的营业额45万美元,净获利4000美元,约翰分得2200美元。第二年盈利升至17000美元,真是吉星高照。

约翰步入商界的19世纪50~60年代,正是美国百业待兴的时代,千百万的美国青年带着他们的发财梦想闯荡商海,一显身手。约翰就是他们中的一员。他野心勃勃又踏实肯干,年仅19岁便开办了他的第一家公司,并且经营有方。然而,约翰并不满足,他的目标远大,他的好运气还在后头呢!

理财能手

1859年8月27日,是一个在世界工业史上值得大书特书的日子:埃德温·德雷克在美国的宾夕法尼亚州成功地钻探了第一口油井!这是世界上首次以工业或商业目的钻

探石油,它震动了克利夫兰,震撼了整个美国。

霎时间,成千上万的人涌向泰特斯维尔勘探石油,那些渴望能快发财、发大财的投机者和骗子也随即而来,接着想从有钱人身上赚钱的供应商、赌棍、酒吧老板、娼妓也纷至沓来。

1860 年的秋天,约翰·D·洛克菲勒只身一人骑马背枪秘密勘察石油开发情况来了。当德雷克打出第一口石油井时,约翰发亮的眼睛就悄悄地盯上了这一领域,密切关注着石油行情的变化。这是他一生中最重要的事业的开始。

约翰没有像那些盲目的冒险家一样,立即冲向油田,他是个有心人,想看看情况再说。通过细心的考察,约翰认定石油价格将会下跌,所以,他决定先不在宾州的石油上投资。

在把握时机这个问题上,约翰无疑是个天才。在他一生中的几个关键时刻,准确无误的判断使他的事业步步高升。当一个时机来临时,他能比别人更敏捷地抓住;当时机尚不成熟时,他又能耐心等待,不随大流。这是他成功的一大秘诀。

约翰情投意合的女友叫罗拉。罗拉的父亲斯皮尔曼是一位颇有社会影响的州议员。他以政治家的敏锐,预测到美国的南北战争肯定要打起来。而约翰对战争和政治统统不感兴趣,他只关心生意。他向女友父亲问道:"要是发生战争,北方的工业家和南方的大地主,哪个更赚钱。"

于是,约翰开始向银行借更多的钱,大量囤积食盐、火腿,还有西部的种子、谷物,还有南方的棉花、铁矿石、煤炭……

南北战争爆发后,对政治和战争毫无兴趣的约翰兴奋不已,因为他等待的发财机会终于到了!战争使克利夫兰一下子成了东西交通的重要枢纽。洛克菲勒充分利用这一优势,加紧赚钱。除了照例向欧洲贩卖食品外,还大量向华盛顿联邦政府出售食盐、食品。眼看着绿色的钞票源源不断地流进自己的腰包,洛克菲勒不仅仅是兴奋,他的野心也同时在膨胀。

洛克菲勒为了逃避军役,找人做替身,还给北军捐款。他找过 30 个替身,这并不意味着他不关注这场战争。

他没当战斗员,却花 25 美元买来一张很大的美国地图挂在自己的小屋里。从华盛顿传来的最新战况和政治新闻都被他用醒目的红图钉钉在地图上。他是通过对战局的分析来把握做生意的方向。

洛克菲勒与北军交易频频得手,赚了不少钱,不断为他的经纪行购进货物。他的事业逐渐扩大。洛克菲勒凭借自己的实力独揽公司大权,缺少主见的合伙人克拉克则相形见绌。

有了颇具规模的公司,并积存了一些资金,洛克菲勒远远不满足。他想开创新的事业。

敢于反传统、具有怀疑精神与冒险性格正是他的特点,他是属于不安分的人,喜欢独立思考,执着于自己的事业。他的目光一直没有离开方兴未艾的石油业。他在观察、在

等待。

"打先锋的赚不到钱",这是洛克菲勒一贯的策略和哲学。他创业的信条是:少说、多听、多看。

当听到石油产地泰特斯维尔要修铁路时,洛克菲勒认为时机已到,决定投资。而老伙计克拉克极力反对:"你想投资暴跌的泰特斯维尔原油?简直是疯了!"洛克菲勒无可奈何,错失了一次良机。

1863年的克利夫兰已经成为一座新兴的石油城。一名英国化学家——安德鲁斯来到了这里。他找到了洛克菲勒,组建了安德鲁斯——克拉克公司,公司在交通十分便利的地方修建了炼油厂。安德鲁斯了解石油加工工艺,负责工厂的设计和运转操作;克拉克负责同石油区的生产商搞原油交易;洛克菲勒负责财务和推销工作。

1864年,洛克菲勒迎来了他个人生活中的一件大事:他将和自己的心上人罗拉结婚了。婚礼于9月8日在教堂举行。一对新人租来了一辆黑色的梦幻马车顺河而下,到尼亚加拉瀑布等地游山玩水,尽情享受。

善于理财和记账的洛克菲勒,把感情方面的开销也一丝不苟地记在账本上:买鲜花0.6元、0.5元、1.5元,订婚金刚钻戒指118元,婚礼费20元,结婚证1.1元,观赏大瀑布0.75元,为新娘买垫子0.75元。

洛克菲勒全神贯注于他那兴旺发达的石油生意,便想出一个罚自己款的方式向爱妻表达内疚之情。这真是新奇又罕见的方法。

公司的生意越来越好,洛克菲勒一心要添置煤油设备,扩大生产,而克拉克没有他那样的胆量与魄力,两人的关系越来越僵,无法再合作下去了。

于是三个合伙人:洛克菲勒、安德鲁斯、克拉克决定拍卖公司。出价最高的一方将得到这家石油公司。克拉克出价500元,洛克菲勒加价到1000元,两人各不相让,价格扶摇直上。当标价喊到5万元时,双方都意识到,标价已经超过了这家石油公司的实际价值,可喊价还在上升,最后,洛克菲勒以72500元获胜。洛克菲勒把这一天看作是一个关键性的时刻:"那是我一生中最重要的一天。这一天决定了我一生的事业。虽然那时我深感事关重大,但我镇定自若。"

26岁的洛克菲勒一下地拥有了一家炼油厂,成了真正意义上的老板。克拉克退出后,公司更名为"艾克赛尔斯勒"("提高希望"之意)公司。

随着石油工业的欣欣向荣,洛克菲勒大展宏图,放心大胆地扩充企业,增加炼油设备,扩大厂房,年销售额达到了百万美元。实力雄厚的洛克菲勒还分别买下了克利夫兰和匹兹堡的几十家小型炼油厂,石油生意真是越做越大。

洛克菲勒的公司,不但自己做各种产油需要的用品,而且还不断利用残余物品来生产副产品。如他们利用石油的剩余物制造铺路用的沥青,还有石蜡及凡士林,并且制造挥发油和润滑剂。

洛克菲勒凡事均有计划,经营有条不紊。他富于远见、雄心勃勃又小心谨慎。在他的手下,没有人可以马虎行事,没有人敢随便估价、随便清点和计量任何产品。严格有序

的企业管理，如同军队有铁的纪律一般，是打败对手的有力保证。

因此，洛克菲勒公司一直处在稳步发展的态势上。

时势造英雄，百万富翁也不例外。约翰·D·洛克菲勒等人作为一个新兴的商人阶层，在19世纪60~70年代登上了美国的社会舞台。他们是美国资本主义飞速发展，从传统的农业国向工业国转变时期的产儿。他们依靠有利的历史机缘，在激烈的竞争中，采取合法或不合法的手段获得了巨大的成功。

这些百万富翁们热衷于经营企业的风险和刺激，他们追求名誉和权势可能带来的好处。他们对美国的工业化进程起到了很大的推进作用，从而使19世纪下半叶的美国经济迅速地走到了世界的前列。

巨人出世

洛克菲勒1870年创立的"标准石油公司"是一个工业巨人，一个巨大的托拉斯。

洛克菲勒把全部的热情和才智都倾注在工作中，不知疲倦。他的生活始终是简单的重复，一天又一天，他刻板地发动着自己，就像发动一架机器。石油事业就是他钟情的人。

早在1866年，当美国石油业出现萧条时，洛克菲勒把目光盯上了广阔的欧洲市场。以他的胃口，美国国内市场已经不能满足，而是要走向世界，寻求更大的发展。于是他叫来了弟弟威廉，让其去纽约开设一家名叫"洛克菲勒公司"的公司。兄弟两人发誓要："扩张、扩张、再扩张，我们要独霸世界。"

洛克菲勒仍坐镇克利夫兰，指挥全局。

安德鲁斯继续凭他的专长管理生产和技术。经过不断研制和改进工艺，石油精炼过程中的浪费越来越少，从原油中提炼出的产品越来越多。洛克菲勒在勘探和开采石油这些所谓的"上游"行业拥有16家工厂，每周出产煤油900桶；为了输送精炼油，洛克菲勒买进了特殊设计的大功率设备，把精炼油抽到附近的断崖上，再利用自然的落差，使精炼油自动顺管道流到河边。

为了扩大规模，洛克菲勒拉来精明的商业天才佛拉格勒入伙，原来的洛克菲勒——安德鲁斯公司改组为洛克菲勒——安德鲁斯——佛拉格勒公司，公司注入了新的血液。佛拉格勒不仅为公司投资了金钱，更重要的是投入了他的聪明才智和创造力。

佛拉格勒与铁路公司签订了运输石油的秘密契约。这种秘密契约毁掉了企业的自由竞争精神，但洛克菲勒占了很大的便宜。

为了能够吸收投资又保证自己的领导权，洛克菲勒把"标准石油公司"改为合资的股份公司。新的股份公司资本额为100万元，分成一万股，每股100元。洛克菲勒为董事长，占有2667股。随着"标准石油股份公司"的创立，洛克菲勒的事业又上一层楼。

1870年夏天，欧洲大陆血雨腥风，普鲁士和法兰西进行厮杀。

战争影响了美国的经济,尤其是石油业。而洛克菲勒却乘人之危发动了一场企业间的吞并战。他出价收买与之竞争的炼油厂,合并公司、统一管理、统一价格,从而使标准石油公司大大节省了人力、物力和财力。可见,洛克菲勒是最早认识兼并价值的一位先驱者。

1871年冬天,洛克菲勒与铁路大亨们联合组建了"南方开发公司"。该公司规定铁路部门定出高运价,然后给参加联盟的标准石油公司等回扣。这样洛克菲勒的竞争对手又得付出惨重的代价。有人将此称之为"美国工业史上最残酷的死亡协定",毫不夸张。

在激烈的兼并竞争战中,洛克菲勒用以吞并小企业的办法是:彼此交换股份。小企业面对压力,只好将自己的企业解散并入洛克菲勒的公司,以换回股票。

洛克菲勒就是利用威胁利诱、软硬兼施的手段,一个个征服了他的对手。

这场石油大战结束后,洛克菲勒的战果是:在克利夫兰已具有能精炼10000桶原油的能力,垄断了克利夫兰的炼油行业。标准石油公司的资本额已增到250万美元,包含了4个大小企业,大约1600名员工。

一个组成大企业的王国的计划,一个称雄世界市场的大企业家理想,正在逐步实现。

许多美国历史学家对洛克菲勒在石油大战中的非凡表现都感到十分震惊。他们认为:洛克菲勒不是一个简单的人。一个普通人若是被舆论攻击得体无完肤,势必深感受挫,并会崩溃瓦解,然而他却像什么事情也没有发生一样,仍沉迷于他的垄断幻想之中。正是由于他具有常人无法理解的幻想和坚忍不拔的斗志,所以他不会因受挫碰壁而一蹶不振。在他心目中没有任何障碍阻止他达到垄断的目标。

洛克菲勒不仅有面对攻击无动于衷、冷静克制的本领,而且还有快刀斩乱麻的气魄。他说:"当红色的蔷薇含苞待放时,唯有剪除周围多余的枝叶,才能在日后一枝独秀,绽放出艳丽的花朵。"

"蔷薇开花"的战略成了洛克菲勒的传家宝。当他的势力逐步向全美扩展,不断吞并更多的竞争者时,他所采取的正是这种战略。

标准石油公司虽已控制了全国1/4的炼油能力;洛克菲勒也拥有了令人嫉妒的巨大财富,如有占地700英亩的庄园等等。可他是一个永不满足、远离安逸的人,在独霸世界的热情的驱动下,他马不停蹄般地向前奔跑。

他又策划实行新的经营方针,再图发展。他又派佛拉格勒与铁路公司商量,降低了运费;他们计划除生产灯油及挥发油之外,再增产其他的副产品,如染料、油漆、蜡烛、润滑油等。

善于挑选人才、使用人才是洛克菲勒的又一优点。他对于一般员工也和蔼可亲,并且能记得他们中许多人的名字和面孔。他是个温和而又专断的人,在重要问题上,要求别人服从他。他始终保持着谨慎和节俭的习惯。

有一次,他走到5加仑火油罐的封装现场,看到每只油罐需用40滴焊料,要求工人用38滴,结果漏油,但用39滴却一点也不漏油。他马上通知所有的封装工人,一律采用39滴封油罐。他还减少了装石油的木桶上的铁箍,以降低成本。

每当谈起他的节俭,他不无得意地说:"一大笔钱,全是我们这样省出来的。一大笔钱啊!"可见,勤俭致富一直是他的传统。

垄断之父

1872 年 9 月,"全国炼油工业协会"成立,由洛克菲勒出任总经理。

而在原油产地,人们疯狂地开采石油,造成生产过剩,价格暴跌。正在混乱之时,人称"大蟒蛇"的洛克菲勒闯到这里,做出了一个令人费解的决定:以每桶 4.75 元的高价向原产地收购原油。这样一来,人们更加疯狂地开采石油。突然,洛克菲勒下令终止 4.75 美元一桶的合同,改为 2.5 美元一桶。原油开采者发现上大当时,已是悔之晚矣。

洛克菲勒利用善于鼓动的亚吉波多去煽动原产地的炼油企业加入他的标准石油大家庭。亚吉波多舌巧如簧:"加入标准公司吧!一定会对你有好处的,而且他们不会撤掉你的职务,你可以照样经营你的厂子⋯⋯"有些人终于被说动了,并加入了标准公司。而那些坚持独立经营的炼油商们在强大的竞争压力之下,很快就无力支撑,纷纷倒闭、破产。眼看自己苦心经营的事业毁于一旦,他们或上吊、或以手枪自杀,不计其数。他们是被冷酷无情的洛克菲勒逼死的。游说有功的亚吉波多很快被晋升为标准石油公司的副董事长。

洛克菲勒的一系列计划、诡计完成之后,克利夫兰的石油业已为其一家独霸。然而他仍不满足,他要扫平全美国的石油企业。

1974 年 1 月 29 日,洛克菲勒的独生子降生了,他的事业有了继承人,他更加坚定了向全国进军的步伐。

他在萨拉托加古战场展开了一场新的没有硝烟的战争——石油吞并大战。

面对着竞争对手们,洛克菲勒发出了热情而强硬的声音:

"三年前,我就控制了克利夫兰的石油业。现在,克利夫兰的石油已在我的垄断之下。我买我卖,价格由我来定,谁也别想从那儿捞到一点油水。目前,纽约中央铁路和伊利铁路的货物转运权也在我手中,纽约也在我的控制之下⋯⋯。因此,我们绝对有必要并肩作战,石油企业合并之后,就成为所有运输业的核心,不但可以控制全美的石油价格,还可以支配铁路,受益无穷呀⋯⋯"

全国的石油大亨被他说服。洛克菲勒的石油公司虽然没有挂上大联盟的头衔,但实际上已经成为大联盟的基础。

并入标准石油公司的洛克哈特石油公司,并没有马上公开成为标准石油公司的一部分,这是老奸巨猾的洛克菲勒的又一阴谋。这是大蟒蛇悄悄设下的伏兵。这样的公司就像一张巨大的罗网,撒向全国各个角落,把所有石油业都要罗织在标准石油公司之中。

铁路方面得知洛克菲勒的萨拉托加密谈后,以史考特为首组建"帝国运输公司"对抗洛克菲勒。

"大蟒蛇"无所不用其极,他在幕后策动铁路工人掀起了一场声势浩大的罢工运动。损失惨重的史考特再也支撑不住这场沥血的苦战了,火速赶往洛克菲勒处求和。洛克菲勒乘人之危要用 340 万元买下帝国运输公司。

洛克菲勒又胜利了!他成功地挤垮了这个全国最大的铁路公司,买下了它在匹兹堡的全部炼油企业。更让他兴奋的是,这场战争使他接受了史考特在新泽西建造的大型贮油槽。从此,他以新泽西为进出口的桥头堡,大力发展他的世界性大企业。

在与史考特的垄断大战中,洛克菲勒更加认识到控制油管的重要性。他决计建造自己的有系统的油管来垄断原油的运输。然而聪明的宾森等人却捷足先登,先于洛克菲勒建成了 370 公里的输油管道。

此时的洛克菲勒,正坐在标准石油公司的总部所在地——纽约百老汇大街 26 号的办公室里愁眉苦脸。

从白天到深夜,洛克菲勒绞尽脑汁,终于又想出了一条毒计。

他出钱收买一些人跑到银行去造谣:宾森领导的泰特华德公司贪污混乱,千万不能给它贷款。洛克菲勒制造泰特华德公司内乱,乘机吞并的计谋很快又实现了。

洛克菲勒一方面致力于石油管大战,同时并没有停止吞并对手、垄断全国的步伐。到了 1875 年,标准石油公司已增资达 350 万美元。洛克菲勒组织发起了"中央炼油协会",协会的主旨是:控制所有原油的买卖、规定精炼油的价格,并由协会出面与铁路公司及油管公司谈运费、分回扣。这个"中央炼油协会"其实就是洛克菲勒的梦中王国,现在它已经由一个简单的炼油厂扩张成连锁的企业王国了。

到了 1887 年,标准公司已经扫平了全国绝大部分的竞争对手。只是在纽约,还有几家零散的炼油厂在独立经营。这是洛克菲勒有意留下的少数"竞争者"。他可以避免别人指责他进行垄断。

洛克菲勒不仅对美国石油行业的垄断达到了空前的水平,而且几乎垄断了世界照明灯市场。代表标准公司产品的蓝色木桶充斥着欧洲、亚洲和北非市场。可以这样说,世界的各个角落,只要有船抵达的港口、火车到达的驿站、骆驼和大象经过的地方,几乎都在洛克菲勒的控制之下了。

1879 年,美国大发明家爱迪生经过反复试验,研制成功了世界上第一盏白炽灯,从而揭开了人类照明史上新的一页。

洛克菲勒是个聪明人,他知道这一发明对他的事业意味着什么。但他仍潜心干他的石油王国的建设,他考虑怎样让这些被吞并的公司合法地受制于标准公司,使标准公司对外能合法地占有各个工厂、对内能使各个工厂联合起来,步调一致。

洛克菲勒就是美国托拉斯的鼻祖。

洛克菲勒所重用的一个叫多德的律师针对美国反垄断的法律,提出建立"托管委员会"的建议,具体内容是:形成"托管委员会",选出受益人。股东设于"托管委员会"名下而受益人才是有实权管理业务的人。多德律师的解释是:"主旨上我们要合一,但又不能违反法律,所以我们不可避免地要将各州的公司财务各自分开,各有各的账目、股票和董

事，这样在法律上各个公司仍是独立的、分开的，不必重复交税。但我们可以命令各州的分公司都用相同的名字、相同的经营方式，并且由一个共同的执行委员会来指挥。然后，把整个企业的股票交给托管委员会经营。公司将以托管的名义发行证券，使各股东凭此券，每年分得应得的红利。如此一来，看似分散的各公司，实际上都控制在托管委员会手中。"

1882 年元月 2 日，标准石油公司召开股东大会，正式组成 9 人的托管委员会，掌管所有标准公司的股票和附属公司的股票。这一天，标志着标准石油托拉斯的正式成立。

托管委员会的权力是至高无上的。他们不仅拥有企业联合体，还代管股份，在经营上更加得心应手。在发行的 70 万张证券中，约翰·D·洛克菲勒、威廉·洛克菲勒、佛拉格勒、亚吉波多 4 人就占了 46 万多张。

拥有资本 7000 万美元的标准石油托拉斯，陆续在全国各地创设了许多带有"标准"名字的子公司。

标准公司拉进的 40 家公司中，有 14 家公司的股票完全由它控制，另 26 家公司的股票部分由它控制。它的体制错综复杂，其中有各种合法的组织机构，简直就像一座高深莫测的迷宫。从托拉斯的协定来看，是没法搞清楚究竟谁拥有什么产业，或者谁负责什么活动的，"根据他的财产来说，它是存在的，然而又绝对无法证明它的存在。"

标准托拉斯是美国历史上第一个托拉斯。它的出现，使这种企业联合形式不久闻名于世了。托拉斯对美国工业界产生了巨大的影响。它为企业合并、确立其垄断地位找到了一种合法的组织形式，它是资本和生产力高度发展的必然产物。

洛克菲勒创造了无与伦比的工业巨人——托拉斯，在他进入不惑之年的时候，他登上了美国石油工业的最高峰。

在标准石油托拉斯中，洛克菲勒的确是个出色的领导者，一个够格的总裁。他并不试图单独经营这个庞大的标准公司。他心狠手辣、老奸巨猾得像只狼，但他不是一只孤独的狼，而是一群狼中的头领。

洛克菲勒始终认为，培养人员是他的首要任务。他说："标准石油公司成功的秘密就是一批人来到一起，自始至终一心一意地进行合作。"纽约中央铁路首脑人物凡德毕尔特认为："他们都是具有非凡才能的企业家。我从未碰到过像他们这样精明能干的人……，我不相信，通过任何一州或所有州的立法规定，或者通过任何其他方式，你们就能将这批人压下去。办不到啊！他们总是跑在你们前面。"

真是强将手下无弱兵。与洛克菲勒长期共事的人，个个出色能干。这个人才济济的队伍是全美国最能干的管理队伍。当他们讨论问题时，就像是在召开内阁会议。

洛克菲勒充分信任他所任用的人，真是用人不疑。他从不拍桌子瞪眼睛地对待下属，也不干涉具体的事务处理。当其他人发言时，他总是静静地倾听，偶尔插一二句话，发表自己的看法。

他的用人观是："要物色这样一个人，他能够完成你所需要他为你完成的具体任务，然后，你就放手让他去做。"

洛克菲勒不喜欢让一群唯唯诺诺、毫无主见的人把他包围住。他左右的这些同事，都是凭自己的本事工作的，有权力，也有魄力。在标准托拉斯中，没有其他一些商业帝国明显具有的种种矛盾、私仇和激烈对抗，内部的团结是使标准公司在竞争中上升的主要原因之一。

在标准托拉斯的高层领导中，有充分议论的民主和分工合作，更有集中。它的每个大员都在洛克菲勒的严格控制之下。洛克菲勒的话在同事们中具有很高的权威，因为他的话是对的，是富有远见的。

在经营方面，洛克菲勒的托拉斯对石油业的各个部门无所不包：经营油田、控制油管、炼油、生产石油副产品、制造与炼油相关的物品。

在管理方面，托拉斯好比一架机器，由许多部分组合而成。平时，各部门各自为政，有问题时，便要总部来解决。

公司的一切方针由执行委员会决定。所有营业、财政、产品、内外销市场等，全都由委员会订立方案。任何需要经费在5000元以上的工作都必须呈报委员会。

执行委员会下面还有各种特别的委员会：如制造委员会、润滑委员会、生产委员会、出口委员会等等。这些委员会每天收到无数封由炼油厂、经销商、代理商、推销商等各方面寄来的信件，经过委员们过目整理，分类精选，再连同自己的意见反映到执行委员会。可见，各特别委员会是连接工厂和高层行政部门的一座桥梁。

执行委员会大多采取午餐会的形式进行讨论。

执行委员会主席洛克菲勒通过这些机构控制着这样一个庞大的企业。操纵中央控制权的洛克菲勒能够准确查阅报上来的成本和开支、销售以及损益数字，以此来考核每个部门的工作。洛克菲勒堪称是统计分析、成本会计和单位计价学的一名先驱。

在标准托拉斯，严密的查账制度控制了所有的机构，每三个月，总部派人到各分公司、各部门核查各种账目，由成本到售价，由投资到红利，没有一项能逃过核查人员的眼睛。

财富越多，洛克菲勒越是节俭。核算成了一种狂热，提炼一加仑原油的成本竟然计算到小数点后三位数。

"低成本，大市场"是洛克菲勒制定的基本政策。他不允许有太多的利润，而是坚持薄利多销，这一方面是为广大消费者着想，另一方面是通过自己少赚钱，把竞争者挤出石油行业。

雄霸美国

前面已经提及：爱迪生发明的白炽灯似乎为以煤油为生的洛克菲勒敲响了丧钟。
然而天不灭此人！
正当爱迪生发明的电灯代替了洛克菲勒生产的灯油时，内燃机发明了！它不仅改变

了现代工业的能源基础,而且救了洛克菲勒的命,直至把洛克菲勒推向他自己也想不到的财富顶峰。因为随着内燃机和其他各种机器的发明,作为燃料油的汽油开始有了很好的销路,保护机器的润滑油也开始畅销。

与此同时,美国社会反托拉斯的呼声越来越高,民众斗争促成了国家的立法行动。许多州的宪法颁布了反托拉斯法律。洛克菲勒又面临着考验。

老狐狸经过细心观察,认准了控股公司这一办法。

1899 年 6 月,标准公司改组,将在新泽西标准公司重新登记,令其有权交换属下 20 个公司的股份,资金由 1000 万美元增至 1.1 亿美元,并发行 100 万股的普通股票和 10 万份的优先股。

6 月 19 日,董事会宣布,所有属下的 20 家公司与托拉斯已废除的股票都应换成新泽西公司的股票。于是,分散的公司又重新团结为一体。股票集中后,标准石油公司一变而成为世界上最大、最富裕的公司。1906 年,公司的总资金是 3.6 亿,每年的纯收入是 8312 万美元。洛克菲勒的梦想变成了现实。

可是,好景不长。

1908 年,美国举行总统大选。由于共和党总统麦金莱被杀,副总统西奥多·罗斯福继任总统。罗斯福认为垄断市场、勾结铁路公司必将危害社会,不除不足以快人心,要拿洛克菲勒开刀了。1911 年 5 月 15 日,最高法院做出了历史性的判决:长达 2 万字的判决书以标准公司确有垄断市场、妨碍他人经商自由的罪名,命令标准公司的股权公司必须在 6 个月内放弃所有的子公司,并把他们曾经换成新泽西标准石油公司的全部股票,过户退回给原来的子公司股东。

标准公司这个洛克菲勒苦心经营近半个世纪的企业王国终于瓦解了,它被分成了 38 个独立的企业,并各自成立董事会。

由于最高法院的判决是针对公司,而不是针对公司的股东,所以公司瓦解后,洛克菲勒摇身一变,成为拥有 33 个不同石油公司原始股票 1/4 的人,掌握着 24.55 万份最大的股权,仍然控制各大公司。他的财富非但没有减少,反而比以前更加富有。

随着石油业前景光明,石油公司的股票猛涨。新泽西标准石油公司的股票从 360 点涨到 595 点,上涨了近一倍;纽约标准公司的股票也上涨一倍以上;洛克菲勒所属其他股份的价格也大幅上扬。因而洛克菲勒的估计财产,由 1901 年的 2 亿美元上升到 1913 年的 9 亿美元以上。

除垄断石油业之外,洛克菲勒还把手伸向了钢铁和金融业。

美国铁矿石产量巨大。最著名的富矿位于明尼苏达州的梅萨比山脉,它能提供全国 60% 的铁矿砂。这座富饶的矿区的主人就是洛克菲勒。他还买下了矿山铁路。1901 年 3 月,另一富豪摩根和洛克菲勒达成了交易:梅萨比矿区资产作价 8500 万美元,其中一半付新的"美国钢铁公司"的优先股票,一半付普通股票,另付现款 850 万美元买下运输系统。洛克菲勒家族一举成为美国最大的公司——美国钢铁公司的主要股东,洛克菲勒的儿子小约翰也进入了该公司的董事会。

19世纪末,洛克菲勒意识到了金融业的重要性。洛克菲勒和弟弟威廉首先在纽约花旗银行进行投资。后来,威廉·洛克菲勒的两个儿子和花旗银行的大股东、总经理詹姆斯·斯提耳曼的两个女儿结亲,两亲家于是成为银行的最大股东,控制了银行的权力。该银行1955年的海外存款约7.25亿美元。

20世纪20年代,随着洛克菲勒石油事业的进一步发展,要求有更强大的金融支柱做依靠。洛克菲勒买进了公平信托公司的控制股份。公平信托公司买进后,凭着洛克菲勒巨额的财产迅速扩张,到1920年,它已拥有2.54亿美元的存款,成为全国第八大银行。

同时,洛克菲勒在和摩根争夺大通国民银行的激烈斗争中占了上风,取得了这家银行的控股权。

通过大通国民银行,洛克菲勒还取得了对都会和公平这两家人寿保险公司的控制权。

30年代,洛克菲勒进而控制了大通国民银行所属的投资银行——大通证券公司。不久,这家投资银行吞并了另一家华尔街老牌的投资银行——哈里斯·福布斯公司,改名为大通——哈里斯·福布斯公司,后来还吞并了第一波士顿公司。1934年,一家独立的投资银行第一波士顿公司正式成立,实权掌握在洛克菲勒家族手中。

这样,洛克菲勒家族在金融界的实力迅速增加,逐步取得了与金融界霸主摩根家族抗衡的力量。

作为世界级的大富豪,晚年的洛克菲勒究竟有多少财产,请看他的家底:

他掌握着价值3000万美元的国际收割机公司的股票;他是摩根的美国钢铁公司的最大股东;他对通用汽车公司有大量投资;他继续掌握着统一煤矿公司和科罗拉多燃料与铁矿公司的支配性股份;他在已解散的标准公司的各个组成公司中还占有相当的股份:新泽西23%、俄亥俄18%、加利福尼亚15%、印第安纳10%。

染指海外

洛克菲勒始终不渝地致力于托拉斯的发展,他看好石油业,他对石油业始终是乐观的,而且始终如痴如狂的乐观。

这时国际市场上一场新的斗争正方兴未艾,标准公司拥有雄厚的实力而在斗争中处于优势。洛克菲勒早就意识到了石油出口的重要性。但标准公司在争夺海外市场时,既无后台撑腰,也不能指望得到任何方面的支援,只能孤军作战;其心狠手辣的程度,正像它在争夺国内石油开采权的时候一样,它一贯藐视外国政府的法令,也正像它在国内藐视州的立法一样。

由于俄国在里海开采巨大的巴库油田,洛克菲勒的美孚(标准)公司在国际石油市场的垄断之墙出现了缺口。到了1883年,通往黑海的铁路已经建成,沙皇邀请诺贝尔兄弟以及罗恩柴尔德家族去协助开发俄国这些巨大的石油财富。到1888年,俄国在生产原

油方面超过美国,数年间尚默默无闻的俄国火油则已经垄断了30%的英国市场,并且正在向欧洲其他地区扩展。

在这种危急形势下,美孚公司的智囊团在百老汇大街26号开了会,并着手采用削价战术进行反攻。它决定消灭掉那些它以前利用过的欧洲进口商号,而建立起一套国外分支机构的系统来取而代之——例如英美石油有限公司(在英国),德美公司等等。它派遣约翰·阿奇博尔德出国同罗恩柴尔德家族进行秘密交谈,其着眼点是所谓欧洲市场"合理化"的问题。它谋求收买竞争对手,同时还通过秘密购买股票的方法打进他们当中去。它取得的成就给予人们深刻的印象,但是也并未取得彻底的胜利。从1864年到1889年,美国出口到欧洲的石油虽增长5.5倍,但美孚公司最多也只能保持欧洲市场的60%而已,这种情况维持到1914年第一次世界大战时才全改变。

美孚公司在扩展其海外业务方面,同联邦政府的关系要比它在处理国内业务时为佳。人们或许认为美孚公司构成了一种国内的威胁,但它在国外活动时,它却是美国的化身。它的繁荣昌盛就是美国的繁荣昌盛;它的命运是和美国的命运息息相关的。

洛克菲勒意识到了这一点,并充分利用了它。美孚公司利用美国驻外领事们和大使们的秘密报告,掌握他们在欧洲、在中东、在东南亚竞争对手的经营活动。

到了上个世纪的90年代,美国石油已渗入地球上那些尚未开发的地区。正像美国作家康拉德的一篇小说所描述的,美孚代理人使用舢板、骆驼、牛等来运送他们的货物,甚至使用当地土人肩挑背扛,深入到了世界各地的黑暗地区。他们沿着苏门答腊东海岸前往暹罗、婆罗洲以及法属印度支那。在他们面前正展现着一个横越海洋的帝国,用布鲁克斯·亚当斯的话来说,美国经济称霸的时代已经开始。

全世界都知道美孚石油公司,美孚公司的触角伸到了全世界。

特别值得一提的是美孚在打开中国市场方面,从政府得到的非同寻常的支持。美国驻华公使约翰扬简直成了美孚公司的特聘宣传人员,他向中国方面提供了一份中文通告,竭力宣传火油作为照明剂的效果。而当时中国国内仍以食物油作为照明剂。面对中国人的固执,美国官员的态度更是执着,他们碰壁、失败后仍不气馁,把宣传洋油好处的中文通告一份一份地分发出去。众多的驻华外交官员们担当起了宣传员、推销员的角色,他们与美孚公司的职员一道四处奔走,一边宣传,一边免费赠送用白铁皮制作的油灯。

当欧洲殖民主义者威胁要关闭广阔的中国市场时,美国国务卿海约翰还发出了有名的所谓"门户开放"照会,这就意味着美国的军事力量间接地保护了美孚石油公司和其他美国公司在对华贸易中兜售它们货物的权利。

中国人从此结束了点植物油照明的历史,不论是沿海城市,还是偏僻内地,家家户户的灯盏里用上了美孚石油公司生产的"洋油"。

慈善巨擘

洛克菲勒的事业越大,他在公众的名声越臭。洛克菲勒已经成为"滴血的钱"的代名词。洛克菲勒为打倒同伴所使用的那些手段,包括行贿,秘密收买,同铁路公司达成秘密协议,掐断对手的原料供应等等,不断披露于世。1853年,有一部戏剧中有这样的台词:"打倒一切霸主!该死的标准石油公司!"

腰缠亿贯的洛克菲勒始终心安理得,认为标准石油公司之所以能够战胜对手、确立垄断地位,并不是因为使用了卑鄙的手段,因为那个时代的美国并不存在什么商业道德,他的手段任何一个公司都会使用。使标准石油公司独占鳌头的是它的组织和严格的管理。

愤怒的美国公众可不这样认为。

1902年,美国专栏作家艾达·贝塔尔的《标准石油公司史》开始在《麦克卢尔》杂志上连载,这件事成了导致公众释放愤怒的导火索。社会各界对洛克菲勒的怀恨攻讦从业务扩大到他的私人生活。报纸、杂志的编辑们把他看作垄断资本家的原始模型,竭尽全力对他进行大肆攻击,洛克菲勒的精神受到很大的打击,他还没有学会用钱购买荣誉。

到了19世纪90年代,他走到了他人生旅程的另一个十字路口。这之前,他既没有怀疑也没有反省的闲暇时间,他在年轻时代,仅仅是发大财的想法就曾使得他高兴得咔嚓一声脚跟并拢,立正致敬。现在他已度过了一段漫长的人生历程,积累了一大笔财富。同时,他却不得不把时间消耗在无休无止地筹划安排他的收入和支出、投资和慈善事业、公司战略和法律辩护等事务中,这样就产生了一个疑问——究竟是金钱主宰着他,还是他主宰着金钱。

在那些年代里,他掌握的公司的股份不断增加,并且随着标准石油公司这台巨型的敛财机器轰隆隆地奔向20世纪,庞大得令人难以置信的股息也就源源不断地进入了他的腰包。他努力以进行投资的方式来处理那些巨额股息,然而他过度操劳,已经力不从心了。

在过去的40年中,他要钱不要命,以致积劳成疾,他的身体开始造他的反。洛克菲勒在和妻子的通信里常提到自己的失眠。同时,他开始患起严重的消化功能紊乱症,他的医生坚持他必须停止操劳。

洛克菲勒渐渐地开始放松对公司的控制。到1898年,他就不再每天到百老汇大街26号他的私人办公室上班。第二年,他根本就不去了,委托约翰·阿奇博尔德当他的代理人,只通过通往他家里的直线电话与代理人每天保持联系。

他的生涯并没有就此结束。这位托拉斯大老板在波及全美国的揭丑运动中,成了千夫所指、万人唾骂的恶魔、骗子手、金钱狂、吝啬鬼。洛克菲勒怎能甘受此辱,他要反击。但反击的办法不能是对骂,一张嘴是骂不过万张嘴的……

他要创建一种机构,一种比他的托拉斯更可以笼络人心的机构。他赚了大钱,现在他要利用它来确保他的子孙在社会上不致像他那样遭人咒骂。他的垄断者的习性不知不觉地改变了,变为了一个慈善家的习性。慢慢地,这位成功地获得巨额财富的人开始了脱胎换骨的变化,他从一部赚钱的机器变成了美国人的大施主。

帮助洛克菲勒彻底改变形象的人,竟是一位年仅 38 岁的牧师,他的名字叫弗雷德里克·T·盖茨。

起初,洛克菲勒只身闯入慈善领域,进行一些零散的投资,但是,他很快就发现这里对他来说是一片陌生的天地,他就像一头误入长满荆棘丛林的狮子一样,东撞西投,不知所之。在他的百老汇大街 26 号办公室里,乞求信车载斗量,他完全陷入困境,无力解决它们。

盖茨的出现,改变了洛克菲勒后半生的生活,成为洛克菲勒今后生涯中一个关键人物。

洛克菲勒与盖茨的初次见面,是在他同浸礼会的全国组织就赞助创办芝加哥大学进行的马拉松式谈判时。盖茨的生机勃勃、精力充沛给他留下了深刻印象。

1891 年 3 月,洛克菲勒邀请盖茨去他的百老汇大街 26 号晤谈。当盖茨被引进他那间陈设简单的办公室时,洛克菲勒以少见的坦诚开门见山地说:

"盖茨先生,我现在进入了尴尬的境地,有许多人要求我捐助,实在压得我透不过气来。我担负着那么重的职务,哪有时间和精力去恰如其分地处理这些要求呢?在我没有仔仔细细调查研究一个事业的价值以前,我是不愿意把钱送掉的,我一向是这样的。但进行这种调查研究所耗费的时间和精力比我花在石油公司本身的还要多。"

他请求盖茨牧师为他工作。

3 个月后,盖茨开始以洛克菲勒的首席施赈员的身份为他工作。盖茨的出现并没有引起世人的重视,然而,他从事的工作却成为美国社会发展事业的一个重要组成部分。

有一次,聪明过人的洛克菲勒竟然给盖茨提了一个问题:

"我从前捐赠给一个教会组织 10 万美元,被毫不客气地退了回来。人们为什么不接受我的慷慨捐赠呢?"

盖茨解释道:"金钱的赠予也是一门复杂的'艺术',如若在处置金钱的方式上不讲求'合理化',那不但是无益的,甚至是危险的。您的财富正像滚雪球那样积累起来,积累得有发生雪崩的危险了!您必须以快于增长的速度来把它分配掉,要不,它会把您压得粉碎,把您的子女压得粉碎,把您的子子孙孙压得粉碎。"

盖茨为洛克菲勒绘制的宏伟蓝图就是建立一个企业式的慈善机构,它的管理方式应该同标准石油公司相同的,而且,在未来的慈善领域里,它也将同标准托拉斯一样,触角伸及全国,乃至世界的各个角落,在各个社会生活里独占鳌头。

盖茨的思维方式与洛克菲勒几乎如出一辙,只不过他是在慈善领域投资,洛克菲勒是在商战领域。

盖茨的企业型慈善机构思想就是一个活脱脱的托拉斯梦想,自然地,他会得到洛克

菲勒的青睐。

盖茨为洛克菲勒的慈善事业做的第一件有意义的事就是建立一个以洛克菲勒的姓名命名的医学基金会——洛克菲勒医学研究所。半个世纪之后,他的孙子戴维将它改为洛克菲勒大学。

洛克菲勒医学研究所创办于 1901 年,它成为全美国第一所这种类型的组织,首批创立基金为 20 万美元。一年之后,为了在纽约市的东北部建立一个该研究所下属的实验室,洛克菲勒又追加了 100 万美元的捐款。

该所于 1905 年成功地研制出了治疗流行性脑膜炎的血清,对脑膜炎这种世界常见病的防治起到了不同寻常的促进作用。此外,该所还在黄热病预防疫苗的研制以及小儿麻痹症、肺炎的治疗方面做出了卓越贡献。更为重要的是,该所还致力于医疗和公共卫生知识的推广教育工作,它所制订的推广教育方案通过洛克菲勒基金会和其他慈善事业机构传播到了地球上每一个偏远的角落,为改善世界上落后地区的医疗卫生状况做出了一份特殊贡献。

钩虫是导致美国南部各州棉花工厂工人中广泛流行的嗜眠症的病源,而受这种疾病影响的患者已达数百万人之多。这种病实际上非常易于治疗和预防,它只需花 50 美分就能彻底治愈。然而非常遗憾的是,政府当时却拿不出或不愿拿出这笔经费来扑灭这种疾病。是洛克菲勒出钱为数百万人解除了痛苦,防治钩虫病的运动取得了辉煌的成就,洛克菲勒的名字也被人们以尊敬的语气传颂着。数百万受惠者及更多的老百姓再不像过去那样唾骂他了。

盖茨深知洛克菲勒的垄断原则,并将此原则用于慈善事业。

1903 年,他建议洛克菲勒成立了一个托拉斯式的慈善组织——普通教育委员会。他还督促洛克菲勒给钢铁大王卡内基写信,邀请他担任该委员会的受托管理人。

普通教育委员会从成立伊始就成为实施垄断原则的一个实例。

它选择南方黑人教育作为工作对象。它开始以它的财政力量支持已于 1904 年在南方教育委员会的主持下联合起来的结合体。这个结合体包括了已列为美国最早的慈善事业基金范例的皮博迪——斯莱特基金会,也包括了塔斯基吉——汉普顿教育综合组织,这个综合组织已经控制着南方重建运动时期(1867~1877 年)之后获得自由的黑人所享受的"高等教育"。

塔斯基吉——汉普顿教育综合组织的势力不久就独霸南方了,而普通教育委员会又扩大其活动中心,使之遍及美国的其余地区。

1905 年,洛克菲勒在给普通教育委员会捐赠的最初基金之上又补充了 1000 万美元,并附上一封信,指定这笔钱必须用于"一种推进美国高等教育的综合体制"。

教育是一项影响千百万人,并造福百年的事业。洛克菲勒在认识盖茨之前就已经是教育事业的热心捐赠者了。

早在 1887 年,他就捐助了一笔高达 60 万美元的巨额奖金给予芝加哥大学。该大学的前身是斯蒂芬·道格拉斯于 1856 年创立的摩根·帕克神学院。有人认为,如果能使

该学院重整旗鼓,使之成为美国东海岸的一所首屈一指的综合性大学,那么它就可以在美国西部势单力薄的浸礼会学校中树立起一所强大的母校,从而对那些由于西部边疆迅速扩展而新设的各州施加重大的宗教影响。

洛克菲勒也加入到了这项伟大的事业中了。

他全神贯注于这所大学的重建和管理工作。他的工作日程被排得满满的,其中许多都是学校筹建事务。

洛克菲勒虽忙得头晕目眩,却毫无怨言。他的投资和辛劳得到了连他自己也意想不到的回报。

1896年,洛克菲勒参加芝加哥大学的校庆典礼,在这里,他竟然受到了社会各界人士的欢呼致意,而不是常见的带着敌意的眼光和尖刻的言辞。

"我们欢迎伟大的约翰·D·洛克菲勒!"

"洛克菲勒万岁!"

他听了这些震天动地的欢呼声后,再也忍不住了,激动得老泪夺眶而出。

这位精神矍铄的老人,富有传奇色彩,他以30多年的不遗余力,把美孚石油公司推入了事业的顶峰,使之成为美国企业史上的一个奇迹。但是,为了美孚王朝的建立,洛克菲勒本人也付出了极为巨大的代价;美孚石油公司在其扩大势力的争斗中所施行的所有有违法律与道德的行为都与洛克菲勒本人分不开,仇恨与唾骂就像铁屑附着在磁铁上一样,死死地缠着他。他走到哪里,哪里就有仇视他的目光。

然而,今天,他却清清楚楚地听到了"洛克菲勒万岁"的欢呼声。他敲打了自己的头颅:这不是在做梦,是现实。

他觉得慈善这条路是走对了。从此以后,捐赠的热情更加高涨。

洛克菲勒普通教育委员会的工作又向新的领域扩展,它开始致力于将洛克菲勒医学研究所对医学方面的注意力同它自己对教育方面的注意力结合起来,以推进一项新的宏大的运动,即对整个医疗专业训练体制的改革。为此,洛克菲勒捐赠给医学教育事业4500万美元的发展经费,享受该笔特殊经费的计有:约翰斯霍普金斯大学、耶鲁大学、芝加哥大学、哥伦比亚大学以及哈佛大学等20多所高等学府及其他机构组织。

从此,这些学府和组织就成为医学教育领域内具有典范意义的学术机构。

盖茨牧师为洛克菲勒建立了慈善托拉斯。他一直替洛克菲勒考虑着比洛克菲勒医学研究所、普通教育委员会重要得多的事情。盖茨在写给洛克菲勒的一封信中说:

"我同您的这笔巨大财富每天生活在一起已有15年了。对于这笔财富,特别是对于怎样使用它,我什么都已考虑过了。对于偌大的这笔财富的最后归宿这样一个重大的问题置之不问,一向是不可能的。"

他还建议说,对于洛克菲勒来说,处理这笔家当最好的途径,是"为人类的利益而举办永久性公司形式的慈善事业,从而对这笔财产做出最后的安排"。

1910年,体现出洛克菲勒的财富担负着世界性任务的一个重大机构成立了,这便是举世闻名的洛克菲勒基金会。

洛克菲勒出手不凡，他捐出了价值达5000万美元的美孚石油公司证券作为1亿美元的洛克菲勒基金的最初资金，为此，他并签字认可将这笔资金的产权转让给三位受托管理人——盖茨、小洛克菲勒及他的女婿、国际收割机公司财产的继承人哈罗德·麦考密克。

次年，小约翰·D·洛克菲勒的岳父，国会中一个最有影响的人物纳尔逊·奥尔德里奇，在国会提出一项法案，目的是为这个将成为世界上最大的慈善事业的基金会取得联邦特许权。

好事多磨。直至1913年，洛克菲勒基金会才获得了特许状。洛克菲勒马上拨出1亿美元供这个机构运用，该机构所宣布的宗旨是：

"增进全人类的福利。"

洛克菲勒基金会成立之后的12年内，事实上已经成为一个国际性机构，它在国内国外参与了各种救济工作与教育运动，它也在太平洋地区的热带土地上大力开展扑灭钩虫和黄热病。

洛克菲勒对盖茨所主持的慈善工作所取得的卓越成绩感到满意。盖茨经过煞费苦心所建立起来的这些机构，不光是洛克菲勒本人改善形象、获取实惠的工具，它同时也成为洛克菲勒后人们的全部生活的基石，它使他们得以摆脱严酷的公众舆论的追击，并在老洛克菲勒所企及的巅峰基础上向着另一个更高、更诱人的高峰迈进。盖茨开创的事业要待到洛克菲勒的子女的时代才会真正发扬光大。但这个与美孚石油公司一样具有权威性影响的慈善机构已经在西半球崛起了。

洛克菲勒的慈善事业日益发挥出它的特殊作用。随着时日的缓缓推进，公众对洛克菲勒这个名字的态度开始慢慢转变了。

这是一种出自人们内心的，自然而然的转变，然其作用是非凡的。

洛克菲勒从"大恶人"转变成了"大善人"。

人格魅力

当上了托拉斯大老板的洛克菲勒，已经成为全美国最富有的人士之一。

但他并不喜欢夸耀，这是他的个性。他尽量避免出风头。他没有进入克利夫兰的社交界，没有参加这个城市的社会或公民活动。政治对他没有诱惑力；他不喜欢文学艺术，在克利夫兰，他们全家从不去看歌舞或戏剧表演，直至搬家到纽约之后，他才偶尔光顾，以附庸时尚，并非出于兴趣。

他信仰基督。如果有时间，他只阅读他崇拜的《圣经》。教堂的聚会他从不缺席，并且愿意出钱出力，为教会办些实事。他没有什么爱好和情趣，他把所有的时间都贡献给了他的事业、他的家族和教堂。

如果说他还有什么嗜好的话，那要算是骑马了。这是他休息大脑、放松身体的唯一

运动。当他感到疲倦时,他就会去骑马。他的骑术不错,时而在原野上飞驰,时而又在森林中漫步,倾听大自然的鸟鸣风动,呼吸大自然的清新空气。一小时后,你会看到他又精神抖擞地出现在办公桌前。

有一次,他的一个炼油厂不慎起火,他来到火灾现场后,并没有跑来跑去发号施令、组织灭火,而是静静地站在那里,手里拿着铅笔和纸,在画一幅将代替这个燃烧的工厂的新厂的图样。

洛克菲勒务实的个性构成了他生活的单调。他不像有些大富翁那样有传奇般丰富多彩的生活和感情经历。他忠于自己的家庭和妻子,几十年如一日,过着平淡的生活,他没有什么婚外的罗曼史,他对女人似乎没什么兴趣。

他虽是美国大富豪,但在纽约的家远远谈不上豪华气派,也谈不上漂亮和雅致,一切布置都只是从实用的角度出发。他喜欢阳光,于是,家里的大厅的窗户全都不用窗帘。家具也不讲究色

洛克菲勒庄园

彩,只求自然和实用,用的是当时非常普通的沉重的桃花心木。在他的家中,看不到美观、豪华、气魄,而是单调、实用、朴素。

洛克菲勒对衣食均无特别的嗜好。他只求穿得干净整齐,很少添制新衣。吃饭更是随便,只爱吃面包、喝牛奶,但不喜欢吃热食。与家人共餐时,常常是家人们先吃,听他说话,等菜、汤凉了他再大吃。他还喜欢吃苹果,在他的卧室窗台上,常常放着一袋子苹果,他几乎每天临睡前都要吃上一个。

洛克菲勒不仅教自己的子女挣钱、存钱,还不许他的雇员有假期,原因是:雇员们在假期有机会增加他们的储蓄而不是把钱花在娱乐上。如果给他们放假,不用说,他们准会把钱愚蠢地花掉。他的一个雇员在圣诞节领到5美元奖金后,高兴地和妻儿度了假期,但他的5美元奖金又被扣回去了。

洛克菲勒经常在办公完毕后,到处走走看看,还顺便把厨房的煤气关低一点,以免浪费。有时候,他会和正在工作的人和蔼地闲聊一阵。这位大富翁从不教训人,他通常只是一个好听的客人,一边听,一边用眼睛望着讲话人,点头表示他的理解。

有一次,他打电话时,手中没有硬币,借了乔治·罗杰斯5分硬币。在当他归还钱时,乔治忙说算了。洛克菲勒一脸的严肃:"那可不行,罗杰斯。别忘了这也是一笔买卖,它是一美元整整一年生下的利息啊!"世上只有他才会这样去计算。

洛克菲勒的大脑,像一个有条不紊地大账本,每种东西的价格都清晰地印在其中。1915年,当他41岁的儿子小洛克菲勒请求他同意购买普拉克西蒂利的著名雕像"维纳斯女神"时,洛克菲勒回答说:"你现在出的价钱是我们当初准备买进的价格的4倍,以后变

卖了它不知是否值这个数呢?"

老年洛克菲勒享受着孙子绕膝的天伦之乐,众多的孙子很喜欢他,也绝对敬慕他。他对待精力充沛的男孩子顽皮淘气的花招,是付之一笑。他和孩子们一起玩瞎子游戏。为了取悦孩子们,他双眼被蒙上,双臂张开,高喊自己是瞎子在找伙伴。孩子们高兴得叫着躲开他,以免被"瞎子"抓住。

在孩子们的眼中,洛克菲勒还是个故事大王。他的故事大多讲的是一些说到那里算那里的童话,不含任何道理的说教,为此孩子们倒是很感激他。

洛克菲勒沉着、耐性、慈祥和自信的性格给他的每一个孙子留下了深刻的印象。他是一位家庭教育的大师。洛克菲勒家族的兴旺与他的言传身教不无关系。

洛克菲勒为人严谨、细致。每天吃饭、睡午觉、散步、坐车出游、打高尔夫球、干股票投资工作,都有规定好的时间。他每天的活动,就像千篇一律的仪式似的,极少变动。

他喜欢打高尔夫球,每天都打,其热情经久不衰,或许打高尔夫球能代表他的性格:沉着、准确和稳重。那是 19 世纪末,高尔夫球刚刚开始在美国风行。一次宴会上,洛克菲勒和妻子罗拉在友人的鼓励下,玩了几杆高尔夫球。学了几次以后,洛克菲勒竟爱不释手,在自己波坎蒂科庄园的主宅旁边,建了一个 4 个洞的小型球场。他不但请了名师来教授,而且想尽各种办法提高球艺。比如,为了纠正击球姿势,他让人用棒球的球门压住自己的高尔夫球鞋,使自己站在适当的位置;为了改善挥击,他让人拍成电影,使他能琢磨自己的动作究竟错在哪里,其热情和专心只有他从事的石油事业的劲头才能相比。

他每天都打高尔夫球,风雨无阻。即使冬天的积雪深达几英寸,他派一队仆人去铲除了积雪后,还是坚持打。

乘车出游散心的节目也是每天必不可少的。不管天气好坏,他装束停当就驾车出行。有时候,他的装束很有趣:身穿薄背心,戴上飞行员的护目镜和防尘帽,帽边垂在脸的两边,活像猎狗的两只耳朵。

洛克菲勒是个老寿星,他活到了 97 岁。

他长寿的秘诀有三:一是不忧愁,不烦恼,凡事向前看,保持心境愉快。二是有节制的饮食。三是坚持有规律的户外运动,打高尔夫球和乘车外出散心是他长寿的关键因素。

1937 年 5 月 23 日,这位生活了近一个世纪的老人走完了自己的人生旅途。这天凌晨 4 时零 5 分,他毫无痛苦地去世了。

约翰·D·洛克菲勒的遗体安葬在他石油事业的发祥地——克利夫兰的湖景公墓的树木葱郁的山坡上,和他的妻子罗拉并排埋在一起。他的坟墓和他生前的生活一样简单,只有一块 28 英寸宽、14 英寸长的墓石。

自 1853 年这位巨人 14 岁时发誓"要成为一个拥有 10 万美元的人"之后,这个誓言便伴随着他奋斗与崛起的卓越超群的人生岁月,几十年后,他便成功了。那个心怀凌云之志、意气风发的洛克菲勒成为一个富可敌国的超级大富豪、名震美利坚的风云人物和震撼世界的石油霸王。他拥有的不仅仅是 10 万美元,而是 10 亿美元的资产和一段美国

的或许是世界的发展史——"缔造了托拉斯的辉煌,开创人类之先河;谱写了人类文明史的一段新篇章,掀起了慈善事业的新浪潮。"

这位洛克菲勒王朝的缔造者是美国历史上第一个10亿富豪,是美利坚的传奇人物。

他改写了美国的历史,他让这个国家短暂的民族史变得丰富而灿烂。

他把洛克菲勒这个姓氏变成了一种权力与财富高度集中的象征。

因为他的成功而在他的光环下诞生的洛克菲勒家族和营造起来的洛克菲勒王朝,成为美利坚大帝国的一柄达摩克斯利剑,在很长的一段时间里,挥舞这柄利剑就是挥舞这个世界第一强国的金融、政治、外交、工业……等等。

当年,洛克菲勒家族这个庞大的"帝国",同美国的摩天大楼有着同样的影响力、震撼力和象征性。他们雄霸在美国,甚至在美利坚的疆土以外,都发挥出一股强大而持久的力量。这个王朝的触角伸到世界80%的角落,不同程度地影响着这些国家和民族的文化与经济。它一定程度上支撑着美国的金融、石油、政治、外交、慈善机构,甚至包括华尔街的股市指数。

"这是梅隆、福特等其他几大家族所无法比拟的。"所有了解洛克菲勒帝国史的人都这么认为,"它在美国历史上起了多么深远的影响,是它,同许多辛迪加、卡特尔和托拉斯式的企业组织,把美国推上了今天的世界之巅,很难想象,如果没有它,美国的历史和今天的美国将会是多么的黯淡失色。"

家风永续

洛克菲勒的独生子名叫"约翰·戴维森·洛克菲勒"。

洛克菲勒在第一次看到儿子并把他抱在怀里的时候,简直是高兴极了。

"我要给他世界上最大的财富,我真为他感到骄傲。"为此,他干事业更起劲,早出晚归,成了一个工作狂。

洛克菲勒的妻子雪蒂(罗拉的爱称)是一位真正的贤妻良母,对孩子们要求非常严格。洛克菲勒在经营公司时的一丝不苟精神被她应用到家庭管理上。孩子们在家里不准玩纸牌,星期天不吃热餐,平日的行为举止要稳重大方。小洛克菲勒就是在这种环境中成长起来的。

小洛克菲勒注定将是一笔举世无双的巨大财产的继承人,但他童年时并没有受到溺爱。

当他能写字时,父亲送给他一枝崭新的笔和一本练习本作为礼物。

母亲给他拿来了一大厚本写满家庭格言的本子,对他说:"约翰,洛克菲勒家的人就是按照上面的话来做事的。现在你能写字了,就把这上面的话多抄几遍,把它记熟了。但最重要的是,你也要记住按照上面的话来做事。"

小洛克菲勒每天都要趴在桌子上,一遍一遍地书写那些格言:"能克制自己的人是最伟大的胜利者。"……

童年的他就用那些格言来指导自己的行动了。不到10岁的他，在外祖母的鼓动下，参加儿童禁酒会议，发誓一辈子不吸烟、不酗酒、不亵渎神灵。

后来，父亲又交给儿子一个账簿，就像他自己用过的那样，他把小约翰郑重其事地叫道身边说："洛克菲勒家的巨额家产是上帝交给我们掌管的，因此，应该小心谨慎地使用，不能胡乱花钱。账簿就是管家。"他告诉儿子，今后的零花钱的总数，各项花销的数量，哪怕是买了一块糖也应该记在账簿中。

小洛克菲勒在纽约的小学读书时，成绩很好，每次他拿着成绩单回家，雪蒂都会高兴地对他说："我的儿子，我真为你感到骄傲。"父亲则会很含蓄地给他一笔小钱作为奖励。这也是洛克菲勒家族表达感情的独有方式。

小洛克菲勒在布朗大学读书时，艰苦朴素，穿着袖子已经烂了的衣服，从不挥霍金钱，并以优秀的成绩毕了业。

在老洛克菲勒的精心栽培下，小洛克菲勒苗壮成长。父亲完全放心了，便对儿子说："照你认为正确的去干，约翰。"

洛克菲勒父子之间建立起一种互相信任、互相钦佩、互助坦诚的感情。小洛克菲勒一直把父亲作为楷模，努力学习他，听从他的教诲。而且父亲要儿子凭经验揣摩、学习，并且自始至终支持他。

石油给老洛克菲勒带来了无法计数的巨额财产。石油给小洛克菲勒带来了极好的在政治、经济各方面大显身手的机会。小洛克菲勒带领他的家族开始了海外石油的远征。他成功了。

1929年，美国经济危机的年代。

为了鼓舞人们战胜经济困难的信心，小洛克菲勒斥资1.2亿美元在纽约建立一个体现现代建筑风格的娱乐场所与商业设施的复合体，这就是日后闻名遐迩的洛克菲勒中心。

小洛克菲勒在总结他人生的经验和体会时，认为印象最深刻的就是他工工整整地在练习簿上抄下的那些家庭格言。他继承并充实了它，用自己的一生把这些变成信仰和行动的指南。

小洛克菲勒是世界上第一个拥有10亿美元的亿万富翁。尽管富可敌国，但他对儿女们的家教观念，可谓高人一等。

俗语说："富到穷，三代中。"小洛克菲勒意识到：富家子弟之所以浑浑噩噩，是因为他不必为挣钱糊口发愁、为职业事业拼搏，终日锦衣玉食，秦楼楚榭，到头来必将碌碌无为，一事无成。因此，他非常注重对子女的教育。

小洛克菲勒认为，做父亲的应尽量多地花时间教导孩子，念书给他们听，让他们懂得什么是对什么是错，逐步纠正他们不当的言行。他是爱孩子的，当子女们生病发烧时，父亲总会耐心地坐在他们床边，替孩子们搓背，一直搓到退烧为止。

但在儿女们的童年时期，小洛克菲勒没让他们享受亿万富翁家庭的设施和条件，如没有游泳池、网球场，他们只能玩简单的游戏，跟着父母去远足、伐木或骑马。

每个孩子到7岁时，小洛克菲勒就开始向他们灌输"金钱"的观念。每周每人3角钱

的津贴,要求他们既要花,又要储蓄,还要施舍。每个孩子还领到一个小账本,他们要在这上面记载每一分钱的用途和时间,每笔开支都要有理由。到周末检查时,谁漏记一笔账,就得被罚5分钱,记录无误的便可得到5分钱的奖金。

小洛克菲勒说:"我要他们懂得金钱的价值,不要糟蹋它,不要乱花乱用,把钱花在益处。"每周只有很少的津贴,就是要让孩子经常处于经济压力之下。

孩子们仅仅靠父母掏不出太多钱,唯一的办法是靠劳动去挣。如拍死100只苍蝇,可得1角钱,捉住一只老鼠得5分钱,背柴火、垛柴火或锄地、拔草都能挣钱。三儿子劳伦斯7岁时,二儿子纳尔逊9岁时,取得了擦全家皮鞋的特许权:清晨6时起床就开始擦皮鞋,皮鞋每双5分,长筒靴每双1角。有一年,男孩子们在波坎蒂柯册创办了一个菜园,他们种的西葫芦、南瓜大获丰收。小洛克菲勒笑嘻嘻地按市场价格向6岁的儿子温思洛普买他种的黄瓜,其他的孩子则把他们的产品用儿童车推到市场上,卖给了当地的食品杂货店。

小洛克菲勒还亲自教男孩子们缝补自己的衣服,并告诉他们:烹饪和缝补的事决不只应该由妇女来干。

小洛克菲勒严格而又行之有效的教育,为子女们后来的人生和事业都奠定了很好的基础。

1960年5月11日,事业辉煌的小洛克菲勒去世了。

一个时代结束了,可另一个时代仍在继续。第三代成员仍然沿着老洛克菲勒的道路,继往开来,奋勇向前。

小洛克菲勒的5个儿子个个成才有为:

长子约翰逊毕业于普林斯顿大学,后来从事慈善事业,成为洛克菲勒基金会、普通教育委员会等30多个慈善组织的理事。他还是世界计划生育运动的创始者。

二儿子纳尔逊毕业于达特默思学院,天生有政治家的敏感和韬略,再加上洛克菲勒家族"基本功"的训练,使他纵横捭阖,叱咤政坛。1968年,纳尔逊曾令美国人大开眼界:那时,他正在竞选美国总统。一天,他坐在竞选飞机上,碰巧他的裤子后缝裂开了。这位家财亿万、正在争取共和党提名为总统候选人的人物,却不慌不忙地从自己的旅行袋中取出针线包,自己动手将裤子缝好。1974年,他宣誓就任美国第41任副总统。

三儿子劳伦斯成为美国最有名的航空工业巨头、军火商人。

四儿子温思洛普求学于耶鲁大学,建立了温洛克企业公司,经营农业、塑料管制造和房地产业。1967年被选为阿肯色州州长。

五儿子戴维毕业于哈佛大学,他是美国金融霸主之一,拥有350多亿美元资产,曾被认为是仅次于美国总统的最有权力的人。

世界钢铁大王

——安德鲁·卡内基

人物档案

简　　历：美国钢铁大王，出生于苏格兰古都丹弗姆林，苏格兰裔美国实业家、慈善家，卡耐基钢铁公司的创始人，被世人誉为"钢铁大王"和"美国慈善事业之父"。1865年与人合伙创办卡耐基科尔曼联合钢铁厂，1881年与弟弟汤姆一起成立卡耐基兄弟公司，1892年组建卡耐基钢铁公司。1901年2月，卡耐基以5亿美元的价格将卡内基钢铁公司卖给摩根。1919年8月11日，安德鲁·卡耐基因支气管炎病发与世长辞。

生卒年月：1835年11月25日~1919年8月11日。

安葬之地：美国纽约州的睡谷公墓。

性格特征：为人正直，始终充满进取的精神。

历史功过：卡内基与洛克菲勒、摩根并立，是当时美国经济界的三大巨头之一。从不名一文的移民到堪称世界首富的"钢铁大王"，而在功成名就之后，他又将几乎全部的财富捐献给社会。

名家评点：《让你爱不释手的极简美国史第2版》评价说："在美国工业史上，卡内基占据着浓墨重彩的一页，他用钢铁征服了世界，一度成为美国首富，后来又几乎将全部财产捐给社会。所以在美国人心目中，他不仅是一个创业英雄，也是一个有着社会责任感的企业家，为后来的美国大企业家树立了一个良好典范。"

平步青云

安德鲁·卡内基1835年11月25日出生于苏格兰古都邓弗姆林。1848年，激烈的革命风潮席卷了欧洲大陆，时代进入转型期。受其影响，卡内基一家背井离乡，远走美国。13岁那年，卡内基在匹兹堡进入大卫·布鲁克斯的电报公司当信差，从而开始了他

的创业生涯。

美国是电报的始祖。当时，在匹兹堡，只要有人提起自己和电报公司有关，都会洋洋得意，即便是一个微不足道的电报信差，也如同现在可接触高科技工业一样引以为荣。身穿绿色制服的卡内基好不得意，这仅仅是他平步青云的开始。

1853年，宾夕法尼亚州铁路公司西部管区主任斯考特看中了有高超的电报技术的卡内基，聘他去当私人电报员兼秘书，每月薪水35美元。当时卡内基已是18岁的大小伙子了，他怀着强烈的上进心走进了这个更为广阔的世界。

在宾夕法尼亚铁路公司的十余年中，卡内基平步青云，24岁就升任该公司西部管区主任，年薪1500美元，并逐步掌握了现代化大企业的管理技巧。这种技巧是他后来组织庞大的钢铁企业时所必不可少的。

与此同时，卡内基也抓住时机，初试牛刀，参与投资，而且频频得手，慢慢积累得小有资财，为他以后开办钢铁企业奠定了一定的经济基础。

1856年，斯考特劝说卡内基买10股亚当斯快运公司的股票，共计600美元。当时，卡内基的全部积蓄不过60美元，但他决心设法凑足这笔钱。他与母亲商量，母亲提出以房屋作抵押来贷款。就这样，卡内基以贷款进行了第一次投资。不久，一张亚当斯公司10美元红利的支票就送到了卡内基的手里。

不久，卡内基又充当"伯乐"，将卧铺车的发明者伍德拉夫引荐给宾夕法尼亚铁路公司，建立了一家火车卧铺车厢制造公司。卡内基通过借贷投资买下该公司1/38的股份。仅200余美元的投资，一年之间分得的股票红利高达5000美元。卡内基又抓到一只会下金蛋的鸡。到1863年，卡内基在股票投资上已成为行家里手。

攀上巅峰

1865年，卡内基果断地辞掉了铁路公司的职务，开始一门心思地干自己的事业。他创办了匹兹堡铁轨公司、火车头制造厂以及铁桥制造厂，并开办了炼铁厂，开始涉足钢铁企业。

19世纪60年代，美国的钢铁生产经营极为分散，从采矿、炼铁到最终制成铁轨、铁板等成品，中间需经过许多厂家。加上中间商在每个产销环节层层加码，致使最终产品的成本很高。卡内基深知传统钢铁企业的这些弊病，他决心建立一个面目全新的、囊括整个生产过程的供、产、销一体化的现代钢铁公司。

1872年，卡内基认为在炼钢事业上大干一场的时机业已成熟。首先，从技术上讲，成本低廉的酸性转炉炼钢法已经发明，他特地亲赴英国考察了发明者贝西默在生产中运用该法的实际情况。其次，美国的钢铁市场十分广阔，供不应求。而铁矿在美国极为丰富，密执安大铁矿已进入大规模开采阶段。再次，就财力而言，卡内基已拥有数十万美元的股票及其他财产，他决定改变四处投资的老法，将资金集中到钢铁事业中来。最后，最令卡内基信心十足的，是他在钢铁公司十余年间所掌握的管理大企业的本领。于是，到

1873 年底,他终于与人合伙创办了卡内基—麦坎德里斯钢铁公司。公司共有资本 75 万美元。卡内基投资 25 万美元,是最大的股东。在随后的 20 多年间,卡内基使自己的财富增加了几十倍。

1881 年,卡内基实现了童年的梦想,与弟弟汤姆一起成立了卡内基兄弟公司,其钢铁产量占美国的 1/37。

1900 年,年逾花甲的卡内基已经功成名就,他决定用自己的巨额财产去做他早已想做的事。于是,他毅然从他那蓬勃发展的钢铁事业中隐退,以 5 亿美元的价格将卡内基钢铁公司卖给金融大王摩根。然后,他就开始实施他的把财富奉献给社会的伟大计划。

1901 年,即他引退后的第一年,他首先拿出 500 万美元为炼钢工人设立了救济和养老基金,以向帮助他取得事业成功的员工们表示感谢。接着,为帮助有志上进而家境贫穷的年轻人,他当年在纽约市捐款建立了 68 座图书馆。这个图书馆建设事业持续了 16 年,他总共捐资 1200 万美元,兴办图书馆 35000 座。

第二年,他捐款 2500 万美元,在华盛顿创立"卡内基协会",由美国国务卿约翰任会长,主要用来发展科学、文学和美术事业。该协会曾建造一艘"卡内基号"海洋调查船,修正了世界航海图。此外,还在加州山顶上建造威尔逊天文台来观察太空。对这个协会,卡内基在随后的一些年里一再追加资金,累计捐款达 7300 万美元。

与此同时,卡内基在他的第二故乡匹兹堡创办了"卡内基大学"。后来,又在美、英各地捐资创办了各种学校和教育机构。这类用于建造教育设施的捐款,达 9000 万美元之巨。

在随后的几年中,卡内基又设立了若干项基金。他捐资 500 万美元,设立"舍己救人者基金",对在突发事件中为救助他人而牺牲或负伤的英雄及其家属予以奖励或救济。他捐资 3900 万美元,设立"大学教授退休基金",以保障教育家的晚年生活。他还设立了"总统退休基金"和"作家基金",对美国总统或作家的晚年给予资助。此外,他向 11 个国家提供了"卡内基名人基金",并以 1000 万美元设立"卡内基国际和平财团",专门资助为世界和平做出贡献的人们。

1911 年,年迈的卡内基夫妇由于 10 年来一直直接参与捐献工作,身心都深感疲惫,因而,卡内基决定再以仅余的 1 亿 5 千万美元设立"卡内基公司",让公司人员代理他们做捐献工作。

直至生命结束之前,卡内基都在为社会奉献着他的财富,其捐献总额高达 3 亿 3 千多万美元。当然,在他身后,"卡内基公司"及各项卡内基基金依然在实施他的捐献计划,况且这笔巨款还会不断地增加利息,或赚进红利,实际上他在世界上捐献的数额远大于这个数字。

1919 年 8 月 11 日,84 岁的卡内基在美国雷诺克斯市的别墅中因肺炎而谢世。这位出生于苏格兰的伟大人物,从不名一文的移民到堪称世界首富的"钢铁大王",而在功成名就后,他又将几乎全部的财富捐献给社会。他生前捐赠款额之巨大,足以与死后设立诺贝尔奖奖金的瑞典科学家、实业家诺贝尔相媲美。从一个贫穷的少年变成乐善好施的巨富,卡内基这富有传奇性的一生,简直就像是《天方夜谭》里的故事一样。

日本经营之神

——松下幸之助

人物档案

简　　历:出生于日本和歌山县海草郡和佐村千旦之木(现为和歌山市根宜),二十世纪实业家、发明家。是日本著名公司"松下"(松下电器产业株式会社、松下电器产业、松下电器制作所、松下电气器具制作所)的创始人,被人称为"经营之神"。1989年4月27日上午10点6分,松下幸之助因支气管肺炎在大阪府守口市的松下纪念医院去世,享年94岁。

生卒年月:1894年11月27日~1989年4月27日。

安葬之地:日本。

性格特征:为人谦和、细腻,能掌大局,吃苦耐劳。

历史功过:首创了"终身雇佣制"和"年功序列制"等日本企业的管理制度。很注重对员工的教育。每周都要在员工大会上做演讲,并制订了员工守则,还创作了松下的歌曲,使团队凝聚力大大提升,令每个员工都以自己是松下的一员而自豪。所以在松下公司很少出现劳资纠纷的情况。

名家评点:丰田汽车公司董事长丰田英二评价说:"我担任专务时,曾率技术人员参观松下电器工厂,松下干部列队,盛大欢迎。最前头的,竟是松下先生本人。他对顾客的重视、恭敬,真是无人能比。他始终贯彻顾客至上的精神。他还集合干部,带头向丰田人员做深入地发问。他这种谦虚和以身作则的精神,令人觉得他不愧是位优秀的经营者。"

吃苦耐劳

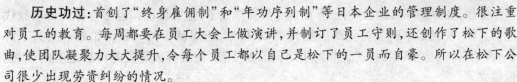

　　松下幸之助于1894年11月27日出生在日本和歌山县海草郡的一个小山村——和佐村。他在兄弟姐妹八人中排行最小。父亲松下正楠早年在村里还是个头面人物,一边务农,一边在村公所干事。

1899 年，因做大米投机生意失败，松下正楠不得已把祖辈留传下来的田地拱手让人，然后带着全家老小背井离乡，移居到和歌山市谋生。

起初，他开了家木屐店，本小利微，不足以养家糊口，不久便倒闭了。松下全家陷入"贫病交加"的境地。接着，悲痛一次又一次地光顾可怜的松下一家。

先是辍学在家帮助父亲干活的长子因病夭折。继之，次子和长女也在同一年内病死。在八个兄弟姐妹中，除了松下幸之助和他上面一个姐姐外，其余六人都没有活过 20 岁。

这种悲惨遭遇在松下幸之助的幼小心灵上打下了终生难以磨灭的烙印。

没有实现重整家业梦想的父亲，满怀失意和惆怅，把一切成功的希望寄托在幸之助身上。

1904 年 11 月，年仅 9 岁的松下幸之助未及初小（四年级）毕业，便离开学校到大阪的宫田炭盆店当学徒。第二年，炭盆店倒闭，他又转入以销售进口自行车为主的五代商会。后来，他回想起五代一家对他的关心，给他经济上的帮助和使他享受到城市生活、受到各方面教育的那些往事，仍不无深切怀恋之情。

那时，当一名专职自行车赛手，是少年松下的憧憬。虽然他的脚还够不着车镫子，但他仍坚持每天早上 4 点半起床，骑着车拼命练习。不久，他作为"少年赛车手"参加了比赛。他的训练一直持续到碰断肩膀骨为止。

该店附近的船场，是产生大阪商人气质的摇篮。在柳树成荫的堤岸上，排列着许多批发店和零售商店。商品陆续从海上水路运来，再卸到陆地上。船场进行着商品贸易和实际的商品买卖。它与办事处的事务贸易有很大区别，所以它要求实际、大胆，只说不做是空洞而无意义的。人们对于贸易倾注着全部热情，贸易成功就是一切。

年仅 10 岁的幸之助，这时已开始做点买卖挣钱了，他回忆说："经常有客人要求我代他们买烟，我就集中购买。到商店里每买 20 根烟，店里就多给一根。如果一次买下许多，再把它转卖给顾客，我就既节约了时间又赚了钱，而且客人还及时得到足够的烟，也很高兴。"

在他心目中的英雄里，最让他崇拜的是发明大王托马斯·爱迪生。

决定他意志的要素有两个：直观地判断和支配直观判断的细致的事实分析。

他父亲对他说："如果想在做买卖上成功的话，不一定非得受很好的教育，能雇佣优秀的人才，也能弥补自己没有受教育的不足。"

"即使失败了，我扔下原来的工作改行摆卖面条的小摊也可以。不过如果那样的话，我要把面条做得比哪一家的味道都鲜美，都更吸引顾客。"

从这里，可以看到他干事业的哲学，即如果有从一无所有做起的勇气，那么自己就应该充满自信，面对创业的不确定性和人生的失败，毫不畏惧。因为他深知：害怕失败也没有用，依靠勇气和信念，下决心去干，自然会有无穷的精神力量。

此时，大阪市里通了电车。已经具有了商人的灵敏嗅觉的松下想："有了电车，自行车的需求必将减少。而电气事业将来一定大有前途。"

就在这种思想支配下，16岁的松下不辞而别，离开了自行车铺，到大阪电灯公司去工作了。在这里一干就是7年。

在电灯公司，他勤奋好学，进步很快。1916年，22岁的松下被提拔为令人羡慕的检验员。他不但工作成绩卓著，而且发奋学习，全面了解电气知识，不顾白天的劳累，晚上徒步走很远的路程去关西商工学校夜间部学习。

松下幸之助平日喜好研究有关自己所担当的各项业务，当充任工程领班，每逢做工时，他常感到所使用的电灯灯头制造不够完善。这种电灯灯头里面有两只螺丝钉，电线放进以后，将电线内的两股细线绕在螺丝钉上，再用锡焊牢，这一手续很麻烦。他认为是多余和浪费。于是，他打定主意改良这种电灯灯头。为此，在饭前饭后的空余时间里，在去公司上下班的路上，他都在琢磨此事。功夫不负有心人。他在多次试制之后，终告成功。

这一实验品的灵感来源于一次他为一位穿着日本式高跟木屐的老太婆修理破裂的高跟木屐，木屐中间已近断裂，他用一块薄金属片把将断裂的两部分连接了起来。他突然想到可以用一只薄金属片代替螺丝钉，电线放进灯头内，和薄金属片接触，即可生效。这样便省去了螺丝钉，减少了一道焊接手续。松下幸之助极为高兴地将此实验品交给公司当局看，不料公司方面反应冷淡，认为构想不够周全，没有采用。这无疑给满腔热情的松下幸之助当头一盆冰水。然而，松下幸之助并没有气馁，他于当年向日本标准局申请专利，翌年，他的实验品专利获得批准，并颁给"实用专利第42129号"专利许可证。

此后，松下幸之助独立创业的愿望越来越强烈。结合当时自己的生存状况和自身的身体条件，松下就形成了自己制造电器的动机。

松下幸之助天生的"蒲柳之质"，自己常常为此思虑。大阪电灯公司对于员工的薪资，系按日薪计算支付的，员工如有一天休息，即扣除一天的工资。幸之助体弱多病，如迫不得已休息几天，那就难以养家糊口了。因为自身的条件所迫，生活的责任感与不安感促使年轻的松下幸之助，赶紧独立起来，创造事业。

松下幸之助在自行创业之前，已有了将近14年的工龄。童年时代的家境贫穷，使他比一般人命运多舛，曲折坎坷，生活极不安定。然而，正是这样的命运锤炼主人公的意志，培养了他一生百折不挠的忍耐力和坚强不屈的个性，使他成为一位精神主义者，使他产生了如此的见解："不要失望，拿出勇气来！按部就班地本着原来的目标去做，自然会有办法出现的。一个人若能心不旁骛，精神集中，此时此地，即可听到福音从天而降。所以我们大家常要保持精神坚定，不可因小挫折而颓废，则世间就没有办不成的事了。"

松下幸之助的精神至上，是使他成为一代大家的坚强而厚实的基石。

白手起家

1917年6月，23岁的松下幸之助自行创业了。这种主观的愿望表现了他的精神与

意志力。然而客观条件极其不佳。

首先是创业的资金不足。他以 33.2 日元的退职金、62 日元的各种存款和 100 日元的借款作本钱。这些钱简直是少得可怜。

其次是制造技术太差。创业之前，他虽有大阪电灯公司 7 年的工作经验，但他的经验多是工程安装方面的，而电灯制造方面的技术几乎没有。虽然请来了两位老同事森田延次郎和林伊三郎，但这两位的制造技术与他本人也不相上下。

世上无难事，只怕有心人。就在如此恶劣的条件下，松下幸之助开始了他一生事业的最初一步。

工厂设在大阪市一个叫猪饲野的地方。松下租赁一间不足 10 平方米的房间。这与其说是一家工厂还不如说是家庭小作坊更准确。而老板及工人共 5 人：松下幸之助、其夫人井植梅之、其内弟井植岁男，还有前面提到的两位同事。

他们就在这个小作坊里开始了改良型电灯灯头的制造。确切时间是 1917 年 8 月 11 日。

当时这种灯头外壳的制造，尚属新兴工业，生产它的厂商非常保守秘密。他们根本不知道这种外壳是用什么东西调配而成的，只猜到可能是用沥青、石棉、滑石三种东西为原料而塑成的。但这些原料从何处采购？如何调配？怎样去制造？他们只有按照自己的思路去试制，试制的结果自然是一无所获。他们以巨大的忍耐与毅力去努力着，有时为讨论原料的比例、调和的方法而废寝忘食，有时为试制灯头一遍又一遍地制造，从凌晨到夜晚，从半夜到凌晨。这样的努力工作几十天后，仍无结果。

天无绝人之路。正当他们一筹莫展之时，遇上了同在大阪电灯公司的另一位同事。这位先生是个技术工人，在他的指点下，松下三人才明白了制造灯头外壳所有原料的调和方法的秘诀。至 10 月中旬，完成首批目标中的插座。

产品问世了，但这不能算胜利；只有将它销售出去才能说是胜利了。

森田延次郎手持样品，走街串巷，挨家挨户，走遍了大阪市内所有出售电灯的商店推销这一产品。结果，销售额在头 10 天只卖出 100 个，收入还不到 10 日元。

由于生活无法维持下去，商量之后两位同事林伊三郎和森田延次郎先生离开工厂另寻出路。小作坊里只剩下松下及其妻子、内弟三人了。

失败并没有使松下幸之助灰心丧气，他依然如故地坚持做实验，重新改良，并决定自己亲自出马推销产品。

人生的苦境，只不过是对人本身的考验。历经磨难的松下幸之助临危不惧，以持之以恒的心态和坚定不移的意志面对一切艰难困苦。

山重水复疑无路，柳暗花明又一村。

松下幸之助在经历了一生创业之初的最严峻考验之后，机会终于在 1917 年底出现了。

有一次，松下小作坊生产的改良型灯头被大阪市空心街的阿部电器商店老板注意到了。而引起阿部老板注意的并不是灯头本身而是灯头的体壳，因为阿部老板正在寻找一

家能生产电风扇底座的厂家,而制造电风扇底座所用的材料与松下生产的改良型灯头的体壳一样。松下就像抓住了一根救命稻草,迅速制造了 1000 片电扇底座。厂家对松下产品非常满意,不仅支付了 160 日元酬劳,而且又签订了 2000 个的订单。松下终于有了一次喘气的机会。而事业也因此有了相当的基础。

小试成功的甜蜜之后,松下幸之助又想起了自己的初衷——生产和销售电气器具,他没有忘记自己辛勤研制的改良型灯头。

这时,猪饲野的家庭小作坊已不能满足生产电扇底座和制造新型电气器具的需要。松下幸之助不失时机地将小作坊搬迁到了大阪市大开街,他对"大开"二字有种直觉的满意,"大开"含有"展开""盛开""开阔"之意,果然迁址以后他的事业如日中天,日益兴隆。

1918 年 3 月 7 日,松下幸之助搬进了大阪市的大开街,在新居挂上了一面"松下电气器具制造厂"的招牌。这一天,松下幸之助的家庭小作坊没有了,代之的是一家正规的工厂。他终于有了自己的工厂,在这里他继续生产电扇底座,同时又开始生产电灯灯头。

这一天,被松下幸之助定为建厂纪念日。至此,松下幸之助的创业终于得到了社会的承认。

松下幸之助成功后的体会是:在荆棘道路里,唯有信念和忍耐才能开辟出康庄大道。并且,信念和忍耐能化不可能为可能。

好像任何事情都离不开这个原则。虽然不见得会完全照着预期的方式进行,但只要咬紧牙关忍耐下去,而出现了一条可行的道路。或许是那种坚忍不拔的毅力激起外界的共鸣或援助,虽然可能与先前预定的大不相同,但终究是曲曲折折地迈向了成功。

在新的工厂里,他一方面开展生产,另一方面坚持科研。他利用自己的经验和自己对市场需要的敏感,发明了一种"双灯用插头"。试销证明:这是一种深受广大顾客欢迎的新产品。根据这次的成功经验,松下幸之助认识到,任何产品必须具备"新、奇、怪",必须以品质的优秀赢得顾客从而赢得市场。

新产品问世后,松下幸之助特别重视销售环节,并从这次的推销行动中获得了许多宝贵的经验。

当时,大阪吉田批发商店代销市场上畅销的"双灯用插头"。谁知半路上杀出了个程咬金。东京一家生产同类产品的制造厂以削价的办法与松下电器厂竞销。各地用户要求吉田代理店降价,吉田商店因此对代理业务产生悲观情绪,于是向松下要求解除合约。在万般无奈的情况下,松下与吉田解除了合约。松下幸之助只好自己设法开拓销路。

松下幸之助不辞辛劳,亲自拜访了大阪东京等地的批发商,用诚恳的态度向他们询问销售之道,并由此获得了若干推销方面的秘诀,并确立了自己的销售路线。经过这样的诚心努力之后,总算克服了一次空前的危机。

此次经历使他意识到:首先要看准机会,看准之后,便不迟疑,有勇气做出决策,大胆投资,并且奋勇直前,再接再厉,不达目的誓不罢休。其次,通过创造、生产、销售三大环节的密切关系,一定要均衡这三者,平行前进,其中若有一项落后,则可能造成全盘失误。这种感觉深深地扎根在松下幸之助的精神田野上,成了他一生成功的基本保证。

在大开街创办工厂期间,松下幸之助的创业——松下电器制造厂进入了快速迅猛、业绩辉煌的年代。生产电扇底座,生产电灯灯头、双灯用插头,这时期有来自四面八方的大量订单,虽然生产设备已大量扩充,还是供不应求。在生产部门、销售部门不断地增员。到1919年前夕,松下电器厂的员工,已超过了20人。松下幸之助一面以身作则参与工厂的创造、生产与销售环节,一面思考如何对厂里的员工进行合理化的管理。

工厂里的劳动是非常辛苦的。松下幸之助不搞特殊化,没有"老板"的架子,和员工一样劳作,有时忙得连饭都无暇顾及。松下幸之助的身板虽然屡弱,然而仍然忍耐着这样辛苦的操劳。这种精神来源于他那长期的学徒生涯,来源于一种精神动力。正因为有了这两条,他虽然累得"小便出血",但对事业成功的追求一刻也不放松。

松下幸之助对自己和家人要求甚严。1920年,妻弟井植岁男在东京推销松下产品,借住在学生宿舍里。夏天到,蚊子叫。井植花了三日元买了一顶麻制蚊帐。当他向大阪汇报后,却接到了松下寄来的严厉的批评信。主要内容是:

"以现在松下电器用品制造所和你的身份来看,无论有什么样的理由,居然用三日元买了一顶蚊帐简直岂有此理。用一日元左右的钱买棉蚊帐已经足够了。绝不允许这样奢侈。"

后来的松下电器老板(幸之助)和三洋电机的老板(井植),谈及这件往事时,都觉得挺可笑的。但由此却真实地体现了松下严厉、朴素和勤俭的作风。

再接再厉

松下幸之助一直以"研制新产品"、生产新产品为松下电器制造厂的宗旨。更以此创造信誉。因而几乎每月都有与电灯电线相关的各种新式电气器具问世。

松下幸之助对于先人一步的构想有这样的认识:"我的做法和想法,经常都是具有前瞻性的。我深切地感受到超越他人一步的重要性。说起来一步好像很容易,但其他的公司在工作上莫不全力以赴,所以这一步也就更加困难。稍一不留意,立刻被他人超越,而且一步变成百步、千步,使我觉得一日都不能安闲。同时,也认为要更迅速地工作,尤其有些工作是非常费时的……在人生的旅途中,任何事情都要比别人走在前面一步。先发制人就是成功的捷径。"

松下电器的成功与松下幸之助坚强的信念、必胜的信心、坚忍不拔的生命力、吃苦耐劳的精神力量、信诚仁义的高贵人格密不可分。

松下恪守的信条是:只要努力去做,一定会有回报。他在成功时能够洞察到潜在的危机;在挫折失败时能够看到希望之光。

1927年,在松下幸之助的创业史上,是相当重要的一年,也可以说是他事业发展的转折关头。进入而立之年的松下做了两件大事。

第一件是他决心步入"研制、生产、销售"连成一线的发展轨道。

第二件是他制定出了以后可以说四海皆知的松下电器的独特商标。

中国有句古话叫"名不正则言不顺"。松下在推销自己生产的产品时，同样也要讲个"名正言顺"。他在给松下产品寻找合适的名称时，绞尽脑汁，苦思冥想。他选出了十几个商标名称，都不尽如人意。就在他为寻找商标名殚精竭虑、快要绝望时，他在报上看见一串英文字母 International 时，他的脑海里仿佛有一股电流通过，这一股非常神奇的电流把他弄得很激动，他不熟悉英文，不知这一串英文字究竟是什么意思，当打开词典，看到这一串英文被解释为"国际的"，去掉前缀词 Inter 后则可释为"国民的""国家的"之后，其欣喜之情不可言状，他如获至宝，立刻将"National"定为自己的产品的商标名。若干年后，随着松下事业的发达，松下电器给全球民众带来的实际利益的增多，这个品名也就誉满全球了。

起名之事再度说明：松下以大众的需求作为自己追求的目标，正如他自己所说："一种事业的存在，不知多少人要依靠它生活，有多少人由它而致富，这事业必以提高人民生活水平，使整个社会进步、改善，国家强盛为条件。"

得到了满意的商标名的松下，信心更足了，他制定了一套异于常人的推销办法：拿一万只车灯送给大众免费享用。虽然承受了巨大的经济损失，却显示出他的胆识与魄力。

松下的促销策略打开、扩大了市场，这就更加坚定了他将"研制、生产、推销"当成一个完整的系统来思考的决心，同时，也证明了松下本人在推销产品方面具备的潜质，这信心与潜质客观上也带动了松下的员工们的积极性、创造性。

初战告捷的松下乘胜追击，于 1928 年又增加两项新产品："反射式电炉""锁轮型电灯灯头"。这一年，他的工厂扩展为 3 个，员工增加到 200 人。其事业可以说是日新月异。

1928 年秋天，松下幸之助准备扩大工厂，增加规模，这时的他 34 岁，创业整整 10 个年头了。

松下在自己钟爱的大开街旁选中了一块 500 坪的土地，非常理想，经测算，收购土地需要 5.5 万日元，建厂房、住宅需 9 万日元，购置内部设备需 5 万日元，差额部分只有向银行贷款。

松下对"借钱干什么"有着独特的见解。他说过："我一生都在做着赚钱的行当，可我没有成为金钱的奴隶。"资本或金钱就等于润滑油一样的东西。我们只能利用润滑油去工作，为了达到目的而工作。而为了使达到目的的工作更有效率，就必须要有润滑油。所以，金钱只是一种工具，最主要的目的还在于提高人们的生活。"

松下不仅这样说，而且要照此想法切实地去做。他的所有电器产品，说到底，都是为了改变人们的家庭生活水平，从而提升人类的生活质量。贷款也好，盈利也罢，其目的都是为了大量生产，降低产品成本，使产品大众化。

所以，有眼光的银行家都愿意借钱给他，甚至主动扶持他，给他的事业提供足够的润滑油。日本有名的住友银行一下就提供了 15 万日元的贷款。

1929 年 3 月，外观堂皇美丽的新工厂建成。

松下幸之助没有放弃这一在他事业发展史上的又一重要机遇。他趁新厂落成之际，把"松下电气器具制造厂"的厂名更改为"松下电器制造厂"。并制定了公司的纲领与信条。

纲领：顾念公司营利与社会正义的协调，谋求国家工业的发达，并期望能使社会大众生活有所改善与进步。

信条：事业发展扩大，非有全体员工友爱团结、协力奋斗不可；希望每个人牺牲自我，以互助互让的精神，一致为公司的业务而效力。

至此，松下幸之助有了自己的工厂、自己的产品、自己的商标、自己的企业精神；一个标准模样的企业在他手中形成了。

10 年耕耘，10 年辛劳，松下幸之助以他独特的构想、经营策略完成了创业的第一阶段。这以后，他便着手收购、兼并其他小工厂，不断发展、壮大自己的事业。

第一个被松下收购的工厂是位于大阪明石地方的桥本电气公司。该公司管理松弛，经营散漫，面临破产。松下以 10 万日元将它改组为股份制，并派龟山武雄担任总经理。龟山带去了松下电器厂的企业精神、经营手法、管理方式，用 3 年功夫，使这个奄奄一息的工厂奇迹般地复活，成为模范工厂，生产合成树脂配电器具。

第二家归于松下幸之助麾下的工厂是国道电机工厂。这家以专门制造收音机知名的工厂成了松下的第七工厂。

松下幸之助的目标是想要研制出"外行人也会使用的收音机"。松下不怕别人嘲笑，将这一高难课题交给了研究室主任中尾哲二郎，并鼓励他排除万难，潜心研制。

果然，在松下幸之助下达命令 3 个月以后，中尾通过努力，研制出了合乎标准、接近理想的收音机。可喜的是，松下幸之助的收音机在"日本广播协会"举办的收音机比赛中，一举夺魁。取得这个成绩不易。因为从研制、生产收音机来讲，松下的时间并不长。以短短的时间，能压倒同行前辈，一跃而成为后起之秀，一方面让同行们刮目相看，给同行带来了不小的竞争压力。

松下幸之助就是这样一个人，当他觉得自己的产品有利于大众消费并能提高大众的生活水平，他就会实施其大量生产理论。

新型收音机一研制出来，他就立即制定了大量生产与大量销售的计划，意在保持这种一等奖产品在同行中的优越地位。

1931 年 9 月 20 日，松下又收购了大阪地区的一家干电池厂——小森工厂，并将它更名为松下电器公司的第八工厂。他原封不动地接收了该厂以前的所有员工，没有派松下总公司的任何一个人前往该厂进行监督。他的这种开阔胸襟、信任他人的工作作风，在日本实业界被人称道。

到 1931 年底，松下电器公司的业务范围已扩大为四个大部门：1.配电线器具；2.电热器具；3.收音机；4.车灯干电池。产品品种达到 200 多样，依靠松下企业生活的从业人员近 1000 人。

但是，松下事业并非一帆风顺。

同制造电灯插口一样,他的收音机一开始也遇到了失败。首先是产品质量不过关,故障频发,退货堆积如山。另外,没有调试和修理收音机的经销网点也是导致失败的原因之一。经过这次失败,松下幸之助便命令自己的技术人员研制高质量的收音机。1931年"国民"牌收音机"R—31"诞生。这一产品质量高、性能高,但每部45日元的价格显得太昂贵。因而它最终没有成为大批量生产的销售的商品。

使松下幸之助在收音机领域打开局面、站住脚跟的,是他的这样一句名言:"热门商品一出现,你就要把它视为竞争对手的商品!"这也是他的"自来水哲学"的必然归宿。

1934年4月,收音机事业部开发出"R48"型收音机,每台售价50日元,比当时大学毕业生的月薪还要高。松下幸之助到工厂视察,手里拿着一只制作精巧的闹钟,对工厂负责人说:"如此精美的制品才卖收音机这个价格,相比之下,收音机太贵了。"

"R48"型收音机在5年之内销售量累计达27万台,被称为"不朽之作"。可是松下幸之助仍然要求技术开发人员降低造价:"'R48'有销路这很好。但每台50日元,价格太高了,难以普及。人们都希望购买收音机,希望能在一年内把价格降低一半。"

技术开发部负责人中尾反驳说:"一年之内要把价格降低一半,这种收音机做不出来。"

但松下幸之助对他说:

"如果你把'R48'视做别的公司的产品,而且畅销无阻,那么你就会考虑对应之策了。不要在合理化上下功夫,对'R48'加以改进,以求降低10%~15%的原价,而是要完全撇开它,从零开始。这样,你就一定能够做到。"

果真,中尾从根本上改变思路,终于在1935年研制出"R48"型新产品,售价仅23日元;接着,又推出在日本首先采用塑料外壳的"R11"型高档产品,每台价格为27元。

松下这种不断追求优质低价的思想使"国民"牌收音机的市场占有份额很快超过了生产收音机的老牌厂家。

另外,"R10"和"R11"两种新型号的收音机大幅度降低售价的原因还有:一是采用了新材料(塑料);二是实现了传送带流水作业的生产方式(日产400台),从而降低了成本,同时提高了劳动生产率。

松下幸之助对事业的追求永无止境。

1933年,松下又向银行增借30万日元,新建总厂新房。在落成典礼上,松下幸之助对众多的来宾说:"建设新厂房所需的资金,大部分是从银行借来的。"众人几乎不敢相信自己的耳朵。因为所有的企业家都不会当众承认自己资金短缺。但松下幸之助却自我揭短,暴露真相,他的做法与想法确实是独辟蹊径,与众不同。因为他对自己所经营的事业,抱有必定成功的坚强信心。

松下幸之助,只有松下幸之助才有如此的胆量与气魄,敢作敢为,又不失周到之心、周到之计。

1935年,松下电器公司各部门完成了改组为股份有限公司。这时,松下幸之助又突发奇想,生产电灯泡,向当时市场竞争十分激烈的日本电灯泡制造业界进军。

这又是一次果敢的行为。

"明知山有虎，偏向虎山行"。

1936 年 2 月新工厂建成，5 月试制品问世，6 月便投下资金 10 万日元，设立国际电灯泡股份有限公司。

就在松下电器公司倾尽全力开拓市场时，日本电灯泡工业联合会原有的各会员公司，对它直接或间接抵制。尽管如此，他主意打定，绝不后退。

这就是松下幸之助的风格，不论起步多低，他的目标永远是向第一流挺进。为此，他不惜冒无法销售的风险。因为他相信自己一定能胜、一定能赢。果然，1937 年 8 月，电灯泡销售业务移归松下干电池股份有限公司管理，通过干电池已经获得成功的推销路线，国际牌电灯泡迅速地打进日本全国各地的销售市场。

感悟使命

在生产与销售脚踏车灯的过程中，松下电器厂名声大噪。年仅 29 岁的松下幸之助已使自己的事业挤入中型企业的行列。但这还不算是他的最大收获。而最大的收获是和山本商店订立大阪府地区独家代销的合约。山本商店店主山本武信是松下幸之助一生最佩服的人物之一，也是教导他"经商之道"的恩人。

山本武信是制造肥皂、化妆品，做批发生意及经营出口业务的厂商。当时已是很不错的企业家。在松下幸之助眼里，他是非常了不起的成功者，对他怀着由衷的敬佩。

与山本武信的合作给松下留下了深刻的印象。在他的《工作·生活·梦》一书中，有这样的叙述：

"当时最使我们惊讶的是在谈妥交易时，他说设定每月要 10000 个脚踏车灯，3 年之间就负责推销 36 万个灯；如果没有达到这个数字，他愿意承担损失。为此，现在就把货款一次全部付清。"

"他的想法非常有趣，他说：'脚踏车灯是你首度开发出来，也是刚刚在市场上推出的商品，所以你一定感到疑惑，推销是交给山本了。'"

他虽说一个月要卖 10000 个，但是否能真的做到呢？如果自己做是否会比他做得更好？"你虽然已经答应和我交易，但心里仍旧不放心，还有着犹豫，内心是不安的。这种心理我十分了解，所以要使你安心地获得成功。如果认为推销不出去，我是不会答应的。只要经过我认定一个月能卖出 10000 个，就等于是已经卖出去了。根据我做生意的经验，可以这样断言。所以 3 年份的货款都先给你。"山本毫不含糊地说。

他一口气交给我 3 年份的 36 张支票。

他成功的原因，正如他本人所说，就决定在一切都这样光明正大的做法上。

这样，松下幸之助同山本武信订立了一场不同寻常的一次合约。这对松下来说是从未有过的。在松下幸之助的长期能与这样的人来往，使他在经营方针上获得很大的

胆量。

山本商店是炮弹型脚踏车灯大阪地区的代理商。由于销售数量增加,山本商店竟将车灯直接卖到大阪市内的批发商手里,而这些批发商又把车灯再推销到各乡镇以至乡镇以外的甲地、乙地……这样,各地方车灯的代理店遭受了排挤。于是向松下电器厂陈述此事。

松下幸之助以良知判断,支持各地代理店的意见,希望山本商店在推销产品过程中注意方式。但山本商店认为自己没有违犯合约,坚持己见,丝毫不让步。

松下幸之助一方面对山本武信的见着权利就不让步的做人态度感到愤慨,另一方面山本武信又完全代表着传统的大阪商人的根性,对他信念坚强、"择善固执"、无所顾虑的精神,暗中深深佩服。

这个问题圆满解决(松下委托山本商店为全日本的总代理商)后,松下幸之助深深地佩服山本武信经商的卓越才能与处理事务所具有的坚强自信力。同山本商店的生意交涉,松下幸之助学到了许多的东西。他切实地了解到,销售犹如生产一样也应先人一步,捷足先登,出奇制胜,勇往直前,胆大心细,就不能不坚持下去,不达目的誓不罢休。更重要的是松下幸之助意识到网罗人才对事业发展的重要性。在与山本武信的多次交涉中,使他看到大批幕僚人员跟随山本武信左右为他出谋划策,竭忠尽职,山本武信事业的成功与这些幕僚人员密不可分。其中的木谷经理和加藤大观给松下幸之助留下了深刻的印象。

在松下幸之助就炮弹型车灯的销售方式与山本武信的交涉过程中,木谷经理都参与其中,每当松下与山本的意见对立时,木谷马上加入发言,言辞委婉,缓和了松下幸之助与山本武信的冲突,促使整个谈判的氛围和谐、融洽。而在山本武信没有注意到的细节上,他又从旁提醒老板,做适当的补充,说出自己的主张。这一切使松下幸之助意识到如果自己的事业要成功,同样需要这样的帮手。孤家寡人毕竟不是长久之计。

加藤大观则是一名和尚。他少年时代,腿部有毛病,无法站立,行动十分不便。他一心想治好腿疾,于是以虔诚之心走向了信仰之路。医学已无法治疗他的腿疾,他皈依佛门,诚心诚意信佛。这样过了3年,他的腿疾居然奇迹般好了。由此,他的信心更加坚定,终于真正出家做了和尚。如此的生活经历,使他的信仰比一般人更加坚定而强烈。松下幸之助遇上他时,加藤正是山本的顾问,生意场上的重大事务都是两人商议决定。在松下幸之助的自传《经营成功之道》中,对加藤有这样的叙述:

"从他们的谈话之中,我感觉到加藤老师的确是这位老板的顾问,他的判断当然考虑到老板的立场;但大部分时候,也能考虑到交易对象——我的利益。因此,我认为这个人很了不起。在一般情况下,都只会考虑到自己顾主的利益,这也是许多事情都不能谈妥的原因,即使成功了,如果有一方不满意,也很难维持永久。

加藤老师的看法是,想要使一项契约成交,必须要用双方都满意的方式。利益应双方共享,应以工作的成效做适当的分配。老板和松下先生都要这么做。虽然彼此可以讨价还价,但必须充分考虑到双方的立场,而在这样的基础上做判断。他始终在一旁以这

种方式进行谈判，所以这项契约得以成交。

山本武信请这样一位和尚作为他的幕僚足见他对经商的虔诚之心。其实，世间的事——经商、信佛……都是"条条大道通罗马"。这也使松下幸之助悟出了经商的真谛，使他在后来的岁月里更加重视人才的选拔与运用。

中国古人云："君者舟也，庶人者水也，水能载舟，亦能覆舟。"松下幸之助对此话亦有深刻的领会。他曾说："国家的兴盛在于人，国家的灭亡亦在于人，古圣先贤，早有明训；回顾古来历史，可谓丝毫不爽。经营事业的成败，不容讳言，与治国同一道理，在于人事安排是否合理。拥有多数好人的事业，定会繁荣；否则，此一事业单位必趋于没落。"

在松下幸之助一生的企业经营中，除山本武信给他带来的影响外，还有一人，他就是美国汽车大王亨利·福特。

福特是美国最有名的汽车制造商，其研制的"T型"汽车轻便价廉，是公众最实用的交通工具，他的汽车生产实施了名闻世界的装配作业线。福特采用主动降价的方法扩大购买阶层，不仅自己赚了钱，而且给社会公众带来了好处。

松下幸之助非常赞赏福特这种把事业和社会发展紧密结合起来的思想，他说："这种思想对任何事业都是极其需要的。至于按时代的情形要做到什么程度，是根据每个人的思想、人生观、社会观，会有高低或迟早的差别。但福特的事业观还是能活用到今天的事业里，'使汽车迅速发展并大众化'，他就是促成这样动机的人。"

松下幸之助对福特怀有仰慕之心，于是他特意去横滨参观了福特汽车制造厂。他看到：将体积很大的汽车用一贯作业制造……这个工厂竟没有产品的库房，原因是产品无堆积。

松下幸之助兴奋地说："我读福特传记时，就已受到很大的感动，现在亲眼看到他的工厂，听到说明，确实感到福特的做法非常彻底，这也是事业别具风格的一种经营法。"

可以说，福特对松下幸之助产生了极大的影响，因而松下决意接受福特的经营法，甚至是模仿与效法。

在松下看来，他的个人经历、性格与福特有着那么多的相似之处。

他从福特的经营实践中，悟出了大道理：一个成功的企业家，无论经营什么、制造什么，都必须要有现实的根基，而这个根基就是大众的需求。

他在《职业之梦·生活之梦》一书里写道："没有人能像福特那样处处为社会大众着想，时时挂念着自己制造的产品，将对千千万万的民众、广大的社会产生什么影响；他以这样的人生观立身行事，勇往直前。"

可见，松下幸之助在人生关键的年龄读了一本关键的书。亨利·福特的传记影响着他的经营观念，大量生产→降低价格→创造需要理论在他的脑海里扎下了根。

十年的经营实践使松下懂得：生意人不单单是赚钱，或者说，赚钱不是唯一目的；经营应该是一桩事业，这事业必定要与社会、国家、民族利益连缀在一起。

汽车大王福特的成功，仿佛是空谷足音，使松下茅塞顿开，欣喜异常。

从此，辛勤劳作的松下事业有了突飞猛进的发展。在他的内心世界里，"我是一个企

业家"的思想已经深深地扎下了根。所以，他思考问题的方法、经商的手段以及经营的目标，无不站在一个实业家的高度。

松下幸之助是一个善于分析、观察事物的人。在昭和七年（1932年），其基本思想能达到如此的境界，是有原因的。

这年3月，他访问了天理市天理教本部。在此之前，松下从没有对任何一种宗教给予特别的刮目相看。他自己解释这次会见时，就这么说："各种各样的宗教都有自己所独具的睿智，对我来说就像十分丰盛的宴会酒席一样，每道菜都各具风味。"

但是，当他看到号称信徒200万的天理教会中，有5万余人没有受过任何人的启发和强制，自发地并且十分严肃认真地尽力为宗教事业工作时，他被深深地感动了。他通过以依靠精神的安定而达到人生幸福为目标的天理教教义，领悟到了经营企业的真正使命。这就是：依靠物质生产，消除贫困，使人们得到生活的安定和幸福。

他写道："过去，我经营松下电器公司，不过是按照以往多少人沿袭下来的做法去做。然而现在，我知道公司应该走的道路了，我能够把握住企业家、公司经营者真正的使命了，这里有经营者的真谛。"

松下幸之助认识到：天理教实在是卓越的"经营"，在教主（经营家）的经营下，使广大教徒充满喜悦的心情，认真而努力地工作着，不但自己而且也希望别人也一同享受快乐……他说，企业的经营和宗教的经营，同样都是神圣的事业，而且同样是不可缺少的经营；我们的经营和我们的事业应该成为比宗教事业规模更加宏大和繁荣的神圣事业。企业为什么会关闭和缩小呢？这就是经营不当！只顾自己利益的经营，脱离正义的经营，没有觉悟到肩负神圣事业的信念的经营——这种单纯生意经式的经营，单纯立足于传统习惯的经营，都是经营不当；自己必须从这种观念中摆脱出来。

松下幸之助常说："任何人都不会阻拦一个陌生人喝点自来水。尽管水管里的自来水需要消毒，也需要送水工人的劳动和时间，但因为它非常便宜，所以大家都觉得你用一些没关系。这件事是一个契机，他使我初次领悟到'丰富'的意义。我觉得，物质生产者的使命就是向人们提供像自来水一样丰富而廉价的生活用品，以满足他们的生活需要，使他们生活幸福。"

"自来水深刻地教育我们懂得生产者的使命，是把贵重的生活物质像自来水一样无穷无尽地提供给社会。无论什么样的贵重东西，生产的数量多了，就可以达到几乎无代价地提供给人们的程度。这样，才能逐渐消除贫穷。因贫穷而产生的苦恼，也可逐渐解除。这就是所谓的真正的经营。经营的真正使命也在于此！这就是松下电器的道路，归根结底要选择的一条道路！"

得到这个正确结论，他顿时精神振奋，热血沸腾，斗志昂扬。

就这样，松下幸之助从参观天理教总部联想到企业家的伟大使命，从自来水联想到真正的企业经营。他从前在开发产品和开拓市场等方面有过不少成功，并使他感到极大的兴奋和喜悦。但这一次在领悟到经营企业的真谛之后所产生的喜悦与激情却是过去任何一次都无法比拟的。

他决心实践这一"自来水哲学"。松下电器厂实际成立时间是 1918 年 3 月 7 日。但是为了向职工阐明企业的真正使命，他特将 1932 年 5 月 5 日作为第一个"创业纪念日"。

是日上午 10 时，松下召集他的员工在大阪的中央电气俱乐部礼堂开会，庄严地向他的员工们诉说他关于松下企业真正使命的构想。据当时在场的人回忆，当天的松下幸之助气宇轩昂，双颊红润，表情自信而严肃，近乎一个布道者。他那铿锵有力的声音在大礼堂回响着：

"实业家的所谓使命，就是克服贫困，把整个社会从贫穷之中拯救出来，实现富有。商业和生产的目的不在于繁荣商店和工厂，而在于通过劳动使社会富裕起来。使社会富裕和繁荣是商店和工厂活动的原动力。商店和工厂的繁荣只能是第二位的。那么，为实现企业家的使命——克服贫困、增加财富，应该做些什么呢？不言而喻，只能依靠物质的生产、生产、再生产。无论社会状况发生什么样的变化，企业家的使命——生产、生产、再生产也不容有片刻的疏忽。增进生产才是产业人的真正使命。"

听了他的讲演，广大职员们也欢喜异常，在允许的 3 分钟的发言时间里，踊跃发言，慷慨激昂，纷纷陈述他们誓死完成使命的决心。

这一天，成为辉煌的一页载入松下电器制造厂的历史里。

为铲除贫穷——这个人生最高最尊贵的事业做出贡献，他要求所有员工（包括自己）必须刻苦耐劳，勤勉从事，不停地工作，不停地生产，增加物资。

松下幸之助的彻底性还表现在：他要将这一崇高使命量化为时间，也就是说，他要计算出要在一个多长时间段内，才能完成"自来水哲学"所昭示的崇高使命。根据他的设想，至少需要 250 年的时间才能实现自己的梦想，即：经过十个阶段（每个阶段 25 年，一直到 250 年之后），建设一个使所有人都富有、舒适、幸福的乌托邦。

"其具体内容是：最初的 25 年可以分为三个时期：10 年用来建设，10 年全力以赴地工作，然后在公司有所成就的基础上，用 5 年时间为社会做贡献。在这里听我讲话的职工们的工作，在下一个 25 年里，承担为下一代人造福的责任。以此循环往复，每 25 年重复一个周期，用 250 年的时间就实现了我们的目标：使社会进步，使人类富有。将来，以后的几代人还应该有一些新的、未知的、而且是更崇高的理想。"

这样的使命感，也许是他从年轻时因患肺类黏膜炎而面临着死亡的考验而得来的。当时，医生命令他三个月内绝对安静，不准工作，不准活动。然而，家里没有那么多钱供他休养，他得工作补贴家用。"那简直是宣判了我的死刑。我强迫自己正视自己，并在考虑究竟该怎样做。最后我认为：接受命运。死就死了，活就活了。反正如果真的死了，现在不工作，成天休息也没意义。因此，我决定拼命地工作。"

他恢复工作。几个月后，病也痊愈了。这件事情在他看来是"因下定决心完成使命而拯救了自己"的一个例证。

用人"魔鬼"

　　幸之助从一开始就把产品的质量作为企业信誉的根本,不能不说他已经走在了时代的前面。1932年,他在小公司的"精神诞生日"这一天宣布:"企业的健康发展的目标,就是尽力提供价格便宜、质量优异的产品,为社会服务。"这种"异端之说",在后来的激烈的市场竞争中,益发显示出它的真正价值。

　　幸之助常常发出些带点辛辣味的警告:喜欢不公平竞争或欺骗消费者的企业家,只要生活在真正意义上的自由企业体制中,"不知什么时候,就会受到社会惩罚",而且注定要走向毁灭。

　　就建立建设性的劳资关系的方针来说,幸之助的一贯主张是:"我要让职工看账本,让他们清楚地了解公司现在的状况。"在他出版的各种书籍中,他不惜篇幅,以自己为例,反复告诫人们:企业家要让职工了解自己的观点和目标。

　　从雇有7~8名员工时开始,松下幸之助就每月将各人经费与店里经费分别计算,并将结果向全体公布。其目的就是要做到所谓的公开经营,从而让每位员工都了解企业的发展状况,产生一种想要更加努力的向心力。不但如此,而且公开一些属于企业的机密,以增加透明度。比如,当时各公司都把原料配方视为最高机密,可他却认为应该公开。甚至对新进的工人,也都明白无误地教给他们。有些同行替他担心,并劝告他。松下幸之助却回答说:"有什么好担心的呢?只要事先说明哪些是属于该保密的范围,他们反而不会如你们所想象的那样轻易背叛或泄密。我认为雇主间最重要的是要有信赖感。拘泥小节的经营态度,非但于推展事业有碍,也不是培育人才应有的态度。我也不是随便向人公开秘密,但只要遇上相当有水准的人物,哪怕是新上工的人,也一样让他实际参与。"光明正大,绝对公开的经营态度,不仅能提高员工士气,更可以有效地培养经营人才。

　　他说:"经营时做出的许多决策都对部下产生直接影响。由于自己的骄傲而懒得考虑职工们的想法,这样在缺乏意见交流的情况下,互相离心,不仅二者之间的关系不和谐,而且实际上在没有得到员工们的意见反馈时做出的决定往往是错误的。"

　　1922年,年末,照惯例要进行大扫除。幸之助在巡视时注意到,工厂有50多名工人,竟没有一个人去打扫厕所。他察觉到工人们好像有些对立情绪,劳资关系有点紧张。幸之助选择的解决策略是:自己打扫厕所。这样,他在把厕所打扫干净的同时,也把那种劳资关系上的紧张气氛一起扫掉了。

　　"打扫厕所时,我体会到,自己如果没有考虑到工人的想法就生气,并表现出自己的急躁情绪,给人的印象会很不好。作为工厂的主人,首先必须率先做出榜样。我亲自打扫厕所,起到了缓和紧张局面的作用,同时我也得到一个重要的启示:即作为主人,不能仅仅依靠权威。当然我的收获还远不仅于此。我还懂得了培养谦虚精神和耐心的重要

性，而且如果在经营中以身作则，你可以得到很多意想不到的效果。"

他的经营哲学就像他在工会成立时的贺词中表白的那样："工会和经营者，是公司经营车上的两个轮子。只有当两个轮子处于谐调、均衡状况时，我们才能真正得以生存、发展和繁荣，厂方和员工也才能得到收益，两方面本来就是相互依存的。"

1965 年，松下电器先于日本其他大企业采取 5 天工作制；另外在工资体系方面，废除年功序列制；1966 年，实行男女工资平等制；奖励工人的个人开发，设置较充足的以国语教研室为主的教育设施和工人闲暇活动服务设施。工人一到 35 岁就要有一套自己的住宅也成为公司的一个目标。

1929 年，世界性的大萧条。

日本的工厂纷纷倒闭，公司接连破产，经济陷入空前大混乱之中。松下也不例外，销售额锐减，库存急剧增加。管理人员不得不向幸之助提出忠告，要大幅度削减生产，把工人裁掉二分之一。正在病床上养病的幸之助为之焦虑不安，反复思考。最后，他提议："工人一个不减，生产实行半日制，工资按全天支付。"与此同时，他要求职工利用星期天、休息日的闲暇时间，竭尽全力地做产品推销工作。没有几个月的时间，库存清除了，生产恢复正常。

当企业面临倒闭的危机时，沉着地做出这样的决策并非轻而易举的。但幸之助正是通过总结自己在与激烈动荡的现实生活的搏斗中所得到的一个一个胜利或失败的经验和教训，才一步一步地建立了把以人为本作为经营哲学的松下公司，也发展了这种"松下哲学"。

1923 年，松下制造出在设计、功能方面都有划时代意义的自行车电池灯。但无人理睬。怎么办？幸之助不顾一切，孤注一掷，继续投入资金，做了几千个样品灯，并免费配置，点燃后，放在自行车商店的铺面上。确实，这些灯燃烧寿命长，顾客们看到了感到很新鲜，纷纷抢购。

他在晚年回忆说："当时在日本，这样的推销方法几乎是没有先例的。如果这种实验失败的话，也许公司当时就倒闭了。"

从这次经历中，他得到的启示是："不管是什么决断，都是既面临风险，也会有某些成功的可能性的。关键是决断的前景、可行性难于把握。在很多情况下，这都具有不确定性……当然，你必须注意，在没有认准的情况下，就不要过分自信一定能取得成功，但在确认有某种程度的盈利可能时，就必须毫不畏惧地迎接挑战。"

另外，特殊的日本式感受力给予他的经营思想以很大影响。就在当他推销自行车电池灯犹豫不决时，有一天，他和两个朋友走访了一座寺庙。在寺院里，偶然发现一块点景石，幸之助便提议以是否能把这块石头举起来作为试试大家运气的根据。结果，比他健壮得多的两个朋友失败了，相反，他却试着举了起来。

他说："当时，我脑海中闪过一个念头：如果举起这块石头，那么实行这个销售计划，就一定有利可图。"

10 年后，他又提起了这件事："虽然人们说直觉并非科学，但依靠长期的训练而磨炼

出来的直感，有时比科学的方法更有判断的基础。大概要了解直感的价值，也应该反复在生活中磨炼吧！"

在古老的东方文化中，强调事业成功的条件是："天时、地利、人和。"松下幸之助也非常迷信这一点。他为了在极限范围内取得最大胜利，对电器公司内部组织实施重大改革，做到：各施其政，各行其权，各尽其责。

在松下幸之助的经营思想中，概念化的东西极少，他所有的经营之道都源于自己身体力行的经验。他是以经营一家小作坊到小工厂、小企业一步一步起家的，在工厂规模小时，凡事他作为一个厂主可以亲自躬问，而今公司下属各个分厂各种电器生产已具相当规模，就他一人要什么都能了解，什么都能当机处理已是不可能的事了。于是他想到了叫谁来负责的问题。

松下幸之助在《经营成功之道》中说："当我想到叫谁来负责去做之时，我的脑海里又出现了一个问题，既然叫人来做，则一切责任都应该让那人负起来才合道理。如果一般场合，每逢制造产品，我常会对这位主管其事的人说：'请你仅仅负责制造！'往往如此一谈，事情就完了。但是，这一次我没有那样做，我的想法复杂了，我向这一负责的人讲：'我们计划生产电热器，想成立电热器部门，请你来担当这个责任！同时，我已经详加研究，凡属于这一部分的制造也好，销售也好，或其他什么事情也好，都算一个职位应该负担的工作。换言之，这数项工作，是要让一个人员负全部责任。你可否多劳一下，担当这个职务？将来如遭遇非常重大问题，自然可以来和我商量！目前因为有很多其他重要业务需要我亲自处理，所以忙得无法开脱，实在没有余暇再来照料配电线器具或电热器方面的事务。然而，由于顾客们的恳切希望及时代之要求，我们公司非开始制造电热器不可，因此，现在才决定去做。我分不出身来，希望你来担起此一任务！'当说出'希望你来担起此一任务'之时，那就等于说任命此人为这个部门的最高主管。而所谓最高主管者，亦即将这一部门的全部业务，整个委托他负责办理，部门虽小，全部责任一个人承当，事情也不算简单了。松下电器公司的分权组织制度，便是如此这般产生的。"

松下幸之助这一构想产生后，便立即施行，其具体做法是，以每一种产品的生产部门为一独立单位，赋予各独立部门极大权限。1933 年，他将公司内部分为三大部门：第一部门为收音机部；第二部门为脚踏车灯及干电池部；第三部门为配电线器具及电热器之制造与销售部。在运作一段时间后，松下觉得上述分权办法，不够完善，不够彻底，认为既然施行责权区分组织制度，就应该做到名实相副，遂于 1934 年 3 月，再一次着手改革组织。将电热器具制造与销售分开，分别成立电热器具之制造部、销售部。这样销售部成为独立的部门，统管其他三部分的销售业务。在松下，生产部门与销售部门各自独立又互相联系，以推动整厂产销工作。这样分权组织制度，就彻底加强了生产销售两方面人员的职责。

每个部门主管拥有很大的权力，公司以各部门的首长之名义在银行设立户头，办理存款或借款的业务。这样各部门必须单独报算利益，处理业务完全自主。在销售方面，每个独立部门，均按照其需要情形，各自设立联络事务所或营业所，各自开展营业推销

活动。

这样的分权组织制度,在当时的日本企业界尚属首例,充分显示了松下幸之助的雄才大略。他凭借着自己经营事业的经验和基于创办企业的理想,构想出这样一种制度,并让它运用于实践,取得了很大的成功,不能不说是个奇迹。

松下创设这种分权组织制度的用意有二:一是事业经营者必须对公司尽责。公司内部分成了若干独立部门,各部门的盈亏各自单独的核算,绝不允许以某部的盈利来弥补其他部的亏损;也就废止了从前各部相互间的损益抵补办法。各独立部门要负责任地凭自己的努力和创意去争取营业利润,以此利润贡献于公司之成长、壮大。二是培养经营管理人才,真正做到"松下电器,生产电器具,也培养人才"。

此后,随着松下电器公司的发展,分权组织制度的形式和运用的重点,有了微妙的变化,然而它的基本精神,却始终保持至今,形成了松下电器公司在经营管理上的一大特色。

松下电器公司在宏观上进行了分权组织制度后,为了配合这一制度在微观上制定了公司用人规则的总章程、制定了五条"松下精神",举行朝会、晚会典礼等一系列办法。

松下的用人规则大致有以下几个特点:

(一)此一项规则适用的范围,在工人部分,区分为常雇工人和临时工人两种。

(二)雇用的工人,在雇用当时,其年龄限制明记为未满 40 岁的人;如有特殊技能的人,不在此限。

(三)松下电器公司设有"步一会",凡雇用的工人,都有入会的义务。工厂主对每一位会员每月补助日币 5 角。

早在 1920 年 3 月,松下为了团结公司内部从业人员,就组织了这个类似于工会形式的"步一会"。设立目的,在于会员间亲爱和睦、互相救济及增进福利;大家协力促进该会本身业务扩充,并进一步使松下电器制造厂业务发展。

"步一会"自成立以后,一直起着团结公司内部上上下下的作用,对公司从业人员有其凝聚力、向心力。

自 1932 年 5 月 5 日,松下电器公司举行第一次公司创业纪念典礼后,公司内部群情振奋,同心同德,励志图强。从此,松下电器公司的作风更为改善与完美。松下幸之助为了使其作风成为公司的传统风范,便于 1933 年 7 月 23 日向公司全体员工颁发厂主书——"制定松下精神的书函":

"径启者:时令已届酷暑,敬请注意起居,诸位珍重! 本厂业务逐渐发展,现于同行业中,业绩显著,众人瞩目,此均为各位同事勠力同心、热诚工作之结果,至堪欣慰,然而,最近常蒙各方人士垂询,松下电器公司如此惊人扩充,其原因何在? 或者用何秘诀能将事业经营到此等地步? 对于这般人士,我想提供一些正确资料,使他们清楚认识本人公司何以能够存在及壮大起来。同时,这些正确资料,亦是确定本公司全体员工必须遵守的指导精神,指导精神是什么? 兹正式发表于下:

一、产业报国之精神。

二、正大光明之精神。

三、亲睦合作之精神。

四、奋斗向上之精神。

五、遵守礼节之精神。

至此，松下幸之助早年对公司用人的理想终于实现了。"松下精神"成为其公司攻无不破、战无不胜的灵魂。

松下电器公司很多年以来，每天工作开始以前或傍晚工作结束以后，松下幸之助都会以老板的身份，向全体从业人员发表自己的感想。自1933年4月起，松下公司把朝会和晚会作为制度，每天必须举行。

朝会的内容是公司全体员工各在自己工作的地点，高声朗诵五条松下精神。

晚会时，则大家还要一齐合唱公司之歌：

荣耀扶桑工商大都，

企业起飞大阪城廓；

丰硕成果冠绝斯界，

松下电器我等光辉。

松下幸之助用以身作则的教化感昭着他的公司成长，使其团体成为严密的整体，上下齐心协力共同向繁荣、幸福迈进。

"企业即人"。1962年，松下幸之助在其第一本总结企业经验的著作《我的想法与做法》中说："古圣先贤说，人能兴国，人能亡国。回顾自古以来的历史，如实地证明了这句名言。毋庸讳言，事业的成败同样在于人。拥有优秀的人才，事业就兴盛，反之事业则衰败。这在实业界是常见的事情。松下电器能够有今天，可以说是由于得到了人才的缘故。"

后来，他又进一步阐述这种"人的因素第一"的思想。他在《实践经营哲学》一书中说：

"无论什么样的经营，只有得到了合适的人才，才能够发展。无论有多么光辉的历史和传统的企业，如果得不到正确继承其传统的人，也会渐渐地衰落下去。经营的组织和方法固然重要，但它是由人来推动的。无论建立了多么完善的组织，引进多么新的方法，倘若没有善于推动它的人，也无法取得成绩，从而也就无法完成企业的使命。因此，企业能否为社会做出贡献，并推动自己兴旺发达，关键在于人。"

松下幸之助认为：发现和培育人才是重中之重。

那么，怎样才能培育人才呢？他说："具体的做法很多，但是最重要的是要有'这个企业是为什么而存在并如何去经营'。换句话说，就是要在企业中坚定地树立起正确的经营思想和企业使命观。"

"要向职工经常地进行企业的使命观和经营思想的教育，使它渗透到人们的心中。与此同时，重要的是放手下级去工作，让他们能够在自己的责任和职权范围内自主地进行工作。"

松下幸之助由于高明的用人之道而被称为"可怕的用人魔鬼"。

还是在制造电灯插口和电风扇底盘的年代,松下幸之助在用人问题上就表现出了他高人一招的才能。

前面提到的公开工厂生产的技术机密就是典型的一例。公开配方不仅没有造成泄密,而且收到了良好效果,职工们因受到信赖而心情舒畅,劳动热情更高了。

信任可以使部下心情舒畅,干劲倍增,大大地激发部下的工作积极性和主观能动性。

在这方面,使松下幸之助引以为自豪的一个例子是,昭和初期他任命一个初中毕业生、参加工作仅两年的年轻人做主任,让他带领两个学徒到日本西海岸的金泽市去开办营业所。他诚恳地对这个年轻人说:

"你已经20岁了。按说,20岁在古代已是武士到阵前取回敌方大将首级的年龄了。你中学毕业后,又经历了两年见习店员的锻炼,有了一定的经验,一定可以胜任。至于做买卖的方法,你认为怎样做得对就怎样做。你一定会搞好,你要相信自己。"

这个年轻人果然不错,推销工作开展顺利,两年后营业员增加到7人。

松下幸之助因此得出的结论是:"人只要有了自觉性和责任心,就有力量完成乍看起来好像不可能完成的困难任务。"

曾经晋升到松下电器贸易股份公司代表专务董事的斋藤周行也有过这样的经历。

1934年,23岁的斋藤从福岛高等商业学校毕业后进入松下电器产业公司。在第一事业部的仓库里干了一个月的体力劳动之后,便做了营业部见习推销员,半年之后,被松下委以在神户地区开展推销活动的主任。

"在松下电器公司,你是第一个有学历的推销员。你不单单是要开展推销活动,而且还肩负着代表松下电器公司,作为我的代理人同用户打交道的重要任务。不要忘记,用户满意即是松下电器公司的成功,你自己便是公司的代表。希望你以这种精神努力工作。"

进公司还不到一年的斋藤一想到"代表公司,代表公司总经理"就精神抖擞,浑身充满了力量。他感激松下对他的器重,不知疲倦地在自己负责的地区内搞宣传,争取用户,和同行开展竞争。他废寝忘食,拼命工作,很快打开了局面。

为了扩大收音机的销售量,斋藤提出实行售后服务和建立网络的建议。为此,他实施建立"连锁店系统"计划,在各城市设立了"国民经营研究会"。到后来,它发展成为遍及全国的松下电器公司的销售网——"国民店联盟""国民店会"。斋藤还率先在该地区推行了当时还鲜为人知的"分期付款购货方式"。

1936年春天,在神户地区取得优异成绩的斋藤又被破格任命为新设立的东京营业所主任。这一委任对他来说真是"晴天霹雳"。因为按照当时公司的规定,见习职员要工作1~2年才能晋升为最低一级的正式职工——三级职员,若干年之后,才有可能被提升为主任,而他却由见习职员直接被提升为营业所主任。这是一般人不敢想象的事情。

在松下面前,他制定了两项工作计划:

一、为推进争取零售店的工作,打算免费招待每月购入10台收音机的零售店老板到

大阪总公司参观和宝冢二日游。

二、向这些零售店赠送一台收音机，作为该店参加特约店的招牌。

经过斋藤的不同寻常的努力，到了这一年的10月，已争取了300家零售店参加松下电器公司销售网。

为招待这些零售店老板到关西参观，松下电器公司向铁道省租赁了专用列车——"国民专列"，11节车厢一律配备来自银座酒吧间的高级女招待。列车从东京站开往大阪，一路上又吃又喝，载歌载舞，热闹非凡。松下幸之助等总公司领导干部专程从大阪赶到京都，提前登上列车，陪同客人们到大阪。无论是参观工厂，还是游览宝冢，也无论是住宿还是饮食，都安排得十分周到。在下榻的饭店里，松下电器公司的职工逐一检查房间里是否放了高级化妆品，地板上、洗澡间里是否有纸屑和毛发，连早晨入浴时的水温都要事先测定一番。

从此以后，松下电器公司在东京地区的销售网点又翻了一番，增加到600家，作为一家关西企业，松下电器公司就此在关东地区站稳了脚跟。

这个大好的局面竟是松下幸之助依靠一个年仅25岁的新职员开创出来的。

松下幸之助自幼身体病弱，创业之后，依然是病魔缠身。他说，正是自己身体健康状况不佳，才不得不依靠别人。另外，因为他出身贫贱，没有学历，所以他从心底里看得起任何一个人。

20年代初，一位医生一边给他治肺病，一边给他讲述为人处世的道理，使他在身心两方面获益匪浅。松下也把医生当作知己，向他倾吐自己的理想。他曾提出，将来自己既要边经营企业，也要边培养人才；使物质生产和人才培养同时进行。他想把企业经营和学校教育合二为一，作为一个事业。

1934年，松下幸之助就决定创办店员养成所（职工培训学校），经过两年左右的积极筹备，松下电器店员养成所于1936年开学，松下幸之助亲自任所长（校长）。按照他的设计，这所学校从小学毕业生中择优录取学生，在3年学习期间，每天学习4个小时，实习4个小时，结业时学完5年制中学的教育课程，可以比普通中学毕业生早两年参加工作。

松下经营

正当松下电器一步一步地向前推进之时，日本政府发动了罪恶的侵华战争，点燃了第二次世界大战的战火。

为了实现独霸世界的狼子野心，日本军国主义在国内加强经济统治，压迫民族工业，强迫大部分工业制造厂家直接或间接地转向军需生产。松下幸之助的企业也是在劫难逃。

1937年起，松下电器公司所属的干电池工厂接到军方命令，开始制造军用干电池。

1938年，松下金属股份有限公司接受"陆军省"的订货单，为陆军方面制造补给机关

枪子弹的简单金属部分,后来又奉命开始制造各种兵器。松下收音机股份有限公司则于同年设置无线电通信部门,1939 年 9 月,设置军需品部门,开始制造军用无线电收发报机的零件,如海军舰艇上的无线电收发报机的电键、线圈、可变电容器等。从此,松下电器公司的生产重点转向了军需物品。为此其经营方针也有所转变。

松下迫于当时国内的时局,不得不将生产转向军用,但他仍未忘记对民用物品的生产愿望。

1942 年,太平洋战争如火如荼。

日本政府大量造舰,并怂恿松下经营造船事业。松下幸之助虽无造船经验,但出于产业报国思想,接受了军方的要求,决心按照自己独特的构想着手设厂制造。

其构想是,效法福特汽车制造厂的"装配线作业方式",动用他自己总结出来的大量生产理论,建立一条造船作业流水线,每 6 天要使 1 条船下水。

1943 年 4 月,松下幸之助投资 1000 万日元,设立松下造船公司,在大阪府的土界海岸购得 3 万坪土地,建筑了厂房。公司员工在松下幸之助和总经理井林岁男的督促下,克服种种困难,一边研究,一边生产,夜以继日地拼命,终于在半年之后,第一艘船只下水了。以后果真是 6 天造出一艘船。这在当时的日本引起了很大的轰动。昭和天皇莅临工厂参观慰问。

松下造船公司获得了划时代的成功。因为在当时,以这样的一贯作业方式系统造船的船业公司,全世界几乎没有,而在内行看来,松下幸之助奇异的造船法实在是难以理解和接受。可结果是松下幸之助这样的奇想取得了成功,并且造船效率非常高。这不能不说是一个奇迹。

由于松下幸之助的造船业绩,引起了海军当局的关注。海军要求他以这种方法生产飞机。1943 年成立松下航空工业公司,松下又一次投资 3000 万日元。到 1945 年春天,按照预定进度完成第一架飞机,飞行速度达到了预期的目标。这不能不算是一次成功。然而就在松下幸之助成功地让 3 架木制飞机上天时,日本已战败宣布投降,战争结束了,松下生产的飞机连 1 分钱也没有收到,欠了一大笔债。

1945 年 8 月 15 日,日本宣布无条件投降。

这个突如其来的打击使松下幸之助忧虑万端,一筹莫展。8 月 15 日,他辗转反侧,无法入睡,脑子里不停地闪一现:今后该怎么办呢? 又能有什么事可以去做? 一夜的思考,他终于决定:"既然失败了,哭也无济于事。今后应正式兴起和平产业,重建日本,大力从事生活必需品的生产。"第二天,松下幸之助提早上班,召集全公司职工开会,他说:"松下电器应采取的路线,必须是复兴日本,重建日本之路。我们要集中全力在生活必需品的生产上,这就是我们当前的使命。员工不能有一个辞职。就算把失业者都找来帮忙,恐怕还嫌不足,我们非得携手合作,增加生产不可。"

在《松下公司史》中,这样简洁地记载着:

"8 月 15 日,战争的噩梦终于结束了。第二天,松下社长召开会议,宣布公司的生产转入和平产业。整个国家倾倒在战争的硝烟之中,成为一片废墟。社长要求全体公司员

工发奋图强，为重建国家而积极工作。"

这种把企业的繁荣和国家的繁荣视为一体、把企业的命运与国家的命运密切相连的日本经营方式，始终是松下经营思想的主干。

战后，松下幸之助的处境极为困窘，正如他自己所说："从财产税而言，在当时我可能是日本负债最高的人。我常向朋友商借10万、20万用来维持私生活。因为他们没有被指定是财阀能自由使用，我就到处向这些人借钱，不但我个人当时的货币计算有几百万的负债，对于公司等也有几百万的负债。因此，我成为对财产税没有资格缴一文钱的全国最穷的人。"

就在这样的艰难困苦中，松下幸之助却无时无刻不在思考着个人及事业的未来与前途。他仍然关注着关于社会的繁荣，为此，他发起了"PHP 运动"。

PHP 是英文缩写。其意义为："由繁荣带来和平与幸福"。这个理想含有着极大的宗教热情，也表明松下幸之助对生命本身的接近。1946 年 11 月 3 日，在松下幸之助积极倡导与组织成立的"PHP 研究所"成立典礼上，他发表了热情洋溢的演说：

"我成立本研究所的目的，就是希望向许多前辈汲取智慧和精华，尽快在我们生活中的各个方面实现这种愿望。"

"PHP 研究所"成立后，积极开展社会启蒙运动，其内容主要有以下 10 项目标：

1.勤劳工作的人，应享有丰裕的生活。

2.让人们自由愉快地工作。

3.对于"民主"的意义，要有正确的理解。

4.劳资双方，应彼此协调，并各尽其责。

5.戒除浪费。

6.减少公家经费，增加工作效率。

7.租税负担，要正当公正。

8.由企业详细划分而促成空前的繁荣。

9.要使工作的人发挥最大的效能。

10.教育的目的，是培植人们具有完整的人格。

为了推动这一运动的进展，松下幸之助于 1947 年 4 月，创刊"PHP 杂志"，从 1948 年 2 月开始，他本人在该杂志上将自己的想法命名为"PHP 之声"，每期写一篇文章，公开刊载发表。

该杂志除日语版外，还有英、西语版，发行量已逾 150 万册。

通过这一运动的发起与推动，松下幸之助在自己的生活中重建了新的精神世界，并且由己及人使一系列的"PHP"思想——物质上的繁荣和精神上的安宁与充实——推而广之，不仅使松下电器公司员工受益，而且存留于世，昭示后人。

至此，松下幸之助已不是一般意义上的企业家，而是一位有深刻内涵的思想家了。

那么，他有哪些思想呢？

首先，要了解人的本质，了解恢复人本来面目的方法。

他曾这样回忆说："我几乎没有受过正规教育，因为一心一意做买卖，对哲学一窍不通，与社会运动和教育运动没有丝毫关系。对自己应该走的道路，也看得不很清楚。因而，我认为，暂且不管如何使人感到唐突，首先必须就我们大家共同关心的问题进行对话。因此，我亲自组织 PHP 聚会，谈自己的教育使命；会见审判官、律师；学习各种知识；同时就日本的现状，发表自己的意见；当然也与医大教授们交谈；也找一些曾在京都寺院里生活、学习过的男孩子们，就宗教、社会的责任与他们进行商讨。"

不久，对话渐渐变成国际性的了。的确，幸之助为了"易于在全世界普及"，PHP 的宗旨是用英语写的。这种活动的独特之处在于它并不强迫别人改变自己原有的信仰。

幸之助除了用讲演、写作与个人和集团进行对话外，他使得这个活动得以普及的唯一文字工具是杂志《PHP》，松下让人们借助于铅字的形式进行公开讨论。

在《人的思考》一书中，他把追求人类应该走的道路，最后结论表述为"人道"。作为贯注于他的一切活动之中的是，他在经济活动的世界中亲自掌握的经营哲学，这可以说是具有更一般形式的东西。

其中，他多次提及、强调的几个词，对任何企业、机构的运转和发展来讲都具有普遍意义。

首先是"生长""发展"。它的意思是：诞生、生长、发展、变化。而且旧事物消亡的过程就是新事物渐渐生长、发展的过程。

其次是"众知"，即集中"很多人的智慧"，也就是说，集中从古至今的全部人类智慧。

再次是"诚挚"。诚挚一般指的是老实、顺从。但幸之助却认为："真正意义上的诚挚之心，它是包含着强有力的积极内容。""诚挚"之心是"不受任何偏见所束缚，自然而然地把事物原来是什么样就看成是什么样的心灵"。

所谓"人道"就是人类在认识到自己有支配万物的能力的基础上，走应该走的道路。

当读《人的思考》一书时，人们从他谈论关于诚挚之心作用那部分的文字里，好像看到幸之助那无法用言语表述的、蒙娜丽莎似的独特的微笑。

"所谓诚挚之心，就是光明磊落之心，是不受任何偏见的束缚，把事情原来是什么样就看作是什么样的心灵。有了这样的心灵，可以抓住事物的真正本质。在此基础上，激发起去做应该做的事，排除不应该做的事情的勇气。在诚挚之心中，也包含着爱，即爱本应该憎恨的对手，也去帮助别人改正错误，并引导他走上正确道路。另外，明哲与远见，也都来自诚挚之心。一言以蔽之，诚挚之心，就是人类正确、坚强、聪明之心。"

"虽然，这样的诚挚之心，是一个人培养、提高的，但在集中众人智慧的基础上，磨炼一个人的智慧，是基本而又重要的。没有诚挚之心，互相之间束缚于各自利害得失或感情之中。与其说：由于互相争斗而难以集中产生出来的人类智慧，还不如说这会招致与智慧对立和抗拒的不幸。"

因此，人如果能正确地认识自己的本质，尽力培养诚挚之心，不束缚于利害得失或感情之中，集中人类智慧的话，那么就能在任何时候都最大限度地发挥自己优秀的本性。而且迫切追求物质精神的协调发展，本来就是许多人的真诚意愿。

1982 年 6 月,他仍然强调:"毋庸置疑,优秀的经营,无论在什么时候、什么地方都是优秀的经营。成功的经营哲学放之四海而皆准。"

　　"只要有正确的经营思想,就会有事业的发展。这不管是在日本、欧洲还是在美国都是相同的。经营者必须优先考虑到人们的需要,把消费者利益置于首位,恐怕即使在社会主义国家里这一点也行得通。只要在人人满意的基础上进行经营,无论走到世界上哪个国家,要做到优秀的经营都是可能的。无论如何,经营所必须遵从的经营原则是相同的和相通的。"

　　"一个人的示范作用有强大的影响力。尽管是一个人,但只要你把更好的作法向大家耐心地解释清楚,让人们全都理解,最后你也能发挥强大的影响力。但在那个时候,首先不能认为自己比其他人聪明。启用聪明人是很费力气的,关键在于你是否有虚心学习的姿态。"

　　他坚信:以"人道"的思想为主,包括政治、社会丰富的内容在内的经营哲学是在他的经营实践中反复锤炼出来的,它经得起时间的考验。人的本质即使过 1000 年以后,再回到这个世界上也几乎不会有什么变化。

　　正因为如此,以不断改变人们的生活方式为努力效果的经营,究竟怎样做才好就成了他考虑的中心课题。

　　他已成为对人类的存在问题有综合观察能力的实践哲学家了。

　　1975 年,他出版了名为《人的思考》的著作。行文中,他对人类现存的各种问题,充满了信心。1981 年,在出该书的英译本时,他向读者呼吁:希望听到对自己观点的批判和意见。幸之助就是这样,虽然,他的思想穿着日本经验和价值观的外衣,但从青年时代起,他就常常努力地、有意识地对具有普遍性事物进行思考。而且强调对各种各样的情况要灵活处理的幸之助常常使用似是而非的表现手法。他对自己居然能充当教育者的角色感到出乎意料。因为他认为自己不是一个乐观主义者,而是一个悲观主义者。

　　"如果我是一个乐观主义者的话,那么我就不会介入这样的事情了。正因为我对人类的现存问题是悲观的,所以才认为大家都要不断努力,克服缺点,发挥(人的)本质中美好的东西,过上一种和平、和谐的生活。"

　　松下幸之助绝不是一个思想狭隘的企业家。他是一个敢于、善于向别人学习的实践哲学家。

　　他曾说过:"我很穷,不得不独立地白手起家开创道路。因为没有学历,所以自己看到其他人,都觉得他们是优秀的。我总觉得,与其看别人的缺点,不如学别人的长处。这样想的结果就是,尽可能地向别人学习,广泛地倾听别人意见。"

　　战后,松下公司的盈利额名列第一,整个日本的企业界都沿着松下的道路走而取得了可观的成就。从 20 世纪 80 年代开始谈论的"日本式经营"成为欧美经营理论中一种流行的观点。西方企业界都认为这种成功的经营方式起源于日本独特的民族文化和民族心理,然而幸之助并不认为这种革新了的经营方法,只能溯源于日本传统和文化。

　　按松下的看法来解释,日本企业之所以成功是因为:"尽管我们所选择的学习榜样的

方法有很多错误，但总而言之，我们的许多方法来自欧美，正因为在吸收他们的知识和经验方面，我们有反复的实践，并积累了长期的经验，才取得成功，也才使战后的日本强大起来。"

看战后日本繁荣的情况，欧美的经济学家感叹道，要从日本学的东西太多了。日本人的勤奋工作精神，用句不好听的话说，就像工蜂那样，有一种孜孜不倦的工作嗜好。松下电器就是在这种精神的基础上建立的。

但是，松下却说，并不是那样。在松下电器不能只像机械那样地工作，而是应该在工作中取得快乐。由此可以清楚地看出，松下并不推崇那种工蜂式的工作方式。

松下关注的问题是工作的成果，即取得了什么成绩。从这个意义上看，松下既是理想主义者，也是浪漫主义者。

老骥伏枥

经历了二战浩劫的日本，经济上完全垮了；一般民众的心态，还停留在战争带来的创伤之中，精神方面也失去了支柱。

松下幸之助在战争期间为军方造船、造飞机，欠下一大堆债务，但他没有消沉、颓废。他于 1949 年秋天，不顾旅途劳顿、交通拥挤，从北面的北海道起，到南面的九洲岛上，遍访松下电器的代理商，与这些代理商交换意见，真诚谈心，终于建起了全国性的推销网络。松下此计甚妙，且领先于同行，奠定了他战后商战胜利的基础。

他在 1950 年 7 月 17 日，迅速召集公司的干部恳谈，阐明自己对今后商业发展的打算，征询每一位干部对公司往后发展的意见。

他在恳谈会上，做了言辞真诚的演说：

"蒙各位先生关心公司的前途，由第二次世界大战停战迄今，大家怀抱忧虑，隐忍负重，我个人至深感激。现在时机已经来了，从此，我们可以自由活动，能够去做想做的事，过去的事，就让它成为过去罢！今后只有积极工作，专心从事业务。"

这时的松下幸之助，非常谦逊，仿佛忘记了以前的光辉业绩，大有从零做起的味道。他热情、进取，不断吸收新知识。

他于 1951 年一年之中两次赴美，目的是考察美国的销售市场以及美国企业的经营策略。除学习别人的经营法之外，还有一个重要的目的——寻找技术合作伙伴。最后选中了荷兰的菲利浦公司，合作项目包括电灯泡、日光灯、电子管三种。这在松下电器公司的历史上，又写下了光辉的一页。

松下幸之助出国考察获得的另一重要成果：效法欧美企业，建立起松下自己的中央研究所。

1953 年 8 月，他在门真地区兴建了一座占地 2300 平方米的研究所；1954 年 7 月，他在总公司内成立了"综合技术委员会"，研究开发具有诱惑力的产品。

1955 年，日本发生了"消费革命"。

这时，日本民众的消费水平达到、超过了战前水平；电视机、电冰箱、洗衣机成了群众追逐的三大件。松下幸之助早年确立的"大量生产、降低成本、繁荣社会"的经营思想又有了社会基础。

松下电器公司很快研制出电视机、电冰箱、洗衣机、电风扇、电唱片等等新产品。松下电器进入千家万户，松下开始腾飞了。

战后，日本企业多实行"借债经营"，负债额往往为企业资本的数倍乃至数十倍。这使企业经营处在极不稳定的状态之中，景气时还能过得去，一旦不景气，金融紧缩，利率提高，企业就有可能因负债多、资金周转发生障碍而倒闭。松下幸之助针对这种状况，根据自己的切身经历，提出了"水库式经营"的思想。这个口号是他于 1965 年 2 月在一次研讨会上提出的。

所谓"水库式经营"，就是在经营的各个方面都备用有"水库"，以应付外部形势的变化，而不受其很大影响，并能稳定而持续地发展。"设备水库""资金水库""人才水库""库存水库""技术水库""计划和产品开发水库"等等，在各方面都要修筑"水库"，换言之，就是要进行留有余地、有备无患的经营。

松下幸之助强调："更重要的是在此之前，应首先建立起无形的'心理水库'。这就是要有'水库意识'。"

"留有余地，量力而行"——这也是松下幸之助经营思想的重要组成部分。是在 30年代创业初期，他就开始实践这种与众不同的企业经营办法。向银行借钱时，需要 1 万日元，则借 2 万日元，然后将其中的一半存入银行。将高利息借款变为低利息存款，这似乎是违背经济学常识的做法。然而松下幸之助并不认为这不划算，他将这笔钱当作"保险金"，以防万一。在他认为必要的时候，这笔存款可以随时取出，因此，在资金上就有了富余。他常说："借钱也要留有余地。"

"集思广益的全员经营"——这也是松下幸之助一贯遵循的原则之一。他相信，在经营越能发挥全体职工的智慧，公司也就越发展。

松下幸之助在《实践经营哲学》一书中，曾对"全员经营"做过精辟的论述：

"无论是有学问的人，还是精明能干的人，都需要'集思广益'。没有这一点，就不会取得真正的成功。这是因为，不论是多么优秀的人，只要他是人，就不会像神一样无所不知，无所不能。人的智慧是有限的，只凭自己有限的智慧去工作，就会发生各种意想不到的问题以及看问题的片面性。这些往往会导致失败。正如俗话所说：'三个臭皮匠，顶个诸葛亮。'必须集中多数人的智慧，这是上策。"

"重要的不在于形式，而在于经营者的思想准备。这就是说，真正认识了集思广益的重要性，平时就会努力倾听大家的意见，并且造成一种职工自由发表意见的气氛。如果平时做到了这一点，那么遇事即便是经营者一个人做出判断，判断之中也就包含着群众智慧了。"

为了达到集思广益的目的，松下幸之助主张职工积极地甚至越级地提合理化建议。

企业各级领导对此要持欢迎态度，要有热情。从 50 年代起，全公司上下开展了名为"无限的献身"的合理化建议活动。

1978 年正值松下电器产业公司创业 60 周年。在这个年度，全公司 6.3 万名职工共提合理化建议 177 万项，其中电视机事业部 24.1 万项，在全公司内遥遥领先，平均每个职工提合理化建议约 189 项，多则可达上千项。其中一名职工在一年内提出了 4000 多项合理化建议。

松下电器产业公司的合理化建议活动是以小组形式进行的。公司设有八等奖，入选者一等奖 2 万日元，二等奖 1.5 万日元，最末一等（八等奖）1000 日元。

这些建议被采纳的虽然只有 6.5%，多则 10% 左右，但都是职工们认真研究和思考的结晶，并非为应付差事而胡乱编造出来。职工们的合理化建议活动全部在业余时间进行。一个小学生看见妈妈天天埋头写合理化建议，就奇怪地问："妈妈不上学了，为什么总是做家庭作业？"由此不难想象，松下的职工们为开展合理化建议活动要额外付出多大的代价。

正是合理化建议活动使职工与企业融为一体，形成了牢不可破的命运共同体关系。

昭和 57 年（1982 年）1 月 10 日，约 7300 名干部聚集在大阪府枚方市的松下体育馆，依惯例召开了自昭和 15 年（1940）以来，每年一次的经营方针发表大会。此时的山下俊彦当总经理已经 5 年了。

这期间，松下电器的事业发展一帆风顺，成绩斐然，年营业额从山下初任总经理时的 1 兆 4345 亿日元上升到 2 兆 3460 亿日元，增长了将近一倍；利润也由 970 亿日元增至 1705 亿日元。

昭和 56 年（1981）的营业额比上一年增长了 16%，利润增加了 25%。在山下担任总经理的五年中，所取得成就令人刮目相看。

尽管如此，这次经营方针发表大会却是在异常紧张的气氛中开始的。

依照惯例，会议的程序是，首先应由总经理山下发表经营方针，然后是松下正治会长发言，补充意见，陈述勉励之词，最后由松下幸之助高级顾问发表鼓舞士气的讲话。在融洽的气氛中圆满结束。

这次，松下幸之助却出人意料地率先登台发言。

松下显得极其激动，包括中间插播了 40 分钟的录音，他前后滔滔不绝地讲了近一个半小时。而且，这次与其说松下在鼓舞士气，还不如说是在向大家提出警告。

松下已年过 80，声音很小，加之他天生声带较弱，发音含混不清。因此，在场的 7300 名干部很难听清他讲话的内容，只是静静地注视着松下怒气冲冲的面容。

尽管松下的声音确实小得令人难以听清，但当他声嘶力竭地喊出："喂，听得见吗？后面听见了请举手"时，结果与会者全都举起了手。

这种令常人忍俊不禁的场面充分体现了松下所期望的团结一致、坚如磐石的精神。而且每当这时，大家也能意识到是松下电器的一员。

松下越讲越激动，脸上显得怒气冲冲。

整个会场都鸦雀无声,呈现出异样的气氛。

与会者都明白:松下的目的是告诫大家,无论业绩多么好,都不能忘记松下电器的基本方针。

为此,在松下讲话过程中,特意串播了 40 分钟的高桥荒太郎的演讲磁带,这是高桥在松下电器贸易公司做的题为《关于基本方针》的演讲磁带。

被称为"松下教传教士"的高桥演讲的主题是:"松下精神就是松下幸之助本身"。松下对高桥的这个演讲非常赏识。

放完磁带后,松下接着说:

"最近,听到有些干部说:'松下电器不能变成金太郎糖(日本名糖,无论怎样切,断面都有传说英雄金太郎的脸)!'说这种傻话真是岂有此理。为什么变成金太郎糖不行呢?松下精神难道不是要使全体成员团结一致,坚如磐石吗?希望大家牢记基本方针,奋发图强。"

显然,松下幸之助是对以女婿松下正治会长为首的全体职员的忠告。

松下希望宁可先将基本方针像经文一样进行反复咏颂,从而深深地铭刻在职员的头脑中。就像僧侣修行那样,即使根本不解其意,也要先从念经开始。时间一长就会逐渐开始理解了。

松下很担心,若不经常敲打,全体职员会因忽视基本方针而变得松懈。"最重要的是让大家知道我发脾气。"这是松下老翁别具一格的一贯做法。

老年松下虽然退隐真真庵,表面上过着悠闲静谧的生活,可内心里继续思考着企业使命、人文关怀等等重要问题。

他常常对人说:"仅仅成为日本一家优秀的公司或技术比别家进步,我们还不能满足;当年明治维新的志士是使用武器、手握刀剑,将日本造成为一个近代文明国家。我们绝不许用那种杀气腾腾的凶器,我们要把目前所持有的力量,做境界更高、效果更大的运用,即以近代的经营与近代的技术,促进世界的开化与文明,天下平等互惠,万邦共存共荣,种和乐之果,开太平之花。日本本土不说了,即使在海外任何地方,都将看到我们的事业:大和民族的工艺技术,在那里扎根、成长,年年月月扩展其影响力。我深深盼望这一天早日到来!"

纵观松下幸之助的一生,他始终把企业关怀与社会关怀、民族关怀并重,从未忘记自己的使命,从未把赚钱当成人生的唯一目标;在企业经营方面,他总能在关键时刻力挽狂澜,总能将自己新奇的构想付诸实践,并取得成果。可见:他是一位真正的企业家。

全球著名股神

——沃伦·巴菲特

人物档案

简　　历:美国投资家、企业家及慈善家,经济学硕士,主要投资品种有股票、基金行业,被称为股神。现任伯克希尔·哈撒韦公司董事长和首席执行官。1930 年 8 月 30 日出生在美国内布拉斯加州的奥玛哈,1941 年,刚刚跨入 11 周岁,他便跃身股海,并购买了平生第一张股票,1949 年获得了内布拉斯加大学林肯分校经济学学士学位,1950 年,巴菲特申请哈佛大学被拒之门外,考入哥伦比亚大学商学院,获得了哥伦比亚大学经济学硕士学位,1957 年,成立非约束性的巴菲特投资俱乐部,1965~2006 年的 42 年间,

伯克希尔公司净资产的年均增长率达 21.46%,累计增长 361156%;同期标准普尔 500 指数成分公司的年均增长率为 10.4%,累计增长幅为 6479%,2012 年 4 月 17 日患有前列腺癌,2022 年 5 月高票通过继续担任伯克希尔·哈撒韦公司董事长和首席执行官。截止 2023 年 3 月 23 日,沃伦·巴菲特以 7800 亿财富位列《2023 胡润全球富豪榜》榜单第 5 位,财富减少了 200 亿元。

生卒年月:1930 年 8 月 30 日~

性格特征:做事沉稳并有魄力,有理想,坚持不懈,崇尚慈善。

历史功过:2008 年世界首富,总统自由勋章,2022 年福布斯富豪榜第 5 位。提出"三要三不要"理财法,他的理财和投资理念已经深入人心。

名家评点:比尔·盖茨评价说:"人们向沃伦学习的第一件事,当然是怎么思考投资。这很自然,因为他有惊人的投资纪录。不幸的是,太多人仅关注投资,而忽略了一个事实:巴菲特有一个很强的、商业思维的整体框架。"

少年玩家

华伦·巴菲特之所以成为举世闻名的最伟大的投资者,与他的童年生活有着相当密切的关系。

他从小就有对股票投资的兴趣。换言之,巴菲特的投资意识及商业天才,早在他孩提时代就已经初露锋芒。

华伦·巴菲特,1930 年 8 月 30 日出生在美国中部内布拉斯加州的奥玛哈。其父霍华德,是当地的一位股票经纪人,并担任共和党的国会议员。巴菲特的祖父和父亲都曾是从事杂货零售小生意的。小小的巴菲特就在商品生意的气氛中受到熏陶,耳濡目染,使他很早就懂得做生意是一项低进高出的流通活动,并在家庭的经营中学会了推销商品的方式和技巧,从中赚取利润。

巴菲特的赚钱生涯始于童年。

8 岁时,巴菲特就从家里的杂货店买来"可口可乐"饮料,然后转卖给邻居家里的小孩或大人,从每罐中赚取 5 美分。过了一年多,他已经成了远近闻名的"儿童老板"。巴菲特从小就对这种商业经营活动情有独钟,乐此不疲。他自小显露出的对商业的持久兴趣就是日后创业的良好基础。

霍华德是一个股票经纪人,家里藏有许多股票方面的书籍。巴菲特对书上的数字很入迷,每当看到排列得五花八门的阿拉伯数字,他就兴奋不已,并能轻易地在脑海里进行数学运算。

8 岁的巴菲特已经开始阅读家藏的股市书刊,而且总是很投入。那些奇怪的数字就像彩色的童话故事一样,令他陶醉。家里人,甚至连他自己都莫名其妙:小小年纪,为什么会如此痴迷那些数字呢?

11 岁那年,巴菲特来到父亲担任经纪人的哈里斯·厄普汉姆公司做股价板的记录。也就是在这一年,他平生第一次买进了自己的第一只股票,即城市服务特别股。这使他初次品尝了股票获利的甜美味道。机灵的巴菲特意识到,玩股票比从前的低进高出的小生意买卖更有意思。

从此,他的兴趣转向了股市,立志通过炒股成为一个有钱的大老板。

由于父亲任职国会,少年巴菲特迁居华盛顿特区居住。此时,13 岁的巴菲特开始自创投资事业。他一边替《华盛顿邮报》送报,一边用自己平时做生意积蓄的存款,购买了两台单价为 25 美元的半旧弹子机,并将它们放在一家理发厅里。很快,就用赚到的钱再购置了 5 台。这样,7 台弹子机每月给他带来 200 美元的利润。

巴菲特并未满足,又与一位中学同学合伙用 350 美元,买下了一部 1934 年出品的"劳斯莱斯",以每天 35 美兀的价格对外出租,到 16 岁中学毕业时,他已经赚得 6000 美元。

这次合作正是巴菲特以后成立合伙投资事业的初次试验。

中学毕业后,巴菲特进入内布拉斯加州大学学习企业投资管理。他强烈地意识到知识的重要性,便时常钻进书海中,废寝忘食地求知。

当他上大二时,读到了本杰明·格兰姆的经典之作——《聪明的投资人》,真是如获至宝,到了爱不释手的程度。这部书深刻地影响了巴菲特的思想。格兰姆说:"把投资当作生意来看,是最有智慧的投资。"这句话被巴菲特一直奉为圭臬。

为了能够聆听格兰姆的真教,巴菲特一俟大学毕业,便急匆匆地离开故乡,只身来到纽约,进入心仪已久的哥伦比亚大学商学院求学,直接受教于格兰姆教授。

格兰姆真是一位好老师,他一边系统地传授自己的投资理论,一边还为巴菲特这些好学生联系实习单位。巴菲特在实习时结识了一家保险公司的财务总裁,了解到保险业务的各种运作情况。这为他投资保险业打下了坚实的基础。

由于有了扎实的保险业务基础知识,眼光敏锐的巴菲特毫不犹豫地将自己做生意赚来的9000美元血汗钱投资到保险公司的股份上。果然这笔投资获得了较好的回报率。巴菲特不仅赚了钱,而且也积累了这项业务的投资经验,坚定了闯天下的信心。

华伦·巴菲特在哥伦比亚大学拿到经济学硕士学位之后,辞别了恩师格兰姆,回到自己的故乡奥玛哈,就职于哈里斯·厄普汉姆公司。立志干出名堂的巴菲特在求知路上永无满足,仍是争分夺秒地继续研究学习;忙完每天的职务工作后,便全身心地阅读各种金融书刊。

巴菲特一有空就去光顾内布拉斯加州府林肯市的图书馆,查阅各种保险业的文献及统计资料。细心的巴菲特不但学到了许多保险实际业务知识,还了解到全美国保险业的发展情况,并且发现了美国保险业中存在的许多未被人们注意的数据;这为他以后拓展保险业务提供了依据。

巴菲特的勤奋好学是远近闻名的。他从恩师格兰姆那里学到了许多投资理论和财务分析方面的知识,从图书馆和实践当中又学到了不少东西。此外,他还从一个名叫菲力普·费歇的学者那里学到了股票操作的方法学知识,使他能够准确地判断出较好的长期投资,以便获取更加丰盈的利润。

华伦·巴菲特之所以成为举世闻名的最伟大的投资者,与他青少年时代的勤奋好学精神是分不开的。巴菲特成功后没有忘记精心浇灌自己的园丁,他把格兰姆和费歇两位恩师看作是自己的"精神父亲"。并用爱戴和感激的口吻说:"我自己有85%像格兰姆,有15%像费歇。"

巴菲特确实是一位博采众长的人。他从不放过任何一个学习机会。

巴菲特的儿媳妇玛丽·巴菲特在《巴菲特原则》一书中写道:

"当我们剖析华伦投资哲学时,你会看到他是:

部分的本杰明·格兰姆。他学习本杰明以企业前景为重点的投资哲学,及强调价格是选择投资的主要动因。

部分的菲利普·费歇。费歇是神话般的资产管理人,也是华伦奉为圭臬著作的作

者,他的著作主要影响华伦思想的是,'只有最优异的企业经营与远景是唯一值得投资的商业价值',以及'没有一个时间适合将最优秀企业脱手'的理论。

部分的劳伦斯·彭博。彭博是30年代的思想家及作家,他的'消费独占企业'是最佳投资价值的理论影响了华伦。

部分的约翰·布尔·威廉氏。威康氏是30年代的数学家与财务哲学家,以及哈佛大学出版公司出版的《投资价值理论》的作者。

部分的罗德·肯尼士。肯尼士是有名的英国经济学家。华伦吸取他'着重组合概念'及'认真研究某一领域虽重要但不可失之一偏'的理论。

部分的艾格·史密斯。史密斯是《长期投资股票》一书的作者。

最重要的是部分的查尔斯·慕格。慕格是一位法学家及一家财务公司主持人。他是华伦的朋友及合伙人,他说服华伦把焦点更集中在精算购买优异企业的买价,而不是只单纯地跟随格拉罕式的买价论。

这是一群不墨守成规的人,他们在股票投资上的思想年限横跨100多年。"

从巴菲特儿媳妇的分析中可以看出:巴菲特并不是一夜之间变成投资天才的,他的聪明才智是持续不断地撷取各家思想精华而来的。

青胜于蓝

华伦·巴菲特擅长于吸取别人成功的经验,不仅潜心于研究格兰姆、费歇等人的投资策略,而且还阅读大量的书刊,内容涉及较广。难能可贵的是,他常把别人的经验、理论加以翻新,注入自己的想法,并在实践中形成了自己独特的、较为完整的投资理论体系。

众所周知,格兰姆和费歇之间的差异极为明显。

格兰姆强调的是数量分析问题,只注重那些能够被测量的因素,即固定资产、流动盈余和股利。他研究的重点是公司的档案和年报。格兰姆并不主张去拜访顾客、竞争者或管理阶层。他只对那些能够被一般人接受的投资方法有兴趣。为了减少风险,格兰姆建议投资人将手上的投资组合尽量分散化。

费歇的投资理念是:重视特质的分析,强调那些能增加一个公司价值的因素,如对未来成长的预期和管理阶层的经营能力等。

格兰姆只对购买便宜的股票感兴趣,费歇却只购买实质价值有潜力长期成长的公司。与格兰姆相反,费歇会花许多精力和时间,进行广泛的面谈,去发现可能改进其选择过程的任何蛛丝马迹,还比较喜欢集中组合投资于少数股票。

巴菲特受惠于这两位投资大师,认为两位老师的投资策略虽有不同,但是,最终的目的是一样的。而且他俩的投资方法在投资世界里是并驾齐驱,有着同等的重要地位。

巴菲特卓越的投资成功,就是建立在综合二者的基础上的。他兼收二者投资策略的

优长特点,在创新的基础上形成了自己的独特投资理念。

青出于蓝而胜于蓝。巴菲特在投资世界超过了自己的所有老师,成为"后来居上者"。

和巴菲特的儿子离了婚的玛丽说:"华伦是第一个,也是最崇高的一位商业专业领域的思想家、哲学家。他能结合财经与商业界最伟大的哲学,并能就这样的结合提出一个崭新的方法。他的方法有许多方面与华尔街精神完全不同。"事实上,巴菲特的方法与自己最尊敬的老师也不尽一致。

格兰姆是巴菲特投资生涯中最具影响的人,作为格兰姆最得意、最杰出的学生,巴菲特成了格兰姆实质价值投资法的公认的传人。巴菲特的名字几乎就是实质价值的同义词。

然而,对于一些公司的投资,像美国运通(1964 年投资)、华盛顿邮报(1973 年投资)、首都/美国广播公司(1986 年投资)、可口可乐公司(1988 年投资)、威尔斯法哥公司(1990 年投资),以上这些企业没有一家能够通过格兰姆的财务检验。巴菲特却大量地投入了资金,而且获得了巨大成功。这说明:巴菲特在格兰姆投资理论的基础上,又进行了发展和完善,已经超过了格兰姆。

在早期的股票投资生涯中,巴菲特的确致力于格兰姆投资方法的实践,可他以格兰姆严格的数量指导方针所投资的一些股票,竟是没有利润的投资。巴菲特在格兰姆——纽曼合伙公司工作期间,开始深入研究各类财务报告,希望了解是什么因素导致公司股票下跌。巴菲特终于明白,许多他曾经以低廉价格买进的公司股票之所以便宜,是因为其所属公司的营业状况正面临着危机。早在 1956 年,巴菲特就开始注意到格兰姆买进廉价股票的策略并不实用。

为了使格兰姆的投资策略有效,巴菲特认为,必须有人扮演流通者的角色。如果市场上没有人扮演流通者,就必须有其他的投资人乐于购买你的公司的股票,这样,才会使股票的价格上涨。

巴菲特解释说:"假如投资者支付 800 万美元给一家开价 1000 万美元的公司,而投资者又能适当地卖掉这笔投资,那么他将会有一笔可观的收入。然而,此时公司潜在的营运状况不佳,而需耗费 10 年的时间来销售该公司,那么,投资者的总利润有可能低于平均水准。时间是绩优企业的朋友,是平凡者的敌人。"巴菲特从自己早期投资的失误中总结教训,不再严格遵守格兰姆的投资策略。他开始既注意公司的量化层面特征,更重视公司的质化特征,寻找低于实质价值的投资。

1969 年,巴菲特又发现一块"宝石",即费歇的著作。它引导着巴菲特卓有成效地发现一个又一个的优秀企业。

巴菲特从费歇那里学到了区别企业类型的方法,知道了经营管理阶层的好坏能影响潜在的企业价值。

费歇认为,为了完全了解企业的资讯,投资人必须全面调查公司及其市场竞争力。巴菲特从中得到了启示,认识到了"葡萄藤"资讯网络的价值。后来,巴菲特不惜花巨资

建立起接触面十分广泛的网络,以协助评估不同类型的企业。

费歇不主张过分的投资多元化。他说:"把资金投进各个不同企业中就可以减少风险是一种误导。""购买太多种类股票的缺点,是使投资者顾此失彼。而投资者的风险在于:他们对比较熟悉的公司的投资显得太少,却对陌生的公司投资得又太多了。这种贸然买进一家未经透彻了解的公司,很可能要比有限的投资组合冒更大的风险。"巴菲特理解并记住了费歇的这些话语。

华伦·巴菲特对格兰姆和费歇两位导师十分推崇。如果没有理解导师的学说,巴菲特就不可能有今天如此巨大的成功。但更为重要的是,巴菲特活学活用,做到了取长补短,将两位导师的学说融为一体,并在实践中完善、发展,从而使巴菲特的业绩远远超过了所有的投资者。

格兰姆给予巴菲特投资的思想基础:安全边际。靠着他的方法,巴菲特能从容自如地掌握自己的情绪,以便于在市价的涨落中把握机遇,从中获利。玛丽小姐的话很能说明问题:

"我们都是人类,也都认同群众心理,所以我们常常在自己的情绪起伏中牺牲,也因为一般人情绪的起伏经常影响股市波动,使得像华伦一样掌握规律的投资人获利匪浅。当道琼斯工业指数大跌 508 点时,许多受惊吓的人都仓皇跳下船,但是企业前景投资的信念让华伦有信心在一片抛空中默默买进。"

费歇又教会了巴菲特最新的、可行的方法学,使他能够判定出好的长期投资。

巴菲特除了良好的学习、综合、创新能力之外,他还敢于实践,说干就干,该出手时就出手,能将自己的投资策略不失时机地付诸实践中。

深谙其道

知识使巴菲特的翅膀日趋坚硬,具备了独自进入投资行业搏击的能力。为了大展宏图,25 岁的巴菲特毫不犹豫地开始了他的有限合伙投资事业。

合伙公司初始,由 7 个有限责任合伙人一起出资 10.5 万美元。主要的合伙人巴菲特从 100 美元开始投资。其他有限合伙人,每年回收他们投资的 6%和超过固定利润以上的总利润的 75%。巴菲特的酬劳则是另外的 25%。

以后的 13 年,巴菲特的资金以每年 29.5%的复利往上增长。尽管道琼斯工业指数在 13 年中,有 5 年是下跌的,但是巴菲特的合伙公司利润却依然持续增长。

华伦·巴菲特向他的合伙人保证:

"我们的投资将以实质价值而不是热门股作为投资的选择基础。"

巴菲特由于有了自己独特的一套投资理论,因而在波涛翻滚的股市中如鱼得水、稳操胜券。

在合伙期间,巴菲特不仅只买下较冷门的股票,也尽量保持对许多公营企业和私人

企业的兴趣。

1961年,他买下了丹普斯特米尔制造公司。这是一家生产农业设备的公司。

1962年,巴菲特开始购买柏克夏·哈斯威纺织公司的股票。当时,这家公司营运艰难,一般投资者决不会把钱压在这样的企业上。而巴菲特却看中了这家公司的长期效益及潜力,大胆地收购它的股票。

后来的事实证明巴菲特确实高人一筹。人们无不佩服他的先见之明。

随着巴菲特知名度的攀升,有越来越多的人要求巴氏替其管理财务。随着投资人的陆续加入,越来越多的合伙关系也跟着建立起来了。到1962年,巴菲特决定重组合伙关系,成为一个合伙体。同时,他把合伙营业处,从家乡搬迁到奥玛哈的威特广场。

搬迁意味着合伙事业的兴旺发达,更预示出新的腾飞即将到来。

经过一番拼搏,到1965年时,巴菲特的合伙体资产已达到2600万美元。

当断即断是巴菲特的一贯作风。1969年,巴菲特敏锐地发现市场里充斥着投机风气,而真正有价值的投资却相对难寻,他马上拍板:结束合伙投资。

在合伙之初,巴菲特曾经立下目标,希望每年的获利平均超过道琼斯工业指数报酬率10个百分点。在1957年至1969年他的确做到了。当然不只是10个百分点,而是22个百分点。这足以说明巴菲特深谙股道。

当合伙体解散之时,投资人各自收到他们投资比例的利润,皆大欢喜。

更能说明巴菲特聪明才智的是:他将其股份投资在柏克夏·哈斯威,并用2500万美元的股份控制了该公司。这样,巴菲特有了干大事业的基石。

在此后的20年间,巴菲特和柏克夏的财富都在持续猛增。

把握时机

华伦·巴菲特是一位洞悉股海潮起潮落的哲学家。他从一个一文不名的普通人成为世界级大富豪的秘密就在于善于把握时机。

1967年3月,柏克夏·哈斯威公司以总价860万美元购买了总部设在奥玛哈的两家绩优保险公司的股权,它们是国家偿金公司和全国火水保险公司。这是巴菲特传奇般成功的序幕。是这些保险公司为他打下了辉煌的江山。

保险公司是一流的投资工具。巴菲特早就知道这一点。保险客户支付保费,提供了经常性的流动现金,保险公司就把现金加以投资。保险公司倾向于投资表现能力高的有价证券,主要是股票和债券。巴菲特插手保险业,不只是取得了稳健经营的保险公司,还获得了将来投资所需的丰厚资金来源。

1967年,国家偿金公司和全国火水保险公司拥有价值2470万美元的债券以及720万美元的股票投资组合。在两年之内,巴菲特使它们的股票和债券总值达到4200万美元。这真是一次典型的成功运作。

在 60 年代后期,保险是个利润颇佳的行业。1967 年年底,国家偿金公司在收到的 1680 万美元担保费中,就净赚了 160 万美元。到了 1968 年,净利上升到 220 万美元,保费则增加到 2000 万美元。

如前所述,巴菲特在保险业中尝到过甜头,因而对拓展保险领域更是不遗余力。在 70 年代,他不失时机地买下了 3 家保险公司,还购并了 5 家保险公司。

尽管保险市场竞争激烈,但巴菲特坚持合理公正的价格,从来不做赔本生意。

而巴菲特的竞争对手们则用低于成本的价格来提高市场占有率。但连年的亏损使他们在市场上纷纷消失。

巴菲特一再强调,他领导的柏克夏始终坚持做一个稳定的保险供应商,但只做价格合理的生意。他的这种与众不同的经营方法被人称为"保险业的安定剂"。

巴菲特解释说:"当市场供应量不足的时候,我们加入大的供应量;而当市场供应充裕的时候,我们略欠竞争力。当然,我们不是因为要做稳定剂而遵循这个政策,是因为我们相信:稳定的价格政策是最合理、最有利的企业经营方式。"

巴菲特为柏克夏的保险公司构建了十分健全的财务结构,使其在市场上形成自己独占的力量。

巴菲特扎实的投资专业知识,以及运用知识于商业决策中的优良作风,使得柏克夏·哈斯威的经济盈利稳步增长。

柏克夏·哈斯威股份有限公司在 70~80 年代以控股公司闻名于世。除保险公司之外,巴菲特还不失时机地收购了报纸、糖果、家具、珠宝、百科全书出版社、真空吸尘器,以及制造业和销售服务业的公司。

巴菲特取得这些不同类型企业的决策过程非常有趣,他用以评估被购买的公司的标准,竟然与评估柏克夏·哈斯威股票投资组合的标准相同。这些公司还给巴菲特提供了实际的经营经验,这对他后来收购股票是极为有用的参考资讯。

柏克夏·哈斯威在 60 年代末开始购买蓝筹印花公司的股权,到 1983 年便取得了该公司的全部股权。

1972 年,巴菲特用 2500 万美元买下了实价 3000 万美元的喜诗糖果公司。1993 年,喜诗有 2.01 亿美元的销售额,而且回馈给柏克夏 2430 万美元的营业净利。

1982 年,有人向巴菲特出价 1.25 亿美元,想购买喜诗糖果店,这是 1972 年买进价格的 5 倍,巴菲特不为高价所动,坚持不卖。许多人表示不能理解。事实上,这又是巴菲特一个明智的决策。后来的 10 年间,喜诗已回馈给柏克夏 2.1 亿美元的税后盈余。

早在孩提时代,巴菲特和童年的朋友曾一起出版过一份报道赛马消息的小报——《马童快讯》,那时的"小报童"巴菲特时刻梦想着拥有一家大都市的报社。

1973 年,蓝筹印花公司以 3300 万美元的价格买下了《水牛城新闻报》,柏克夏·哈斯威的媒体业初具规格。巴菲特重视报业发展,《水牛城新闻报》成为全美国新闻报道量最大的报纸之一。这又圆了巴菲特的一个梦。

自 1982 年起,巴菲特开始在柏克夏的年报上刊登广告,收购准备出售的企业。他的

收购标准是：

1.税后盈余能力一直维持在千万美元以上的公司。

2.负债不太多的企业。

3.股东权益报酬率较好的公司。

4.组织结构简单、可以了解的企业。

巴菲特还希望自己收购的公司里的员工中有经营管理人

巴菲特先生及他的黄金搭档芒格先生在接受 CCTV 的采访

才，他并不想要供应管理技术。收购后，巴菲特通常会要求那些成功管理企业的经理，继续留在公司服务。出于税务方面的考虑，柏克夏购买公司的大部分股权；但先前的公司所有者仍保有少数的股权。巴菲特仅过问资金的分配和高层管理人员的报酬等事宜。除此之外，公司的一切事务，都由经理自己做决定。

柏克夏收购的公司名单一年比一年多。到 1993 年，非保险事业的总销售额达到 20 亿美元。柏克夏的税后盈余净值为 1.76 亿美元。

1983 年，巴菲特盯准时机，下令柏克夏·哈斯威一举购买全美国最大的家用家具店——内布拉斯加州家具店 90%的股权。世人闻之，无不震惊。巴菲特胸有成竹地让原先的所有者掌握 10%的股份，总经理并未易人。该店的销售额和税后净利一直是扶摇直上。

巴菲特自 1986 年买下费奇海默公司 84%的股权后，从未去过公司总部。公司经营者仍是原班人马。大把大把的美钞却源源不绝地流进了巴菲特的腰包。

1986 年，巴菲特还迈出了勇敢的一步。他支付 3.15 亿美元的巨款买下了司各特——费泽公司，使其成为柏克夏收购行动中最大的企业之一。这个重大的购并举措令周围人困惑不解。可后来的事实证明：巴菲特又做对了！收购的好处远远超出了巴菲特自己最乐观的期望。后来，司各特——费泽的收益是柏克夏非保险业盈余的 35%。

巴菲特先生是怎样把握收购时机的？

这是巴菲特本人秘而不宣的。

据巴氏周围的人讲，巴菲特只专注于为数不多的自己心仪的大企业，等待时机。

当这些大企业有暂时性的麻烦或股市下跌时，巴菲特就来个迅雷不及掩耳，毫不犹豫地买下它们的股票。

巴菲特指挥柏克夏·哈斯威大宗投资华盛顿邮报公司、CEICO 公司、首都/美国广播公司、可口可乐公司的举措更是显示出巴氏把握时机、当机立断的英雄本色。

众所周知，这几家大型企业都是拥有很强的经济潜力的知名企业。巴菲特把它们看作是柏克夏·哈斯威坚实的保障，一旦时机成熟，便马上投入资金。他主张应持有这些企业的永久性的普通股。

华盛顿邮报公司是一家综合性媒体，包括报纸、电视广播、有线电视系统和杂志。巴菲特看好这家公司，既有主观感性决断因素，更具有理性的目光审视。他早就了解、掌握了公司的历史、经营情况及其长期前景。1973 年，巴菲特向该公司投资 1000 万美元，到1977 年，他的投资额又增加到 3 倍，1994 年时，已投入 4.4 亿美元。而华盛顿邮报公司向柏克夏的回馈已远远超出其投资数额。巴菲特收益颇丰。

CEICO 是一家保险公司，当巴菲特打算投资之时，该公司面临破产，一般投资人躲它唯恐不及。而巴菲特决然投资，以平均每股 318 美元的价格买进 1294308 股。后又陆续将股金增加到 17 亿美元。CEICO 起死回生，巴菲特又赚了一大笔。

巴菲特十分了解首都/美国广播公司的经营史，并看好其远景。因而，在他认为的一个有利时机，便放出 22 亿美元购买该公司的股票。

1988 年，巴菲特认为投资可口可乐的时机成熟了，便出手 1400 万美元购买它的股票。1993 年，巴菲特又出人意料地掏出了 4l 亿美元进行大收购。

柏克夏·哈斯威仅此 4 项持股就占了其整个投资组合的 76%。这 4 家公司为巴菲特的成功提供了十分重要的条件。

企业定律

巴菲特的儿媳妇玛丽·巴菲特说：

"我开始发现华伦就像一个收藏家，但他并不像一般有钱的富翁搜集名画、豪宅、百万游艇，或其他华丽的生活品。他搜集的是经营最有潜力的好公司。在这一生中他在花相当多的时间寻找好的企业投资。"

此话一点不假，巴菲特为寻找世界上的好企业绞尽了脑汁。他提出的"企业定律"对炒股的芸芸众生极有参考价值。

巴菲特认为，全面收购一个企业与购买该企业的股票，基本上没有差别。巴氏比较注重于直接拥有整个企业，只有这样，他就能够直接参与如资本分配等重要的决策。如果无法直接收购，他则选择以购买该公司普通股的方式来占有公司股份。

无论是收购整个企业，还是只持有企业的部分股票，巴菲特都遵守同样的权益投资策略，即寻求他自己所了解的、有利于长期投资的公司。另外，公司的管理阶层必须是诚实的，并且要有充分的才能，最重要的一条是：价格要吸引人。

玛丽·巴菲特在《巴菲特原则》一书中写道：

"华伦就像其他收藏家一样，对任何一个他要收藏的企业的买价非常在意。事实上，价格决定他是否买该企业。我并不是说他负担不起，这是必要条件，简单地说，他就是要找到值得投资的好价钱。华伦的方法是，先找出他想买的企业，然后考虑价格是否值得投资。"

巴菲特曾说，人们在投资的时候，要把自己看成是企业分析家，而不应该是市场分析

师或总体经济分析师，更不是有价证券分析师。他本人在评估一项潜在交易或是买进股票的时候，首先是以企业主的观点出发，衡量该公司经营体系所有质与量的层面、财务状况及收购价格。

在巴菲特看来，股票是一种抽象的概念。他不主张以市场理论、总体经济概念或产业的趋势等等去思考问题。恰恰相反，巴氏的投资行为只和该企业的经济状况有关。他说，如果人们的投资行为只是基于一些表面的东西，而完全不了解企业的基本情况，那么，他们很容易在出现一点点情况时，就显得慌乱无主。在这样的情况下，十有八九是要赔钱的。

为了知彼知己，巴菲特把注意力集中在尽可能地收集他有意收购的企业的相关资料上。

"首先，你心仪的企业应是简单的和容易了解的。"巴菲特常常这样说。"投资者财务上的成功和他对自己所做的投资的了解程度成正比。只有真正全面了解一个企业，才会做到有的放矢。"

这些声不惊人的话语正是巴菲特成功的关键所在。

大多数的炒股人抱着投机心态，以所谓的"企业走向"作为选股的依据，整天抢进抢出，基本上没有深入了解自己持股的企业，只是跟着感觉走。他们理所当然赚不了大钱。

在几十年的经营中，巴菲特一直拥有加油站、农场开垦公司、纺织厂、连锁性的大型零售商、银行、保险公司、报社、石油，以及有线和无线电视公司。巴氏或者拥有企业决策权，或者只有公司的部分股票。但不管是哪一种情况，他都明确地掌握这些企业的运作情况。他了解所有柏克夏持股公司的年收入、开销、现金流量、劳资关系、定价弹性和资本分配等情形。

由于巴菲特只在他了解的范围内选择企业，所以，他对柏克夏所投资的企业有透彻的了解。透彻的了解还是他正确决策的保证。巴氏多次建议投资者只在自己熟悉的圈圈里选股。

巴菲特的一片好心好意常常遭人误解。许多人指责他"划地自限"、保守，也有人惋惜他没有机会接触科技工业等具有极高投资潜力的产业。

巴菲特曾说，投资的成功与否并非取决于你了解的有多少，而是在于你能否老老实实地承认自己所不知道的东西。投资人并不需要做对很多事情，重要的是能不犯重大的过错。根据自己的经验，巴菲特指出，以一些平凡的方法就能够得到平均以上的投资成果，而主要是投资者如何把一些平凡的事，做得极不平凡。

"其次，稳定的经营史决定着一个企业的发展前景。"巴菲特不仅这样说，而且是将这一观点贯彻到具体操作中的。巴氏对那些复杂的企业敬而远之。他从不对那些因面临难题、或因为先前计划失利而打算彻底改变营运方向的企业报有兴趣。根据自己的经验，巴菲特说，报酬率高的公司，通常是那些长期以来都持续提供同样商品和服务的企业。"彻底改变公司的本质，往往会增加犯下重大错误的可能。"

巴菲特认为，重大的变革和高报酬率是难以交汇的。遗憾的是，大多数的投资者往

往往忽视这一点。当许多投资人拼命地抢购那些正在进行组织变革的公司时,巴菲特却稳坐钓鱼台,并发表一番自己独特的见解:

"基于某种不可理解的原则,投资人往往被一些企业将来可能带来好处的假象所迷惑,而忽略了眼前的企业现实。因此,把精力花在以合理的价位购买绩优的企业,远比以较低的价格购买经营困难的公司更为合算。"

有一次,身旁人劝巴菲特收购一家改革中的企业,巴氏十分幽默地说:

"我还没有学会如何处理难以应付的企业问题。我学会的只是避开它们。我们之所以能够成功,并不是因为我们有能力清除所有的障碍,而是在于我们专注地寻找可以跨越的障碍。"

"再次,企业的长期前景还要看好。"按巴菲特的认识,昨天、今天赚钱的企业,明天不一定能赚钱。"经济市场是由一小群享有特许权的团体和一大批商品企业团体所组成的。"巴菲特一再强调,大多数的商品企业是不值得投资的,而小部分拥有特许权的团体是值得投资的。

怎样区分这两类企业呢?

巴菲特将拥有特许权的团体定义为提供如下商品和服务的企业:

(一)有消费需求的。

(二)无近似替代性产品的。

(三)不受法律规范的。

因为具有这些特点,能使有特许权的经营者可以持续提高其产品和服务的价格,而不用担心会失去市场占有率或销售量。

如无意外,有特许权的经营者甚至在供过于求,以及潜能未完全利用的情况下,也能提高商品的价格。像这样的价格变动能力是有特许权的经营者的重要特征之一。这使得他们获得较高的资本投资报酬率。此外,有特许权的经营者拥有极高的经济信誉,这使得他们有较强的耐力去承受通货膨胀所带来的影响。

通常而言,商品企业的报酬率都不高,获利不易。巴菲特指出:"既然商品企业的产品基本上没有什么不同,那么它们只能在价格上互相较量,拼命地把产品的价格压低,仅比成本高不了多少。除此而外,只有在商品供应紧缺的时候能够赚些钱。"

那些拥有特许权的经营者,也都占有经济上的优势,最主要的优势是,它们拥有随时抬高价格,以及在投资资本上赚取高额利润的能力;其次是他们能够在经济不景气的时候生存。巴菲特说:"特许权经营者能够容忍经营不善的失误,不当的管理会减少特许权经营者的获利,但还不至于造成致命的伤害。"

巴菲特这位投资智者当然也发现了特许权经营者的一些弱势。巴氏说:"他们的价值不会永久不变。他们的成功难免会吸引其他人进入市场,竞争会随之发生。当这样的情形发生时,良好的经营能力的价值和重要性将大大提升。"因此,巴氏主张,在选择特许权经营企业时,还应注重经营能力良好的。

经营定律

华伦·巴菲特为何能神奇地从不同形式的企业的股票中获利？细心的玛丽小姐发现了秘密：巴菲特最喜欢的方式是拥有管理优良、财务健全、远景看好的企业的100%的股权。

巴菲特在考虑收购企业时，很重视管理阶层的品质。他对企业管理人员的最高赞美是：

"永远以身为公司负责人的态度作为行事与思考的准则。管理人员把自己看成是公司负责人，就不会忘了公司最主要的目标，即增加股东持股的价值。同时，他们也会为了进一步达到这个目标，做出合理的决定。"

另外，巴菲特很是器重那些能以自己肩负的责任为重、完整而翔实地向股东公开一切营运状况，以及有勇气去抵抗盲从法人机构，而不盲目地追随同僚行为的管理人员。

巴菲特一再告诫自己的心腹："凡是柏克夏所收购的公司，都必须有值得我们依赖的德才兼备的管理人员。"巴氏所考虑的主要有以下几点：

第一，管理人员在管理上的理性必须很强。巴菲特指出："分配公司的资本是很重要的经营行为；资本的分配直接决定股东的价值。因此，决定如何处理公司的盈余，即转投资或是分股利给股东，这是涉及逻辑与理性思考的严肃课题。"

巴菲特认为，怎样把握盈余与公司目前所处的生命周期的关系，是非常重要的。随着公司的发展，其成长率、销售、盈余以及现金流量都会发生很大变化。在发展阶段，开发产品和建立市场要花去不少财力和物力。紧接着的快速成长阶段，公司开始获利，但快速地成长可能会使公司无法负担，所以公司又通常不只保留所有的盈余，同时，也以借钱和发行股票的方式来筹措成长所需要的资金。

到了成熟期后，公司的成长率减缓，并开始出现除发展和营运所需之外的现金盈余。

最后一个阶段就是衰退期，此时公司面临销售和盈余的双重萎缩，但仍产生过剩的现金。

在成熟期与衰退期之间，特别是在成熟期阶段，公司通常面临的问题是，应该怎样处理那些盈余？

如果把过剩的现金用在内部转投资上，而能获得平均水准以上的股东权益报酬率，即高于资本成本，那么就应该保留所有的盈余作转投资，这只是基本的逻辑罢了。如果用作转投资保留盈余比资本的平均成本还低，这么做就完全不合理了。

只有其投资报酬是在平均水准以下，但却一再产生过多现金的公司，可以有以下三种选择：

1.它可以忽视这个问题，以低于平均的报酬率继续做转投资。

2.它可以购买成长中的企业。

3.把盈余发放给股东。

这几点就是巴菲特判断管理阶层优劣的重要关键。不良的经营体系因缺乏理性思考,而运作不佳。

一般情况而言,管理阶层会在认为报酬率过低只是暂时的情况下,选择继续做转投资。他们相信以自己的能力,一定可以帮助公司赚钱。股东往往也会被管理人员的预测、公司情况一定会改善所迷惑。假如公司一直忽略这个问题,现金将逐渐被贬值,股价也会下跌。一个经济报酬率低,现金过剩,股价偏低的公司将会引来入侵者,而这通常就是丧失经营权的开始。为了保障自身的利益,主管人员一定会采用第二个选择,即可以购买其他成长中的企业,促使公司成长。

公开收购计划可以令股东振奋,同时,也能阻止入侵者。然而,巴菲特对于那些需要靠收购以换得成长的公司持怀疑态度。原因是:成长需要付出极高的代价;管理新的企业容易犯错,而这些错误对股东来讲就是付出昂贵的代价。

针对这些情况,巴菲特的观点是,对于那些过剩现金不断增加,却无法创造平均水准以上的转投资报酬率低的公司而言,唯一合理且负责任的做法只有将盈余回归给股东。

巴菲特指出,以购回股票的方式处理盈余,报酬率会增高许多。如果当时的股票价格低于它的实质价值,那么购买股票是很正确的做法。假设一家公司的股价是50元,而它的实质价值应该是100元。那么每花1元钱购买股票,所获得的实质价值就有两元钱。这种交易的本质对于选择继续投股的股东而言,是很有利的。

巴菲特还说,如果企业主管积极地投入股市买回自己公司的股票,就表示他们以股东的利益为第一优先,而不是只想草率地扩展公司的架构。这种立场带给市场利多的讯息,会吸引另外一批投资人,他们寻找能够增加股东财富的绩优公司作为投资目标,一般正常情况下,股东们会有两次的获利。一次是初次买入股票时,以及在股市投资人对这股票感兴趣时。

第二,坦诚。这是巴菲特对企业管理层人员的基本要求。他对那些完整而翔实报告公司营运状况的管理人员极为赞赏,尤其是对那些不会隐瞒公司营运状况的管理者更是器重。这些人把成功分享给别人,也敢于承认错误,并且永远面对股东保持坦诚的态度。

财务会计标准只要求以产业分类的方式,公布商业讯息。而有些管理者利用这些最低标准,把公司所有的商业活动都归类为同一个产业类别,借此混淆投资人的视听,使得他们无法掌握有关自身利益的个别商业动态。巴菲特主张,无论是否属于一般公认会计原则的资料,还是超出一般公认会计原则要求的资料,只要它能够帮助具有财务方面知识的读者回答下列三个重要问题,就应该公布。一是这家公司大概值多少钱? 二是它未来的发展潜力有多大? 三是从过去的表现来看,管理者是否能够充分掌握公司的营运状况?

第三,管理阶层是否能够对抗"法人机构盲从的行为"?

如果资本支出的配置只是如此简单而合乎逻辑的事,怎么会有许多资金运用不当的事情发生呢? 巴菲特认为其错误关键是"盲从法人机构"。就好像旅鼠盲目的行动一样,

企业的管理者会自然而然地模仿其他管理人员的行为,而不去考虑那些行为是否能达到预期效果,这种没有主见的盲目效仿的行为在经营中是极其可怕和愚蠢的。

巴菲特指出三个他认为对管理阶层行为影响重大的因素:(一)大多数的管理者不能够控制他们行事的欲望,这种希望极度活跃的行为,通常在购并接管其他企业时找到空间。(二)大多数的管理者常常会和同业及其他产业的公司比较彼此之间的销售、盈余和高层主管人员的薪酬。(三)大多数的管理者对自己的管理能力过分自信。

还有一个常见的问题是拙劣的资金分配。巴菲特认为,公司的行政总裁通常因为是在行政、工税、行销或生产等方面有杰出的表现而升到目前的职位。因为他们在资金的运用上缺乏经验,而转向他们的幕僚、顾问或投资银行寻求意见。从这里,盲从法人机构开始介入决策过程。巴菲特针对这一现象,明确指出,如果行政总裁想要从事一项投资报酬率必须达到15%,才能算是投资成功的收购行为。而令人惊讶的是,他的幕僚会完全从容地给他提供一份报酬率刚好是15.1%的评估报告。

盲从法人机构是一种不经过大脑思考的模仿行为。如果有三家公司的营运模式相同,那么,第四家公司行政总裁也会认为他的公司采用相同的模式也一定可行。巴菲特指出,并不是唯利是图或愚蠢的行为,使得这些公司失败,而是盲从法人机构的压迫性力量,使得它们难以抗拒注定失败的命运。巴菲特有一份列有37家投资失败的银行机构名册。他说:"尽管纽约股市交易量增长了15倍,这些机构还是失败了。而这些机构的总裁们都有着非常高的智商,而且努力工作,对于成功更是有着非常强烈的欲望,然而,他们却败得很惨。原因就是他们同行业之间不经大脑的仿效行为所致。"

财务定律

巴菲特用来评估经营效益和经营绩效的财务定律,都是根据典型的巴菲特式原理为基础。他不太重视年度的营运绩效,而把焦点放在每4年或5年的平均值上。他指出,创造营业收益所需的时间,通常不大可能与行星绕太阳一周的时间相吻合。他对于那些用以捏造辉煌业绩的会计手法非常反感。他遵循以下几个定律:

第一,将注意力集中在股东权益报酬率,而不是每股盈余。

一般而言,分析师由观察每股盈余来评定公司全年度的表现;而巴菲特认为,每股盈余只是一层烟幕。既然大多数公司都以保留部分上年度盈余,作为一种增加公司股东权益的手段,那么对于平均每股盈余这种表面的数据,又有什么大惊小怪的呢?如果一个企业在每股盈余增加10%的同时,它的股东权益也成长了10%,那就不足为奇了。巴菲特解释说,这和把钱存入银行后,就会获得利息没什么区别。

因此,巴菲特主张,成功的经济管理绩效,是获得较高的股东权益报酬率,而不只是在于每股盈余的持续增加。

第二,计算"股东盈余",以得知正确的价值。

巴菲特以股东权益报酬率,即营业盈余,与股东权益之间的比例,作为评估公司年度表现的依据。而要想使用股东权益报酬率这个数据,有必要对以下几方面进行调整。

首先,所有可出售的有价证券应该以成本计,而不是以市价来计算。因为股市价格可以对特定企业的股东权益报酬率产生很大影响。比如,假如股票市场在一年内狂涨,在此情况下,即使经营表现极好,股东权益报酬率还是会因股东权益的大量增加而减少。因为股东权益增加降低了其数值。相反,股价下跌会减少股东权益,这样,就算是不怎么样的业绩,看起来也会比实际业绩要好一些。

其实,投资者必须有能力控制那些会影响营业盈余的各种不寻常因素。巴菲特排除了所有的资本利润和损失,以及其他任何可能增加或减少营业盈余的不寻常项目。他努力设法独立划分出企业各种特定的年度绩效。他希望了解在拥有特定的资金可供运用的情况下,管理阶层能为公司创造多少的营业收益。这才是判定经营绩效最好的一个依据。

巴菲特认为,好的企业或投资决策不需要其他举债的帮助,就可以产生令人满意的经营成果。此外,高负债的公司在经济衰退期间非常容易受到伤害。

但巴菲特在借资的时候并不畏惧。与其在急需用钱的时候才去借款,他宁可在事先预知用款需求时,就开始行动。他指出,如果在决定收购企业的时候正好有充裕资金,那是最理想的。可是经验告诉他,情况总是刚好相反。货币供给宽松会促使资产价格上扬。紧缩银根,利率调高则会增加负债的成本,同时压低资产的价格。当低廉的企业收购价格出现的同时,借款的成本很可能抵消此机会的吸引力。正因如此,巴菲特认为公司应该将它们的资产与负债分开,进行个别管理。

先借款以求将来可以用在绝对好的商业机会上的经营哲学,虽然会导致短期盈余的损失。但是,巴菲特只在有充分的理由相信,收购企业之后的盈余可以超过偿还贷款所需花费的利息费用时,才会采取行动。

第三,寻求拥有高毛利率的公司。

针对股东盈余,巴菲特提出忠告,投资人应该了解会计上的每股盈余只是评估企业经营价值的起点,绝对不是终点。而首先要知道的是,并非所有的盈余都代表相同的意义。那些必须依赖高资产以实现获利的企业,倾向于虚报公司盈余。因为高资产的企业必须向通货膨胀付出代价,这些企业的盈余通常只是虚无缥缈的虚幻。故此,会计盈余只在分析师用来估计现金流量时才用。

巴菲特还忠告说,即使是现金流量也不是度量价值的完美工具,相反,它常常会误导投资者。现金流量是一种适合于用来衡量初期需大量投资资金,随后只有小幅度支出的企业,如房地产业、油田以及有线电视公司等。相反,制造业需要不断的资金支出,若使用现金流量就无法得到准确的评估结果。一般地讲,现金流量的习惯定义是,税后的净值加上折旧费用、耗损费用,分期摊还的费用和其他的非现金支出项目。巴菲特说,此定义的问题出在它遗漏了一个重要的经济因素,即资本支出。公司必须将多少的年度盈余花费在购置新的设备、工厂更新及其他为维持公司经济地位和单位产品价格所需的改善

费用上？根据巴菲特的估计，大约有 95% 的美国企业所需的资本开销，大约等于该公司的折旧率。

巴菲特指出："现金流量常被企业中介的掮客和证券市场的营业员用来掩饰经营上的事实，以促成一些原本不可能成立的交易。当盈余无法偿还垃圾债券的债务，或为不合理的股价提出辩解的时候，设法将买主的注意力转移到现金流量还真是一个好方法。"但巴菲特又警告说，除非你愿意抽出那些必要的资本支出，否则把注意力全部放在现金流量上绝对是死路一条。

巴菲特很清楚，如果管理当局无法将销售额转换成利润，任何再好的投资都是枉然。他的经验证明，需要高成本营运企业的经营管理者则会设法节省开支。巴菲特极其反感那些不断增加开销的经营管理者。

巴菲特赞赏威尔斯法哥银行、首都/美国国家广播公司。因为它们毫不留情地删减不必要支出。"他们极度憎恶过多的冗员，即使是在利润创纪录的情况下，也会和承受压力的时候一样，拼命地删减支出。"

第四，每保留一块钱的盈余，公司至少得增加一块钱的市场价值。

一个企业在经济价值上具有吸引力之外，还有企业的管理经营能力如何完成创造股东持股的价值这个大目标。巴菲特选择公司的标准是，长期发展远景看好，且公司由一群有能力和以股东利益为第一的优秀的管理者所经营，它们将随着日后公司市场价值的增加而获得真正的成功。

巴菲特说："总括而论，在这种公开拍卖的超大型竞技场里，我们主要的工作，是要选择那具有下面经济特性的公司：即可将每一块钱保留盈余，确定转换成至少有一块钱的市场价值。"

市场定律

企业定律、经营定律及财务定律，都围绕着一点，即是否购买该公司的股票。任何处在这个决策点上的人都要衡量两个因素：这家公司的实质价值以及价格吸引人的程度。

股市直接决定着股价。而股票的价值则由分析师来决定，他们在衡量过去各种有关公司的营运、经营管理及财务特性等已知资讯后，做出判断。

股票的价格与其价值并不一定相等，有效率的股市，股票价格将会立刻反映出各种有利的讯息。当然现实状况并非简单如此。证券的价格会受到各种因素的制约和影响，在公司的实质价值附近上下波动，而且并非所有的涨跌都合乎逻辑。

就理论上而言，投资者的行动取决于股票价格和实质价格之间的差额。如果公司股票的市场价格低于该公司股票的实质价值，一个理性的投资者应该会购买该公司的股票。反之，如果股票的市场价格高出它的实质价值时，则投资者不会考虑购买。随着公司经历各个不同发展阶段，分析师依各阶段的特性，以市场价格为比较基准，重新评估公

司股票的价值，并以此决定是否买卖及持有股票。

评估企业价值，有三种普遍的方法：清算法、永续经营法及市价法。

清算法是指变卖企业所有的资产后产生的现金，并扣除所有负债后的净值。运用清算法，并不考虑企业未来的获利盈余，因为假设该企业不再存活。

永续经营法则对股东可以预期得到的未来现金流量进行预测。这些未来现金流量会以适当合理的利率，折算成目前的现值。

当未来的现金流量难以估算的时候，分析师通常使用市价法，即与其他相类似的公开上市公司做比较，运用适当乘数计算出企业的价值。

巴菲特告诉人们，企业的价值等于运用适当的贴现率，折算预期在企业生命周期内，可能产生的净现金流量。

他强调指出，企业价值的数学计算是非常重要的，类似评估债券价值的模式。债券未来的现金流量可分成每期息票支付的利息，以及未来券到期发回的本金两部分。如果把所有债券息票的利息加起来，且以适当的利率折现，就可以得到债券的价格。为了决定企业的价值，市场分析师估计在未来的一段时间内所能产生的"息票"折现到目前的现值即为公司的价值。

巴菲特说："只要加入适当的变数、现金流量和适当的贴现率，确定公司价值就很简单。"如果他对预测评估企业未来现金流量没有十分的把握，他就不会试着去评估一个公司的价值。虽说他承认微软是家极有活力的公司，对比尔·盖茨也非常推崇，但他也承认，自己没有办法预估这家公司未来的现金流量。

如果企业简单而且易于了解，并拥有稳定的盈余，巴菲特就能够以高度的确定性来决定未来的现金流量。他所提及的"竞争优势圈"观念也反映在其预测未来的能力上。在巴菲特看来，预测现金流量应该具有像是在债务中所使用的"息票似的"确定性。一旦巴菲特决定了企业未来的现金流量，接着就是应用贴现率将其折现。一旦人们了解到巴菲特所使用的贴现率，只是美国政府的长期债务利率，不是什么其他别的东西的时候，许多人会感到惊讶，而这正是任何一个人所能够达到的最接近无风险利率水准。

巴菲特拒绝购进那些负债问题的公司，来避开与债务有关的财务风险。他将注意力集中在盈余稳定且可预测的公司上，可以降低投资风险。他说："我将确定性看得很重要。如果你这么做，则所有造成风险的因素对我而言都没有意义。风险来自你不知道自己在做什么。"

格兰姆曾教导巴菲特："只有在价格与价值之间的差异高过安全边际的时候，才可购买股票。"

老师的安全边际的原则以两种方式协助了巴菲特。

首先，使他避免受到价值上的风险。如果巴菲特所计算的企业价值，只稍微高于它的每股价格，那么他就不会购买该公司股票，他推论说，如果公司的实质价值因为他错估未来的现金流量而有些下降，股票价格终究也会下跌，甚至低到他所购买的价钱。但是，如果存在于购买价格与公司实质价值之间的差价足够大，则实质价值下跌的风险也就比

较低。

如果巴菲特准确无误地辨别出一个拥有高经济报酬率的公司,长期之后该公司的股价将会稳定地攀扬,反映出它的报酬率。股东权益报酬率持续维持在15%的公司,它的股价的上涨程度将会超股东权益报酬率10%的公司。不仅如此,由于使用安全边际,如果巴菲特能够在远低于实质价值的价格下收购这个杰出的企业,柏克夏将会在市场价格进行修正的时候,额外地赚一笔钱。巴菲特说:"交易市场就像上帝一样,帮助那些自助者,但是和上帝不同的是,交易市场不会原谅那些不知道自己在做什么的人。"

在巴菲特的投资哲学体系中,最明显的特点是他十分清楚地领悟到,拥有股份就是拥有企业,不是仅仅拥有一张纸。巴菲特强调,不了解公司业务的营运情况,包括该公司提供的产品与服务、劳资关系、原料成本、厂房设备、资本转投资的需求、库存、应收款项和营运资金需求等,就贸然购进股票,是极其不合理的行为。这种心态反映在企业管理阶层与股东对分红的态度上。本杰明·格兰姆在《聪明的投资人》结束语里写道:"最聪明的投资方式就是把自己当成持股公司的老板。"巴菲特对此十分赞赏:"这是有史以来关于投资理财最重要的一句话。"

拥有股票的人可以选择成为企业的所有人,或者只当自己持有一些可以交易的有价证券。认为自己只是拥有一张纸的股票持有人通常都不在乎公司的财务状况,在这些人眼里每天涨涨跌跌的股市成交价,比公司的损益表和资产负债表更能够正确地反映股票的价值。他们买卖股票就像是掷骰子一样。

巴菲特认为,一般股票的持有者与企业经营者之间是密切相关的,两者应同等看待企业的所有权。他总是说:"因为我把自己当成是个企业经营者,所以我成为更优秀的投资人。因为我把自己当成是投资人,所以我成为更优秀的企业经营者。"这正反映出他的经营投资的主导思想。

对于购买什么类型公司,巴菲特说:"首先我会避开那些让我缺乏信心的一般商品企业和经营管理阶层。我只购买我所了解的公司类型。而那些公司多半具有良好的体质,以及值得信赖的经营管理阶层。而且好的企业不一定都值得购买,但是我们可以从中选择适合的投资对象。"

独具慧眼

"华伦·巴菲特有一双与众不同的眼睛。"世界各地的炒股人都这么说。

是的。巴菲特的目光是敏锐的、深邃的。

巴菲特是一个极善于把握投资机遇,而且从不犹豫的投资人。他看好的行情往往会令其他投资人深感疑惑,不可思议。

事实是最具说服力的。

巴菲特的独具慧眼、另辟新径的投资策略是有其道理的。他之所以成功,也就在于

他的与众不同的投资思维模式，加上理性地看待市场。

玛丽小姐对此说得十分清楚：

"我了解到华伦很少用典型华尔街的工具，他似乎不在乎道琼斯工业指数的走势，他也不理会所有市场分析师的预测。事实上，他的操作似乎根本没有股市存在。他从不看线图。如果有谁报名牌给他，他一定要他（她）闭嘴。他尤其是攻击市场效率理论。他认为市场效率理论简直是荒谬绝伦。他只是高度关注个别企业本身。"

作为巴菲特的儿媳妇，玛丽小姐的观察是准确的。

早年良好的教育和自己多年来在股市上的摸爬滚打，炼造出巴菲特的一双火眼金睛。

格兰姆先生曾教导巴菲特说：

"投资人和投机客之间的基本差异，在于他们对股价的看法。"

格兰姆认为，投机客试图在价格的起伏之间获益；与此相反，投资人只寻求以合理的价格取得公司的股票。

格兰姆发现，成功的投资人常常有某种特殊的气质。他说过："要知道，投资人的最大的敌人不是股票市场，而是自己。投资人不管在数学、财务、会计等方面有多么优异的才能，可是，如果不能够掌握自己的情绪，就无法从投资过程中获利。"

巴菲特从老师的教诲中受益匪浅。

巴菲特发现：长期以来，一个公司的经济价值逐渐上升，那么其普通股价格也将提高。反之，如果公司经营不善，股价也就会反映出问题。他提醒股东们：

"成功的必要条件是必须具有良好的企业判断力，要保证不受市场先生所掀起的狂风所害。为了与市场先生保持距离，必须要有相当的耐力面对市场先生所制造的某些诱惑，甚至是假象；只能用自己的各种定律、测算行事。"

巴菲特还相信了格兰姆的话："离华尔街越远，你就越会怀疑那些所谓的股市预测或时机。"

巴菲特掌管的柏克夏在奥玛哈，离纽约很远。可见，巴氏根本不相信市场预测。巴菲特承认自己无法预知短期内股价的变动，当然也不相信有任何人可以做到准确无误的预测。他幽默地说："股市预测专家存在的唯一价值，唯就是使算命先生更体面而已。"

巴菲特的注意力不在预期股票市场的变动。他说："我们只是设法在别人贪心的时候保持谨慎清醒的态度，唯有在所有的人都小心谨慎的时候，我们才会勇往直前。"当然，了解其他大多数人的想法，并不能够代替自己本身的思考。要想获得大量收益，你就得小心评估各个公司经济面上的基本特质。凭热情拥抱目前最流行的投资方式或情况，无法保证自己一定成功。

无知的投资人会在购买期货时，存有大捞一把的贪妄想法。而且由于购买期货所需的保证金不高，常会引来一些形同赌徒一般的投资者，企图能在短期内获得暴利。这种抱短线的心理，正是低价股票、赌场赌博以及彩券促销者一直能够生存的原因。巴菲特分析这种现象后明确指出："要想有一个健全的投资市场，我们需要的是寻求长期获利，

并以此为投资策略的长期投资人。"

近来有一种说法，认为散户在投资市场中被迫与大型法人投资机构竞争，对其极为不利。巴菲特认为这个说法并不正确。事实上，因为大型法人机构的投资者常有一些反复无常的和不合逻辑的行为，散户只要能够把握企业的基本因素，十分容易获利。巴菲特说，散户唯一的弱势是，他可能被迫在不适当的时机，出售手中的股票。他认为，投资人必须在财务上和心理上，都有充分的准备，以应付市场的变化无常。投资人应该了解，股价波动是常有的事。巴菲特说："除非你能够眼睁睁地看着手中的股票跌到只剩买进价格的一半而还能面不改色，否则，你就不该进入股票市场。"

巴菲特是一个精明的投资者，因为他总能够在整个华尔街都厌恶某个企业，或者不把它放在眼中的时候，看到它所具有的潜力，进而采取收购的行动。当巴菲特在80年代购买通用食品和可口可乐公司的股票时，大部分华尔街的投资人都觉得这些交易缺乏吸引力。

一般人都觉得，通用食品是一个没有大的发展的公司。而可口可乐给人的印象并不很好，并且作风保守，从股票投资的角度来看，也同样缺乏吸引力。

巴菲特收购了通用食品公司后，在管理上进行了调整，由于通货紧缩降低了商品的成本，加上消费者购买力增加，使得该公司的盈余大幅度成长。到1985年，美国一家香烟制造公司收购通用食品公司的时候，巴菲特的投资成长了3倍。

在柏克夏于1988年和1989年收购可口可乐公司股票后，该公司股价已经上涨到了4倍多。

这些事例表明，巴菲特能够毫不畏惧地采取购买行动，这种魄力非常人能比。

1973年到1974年间为空头市场的最高点，巴菲特收购了华盛顿邮报公司。他在CEICO公司面临破产时，将其购买下来。他在华盛顿公共电力供应系统无法按时偿还债务的时候，大量购买它的债券。在1989年垃圾债券市场崩盘的时候，收购了许多RIR奈比斯公司的高殖利率债券。

巴菲特说："价格下跌的共同原因，是投资人抱有悲观的态度，这种态度有时是针对整个市场，有时是针对特定的公司或产业。我希望能够在这样的环境下从事商业活动。并不是我喜欢悲观的态度，而是因为我们喜欢它所制造出来的价格。换句话来说，理性投资人真正的敌人是乐观主义。"

长期的投资生涯，使巴菲特发现一个很奇怪的现象，那就是投资人总是习惯性地厌恶对他们最有利的市场，而对那些不易获利的市场却情有独钟，而且极有兴趣。在潜意识中，投资人很不喜欢拥有那些股价下跌的股票，却对那些一路上涨的股票非常着迷。

高价买进低价卖出当然赚不到钱。

在巴菲特购买威尔斯法哥银行的时候，其股票的价格由其最高点跌到只剩下一半。尽管巴菲特在较高的价格就开始收购威尔斯法哥银行的股票，但是，他还是很乐意看到股票下跌的情形，并且把握这个机会作为低价投资组合加码的手段。按巴菲特的说法："如果你期望自己这一生都要继续买进股票，你就应该学会这种接受股价下跌趁机加码

的投资方法。"

巴菲特还说："只要对你持有的股票的公司深具信心，你就应该对股价下跌持欢迎的态度，并抓住这个机会增加你的持股。"巴菲特能够打破股票价格和价值的迷思。他总结说："对我而言，所谓的股票市场并不存在，它只是一个让我看看是否有人在那里想要做傻事的参考罢了。"

巴菲特做的都是长期投资。因此，短期的市场波动对他根本没有影响。尽管大多数人对于下跌的股价总是难以忍受，巴菲特却总是信心十足。他相信自己比市场更有能力评估一个公司的真正价值。他指出："如果你做不到这一点，你就没有资格玩投资游戏；这就好像打扑克牌，如果你在玩了一阵子后，还看不出这场牌局里的凯子是谁，那么这个凯子肯定就是你。"

在巴菲特看来，股票市场只是一个可以让你买卖股票的地方而已。巴菲特拥有波珊珠宝、喜诗糖果公司、《水牛城新闻报》已经多年了。他完全不在乎每天的成交价格的涨跌情况。"公司本身经营得很好，和股市完全没有关系。"而对可口可乐公司、华盛顿邮报、CEICO 和首都/美国广播公司，巴菲特却将注意力集中在这些公司的销售、盈余、利润和资本投资的需求上。对这些公司的营运情况，巴菲特都了如指掌，如同自己的私人公司一样清楚。

成千上万的炒股人把每天的股票市场成交价看作重中之重。而巴菲特对它大有不屑一顾的意思：

"就算股票市场关闭 10 年，我也无所谓。因为股市对我造不成任何影响。"

巴菲特不相信所谓的市场时机，他当然就不会投入任何资源来判断经济上的周期变化。

巴菲特曾不无幽默地说："就算联邦储备委员会主席亚伦·格林斯潘偷偷地告诉我未来两年的货币政策，我也不会改变自己的任何一个所作所为。"

事实上，巴菲特完全不花时间去考虑失业率、利率或汇率等数据，也不会让政治因素干扰他投资的决策过程。

巴菲特还把经济的景气与否看作是正常的事，他说："就像是赛马场上奔驰的马，有时候跑快一些，有时候又跑慢了一点，不应大惊小怪。"

有了这样的心态，什么样的事情就都好办了。

股票市场，风云变幻。

1987 年正当成交量攀升之际，《华尔街日报》《华尔街周刊》突然报道"空头股市"即将来临，于是道琼斯工业指数大跌，许多人惊恐万状，纷纷抛股。而巴菲特先生好整以暇，等着便宜。他以极低的价格买进他中意的股票，正如他投入 10 亿美元资金，买进可口可乐股票一般。

在那个时候，他并没有卖股票换现金，也不仅是袖手旁观而缺乏行动。在他的眼中所看到的尽是机会，而其他人只看到恐惧。

巴菲特买回家的股票，给他带来了绝佳的投资报酬。

巴菲特不盲目从众的作风已有口皆碑,不再赘述。当务之急是应进一步探讨他不盲从的原因。

巴菲特的老师格兰姆给学生讲了一个寓意深刻的故事:

有一位石油勘探者在升天堂时,圣彼得告诉他一个不好的消息:天堂已经客满,再无法安插人了。

石油勘探者没有沮丧,而是请求允许他跟天堂里的人说一句话。圣彼得答应了。

于是,他便大声喊道:

"地狱发现石油了!"

话音刚落,所有的人蜂拥而出,奔向地狱。

圣彼得见天堂里空空如也,便请他进天堂。可是,这位石油勘探者犹豫片刻后说:

"不,我还是想跟那些人一起去地狱好了。"

格兰姆的这个寓言既幽默,又深刻,是用来反映投资人的非理性行为的。

巴菲特对老师的这番讲解心领神会,引以为戒。

在格兰姆的启发下,巴菲特又把投资人的非理性行为看作是和自然界的旅鼠迁徙那样。

每隔3~4年,旅鼠要来一次集体大迁徙。这个迁徙活动在人类看来是十分古怪的:

它们越聚越多,惊慌失措,强行越过一切障碍,挑战天敌,最后争先恐后地冲向大海,结局是:悲惨死亡。

在风云变幻的股市中,细心的巴菲特发现:绝大多数的投资人往往是人云亦云,盲目从众。

华尔街上尽是一些受过高等教育,并拥有丰富经验的投资专业人员,他们却没有办法在市场上凝聚一股更合乎逻辑和理性的力量。这就像旅鼠旅行一样令人费解。

巴菲特指出:"股价的大幅度波动,跟机构投资人旅鼠般的盲目行为有着很大程度上的关系。股市的剧烈变动,产生盲从效应。"

美国绝大多数的基金经理人员,总是在华尔街出现新情况时,迅速更改手中的持股。巴菲特对此发表评论:

"他们的投资组合不断地在那些主要的大企业之间进行多角化风险分散,他们之所以这样做,其目的很大程度上是为了使自己跟上市场,却很少是因为他们意识到那些公司有良好的经济价值。"

巴菲特具有一种特殊的能力,他完全可以超凡脱俗,可以漠视那些对公司只有暂时影响的大环境事件。在这关键时刻,他十分清醒,能力排众议,做出明智的决定。

世界各地的成年男性,大概都知道制造与行销刀片、剃刀方面的霸主厂商——吉列公司。

有一段时间,吉列财政发生了困难,经营者忧心忡忡。目光犀利的巴菲特不仅没有和大多数人一样抛股,而是伸出了援助之手。

1989年7月,吉列发行6亿美元可转换特别股给柏克夏。巴菲特收到年配息8.

75%、10 年之内必须强制赎回的可转换股权证，和以每股 50 美元的代价转成普通股的权利，价格高于当期股价的 20%。巴菲特的心房里荡漾着喜乐洋洋的纤细的波纹，他说：

"吉列的生意的确讨我们的欢心。因为我们了解公司的经济状况，因此相信我们能对它的未来可以有合理而聪明的猜测。"

独具慧眼的巴菲特在大量收购当时并不为世人看好的联邦住宅贷款抵押公司的股票后，满怀信心地说："只有当优良的公司被不寻常的讯息包围，导致股价被错误评价的时候，才是真正大好的投资机会。"

1994 年，全美股票市场的报酬率走低，许多人为此一筹莫展。巴菲特在这年却忙得不亦乐乎。

人们发现，每当市场不景气时，巴菲特就会大张旗鼓地收购众人抛出的股票。说来奇怪，喜欢盲从的大众却不敢随从巴菲特。

柏克夏在 1994 年下半年，进行了 4 个重要而特别的收购。

一是买进了加内公司——美国最大的报纸发行企业 4.9%的股份。

二是买进匹兹堡的大型地方银行——匹兹堡国民银行 8.3%的股份。

三是在所罗门公司投下巨资，在 7 亿美元的可转换特别股基础上，又购下了 660 万普通股。

四是柏克夏转换手上的美国通用特别股为普通股。巴氏在通用公司投资了 13.6 亿美元。

投资组合

华伦·巴菲特是管理投资组合的高手，他在对投资组合的认识和操作上有自己的独特风格。

众多的股市弄潮儿都主张分散风险，把资本分配到不同类型的投资上，免得因为欠缺足够的智慧和专长，使得投资在少数企业上的巨额资金竹篮打水一场空。在实际操作中，他们尽量多地多买几家的股票。

巴菲特不赞成这样的做法："这只像把各类的飞禽走兽关在同一座动物园里，而不像股票的投资组合。"

巴菲特认为，分散投资风险是必要的，但是如果把它当作投资的主旨就未免过当了。他了解投资人因为担心把所有的鸡蛋放在同一个篮子里不安全，所以就把鸡蛋分装在不同的篮子里，结果是大篮子里的鸡蛋还是破掉了。因为要同时关照这么多篮子里的鸡蛋，小心翼翼地不能有闪失实在是不可能！投资人太过于执着地分散风险，以至于握有一堆不同的各类持股，而对他们所投资的企业少有了解，这实在是有些盲目。

可是，那些自以为睿智的投资人把巴菲特的忠告当成耳边风。他们常常把绝大比例的资金，投资在自己几乎不了解的公司股票上。如果要他们投资一两家企业，他们定会

嗤之以鼻。他们还轻信股票经纪人或营业员的名牌,进场买进那些很糟糕的股票。

巴菲特选购股票,首先是要确认各个企业的长期表现特质,其次判断各个公司的管理品质,最后以合理的价格买下绩优的公司。他说:"我没有兴趣去购买城里每一家公司的股权。"

巴菲特和盖茨在一起

为了优化投资组合,柏克夏第一个大量收购的是华盛顿邮报公司的股票。1973 年,巴菲特在该公司投资了 1000 万美元;到 1977 年,增加到 3000 万美元。巴菲特认为广告、新闻、出版事业有利可图,所以,于 1986 年又大规模地投资首都/美国广播公司。

巴菲特是从投资保险业发家的。1978 年,他以 2380 万美元收购 SAFECO 公司。根据巴菲特的分析,它是当时全美国最好的保险公司,所以才毫不犹豫地投资。

柏克夏的股市投资,几乎有 2/3 都集中在金融和周期性消费产业上。

1980 年,柏克夏拥有 18 家市场价值超过百万美元的公司。除广告、广播、出版及保险业之外,还有底特律全国银行、通用食品公司、美国铝业公司、凯塞尔铝业化学公司、克利夫兰——克里夫钢铁公司等等。这些就是巴菲特最多元化的投资组合状况。

1987 年,柏克夏的持股总值首次超过 20 亿美元。可令人大为吃惊的不是 20 亿美元的天文数字,而是巴菲特手中仅持有三种股票:

一是价值 10 亿美元的首都/美国广播公司。

二是 7.5 亿美元的 CEICO 股票。

三是 3.23 亿美元的华盛顿邮报公司。

奇闻! 天下奇闻! 世上再没有第二个人像他这样:把 20 亿美元的投资全部集中在三种股票上。

1988 年,巴菲特又打了一个漂亮仗。他先是出色地收购了 1400 万美元股价的可口可乐股票。年底,他在可口可乐的投资高达 5.92 亿美元。次年,又增加了 9175500 股折股权,使得柏克夏在可口可乐公司的投资超过了 10 亿美元。

这个果敢的行动给巴菲特带来了高额利润。到 1989 年底,柏克夏在可口可乐的未实现收益高达 7.8 亿美元。

到 1993 年底,巴菲特有 9 家公司的股票,具体为:

可口可乐公司,41 亿美元。

CEICO,17 亿美元。

吉列公司,14 亿美元。

首都/美国广播公司,12 亿美元。

威尔斯法哥银行,8.75 亿美元。

联邦住宅贷款抵押公司,6.81 亿美元。

华盛顿邮报公司,4.4 亿美元。

通用动力公司,4.01 亿美元。

健力士,2.7 亿美元。

在柏克夏的普通股投资组合中,52% 是从事日常消费产品的生产,29% 是金融业,15% 是周期性消费产业,而 4% 是资本商品。

巴菲特之所以能够成功地管理柏克夏的投资组合,主要是他能以不动制万变。当大多数投资人都难抵诱惑,并不断在股市中抢进抢出时,巴菲特却很理智地静观,以静制动。当他在纽约工作的时候,总是有人跑来跟他报名牌,告诉他哪一家公司稳赚不贴。他们都自诩为股市经纪人最好的客户。这些相似的情况给巴菲特许多冷静的沉思。他认为,投资人总是想买进太多的股票,却不愿耐心等一家真正值得投资的好公司,而每天抢进抢出绝不是聪明的方法。

巴菲特常想,买进一家顶尖企业的股票然后长期持有,要比一天到晚在那些不怎么样的股票里忙得晕头转向,绝对是容易得多。巴菲特觉得自己没有那种一天到晚在本来体质不佳、只靠股市涨跌来运作的公司之间打转的才能。有许多投资人一天不买卖就浑身难受,而巴菲特却可以一年都不去动手中的股票。他说:"近乎怠惰地按兵不动,正是我们一贯的投资风格。"

巴菲特一再强调说:"投资人绝对应该好好守住几种看好的股票,而不应朝秦暮楚,在一群体质欠佳的股票里抢进抢出。"

事实证明,巴菲特的成功主要是建立在 9 家成功的大宗投资上。他说,投资人应该假设自己手中只有一张可以打 20 个洞的投资决策卡。每做一次投资,就在卡片上打一个洞。相对地,能够作投资决定的次数也就减少一次。巴菲特就此推断:假如投资人真的受到这样的限制,他们就会耐着性子等待绝佳的投资机会的出现,决不会轻易抉择。

由于资本所得必须课税,因此,巴菲特认为,以财务利益的观点来看,他这种长期持有的策略,比起抢短线的投资方式更为容易。巴菲特举例说:"假如我们做了一个每年成长一倍的一块钱投资,如果我们在第一个年度结算时出售,我们的净收益为 0.66 元(假定累进税率为 34%)。如果我们继续以每年加保的速度投资,并不断出售和支付税金,然后将收益转为投资,20 年后我们的获利是 25200 美元,所支付的总税金为 13000 美元。但是,如果我们购买了这项每年成长一倍的一块钱投资,而后放在手中 20 年都不动,那么我们的总收益将高达 692000 美元,所付的税金为 356000 美元。"

巴菲特正是认识到长期持有的优势所在,所以在他的投资生涯中,注重长期持股。

巴菲特从自己投资的经验中得知,体质优良、经营得当的企业通常价格都较高。而一旦见到价格低廉的绩优企业,他会毫不犹豫地大量收购。而且他的收购行为完全不受经济景气及市场悲观气氛的影响。只要他相信这项投资是绝对具有吸引力的,他就会大胆购买。巴菲特的这种集中投资的策略,使他获益甚丰。

巴菲特非常欣赏凯恩斯的一段话:

"随着年岁增长，我越来越相信，正确的投资方式是把大量的资金，投入到那些你了解，而且对其经营深具信心的企业。有人把资金分散在一些他们所知有限、又缺乏任何买点的投资上，以为可以以此降低风险。这样的观点其实是错误的……，每个人的知识和经验毕竟是有限的，而我也很少能够同时在市场上发现两家或三家以上可以深具信心的企业。"

人格魅力

华伦·巴菲特从投资 100 美元起家，到 1998 年，已经拥有了 330 亿美元的财富，富可敌国；被誉为"人类历史上最伟大的投资者"，是当之无愧的。

他成功的秘密在哪里呢？

首先在于他对投资的悟性。他热爱他所做的一切，喜欢与人相处，习惯于阅读大量的年刊、季刊和各类期刊。作为职业炒股人，他制定了一系列的纪律和规章。他有极大的耐心和勇气，对自己认定的事情充满着信心。他细心观察，总是在寻找没有风险或风险极小的投资。

其次，他极精通机率的计算，而且总是稳操胜券。他对数学计算的热情持久不衰；杂乱排列的阿拉伯数字是他最喜欢看的东西。他总能在数字组合中发现商机。

再次，他有积极参与的精神。他最喜欢在股海中摸爬滚打。在高风险的保险和再保险行业里的长期实践培养了他超凡的承受能力。他对那种机会小、而实际报酬却很可观的冒险很感兴趣。

最后，他是一个耿直的人，从不误导炒股者；他还敢于列出自己的失败和错误纪录，却不做任何辩解。

巴菲特是一位杰出的商业研究者，他能在短暂的时间内决定某项投资是否做，并只根据几天的研究，就能判断出何时该进行重大投资，并能随时做好准备。

巴菲特勤奋好学，其自学精神和适应环境的能力极强。无论是学生时代，还是工作以后，他都是图书馆的常客。在 50 年代，他花钱去学卡耐基课程。90 年代初，他又开始学习电脑，不久便能够从电脑网络上撷取数以万计的资料和信息，作为投资研究的参考。

巴菲特不仅是机智过人、聪明绝顶的天才，更是性格温和、仁慈又诚实、热情洋溢，富有人情味的平常人。

玛丽小姐在描述巴菲特的家庭生活时写道：

"华伦非常喜欢教导家人潮起潮落的哲学。在每个圣诞节的早餐，他会给每一个家庭成员一个装有 1 万美元的信封作圣诞礼物。就像先前那些志得意满的亿万富翁一样，他会大笑地说：'圣诞快乐'，并把信封给家中每一个兴奋地接礼物的人。之后，他又强烈地认为，大家应该支持家庭事业，因此又以他最近的投资事业的 1 万美元等值股票，和我们每一个人交换刚才发出来的 1 万元现金。"

玛丽认为："这些股票的意义超过圣诞礼物本身,它们代表的是华伦带领我们去关心一个投资企业的方法。"

巴菲特的家庭是温馨的。

巴菲特不仅是投资赢家,也是投资怪杰。

他运用独特的投资策略为自己和他的投资人创造可观的财富。

这个所谓的独特的投资策略,是巴菲特早已公布于世的一些常识性定律。他从不隐瞒,从不撒谎。

假如有人问他:"应选择一个什么样的企业股票来投资?"

巴菲特定会诚实回答道:

"要看企业是否简单且易于了解;是否有稳定的经营史;长期的发展前景如何;经理阶层是否有理性;对股东是否坦白;是不是跟着市场随波逐流……"

巴菲特的回答看似简单,尽是一些常识或基本知识。然而,大多数人一旦在投资股票时,就会忽略这些;只在意短期的股价变动、资金的聚散、人气的起伏,以及种种技术指标的分析,情绪也随之上下波动。

可见,大多数人不易做理性的判断。他们都受到现有的股票交易方式的影响和限制,只知道在买进和卖出之间追逐价差,而忘了买卖股票原本只是转移股权,持有股权就是股东。股东的权益则是来自于企业运营所获致的利润。作为股东原本是希望能从企业不断获利,不断成长,及源源不断地收取成功的经营成果。

股票市场只是方便股东转移股权,但是由于现代化的股市运作,买卖股票赚取价差反而成为投资股权的重要目的。

巴菲特的独特投资策略扭转了这种不正确的投资观念及操作手法。虽说他的投资策略很独特,但却浅显易懂。因为根据常识,多数人会和他一样重视那些层面及定律,运用和他一样的手段操作。但是,就是因为整个证券市场已经发展成另一种面貌,以另一种模式运作,才使多数人已经以不同于巴菲特的方式策略进行所谓的投资;因而巴菲特的普通投资定律及策略才显得独特。

巴菲特之所以取得伟大的成功,就是因为他的精明和一套简洁易行的定律及策略。投资者要赚钱,首先头脑要清楚。然而股市的确是个不理性的市场,是情绪的聚积场所,各式各样人的喜、怒、哀、乐、兴奋、抑郁大量汇集激荡。许多人不能理性地面对股市变化。股市很热,股价明显攀升了才进场,可是,只要有一丝风吹草动,看到有人抛售股票,也就跟着疯狂地杀出。前者是贪,因贪所以追高;后者是怕,因怕所以杀低,这样做的结果赚少赔多。

而巴菲特从股市实践中,总结了一整套行之有效的规律、策略,小心谨慎地进行着每一项投资。他在挑选永久股、收购企业、投资固定收益有价证券的过程中,及时把握时机,总是冷静而有理性的。

他的成功投资,证明了投资赚钱不需要高深的股票投资"专业知识"或技术,只要冷静、理性,然后运用果断就可以获得成功。

巴菲特运用简单的投资定律创造了庞大的财富,而且他的投资又仅限于自己所了解的企业。由于拒绝投机,他的这种做法基本上没有风险。

巴菲特在经营和投资上,显示出其卓越的才能;他的领导风格同样也是令人钦佩的。从他与朋友的交往中,可以看到他所表现出的亲切是很真诚的。他平和、坦率、正直、真诚。他既有超人的商业智能,又有幽默的一面,他推崇合乎逻辑的事理,但不能忍受愚笨。他喜欢简单明了,烦厌复杂冗长。

在柏克夏·哈斯威年报上,巴菲特轻松地在自己的文章中引用《圣经》、凯恩斯等人的话语。从中可以看到他的敬业精神和幽默智慧及丰富的知识。

巴菲特是一个诚实的人。

他十分坦率:对柏克夏的优势和弱势,毫不避讳地加以强调。他认为股东都是公司的参与者,因此,他有义务告诉他们全部资讯。

巴菲特所领导的柏克夏公司,其实就是他个人人格、管理哲学以及其生活方式的体现。巴菲特的重要特点,几乎全体现在他的管理之中。这些特点就是他寻找投资的准则,而且随处可见柏克夏·哈斯威投资公司。同时,他的投资策略也散见于公司非凡的令人耳目一新的企业政策:慈善捐款决策过程与管理阶层薪酬计划。

巴菲特采用绩效来衡量主管的薪资报酬。薪资报酬与企业大小与年龄及柏克夏的整体利润均无关。巴菲特所注重的是每个单位的绩效都应该受到奖励,不管柏克夏的股价是上扬还是下跌。主管应依其责任范围内预定目标的达成率计算,如增加销售额,缩减费用或冻结资本支出。

到年终的时候,巴菲特并不分配股票选择权,而改以签发支票方式作为员工奖励,有些支票金额相当庞大。主管可以自由支配这些现金,大部分人用它购买柏克夏的股票,愿意与公司股东承担同一风险。

巴菲特允许高额的薪资。一位经营保险事业的主管在 1992 年,年薪高达 2600 万美元,而巴菲特本人的薪资加上红利每年也不过 10 万美元。

以股份比例捐款的方式,体现出巴菲特独特的行事作风。分配慈善捐款的方法被称作"股东指定专案",股东依股份比例可以决定慈善捐献的受款人。对大多数企业而言,慈善捐款的分配是行政主管与董事会的特权。通常他们选择自己最中意的慈善机构,而给钱的股东却没有发言的余地。

在柏克夏,股东指定慈善机构后由公司负责签支票。1981 年,慈善捐款指定专案实施的第一年,柏克夏共捐资 1700 万美元给 675 家慈善机构。接下来的 12 年中,柏克夏共捐资 6 亿美元给数千家慈善机构。1993 年又捐了 9400 万美元给 34 家慈善机构。

巴菲特所领导的柏克夏·哈斯威股份有限公司是家综合性的企业,但是不复杂。它拥有许多企业,包括保险公司及其他子公司,以及其他用保险金收益汇集的现金流量所购买的公开上市公司。

一视同仁是巴菲特的经营风格,不管是他欲购入的公司,或是正在评估是否投资其股票的公司,或对自己企业的经营管理等,他都同等看待。

不论什么时候什么情况下，巴菲特总是保持乐观情绪。

他不仅和家里人其乐融融，而且和所有的同事和睦友好。他十分真诚地对自己的伙伴们说："你们能每天来公司上班，让我感到兴奋、顺心。看到你们，我有一种出自内心的喜欢感。"

巴菲特是一个十分热爱生活的人。他说："我生活中所想要的正好在这儿，我爱每一天。我的意思是说，我在这儿跳着踢踏舞并和我喜欢的人们一起工作。在这个世界上是没有任何一种工作比经营柏克夏更有趣，我觉得自己能在这儿工作真是很幸运。"

巴菲特把自己的理论精华几乎全都运用在柏克夏公司。柏克夏作为本世纪投资业最具典型的成功形象，就像金字塔顶端的一颗耀眼的宝石。而巴菲特也和柏克夏一样，他的名字不但令投资界熟知，更值得广大股民们崇拜和认真研究。

财经理念

美债违约已然成为一个令全球市场谈之色变的话题，但在评级商穆迪看来，这仍然是小概率事件。"财政部不支付到期国债的可能性微乎其微，"穆迪首席执行 RaymondMcDaniel 称，"希望举债上限能在 17 日前提高，但即便没有，我认为财政部仍将实现兑付承诺。"

如今，美国民主、共和两党"战火"已经烧至美债，2013 年 10 月 17 日，美国将迎来提高债务上限的考验。"这（如果美债违约）就像一颗核弹爆炸一样，后果简直不堪设想。"巴菲特上周在接受《财富》杂志采访时如是说。巴菲特表示，毫无疑问全球经济正在放缓，但美国比欧洲稍好。同时，巴菲特还表示美国住宅市场已经回转，随着房市复苏，与住房相关的公司都将受益，如家具和地毯业。巴菲特透露，他趁着富国银行股票下跌之时，在过去一周中购入了更多的该股票。在过去一月中，富国银行的股票下跌了超过 3%。

截至 2013 年 6 月 30 日，伯克希尔哈撒韦公司报告其持有超过 4.11 亿股，价值近 140 亿美元。巴菲特说这还不够，并将继续买入。巴菲特认为银行仍是一个很好的行业，但在信贷危机解决以前银行股票不会盈利。巴菲特表示，在 2012 年两起潜在价值 200 亿美元的收购因为价格问题告吹后，他对购买一些公司的前景仍感兴趣。伯克希尔哈撒韦公司拥有 400 亿美元的现金，但价格不合理，而且伯克希尔哈撒韦公司不会加入竞购战。他计划盯住一家 60 亿美元的金融类公司，但是他没有提及这是一起潜在的收购。巴菲特重申了自己长期以来持有的观点，认为股市是资金最好的投资场所，并表达了对 IBM 长期前景的信心。

2011 年，伯克希尔哈撒韦公司购入了约 110 亿美元的 IBM 股票，巴菲特表示还将加仓到那个水平。至于伯克希尔哈撒韦控股的另一只大股票宝洁，巴菲特承认近几年来的盈利表现确实不佳。但巴菲特称赞董事长兼首席执行官鲍勃·麦克唐纳是个杰出的人

物。麦克唐纳的领导力在今日颇受非议。巴菲特透露,伯克希尔哈撒韦已经出售了一些宝洁的股票。巴菲特还对美联储主席伯南克连任第三届表示强烈支持,并称伯南克的工作做得极好,除他外没人能够更好地胜任美联储主席的职位。巴菲特认为,如果总统提出邀请,伯南克将会同意连任。不过,巴菲特表示他对于美联储不断扩大的资产负债表略有担忧。他的直觉是应该反对美联储的 QE3 经济刺激计划。同时,巴菲特认为美国极有可能在短期内脱离财政悬崖的风险。每个人都知道应该为美国的债务问题做什么,国会仅仅需要推动执行就可以了。巴菲特预计,无论谁当选总统,经济都将在未来四年内得到改善。

2011 年 8 月,美国著名投资人沃伦·巴菲特当地时间 15 日说,最富有的美国人应当缴纳更多所得税,为改善国家的财政状况做出贡献。有"股神"之称的巴菲特当天在《纽约时报》发表题为《停止宠爱超级富豪》的文章说,那些贫穷和中产阶级美国人在阿富汗为国家作战,大多数美国人在窘迫度日,而像他这样的富豪却仍在享受特别减税优惠。这番话一语道破超级富豪财富秘密:分配不公的一个主要表现就是资本在分配中所得过多,而劳动在分配中所得过少。巴菲特 15 日在《纽约时报》的文章中的一些话令人深思。该文的标题是《停止娇惯富豪们》,直接把苗头对准富豪。有人会说,巴菲特是不是故意讨好奥巴马总统,非也!不论是财富还是年龄,他都不需要讨好任何人和任何权力。这是巴菲特的一贯作风和思想。这番陈辞,同样值得中国的富豪们反省。

2011 年 12 月,巴菲特对 2012 年股市做了五大预言,称股市还将大幅波动。

第一,世界还会很不确定,但我还会坚定持股优秀公司。

第二、股市还将会大幅波动,我会利用股市过渡反应低价买入好公司。

第三,未来还会有各种坏消息,但我会继续买入优质银行股。

第四,股市大跌,有些优质大盘股已经出现买入良机。

第五,欧洲债务危机不同于美国金融危机,要解决还需较长时间。

慈善活动

2006 年 6 月 25 日,沃伦·巴菲特在纽约公共图书馆签署捐款意向书,正式决定向 5 个慈善基金会捐出其财富的 85%,约合 375 亿美元。这是美国和世界历史上最大一笔慈善捐款。巴菲特准备将捐款中的绝大部分、约 300 亿美元捐给世界首富比尔·盖茨及其妻子建立的"比尔与梅琳达·盖茨基金会"。巴菲特的慷慨捐赠一夜之间使盖茨基金会可支配的慈善基金翻了一番,达到了 600 多亿美元,比全球第二大基金会福特基金(110 亿美元)的资金多 5 倍。自 2006 年开始,比尔与梅琳达·盖茨基金会将在未来的每年七月,收到全部款项的 5%。尽管巴菲特尚未决定是否将积极参与运作,但确定将加入盖茨基金会的董事会。

同时,巴菲特也宣布,将其余价值约 67 亿美元的波克夏股票,分别捐赠给苏珊·汤

普森·巴菲特基金会以及他三名子女所成立基金会的计划。这是因为巴菲特的前妻在2004年过世时，已将绝大多数的遗产，价值约26亿美元，移转到巴菲特基金会。巴菲特的子女将继承他财产的部分，比例并不会太高。巴菲特曾表示："我想给子女的，是足以让他们能够一展抱负，而不是多到让他们最后一事无成。"

自2000年开始，巴菲特透过线上拍卖的方式，为格来得基金会募款。底价2.5万美元起拍，以获得与巴菲特共进晚餐的机会。在这些线上拍卖中，最高成交价为中国人赵丹阳的211万美元。2009年06月30日巴菲特一年一度的慈善午餐拍卖在eBay结束，拍出168.03万美元。这个价格不及创纪录的210万美元，不过在数十年来最严重的衰退背景下也不算太低。

2006年9月，巴菲特将他的福特林肯座车拍卖，以资助格罗斯公司的慈善活动，该车在拍卖网站eBay上面，以美金＄73,200元卖出。巴菲特被美国人称为"除了父亲之外最值得尊敬的男人"。美国亿万富翁巴菲特再捐出19.3亿美元的股票给5个慈善基金，这是巴菲特2006年开始捐出99%资产以来，金额第三高的捐款。

根据美国证券管理委员会收到的申报书，巴菲特2011年7月3日捐出手上保险与投资公司"波克夏哈萨威公司"B股2454万股股票。这笔捐赠的金额在2009年是15.1亿美元，但波克夏哈萨威公司B股于2011年7月3日收盘价为78.81美元，上涨35%，使得捐赠总金额膨胀到19.3亿美元。波克夏获利来自经济情况改善、保险部门灾难理赔不多、衍生性商品投资账面损失减少与持有的美国运通及富国银行等公司股票价格上涨。

巴菲特2010年捐赠约16亿美元波克夏股票给比尔暨梅琳达盖茨基金会。这是由微软创办人比尔·盖茨与其妻子共同创立的基金，目的在解决教育、卫生与贫穷问题。其他股票则捐给以巴菲特已故妻子命名的苏珊汤普森巴菲特基金及两人共育的孩子霍华德、彼得与苏珊所成立的基金。

巴菲特捐赠给盖茨基金的总额约80.3亿美元。申报书显示，2010年捐赠之后，巴菲特仍持有439亿美元的波克夏股票。根据定期申报书与捐赠当日波克夏股票收盘价，巴菲特2006年捐赠总额19.3亿美元、2007年21.3亿美元、2008年21.7亿美元与2009年15.1亿美元。根据这项原则，2010年捐赠金额稍微超过2006年的总额。巴菲特1月进行股票分割，将1股分成50股之后，他捐赠的股数每年减少5%。

美国股神巴菲特一年一度的2011年午餐会、慈善、义卖竞标活动又将登场，预订6月5日美国东岸晚间10点半起，在电子湾慈善网站正式开始，至6月10日晚10点半结束。2011年结标价为262.6万美元，备受瞩目。

北京时间2012年6月9日上午10点30分，股神巴菲特一年一度的午餐拍卖以近346万美元的价格豪华落锤，再次大幅度突破前一年纪录。2018年8月15日，据国外媒体报道，2018年第二季度，"股神"沃伦·巴菲特（Warren Buffett）旗下的伯克希尔·哈撒韦公司（Berkshire Hathaway Inc.）继续大笔购进苹果公司股票。根据周二提交给证券监管机构的一份最新申报文件，2018年第二季度，伯克希尔·哈撒韦增持1240万股苹果股票（价值约20多亿美元），使该公司截至6月底共持有约2.52亿股苹果股票，比第一季度

的 2.396 亿股上升约 5%。在纳斯达克周二交易中,苹果收盘于 209.75 美元,较上一交易日上涨了 0.42%,按照这一收盘价,伯克希尔·哈撒韦持有的苹果股票价值达 528.57 亿美元。2021 年 5 月 1 日,在伯克希尔·哈撒韦股东大会上,对于 Robinhood,巴菲特认为其已经成为赌场性质组织的一部分,取得的成就不值得骄傲。2022 年,股神巴菲特(Warren Buffett)旗下的伯克希尔哈撒韦公司(Berkshire Hathaway)对苹果公司(Apple)的押注可能最终成为他最成功的投资之一,账面收益超过 1,200 亿美元。当地时间 2022 年 4 月 19 日,美国最大公共养老金加州公共雇员退休基金(CalPERS)向美国证券交易委员(SEC)提交文件表示,计划投票支持伯克希尔·哈撒韦公司的一项股东提议,该提议将解除沃伦·巴菲特的董事长职位。提交文件显示,将在 4 月 30 日举行的伯克希尔股东大会上投票支持一项股东提案,提案内容为罢免巴菲特的伯克希尔董事长职位,但仍可继续担任 CEO。2022 年 5 月,据路透社报道,伯克希尔·哈撒韦公司股东以接近 9 比 1 的比例投票支持巴菲特(Warren Buffett)继续担任董事长和首席执行官。当地时间 2022 年 6 月 17 日,2022 年巴菲特慈善午餐拍卖结束,中标价格 1900.01 万美元(折合人民币 12762 万元),创下"巴菲特午餐"拍卖最高纪录。这是最后一次举办"巴菲特午餐"拍卖。

世界传媒大王

——鲁伯特·默多克

人物档案

简　历：1931年3月11日，出生于澳大利亚墨尔本以南30英里的一个农场，十岁时被送到澳洲的杰隆贵族寄宿学校上学，毕业于牛津大学伍斯特学院。是世界报业大亨，美国著名的新闻和媒体经营者，新闻集团主要股东，董事长兼行政总裁。以股票市值来计算，新闻集团已是世界上最大的跨国媒体集团亦称为"默多克的传媒帝国"。默多克报业集团的投资极为广泛。除出版业外，从宣传媒介到电视台到石油钻探、牧羊业等都涉足。早在70年代，在国内已拥有悉尼电视第十台、墨尔本电视第十台和安塞航空公司50%的

股权，并经营欢乐唱片公司和图书公司等。短短的三四十年间将其发展为跨越欧、美、亚、澳几大洲，涉足广播、影视、报业诸领域的传播媒介帝国。在他的麾下，既有久负盛名的英国《泰晤士报》，也有美国电影界的大腕级电影公司——二十世纪福克斯电影公司。2014年1月2日，传媒大亨默多克的21世纪福克斯出售了所持有中文电视公司星空传媒剩下的47%股权。2015年12月《国家地理》杂志被默多克的21世纪福克斯公司收购。2021年4月，福布斯富豪排行榜发布，鲁伯特·默多克及家族以235亿美元位列《2021福布斯全球富豪榜》第71名。

生卒年月：1931年3月11日~

性格特征：性格保守，是一个冷酷无情、好争斗的令人不可思议的企业家。

历史功过：足迹遍及六大洲，他是一个前所未有的传媒大亨。他一个人控股电视、有线电视、卫星电视、电影、书籍、杂志、网络以及报纸。

名家评点：西方主流媒体对默多克评价毁誉参半，主要集中在以下两个问题上：首先是默多克对商业利益无止境的追求。新闻集团虽以"新闻"起家，但该集团超过60%的收益来自"娱乐"及相关产业。默多克受西方抨击的另一个原因是他淡化意识形态，积极加强与中国的关系，努力在华拓展业务。80年代中期，他首次访华就促成了新闻集团与中国的第一次合作。1998年，他还通过新闻集团向中国洪灾重灾区捐款100万美元。

投身报业

鲁伯特·默多克出身于一个报业世家,其父基思·默多克早在 1920 年末就做上了《墨尔本先驱报》和《时代周报》的总编,而且在他做总编的第一年里,就通过自己的努力和才能使《墨尔本先驱报》的发行量从 10 万份上升到 14 万份。

在 20 年代后期,基思·默多克不断地扩展先驱报业集团的王国。在他的带领下,先驱报业集团先后创办或购并了《体育世界》《澳大利亚家园建设者》《听众》《航空博览》《美丽的澳大利亚家园》和《野生动物》等杂志。《墨尔本先驱报》的竞争对手《太阳新闻画报》也被收购。

1928 年,基思·默多克做上了先驱报业集团总经理。1929 年,他促使先驱报业集团购并了 DB 广播电台,因而成为进入广播领域的第一家澳大利亚报纸出版商。

后来,他决心在澳大利亚创立全国性报纸联号,几经波折,以《墨尔本先驱报》为基础的辛迪加接管了《西澳大利亚人》,然后他在阿德莱德进行收购战,买下小报《经事报》,通过激烈竞争,他说服晨报《广告人报》以及创办仅 10 年的下午报阿德莱德《新闻报》的老板们把它们卖给先驱报业集团,他担任广告人报业公司的董事长。广告人报业股份有限公司和新闻报股份有限公司仍然是相互独立的公司,它们有自己的股东和工厂。

1931 年,基思·默多克参加阿德莱德《新闻报》董事会。1933 年,布里斯班的两家早报投到先驱报业集团的旗下,合并后改名为《信使邮报》。基思·默多克还在塔斯马尼亚岛购买大片的森林,创立澳洲大陆的新闻纸业。

在整个 20 世纪 30 年代,在扩大先驱报业势力范围时,基思·默多克的权力和影响也日益增加。同时,他也越来越多地考虑怎样建立自己的王国。到 1935 年,基思·默多克和先驱报业集团在全国 65 家广播电台的 11 家里拥有股权。

鲁伯特·默多克就是在这样一种氛围中出生和成长起来的,因此,他从早年时候起,就意识到报纸给父亲带来的权力、荣耀和极大的乐趣。后来,鲁伯特进入牛津大学的伍斯特学院学习,基思希望他大学毕业后,开始报社从业人员的生涯。

继承父业

基思 65 岁时开始集中精力巩固自己的报业集团,并希望把它留给鲁伯特。从 20 世纪 20 年代后期开始,他控制了昆士兰的报纸,其主要资产就是布里斯班的《信使邮报》。1948 年,他向先驱报业集团的董事会建议,放弃对阿德莱德报纸的垄断。他想购买由阿德莱德的《广告人报》持有的阿德莱德《新闻报》的股份,而《广告人报》又被先驱报业集团控制在手中,他以书面的形式承诺,如果他的家人想出售他们在昆士兰报业公司的股

份,他们会主动地将它们卖给先驱报业集团。但提议被拒绝,后来,他拼命地增加他在阿德莱德《新闻报》股份中的份额。但由于基思商业上的财产变动不定,在他死后,鲁伯特主要继承了克鲁登投资公司的主要部分。在鲁伯特母亲的决定下,《信使邮报》被卖给《墨尔本先驱报》。

1953年,22岁的鲁伯特·默多克从牛津大学回到阿德莱德接受父亲的遗产,并开始了他与全世界的战斗。当时,澳大利亚的报业仍然由费尔法克斯家族和弗兰克·帕克控制,前者的王牌报纸是墨尔本先驱报业集团的悉尼《先驱晨报》,后者出版《妇女周刊》和通俗小报悉尼《电讯报》。鲁伯特的当务之急就是勇敢地面对强大得多的阿德莱德《广告人报》,其45%的股份归墨尔本先驱报业集团。不出默多克所料,《墨尔本先驱报》企图摧毁基思爵士希望留给鲁伯特一个小王国的一点点根基。这对《新闻报》造成巨大的威胁。《广告人报》较之《新闻报》及其属下的《星期日邮报》规模更大,组织更庞大。它一周的销量比《新闻报》已经多了一倍。《广告人报》董事长杜马向默多克夫人出价15万英镑购买这个公司。默多克和他的好友里维特决定公布杜马在一封信里对默多克夫人的威胁。默多克后来贴出了一张让杜马愤怒的海报:出价竞买报纸。默多克回忆起这次斗争,把它称之为他自己的大卫对战歌利亚的故事:"他们生产出非常美观的大幅双面印刷品,极具新闻价值。他们拥有世界上最好的设备来进行生产彩色印刷连环漫画等所有东西。我们忠心耿耿地保护这家小报——阿德莱德《星期日邮报》。"两家星期日报纸之间激烈的发行大战持续了近两年,双方都付出了高昂的代价。最终,杜马放弃了竞争,1955年他和默多克同意合并这两家星期日报纸。在新的报纸里,每个集团各占50%的股份。对默多克来说,这是一次非同寻常的妥协,但是他就此事进行自我辩解说,《广告人报》与其说是合并还不如说是被迫消失。他后来仍坚持认为:"这是实情,他们不再经营这家报纸,只在我们的报纸里拥有50%的股权,而由我们来控制、经营、印刷并为它筹措管理费用。"这个协议使默多克赢得了第一次胜利。

事业创新

默多克认识到,报纸行业常常被忽视的一个特性就是实现自运经营方式。读者们每天为他们购买的数百万份报纸付现钱,每天出版商获得收入。这种做法并不总是像它的理论那样干净利索,然而它通常还是非常直截了当。因此,报纸值得一赌。他与悉尼的联邦银行建立了关系,这是一家由政府拥有的比较小又保守的银行。他们喜欢默多克并全力支持他。在几年的时间里,新闻报股份有限公司成为联邦银行最大的客户。随着新闻报公司的发展,该银行也发展起来。

到20世纪50年代的后半期,《新闻报》赚的钱足以使默多克考虑向阿德莱德以外地区扩展,他把目光瞄到了全国。他首先把在墨尔本的一家杂志出版公司索思当出版社的小股权扩大为完全拥有该公司。尽管遭到一些谨慎的董事会成员的反对,他仍然买下一

家墨尔本出版的妇女周刊杂志《新思维》。

接着他的第二家报纸诞生了，这就是珀思的《星期日时报》。珀思距阿德莱德约1400英里，是西澳大利亚小而僻静的首府。《星期日时报》正在亏损，但是默多克需要它。"不发展就是死亡"是他的口头禅。这笔交易做成后，默多克开始每个星期五匆匆忙忙越过大陆去珀思。他先是乘坐颠簸的道格拉斯3型或4型飞机，然后跌跌撞撞下了飞机驱车直接驶进《星期日时报》的办公室，亲自把报纸修改成他需要的样子。他雷厉风行，毫不心软，把所有那些他认为是无用的人解雇，从阿德莱德引进文字编辑和记者。不久报纸立刻变得更具轰动性，销量大增。在珀思收购之后，默多克向其他资产进军，即一些偏僻城镇的小报纸。

默多克一向具有捕捉各种趋势的天资。从很早的时候起，他就认识到美国与电视相结合的威力。20世纪50年代，美国开始了电视革命，它将迫使整个工业化世界发生极大的社会变革。普通的商品化彩色电视始于美国。美国无线电公司研制出光导摄像管，它比传统的电视摄像机适应性更强、灵敏度更高、价格更便宜。第一个高清晰度的磁带录像由美国的宾克罗斯比公司发明。美国的宽银幕电影由西尼拉玛公司发明。21个欧洲国家同意共享特高频率的周波，因而为拥挤的中波提供了可供替选的选择。澳大利亚的电视开发远远落后于美国。直到1957年阿德莱德才有电视，虽然悉尼和墨尔本已经有三家电视台，其中两家是商业台。这两家商业电视公司由两个最强大的报业家族经营：在悉尼，费尔法克斯家族控制着第7频道，而帕克家族控制第9频道。在墨尔本，先驱报和时代周刊集团控制第7频道，时代的出版公司大卫赛姆公司是第9频道的合伙人，这四家电视台已经建立了两套小网络。政府在布里斯班和阿德莱德各颁发了两张特许证。在阿德莱德，由《广告人报》赞助的集团得到了第7频道，默多克的南方电视公司得到第9频道。由于默多克决心让他的电视台首先开播，他带着阿德莱德的《星期日邮报》的主编罗恩·博兰匆匆赶往美国。他们从美国西海岸开始，参观洛杉矶的制片厂，为他们的新电视台寻找能够买得起的节目。默多克在洛杉矶和纽约的美国电视网络结交了几个有影响的人物，最重要的一位是美国广播公司的伦纳德·戈登森。戈登森是通过派拉蒙电影公司涉足电视的。1951年，他以2450万美元买下美国广播公司。在以后的25年里，他努力奋斗，使美国广播公司与其他两家全国性的广播网全国广播公司和哥伦比亚广播公司成三足鼎立之势。默多克同意让美国广播公司购买6%新闻报股份有限公司的股票。这是由于戈登森从一开始就感觉到，电视能够并将成为一种世界性的传媒，因此他着手购并外国电视台作为合伙人，这事发生在卫星通信发展之前。他还预见到几个由电缆联结起来的国际网络。

1989年，默多克创办了英国天空电视台，并于次年与英国卫星广播公司合并组成英国天空广播公司。默多克为卫星电视下了很大的赌注，当时的人们都认为默多克疯了，没有人会为卫星电视付一分钱。默多克的电视事业经营得十分艰难，他为了填补天空广播公司的亏空背上了高达76亿美元的债务，名下的新闻集团一度濒临破产，但默多克仍然没有失去他对卫星电视的信心。1992年，天空广播公司购买了英格兰足球超级联赛的

转播权,飙升的收视率为公司带来了每年超过 10 亿英镑的收益,这使默多克得以喘息。1998 年,英国天空广播公司建立了英国第一个数字电视平台,开通 200 多条卫星频道,并于 1999 年推出互动体育频道,使观众成为主导者,改变了传统的电视收看方式。

　　默多克也早已有了类似的雄心壮志。20 世纪 90 年代以来,默多克一直致力于建设一个覆盖全球的卫星电视网,这项工程通过并购传媒集团的方式已经取得巨大进展。而今,默多克拥有 4 个报社和多家广播电视公司,他的帝国比任何时候都要强大。默多克凭借他精准的眼光和顽强的毅力,终于创造了世界广播电视发展史上的一个奇迹。

微软公司创始人

——比尔·盖茨

人物档案

简　历：全名威廉·亨利·盖茨三世,简称比尔或盖茨。1955年10月28日出生于美国华盛顿州西雅图,企业家、软件工程师、慈善家,微软公司创始人,中国工程院外籍院士。曾任微软董事长、CEO和首席软件设计师。比尔·盖茨13岁开始计算机编程设计,18岁考入哈佛大学,1975年与好友保罗·艾伦一起创办了微软公司,比尔·盖茨担任微软公司董事长、CEO和首席软件设计师。2000年,比尔·盖茨成立比尔和梅琳达·盖茨基金会,2008年比尔·盖茨宣布将580亿美元个人财产捐给慈善基金会,2014年比尔·盖茨辞去董事长一职并重回世界首富。2015年9月29日,微软公司创始人盖茨凭借760亿美元净资产,连续22年高居《福布斯》榜首。

生卒年月：1955年10月28日~

性格特征：富有个性,勤奋好学,坚持不懈,幽默,待人真诚,具有冒险精神。

历史功过：创立了微软公司,1995~2007年连续13年蝉联世界首富,连续20年成为《福布斯》美国富翁榜首富。

名家评点：美国前总统克林顿评价说："比尔·盖茨赚的钱比人类历史上所有人都多,他在努力把钱捐献出去。大多数人也许会把钱用在别的地方,或是只捐出一点点,并希望别人给他们别上勋章,而不是像比尔·盖茨那样,把全部的时间都用在寻找真正行之有效的东西。这就是他毕生的工作。"

电脑顽童

1955年10月28日,雨过天晴。

西雅图的天空艳阳高照,大地苍翠碧绿、明亮洁净。

在西雅图著名的风景区华盛顿湖边住着一户教师和律师组成的家庭:玛丽·马克斯韦尔和小比尔·盖茨。

就在当晚的9点钟,他们唯一的儿子——比尔·盖茨出生了。当时谁也意识不到拥有空中明星"波音公司"的西雅图,将会因为这个才出生的婴儿而拥有"微软帝国"而成为更加辉煌的"梦幻之城";谁也没有预料到这个才出生的婴儿将会成为全美乃至全世界家喻户晓的人物。

小盖茨出生后不久,小比尔·盖茨已开办了一个律师事务所。于是,玛丽·盖茨辞去了学校的工作,全心全意操持家务。

当小盖茨3岁时,玛丽又带着小儿子投入了社区自愿服务事业。她承担的第一个自愿服务工作是为西雅图历史和发展博物馆做讲解员。于是,小盖茨同那些年龄比他大许多的小学生们一同接受本地区的文化和历史教育,母亲一次又一次的讲解使小盖茨对文明的理解与向往逐日深化,终于孕育了一个崇高的心理。在比尔·盖茨还是一个小学童时就写下了这样的日记:

"人生是一次盛大的赴约,对于一个人来说,一生中最重要的事情莫过于信守由人类的理智所提出的那种至高的诺言……""也许,人的生命是一场正在焚烧的'火灾',一个人所能去做,也必须去做的,就是竭尽全力要在这场'火灾'中去抢救点什么东西出来。"

一个需要巨人的时代终会产生巨人的。即使还是一个孩子,也同样拥有巨人的抱负和志向,这是一个天才的素质。

在比尔·盖茨小学四年级的时候,一次老师让全班同学写一篇20页内的故事,令师生们吃惊的是,盖茨写出的故事洋洋洒洒竟长达100页。他就是这样执着而富于进取。

父亲的律师工作和母亲的社区服务使童年时代的比尔·盖茨有更多的人际交流经验。父母总是鼓励和提供机会,使他尽可能多地参加社区活动,来锻炼提高自身素质。

1967年秋,11岁的比尔·盖茨开始了他人生的第一个关键性里程:进入湖滨中学。

湖滨中学是一所专收男生的私立预科学校,这是一所在西雅图最优秀的学校,教学上高标准、严要求,并且把教学目标直接放在大学预科上,学风浓厚,教学严谨。

当然,名校高收费。湖滨中学是全市收费最高的一所学校,每期学费高达5000美元,每年只收300名学生就读,是一所名副其实的贵族学校。

湖滨中学极为重视个别在某个方面独树一帜表现突出的学生。她乐意给予这些学生许多特权、自由和随意

1965年,比尔·盖茨9岁照片

活动的空间,允许他们去做他们愿意做的任何事情,有时,甚至超出学校规定范围之内的事情。

正是这所学校激发了比尔·盖茨那出人预料的智慧火花和天才般的创造力。她如同一个伟大的熔炉，既铸造了盖茨未来的性格，又锤炼了他理智的素质。正是这里，使比尔·盖茨身上禀赋的一切：精力、热情、理智、坚韧、进取心、执着、竞争精神、渴求、经商才能、企业家风范和运气等得到了有效的提炼和融汇。湖滨中学因培养出比尔·盖茨这样的杰出人物而蜚声海内外，被誉为"微软的摇篮"。

1968 年，湖滨中学对计算机的飞速发展给予了特别的关注，做出了一项具有重大意义的决定：租用通用电气公司的 PDP—10 型计算机，让学生去涉足这个崭新和令人兴奋的计算机世界。

由于昂贵的经费无法解决，所以学校本身只买了一台价格相对便宜的电传打字机。使用者可以在电传打字机上输入指令，让它通过电话线与 PDP—10 型计算机联网，通用电气公司按学生使用计算机的时间向学校收费。

在当时，计算机的使用费也是十分昂贵的。

湖滨中学学生们的母亲成立了一个母亲俱乐部。热心社会活动的玛丽·盖茨召集了一群妇女兴办了一次拍卖活动，为孩子们使用计算机筹资，第一次拍卖活动筹集了3000 美元，终于使学校里的电传机成为 PDP—10 型计算机的一个终端。

伟大的母爱令比尔·盖茨激动万分，终生难忘！

比尔·盖茨对计算机可以说是一见钟情，计算机神奇的运算能力和严正的逻辑让偏爱数学的小盖茨着了魔似的。于是，学校的计算机房成了对他最有吸引力的地方，那台通用电气公司的 PDP—10 型计算机成了比尔·盖茨的魂魄。

从此，比尔·盖茨开始了他神奇的计算机生涯。

在这以后的学校生活中，计算机占去了比尔·盖茨全部的空余时间。他全身心投入操作和练习，这引起他的数学老师保罗·斯托克林的注意；斯托克林承认："对于这台机器，我只是在最初的那天比盖茨了解得多，不过，仅仅是那一天。"后来，比尔·盖茨曾回忆道："有一次，斯托克林不小心在机上做了一个死循环，结果一次花了近 60 美元。他感到很震惊，因为他根本没想这么做。"

狂热迷恋上计算机的比尔·盖茨如饥似渴地到处寻找计算机方面的资料和书籍，在家中每天早晨起来做的第一件事就是坐在一大堆计算机书籍面前急切地翻阅……一到学校，总是迫不及待地寻找机会到高学部去，把自己关在计算机房，去实践从书本上学到的计算机知识。

在湖滨中学，比尔·盖茨很快在计算机房发现了一群同他一样对计算机如痴如醉的小伙伴，计算机又使他们很快成为好朋友，其中的保罗·艾伦、麦克唐纳、韦兰、拉森等等都成为卓有成效的计算机专家。

由于计算机方面的才能，比尔·盖茨很快在湖滨中学享有盛名。尽管他是低学部的学生，但高年级的同学也纷纷向他求教有关计算机方面的问题。当然，也有人向他挑战。但所有的问题和难题都被他一一解决了。

然而，仅两个月的时间，母亲俱乐部筹集的 3000 美元已花光了。没有钱就不能使用

计算机。盖茨真是心急如焚。

1968 年秋天,西雅图成立一家计算机中心公司,这是一家西雅图私人公司,几乎垄断了整个西海岸的计算机租用业务。湖滨中学使用的 PDP—10 型机已由通用电气公司转到计算机中心公司。

第一项让比尔·盖茨高兴的成就竟是向中心公司"偷"上机时间。中心公司成立不久,盖茨及其伙伴们发现了中心公司 PDP—10 计算机软件程序与湖滨中学使用的软件程序有差异。很快,这群孩子们通过计算机中心给他们的汇编语言手册破译了计算机中心的操作系统指令集。于是,他们在湖滨中学计算机房上机。不使用 PDP—10 原来的程序,而直接调用计算机中心的其他指令操作,按他们的程序来工作,并且让使用计算机的时间保持不变。这样计时费用就不会像以前那样没完没了地高上去。

由于解开了机器码的奥秘,盖茨他们"偷"时间的办法也多起来了。有一次,盖茨为了调出计算机中心公司的存档文件,最终破坏了 PDP—10 的安全系统,找到了他们个人的财单,并且修改了他们使用计算机的时间记录。盖茨当时为这一"绝招"的成功得意了很长一段时间。

"我们为何不让计算机中心正当地送一些时间给我们?",比尔·盖茨曾问他的伙伴。他要向计算机中心公司挑战。

早期的计算机程序是用 BASIC 语言编制的。有一次,盖茨为中心公司 PDP—10 计算机编写了一个 BASIC 程序,他把这个程序命名为"比尔"。第一次,当他打开计算机,把"比尔"输入计算机时,结果是整个计算机系统遭到破坏。第二天,盖茨再次将"比尔"从计算机系统调出时,结果,整个系统又遭到破坏。以后几天,重复输入,重复破坏,每次都使中心公司的计算机系统导致了崩溃。

"要断掉这台 PDP—10 计算机是何等容易。"盖茨兴奋地对伙伴们讲,因为他知道通过"比尔"字符,他就可以亲自破坏这台大型的计算机,他有了一种做计算机真正主人的自信心。

计算机中心公司的专家们很快就发现了能破坏计算机系统的盖茨。为了计算机系统能有更好的安全性和可靠性,中心公司不得不接收湖滨中学的计算机来做测试工作。中心公司给了盖茨和他的伙伴们一个机会,他们可以得到他们想要的所有免费使用计算机的时间;作为交换,盖茨他们必须试着去破坏计算机系统,并让其恢复,而且必须认真写出他们发现导致系统安全性危机的书面材料。

这是一个让计算机迷激动的交易。盖茨用"久旱逢甘露"来形容自己的喜悦心情。

于是,每天放学后,湖滨中学的一群计算机迷就背着书包,披着残阳余晖,急匆匆地赶往位于华盛顿大学的计算机中心公司。他们在那儿呆得很晚,有时要干到午夜 12 点钟以后。

母亲开始抱怨儿子早出晚归了。盖茨这样回答母亲:"中心公司让我们获得了免费使用计算机的时间,我们可以真正进入计算机世界,我绝不放弃。作为一个计算机迷,我日日夜夜想着的是计算机的事。"

没过多久,由盖茨和艾伦记录的《问题报告书》已增至 300 多页。同时盖茨对计算机系统的破坏性测试取得了一些结果。盖茨极具破坏天赋,他发明了一种叫"画线者"的计算机病毒。通过它盖茨就能够控制整个系统,甚至导致该系统全面崩溃。公司一位著名的计算机程序编制员说:"我们想了解这些病毒,这样,我们才能排除它们。"

由于中心公司系统安全性一直得不到可靠的保障,再加上财务方面的原因,1969 年底,计算机中心公司不得不提出破产申请。

这是一件让盖茨感到非常伤心的事。1970 年 3 月的一天,当盖茨、艾伦等人在中心公司编写程序时,突然许多人闯进屋,强行从他们的屁股底下抽走椅子。在这里,盖茨头一次知道了破产的含义。

中心公司破产后的 9 个月时间里,比尔·盖茨再也没有玩计算机了。

盖茨的父母发现沉迷于计算机的盖茨似乎忘掉了生活中的其他,他们担心这会使孩子目光短浅,没有能力去认识真正的世界。"为什么你就不能把这件事放一放呢?"父母坚决要求他这样。盖茨服从了。

在没有计算机的 9 个月里,盖茨疯狂地读书。自然科学、数学、历史、文学什么都看。其中有两本书影响了盖茨后来的发展与成就。一本是人物传记《拿破仑传》,他读得非常投入,拿破仑一生的言行引起他的共鸣,拿破仑在政治生涯结束时,有了一个反思一生作为的机会,他对自己所做的总结,盖茨看后暗暗叫绝。另外一本是塞林格的长篇小说《麦田里的守望者》,16 岁的主人公考菲尔德因对生活腻烦透顶,就逃学、离家、流浪,最后精神崩溃,被送进医院……表现青少年不希望自己长大成人,对成长有排斥心理,但是却不能不面对因长大而面临的种种现实问题。盖茨感到自己正是书中的人物。

1971 年初,一家"信息科学公司"总裁汤姆·迈克雷林翻山涉水、跨州过府,从俄勒冈州到西雅图,慕名来找被称为"电脑神童"的盖茨和艾伦,请他们代公司的客户编一份工资表程序,酬劳是价值 1 万美元的电脑"机器时间"。这段"机器时间"足够他们玩一整学年的课余时间。

与信息科学公司的这笔交易使盖茨学到了许多经营之道,同时也表现了他非凡的商业才能。

首先,他将他的小伙伴们组成湖滨中学计算机程序编制小组,以正规的合作团体与信息科学公司交易。

然后,盖茨为这项工作安排了一个时间表。当复杂的工资单程序完成之后,盖茨、艾伦、伊文斯和韦兰到信息科学公司总部与董事们进行了一次真正商业意义上的谈判。盖茨的经商意识是足以令人们吃惊的,因为他还是个中学生时,他就知道提出自己的条件——按版权抽取利润。也就是说,除了以前议定的 1 万美元的电脑"机器时间"以外,他们还额外地以法律的形式获得信息科学公司销售该程序收入的 10%,作为湖滨中学计算机程序编制小组的版权费。

1971 年秋季,艾伦从湖滨中学毕业,考入华盛顿大学攻读电脑专业。

入大学不久的艾伦在一本电子杂志上发现一篇关于世界上第一个微处理器 Intel

4004 芯片的报道后告诉盖茨："这种芯片肯定会越做越好，而价格会更便宜，意味着我们也能购买好性能的电脑。"果然，没多久英特尔公司推出了 Intel8008 芯片，速度快两倍但价格却更便宜。于是盖茨与艾伦合资 360 美元，买了一个 8008 微处理器。

他们非常珍惜这块包在铝箔中的芯片，几乎不敢碰它。

他们自己动手安装了一台简易电脑。盖茨提出："我们可以用 8008 作为一台专用电脑的心脏来分析交通流量。"艾伦表示同意。

就这样，他们成立了他们的第一个公司：交通数据公司。他们把它叫作"Trafe-Date"。

根据两人的不同兴趣，盖茨和艾伦实行分工合作，艾伦负责利用华盛顿大学的 PDP—10 小型电脑，用组合语言编写一个程序，模拟 8008 的功能，盖茨再在这个作为模拟器的程序的基础上开发应用程序，用来分析交通资料。

尽管 Traf—o—Date 工作得不是很成功，但是它是两年后生产微软第一个产品的雏形。

不久，他们的交通流量分析软件开发成功了。产品一出世，他们就到处发信推销自己的第一个劳动成果。西雅图市、马里兰州和不列颠哥伦比亚等地分别与"Traf—o—Date"公司签订了合同，盖茨和艾伦在这笔生意中总共赚了 2 万美元。

1973 年 1 月，华盛顿州的 TRW 公司找到了盖茨。

TRW 公司当时是国防项目承包商，接了一项电脑监控系统工程，这个系统用来管理西北太平洋地区包括哥伦比亚盆地的水库，使水库的发电量能够充分配合当地的用电需要，而这套系统是由几台 PDP—10 小型电脑联合运行的。TRW 技术人员在使用 PDP—10 时经常出现程序上的错误，"病毒"较多。他们偶尔从原西雅图计算机中心工作人员那里得知盖茨和艾伦能解决这个问题。于是，找到了盖茨，要盖茨等帮助该公司检测电脑的错误。

湖滨中学为盖茨打开了绿灯。很快盖茨和艾伦一行前往温哥华。

他们在 TRW 公司所做的工作极具专业性，但是所获得的报酬只是工读学生的水平，每周 165 美元。但他们不在乎酬金的多少，认为这是在利用自己在计算机编制程序方面的经验和知识来挣到"真正的钱"。

1973 年夏天，盖茨告别了湖滨中学。

崭露头角

盖茨迈入哈佛大学是顺理成章的事，但出乎人们预料之外的是：他在哈佛大学攻读法律。

1973 年秋，盖茨离开故乡西雅图，来到哈佛大学所在地附近的坎布里奇。他为什么没有攻读电脑专业，这确实是一个不大不小的谜团。

盖茨的父母担心儿子玩物丧志,但盖茨选择了专业,这让他们又惊又喜。特别是做律师的父亲内心无比快慰,子承父业意味着盖茨家族的荣耀。因此,他们对比尔·盖茨的起点定得很高,要他攻读部分研究生课程。

在哈佛,盖茨很快就陷入了极为痛苦的内心矛盾中,表面上学法律,内心思考着创办自己的软件公司的宏伟计划……

虽然在哈佛盖茨除了法律以外还选修了许多数学、物理和计算机科学方面的课程,但被动的学习仍使他感到十分沮丧,没有创造性的工作去做,心里发痒。彷徨中的盖茨很快找到了另一件刺激性的事情:赌牌。

赌博对男人来说是极具刺激的:机智、运气、胆识……而这一切似乎很适合比尔·盖茨,所以他玩起牌来所表现出来的巨大热情,就仿佛他正投身于一场真正的商战。盖茨成了赌桌上的一位真正高手。

"我玩得还可以。"盖茨很自信。他一上桌就要从白天玩到黑,连续 24 小时赌下去,并且喜欢不时提高赌局的筹码,善于察言观色下大赌注。

如果不是计算机,精于计算机的盖茨也许会成为一个赌王。

盖茨在赌桌上认识了攻读应用数学学位的斯蒂夫·帕默尔。两人都同样是精力充沛,性格相似。虽然帕默尔对计算机没有太多的热情,但他非凡的数学天赋和社交才能赢得了盖茨的信赖。12 年以后,盖茨请帕默尔进入微软公司。在公司,除了总裁盖茨之外,他成了第二号最有影响的人物。

这时,在华盛顿州立大学的艾伦正感到厌烦,想退学办一家公司。1974 年初,艾伦在盖茨的劝说下转到波士顿地区的一家公司做程序员工作。

于是,平日晚上的课余时间和周末,艾伦便去学校看望盖茨。他们经常谈到的一个话题是:什么时候可以成立一家电脑公司。

盖茨和艾伦都敏感地意识到计算机业的革命将是计算机的普及化,这场革命导致了千千万万计算机用户,计算机服务业即将面临巨大的商业机会,不计其数的家用计算机都必然需要运行软件。

他们在急切地等待着他们伟大梦想的实现。

机遇只偏爱那些有准备的头脑。

1974 年 12 月圣诞节前的一个寒冷早晨,寒流中的波士顿显得平静了许多。艾伦像平常一样到哈佛大学找盖茨。

艾伦在穿过剑桥边的哈佛广场时,习惯性地走向书报亭看看有些什么最新的电脑杂志。当他拿起一本《大众电子》杂志时发现了一篇封面文章"世界上第一台具有商业竞争力的小型电脑工具"。文章是描述一家名为"密特斯"(MITS)的小公司在新墨西哥州的亚帕克基市推出了一种叫"阿尔泰"的微电脑(Altair 8800)。

这篇文章开始改变了盖茨和艾伦的命运,由此也开始改变了世界上许多人的生活。

艾伦在书报亭旁看着这篇文章,他在凛冽的寒风中久久站立着。一个熟人拍拍他的肩膀,他才从沉迷状态中清醒过来,立即掏钱买了这本杂志,然后欣喜若狂地向哈佛大学

跑去。

当艾伦找到盖茨时，那种兴奋的心情还难以平静，不等盖茨开口，艾伦的第一句话脱口而出：

"我们终于有机会运用 BASIC 做一点事情了。"

接着，他一边指着《大众电子》杂志的封面标题给盖茨看，一边激动地说：

"这是有史以来第一套可以和专业小型电脑媲美的微电脑，我们可以用它来编程序！"

早在 1968 年初，美国新墨西哥州亚帕克基市开张了一家小小公司，创办人爱德华·罗伯茨为它起了个很长的名字："微型仪器与自动测量系统公司"（缩写 MITS）。"密特斯"创立本意是制造台式计算器，谁知拥有集成电路发明权的德州仪器公司以其雄厚的实力于 1974 年大举"进犯"计算机市场，密特斯面临灭顶之灾。然而，别具慧眼的罗伯茨很快发现了英特尔 8080 芯片所具有的潜在意义。于是，他把英特尔 8080 芯片与另一块容量仅 256"比特"的存储器芯片组合在一起，形成微型电脑组件，设有输入键盘，用开关来实现二进制"0"或"1"的输入，几个小灯泡的明灭作为输出显示。这就是世界上的第一台微型电脑"阿尔泰"（牛郎星）。

"阿尔泰"电脑的出现，使盖茨原来想象不到的东西变成了活生生的现实。

艾伦的激情感染了盖茨，两人决定为"阿尔泰"电脑来开发 BASIC 语言程序。为"牛郎星"电脑配上一件"织女"软件。这正是他们通过走向大众化的电脑获得商业发展的梦想。

罗伯茨开发"阿尔泰"时使用的是"机器汇编语言"来编写程序，这种语言难度很大，让大多数人敬而远之，因而电脑的应用就受到很大的局限。BASIC 相对而言比较容易明白和掌握，很容易将"阿尔泰"推向更广阔的用户市场。

几天以后，盖茨和艾伦以"交通数据"公司的名义打电话给罗伯茨，声称可以用简单的 BASIC 语言为"阿尔泰"编程。罗伯茨大喜过望，马上提出必须在 1975 年 2 月提交成果。他们谁都清楚，如果没有易用的编程语言，"阿尔泰"将是一个废物。无论价格多么便宜（阿尔泰当时的售价是每台 397 美元），电脑爱好者也不会问津。

盖茨和艾伦马上投入了"阿尔泰"BASIC 语言程序的开发工作，先是在波士顿四处寻找"阿尔泰"微电脑而无所得，正在犯愁。

天无绝人之路。艾伦在翻阅《大众电子》杂志时突然发现了一篇介绍 8080 微处理器操作手册的文章，如获至宝。他马上想起他们开办交通数据公司时，曾用过的一种工作方法：用大型机器仿真处理机工作，在大型机器上开发微处理机适用的软件。

很快，盖茨和艾伦达成共识：马上动手在 PDP—10 小型电脑上模拟设计一个 8080 的微处理器，然后再在这个环境中设计 BASIC 语言。

PDP—10 小型电脑在哈佛大学的计算机实验室就有。艾伦将《大众电子》上那篇 8080 操作手册熟记了一遍，然后用了近两个星期的时间搞了一个 8080 模拟器。

就是这时，罗伯茨再次来电话催促他们，要他们三个星期后将开发的 BASIC 软件带

到亚帕克基,在"阿尔泰"电脑上演示。

这无疑给盖茨和艾伦增加了压力。

以后的三个星期中,盖茨和艾伦没有睡过一次安稳觉,日日夜夜在实验室里工作,疲倦了就在电脑前小睡一会儿;实在撑不住了,才会去宿舍躺一躺,补充了精神又回到实验室。有一次,盖茨打盹,头撞在键盘上,他醒后看一眼屏幕,紧接着就在键盘上输入数据。艾伦说,盖茨一定有在梦中编程的本领。

"阿尔泰"电脑的内存只有 4K,限制了 BASIC 语言的程序长度。盖茨绞尽脑汁,一个字节一个字节地压缩原程序,终于满足了硬件要求。比尔·盖茨的 BASIC 语言,后来被行家戏称为"4KBASIC",因设计奇巧而大受行家赞赏。

从此以后,比尔·盖茨对 BASIC 一直有一种特殊的感情,这种感情一直持续到现在。1989 年,早已成名的盖茨在纪念 BASIC 语言诞生 25 周年之际,曾在《Byte》杂志上自称他至今仍是 BASIC 的狂热爱好者,为了证明 BASIC 之树常青,他甚至提出挑战:为解决任何问题,程序员们可选用任何工具编程,而他一定用 QOICK BASIC 编出同样的程序。在微软公司,还流传着这样的笑话:当任务不能如期完成时,人们常常自嘲道,把任务交给比尔·盖茨,他会在周末用 BASIC 去完成。

盖茨仿佛在 BASIC 方面有特异功能。

1975 年 2 月下旬,交货的时间到了。就在艾伦乘飞机去亚帕克基市的前夜,工作还没有完全完成,到凌晨 1 时,盖茨让艾伦去睡觉。第二天早上,他把录有 BASIC 语言的纸带交给艾伦。盖茨此刻心中没有把握,他说:"谁知道行不行,愿上帝保佑我们交好运。"

艾伦坚信盖茨的能力;不过,飞机在亚帕克基降落前半小时,艾伦突然发现还缺一个装入程序,赶紧抓过几张废纸来写程序,飞机着陆时,程序刚好写完。

罗伯茨开着一辆小货车到机场接到了艾伦。艾伦起初认为他将进入一家大公司富丽堂皇的办公室,可罗伯茨把他领到一个门面很窄的店铺前,罗伯茨指着前面的门说:

"这就是密特斯公司的开发实验室。"

第二天早上,就在这个简陋、小气的实验室里,艾伦开始试验"阿尔泰"电脑上运行 BASIC 语言。忐忑不安的艾伦慢慢地输入程序,时间一分一秒地过去。罗伯茨在一旁用怀疑的目光注视着这个毛头小伙子的操作。显然,罗伯茨把他的商业机会赌在这个 BASIC 程序上了。突然,微电脑有了动作,在与其连接的电传打字机上写下了"准备"一词,这表示电脑可以接受他们输入的 BASIC 语言程序了。

这一瞬间,艾伦紧张得屏住了呼吸。

"大功告成!"罗伯茨兴奋得大声叫起来。

艾伦深深地呼出一口气,他从紧张中缓过来,他非常激动,手开始颤抖,他努力把自己稳定下来,然后迫不及待地继续把程序输入电脑。

幸运之神降临了。世界上第一个用于微电脑的 BASIC 语言一次运行成功。

这一瞬间,钉牢了比尔·盖茨和后来微软公司的路标。

艾伦做完测试之后,首先把结果告诉了盖茨。焦急不安的盖茨的那颗久久悬起的心

终于放下了。他在电话里兴奋地对艾伦说：

"这是我人生最关键的时刻，我已确定了今后发展的方向！"

天有不测风云。

在亚帕克基的成功，很快给盖茨带来了一个不小的麻烦：哈佛大学的行政管理人员发现盖茨和艾伦一直在利用学校计算机中心的 PDP—10 计算机开发一种商业产品，他们认为这违背了公共教育的设施不得被利用来牟利的大学精神。盖茨因为个人赚钱而使用计算机，也因为把大学之外的艾伦带进计算机中心，受到了校方的严厉批评，并被告诫：不可再犯！

法律专业的盖茨给哈佛大学董事会写了一封信，为自己的行为辩护：

"教授们可利用学校图书馆著书立传并由此获得版权收入，为什么学生就不能使用学校的计算机研制出一种商品？"

盖茨事件在哈佛大学沸沸扬扬。校方此后加强了对计算机使用的管理，还制定了一项书面规则，如果学生用学校计算机研制出了一种商品，哈佛大学有权分享由此带来的利润。

正当盖茨陷入计算机风波之时，罗伯茨开着他那辆蓝色货车巡回美国各大城市，为阿尔泰电脑摇旗呐喊。在他的车里，如今有了一件最能吸引观众的法宝：买一件"牛郎星"电脑，可以配上一位"织女"BASIC 软件。这就引来各界人士驻足观望，纷纷踊跃购买。当罗伯茨的"MITS 大篷车"莅临加州的硅谷时，数百名微电脑"玩家"浩浩荡荡集合前往，阿尔泰配上的 BASIC 简直令他们倾倒。

这一年，罗伯茨卖了密特斯公司所能生产的全部阿尔泰电脑，共计 2000 台机器，比罗伯茨最乐观估计的 800 台翻了一番还要多。

同年 5 月，艾伦应罗伯茨之聘成为密特斯公司的软件部经理，负责软件开发方面的事务，他刚好 22 岁。

与此同时，盖茨产生了从哈佛退学，而与艾伦一道干计算机事业的想法。

很快，这个想法让父母知道了。二位老人先是大吃一惊，后来便是气愤之极。母亲认为儿子正在准备做学业上的自杀行为，她死命反对这种"愚蠢的行为"，希望儿子无论如何应先得到世界知名学府的毕业证书后，再去发展商业不迟。

父亲也极力反对儿子辍学，这对在西雅图知识界享有盛名的他来说是一场闹剧，他很难想象人们将会怎样看待他和他的儿子。

由于父母的极力反对，比尔·盖茨没能马上退学。

1975 年 7 月，比尔·盖茨和保罗·艾伦做出了对整个世界电脑业的发展产生了重大和深远影响的决定：创办自己的公司。两位年轻人认为。与其替别人赚钱，不如自己干！罗伯茨在他那破烂不堪、摇摇欲坠的总部办公楼里为盖茨和艾伦提供了一间办公室。

这是一间由清洁间隔出来的办公室，清洁间在前面，办公室在后面，到办公室必须经过放置了许多吸尘器的清洁间。

正是在这间破旧的办公室诞生了影响整个世界的企业：微软公司。

开始,盖茨和艾伦的想法仅是继续启用他们的交通数据公司。一次,盖茨再为与密特斯公司签约准备合同文本时,无意识地写了这样一句话:"保罗·艾伦和比尔·盖茨为做微型软件而工作。"

回到波士顿之后,他们两人煞费苦心地为公司起名字。

就起"艾伦和盖茨公司"吧! 不妥。因为像 DEC 和 IBM 并不是用个人特征来命名的,它们将会比创办人具有更长的寿命和更耀眼的光芒。

左思右想,还是叫它"微软"吧! 微软出自"微电脑软件"之意。

虽然,盖茨并不认为构思一个名字是一项成就,但是他对这个由他亲自替公司起的名称颇为自鸣得意。他觉得,"微软"之名用于一个专业开发微电脑软件的公司最贴切不过,何况整个电脑软件业才刚刚兴起;因此,盖茨和艾伦创立这家公司的宗旨是:要为各种各样的微电脑开发软件。

微软公司成立之时,比尔·盖茨还不到 20 岁。

微软公司成立之后,年轻的盖茨经常来回奔波于波士顿哈佛大学和亚帕克基微软公司之间。

密特斯公司开发的"阿尔泰"电脑是盖茨、艾伦所接触的第一种微电脑,微软公司的第一个生意伙伴自然就是密特斯公司。

1975 年 8 月,微软公司与密特斯公司签订了一份转让 BASIC 语言的合同。

这份合同使盖茨不仅懂得了要靠技术发展事业,也要依仗法律手段来转让软件。

两家公司的合约是由盖茨父亲推荐的一位律师起草的。哈佛法律专业的学生盖茨为这份合同做了很多工作,使他在法律方面的家学和哈佛法学院的严格训练小试锋芒。

合同订得严密、准确,对微软公司十分有利。

合约中规定:密特斯公司和其他公司一样,可以拥有微软的技术授权,但并不等于拥有软件的全部权利,微软公司可以向其他公司再次技术授权,而最终用户只有使用权而不能够复制供他人使用。

这份合同的特别可贵之处是,它为未来软件技术转让提供了一个示范,为建立了计算机商业领域的法律程序提出了最初的标准。

比尔·盖茨的 BASIC 语言以授权的形式转让给密特斯公司,微软公司将收到 3000 美元作为协议的订金,并按每个拷贝收权利金:4K 版本 BASIC 每个拷贝 30 美元;8K 版本 BASIC 每个拷贝 35 美元;扩展 BASIC 每个拷贝 60 美元。这种按拷贝收权利金的软件转让方式在当时是罕见的。是比尔·盖茨开了一个先例。他们以此总共向密特斯公司收取了 18 万美元作为权利金。

可以作为对比的是,之后不久问世的微电脑的编译型 BASIC 转让给以姆赛公司时,后者获得了无限的发行权而只付出一台自产 8080 微电脑的一些外设作代价。软件开发者尤班克斯还像占了大便宜一样向人夸耀:"他们还给我一台打印机呢!"

两相对比,足见盖茨的高明。

当时,由于盖茨在 BASIC 开发方面做的工作很突出,所以微软公司的股份中盖茨占

64%，艾伦占 36%。在与密特斯公司的这笔交易中，盖茨个人获利 11 万余元。

随着工作的开展，他们学会了许多事情：雇员工、租房子、订合同……等等。

他们经常工作到深夜，盖茨老是喜欢睡在桌子底下，开会时他干脆躺在地板上动脑筋，有时会议一结束，就进入了梦乡。

有一次，来了一个客户向他们请教 BASIC 语言编程问题，他们竟由于过度劳累而在客户面前呼呼大睡。

第一批被微软公司雇用的员工，大多数是盖茨在湖滨中学的伙伴。

自 1975 年的秋季起，微软公司授予密特斯公司销售 BASIC 语言程序软件的权利，可是到了 1976 年初，微软公司发觉收入少得可怜。盖茨发现：在电脑爱好者之间已把软件的复制拷贝当成理所当然的事。复制、翻版之风盛行，完全没有自律和法律的约束。特别是他的 4KBASIC 大受欢迎，因而非法复制现象大量涌现，电脑"发烧友"喜欢微软的 BASIC，但却不愿意付钱给开发者。

微软公司总部

自由拷贝软件是电脑爱好者的传统。

也曾是电脑爱好者，甚至当过电脑"黑客"的比尔·盖茨以软件开发者的身份勇敢地站了出来向不良的传统挑战。

1976 年 2 月的《"阿尔泰"微电脑用户通讯》上发表了盖茨的一封公开信：

"你们是电脑'发烧友'，谁都知道电脑硬件是要花钱买的，而电脑软件则可以彼此分享，然而，你们可曾为软件的开发者想过，他们艰辛的劳动是否得到合理的回报呢？将他们的作品随意复制传播，是不是一种盗窃行为？谁愿白做工？谁愿意花上 3 年的时间去设计程序，检测程序的错误，编写程序操作手册，随后一觉醒来却发现自己的心血结晶被人轻而易举地拿去复制散播？"

"对软件事业发展更大的障碍还在于大多数人未能深刻认识这一道理：如果没有合理的回报，就不会有任何人或公司愿意去开发真正有用的软件。"

可以说，在知识产权保护方面，盖茨早在 20 年前就显现出敏锐和远见。

比尔·盖茨的微软公司生意越来越红火，但他在哈佛大学的学业还没完成。学校与公司相距遥远，飞来飞去不是长久之计。

1976 年 12 月，盖茨不顾父母的强烈反对，毅然退学，全身心地投入微软公司的软件事业上。

20 年后，比尔·盖茨给一位电脑爱好者回答了退出哈佛的真实想法：

"我很留恋大学生活的乐趣，很希望当年有更多时间容我完成学业，然而时不我予。当你听到或看到不少退学人士在事业上取得成功，可能会认为创业应优于学业，但是，我却不这样看，除非那人有一个非做不可的构想，而且认定除此之外不会再有更美妙的

盖茨离开哈佛的真正理由,不是厌倦哈佛,而是另有远大前程,他不能错过那个最为成熟的创业机会。可见,退学实属一种无奈的选择。

有趣的是,由两个辍学的大学生创办的微软公司,很少聘用中途退学的大学生为自己的员工。

微软的发展还算顺利。没过多久,在微软公司的客户名单上,有了通用电器公司、安讯公司、德州仪器公司、日本理光公司、美国银行等知名公司。

然而,没有多久,一场版权官司却困扰了微软公司。其胜负,直接关系到微软公司今后的发展。

1977年5月22日,罗伯茨把密特斯公司卖给了专门生产磁盘和磁带机的佩特克公司。

当时的佩特克公司财雄势大;兼并密特斯公司时,罗伯茨为了抬高身价,竟然声称已付给微软公司20万美元的版权费,因而完全拥有BASIC语言软件的版权。佩特克为了名噪一时的"阿尔泰"电脑和愈来愈受欢迎的"4KBSIC"语言,竟花费了600万美元来收购密特斯公司,为了收购顺利,佩特克还答应了罗伯茨在公司保留个人股、保留自己的私人研究和发展实验室。

佩特克公司经理曾明确说过,他们的收购意向主要来自那批前景看好的BASIC软件,而不是日渐衰落的阿尔泰电脑。

当佩特克公司兼并密特斯公司后,立即向外公布,今后有关BASIC语言软件的版权转让必须由佩特克签署。

正忙于与德州仪器公司商谈为他们生产的家用电脑开发编程语言的盖茨和艾伦,听到这个坏消息后,很气恼,来不及细想与德州仪器公司的谈判之事,匆匆地报了9.9万美元的价格。德州仪器公司高兴地同意了这个报价。

与德州仪器公司的合同签订后,盖茨马上做出了反应,声明要起诉佩特克公司。

盖茨向计算机行业宣称:在与密特斯公司合作之前,他和艾伦已经设计了BASIC语言的核心部分。这批软件的所有权应当属于微软公司,密特斯公司仅接受微软公司的授权代理软件的销售,密特斯公司并非独家拥有BASIC语言软件的版权,这完全可以用微软与密特斯所签合同、许可作证。

佩特克公司当时根本不把两个小孩的微软公司放在眼里,他们从容地接受了微软的挑战,并大度地提出"和解"。然而,两个小孩更看重的是自己的权利和独立发展的未来。

在这场官司中,盖茨父亲不断鼓励儿子,为他分析这宗官司胜诉的各种因素,并且向他推荐亚帕克基市的一位优秀律师为他办理此案。

法院在受理此案后不久,宣布在诉讼结束前,微软公司不得动用销售8080版BASIC语言软件的收入。

这让微软陷入了严重的财务危机之中,当时资金拮据到了连律师费都付不起的地步。争取早日裁决是微软公司两个年轻人的最大愿望。

他们焦急地等待着……

9个月后，法院通知即将由仲裁员在近日做出评断。

盖茨和艾伦的心悬起来了。因为这是决定他们"生死"的裁决。

1977年12月，仲裁员研究各方面提交的材料后做出裁决，严厉斥责罗伯茨和佩特克公司，指责他们肆意践踏原先的合同，然后判决密特斯公司只有BASIC语言的使用权，而微软公司完全有权按照自己的想法去销售这套软件。

盖茨终于通过法律保护了自己的合法权利。法律专业的肄业生盖茨又上了一堂生动的法律见习课。这场官司的胜诉使盖茨真正获得了对BASIC语言程序的专利。他们准备迎接新的机遇和挑战。

1977年，微软公司营业额达到50万美元。

官司过后，微软公司开始考虑搬迁问题。

盖茨情绪激动地对微软员工们讲：

"我们再也没有理由让微软公司在亚帕克基徘徊。"

有些员工劝盖茨将微软公司迁往加利福尼亚的硅谷，这有利于微软公司的发展。

硅谷位于加利福尼亚州的旧金山之南约百余公里处的帕罗阿图镇。这里有许多高科技公司，诸如闻名世界的惠普、苹果、英特尔公司。在70年代末期，硅谷的扩展速度是十分惊人，在不到1300平方英里的土地上，数以千计的公司，星罗棋布，成片的办公大楼、厂房掩映的茂密的油加利树、水杉和棕榈树之间。许多年轻的大学生赤手空拳来这里创业，不出数年，他们就成了百万富翁。

迁往硅谷的理由是充分的，硅谷是电脑业精英云集的地方，同行之间的交流与合作，对自己公司的发展不无好处，何况附近又有斯坦福大学和加州大学，这些知名学府有充足的科技人才满足公司的需要。

对故乡西雅图十分怀恋的艾伦，则力争把公司迁回故乡，他恳切地对盖茨说：

"我们公司不断扩充发展，开始面临人才短缺的问题。亚帕克基位于偏僻的沙漠中央，很多人都不愿到这地方来，现在是转移的时候了。何况在亚帕克基工作和居住了3年，我也很想念故乡，那儿有丰润的水土，有茂密的园林，对工作、家居最适宜不过。西雅图的科技人才也不难找到。至于硅谷，人才是多，但因为公司多，他们干上一年半载就跳槽，不利于我们建立一支相对稳定的技术队伍。"

这时，盖茨的父母也力劝微软迁回西雅图，他们认为，在西雅图他们能实实在在地帮盖茨一把。

1978年夏季，盖茨向员工们郑重宣布：微软公司迁往西雅图。

岁末，微软公司完成了搬迁西雅图的工作，新办公室是租用近郊贝拉雄国家银行大厦里的写字楼。

1978年，微软公司的营业额突破100万美元，可谓是风调雨顺的一年。

1979年春天，微软公司乔迁大吉，在新产品开发上取得重大进展，他们为当时最先进的英特尔8086微处理器编写BASIC语言程序，以完美的声誉走向市场。

8086 是英特尔公司研制的一种 16 位微处理器。对微软公司有意义的是,英特尔公司这次推出 8086 微处理器,不再是等着人家为它去开发相应的程序,而是迫不及待地通告微软公司。这意味着,最先进的芯片制造商选中了微软公司担任软件行业先驱者的角色,这让微软公司站在了占领市场上的最优越的地位上。

盖茨喜不自胜地夸下海口:

"我们会在三个星期之内完成 8086 的 BASIC 语言程序新版本的开发。"

然而,天下哪有这么容易的事情,开发工作用了将近半年时间。

微软最终还是获得了成功。到 1979 年底,微软的年营业额已达到 250 万美元。除了他们的 BASIC 已成了个人电脑的工业标准外,还开发了个人电脑的 FORTRAN 和 COBOL 语言,手中握有好几种拳头产品。

志向高远的盖茨摩拳擦掌,准备大干一场。

挑战巨人

1980 年,对微软公司和盖茨本人而言,都是个值得纪念的年份。

这年 6 月,盖茨在哈佛大学的牌友斯蒂夫·帕默尔进入了微软公司,担任总裁特别助理。

帕默尔具有天生的经商才能、组织才能而且很有鼓动性。听帕默尔讲话好像是在聆听上帝的福音。有人说:"此人如果不干这一行,肯定会成为洗礼会的牧师。"帕默尔加入微软公司,把盖茨和艾伦从经销琐事中解放了出来,这位曾攻读过斯坦福大学商业管理硕士的总裁助理到位后,很快就让迁回西雅图不久的微软公司各项事务系统化、有条不紊。

盖茨对人介绍他的这位助手时沾沾自喜:

"帕默尔的到来让微软开始了一个转折点。"

为了吸引这位高才生,盖茨让帕默尔拥有了微软 5% 的股权。

1980 年 7 月的一天,天气炎热难熬,而工作狂盖茨仍旧在他的办公室闭门研究为一家名叫"阿塔里"的公司研制一种 BASIC 语言事宜,以便第二天与这家公司的董事长进行商谈。

突然,他接到一个神秘的电话,对方称自己是国际商机公司代表,要盖茨尽快安排一次会晤。

"时间定在下个星期怎么样?"盖茨漫不经心地问。

那位商机公司的代表回答说:"两个小时后我们的人就要乘飞机到你那儿去,明天到。"

盖茨这才感到事情非同小可,一家年营业额达 280 亿美元的巨型企业,居然愿意与微软这个年营业额不过 250 万美元的小公司商谈业务,而且对方又显得那样急迫,这是

盖茨始料未及的。

尽管盖茨尚不清楚将要与国际商机公司商谈的具体内容,但直觉告诉他:微软公司发展的机会到来了。他马上答应了对方的要求,并立即通知秘书取消第二天和阿塔里公司董事长的约会。

国际商机公司由于其著名标志采用蓝色,公司职员工常穿着蓝色西服,加上在30年间非凡的成功,常常被人恰如其分地称作"蓝色巨人"。特别是国际商机公司的英文缩写IBM已成为计算机业界的标志。IBM已成为计算机的代名词。

IBM一向以严谨保守、稳健著称。在微电脑市场群雄逐鹿、如火如荼的年代里,IBM公司一直远离烽火之外,固守其巨型计算机的领地。

然而,"将计算机还给人民"的微电脑浪潮势不可挡,很快,个人计算机已不再是电脑"发烧友"的玩意儿,从车库里诞生的苹果计算机,正在领导着一场计算机的群众运动。这无不强烈地冲击着在计算机业界要独揽一切的IBM。

"蓝色巨人"迈向微电脑市场的一天终于到来了,因为那里有取之不尽的财富,诱惑力实在太大!

"为什么我们IBM不能拥有最好的微电脑呢?"

IBM总裁约翰·奥佩在IBM的一次高层会议上这样发问,他认为研制个人电脑的时机已到来了。他深感如果依旧沿袭蓝色巨人昔日的组织结构和企业文化,还是搞不出成功的个人计算机的。他决定打破IBM的传统框架,另外成立一个部门全权负责个人电脑生产、程序开发、销售,这个部门也有权选择、决定跟IBM公司以外的任何软件、硬件生产或销售商合作。

IBM公司确定了进军微电脑市场的方案,把这个方案取名为"跳棋计划"。

该计划的领导人杰克·山姆组建了由13名IBM精英组成的"跳棋计划委员会"。他们首先研究苹果公司成功的原因,有两点是十分明确的:要用不断更新先进的芯片来装备产品,同时,要开发自己的软件操作系统,建立相对开放的软件流通环境。

于是,英特尔公司和微软公司成了IBM的"跳棋计划"合作的候选人。

其实,给盖茨打电话的正是山姆本人。

盖茨接到电话后,把艾伦和帕默尔找到办公室。

"喂,我说史蒂夫,"盖茨说,"IBM的人明天到,国际商机公司可是家大公司哦。最好别让他们小瞧我们。"

当时,他们的分析是国际商机公司要购买他们的BASIC软件。"蓝色巨人"用微软软件这正是盖茨盼望的,他的心情不禁激动起来。

然而,他们谁都没有猜中国际商机公司的目的。作为计算机领域内的领袖企业,IBM如果仅仅是想购买一种软件,哪怕是世界上最好的,也用不着费那么大劲。事实上,他们有自己的打算,而且他们更有着自己的行为方式。

第二天,盖茨、艾伦和帕默尔心情特别紧张。为了尊重穿白衬衣、蓝外套的"蓝色巨人"代表,他们一改习惯了的圆领衫、牛仔裤和耐克运动鞋,郑重其事地穿上了笔挺的西

装,盖茨打趣地望着衣冠楚楚的帕默尔说:"真漂亮,为什么不到好莱坞去扮演一位博士?"

"我认为你更像是衣冠楚楚的顽童。"帕默尔回敬道。

IBM 来微软公司商谈的是山姆和詹姆斯,山姆一开始就拿出一份文件,要求他们共同签署,可是文件并没有涉及双方的利益问题,只是单方面提出苛刻的要求:微软公司不得在任何情况下泄漏双方会谈的任何内容,微软公司不准在将来任何情况下向 IBM 公司提出法律诉讼。

山姆向盖茨解释:国际商机公司要用这种办法来保护自己,避免以后的司法纠纷。

盖茨这才从中嗅到了某种特殊的气味,他很清楚,如果国际商机公司只购买他的BASIC 软件,是不会拟出这种协议来的,好戏肯定在后头!

盖茨很快就签了这份神秘的协议。

山姆行事十分谨慎,没有谈及合作的问题,只问到盖茨他们对微电脑行业一般情况的看法,微软公司在电脑语言方面开发的成果,以及要盖茨解说为什么微软公司在软件行业中能够走在前头。会谈没有接触到实质性的问题,好像是一次市场调查。临离开前,山姆说:

"我们会再和贵公司联络,请不要首先来电话或来信。"

事后,盖茨兴奋地对帕默尔和艾伦说:"伙计们,机会来了,虽然我还不太清楚,走着瞧吧!"

同样,山姆和詹姆斯也显得十分兴奋。他们认为,年轻人盖茨是一个出色的人才,拥有对软件令人难以置信的丰富知识;有微软的合作,"跳棋计划"就有成功的希望。他们马上起草了一份给 IBM 总部的报告推荐盖茨及微软作为合作的伙伴。在报告中写道:

"从第一次会面中感觉他们可以对我们的要求负责,他们对我们所提问题的回答是诚恳的且富于进取的,他们很适合做我们的工作。"

随后的一个月内,"跳棋计划"委员会如期搞出了 IBM 的"苹果机"样本,这就是后来驰名的 IBM PC 机;同时,总部批准了山姆他们的建议书。

8 月下旬的一天,山姆打电话约盖茨进行第二次会谈,并提出 IBM 一行 5 人,其中有一名律师,希望微软也要有律师参加。

盖茨马上就同意了。

这次会谈仍在西雅图进行,当盖茨他们走进会场,互相问好并入座之后,IBM 代表首先拿出一份协议要微软公司代表签字,内容和上次一模一样。盖茨在不知道对方意图的情况下乖乖地顺从了对方,他们只是从直觉上认定 IBM 公司会给微软公司带来巨大的利益。

"这次会谈是国际商机公司有史以来所做的最非同寻常的事。"山姆开口的第一句话就让盖茨他们呆住了。

山姆开始给盖茨等人介绍"跳棋计划"的内容,以及才开发出的 IBM PC 样本的技术方案,并提出几个问题:

假如 IBM 公司的个人电脑产品可以运行市面上的所有通用软件,最快要多久推出?

如果将一个 8 位电脑规格交给微软公司,微软公司是否可以根据这个规格开发储存在只读芯片内的 BASIC 语言程序? 如果能够,是否可以在 1981 年 4 月完成?

山姆解释道:

"IBM 公司要打一场闪电战,迅速占领市场,唯有采取非常手段。"

盖茨明白 IBM 意图后,看了看设计图,便开始发表自己的见解:

"我认为,作为'蓝色巨人'研制的 IBM PC 机不能停留在 8 位计算机的水平上,虽然 8 位的个人电脑是目前市场上的主流,但是 8 位的微机处理器可分配的内存容量只有 64 千字节,8 位的微处理器显然限制了程序设计的天地。"

盖茨越说越兴奋,显得十分自信:

"8 位个人电脑的用户增长极限即将到来。我和艾伦都深信在不久的将来,16 位的个人电脑会成为市场的主流,8086 芯片可分配的内存容量可以达到 1 兆字节。两年来,我们一直为 8086 设计 BASIC 和 FORTAN 语言程序。如果 IBM 公司采用 8086 及其现成的程序开发技术,一定会掀起个人电脑热潮,促使这个市场提早到来。"

山姆一边听着盖茨的分析,一边微微点着头,他从内心深处佩服盖茨的远见卓识。突然,一个更大胆的想法涌现了出来。不仅要与微软合作开发 IBM PC 机的程序语言软件,而且要与微软合作开发一种新的操作系统。当时流行而大受欢迎的操作系统是 CP/M。

山姆试探地问盖茨:

"微软能否将 CP/M 操作系统卖给我们?"

听说 IBM 对 CP/M 操作系统感兴趣,盖茨心中不是滋味。因为这个系统不是他的,而是属于加州的数据研究公司。

最后,微软公司与国际商机公司仅签署了一份咨询协议。

第二天,IBM 的代表到了加利福尼亚州,他们想跟数据研究公司的基尔代尔教授商谈购买 CP/M 操作系统事宜。然而基尔代尔摆弄计算机纯粹是满足智力的好奇,而不是商业利益。因此,生意没有谈成。

山姆一行离开加利福尼亚后,马上又到了西雅图,微软公司的机遇又失而复得了。

这次在微软公司的会谈中,山姆明确表示 IBM 要购买微软的操作系统用于 IBM PC 机,同时还要购买几种语言:BASIC、COBOL、FORTRAN,他们都要。

盖茨这下犯难了,因为他拿不准是否同意为 IBM 做一个操作系统出来。

数据研究公司和微软公司多年来已形成某种默契,前者开发操作系统,后者从事语言的开发。如果答应 IBM,那就井水犯了河水,更重要的是,微软公司如何绕开当时十分受欢迎的 CP/M 操作系统而开发更先进的操作系统?

犹豫了数日后,盖茨终于下定决心开发操作系统了。这意味着,微软走向了大飞跃的关键日子,也意味着:微软向计算机软件"霸主"位置迈进了。

由于微软当时无力开发操作系统,艾伦向自己的好友、西雅图计算机制造公司的副

总裁帕特森购买到了 Q—DOS 操作系统的使用权。

艾伦还没有与西雅图计算机制造公司做完交易，盖茨和帕默尔就迫不及待地向 IBM 公司出售 Q—DOS 的许可证。

结果，微软公司只花了 2.5 万美元就成功地买到了 Q—DOS 操作系统软件。

48 小时后，盖茨一行匆匆忙忙启程去向 IBM 提交报告。

下飞机后，盖茨才发现自己忘了戴领带，急忙找商店买了一条又继续上路。

到了 IBM 公司，他们被领到一个不大的会议室，里面密密麻麻坐满了人，14 个 IBM 的工程师严阵以待。领头的是公司副总裁艾斯特里奇。

在一整天的会谈中，盖茨回答了工程师们提出的几十个问题，面对一个个质询，盖茨显得从容不迫、严谨而自信。这让第一次与盖茨打交道的艾斯特里奇深感惊喜。

1980 年 12 月，双方签订了合同。

在微软公司与 IBM 公司的合同中规定，微软公司按照"跳棋计划"的安排，做未来的 IBM PC 机所有软件工作，而报酬仅有 18.6 万美元。

价钱确实是很低，但盖茨并不看重 IBM 的这个报价，他清楚知道微软公司的软件将成为 IBM PC 机的衍生物，只要 IBM 公司成功地销售了它们生产的机器，用户必然要到微软公司谈开发应用软件事宜，对微软来说，修改软件是很容易的事。特别是这样一来，其他微电脑也可以用微软公司的软件。

签完合同后，盖茨激动地说：

"这真是一个巨大的机遇。"

年底，又传来好消息：1980 年微软公司的营业额达到了 600 多万美元。

但盖茨并没有因为这个成绩而激动，他现在最关心的是与 IBM 的合同能否按期完成。

微软公司的软件开发工作进入前所未有的紧张状态。

盖茨和帕默尔选定微软公司八楼的一间小房作为软件开发室。IBM 极端重视保密，专门送来了保密文件锁。并经常派人来做安全检查，为了联系的可靠安全性，还专门设立了一套专用电子通信装置。

合同的第一项订货正是操作系统。操作系统的重要性犹如乐团的指挥。因而盖茨最关心的正是操作系统的开发，可他本人又不擅长操作系统。

盖茨毅然决定起用新人。新人就是精于软件设计的年轻人奥尼尔。

奥尼尔和另一名设计师考特尼为操作系统的开发日夜工作。整个年底都泡在机房里，甚至圣诞节也没回家。

1980 年圣诞节，IBM 公司向微软公司提供了一台 IBMPC 机的样机，这台机器装的不是 8086 微处理器，而是英特尔公司的最新产品 8088 微处理器，其内部仍以 16 位运算。

正当奥尼尔在 IBM PC 样机上编写操作系统程序时，发现了不少预料不到的问题。1981 年 1 月 5 日，奥尼尔写信给 IBM 公司"跳棋计划"负责人艾斯特里奇，希望 IBM 公司重新设计主机电路板，以发挥 8088 微处理器应有的效能，同时希望 IBM 公司延迟微软公

司的交货时期。

奥尼尔的信引起了 IBM 公司的高度重视，他们不时派工程师千里迢迢从东部飞到西部，与奥尼尔进行紧急磋商。最后，IBM 同意微软公司延期交货。

与此同时，盖茨和艾伦则努力将原为老型阿尔泰机设计的 BASIC 软件改进为能用于 IBM PC 机上的软件。除了 BASIC 软件之外，按合同还要完成 COBCL、FORTARAN、PAS-CAL 的软件转化工作，这意味着要进行 4 万余条指令的设计。盖茨、艾伦以及其他程序编制人员为各种语言转换的工作忙得不亦乐乎。

盖茨虽然与父母近在咫尺，也难得见上一面。

1981 年 4 月 12 日，在美国历史和人类的历史上都是一个重要的日子。美国航天飞机"哥伦比亚"号将载两名宇航员首次试飞，计划经过 54 个半小时的飞行，绕地球 36 周后着陆，这标志着人类空间技术的一个新阶段开始了。

这是一个隆重而神圣的日子，崇尚技术的微软人多么想去佛罗里达看一下航天飞机的发射情景啊！

他们对盖茨要求道："比尔，你也应该去看一看，否则会遗憾终生的。"

盖茨和艾伦迫于国际商机公司的合同任务很重，一直拒绝同意人们的请求。

"绝对不会影响工作，而且我们还会提前完成一些工作，再去佛罗里达州。"奥尼尔等人坚持要去目睹这自阿波罗登月以来人类航天史上最伟大的科技进步场景。盖茨同意了。

于是，微软公司的所有程序设计师不分昼夜地一连干了 5 天，拼命地完成了一定量的工作后，于 1981 年 4 月 11 日早上，乘飞机去佛罗里达州观看航天飞机的发射。

这是微软公司接下 IBM 的订单后，唯一的一次短暂休假，时间为 36 个小时。

为了微软的前途，艾伦挖来了 Q-DOS 操作系统的开山鼻祖帕特森。盖茨为此兴奋不已，决定将开发中的操作系统命名为 MS—DOS。MS 正是微软的缩写，这个 MS—DOS 新生儿将会在计算机操作系统中叱咤风云、独霸江湖，形成 DOS 时代。

微软公司在与 IBM 公司的合作中，软件设计水平与能力迅速提高，队伍也逐渐壮大，到 1981 年中，微软公司员工已增加到 100 人。然而，IBM 公司还是担心微软公司人手不够，并为每一个微软公司的程序设计师安排了一名测试人员，采用一切先进的手段测试微软公司的软件。在 IBM 公司的帮助下，微软公司把软件设计推向一个全新阶段。

比尔·盖茨曾把当时与 IBM 的合作称为"鱼跃龙门"。其实，IBM 也从合作中获得了好处。

这期间，盖茨通常是把自己关在办公室工作，几乎是足不出户。但是，IBM 公司的工程师们频繁地往来于西雅图和佛罗里达州的伯卡拉顿之间，这引起传播媒介的兴趣，有关 IBM 公司将有大举措的消息时有报道。这使盖茨惊慌失措，唯恐 IBM 公司误以为是微软公司泄漏消息的。

盖茨忧心忡忡，除了忧心于 IBM 公司改变"跳棋计划"外，还特别担心于一个法律问题。

艾伦从西雅图计算机制造公司购得的 Q—DOS 操作系统，实质上仅取得了使用权，制造公司还可能将此系统转让给其他客户。这意味着，从 Q—DOS 开发的 MS—DOS 有重大的隐患，只有独占其操作系统的标准才能获得更好的商业利益。

盖茨将这一棘手的问题首先交给艾伦去探一探路。

当时西雅图计算机制造公司已针对 8086 微处理器开发出了 Q—DOS 的升级操作系统 86—DOS。艾伦写信给布洛克，告诉他微软想得到 86—DOS 的完全转让权，以便完整直接地对付基尔代尔的加州数据研究公司的 CP/M 操作系统。

布洛克清楚地知道微软公司在语言软件开发上有很强的实力，他很想让微软公司为他的 DOS 操作系统配上各种高级的语言软件，以利占领市场，他答应微软公司唯一被允许使用 86—DOS 操作系统。但盖茨将"唯一被允许使用"改成"拥有"。这意味着不是转让专利，而是出售整个操作系统的专利权。布洛克犹豫了。

为了说服布洛克，帕默尔首先为这项买卖出价 5 万美元，是购买 Q—DOS 使用权的两倍。帕默尔在谈判中许诺，西雅图计算机制造公司不仅可以继续使用现有的 DOS，更可以免费运用 DOS 的升级版本，看起来西雅图计算机公司将一无所失而净得 5 万美元。在这种看似诱人的条件面前，布洛克同意了。

布洛克显然没有领会到整个事件的核心所在。盖茨已看到了这种为 IBM PC 机所使用并推广的操作系统变成行业标准的可能性，这就意味着 MS—DOS 将不仅是 IBM PC 机的操作系统，将成为计算机通用的一种操作系统，由此建立整个行业的技术标准。盖茨他必须成为这个标准的主人，拥有 DOS 的所有权，这种美好前景才有意义。

当时，布洛克是不可能知道盖茨的真实想法的。

1981 年 7 月 26 日，布洛克在微软公司签订了这份转让合同。

这样，微软拥有了自己的操作系统，这为后来微软的辉煌迈出了决定性的一步。

盖茨为此欣喜若狂。

不久，又传来 IBM 公司马上会将 IBM PC 个人电脑正式推出市场出售的好消息。

盖茨所有的忧心问题全部解决了。兴奋不已的盖茨破例地在西雅图一家大餐厅摆下了庆功宴。微软员工们痛痛快快地高兴了一番。

庆功宴之后，微软公司的设计师们再度进入紧张状态，继续完成 MS—DOS、BASIC、CLBOL、FORTRAN、PASCAL 等开发收尾工作。

1981 年 8 月 21 日，国际商机公司向全世界宣布 80 年代电脑界最大的一项新闻：新一代个人电脑 IBM PC 机正式问世了。

这标志着第三代个人电脑的问世，也同时表明计算机个人电脑的成熟：

第一代是 1975 年由罗伯茨的密特斯公司生产的"阿尔泰"8080 微电脑。

第二代是乔布斯的苹果公司生产的"苹果 2 号"，这是 8 位计算机的杰作。

第三代是以 IBM PC 机为始祖，采用 16 位微处理器的兼容性个人电脑。

在推出 IBM PC 个人电脑的同时，IBM 公司接受了微软公司开发的 MS—DOS1.0 版，将这个由 4000 行汇编语言写成的、占用 12KB 内存的软件作为 IBM PC 个人电脑的操作

系统。

虽然出现过市场竞争,但 MS—DOS 在社会上犹如天女散花,铺天盖地而来。微软在用户的心中正式成为 IBM PC 个人电脑软件方面的供应商。微软越来越多地开发各类应用程序来满足 IBM PC 个人电脑的需求。由于 IBM PC 个人电脑的销量日增,MS—DOS 便成为开发的标准和基础。

比尔·盖茨成了最大的赢家。

这时的盖茨已成为美国电脑软件开发行业举足轻重的人物了。可大名鼎鼎的盖茨年仅 26 岁。

1981 年,微软公司的收入增加到 1600 万美元。

这仅仅是发展的开始。

脱颖而出

1982 年初春,西雅图艳阳高照,百花吐艳。微软公司的员工们个个笑逐颜开,搭载 IBM PC 个人电脑航船出海的战略初战告捷,除了 MS—DOS 如日中天之外,微软的触角已伸入到诸多语言领域——BASIC、汇编、FORTRAN、COBOL、PASCAL……,公司的巨大盈利,使盖茨这位年轻的新星引起美国公众的注意。比尔·盖茨的照片第一次上了《财富》杂志的封面。

1982 年中,DOS 几乎统治了美国 IBM PC 市场。

盖茨和艾伦把注意力转移到了欧洲新兴的个人电脑市场,希望再建新功。

天有不测之风云,人有旦夕之祸福。

正当艾伦与几个微软成员在法国巴黎进行一次商业旅行时,他突然感到发烧得厉害,脖子上长出了一个小肿块。几天之后,仍不见好转。他只得中止旅行,回到美国。

医生几次诊断的结果表明,艾伦有某种癌变,应立即进行化疗和放射性治疗。

被病魔折磨得筋疲力尽的艾伦只得离开除了工作还是工作的微软公司。

盖茨对艾伦的离去深感不安,但又难以拒绝,左右矛盾:

"我们都想你回来工作,但回到微软又没有挂职一说。在这里,你得玩命地工作,任何人都一样。"

这样,"元老"艾伦离开了自己心爱的工作,不得不开始"好好生活"。但他仍是微软的董事,拥有微软 9.6% 的股份。艾伦目前拥有 70 亿美元的资金,仍是世界富豪之一。

1982 年,联邦政府司法部撤销束缚了 IBM 公司 13 年之久的反垄断法诉讼,IBM 如释重负,马上兴建了一座自动化工厂,大量生产 IBM PC 机,价格急剧下降,IBM PC 机销售量直线上升,以每月 3 万台的速度增长。

IBM PC 机的发展,带动了 MS—DOS 的迅速发展,在 MS—DOS 取得稳固地位后,年轻的盖茨张开了幻想的翅膀,他开始"想入非非",暗自策划了一个新的战略——策马挥

戈,攻向应用软件的广阔天地。

他的第一个目标是,瞄准了不可一世的"维赛计算"软件,一种称为 Visi Cale 的电子表格软件。

这是美国哈佛大学 26 岁的硕士研究生布里克林开发的真正商业软件。它的问世促成了苹果 2 型计算机的畅销。1982 年,"维赛计算"的销售量达到 50 万套之巨。布里克林自办的企业已发展成营业额高达 4 万美元的软件制作公司。

盖茨深知,商场如战场。如果没有顶尖的人才,就不可能取得胜利。他的眼光盯上了举世闻名的硅谷。1982 年 2 月,一位名叫查理·西蒙的杰出人才转到微软公司担任应用软件开发处处长。

盖茨把构想中的电子表格命名为"多元计划",微软的电子表格必须具有多窗口操作和多重工作表格功能的多种用途。

"多元计划"的目标是战胜"维赛计算"。西蒙在多元计划中的最大贡献是首创了"菜单"为用户创造了一个简单方便的操作环境,同时,也为后来诸多软件提供了一种设计典范。

1982 年 8 月,"多元计划"第一次出现在苹果 2 型电脑上;两个月之后,IBM 正式销售这套软件。

正当盖茨因多元计划而踌躇满志的时候,半路杀出了个"莲花 1—2—3"——一种全新的电子表格软件。多元计划败阵了。

虽然在电子表格软件上的开发失败了,但微软的 MS—DOS 在 1982 年大显身手,风头尽占,商业利润一直上扬。

1982 年底,微软公司年收入已增至 3400 万美元,雇员达 200 人。

微软取得了显著的成就,而全美国的其他计算机公司同样也是战绩斐然。整个计算机产业就像一匹脱缰的野马势不可挡。

美国最负盛名的《时代》新闻周刊,在它创刊 55 周年的 1983 年元旦,不同寻常地宣布 1982 年的新闻人物为:一台个人计算机。

信息革命终于来临。

信息浪潮的迅猛高涨,加剧了计算机产业的激烈竞争。软件产业,风云变幻,群英荟萃,群雄逐鹿,谁主浮沉?

1982 年才宣布成立的莲花公司,在 1983 年初就被 IBM 公司所青睐。IBM 公司确立"莲花 1—2—3"在 IBM PC 个人电脑上正统电子表格软件的地位。于是,"莲花"风行美国。卡波拥有的资金达到 5000 万美元。莲花公司便登上全美国第一大软件公司的宝座。

盖茨深受触动,他意识到:软件领域藏龙卧虎,一不小心便会落伍。

幸运的是:有心栽花花不开,无意插柳柳成荫,"多元计划"虽在美国本土失利,却成功地在欧洲开辟了"第二战场",成为英国、法国、德国等地的畅销软件。

然而,年轻气盛的盖茨委实难以咽下这口气,他发誓要报一箭之仇。他决不放弃软

件市场这块风水宝地，他把目光已转向了文字处理软件。

最早的文字处理工作并非使用软件，而是 70 年代末期流行的 IBM、王安、CPT 等文字处理机，它们都是办公室的好帮手。

1978 年，一位辞职的员工鲁宾斯坦自己创立了微处理公司，开展软件发行业务。他倾家荡产，终于推出"文字之星"的软件，成为软件业中文字处理先锋。

"文字之星"冉冉升空，顷刻大放光明。"文字之星"以它强大的编辑功能征服了用户，1982 年，"文字之星"的销售量超过 1000 万套。

但是，"文字之星"毕竟属于早期的文字处理软件，操作起来不尽人意，用户必须熟记 30 个键的组合，颇为麻烦，市场上要求改善软件功能的呼声日高。

审时度势的盖茨正是看中了文字处理软件的广阔市场和"文字之星"的先天不足后，当机立断，马上部署应用软件的第二场重大战役——挑战"文字之星"。

首战未捷的西蒙仍然坐镇中军，执掌设计软件框架的"帅印"。

没多久，就开发出了以"微软文字"命名的文字处理软件，各方面功能都优于"文字之星"。

1983 年的康迪斯电脑大展 3 月在亚特兰大隆重揭幕。一想到"多元计划"的失利，盖茨决心这次挽回面子。

盖茨旗开得胜。成千上万的观众的确被"微软文字"的新功能所倾倒：第一次让人在"鼠标器"前感到了魔幻般的惊奇，第一次能在屏幕上显示各种变化的字体；第一次可以驱动激光打印机打印文章……诸多的"第一次"使"微软文字"就像一颗正在曝光的"超新星"，把"文字之星"湮灭在它的光亮的背后。

为了造成强烈的轰动效应，微软为"微软文字"的上市策划了一种史无前例的销售计划，盖茨形象地将其比喻为"集团轰炸"。

那一年，著名的《个人计算机世界》杂志正在着手编辑一册介绍畅销软件的专辑，并设想选 3~5 个软件制成盘片随杂志赠送给订户使用。得知此事后，微软的销售经理立即登门造访，大包大揽，独家购买了全部盘片的录制权，付出 35 万美元的巨额代价。

随后，45 万张"微软文字试用版"的磁盘准备就绪，所谓"试用版"，是指它具备"微软文字"正式版全部功能，唯独不能用来打印文章。这种宣传方式，后来被各大公司竞相仿效，成为新软件上市的一种约定俗成的促销手段。

万事俱备后，《个人计算机世界》一声令下，杂志专辑飞向四面八方，"微软文字"顿时插上翅膀，从西雅图开始，一直"炸遍"整个美利坚。

盖茨焦急地等待着"轰炸"的捷报传来。然而传来的消息令盖茨失望。

盖茨狂轰滥炸之时，另有一种新的文字处理软件"完美文字"不但质量上乘，更重要的是无钱轰炸的老板巴斯坦雇佣了大批大批的大学生上门服务加示范表演，这种近似"原始"的商业方式获得了惊人的成功。"完美文字"已占 31% 的市场，雄居榜首，"文字之星"还占有 16% 的领地，而花费巨额财力的"微软文字"只获得 11% 的市场和排名第五的"业绩"。

两次出击，无功而返。盖茨越发着急……

1983 年 9 月，盖茨秘密地安排了一次小型会议，把微软最高决策人物和软件专家关在西雅图的汇狮宾馆，开了整整 3 天的"头脑风暴会"。盖茨宣布会议的宗旨只有一个，那就是尽快推出世界上最高速的电子表格软件。

青年学者克朗德自动请缨，要主持这套软件的设计。

从不论资排辈的微软，将机会给了克朗德。由此，克朗德脱颖而出。

会议透彻地分析和比较了"莲花 1—2—3"和"多元计划"的优劣，议定了新的电子表格软件的规格和应具备的特性。

盖茨没有隐瞒设计这套电子表格软件的意图，从最后确定的名字"超越"中，谁都能够嗅出挑战者的气息。

超越，首先意味着要超越自我。

1984 年元旦，计算机史上一个影响深远的个人电脑诞生了：苹果公司推出了以独有的图形"窗口"为用户界面的个人电脑，乔布斯将其命名为"麦金塔"。"麦金塔"以其更好的用户界面走向市场向 IBM PC 个人电脑挑战。

1984 年 3 月，正当克朗德和程序设计师们挥汗大干、忘我工作，使"超越"电子表格软件已见初形之时，盖茨正式通知克朗德放弃 IBM PC 个人电脑"超越"软件的开发，转向为苹果公司"麦金塔"开发同样的软件。

"比尔，"克朗德急匆匆地闯进盖茨的办公室，"你简直把我搞糊涂了！我没日没夜地干，为的是什么？莲花是在 IBM 个人电脑上打败我们的！微软只能在这里夺回失去的一切！"

比尔·盖茨耐心地解释事情的缘由："麦金塔是目前最好的用户界面电脑，它代表计算机的未来。而且具有 512K 内存，能够充分发挥我们'超越'的功能，这是 IBM 个人电脑不能比拟的。我们想，先在麦金塔上取得经验，正是为了今后……"

克朗德恼火地打断盖茨的解释，嚷道："我绝不接受！"一气之下，年轻气盛的克朗德向盖茨递交了辞职书。无论盖茨怎么挽留，他也毫不松口。

不过设计师的职业道德驱使着他尽心尽力地做完善后工作，他把已写好的部分程序向麦金塔电脑移植，制作了几盘如何操作"超越"的录像带。9 个月后，克朗德头也不回走出了微软的大门。

克朗德离开微软后，在西雅图谋职未果，准备前往加州碰运气。在火车上，小偷乘他睡觉的时刻，将其全部财物洗劫一空。克朗德身无分文，只得沮丧地返回出发地。

当可怜的克朗德出现在微软大门时，盖茨松了一口气："上帝，你可总算回来了！"

此后，克朗德专心致志地把"超越"认真收尾完工，无意中还为它加进了一个非常实用的功能——模拟显示。

此时的莲花公司在"莲花 1—2—3"的基础上乘势推出了"交响乐"软件，拼装了文字处理和通讯、表、库、图、文、通，五位一体，堪称集成软件之大全。最让盖茨担心的是：莲花公司也正为"麦金塔"电脑开发软件，名为"爵士乐"。

　　微软决心加快"超越"的研制步伐,抢在"爵士乐"之前吹响"超越"的号角。

　　1985 年 5 月的一天,盖茨一行千里迢迢来到纽约中央公园附近的一家宾馆,隆重举行"超越"新闻发布会。

　　可头天的彩排又出波澜。在预演时,"超越"的演示程序竟不听使唤。这可急坏了盖茨,他命令操作人员立即删掉部分演示程序。

　　正式演示还算顺利。苹果公司的乔布斯亲临讲话以示支持。此后,苹果公司的麦金塔电脑大量配置超越软件。许多人把这次联姻看成是"天合之作"。

　　莲花公司的"爵士乐"比"超越"慢了 5 个星期。这 5 个星期就决定了它失败的命运。到 1987 年时,市场报告表明:"超越"以 89% 比 6% 的悬殊比分,远远超过了"爵士乐"。

　　这次成功,使盖茨雄姿英发,信心百倍。

"视窗"风暴

　　早在 MS—DOS 搭载 IBM PC 个人电脑成功后的 1981 年 9 月,嗅觉灵敏的比尔·盖茨就得知加州硅谷施乐公司的 PARC 研究中心有一项新技术:"图形用户界面",并由此设计出了一种有窗口、图标和鼠标器的新型电脑:Star 计算机。

　　于是,盖茨在帷幄之中开始运筹一个宏伟的计划:

　　设想在 MS—DOS 和应用软件之间,增加一个个人电脑的"界面管理者",如果能树立界面标准,就会有更多软件开发商为微软的图形环境编写应用程序,也可以说服个人计算机制造厂商在其出厂机型中捆附"界面管理者"软件。倘能如此,微软将执软件行业的牛耳。

　　1982 年,微软集中了 20 名程序设计员,开始了"界面管理者"项目设计,但进展迟缓。

　　早在盖茨之前,苹果公司的乔布斯就注意到了 PARC 的这项新技术,便不惜重金,从 PARC 挖走了一批科技精英,研制以"图形界面"概念设计的个人计算机。

　　1983 年元旦,苹果公司以"图形界面"设计的第一台个人电脑"丽萨"问世。随后,"麦金塔"的成功把"图形用户界面"这项技术的优点发挥得淋漓尽致,深受制图、绘表、广告美术设计之类用户欢迎。

　　可见,微软在这项技术开发上落后了。

　　就在盖茨一筹莫展之时,微软公司负责公共关系事务的副总裁罗兰德·汉森又一次抨击了技术思维式的"界面管理者"命名。他建议更名为"窗口"。这就是日后鼎鼎大名的"视窗"的由来。

　　1983 年 11 月 10 日,微软公司为"视窗"召开第一次产品发布会,宣布第二年年初就把它交付给用户使用。盖茨来了个"先声夺人"。

　　这一次,盖茨给新闻媒介夸下了难以兑现的海口。

　　开发新一代的"窗口"软件谈何容易。要知道,当时个人电脑的内存量只有 256K,而

视窗所需内存远不止这个数,个人电脑里的 8088 微处理器的速度太慢,……,微软公司无奈地多次宣布,交货时间推迟。

面对人们的责问,盖茨急得像热锅上的蚂蚁,幸好微软公司聘任不久的新总裁谢利调兵遣将,充实研究队伍,日夜不停地忙碌,据说,有位担任测试工作的程序员尼威,把自己的睡袋也搬到了实验室,整整一个月足不出户。

"视窗"小组的天才设计思想在"窗口"里体现得淋漓尽致。这套程序的 85% 是用 C 语言编写的,其余的关键部分则直接采用汇编语言写作。事后,有人对开发这个最初"视窗"版的设计时间进行过统计,它总共耗费 11 万个程序工作小时,其难度可窥见一斑。

"视窗"软件的"窗口"最能显示微软的风格。微软的"窗口"一改交叠的排列方式,仿佛把各种档案整整齐齐地放置于桌面,看上去井然有序。为了展示"视窗"的强大功能,微软的程序师们也仿照麦金塔电脑,编写了诸如写作和打印等应用程序,还给它增加了日历、计算机、名片等各式常用工具。

1985 年 5 月,盖茨终于能带着演示版"视窗"软件,出现在当年的康迪斯电脑大展上,向成千上万的观众表演同时用鼠标和键盘打开或关闭"窗口"的效果。同时,他代表微软公司宣布:"视窗"1.0 版软件仅标价 95 美元。1 个月后,微软公司对外发放了"视窗"1.0 的测试版。

盖茨的这一炮不仅打响,而且声威震撼了美利坚大地。

"超越"软件开发成功、"视窗"一炮打响,自己的办公大楼破土动工……

谢利总裁建议盖茨董事长发行股票。

3 月 13 日,微软公司的股票在纽约股票交易所上市,开盘价为 25.17 美元。第一次收盘时,共成交 360 万股,收盘价为 29.25 美元。上市获得成功,让美国商界震惊。

"成千上万的人发疯似的争相将钞票塞进微软的腰包中"。这是《华尔街金融时报》的报道。

一周内,微软公司的股票狂涨至 35.50 美元,此时,盖茨的财富达到 3.9 亿美元,一年后,即 1987 年 3 月,微软公司的股价上升到每股 54.75 美元,盖茨的个人财富也因而增至 10 亿美元,成了举世闻名的"一夜暴富者"。这时,他才 31 岁。

微软公司股票一上市就取得惊人的成绩,这标志着微软公司进入一个辉煌的时期。1986 年 3 月,公司的新办公园区在华盛顿州雷特蒙落成,公司的形象焕然一新。

盖茨决定突破麦金塔电脑的圈子,杀向 IBM PC 个人电脑市场。这样一来,微软公司的产品遇到的第一个劲敌就是老对手"莲花 1—2—3",盖茨决定用视窗版的超越"与它决一雌雄"。

视窗版的"超越"作为一颗抛向莲花软件公司的"重磅炸弹"。盖茨对向美国软件霸主挑战怀着不可名状的激动与期盼,他命令原班人马重新集结,扩充兵马,设计小组共扩至 50 人,这一次,他亲自担任"三军主帅"。

1986 年底,测试版的视窗"超越"终于产生了,微软公司立即向美国和欧洲的一些公司提供了这种测试版,获得良好的反应。

1987年8月,各公司的财政年度报告纷纷出笼。16日,微软公司的各级主管得知微软公司已取代莲花公司成为全球最大的软件公司后,不禁欢呼雀跃起来。

1987年10月6日,视窗版"超越"正式问世。它一横空出世,就令软件界大开眼界,一致公认它达到了软件技术的最佳专业水平,一家软件杂志经过比较测试后,竟不惜黄金版面,用一系列醒目的照片为"超越"义务宣传,声称"超越"代表着人类计算机工具史上的一个里程碑。

盖茨为了宣传视窗版"超越",投进数以百万计的广告费。在强大的攻势面前,微软的宿敌莲花公司节节败退,丧失了12%的"领地"。

战胜莲花后,盖茨又开始向自己提出新的挑战:从"蓝色巨人"的阴影中走出来,独领风骚。

早在1985年夏天,微软公司就与IBM公司签订协议,打算再度携手合作,开发全新的操作系统——OS/2。

可是在联合攻关中,双方不时争执……以严谨著称的IBM公司其企业文化的取向与微软自由自在的精神风格是难以调和的。

盖茨决定抛开IBM公司,独自搞视窗1.0版的升级版来真正取代MS—DOS,但目前条件还不成熟。在他的心目中,微软已足够壮大,可以同时从事于既同IBM合作开发OS/2,也独自开发自己命名为视窗的新操作系统,前者不妨虚张声势,后者倒可以韬光养晦,待时机成熟后再说。

盖茨表面上不动声色,但暗中将大量精兵强将派往视窗软件的开发,只有很少的人还在为OS/2工作。

在开发OS/2项目时,盖茨不顾IBM技术人员的反对,坚持用既复杂又粗糙的汇编语言为其编写程序,而不是用利于建立图形界面的C语言编程。这正是盖茨的一个计策,他要把OS/2作为探测市场的牺牲品,为真正的新操作系统投石问路。

1988年,OS/2正式面世。但市场并不像IBM设想的那样乐观。

OS/2惨遭失败。这正中盖茨下怀。

就在这个时候,康柏这家机会主义大师公司推出英特尔80386芯片的微电脑,从而成为微电脑市场上最先进机型的拥有者。

康柏386一上市,便联络一些做兼容机的硬件商,宣称将在其所售机型中捆附微软的视窗操作系统。这是盖茨精心策划的联手共御战略,IBM受到软、硬夹击。

IBM觉得盖茨是个忘恩负义的人,而盖茨确实不想把自己捆绑在IBM这一辆战车上,他要使微软公司成为不再受制于人的软件王国,因而千方百计地扩张自己的地盘,无论走哪一条路,只要达到目的就在所不惜。这正是比尔·盖茨"我要赢"的生存哲学使然。

盖茨曾经直言不讳地说:

"软件工业发展所需的条件早已存在于美国的价值观和风俗习惯内。美国文化是好赌之人,勇于冒险的资本家,投入百万计的资金作长线的尝试。他们把事业前途作赌注,

优秀的人才放弃稳定的工作,追求理想或加入一些具有创造性意念的小型公司,纵使最终失败收场,美国人也会为曾付出的努力庆祝一番。一般对待失败的态度是:再来一次吧!"

在与IBM公司的挑战中,微软公司获得了飞速的发展。1988年底,微软员工已达2800人,会计年度营业额达到5.9亿美元。而到1989年底,微软员工达到3400人,年度营业额为8.1亿美元,利润1.7亿美元。

一个"微软帝国"真正地在美利坚的土地上崛起了。

为了进一步建成一统天下的霸业,微软加快了"视窗"3.0版的开发。微软公司25名优秀的程序设计师,组成一个名为"胜三团"的开发班子,在两年半的时光中潜心编写程序,开发成功了"视窗"3.0版。

成功的日子又一次来到了。

1990年底,世界著名的电脑杂志《PC世界》发表热情洋溢的文章:"当我们要替1990年编写年度报告时,5月22日无疑是一个值得纪念的日子。就是在这一天,微软推出了'视窗'3.0,IBM个人电脑及其兼容机从此迈进了一个新的纪元。"

为了轰动效应,盖茨出手1000万美元做宣传,在全球掀起了一股强劲的"视窗风暴"。

"视窗"3.0顿时成为超级的畅销软件,以每月10万套以上的速度向全世界发售,1990年创下累计100万套的纪录,雄踞世界软件排行榜榜首。1992年以前发行已达700万套。

与此同时,微软的股票再度牛气冲天,盖茨已朝世界首富的位置稳步前进。

由于微软股票不断攀高,到1991年,微软的市场价值高达219亿美元,甚至已超过了久负盛名的通用汽车公司。

自1986年开始上市以来,微软的股票已开始涨了12倍,微软造就了3个10亿美元级的大富翁(盖茨、艾伦和帕默尔)。微软公司有2000名雇员魔术般地成为"百万富翁"。

1992年,盖茨拥有70亿美元的资产,已成为世界上最富有的人。这时,他年仅37岁。

时代骄子

"微软帝国"建立以来,微软公司在软件市场上所向披靡,自然是树大招风,竞争对手对他的一举一动都盯得很紧,甚至在它所到之处布下了诉讼陷阱。

1990年开始,美国联邦贸易委员会接到了许多微软公司的对手们的控告信,于是司法部门开始调查微软公司。他们发现这一案件极其复杂且牵涉面广,但控告人都有一个共同的呼声:微软公司在操作系统软件市场上超越经营权限,利用其他公司的技术偷梁换柱,占领市场。

1993 年夏,美国联邦委员会因证据不足结束了调查。

后来,联邦贸易委员会又着手调查微软公司的违反竞争行为。微软公司虽无破坏自由竞争的罪名,但必须改变推销软件的手法。

1994 年底,微软公司宣布斥资 20 亿美元兼并一家软件公司——直觉公司。

1995 年 4 月,美国司法部提出诉讼,指控微软公司和直觉公司合并将使有关产品价格上升,以及使增长中的个人电脑财务软件市场失去创新的机制。

5 月 21 日,微软公司不得不宣布取消与直觉公司的合并计划。

在"视窗"3.0 之后,微软公司于 1992 年推出支持多媒体的"视窗"3.1 版,又于 1993 年推出支持网络的"视窗"NT 版,都大获成功。

至此,"视窗"已发展成了一代新的操作系统。图形操作系统工业标准已非"视窗"莫属。

微软公司又一次领导了潮流,各大软件公司又纷纷向"视窗"靠拢,正像当年向 MS—DOS 靠拢一样,包括莲花公司在内的著名软件公司纷纷把自己的畅销软件标上"视窗"印记。为"视窗"开发的应用软件数以万计,而且还在与日俱增。

"视窗"还在不断发展之中。1994 年,微软将"视窗"新 3.1 版命名为"芝加哥";1995 年,将推出"视窗"NT 的新版本以"开罗"命名。微软公司给"视窗"的未来版本两个地名,寓意深远,表明"视窗"的目标远大,路程漫长,要一个驿站一个驿站地走下去。

1993 年 11 月,美国的著名赌城拉斯维加斯举行了一年一度的世界秋季康迪斯大展。在金碧辉煌的阿伯丁剧场,盖茨娴熟地演示了"芝加哥"的测试版,当显示器屏幕上出现芝加哥的美丽风光时,电脑爱好者都为"视窗"的未来而热烈鼓掌。

"视窗 95"是针对目前电脑操作的复杂化而来的,他的图形界面,即插即用功能,多任务操作。这无疑是使电脑操作更简单化。社会大众似乎以一种迎接软件救世主的心态来期盼全新的电脑时代降临。

"视窗 95"并不只是一个软件,同时也是反映个人电脑用途和趋势的榜样。

盖茨正是用"视窗 95"来实现他"将计算机还给人民"的愿望。

"视窗 95"被称为"世纪软件"。

在美国历史上,从没有任何单一事件,像"视窗 95"上市那样引人注意。盖茨的 2 亿美元宣传费又一次引发了轰动效应。

1995 年 8 月 24 日,"视窗 95"正式发行。奇迹再次出现了。

当天,就在美国销售了 30 万套,4 天内,全球销售突破 100 万套,1995 年底达 3000 万套。

这年,微软公司年度营业额高达 270.4 亿美元,年收益 17.8 亿美元。盖茨的个人资产达到 134 亿美元。1998 年,盖茨的个人财富多达 510 亿美元。

盖茨从无到有,从一文不名到富甲天下的创业历程,正好 20 年,也就是说,这期间他平均每天赚 180 多万美元。

目前,盖茨领导的微软公司,有 16000 名雇员,其中,百万富翁有 2000 多人。

这种如有神助的奇迹,在当今世界堪称绝无仅有。

未来之神

20世纪末,人类社会进入了知识经济时代。盖茨是知识经济时代的宠儿。

为了知识,他一年两次离开工作,作为"思考园"。在华盛顿州的一处住所,他一个人前往,孤独地思考着、阅读着、写作着,琢磨着未来的蓝图。他展开了《未来之路》的构想与写作。

"追赶信息技术,并与之一起前进。"盖茨作为知识经济时代的巨人发出了时代的最强音。

在20年前,他和艾伦在创建微软公司时曾梦想"在每一个家庭中,在每台办公桌上,都有计算机"的美好前景。20年来,他努力"把计算机还给人民",为此,他推出的"视窗"操作系统完成了一场深刻的革命,他是计算机"新教"运动的马丁·路德。

市场反应灵敏,应变能力强,把握未来的发展趋向。这是盖茨驾驶的"微软战舰"的一个显著特点。

盖茨很清楚,随着未来世界利益联结在一起,如果想再次像这20年一样在微软取得成功,他必须再造辉煌。这么一位有影响的人物,刚过40岁。相对年轻的年龄优势,确实使他利剑在手,前程无量。

盖茨有强烈的学习愿望和进取心,他能适应外部世界的变化,敢于接受新的挑战。

盖茨总在不断地学习,对于一个承认他在哈佛大学极少听课的人来说,这实在很有意思。

盖茨的办公室很大,看起来没有什么摆设。在座椅的那一头,一幅巨大的奔腾芯片悬挂在墙上。另一面墙上则挂着爱因斯坦的相片。书架上摆着两个水晶球,一个地球仪以及各类文选书籍。

他习惯于在他的办公室里伏案撰写专栏文章由纽约时报发表,并被100多家报纸转载。他与人合著的《未来之路》描绘了他未来的蓝图。这本书已于1995年11月在世界各地发行。

1995年11月13日,沙漠上的美丽赌城拉斯维加斯再次迎来了计算机世界的盛会:康迪斯大展。计算机业界巨头再次聚会,再次掀起信息革命高潮。

这次参展的巨头们都不约而同地把目光投向了一场更具深远意义的革命:网络时代的到来。这次盛会的重头戏将是"蓝色巨人"IBM总裁郭士纳及"微软帝国"老板比尔·盖茨所发表的演讲。

为了打好网络市场争夺战,IBM公司先声夺人,于1994年11月推出了更适应网络时代的操作系统OS/2Warp。1995年6月,IBM以35亿美元之巨购买了美国著名的"莲花"软件公司。莲花公司专家如云,软件似海,如以群体概念设计的软件Notes是很具有革命

性的，被称为"未来的软件"，它可广泛用于通信、数据共享及移动通信等当今最热门的领域。显然，IBM 把矛头对准了微软，把战场移到面向未来的网络时代，打一场真正意义上的世纪之战。

在可容纳 15000 人的阿拉丁酒店的大剧场，IBM 总裁郭士纳率先发表《走入网络时代》的讲演。接着比尔·盖茨大谈《电脑时代的幻想曲》。

两位时代巨人讲演的风格尽管不同，但都充满着激情和信心。听众无不拍手称快！

盖茨以乐观的态度注视着未来风云，他有信心让"微软帝国"大厦永远雄伟地屹立于计算机世界，由他为人类开启通向未来的道路。

虽然他身上科学家的成分在减少，管理者的成分在增加。但他对科学的热爱却与日俱增，他用 3080 万美元购买了达·芬奇一部自然科学的原著。他要像达·芬奇一样，用科学的成果和精神影响人类未来几个世纪。1998 年 11 月 24 日，盖茨宣布将向西雅图图书馆捐资 2000 万美元。

中国之行

盖茨向往中华大地的古老文明。敏感的盖茨把目光投向了拥有巨大市场潜力的中国。

1994 年 3 月，盖茨第一次来到了中国。江泽民主席亲切会见了这位"时代骄子"。

1995 年 9 月，盖茨再次来到中国。这次，他与江泽民主席交谈热烈，涉及家庭、文化、软件、网络等一系列问题。

1996 年 3 月，微软公司在北京推出备受瞩目的"视窗 95"中文版。

1997 年 12 月，盖茨又一次来到了中国。

12 月 12 日，他悄悄地来到清华大学。

清华园里刮起了"盖茨旋风"。

容纳 500 人的会议厅挤进了 1.5 万名学子。他们无不为能亲眼目睹这位软件巨子而感到兴奋。

盖茨轻松走上演讲台，身材颀长，面带微笑，娓娓道来，时而双臂交叉，时而靠立桌边，时而单脚支地在高脚椅上，未加修饰但很清爽的头发下，闪烁着单纯而机敏的目光。

"他就像我们的大师兄，一点也没有世界首富带给人的压迫感。"一位学生说。

盖茨向学生们介绍计算机的发展趋势，在演示屏上，盖茨手上没有鼠标，面前也没有键盘，他完全通过自己的动作来控制电脑。点头，电脑便是"Yes"！摇头，电脑便"No"！——看着他幽默的表情和电脑的神奇技术，会场上爆发出热烈的掌声。

自由提问开始。有学生问："您还未毕业就离开哈佛，我们是否也应如此？"

盖茨说："我离开哈佛只不过是请了一个长假。"并请同学不要盲目效仿。

会后，清华园里的大学生到处都在争说盖茨：

"我们对盖茨有提不完的问题。我们全班 30 人，人人都有一本《未来之路》。"

"当今的世界，如果不知道比尔·盖茨，简直不可思议！"

"盖茨说，成功的要素首先在于专注，我们应坚信自己的目标！"

"智慧与市场效应的完美结合，这是盖茨给我们知识分子最大的启示！"

……

"盖茨旋风"说明：古老的中华大地已体会到了知识经济时代的脉搏。中华儿女已做好了准备，决心在知识的海洋里冲击、拼搏！

正式退休

2006 年 6 月 15 日，微软创办人比尔·盖茨宣布了他个人的退休计划，由技术长 Ray Ozzie 继任他原先担任的软件架构长一职，而他将在 2008 年退出微软日常运作，但仍将继续担任微软董事长。

软件架构长，是 Bill Gates 在 2000 年卸下执行官一职（由同窗好友 Steve Ballmer 接任）之后所发明的职务，掌管一切技术架构，产品开发等，以确保微软技术架构具竞争力。

虽然宣布退休计划后微软的股价并不受多大影响，但类似 Bill Gates 这样在宣布退休时会引起广大讨论的人，全世界可能不多。20 岁创办微软至今 31 年，他对全人类的影响既深且远，并不仅限于 IT 行业。

而所有的动力都来自他个人的信仰："想象未来每个人的桌面上都有一台电脑"。微软在 Bill Gates 的意志下，自始至终都朝这个方向全力前进，从操作系统开始一直到办公室应用软件，以及其他。

每一个世代的人都具有一种眼光，能看出上个世代的人所看不出来的事情，笔者称为"世代之眼"。Bill Gates 远在 1970 年代大型主机电脑当道时就敢做这种梦，是因为相信自己看到了别人没看到的事情。

历史上出现过很多这种具有"世代之眼"的个人或群体。他们在上个世代的人的各种质疑声浪中奋力前进，反而击溃上个世代的巨人，影响下个世代的生活。

每一个"世代之眼"的执念都非常单纯，用一句话就可以描述。除了 Bill Gates 之外，还有例如："想象未来每个人的电脑都可以互相连线"；"想象未来每个人都可以自由使用软件"。

上述的"世代之眼"，前者诞生了环球信息网与后来的 Netscape，Yahoo! 以及今日的 Google，成就了你我今日熟悉的互联网世界。而后者则催生了开放原始码运动，让微软居然必须捍卫自己的软件是值得付费的。

这就是时代的巨轮。永远有一群不知哪里冒出来的小伙子改变了世界。Bill Gates 伟大之处在于他具有"世代之眼"；然而，当年如果不是由他来推动时代巨轮，自然会有别人来推动。换言之："每个人的桌上都有一台电脑，乃历史上不可避免之发展，只是透过

Bill Gates 完成"。Bill Gates 的问题在于他已失去那样的眼睛,却仍然继续坐镇在微软掌管所有技术架构与产品研发的位置上。

在 IT 行业够久的人应当都记得,1995 年 Netscape(网景)声势如日中天,浏览器的市占率高达 90%以上。Bill Gates 如梦初醒,宣示微软将大力拥抱互联网。1997 年的时候,微软 IE 浏览器的市占率已经达四成。

巨人的意志力是惊人的,只要他决心改变。当年 41 岁的 Bill Gates 主导了所有的组织变革,产品研发方向,IE 3.0 版以后浏览器功能大幅革新,终于追上最后击溃以 Netscape 为首的竞争力量。

41 岁的 Bill Gates 仍有眼角余光看见互联网,然而 Google 可能看得比 51 岁的 Bill Gates 还清楚。关键在于上个世代的巨人能否很快的跟上脚步,将自己的视野融入全新的世代中。

微软的问题,在于必须找到(或者能运作成)兼具有洞察力以及意志力的个人(或者组织)。从迎击 Netscape 的过程中,我们看见了 Bill Gates 个人意志力的展现,如果不是他,组织是不可能动起来的。

如果真的找不到新的眼睛(Bill Gates 把希望放在 Ray Ozzie 身上),那么起码要能让组织运作成可以让创新由下而上的环境,以群体的眼睛取代过去的个人的眼睛。

微软面对由 Google 所带来的新一轮竞争,其实是组织竞争。Google 以小团体为单位的组织方式,既庞大又灵活,开发速度惊人又富创意。Google 并不倚赖类似 Bill Gates 这样的皇帝,而是众多的技术天才。

反观微软,经历数十年的发展组织日益庞大。当年曾经很骄傲于从基层员工到执行官最多四个层级的微软,已经陷入叠床架屋的困境,这才是造成产品延迟,竞争力丧失等主要因素。

大刀阔斧的组织改造需要巨人的意志力,然而 Bill Gates 却选择在这个时候淡出,将烫手山芋留给 Steve Ballmer。组织基因若不改变,产品延迟上市,或产品不符市场所需等情况,将一再出现。

不论如何,没有人能够否认他的贡献。由他领头的个人电脑行业,让你的桌面上有了一台电脑,使你能看到这篇众多讨论 Bill Gates 功过的文章之一,进而发发牢骚或者发发思古之幽情。

北京时间 2008 年 6 月 27 日 12:00 消息(美国东部时间 6 月 27 日 00:00),微软创始人、董事长比尔·盖茨(Bill Gates)将于今日正式退休,淡出微软日常管理工作。现任 CEO、盖茨大学好友史蒂夫·鲍尔默将全面接掌微软大权。比尔·盖茨将把自己财产全数捐给其名下慈善基金"比尔与梅琳达·盖茨基金会",一分一毫也不会留给自己子女。同时,盖茨本人也将全身心投入到慈善事业中。此后,盖茨每周只会到微软上班一天,其他时间将放在慈善事业上。前不久,盖茨在接受美国《华尔街日报》采访时曾表示,自己"退休以后 20%时间给微软,80%时间做慈善"。据海外媒体报道,盖茨曾表示,作为全职慈善家,他要去的第一个站就是中国。告别演讲 33 年前创建微软时,盖茨也是一名开发

人员,而微软能有今天的行业老大地位,也要归功于 Windows 操作系统的开发人员。在开幕演讲上,盖茨并没有忘记这些功臣,"微软的成功在于我们和开发人员的关系。"

盖茨还简短地谈到自己将于 2008 年 7 月 1 日退出微软日常管理工作,全心投入和妻子成立的比尔和梅琳达·盖茨基金会,他表示感到有些仓促,"(慈善事业)将把我推向一个新领域,这是自我 17 岁以来第一次真正意义上的换工作。此前,我完全沉溺于软件开发之中。"

美国软件业巨擘微软公司创始人比尔·盖茨计划自 27 日下午起,从微软"一把手"执行董事长的位置退休,转任非执行董事长,自此全身心投入慈善事业。这对微软意味着一个时代即将结束,但对世界却意味着多了一个全职慈善家。盖茨表示,他将 2008 年慈善活动的第一站定为中国,并且计划参加北京奥运会。

据《人民日报》报道,2008 年夏季开始,盖茨将成为全职慈善家,他表示将 2008 年慈善活动的第一站定为中国。比尔与美琳达·盖茨基金会将在中国推行几个关键的健康计划,包括 HIV/艾滋病预防、乙肝疫苗接种和戒烟等,并设法将中国农业知识带到非洲去,改善非洲的农业。

盖茨说:"中国是个有趣的国家,它一方面接受其他国家的援助,另一方面它也援助其他更贫穷国家。他们有能力这么做,他们的经济已经改善了很多,他们能够为帮助更贫穷国家出一份力。"

中国的烟民也很多。盖茨基金会打算推出一项新计划,帮助中国人戒烟。盖茨说:"了解中国戒烟行动的力度将是一个非常有趣的事情。在采取戒烟举措前,美国的财富水平相对来说更高一些。我相信,中国有机会也有能力和美国一样做好这样事情。"盖茨将亲自验收中国的戒烟成果。他说自己打算到北京看奥运。

对于中国的乙型肝炎疫苗接种,盖茨基金会也同样伸出援助之手。据统计,中国乙肝患者大约占总人口的 10%。在农业方面,盖茨基金会将启动一些相关计划,将中国的农业技术引入非洲,帮助提高当地的农作物产量。全球两大水稻研究中心分别在菲律宾和中国。盖茨基金会正与亚洲水稻研究人员合作,重点放在非洲对更多的水稻品种和耐旱等特点的需要上。盖茨说:"有些情况下,他们只是与我们合作,任何活动都不需要我们提供资金。也有另一些情况,我们会提供资助,以便他们把关注的焦点放在非洲显露出来的一些问题上。"

盖茨基金会在北京开设了一个办事处,开始着力解决中国的艾滋病问题,请来了美国疾病控制中心前任驻中国主管 RayYip 领导这项计划。它为这项计划的前期投入已达5000 万美元。盖茨表示,基金会在这个计划上与中国卫生部有密切合作。他说:"有些计划,像艾滋病,他们很欢迎我们,我们合作很愉快。它取决于你与政府在这些事情上的合作有多深。"

微软宣布,从 2008 年 7 月开始,董事会主席比尔·盖茨将不再负责公司的日常管理,盖茨是全球 PC 产业最为重要的人物之一,一直紧跟着科技发展潮流。但他并非永远正确,以下是盖茨在微软的十大失误。

1.微软 BOB

BOB 是微软 1995 年发布的产品,微软希望通过 BOB 改善 Windows3.1 程序管理的界面,或许这个概念没有问题,但 Bob 还没有真正流行就已经被取代。客观来看,Bob 并非恶评如潮,但它的消失也没有引来多少人的惋惜和怀念,因为它解决的问题还没有带来的问题多。有趣的是,BOB 开发项目的主管是盖茨的妻子梅琳达。

2.Windows me

这或许是微软迄今为止最失败的 Windows 版本,2000 年推出后不久,就出现了一大堆安装和兼容方面的问题。随着 WindowsXP 于 2001 年上市,Windows me 很快就销声匿迹。当然,Windows me 也并非一无是处,比如该产品最先具有的系统恢复功能随后应用在 WindowsXP 中。

3.平板电脑

也许仍然有很多平板电脑的支持者,但这项技术却存在很多问题,而且成本过高。从市场表现来看,平板电脑无疑是一款失败的产品。微软已经决定将平板电脑功能作为 WindowsVista 操作系统的基本组成部分,而不再作为单独的 SKU 发布。

4.SPOT 手表

尽管第一块智能个人目标技术(SPOT)手表原型进入市场已经有三年的时间,但这一产品体积过大、外形死板的问题仍未解决。此外,SPOT 手表缺乏有吸引力的应用提供支持,不能让花费数百美元购买这一产品的用户感到物有所值。

5.微软 Money

如果微软 1995 年收购 Intuit 的计划没有遭遇反垄断方面的阻碍,该公司也许已经获得 Quicken 软件,并使自己的网络银行产品成为市场领先者。但事与愿违,微软只能自行设计和开发财务软件 Money,最终被 Intuit 远远甩在后面。

6.DOS4.0

提到微软,就不能不谈一谈 Windows 操作系统的前身 MSDOS。在所有的 MSDOS 版本中,MSDOS4.0 无疑是最失败的一个,对微软而言它简直是缺陷百出的梦魇。根据维基百科提供的资料,MSDOS4.0 主要基于 IBM 的代码库,而不是微软自己的代码库。

7.微软电视

微软曾多次试图进入数字电视领域,但并没有成功。还有人记得微软 20 世纪 90 年代初推出的视频点播项目 MicrosoftTiger 吗?不过,微软并没有放弃在这方面的努力。微软 CEO 史蒂夫·鲍尔默表示,在不久的将来,IPTV 将成为促进微软股价上涨、推动微软利润增长的主要动力之一。

8.MSNBC 合作伙伴关系

微软同 NBC 之间的合作几乎就从来没有顺利过。2005 年 12 月,微软基本退出了同 NBC 的合作。不过,微软并没有放弃向内容提供商方向发展的努力,该公司正在招聘博客、电视团队以及其他方面的媒体人士,希望打造 MSN 媒体网络。

9.实时网络会议软件

微软网络会议产品 LiveMeeting 主要基于从 PlaceWare 收购的技术,尽管已经推出多年,但很多人都认为它是一款失败的产品。当然,微软并没有放弃在这方面的努力,该公司承诺新版 LiveMeeting 将会更加出色。

10.未能推出微软 Linux

微软应当推出自己的 Linux。微软可以收购一家 Linux 经销商,甚至直接将 Windows 的一个分支命名为微软 Linux。与此相反,微软投入了大量资金同整个开放源代码社区对抗。微软应当加入开放源代码阵营,而不是试图击败它。

慈善事业

慈善事业也是非常重要的(当然的)。他和他的妻子 Melinda 已经捐赠了 34.6 亿美元建立了一个基金会,支持在全球医疗健康和教育领域的慈善事业,希望随着人类进入 21 世纪,这些关键领域的科技进步能使全人类都受益。到今天为止,盖茨和他的妻子 Melinda Gates 建立的基金已经将 17.3 亿美元用于了全球的健康事业,将 9 亿多美元用于改善人们的学习条件,其中包括为盖茨图书馆购置计算机设备、为美国和加拿大的低收入社区的公共图书馆提供互联网培训和互联网访问服务。此外将超过 2.6 亿美元用于西北太平洋地区的社区项目建设,将超过 3.8 亿美元用在一些特殊项目和每年的礼物发放活动上。

比尔·盖茨于 2008 年 6 月 27 日退休,他在微软同事的心目中是一个什么形象呢?这个当属与他一起共同执掌了微软 31 年之久的 CEO 鲍尔默最有话语权了。"他是一个比较内向的小伙子,不太爱说话,但浑身充满了活力,尤其是一到晚上就活跃起来。当时的情况是,经常在我早上醒来时,他才准备睡觉。"鲍尔默在接受《华尔街日报》采访时,如此形容比尔·盖茨。鲍尔默说的对,也许只有活力才是成功的最关键因素,这是比尔·盖茨留给大家最好的礼物!

截止 2008 年 6 月盖茨正式退休,他的遗嘱中宣布拿出 98%给自己创办的以他和妻子名字命名的"比尔和梅林达基金会",这笔钱用于研究艾滋病和疟疾的疫苗,并为世界贫穷国家提供 援助。《福布斯》杂志 2009 年 3 月 12 日公布全球富豪排名,比尔·盖茨重登榜首。重大慈善活动来看,比尔和梅林达·盖茨基金会出手阔绰,例如曾向纽约捐款 5120 万美元,用以建立 67 所面向少数族裔和低收入阶层子弟的中学;捐资 1.68 亿美元,帮助非洲国家防治疟疾;向博茨瓦纳捐资 5000 万美元,帮助那里防治艾滋病。

盖茨基金会,在中国的四川发生特大地震的时候,向中国卫计委捐赠 130 万美元(约合 910 万人民币),捐款将用于支援卫计委对地震灾区的水源安全控制和疾病控制工作。

2010 年 1 月 29 日,比尔和梅琳达·盖茨在达沃斯论坛媒体发布会上表示,盖茨基金会将在未来十年之内为世界上最贫穷的地区提供疫苗研究、开发与应用支持。

2010 年 9 月 29 日,备受各界瞩目的盖茨和巴菲特慈善晚宴在北京昌平拉斐特城堡

庄园举行。据主办单位表示，当晚赴宴的企业家约有 50 人，并未像此前预测的那样"有一半富豪拒绝出席"。且"巴比"信守此前承诺，并未借助慈善晚宴对中国富豪"劝捐"。

时隔 250 天后，比尔·盖茨再次来到中国，和 2010 年一样，他为慈善而来。但是，和 2010 年 9 月那场轰动全国的"巴比来华"相比，这次盖茨的到访显得相对低调了很多。6 月 11 日晚，盖茨离京，飞往伦敦，匆匆而来匆匆而去。据盖茨身边的工作人员表示，盖茨来华的时间安排已经精确到分，但无疑，这一次，这位已经变身为"世界首善"的前世界首富，摆出了更加积极的姿态，开始了更多的行动。

2017 年 11 月，比尔·盖茨当选中国工程院外籍院士。2019 年 1 月，入选美国杂志评选出"过去十年影响世界最深的十位思想家"。2020 年 2 月 26 日，以 7400 亿元财富位列《2020 胡润全球富豪榜》第 3 位。2020 年 3 月 13 日，比尔·盖茨退出微软董事会。北京时间 2021 年 5 月 4 日凌晨，比尔·盖茨与梅琳达·盖茨宣布结束长达 27 年的婚姻关系。5 月 17 日，微软董事会决定，比尔·盖茨应当离开董事会。8 月 2 日，华盛顿金县高级法院的一份文件显示，比尔·盖茨夫妇正式离婚。近三年分别以 1,340 亿美元、1,290 亿美元和 1,020 亿美元财富位列本年度美国富豪榜 2021 年、2022 年第 4 名和 2023 年第五名。

路透通讯社创始人

——叶斯·路透

人物档案

简　历:路透通讯社的创始人,今日的路透通讯社与美联社、塔斯社、安莎社鼎足抗衡。1816 年 7 月 21 日出生于德国卡塞尔的一个犹太人家庭,早年经营出版业务。1849 年设立通讯机构,以信鸽传递消息。1851 年移居英国,开始通讯社业务工作,把从欧洲大陆发来的金融、商业信息编成"路透快讯",供给交易所、银行、贸易公司等,同时也向巴黎、柏林等地传送商情消息。1857 年入英国国籍。1858 年有 7 家伦敦报纸订用他的通讯稿。《泰晤士报》也与他签订了供稿合同。1865 年通讯社改组为路透电报公司,兼营电报与海底电缆业务,叶斯·路透任总经理。1871 年获得男爵爵位。1878 年退休,1899 年 2 月 25 日卒于法国尼斯。

生卒年月:1816 年 7 月 21 日~1899 年 2 月 25 日。

安葬之地:法国尼斯。

性格特征:路透的意思是"马背上的人",即"强者"的意思。

历史功过:英国路透社创办者。

名家评点:1871 年 9 月 7 日,叶斯·路透被授予男爵称号。那天的新闻标题是"维多利亚女王为授予叶斯·路透英国贵族称号"。

结识高斯博士

叶斯·路透的父亲是一个犹太牧师。同别的牧师家的孩子一样,叶斯·路透从小就过着法规森严的生活。但他丝毫不想继承父业当一名牧师,却痴心想当一位商人。

父亲去世后,他就下决心终止学业而去经商。在哥廷根有一个开银行的表哥,他想

求得表哥的帮助。

叶斯·路透从此开始了他的商旅生涯。他不甘心整天无所事事地呆在表哥的银行里消磨时光，总想找点事干干。于是，他当推销员，当沿街叫卖的小贩，这些都为他积累了丰富的经商经验。

一个偶然的机会，叶斯·路透对银行的汇兑业务产生了浓厚的兴趣。

当他在表哥的银行里担任汇兑行情业务的工作时，经常在冥思苦想一个问题——怎样才能更快地了解各国外汇行情的状况？

一次，叶斯·路透去见了大数学家高斯，他发现了高斯在汇兑行情的计算上出了一个大错，并指了出来。这位大数学家不仅坦率地承认了自己的错误，并且称赞了叶斯·路透的非凡才能，这件事成了他们后来频繁往来的基础。

当时，高斯正埋头于一种划时代的通讯工具——电报机的研制工作。这对一心想要尽快了解外国汇兑行情的叶斯·路透来说，无疑是个好消息，尽管他们二人对电报机持有截然不同的想法：前者热心于发明创造，后者则侧重于实际价值。

叶斯·路透参加了高斯的电报机实验，他用心地观察着试验的进展情况，心里却在琢磨着：如果能用这套设备传送消息，便会发生情报革命，其结果有可能为一种新型的电讯活动服务。

没想到，正是叶斯·路透这么随便一琢磨，竟琢磨出一个世界通讯王国。

和自己的"老板"竞争

叶斯·路透从高斯博士那里获益匪浅，他懂得了许多关于电报机的实用化知识与技术。怀着闯天下的雄心，去了德国首都——柏林。

在柏林呆了8年后，他又只身去了巴黎。由于他熟练掌握了英、法、德三种语言，被巴黎最大的通讯社哈瓦斯通讯社聘为翻译。

正式工作之后，叶斯·路透对哈瓦斯通讯社庞大的通讯网惊叹不已。这家通讯社每天都能收到欧洲各地的主要报纸，从所有报纸中挑选有价值的文章译成法文，作为通讯社的新闻稿，这些新闻稿不仅分送给巴黎的报纸，而且还向国外的客户提供，甚至连俄国也购买哈瓦斯社的稿件。

由于叶斯·路透努力工作，他很快就熟悉了业务。几个月后，他主动提出了辞呈。

既然译成法文的新闻在政界和财界很受欢迎，为什么自己不能单独经营呢？

第二年春天，叶斯·路透也搞了一个通讯社，和自己的"老板"哈瓦斯公开竞争。

他的起居室变成了编辑部和印刷厂，社长、总编、发稿主任、翻译、印刷工人、通讯员和收发员，全由叶斯·路透一人兼任，夫人除了翻译或抄抄写写外，还兼作"厨师"，两人每天东奔西跑，忙得不可开交。

如果走进他们潮湿的起居室，首先映入眼帘的是发了霉的窗帘布和壁炉中尚未燃尽

的木炭。剩饭剩菜散落在木炭灰上,他们没日没夜地工作,已无暇顾及生活上的细枝末节了。壁炉墙上镶嵌的大理石板裂痕累累,桌子底下还搭了狗窝。

完成通讯大联合

叶斯·路透夫妇在离开巴黎两个月后,柏林同比利时交界处的古城亚琛之间的电报线正式开通。

哈瓦斯是个精明能干的商人,听到了这个消息后,认为有利可图,立即派人前往亚琛调查,结果使他非常震惊,这条电报线的两端已被人捷足先登了,抢他生意的不是别人,正是他以前的部下——叶斯·路透。

此外,叶斯·路透还在科隆设立了一个分站,收集德国各地的汇兑和证券交易的行情,再用火车送到布鲁塞尔和安特卫普的订户手中。

当时德国已经有了系统的铁路运输网,有不少人利用火车进行通讯联络工作。路透也充分利用了火车这个工具,有人甚至说:

"通往亚琛的列车不装上路透的快讯稿件就不开车。"

功夫不负有心人。一段时期后,市场上竟出现了抢购路透快讯的局面。

然而,叶斯·路透刚喘了口气,分发距离却出了问题:许多订户抱怨他们收到快讯的时间有早有晚太不公平。因为这些快讯大多是重要的市场行情,早点知道自然大有好处。

出现这个矛盾的原因就是由于订户散居各地,住处近的自然要先获得信息。

叶斯·路透为此想了一个新点子:在分发快讯时,再也不派人送或者邮递。而是把所有的订户都集中在一个大屋内,按时向大家宣布。

1849年春天,路透的快讯服务已走入正轨。

正在这时,巴黎到布鲁塞尔的电报线开通了。叶斯·路透很快想到,如果再架设一条从亚琛到布鲁塞尔的电报线,岂不把欧洲两个最大的商业都市柏林和巴黎联结起来了?

然而,亚琛到布鲁塞尔还没有电报线,用最快的交通工具也得花9个小时。这种速度显然不适于传送快讯,时间拖久了,柏林到巴黎的消息就变成了旧闻,自然失去了价值。

如何解决这一问题,叶斯·路透绞尽脑汁设想了多种方案。

用专职邮差、骑马信使和电报线接力的办法都行不通。

怎么办呢? 突然,一个新点子浮现在他脑海,他冲着妻子兴奋地喊:

"火车要用9小时,用这个点子,两小时就足够了!"

接着,他滔滔不绝地说明了用信鸽传递稿件的设想。

于是,叶斯·路透马上向一个酒店老板租了一批信鸽。

每天上午,叶斯·路透派往布鲁塞尔的工作人员都要向亚琛报告有关信息,做法是:把布鲁塞尔股市收盘价和巴黎发来的最后一封电报的内容都抄在一张薄纸上,然后让鸽子带过来。

这项工作看似简单,其实不然。为了慎重起见,布鲁塞尔要将三份同样的信息绑在鸽子腿上。

在亚琛,叶斯·路透夫妇和接鸽小组耐心等待鸽子飞回来。信鸽把信息带回来后,立即复写若干份。

复写一定要认真仔细,绝不能出现错字和遗漏。这一工作一般由叶斯·路透夫人来完成,她字迹工整、娟秀,仿佛印刷的一般,顾客没有挑剔的。

从柏林到巴黎的快报体制,就是由电讯、火车、"跑步者"组成的。路透完成了通讯大联合。

长跑的担子自然而然落到路透肩上,当时33岁的叶斯·路透,身强力壮,每天坚持跑步把稿子送到电报局。路透社后来迁居英国,成为英国最大的通讯社。

1858年有《广告晨报》《每日电讯报》等7家伦敦报纸订用他的通讯稿。同年10月13日,英国当时最有影响的《泰晤士报》也与他签订了供稿合同。1865年2月,通讯社改组为路透电报公司,兼营电报与海底电缆业务,叶斯·路透任总经理。他在建成欧美通讯网后,从1866年到70年代初,先后在印度、中国、日本等地设立分社。1857年3月入英国籍。1871年受封为男爵。1878年退休。

三菱集团创始人

——岩崎弥太郎

人物档案

简　　历:明治前期的企业家,三菱财阀的奠基人。1869 年 1 月任土佐大阪商会主任,借白银 30 万两购船从事海运。1870 年将土佐大阪商会改名为三川商会,后又改名为三菱商会。1875 年开设横滨制铁所。1876 年兴办大阪汇兑局,1880 年独立营业改称三菱汇兑店,1885 年吞并九洲国立第 119 银行,奠定了三菱银行的基础。1878 年创立东京海上火灾保险公司,开日本保险业之端。1873 年至 1884 年购买 2 座矿山、1 座煤矿,使三菱财阀的工矿业初具规模。1885 年 2 月 7 日岩崎弥太郎因胃癌去世,结束了他的传奇一生。

生卒年月:1834 年 12 月 11 日~1885 年 2 月 7 日。

安葬之地:日本。

性格特征:性格坚强,不屈不挠,学识广博,决策果断、明辨。

历史功过:拦河造田,创立三菱财阀,后成为日本重工企业支柱。

名家评点:《财经》主笔,资深媒体人马国川评价说:"岩崎弥太郎是一个具有开创精神、冒险精神的企业家。"

地下浪人

　　岩崎弥太郎是日本"第一财阀"三菱集团的创始人,他幼时生活在下层社会,由下级官员开始,逐步走上了经商的道路。由于经营官方的"土佐商会"成绩卓著,后来他买下了商会,并改名为"三菱商会",从事船运业。几经周折,三菱不断壮大,已拥有 61 艘汽船,占日本全国汽船总吨位的 73%,成为海上霸王。岩崎弥太郎因病去世后。其弟弟岩

崎弥之助继承了家业,使三菱又由"海上王国"变成了"陆上王国"。到 1970 年,三菱垄断集团 44 个公司的总资产已占日本全部企业总资产的 1/10,被称为日本"最强最大的企业军团"。

1834 年 12 月 11 日,岩崎弥太郎出生在四国安艺郡井口村的一个"地下浪人"的家庭。

商业征程

1869 年 1 月,因长崎土佐商会已被封闭,弥太郎由长崎调至土佐藩开成馆大阪商会,7 月被任命为开成馆代理干事。

1870 年,土佐藩基于财务困难,决定缩小"大阪商会"。也正是这一年,明治维新政府认为藩营事业会压迫民间企业,决定大举废止藩营事业。弥太郎在这一年 9 月来到东京,与后藤等商谈,决定 9 月底"大阪商会"脱藩自立,以"土佐开成商社"这一民间商社的名义继续营运。但是新商会在正式开张时,商号却不叫"土佐开成商社",而称"九十九商会"。这个商号取名于土佐九十九湾。

1872 年 1 月,"九十九商会"改为"三川商会"。1873 年 3 月,弥太郎又将"三川商会"改名为"三菱商会",正式向各界表明,三菱商会是他个人的企业。

三菱商会拥有原来隶属于藩的商会财产以及汽船 6 艘、拖船 2 艘,库船、帆船、脚船各 1 艘。弥太郎长久以来在官场服务,虽无大过,但也无所建树。回想过去,弥太郎感慨万千,他决心脱下官服,专心从事海运事业,准备大干一番,希望有所作为。

1869 年,涉泽荣一被任命为大藏角租税正(官员),即现在的国税局长。当时,涉泽才 30 岁,他的上司是比他小一岁的伊藤博文。但是,涉泽在大藏省工作时,和他最默契的上司却是井上馨。

1870 年 1 月,涉泽等组织的邮政蒸汽公司成立后,毫不客气地把许多民间的弱小船运公司挤到破产的边缘,弥太郎的公司也受到很大的冲击。

1873 年日本发生政变,一直庇护三井、支援邮政蒸汽分社的井上馨等长州派政治家逐渐失势。结果,井上辞去内阁职务,涉泽也跟着辞职。11 月,大久保利通被任命为内务大臣。

1874 年,日本出兵侵略大清帝国的台湾岛。弥太郎积极向大久保利通请示承揽一切军需输送工作。大久保利通同意以 771 万日元为政府购得 13 艘汽船,托与三菱。从这个时候开始,涉泽的邮政蒸汽公司与三菱商会的地位就颠倒过来了。侵台之役后,被邮政蒸汽公司视为命脉的补助金也被停掉。政府将邮政蒸汽公司的 18 艘船以 225 万日元买下,连同政府所有的 13 艘几乎不要代价地借给三菱商会。另外,政府又在 1875 年 9 月 15 日发布命令:每年给予三菱 25 万日元补助金。

1877 年,三菱共拥有 61 艘汽船,吨位高达 35464 吨,占日本全国汽船总吨数的一半以

上，三菱公司一跃成为海上霸王。

从此，弥太郎以汽船为中心，将事业范围扩大到汇兑业、海上保险业、仓储业等。在三菱公司进行押汇的货物都由三菱的船只来运送，由三菱负责保险，收在三菱仓库之中。于是，三菱的汇兑、保险、运输、仓储等方面的利润都成倍地增长，呈现出一派蒸蒸日上的景象。

与三菱公司相反，昔日对三菱不屑一顾的三井物产公司，在三菱的迅速扩张中受到猛烈的冲击。

正当三菱独霸海运，业务如日中天之际，涉泽荣一与三井物产公司的董事长益田孝商量，纠集敌视三菱的地方船只、批发商、货主，采取涉泽最擅长的合股方式，创立一家大型海运公司，企图对"骄恣"的弥太郎进行反击。

他们成立的新公司取名"东京风帆船会社"，投入资金 36.6 万日元，董事长预定由海军上校远武秀行担任，头取（相当于总经理）由涉泽荣一的堂弟涉泽喜作担任。

面对来势凶猛的威胁，岩崎弥太郎也未敢怠慢。他迅速召开会议寻求对策。

在真真假假的舆论攻势面前，涉泽在米业及银行上早已一天不如一天，如第一国立银行、抄纸公司等都连连亏损，加上谣传四起，更使涉泽等人陷入进退维谷的局面。

另外，弥太郎还开始秘密收购涉泽与三井派合股创立的东京股票交易所的股票。弥太郎绞尽脑汁收购股票的策略成功，涉泽荣一的堂弟涉泽喜作被迫辞去头取之衔。

涉泽虽在与三菱的竞争中败得一塌糊涂，却未彻底垮台，随着局势的发展，意外地得到了卷土重来的契机。

1881 年，大久一派的当权者大阪重信被反对派排挤，被迫下台，而弥太郎的支持者大久保利通也被杀。明治政府内部已无人能帮助弥太郎的三菱。而与三井息息相关的井上、同县及伊藤等长州人物开始掌权。下野的大阪组织改进党与政府相抗衡，弥太郎鼎力支持大阪的反政府运动。于是，形成"长州藩阀政府加三井"的联盟对抗"大阪的改进党加三菱"的局面。

对弥太郎而言，真正的龙争虎斗才刚开始。

就在政坛斗争激烈，陷入一片混战之时，涉泽荣一再度活跃起来。他指使心腹田口卯吉在《东京经济杂志》上发表了一篇名为《论三菱公司的补助金》的攻击性文章。由于涉泽的推波助澜，三菱越来越处于不利的地位。明治当局看到，若是弥太郎的财力和大阪的行动结合在一起，图谋颠覆政府，那将是一件最可怕的事。1882 年，明治当局计划成立一个打垮弥太郎三菱公司的大海运公司，由涉泽出面，井上赞助、农商大臣品川负责指挥。

弥太郎在政府这一计划出台前得到消息，立即提出"意见书"阻止，然而政府却以一篇《辨妄草案》的长文加以驳斥。

就这样，规模空前的大公司——共同运输公司按计划成立了。

这个公司采取涉泽最擅长的合股形式，其中 260 万日元由政府投资，其余由三井集合民间游资形成，共计总创业资本为 600 万日元。

两家公司为了抢乘客,抢业务,几乎是"不择手段"——共同公司企图通过附赠礼品来吸引乘客;三菱公司也不甘示弱,不惜把船费降到不能再降的地步。

后来,两家公司的竞争演变为降价竞争。最高兴的还是乘客和货主们,他们甚至威胁说:

"你们不多打折扣,我就去坐别家的船。"

在危机四伏的情况下,弥太郎以坚定的信念、过人的谋略与共同公司角逐。

他既重视对方的变化,以便采取相应的对策,也非常注意内部整顿。他将公司重新改组,精简人员,削减开支,采取战斗到底的姿态。他的心腹近藤廉平(后来的日本邮船社长)利用公司便笺写私信,弥太郎发现后立刻给予处分:从他月薪(70元)中扣除15元钱。

当时有人讽刺说:

"近藤使用一张纸花了15元,近来物价实在太贵。"

尽管有人觉得弥太郎对属下太苛刻了,但他的办法却的确使三菱走出了危机。

1884年,三菱每吨汽船的平均收入为100元。

与共同公司的竞争,三菱虽获得了胜利,却使它元气大伤,三菱不得不停止香港至琉球间的航线,连三菱汇兑所也被迫停业。而共同公司也筋疲力尽,其股票在1884年下半年已陷入毫无红利的窘境,股价落到面额的2/3以下,持股人争相抛售。弥太郎抓住机会,秘密收购这些抛出的共同公司股票。到1884年末,弥太郎已控制了过半数的股权。

撒手西归

1885年2月7日,岩崎弥太郎因饮酒过量,再加上日夜劳心,胃癌难愈,终于带着无限遗恨撒手西归了。他弟弟岩崎弥之助继承了他未竟的事业。

1885年10月1日,两家公司合并成立日本邮船公司。共同公司出资600万,三菱公司出资500万。由于共同公司股份分散,加上许多股票早已被三菱秘密收购,实际的权力便掌握在弥之助手中,后来,这家新公司终于成为日本最大的公司。

可口可乐之父

——阿萨·坎德勒

人物档案

简　历："可口可乐"之父,出生在佐治亚农村,幼年时家境贫困。1888年,他开始在一间狭小的棚屋里试制可口可乐。1919年,他以2500万美元的价格将产业转卖给特拉华可口可乐公司。他对南方的正义事业经常给予帮助。1929年3月12日,阿萨·坎德勒世,享年77岁。

生卒年月：1851年12月30日~1929年3月12日。

安葬之地：美国。

性格特征：有着商人的敏感和超人的胆识以及永不言弃的性格,聪明、理智、认真,有足够的信心和毅力善于在市场销售中吸取经验,不安于现状,敢于突破,永远追逐着下一个目标。

历史功过：发明了饮料"可口可乐"。

名家评点：阿萨·坎德勒有一句座右铭："今天损失的可口可乐,明天再也补不回来。"

淘金路上

1888年,身为药剂师的阿萨·格里格斯·坎德勒,凭着商人的敏感和超人的胆识,以2300美元买下了可口可乐专利和全部股权,展开强大的广告攻势,可口可乐公司很快成为美国最大的软饮料公司,可口可乐成为软饮料的象征。1917年12月25日,阿萨以圣诞礼物形式把公司赠给子女,自己退休。1929年,阿萨去世,被尊为"可口可乐之父"。

阿萨·格里格斯·坎德勒1851年出生于南部美国的佐治亚州。父母为了纪念家庭教师阿萨·W·格里格斯而给儿子取名为阿萨·格里格斯·坎德勒。1862年,南北战争爆发。坎德勒一家生活贫困,物质匮乏,阿萨不得不靠自己的努力去挣钱。内战爆发,阿

萨没有读完系统教育课程,去当了药剂师。在药店里,他安置一张吊床,白天工作,晚上自学拉丁语、希腊语,钻研医学书籍,为日后成功打下了坚实基础。

他不安于小地方工作,来到首府亚特兰大,他费了很大周折才在乔治·杰斐逊·霍华德的药店里当一名药剂师。1873 年 11 月 13 日,父亲逝世,阿萨急返家乡处理父亲的后事,照料三个弟弟,帮助母亲管理家务。

1875 年,他返回亚特兰大,在霍华德药店里当店员主任。在这里,他发现应改进的地方很多,他以其聪明才智学会了经营管理经验。

1877 年,阿萨与马塞勒斯·霍尔曼合伙成立了马塞勒斯一坎德勒药材批发公司。7 年的打工经历后,阿萨开始摆脱别人的控制,成了自己独立经营的商人。次年,他与前老板霍华德的女儿露西·利齐·伊丽莎白在亚特兰大结婚。

1882 年 4 月,阿萨和岳父乔治·霍华德联合成立霍华德一坎德勒公司。

"王国"的诞生

1888 年 8 月 30 日,买下了可口可乐专利。

并把经营方向做了重大调整,专卖可口可乐! 可口可乐终于从医药店走了出来,走到市场上,走到了寻常百姓家。

1890 年的一个星期六,工厂里只剩下了几个人。一个杂货商人捎话:"我要一些可口可乐原浆。"

阿萨赶紧来到售货厅,准备让人给杂货商送货,却发现原浆销售完了。"请稍等,马上就好。"阿萨热情地说道。

他来到车间,亲自动手,专门为客户加工了 1 加仑(3.785 升)可口可乐原浆。这就是阿萨,他办事极为认真,毫不马虎,即使少量的 1 加仑(3.785 升)原浆,他也要保质保量地做好。

面对员工,阿萨说道:"今天损失的可口可乐,明天再也补不回来。"

千里之行,始于足下。干大事业者,必定是极为认真负责的人。阿萨的生意越做越好,客户从他那里得到了足够的自尊,感受到了他的信任可靠。

他的生意迅速占领了全部佐治亚州。短短几年,他又扩展到全国。亚特兰大总部即使到 1908 年也不到 30 人。精干、高效的领导班子指挥着各地的工厂高速开动机器,把他的产品批到各地。

阿萨并不满足,他知道事业的发展不可能一帆风顺,必须抓住机遇,乘势而上。他要让可口可乐扎根于平常百姓的头脑之中。

他投入了大量的人力物力做广告,可口可乐的广告无处不有,大街上广告铺天盖地,墙壁上、公共汽车上、店门口,一不留神,可口可乐的广告就会闯入你的视野。

1908 年,可口可乐公司在美国建筑物的墙上制作了面积 250 万平方英尺(23.22 万平

方米)的广告。成千上万的旅客看到的是阿萨不知疲倦地、终年向一个玻璃杯倒那永远倒不完的可口可乐。

在次年初的股东大会上,阿萨总结道:"去年我们比前年支付了更多的钱来从事促销活动,我们干得很好。这充分说明,我们做广告的方法和手段产生了良好效果。"

乐极悲滋生。就在阿萨全力推进他的公司扩张时,一场官司降临到他的头上。

进入到20世纪,各方面的围攻接踵而来。

"人们都去喝可口可乐,我们酒类酿制业受到了极大损失。"酒业老板发出了怨言。

"我的一位病人由于喝了可口可乐而死亡。"弗吉尼亚的一位医生游说州议会,"我建议禁止可口可乐。"

"可口可乐是一种兴奋剂,含有可卡因、咖啡因等麻醉剂。"一些人又煽起谣言。

亚特兰大的珀斯大夫更绘声绘色地讲了一个故事:"有一个少年,他的具体年龄我忘记了。大概是13岁或十四五岁吧,他习惯了每天喝10~20杯可口可乐。他在这里的一个邮电局工作。后来失业,再也没有钱买可口可乐。他在精神支撑不住的一天,来到我的办公室。"这等于批评可口可乐是具有瘾性的药物。

美国总统建立一个委员会,该委员会颁布一份文件,标题是:"含有上瘾性药物的软饮料的危险。"这份文件把所有喝汽水、软饮料而导致的上瘾性表征的人一律称为"可口可乐瘾君子"。

负责实施新的纯洁食品和药物法的联邦官员哈维·威利查封了可口可乐公司的一批货,他要求可口可乐去掉咖啡因和可卡因。

阿萨不甘屈服,他请弟弟约翰·坎德勒做辩护律师。这场旷日持久的官司从1911年3月13日开始,第一审赢得胜利后,一直持续到1918年,政府和可口可乐公司在法庭外和解结束,前后历时7年。

官司没打完,可口可乐公司却名声大振,法庭的裁决,等于免费为可口可乐做了一次大的广告宣传。

旷日持久的官司,消耗了阿萨的精力。这场危机刚一过去。一场更可怕的危机又降到命运多舛的阿萨头上。

危机来自家庭内部,长子霍华德与次子巴迪长期不和。由于生意很忙,阿萨要求长子霍华德负责管教弟弟巴迪。比哥哥小1岁零8个月的巴迪,从小就是一个淘气鬼,他连父亲和叔叔的话也敢不听,哥哥更不在他的眼里。随着时间的推移,两个儿子的矛盾越来越公开化,越来越多。阿萨大伤脑筋,心里暗自伤心。他尽管多次出面调解,兄弟俩还是不能和解。

担任市长

1916年,阿萨从公司中脱身,竞选亚特兰大市长成功,公司的事务交给了爱妻露西。

阿萨一身轻了,他专心干了两年多的市长。

晚年的阿萨十分痛苦。1919年上半年,妻子露西离他而去。他还没有从妻子的逝世中恢复过来,更沉重的打击又来了。

子女们各人打着小算盘,暗中决定将公司卖了。1919年4月达成初步意向,7月通过股东大会,9月出售完毕。所有这一切都一直在暗中进行,阿萨还一直蒙在鼓里。

当听到股东们决定,出售可口可乐公司时,两行热泪在他的两颊直流而下。

他的精神支柱彻底坍塌了,陷入极度悲痛之中,一病数月。从此以后,身体再也没有恢复过来。

年底,他辞去了市长职务。他没什么事可干的了,只是参加一些慈善机构活动,到处走走。1926年9月,他中风了,从此一直住在医院,直到1929年3月12日,安详地闭上了眼睛,随他的妻子而去了。

国际航空之父
——朱恩·特雷普

人物档案

简　历：一个新大陆的发现者，国际航空之父，泛美航空公司创始人。出生于美国一平民家庭，1921 年毕业于耶鲁大学，1927 年 10 月 28 日成立"泛美航空公司"，1932 年100%收购了古巴航空，1945 年，特雷普决定在纽约——伦敦航线上使用旅行者阶层机票制，他将往返票价削减过半，仅为 275 美元（今天价格应为 1684 美元），1958 年 10 月，泛美公司的第一架波音 707 客机从纽约起飞，前往巴黎，1965 年底，将有 3.5 亿人次乘坐国际航班；到 1980 年，这一数据还会增长 20%。

生卒年月：不详。

安葬之地：不详。

性格特征：头脑灵活，思维敏捷，不善于授权，有一种超乎常人的能力。

历史功过：独自建立了全球性航空公司——泛美航空公司。

名家评点：作为国际航空之父，他成功激发了整个航空业的兴趣，并以自己的公司冒险来验证他的信念。

人物概说

尽管他使飞行变得看起来很有魅力，但泛美公司的成立确实使我们这些"其他人"有了更多的出外旅游的机会。

用商业学院的标准来衡量朱恩·特雷普，可以说他不是一个典型意义上的总经理，至少他不善于授权，他常常是未经通知主管经理就完成了交易，他差不多是独自建立了全球性航空公司：泛美航空公司。他的行为给人的印象，是他已经拥有了整个世界，他的确有这样的念头。今天，他建立的公司已经消亡，但他的信念仍未改变。

创业历程

1921 年，朱恩·特雷普从耶鲁大学毕业。在华尔街没干几天他就完全厌倦了。因为

飞机使他着迷,他认为将来的旅行应是航空旅行。于是,用他继承的遗产作资本,特雷普加入纽约的长岛航空公司,向有钱人提供出租飞机服务。但不久特雷普就失败了,他从富裕的耶鲁同学处借了些钱,又加入"柯罗里尔空中运输公司"。该公司刚刚取得从纽约到波士顿的第一份美国航空邮递合同。那时,有钱人喜欢到与众不同的地方游玩,朱恩因此决定建立自己的航空公司为他们服务。1927 年 10 月 28 日,由三个公司合并而成的泛美航空公司成立。特雷普开始经营从凯威斯特、佛罗里达到哈瓦那(古巴)的航空业务。

特雷普有一种超乎常人的能力:他使泛美航空公司随航线扩展而逐渐成长。首先是在岛与岛之间开辟航线,越过旅游点进入墨西哥;接着,航线又延伸到中美洲和南美洲;最后泛美航空公司开辟了全球航线,跨越太平洋,并在 30 年代后期跨越大西洋,到二战结束时,特雷普已经拥有了真正的全球化航线系统。

特雷普最早认识到,空中旅行不应只是一帮全球漫游的精英的专门享受,而会成为普通人都能享受到的服务。1945 年,在别的航空公司还没有想到或做到这一点时,特雷普决定在纽约——伦敦航线上使用旅行者阶层机票制,他将往返票价削减过半,仅为 275 美元(今天价格应为 1684 美元)。这一创举在航空业内引起了骚动。整个航空业的票价都是由国际航运协会这个卡特尔组织制定的,它不喜欢特雷普的"旅行者阶层"。令人难以置信的是,英国对泛美公司有旅行舱位的客机关闭机场,不许降落。泛美公司被迫将航线转向"雪龙"(爱尔兰)。航空业厌恶竞争,但特雷普的票价将使旅行者负担得起漫长的空中旅行费用。这一点符合弗雷德茨·兰克尔在 70 年代和弗吉尼·亚特兰蒂克在近十年提出的理论。

特雷普设法开辟了另一条卡特尔不能阻碍他行动的航线:纽约——圣朱安(葡萄牙)。泛美公司制订的单程票价仅为 75 美元,于是每班航机都爆满。最后,在 1952 年,特雷普对国际航运协会的无情攻击使所有航空公司都不可避免地接受了"旅行者阶层",但特雷普的视线却早已转向下一个决定公司命运的问题上了。

50 年代初期,跨海飞行仍是富人和名人的专利,对百万普通大众而言,那只是一个梦想。特雷普发现,波音公司和道格拉斯公司制造的喷气飞机可以结束这一局面。他定购了大量的喷气机,1958 年 10 月,泛美公司的第一架波音 707 客机从纽约起飞,前往巴黎。

航空业的喷气时代开始了,一切都发生了巨大的变化。波音 707 飞机的时速是它所取代的螺旋桨飞机的二倍,达每小时 605 英里;其载重量也是螺旋桨飞机的二倍。喷气式飞机最初是用来克服恶劣气候的,其飞行高度为 3.2 万英尺以上,就像是民用的 B-29 轰炸机。但引起特雷普兴趣的并非是以上数据,除了发现喷气机对旅客很有吸引力之外,他考虑的是每人单位里程成本。

首批订购的波音 707 客机每排有五个座位,两个在过道的一边,另三个在过道的另一边。特雷普将它改为每排有六个座位,增加乘客量并再次降低票价,使旅客乘坐泛美航空公司的喷气飞机更便宜、更可取。公司预计,到 1965 年底,将有 3.5 亿人次乘坐国际航班;到 1980 年,这一数据还会增长 20%。

特雷普又有了一个更大的主意。他的想法是：只有用更大的飞机才能在国际航线上运送更多的乘客。他把这一想法告诉老朋友波音飞机制造公司老板比尔·艾伦，并说，他需要的飞机其容量应为波音 707 飞机的 2.5 倍。从波音 707 飞机的研制成本来看，特雷普的要求无疑会令人大吃一惊。然而，特雷普并未停止对飞机容量的进一步追求，尽管泛美航空公司使用的波音 707 客机的单位里程成本指标只有 6.6 美元，在所有航空公司中都是最低的，但特雷普仍然要求波音公司制造更大型的飞机，使他能将这一指标再降低 30%。他对艾伦说："只要你制造出这样的飞机，我就会买。"艾伦的回答是："只要你买，我就能制造。"特雷普订购了 25 架飞机，单价为 4.5 亿美元，是那个时代的天价。

在特雷普领导下，泛美航空公司可以经常用新购买的飞机向同行挑战。特雷普请查尔斯·林德伯格负责重新装修飞机客舱，查尔斯为泛美公司的第一批喷气机增加了舱位，并为公司开辟了飞越大西洋及亚洲的商业航线。他手下的工程师爬遍了所有的波音客机，重新改装客舱，好像公司深信新的波音 747 会带来巨大利润。

特雷普使喷气机的订单膨胀，可说是出于单纯的运气。然而，特雷普很快又认识到波音 747 将会被一种更大的超音速飞机取代，新的飞机容量更大，但成本却如亚音速喷气机一样便宜。这又一次激起了特雷普的希望。

为此，他深信在波音 747 飞机上，驾驶员应该坐在驾驶座的上部。他认为，波音 747 最后的命运就应是一种能飞行的大马车。波音公司向他展示一架 747 客机的木质实体模型时，他在机内搜寻了一番，最后来到驾驶舱下的空余空间，"这是做什么用的？"他问，一个工程师回答："是机组人员休息区。""休息区？"特雷普咆哮起来，"这里应留给乘客使用！"

于是，波音 747 飞机的联合制造者特雷普为我们创造了这种全球旅行的机器。1984年 6 月，他以波音 747 客机组建了"弗吉尼亚大西洋航空公司"。那时，波音 747 正如特雷普所料想的，真正缩短了地球上的距离，使空中旅行真正地大众化了。

可悲的是，正是波音 747 客机使泛美公司走上了绝路。

特雷普在 70 年代早期订购了太多的波音 747 飞机。紧接着全球性石油危机严重打击了航空业，他的公司再也没能从打击中恢复过来。波音飞机制造公司也因投产 747 飞机的成本过高而几近破产。

特雷普是一个新大陆的发现者。在以往竞争激烈的年代，他能实现空中旅行大众化。可惜的是，他未能重建泛美公司。约在他去世后第十年，泛美公司解散，并于 1991年最终消失了。

从特雷普的整个经历来看，他一直受美国人伟大的本能的驱使：在一个市场产生前去寻找它，然后才使它产生。从实际意义上可以说，特雷普是国际航空之父，他激发了整个航空业的兴趣，并甘心以自己的公司来冒险验证他的信念。对这种人，你能不敬佩吗？

世界卡通之父

——沃尔特·迪斯尼

人物档案

简　历：美国著名导演、制片人、编剧、配音演员和卡通设计者,华特迪士尼公司创始人。全名华特·埃利亚斯·迪士尼(Walter Elias Disney),又译沃尔特·迪斯尼,出生于美国伊利诺伊州芝加哥,也是一位受美国人民热爱和怀念的长者。华特·迪士尼获得了 56 个奥斯卡金像奖提名和 7 个艾美奖,是世界上获得奥斯卡奖最多的人。他和他的职员一起创造了许许多多著名、受世人欢迎的卡通角色,包括那个被无数人喜爱的经典卡通形象、华特·迪士尼的好友——米老鼠(Mickey Mouse)。1966 年 12 月 15 日,沃尔特·迪士尼由于肺癌医治无效,突发心肌梗塞逝世。

生卒年月：1901 年 12 月 5 日~1966 年 12 月 15 日。

安葬之地：遗体火化安葬在美国的格伦代尔的森林墓地,墓地价值 40000 美元。

性格特征：百折不挠,热衷于技术创新。

历史功过：与其弟创办了世界著名的华特迪斯尼公司,把动画电影带进了艺术的殿堂,并将卡通事业发扬光大。

名家评点：知名文化学者郭洪钧评价说:"沃尔特·迪斯尼既是一位传奇人物,又是一位杰出的艺术家,更是一位富有创新精神的商界领袖。他创作的《白雪公主》《木偶奇遇记》等很多知名电影及米老鼠、唐老鸭等形象使他成了'世界卡通之父'。"

声誉评说

第一家多媒体王国是在动画的基础上建立起来的,但是它的幸福的基调却掩饰了创建者阴郁的心灵。

沃尔特·迪斯尼创造了米老鼠和第一部动物明星电影,他还投资兴建了迪斯尼乐园和现代多媒体公司。不管怎么说,他的发明已经影响了我们的娱乐世界和生活经历。但是,沃尔特·迪斯尼做的最有意义的事情,是为他自己建立了巨大的声誉。

毋庸置疑,迪斯尼在很久以前就成了一种品牌,在受到永久性的大众关注的同时,也受到了残酷的侵袭。作为引导父母追求纯洁、适宜的儿童娱乐的一座灯塔,迪斯尼商标——其创建者格式化的签名和米老鼠的形象——使我们普遍认同它所表现的内涵没有偏离安全、健康和愉悦的美国生活方式的主流。

现在,这一商标显示出迪斯尼公司是家每年销售额达22亿美元的企业,而且是全球最大的传媒公司。它为其创建者提供了许多无法想象的衍生产品,其中一部分甚至给他带来了诅咒,因为他无法对所有的细节做出长远的思考。当他的公司充满了美好的商业前景时,这个复杂、阴郁的决策者对此并不感到由衷的高兴。

将沃尔特·迪斯尼看作"一个没有快乐的灵魂",会在年长的美国人中引起混乱。通过迪斯尼公司数年来持续不断的宣传诱导,他们认为沃尔特·迪斯尼是"最快乐的人",迪斯尼公司的一则常用的促销广告就是:"我们的任务就是将欢乐带给大家。"随着插科打诨,沃尔特·迪斯尼暗示这任务很轻松,因为他常常是一边工作一边吹口哨,表明"我没有压抑的心情","我很快乐,而且是非常快乐"。

人人都确信这一点,它听起来似乎有理。不是吗?如果有人有资格在晚年享乐,那个人必定就是沃尔特·迪斯尼!难道不是他成功地实现了美国人最美妙的梦想吗?是他没有创造一只可爱的老鼠,将快乐送到千家万户?还是他没有运用其声名和财富,为孩子们扮演慈祥的讲故事耍魔术的叔叔?但没有哪一个企业家的胜利在当代受到了如此多的观众的愤怒和恐惧的攻击,与沃尔特·迪斯尼相比,亨利·福特和比尔·盖茨应该是很幸运的了。

一位善于观察的作家将迪斯尼描述为"一个高个子的忧郁的男人,饱受内心苦痛的煎熬"。这种描写引起了人们对他的更大的兴趣。事实上,沃尔特·迪斯尼叔叔没有作长辈的气质,虽然他能控制自己身上的粗野特性而表现得很和蔼,但他身上具有的畏缩、怀疑和自我抑制的特性是奇怪的,并且,每一种特质都有很好的——或者无论如何是清晰的——理由。

贫困出身

沃尔特·迪斯尼,出生于一个与其说是经济的贫困,不如说是更糟糕的情感上贫乏的家庭。他的父亲艾力斯是个不负责任的家伙,终日在好莱坞的中心地带游荡,寻找各种成功的机会,但他总是失败。他将这种失败转变为对孩子们情感的攻击,这使他的孩子都尽可能早地从他身边逃走了。

沃尔特·迪斯尼是艾力斯的幼子,他在16岁时加入红十字会,服务于第一次世界大

战。在为红十字会服务期间,迪斯尼一直都在作画。服役结束后,他作为一名商业艺术家在堪萨斯城开设了工作室。在那儿,迪斯尼发现卡通画是一个为他开放的全新的领域,他决定以此来逃脱父亲那样的悲惨的命运。

动画片这种艺术形式吸引了迪斯尼,这非常符合他的个性。每个动画卡通都可以建立一个小世界,一个与现实生活有所不同的世界,一个个人最终可以完全控制的世界。"如果他像一个演员,他只好把自己撕碎"。嫉妒的阿尔弗雷德·希区柯克后来就是这样评价迪斯尼的。

辛勤工作

迪斯尼在他的工作室里辛勤工作,生活简单到只吃罐装蚕豆过日子,这像是任何成功的故事里都有的值得怀念的时光。直到他迁到洛杉矶与他善良、精明的哥哥雷合伙,才结束了这种艰难时光。雷照顾迪斯尼的生意,他则开始了最初的创作。即使如此,他的第一部作品仍然被盗了。这一事件的发生很自然地强化了迪斯尼的控制欲和保护意识,它也为后来成功的米老鼠开辟了道路。后续的作品相当成功,他创造的动画形象成了不可征服的快乐的化身。

然而,这些成功无不归因于迪斯尼对技术的执着追求。他是第一个为卡通配上音乐和其他声音的人,这一创举使他创造的动画形象为观众交口称赞。特别是在有声电影发展的早期,现场拍摄的电影还束缚在固定的镜头和话筒前时,迪斯尼的动画片就已征服了无数观众。

黄金时期

20 世纪 30 年代是迪斯尼艺术才能的黄金时期。像在早期采用有声电影制作动画片一样,迪斯尼又采用了彩色印片法。他虽然不是一个差劲的煽情者,但他证明了他是第一流的滑稽人物和故事的编导者,是一个有点学究气、也有点愚昧可笑但始终都在亲自工作、实践的老板。他使公司中的画家队伍成为具有非凡技术和创造能力的行家。当迪斯尼在他的第一部故事片(白雪公主和七个小矮人)上冒险投资时,事实证明这是毫无风险的,影片获得了空前的成功。连聪明的艺术家从片中也能看到一种平民主义的真实性——自然、天真,有些情感化;勇敢并不乏对生活的郑重承诺。这就是该片的引人之处。

但是大家都误解了迪斯尼。在此后他的悲惨而富有机灵劲的"匹诺曹"和雄心勃勃的"幻境"里,虽然他使技术的发挥达到了极致,但这些影片却不尽人意,除了令人难以忘却的动画和连篇累牍的陈辞滥调外,再无新的东西。它表明的事实是正如电影史家大卫

迪斯尼在他的作品中努力地表现了现实主义。在他的童年时代,曾有过一段美妙时光,那时他们家居住在密苏里州马克汀郊外的一个农场里。迪斯尼便在他的作品里表现这种小镇生活的甜蜜和那种他曾短暂尝试的价值观。

他对快乐的执着追求就像一剂止痛药一样,减轻他内心的痛楚。但1941年,一场劳资纠纷再次结束了他不切实际的幻想。

从商业角度来看,迪斯尼有他成功的一面,绝大部分人都希望他的娱乐有令人舒适的引人之处,而不愿有"混乱的聪明"——尤其是在他们养育小孩时更是如此,迪斯尼改编的民间传说脱离了它原有的粗糙、情感化和富有说教性的桎梏,而更富有娱乐性。因此,他受到了电影评论家的攻击和社会批评者的轻视,正如一位评论家所言,迪斯尼的影片丧失了"故事后面的原有的生活冲动"。

迪斯尼不想在动画中倾注太多的说教力。对他来说,所有的问题都和影片能否上演有关。或许他愿意做一个文化传统的卫道士,但他更多关注的是技术,而不是对旧文化的虔诚的信仰。

他理所当然地成了好莱坞涉足电视的第一位名人。他制作的影片历数十年而不衰,其原因在于电视业不仅是个获利机构,而且是对他全部作品的推动与传播。通过电视播出了大量作品,包括令人捧腹的生活喜剧、严格拟人化的自然纪录片,当然也少不了迪斯尼乐园。他在乐园上倾注了大量心血。

对他而言,迪斯尼乐园是又一次冒险。他全身心投入乐园的设计,并在设计中加入了很多现代城市规划方面的最好的特征,并将这些特征转化为"形象"。由此,乐园中的所有模拟物,及至危险的建筑、场地和荒诞形象都能安全复制。在他看来,迪斯尼乐园比任何电影都好:它是三维的立体空间,没有叙述情节的麻烦。事实上,乐园比现实生活还美妙。乐园提供了假象的环境,给人们一个在荒漠的、完全受控制的环境中的经历,带来足够的刺激和快乐。在乐园中,现实社会的污垢、生活中发生的不幸和其他真实的情感都不存在,人生活在虚幻的快乐的世界里。为创建迪斯尼乐园,迪斯尼被迫削减其他产业以满足这个豪华而巨大的世界的需要。1955年,迪斯尼乐园开放时,所有的一切都改变了,现在迪斯尼拥有了自己的世界,人们必须按他的意志去游玩。

在迪斯尼65岁死于癌症前,我们可以想象到他是快乐的。他终于设计了一套机制,不停地修补他的世界。这个被撵出平静的小镇生活的满怀渴望的小伙子,现在终于成为帝王——不,是绝对的独裁者——统治着他可以将其想象强加于任何人的一块土地。这个不安分的野心勃勃的年轻企业家已拥有令人无法想象的财富、权威和声誉。在后来,当被问及什么是他最骄傲的东西时,迪斯尼没有提及欢乐的儿童,也没有提及他传播的家庭价值观,他回答说:"重要的是,我能建立一个组织并能控制它。"这可不是孩子们的沃尔特叔叔的情感,但是,沃尔特·迪斯尼的作品——许多是人们不愿接受的和常常没有足够研究的——将持续、细致入微地影响着我们生存、思考和梦想的方式。

创办麦当劳帝国

——雷蒙·克罗克

人物档案

简　　历：捷克裔美国企业家，麦当劳创始人。出生在美国芝加哥一个普通的捷克裔家庭里。少年时的克罗克和别的孩子一样很平常，但是与其他人不同之处在于，他经常编织各种各样的梦想。和大多数富豪一样，都从事过很多种工作，经历过几次破产，几次失败之后，成功地创立了麦当劳，终于他也和他的企业一样成为全世界遐尔闻名的富豪。

生卒年月：1902 年 10 月 5 日~1984 年 1 月 14 日。

安葬之地：美国。

性格特征：穿着高雅，举止典雅，诚实坦率，目标明确，自立自强。

历史功过：创立了世界快餐巨头"麦当劳"。

名家评点：雷蒙·克罗克是世界上最大的"厨师"，他有全球最大的饭店——麦当劳快餐连锁店，每顿饭有几亿顾客同时就餐。克罗克苦心经营的一生，始终坚持的哲学是："一个人应该充分利用每一个落在头上的机会。每一个人都要自己创造幸福，自己解决难题。"克罗克的成功神话，已成为今天创业者效法的榜样，有人把他的事业与洛克菲勒的炼油业、卡耐基的钢铁工业以及福特的汽车装配相比拟。

知命之年

1954 年，52 岁的克罗克见到麦当劳的创始人麦氏兄弟，决心加入麦当劳。1955 年 3 月 2 日，他创办麦当劳体系公司。1960 年 2 月，他正式接管麦当劳，在全国范围内开办连锁店。1957 年，他开始利用报纸、收音机、电视进行广告宣传，取得极大成功。1970 年，麦当劳开始向海外进军，克罗克建立了一个庞大的麦当劳帝国。

1954 年,克罗克已 52 岁了。人过 50,知命之年,正是大干事业的好时间。

在这之前,他干了 25 年的推销工作,对食品工业中外来食品业尤为重视。他没卖过一天汉堡包,没开过餐厅,但对食品服务业走势了如指掌。

这一年,他走进了圣伯了诺的麦当劳餐厅,他立刻感到自己豁然开朗,眼前一片光明。他坦率地说:"当我遇见麦氏兄弟时,已有多年的准备。我在食品、饮料上经验丰富,足以辨认饮食的真伪。"

此时,已是中午,餐厅外的停车场挤着 150 人,服务人员高速作业,15 秒钟以内,客人所要的食物送了过来。

克罗克眼观六路耳听八方,多年的推销工作使他走遍了全美国,"全国许多地方可以开这种餐厅"。一个大胆的设想在他脑中应运而生。

上帝总是帮助自立者,缺乏远见的麦氏兄弟需要一个新的连锁代理来解决新的发展问题。克罗克被聘用。

他说干就干,第二天就找麦氏兄弟商谈,取得了推展全国连锁的权利。麦氏兄弟提出:"有您这样有经验的人来代理,我们很感兴趣。但是我们得定个条件,权利费用为 950 美元,你只能抽取连锁店营业额中的 1.9% 作为服务费。其中 1.4% 是用于您对连锁的服务,0.5% 给我们,作为使用店名和生产体系的权利金。"

这是一个极为苛刻的条件,为实现自己的理想,克罗克接受了。

1955 年 3 月 2 日,克罗克创办了麦当劳体系公司,他开始把自己当推销员的经验应用在这里。

他将个人的魅力、诚实与坦率融为一体。他不急于发财,他坦率地告诉员工:把工作干好,别想着赚钱,只要工作干好了,钱会自然来,水到渠成。

52 岁的他明白自己的处境,本次不成功,一生就没希望了。

一开始,他把麦当劳作为一个企业稳定下来,以品质优良著称。要达到连锁经营,最重要的是避免"区域连锁"。他决定,麦当劳一次只卖一个连锁餐的经营权,价格是 950 美元。

他以大都市作为授权连锁经营区域,但很快便缩小范围,到 1969 年,连锁合同仔细到城市、街名都有严格规定的程度。为坚持信誉,他提出:老麦当劳决定在当地开更多的店时,加盟者有权利优先购买新店的连锁权,但无权自行开店。

他从不把连锁权卖给实力雄厚的连锁人。他的独特想法是:"如果你卖出一大块地区的区域权利,就等于把当地的营业全部让给了他。他的组织代替了你的组织,你便失去了控制权。"

麦当劳一天一天在成长,在壮大,但内部的危机也悄然而来。

摆脱羁绊

麦氏兄弟抽走 1.9% 中的 0.5% 作为权利金,麦当劳的发展面临着重重困难,资金缺

乏,无力壮大。他们的贪婪的做法,引起了麦当劳上下怨声载道,人们终于喊出:麦当劳兄弟不离开麦当劳,公司的发展就不可能。

1961年初,麦当劳兄弟与克罗克开始谈判,让出麦当劳。他们开出的价格十分惊人:"我们非要270万美元不可,而且要现金。我们兄弟俩每人100万,山姆大叔(指向美国政府纳税)70万,一分不能少。"

劳苦功高的克罗克一听,差点晕倒了,他没想到,对方的贪婪令他接受不了。他一面设法筹款,一面委托律师办理合同。

1968年,麦氏兄弟彻底败出速食业。他终于摆脱了羁绊,可以自由地驰骋了。5年后,他还清了所有贷款。

第一次出击,克罗克失败了。他将18张连锁牌卖给加州,那里距总部2000公里,他无法控制这些连锁店,加盟店主各行其是,或改变作业程序,或增加菜单项目,或提高产品价格……引起了一些混乱。

他吃一堑长一智,多年合作经营中,形成了他独特的连锁经营之术。他得下如此结论:真正合作好的是那些原来不属于食品业,但是愿意全心全意的贡献给新事业的人。

他的经营哲学是:"如果一个企业中,有两名主管的想法一致,则其中一名便是不必要的。"

他雇用人时,只看其才能,即工作表现。

他的用人哲学是,重视外观。

他是实用主义者,不看重学历。

他自己穿着高雅、举止典雅,讨厌嚼口香糖、看报纸、画画儿、穿白袜子、咬指甲、衣服皱成一团、头发不梳理的人。他带头身体力行,做各种小事,下班前还要把办公室整理得干干净净。在办公室的冰箱上,他命令贴出一张告示:"谁把纸杯乱丢,就被开除。"

他的高级主管人员有26名,其中12人没有大学毕业。80人的总部主管中,43人没任何学位。正是这些人的踏实肯干,壮大了麦当劳公司。

他主张自由地发展个性,对传统价值观执着追求。实行严格的中心管制系统。他提出:"要实行严格的卫生制度。"面对职员,他强调:"如果你有时间偷懒,那你会有时间做清洁。"

他特别强调创新,他这样告诫员工道:"我们必须朝前走,一直走下去,永不驻步。"

他拿出300万美元,建立实验室,进行专门研究,改善产品质量。对于薯条,实行3分钟预炸,再临时炸2分钟的"芝加哥"式工作法。可口可乐要保持4度,面包厚度17厘米,保证味道鲜美,保证就餐方便。柜台高度是92厘米,又发明贝壳式双面煎炉,4分钟烤24个汉堡肉饼。

麦当劳公司在创新中,在严格管理中稳步成长起来。

麦当劳的行销术是先占领美国国内市场,再走向世界。

1957年,克罗克以每月500美元的费用,雇佣叫古柏高的芝加哥公关公司帮助对外宣传。

在古柏高公司的安排下,克罗克飞往纽约,接受得过普利策奖的美联社记者采访。第二天,他的名字出现在 600 家报纸上,麦当劳声名大噪。

他紧紧抓住了儿童的心理,在他的广告宣传上,圣诞老人与麦当劳相提并论。

1976 年,克罗克提议,各店提交 10% 作为全国广告基金,用于广告宣传。95% 的加盟者赞成。如今的麦当劳,家喻户晓。

建立帝国

1970 年,克罗克决定,进军海外,目标是建立麦当劳王国。

最初的开拓以失败告终:加勒比群岛和加拿大的连锁店倒闭。克罗克总结经验,审慎出击。

日本的合作者藤田告诉克罗克:"日本人有一种自卑感。我们所有的东西都来自外国,文字是来自于中国,佛教从韩国传来,战后从可口可乐到 IBM 都是美国的。但是,我们基本上是排外的。我们不喜欢中国人,不喜欢韩国人,尤其不喜欢给我们吃败仗的美国人。"

克罗克认真思考后认为:不论哪一处,都必须日本化,使它至少从外表看不出来是进口的美国货。

经过精心筹划,在日本最老的三越百货公司银在分店前,一间面积 500 平方米的麦当劳快餐店开张营业了。

麦当劳成功了!

克罗克冷静地思考,得出结论:麦当劳应在每一个国外市场建立"本土性"。

如今的麦当劳,几乎以同一模式向全球进军:在当地找一个保险业型的合伙人,给他相当的股份和较美国加盟者更多的自主权,让他们在当地市场自行发挥。

于是,在瑞典、在香港地区、在墨西哥、在新加坡、在菲律宾、在中国大陆……麦当劳迅速发展,一张大网在全球迅速编制起来。

克罗克起用第二代经理透纳的"企业设备租赁"法,加盟者只需自备 4.5 万美元(包括保证金、存货、工作资金),其他家具、设备都可向麦当劳租赁,以日后的利润来归还,解决了一些新加盟者开业的困难。

他又采纳一个办法:让麦当劳公司主要持股人转变为所有参与者。经理、加盟店主、供应商都包括在里面,制造一种让创业者成为公司骨干的感觉。

他还将公司股票分成 50 至 500 股不等,卖给精心挑选的 5000 名有资格分股员工,充分调动大家的积极性。

麦当劳帝国以巨大的竞争力、适应力独霸全球饮食业。

一个帝国神话由克罗克创造了出来。

本田王国的创建者

——本田宗一郎

人物档案

简　历：日本本田汽车创始人。世界著名企业家、日本实业家、工程师。本田宗一郎，1906 年 11 月 17 日出生于日本静冈县磐田郡光明村(后改为天龙市，现为滨松市天龙地区)铁匠本田义兵卫的家中，是家中的长子。1922 年，小学毕业后，进入东京都本乡区汤岛的汽车修理厂工作。本田宗一郎出身贫寒，从小就对机械表现出特别的偏爱。高中毕业后，16 岁的他不顾父亲的坚决反对，毅然来到东京的一家汽车修理厂当学徒。6 年学徒期满后，他回到家乡，在滨松市开了一家汽车修理店，取名"技术商会滨松支店"。然而，有远见的本田宗一郎在修车店生意红火之际，毅然关闭了修车店，准备从事更多的创意

制造。1934 年，本田宗一郎创建了"东海精机公司"。1937 年，担任东海精机工业株式会社总经理。1944 年，本田宗一郎成功研制"螺旋桨自动切削机"，1946 年 10 月，本田宗一郎在滨松设立了"本田技术研究所"，1947 年，本田宗一郎亲自动手成功研制出 50 毫升双缸"A 型自行车马达"，这是最早的"本田摩托发动机"，1948 年 9 月，他在滨松担任"本田技研工业株式会社"社长。1962 年开始涉足汽车生产。1991 年 8 月 5 日，因肝功能不全，在东京顺天堂医院去世，享年 84 岁 8 个月。

生卒年月：1906 年 11 月 17 日~1991 年 8 月 5 日。

安葬之地：日本东京。

性格特征：吃苦耐劳，聪慧灵敏。一生执拗，脾气暴躁，对于技术有着疯狂的追求。

历史功过：创办了日本本田公司，研制出低公害 CVCC 发动机。

名家评点：有人曾这样评价本田宗一郎："他将个人与生俱来的生命力，发挥的淋漓尽致，也勇敢地将其本性毫不掩饰地自然流落。其成就不在于财富的积累，而是激励了无数不愿向世俗教条屈服的朋友；其贡献不在于数百件的发明抓里或成功打造了所谓'本田王国'，而是将大公无私和独创精神，留在本田技研，也留给后世企业家。"

业绩概说

现在的"本田王国"是世界上最大的摩托车生产厂家,在日本的汽车工业中仅次于丰田和日产公司。但本田却是唯一一家既生产汽车,又生产摩托车的公司,它在世界上 37 个国家和地区中拥有 68 家工厂,1990 年生产汽车摩托车 630 万辆。本田是第一家参加世界一级方程式汽车大赛的日本车厂,本田的摩托车也屡次在世界摩托车大赛中获胜。

涉足汽车

本田宗一郎家世代务农。他在 15 岁时到东京一家汽车修理店当学徒,学到一些技术,22 岁时回到故乡,自立门户,开设汽车修理店,以用新方法制造防火的车辐而一鸣惊人。他 30 岁时,开设工厂,从事试制活塞环的小生产,但因成品质量太差,不合用。到了"而立"之年,他却毅然报名就学于当地工业中学。学到了知识,再进行刻苦钻研,反复试验,不断改进质量,他制造的活塞环终于为日本军方采用。后来,这个工厂在第二次世界大战中,被美国轰炸机炸毁了。

从头再来

他决定从头再来。战后,经过两年的筹备,本田宗一郎在 1947 年用黑市买来的 500 个小型引擎装在自行车上出售,大受喜欢。后来他索性在一个弃置的军营前,挂起"本田技术研究工业株式会社"的招牌,雇用了 20 个人员,着手生产这种小引擎。到 1949 年 10 月,他找到一个合股人,主持销售产品。他们向全日本 5 万多家自行车零售商发了信,愿提供一种附加的自行车马达,建立了 13000 个零售商的销售网。

在 20 世纪 50 年代,本田宗一郎出国考察,采购机器,亲眼看见当时最先进的英国汽车工业。他听到人家在背后称他为 Jap(外国人对日本人不尊敬的称呼),心里很不好受。他决心要争口气,盘算着如何扩展世界市场。本田和职工绞尽脑汁,终于在 1958 年生产出一种"C100"型的"超级小狼"摩托车,迅速打入国际市场。

本田是一位性格刚毅的男子汉。他具有一种不惧艰难、知难而进的挑战性格。在 1955 年至 1965 年期间,日本通产省制定了有关日本汽车工业的发展政策,为了提高汽车工业在国际上的竞争力,只允许 2~3 个制造汽车的厂家存在。政府也将动用财力支持这 2~3 家厂商,这就是有名的"特殊振兴法"。按此规定,本田技研会社就只能被封死在摩托车的领域内,或者被丰田汽车会社或日产汽车会社兼并。

面对这一严峻局面,本田不甘于失败,他正视这一政策所带来的阻力,勇敢地接受挑战。他认真分析了本田技研在生产技术上的特点,寻找出发展途径,下定决心,制定出了本田技研战略决策,毅然进入四轮车领域。本田技研会社就是由于这一决定而发展成为今天能够生产各种轿车的"世界的本田"。

本田工厂

本田工厂的设备和生产方式与其他汽车工厂相比并无过人之处,可是职工士气旺盛。本田工厂没有质量检查员。所有需要检验的零件,都是由负责制造的工人自行度量。厂内设有"品质控制小组",每一个小组有 10 来个工人,上工前讨论当日工作、产品品质、改进方法、顾客投诉、安全措施和工作环境等一些问题。工人都有高度责任感,而且勤奋好学,钻研业务,产品因而得以不断改进。因此有人说,使工人发挥最大积极性,这就是本田最大的资产。

本田宗一郎视人才为珍宝,把调动每一个职工的积极性,发挥他们的创造性,使人尽其才,才尽其用,用得其所,作为企业兴旺发达之本。公司董事长本田与职员和工人都穿一样的工作服,他把所有的同事看作是他的"老师",他认为,他通过向他们提出问题进行学习,因为他们每个人在其专业知识方面对实践中的具体问题都比他知道得多,他拥有2500 名老师(同事),他就有了相当丰富的知识,有了世界上最大的专业图书馆。

为了发掘人的潜能,本田避免让职工长期在同一岗位上重复同样的操作,而是经常使他们的工作有变换,以便他们掌握多种专业知识和工作技能,多方面发挥才能。一般来说,在本田公司里,工人在同一工作岗位上平均工作 3 个月,一旦他们能够胜任他们所承担的任务,就安排他们去干别的工作。

公司将有天资的人和最优秀者安置在重要的研究部门。每年,从那些提出过特别有益的革新建议的人当中,挑选出 20 名最优秀者到公司的研究中心来。如果公司想设计一种新产品,就鼓励研究人员,给他们指出多种可能性,创造最好的条件,促使他们从发展的观点,去从事有意义的研究项目,以后再去考虑充分利用的问题。这是所有日本公司中唯一的一个采用这种做法的公司。

1971 年 3 月 27 日至 31 日之间,本田宣布将公司属下的铃鹿、滨松、大河 3 个制作所的生产全面停下来,将 3 月份的 7.5 万辆生产计划,一下子减为 6 万辆。4 月份以后,仍然将生产量控制在 6.5 万辆以下。

在本田宗一郎锐意创新、苦心经营下,本田摩托车称雄世界。之后,本田又将视野扩大到汽车领域,但此时的汽车行业群雄竞争激烈。丰田汽车公司以小轿车和普通车在竞争中占绝对优势,铃木汽车公司以轻型汽车著称世界,福特汽车公司的大型车更是无与伦比。本田通过周密的调查分析,发现了一块未开垦的处女地,他决定投资生产价格廉、耗油少、低公害的轻型轿车。1972 年,一种"复合可控旋涡式燃烧"发动机(CVCC)在本

田技研工业公司诞生。用这种发动机的汽车最省油,污染也很小,在工程界引起了轰动。1973 年西方爆发能源危机,人们对小轿车的需求转向经济性和实用性,"本田"的轻型汽车立刻打进了世界市场,从而确定了"本田"作为汽车生产厂家的地位。本田宗一郎也因 CVCC 发动机的开发,获得了科学技术厅长官奖。

1988 年,本田技研工业公司又宣布了一项引人瞩目的成果:用这种发动机制成的汽车,1988 年 6 月底在英国的一次赛车中创造了每升汽油行驶 22.69 公里的世界新纪录。专家认为,这种发动机将制成 21 世纪的低燃耗汽车。

纽约钻石大王

——亨利·彼得森

人物档案

简　历:美国著名的钻石大王。1908年亨利·彼得森生于伦敦。16岁当学徒白手起家,肩负起家庭生活的沉重负担,后来成为梅辛格的特约供应商,很快就建立了自己的基业,他将企业定名为"特色戒指公司",1955年发明了一种新的镶嵌法——"联钻镶嵌法",凭借自己多年卧薪尝胆积累的经验,最终成为一位像钻石一样闪亮的"钻石大王"。

生卒年月:1908年~?

安葬之地:不详。

性格特征:宽厚、谦和,容忍别人,与人为善,不念旧恶,自我检讨,得理让人。

历史功过:美国最大珠宝商人,自创了很多钻石镶工艺。

名家评点:犹太经典《塔木德》评价说:"'钻石大王'彼得森正如他的绰号一样,经过数次磨砺之后终于变成了价值连城的宝石。"

手艺超群

1908年亨利·彼得森生于伦敦一个犹太人家庭,幼年跟随父母移居纽约。14岁时母亲因劳累过度病倒了,亨利不得不结束半工半读的生活,到社会上做工赚钱。

16岁时,彼得森到一家珠宝店当学徒。这家珠宝店在纽约是小有名气的。特别是珠宝店的老板卡辛是纽约最好的珠宝工匠之一,那些有钱的贵夫人、太太、小姐们,对卡辛的名字就像对好莱坞电影明星一样熟悉。

卡辛是犹太人,手艺超群,凡经过他手镶嵌的首饰都能卖很高的价钱,只是他像许多犹太大亨一样过于目中无人,言语刻薄,对其学徒更是极其严厉,有时简直到了暴虐的程度!彼得森跟着卡辛学琢石头和磨宝石,一学就是三年。

也正是这三年的磨炼,彼得森在性格、思想上得到了升华,他由稚嫩走向了沉稳、成熟,也在三年的磨炼中,锻炼了自己的技艺。

正在他不断成长的时候,命运和他开了一个大玩笑,卡辛对他产生了误会,以致发展到断绝师徒关系的地步。

结果,彼得森不得不离开卡辛的珠宝店,从此结束了学徒生涯,开始独自奋斗的历程。

彼得森的苦没有白吃,一年多后,他的加工技术提高到了一个新水平,受到了众多客户的称道,在首饰行业中,他从一个无名小卒逐渐成为一位小有名气的工匠师了。

新泽西州的一家戒指厂的生产线出了问题,急需一个有经验的工匠做装配工作,听说彼得森的名气,就请他去负责,他乐意地接受了这一工作。

在工厂里,每天工作 8 小时,同时,还有很多人慕名来找他加工首饰,他不愿拒绝,只好在下班之后加班干,他每星期的收入明显增多了,有时可赚到 170 多美元。这样,他边在工厂工作,边加工首饰,在经济大萧条中,不仅渡过失业难关,并且越干越红火,终于从困境中走了出来。

幸运女神

1935 年秋,是彼得森创业生涯中的一个重要转折点。一天上午,一个陌生人敲开了彼得森的家门,来人很客气地做了自我介绍,他就是哈特·梅辛格。这个名字对于彼得森来说,简直是太熟悉了!

还在他当学徒时,就知道梅辛格是最精明的犹太首饰批发商,卡辛当时对他说过的话还记忆犹新,不论多么贵重的首饰,不经梅辛格的手是很难卖出好价钱的。

虽然彼得森没见过梅辛格,但彼得森对梅辛格的敬畏和崇拜却由来已久。

梅辛格此次来找彼得森,是为他在纽约地区的销售网长期订货的,这正是彼得森梦寐企盼、求之不得的。

彼得森成为梅辛格的特约供应商。他对梅辛格的订货从不马虎,每一件产品都必须亲自反复核对检查才敢出手,即使一点小小的不如意,也必须多次返工,直到满意为止。他的手艺得到了上流社会的承认,名声大噪,找他的人越来越多。

第二年,彼得森换租一间大房子,又雇了两位雕刻工匠,扩大了加工规模。

就在这时,新的打击出现了,新泽西州的戒指厂恢复了正常运转,不再需要他了。这个厂一直是他最大的客户,断了这条路,他扩大规模的努力不但白费劲,反而使自己陷入困境。

彼得森决定保持现有规模，专门生产订婚、结婚戒指。专门生产一种首饰，需要一笔钱，意想不到的是一家银行常务董事的妻子竟帮了他的大忙。

这个女人曾经让彼得森加固过她的红玛瑙戒指，她对彼得森的手艺非常赞赏，对他的忠厚品质和认真负责的态度很满意，她极力撺掇丈夫贷款给彼得森。

这样的小额贷款对一位常务董事来说当然不算一回事了，彼得森就这样"偶然地"争取到了资金。亨利·彼得森很快用这笔资金建立了自己的基业。

为了突出自己的产品与其他首饰厂家的区别，他将企业定名为"特色戒指公司"。银行董事的妻子就是彼得森的幸运女神。

钻石大王

"特色戒指公司"创立了，但订婚戒指的生产由来已久，要想立定脚跟，发展壮大公司，必须有自己企业的经营特色。

怎样才能闯出自己的特色呢？

经过多方面的考察，彼得森在订婚戒指图案的表现手法上动脑筋。

1948年，彼得森又发明了镶戒指的"内锁法"，那是因一次加工引起的。

一个有钱人慕名来找他，那人拿出一颗蓝宝石，求他镶一枚与众不同的戒指，准备送给一个女影星作生日礼物。

彼得森知道，再在图案上下功夫是不会有什么惊人之举的，唯有在那颗宝石上打主意，只有改变传统镶嵌法。

经过一个星期的研究试验，他发明了新的镶嵌方法——内锁法。

用这种方法制造出的首饰，宝石的90%暴露在外，只有底部一点点面积像果实与芥蒂那样同金属相连接。

这真是功夫不负有心人！

这项发明很快获得了专利，珠宝商们争相购买，彼得森没花本钱就赚了大笔的技术转让费。

彼得森不断地观察和研究戒指的构造，1955年，又发明了一种新的镶嵌法——"联钻镶嵌法"。

这种方法是把两块宝石合在一起做成的首饰，可使1克拉的钻石看起来像2克拉那样大，这对大多数消费者来说是极具有吸引力的。佩戴天然钻石首饰已成为可及的事，花不太多的钱，一样可以取得光彩的效果。

这些独出心裁的设计所起到的新奇效果，使彼得森的事业得到长足的发展，生产规模不断扩大，人员大量增加。

在艰苦的奋斗中，彼得森也赢得了人们的尊重和敬仰。可以说"特色戒指公司"能在激烈的竞争中扶摇直上，不能不归功于彼得森的智慧和发明创造。

到目前为止,"特色戒指公司"的营业额虽然从未公布过,但从曼哈顿的制造厂每年要付 4.5 万美元租金这一点上,可以看出,"特色戒指公司"的境况一定不差。

钻石大王就这样一步步走向事业的顶峰。

时装界的宠儿

——皮尔·卡丹

人物档案

简　　历:世界著名服装品牌"皮尔·卡丹"的缔造者,知名的服装设计师。1922年出生在意大利威尼斯近郊一户贫苦农家,但在很小的时候就移民到了法国。皮尔·卡丹自二十世纪四五十年代,在巴黎以定制高级女装起家,进而拓展全球成衣市场,赋予家居日用品业时尚设计,并保护和发扬戏剧文化。"工作"是皮尔·卡丹说得最多的一个词;"对于创新"他是一直在用剪裁、线条、款式来改变世界的面貌。他建立了由服装、化妆品、餐饮、家具等多种产业组成的"卡丹王国",享誉世界。

1992年,皮尔·卡丹当选法兰西学院院士。2020年12月29日,意大利裔法国籍皮尔·卡丹去世。

生卒年月:1922年7月2日~2020年12月29日

安葬之地:巴黎西部纳伊。

性格特征:性格果断善于创新,高雅,待人谦和。

历史功过:三次获得法国高级时装界的"金顶针奖",并成了拥有在140多个国家500多种产品授权的企业大亨。

名家评点:作为第一个进入中国的法国时装设计师,皮尔·卡丹曾在中国进行了长达30余年的经济和文化交流工作,这使他对中国和中国人民充满了感情。皮尔·卡丹曾表示:"中国人民富于创造精神,因此取得了今天的成就,中国人民异常勤劳,我对他们充满敬意。"

手工作坊

皮尔·卡丹,1922年7月2日出生。出生在意大利著名的水城威尼斯近郊一户贫苦农家。

皮尔·卡丹领导下的卡丹公司,在西方时装世界名列前茅。

卡丹的创业之路,始于1950年。那时,他只是一个拥有几名工人的手工服装作坊的老板。

如今,几十年过去了,皮尔·卡丹公司已发展成一个全球性的企业王国。它的员工多达20余万名,年营业额高达100亿法郎。

"我生活在工作中,我生活是为了工作。"皮尔·卡丹依靠这一座右铭,由出身贫寒的学徒工成长为法国时装业的大师和奇才。皮尔·卡丹认为生活是属于工作的,即便日常生活十分单调,仍不忘从生活中提炼工作素材,使时装设计大胆突破传统,不断创新。在他访华后设计的男、女时装款式中,那高耸的肩部就是受我国建筑飞檐启发的。现在,按照皮尔·卡丹的设计,制造各类产品的工厂遍布世界80多个国家,达600余家。如果把"皮尔·卡丹"牌领带联结起来,可以环绕地球一周。为工作而生活的座右铭,时刻提醒着皮尔·卡丹,使他逐步成为法国最出名的人物之一。

独树一帜

皮尔·卡丹的竞争策略则是刻意求新、独树一帜,确保卡丹时装长盛不衰。

从创业开始,皮尔·卡丹就以大胆的设计、别具匠心的用料、新颖的款式和色彩、简朴大方和立体造型的几何效果而闻名。这一切使得皮尔·卡丹时装在众多的名牌时装中,独具风格,无数次地走在令人捉摸不透而又日新月异的时装潮流的前列。

他曾成功地在厚呢大衣上打皱褶,用透明面料做胸前打披的女上衣,把超短裙改为结婚礼服,设计出"超短型"大衣和"泡泡裙",用针织面料制成男式西服等。这一系列呕心沥血的创新使皮尔·卡丹时装三度夺得法国时装行业的最高荣誉——金顶针奖。这不仅使皮尔·卡丹时装知名度大大提高,更重要的是不断加强了其在时装市场上的竞争力。

皮尔·卡丹对于产品的创新,达到了痴迷的程度,他做每一件事情,观察每一个事物,几乎都要从创新时装的角度来思考。

1978年,皮尔·卡丹首次到中国访问。在参观雄伟的中国古建筑物时,他被高高扬起的飞檐激起了灵感。回法国后不久,他在极短的时间内推出了一组领部竖立、肩部上翘的时装,受到人们的欢迎。

由于皮尔·卡丹坚持创新,公司每年都要推出800多种新款式的四季时装,使公司

在竞争中立于不败之地。

在皮尔·卡丹创业之时,时装设计师们都只盯着高级时装,他们把时装的设计、制作和消费看成一种纯粹的艺术享受。

然而皮尔·卡丹却没有盲目地步他们的后尘。经过认真的分析、思索,他得出与当时时装界普遍观点完全相反的结论:

高级时装没有前途,因为世界上能享受高级时装的人,毕竟是少数。

"反之,只有为民众服务,满足他们对时装的需求,才是时装业界的发展趋势。"从这样的观点出发,皮尔·卡丹另辟蹊径,把为普通民众设计、制作时装作为公司经营的重要方向。虽然,皮尔·卡丹当时的做法遭到了时装界的责难,但事实证明他预见的准确性。当后来几乎所有的时装公司都把眼光转向民众时,皮尔·卡丹公司已远远地走在了他们的前头。

宜家公司创始人

——英格瓦·坎普拉德

人物档案

简　历：宜家家居创始人，出生于瑞典南部的史马兰。

生卒年月：1926 年 3 月～

性格特征：节俭、责任心强。

历史功过：创立了世界闻名的宜家家居。

名家评点：5 岁开始赚钱，17 岁开始创业的"早熟"商业奇才。

创办宜家

2004 年 4 月 4 日瑞典《商业周刊》最先报道：瑞典家居制造商宜家公司创始人，英格瓦·坎普拉德成为世界首富，其个人资产已达到 4000 亿瑞典克朗，约合 530 亿美元，而根据 2004 年《福布斯》杂志公布的世界富豪排行榜显示，英格瓦·坎普拉德个人净资产为 185 亿美元，排行第 13 位。美国《商业周刊》最新的品牌调查显示，宜家为全球前 50 名最知名品牌之一，名列第 43 位。截止到 2003 年 8 月 31 日，宜家共有 7.66 万员工，186 家宜家商场分布于 31 个国家和地区，包括欧洲、亚洲、北美洲和大洋洲的广大地区，世界各地的连锁公司及特许经营店销售 12400 多种商品，相对固定的消费者约 1.2 亿人。宜家商场还在继续增多之中。

宜家集团为注册于荷兰的斯地廷英格卡基金会所有。该基金会拥有英格卡控股有限公司。英格卡控股有限公司是所有宜家集团公司的母公司，包括 Swed—wood 工业集团以及在各国经营宜家商场的所有公司。宜家国际系统有限公司拥有宜家概念和商标，与在世界各地的每一所宜家商场签署授权经营协议。宜家集团是宜家国际系统有限公司最大的授权经营者。

到了 1986 年,坎普拉德一手构建的组织体系已经十分完善,于是他辞去了宜家总裁的职务,担任公司高级顾问。不过到目前为止,尽管坎普拉德已不再参与宜家公司的日常管理工作,但他仍然是公司的最大股东。

创金招牌

1926 年,英瓦尔·坎普拉德生于瑞典南部的史马兰。7 岁时随家人从普加特瑞德教区搬迁到爱尔姆特瑞德地区。他从这里起步,开创了世界商业史上的一个时代。

1953 年,宜家家居的第一间商品展示室开设于阿姆胡特。在 50 年代早期,宜家还是以销售家具为主,而这间店面的设立,对日后的发展有着重大影响。1955 年,为了避免竞争对手所发起的抵制行动,并解决货源的供应问题,宜家开始自行设计家具,进而使顾客能以更低廉的价格,购买到设计新颖、功能更佳的产品。"平板包装"成为宜家产品的设计核心,不仅可避免运送途中造成损坏,也大大降低了运输成本。把问题转变成机会,已经成为宜家企业精神的一部分。

宜家在上个世纪的 70 年代,迅速地国际化,成为一家跨国集团:1975 年,在澳大利亚开办第一家宜家商场;1976 年,在加拿大开办第一家宜家商场;1977 年在奥地利开办第一家宜家商场;1979 年,在荷兰开办第一家宜家商场。

兵分多路、在世界各地开拓市场的宜家,成为地跨欧洲、北美洲和大洋洲的巨大王国。在宜家的大本营瑞典,继 20 世纪 50 年代建立的埃耳姆哈尔特商场、60 年代建立的斯德哥尔摩库根科瓦商场和 70 年代建立的歌德堡商场、马尔默和林雪平商场。

在开拓海外市场时,宜家想尽了办法,有时进入某个地区遇到了阻力和困难,宜家公司便会避开最难解决的那部分问题,直接面对那个地区潜在的数量巨大的消费群体。宜家把瑞典森林中最有特色的麋鹿制成玩具、图片,免费散发到那些地区,而且还赠送圣诞树。每棵圣诞树上都毫无例外地必定挂上一只毛茸茸的小玩具麋鹿。"麋鹿"在某些国家和地区;甚至都快要成为宜家的代称了,麋鹿战术也为宜家进军世界立下了汗马功劳。

在 20 世纪 70 年代的扩张中,使宜家在德国最为成功的 6 年时间里接连开起了 8 家商场。另外,宜家在加拿大也取得了成功,继 1976 年温哥华宜家商场开业后,又相继在 1977 年建成了多伦多商场,过了一年又建成了埃德蒙顿商场。在 70 年代的最后一年里,建成了渥太华宜家商场,宜家终于攻进了加拿大的首都后来。加里宜家商场也建成投入运营。

20 世纪 70 年代,宜家从亚欧大陆到北美大陆,再到澳洲大陆;从东半球到西半球,从北半球到南半球建立起了日后庞大王国基本雏形。

1995 年 8 月英氏控股董事会做出了决定:未来几年内,宜家将在中国大陆开拓市场。1998 年,在中国开了第一家宜家商场。其实,宜家与中国早在上个世纪的 80 年代就已经开始了真正的业务往来,宜家从那个时候开始在中国采购商品,到 2001 年时,中国已

经成为宜家在全球最大的采购国,占其总采购量的14%;宜家在中国设立了7个采购办事处,有雇员400余人,并且还有继续扩大的趋势。

宜家用60多年的时间,打造成了具有全球影响力的金字招牌,真的成了家具行业中的第一家。

耐克传奇领袖

——菲尔·耐特

人物档案

　简　　历:财富500强公司里最古怪的领导人之一,耐克公司的董事长兼总裁。他一手将耐克变成了美国文化的符号以及体育营销的代名词,被誉为"耐克品牌的传奇领袖"。1959年毕业于俄勒冈大学,获得工商行政管理学士学位。1972年耐克鞋正式上市,到了1980年成为美国体育行业的领头羊。1983年把耐克交给了老员工鲍伯·伍德尔管理,营业额下降了6%。1984年耐特回到公司重整旗鼓,1985年聘请迈克尔·乔丹为代言人,更使耐克名声大噪。1997年任命长期从事产品开发的汤姆·克拉克当CEO。1994~1997年耐克的销售额增长了一倍多,至2000年下滑到90亿美元。1999年炒掉克拉克,2004年9月敲定威廉·佩雷斯为接班人并辞去耐克集团的主席和总裁职务,只保留董事长职位。2006年1月炒掉了佩雷斯,任命耐克品牌联合总裁的马克·帕克为CEO,另一位联合总裁查理·丹森出任耐克品牌总裁。

　生卒年月:1938年2月24日~

　性格特征:内向,不善言辞,有生意头脑,敢于创新,越挫越勇。

　历史功过:创办美国耐克体育用品公司。在不到10年的时间里,使耐克公司由一家输入日本运动鞋的小进口商,一跃而成为美国头号的运动鞋制造厂商。

　名家评点:菲尔·耐特是耐克的创始人,全球最具影响力的企业家之一。如今的耐克已经成为一家年收益超过300亿美元的企业帝国。《鞋狗》这本书就是菲尔·耐特的亲笔自传,记载了他"从0到1"一手打造耐克商业帝国的创业史。

小资起步

耐特在一次鞋类产品交易会上,遇到了日本的制鞋商鬼冢虎,这个精明的日本人看过耐特他们新款运动鞋的设计图样后大喜,当即与他签订了合同,由美方设计经销,在日本制造。就这样,耐克公司的前身——蓝缕带公司诞生了。这家小小的公司,由耐特、鲍尔曼等几个人组建,资产只有 1000 美元。一年后,日本方面送来 200 双运动鞋,公司才正式开始营业。

耐特和鲍尔曼有一个共同的愿望,就是为运动员服务,且从不讲条件,不计报酬。公司没有固定的办公地点和营业室,所以他们销售产品时,推销车就是办公室,住房就是店铺。为了节省房租,他们选在垃圾站附近开了个店面;为了不耽误运货时间,他们常常顾不上吃饭;包装费太高,他们就从废品收购站买来旧的包装纸做包装。由于没有雄厚的资金,开创初期的艰难可以想见。

后来,日商鬼冢虎察觉产品销路不错,便要求鲍尔曼他们先汇款后发货。这样一来,他们的资金压力加大了,只好加倍努力推销。鬼冢虎还常常不按期交货,甚至把一等品偷偷地留在日本销售,把次品送往美国。

鲍尔曼公司的销量不断上升。1971 年,鲍尔曼的公司销售额已超过 600 万美元。鬼冢虎派人来到美国,提出由鬼冢虎购买鲍尔曼公司 51% 的股份,并在 5 个董事中占两席,如果不答应这个要求,立即停止供货。

对日商的一再刁难,鲍尔曼和耐特忍无可忍,断然拒绝了这一无理的要求。凭着自己的设计专利,他们很快找到了合伙人,并且就在这年年底正式改名为耐克公司。

耐克品牌

美国的大制鞋商,特别是最大的阿迪达斯公司,根本没把耐特这类销量仅几百万的小公司放在眼里。直到 70 年代中期,形势逐渐发生了变化,不少运动员都喜欢穿耐克公司的新款运动鞋,这时,阿迪达斯等大公司才着了急,千方百计想挤垮崭露头角的耐克公司。

1976 年,耐克公司的年收益接近 800 万美元。比起数十亿美元的阿迪达斯,当然算不了什么,但阿迪达斯已感受到它的潜在威胁。当年的奥运会,照例是商家的竞争热门,特别对体育用品公司更是这样。

耐克派了 9 名推销员参加,阿迪达斯却派了 300 人,组成一支强大的推销队伍。耐克花去推销宣传费 7.5 万美元,阿迪达斯却花费了 600 万到 900 万美元。实力雄厚的阿迪达斯争取了相当一批冠军获得者试穿他们的运动鞋和运动服。而耐克好不容易才争取

到 1 名有可能拿到金牌的马拉松长跑运动员签约穿耐克鞋参赛。谁知，就在这名运动员进入赛场的前 1 分钟，某大公司做了手脚，让他脱下耐克鞋，换上了别的品牌鞋。耐特正巧在电视上看到了这一幕，气得一夜未眠。

1980 年前后，体育运动变成了时髦风尚，尽管并非人人都从事体育运动。电视屏幕上铺天盖地的广告、宣传介绍包装精美、不用熨烫的运动服和式样新颖的运动鞋，以及几乎天天都有的体育比赛实况转播，使任何人都无法抵挡体育运动的诱惑，即使从来不参加体育活动的人也会为之怦然心动。体育运动的魅力、活力、意志力和获胜后的喜悦感，促使人人都愿意去穿运动鞋和运动服。于是，人们开始将美国黑人流行艺术引用到运动衣和运动鞋上，使之成为时髦的标志。

耐特很快看出了体育用品市场上这一重大变化。他一方面坚持初衷，坚持办体育用品公司，而不办时装公司，另一方面又采取了产品多样化策略，除生产运动鞋外，还推出了童鞋、非运动休闲用鞋、旅游鞋、工作鞋和运动服装。由于这一举措，耐克公司的销售额当年就猛增 50%，纯利几乎增长了 1 倍。宣传上，耐克极为注意迎合美国人的流行艺术意识。广告既强调体现体育健儿参赛的适用、舒适，又有强烈的煽动性，起着流行时尚的导向作用。耐克公司加强了与体育界颇具影响力运动员的合作，这些人物均备受广大青少年崇拜，如网球名将阿加西，留着胡子，长发蓬乱，将牛仔裤剪短当网球裤，这种牛仔网球裤也就成了耐克公司的特色产品。黑人球星乔丹是人们心目中的偶像，由他参与设计生产的航空乔丹运动鞋，成了耐克公司的产品。一些大腕体育明星做活广告，耐克运动鞋已不再仅仅是运动鞋，而成了社会地位的象征物。阔气昂贵的运动鞋成了追求时髦的美国青少年生活用品。耐克公司的产品就像其他流行艺术一样，迅速在全美各地纷纷涌现。为赶时髦，不少人甚至不惜驱车 50 英里去买耐克鞋。

占据霸主

1980 年的莫斯科奥运会上，耐克鞋出尽风头。不少体育名将都穿着耐克牌鞋，这与 4 年前形成了鲜明的对照。老大自居的阿迪达斯公司，对这股人们争用体育用品的时髦风开始似乎还无动于衷，直到 1980 年被耐克公司迎头赶上后，才大惊失色。商店中，阿迪达斯老式的运动鞋和运动衣裤堆积如山，无人问津。而阿迪达斯全力推崇的网球明星埃德博格和格拉夫，由于其品性过于斯文、规矩，不能体现体育爱好者的叛逆意志，吸引不了青少年，产生不了广告效果。

阿迪达斯公司在耐克公司凌厉的攻势面前溃不成军，终于从 80 年代在体育运动用品市场的霸主地位退位于耐克之后。然而耐克公司最高负责人，并不因为在美国本土上的胜利而满足，他决定发动一场全球性的促销攻势，使该公司在海外占有更大市场。耐特试图挟其在美国取胜的余威，与竞争对手角逐西欧、日本两大战场，从而进一步巩固自己的领先地位。

进军海外市场谈何容易。旷日持久的经济萧条，造成使西欧、北美、日本经济严重衰退。在这种世界经济背景下扩展海外市场，自然是举步维艰。同时，由于国际贸易间的竞争，日本市场的排外性就更强烈。这种情形在西欧少一点，但贸易保护主义在法国等西欧国家也正日益盛行，限制外贸进口的措施也有增无减。

同时，耐克公司在海外市场上遇到了更为强大的对手，除了阿迪达斯外，还有运动鞋厂商中排名第二的普马公司，以及新布兰斯、康伏西和小马等公司。这些公司早就跨出国门，在海外市场的占有率大大超过耐克公司，他们不允许自己在海外市场的地位受到耐克的冲击。但耐特自有一套办法，他针对西欧即将出现的跑步热，集中力量打开西欧的高性能跑步鞋市场，取得了极好的效果。

为了加强在欧洲的推销能力，耐克公司还在英国和奥地利设立了配销站，同时利用它在爱尔兰的装配工厂，就近供货给欧洲大陆市场，避开了经济共同体的高关税壁垒。

在日本，针对该国门户不易打开、传统风俗不易改变，但体育潮流追随美国且比西欧更快的特点，耐克与日方建立了联营公司。1981年10月，耐克与日本第六大公司岩井公司合资建成耐克日本公司，股权各半，共同生产和销售运动鞋。

就这样，耐克公司产品迅速地打入日本低价运动鞋市场。紧接着，耐克高价运动鞋也通过这家合资公司进入了日本市场。

随着耐克公司在海外销售额的增加，它又把生产运动鞋的工厂从日本迁到韩国和中国台港地区，借此又向这些地区推出中等价格的跑步鞋。不久，耐特又在中国大陆合资办厂，因为这里的劳动力相对低廉。耐克牌运动鞋也借此一举打入了中国这个世界上最大的鞋类市场。

富于创新的设计，迎合时代的潮流，驾驭流行的趋势，以及高超灵活的推销技巧，是耐克出奇制胜的法宝。时至今日，耐克体育用品公司依旧牢牢地占据着全球运动鞋市场的霸主地位。而这位菲尔·耐特运动鞋大王，在2004年《福布斯》杂志世界富豪排行榜上，净资产达71亿美元，名列第53位。2006年1月耐特便炒掉了佩雷斯，他以双方文化磨合不畅为由解释了这次人事变动，但其实深层的原因是一个拥有自由文化的公司，忍受不了佩雷斯试图推行的秩序化。佩雷斯之后，耐特任命耐克品牌联合总裁的马克·帕克为CEO，另一位联合总裁查理·丹森出任耐克品牌总裁。挑选合适的继任者一直是大公司掌门人的共同挑战，不过对于耐特这样具有独特个人魅力，并在独自创业期间已经将公司带向无人可企及的高度的创始人来说，挑选合适继任者的难度更大。因为他已经成为公司的灵魂和精神领袖，人们习惯了听他耳提面命，哪怕是一句不置可否的回答，一个模棱两可的手势。经历了几次隐退的波折，有一点可以肯定的是，耐特不会在短时间里彻底退休，他依然担任董事长，但挑选合适的接班人是他的首要任务。2012年4月，因其创立的Nike公司对于篮球运动的杰出贡献，与杰米尔-威尔克斯、亨克-尼古拉斯、全美红头女子篮球队、卡特里娜-麦克克拉、琳达-亚历克斯、唐-巴克桑德尔、迈尔-丹尼尔斯、查特-沃克和雷吉·米勒一同入选2012年奈·史密斯篮球名人堂。2020年在疫情期间菲尔·耐特、执行董事马克·帕克和首席执行官约翰·多纳霍决定向俄勒冈州的

COVID-19 应急反应项目捐赠 1000 万美元,其中 700 万美元捐给俄勒冈健康与科学大学。2022 年 1 月,菲尔·耐特入选《福布斯》公布的美国 25 位最慷慨的捐赠者名单。2023 年 3 月 23 日,胡润研究院发布《2023 胡润全球富豪榜》,菲尔·耐特以 2750 亿人民币位列榜单第 29 位。

戴尔公司创始人

——迈克尔·戴尔

人物档案

简　　历：戴尔公司董事会主席兼首席执行官。出生于休斯敦，1983 年进入了得克萨斯大学，成为一名医学预科生。1984 年创建了戴尔公司。1987 年被美国学院企业家协会评为 1986 年度青年企业家。1991 年 Dell 公司的销售额达到 8 亿美元。1992 年销售额突破了 20 亿美元，成为全球 500 强企业里最年轻的 CEO。1993 年年销售额达 20 亿美元的电脑直销商。1997 年、1998 年和 1999 年，他都名列《商业周刊》评选的"年度最佳 25 位经理人"之中。2001 年戴尔曾荣获《首席执行官》杂志等美国商界"最佳首席执行官"，在拥有了财富以后，他和妻子成立了一个基金，为儿童慈善事业而努力着。1989 年，他第一次访问中国深圳。2004 年 5 月 26 日，戴尔到达北京再次访华。此后，他成了中国的常客。2004 年 7 月迈克尔·戴尔从 CEO 的位置上退休，由凯文·罗林斯接任。2006 年戴尔公司涉嫌财务造假，迈克尔·戴尔被迫复出。2012 年 1 月 12 日，时任国务院副总理王岐山在北京会见美国戴尔公司董事长兼首席执行官迈克尔·戴尔。2013 年 2 月 6 日，戴尔创始人、董事长兼首席执行官迈克尔戴尔（Michael Dell）与全球技术投资公司银湖合作收购戴尔。正式私有化，总价值 244 亿美元。2016 年 5 月 24 日，迈克尔·戴尔到访中国贵州参加数博会，并受到国务院总理李克强的接见。

生卒年月：1965 年 2 月 23 日~

性格特征：敢于冒险，胆识过人，触觉敏锐。

历史功过：戴尔为世人所瞩目的一个创举就是将大型计算机市场的营销策略成功地应用在了个人电脑市场之中，也就是通过直销进行产品销售。

名家评点：海德里克（Hedrick）和斯卓格斯（Struggles）等知名高级经理人猎头公司称戴尔为"富有影响力的首席执行官"。

创立公司

迈克尔·戴尔,全球最大的电脑直销商,美国戴尔公司创办人。1965年出生在美国曼哈顿的布朗克斯。父亲是一名牙医,母亲是经纪人。

戴尔创立自己的公司时年仅19岁。他所创立的直销模式,改变了人们购买个人电脑的方式。时至今日,这种方式已经风靡全球。他的公司——戴尔计算机公司好似一台金钱发动机。在《财富》杂志评出的最大500家美国公司中,戴尔公司是唯一一家连续三年销售额和收入年增长率均超过40%的公司。从1990年以来,戴尔股票价格上涨了296倍!根据2002年初美国《商业周刊》的一项调查报告,全球表现最佳的100家IT公司排名中,戴尔电脑位居榜首(微软排名第八)。

戴尔公司现为美国商业Computerworld/Smithsonian奖委员会成员,并以领袖卓见,多次获电脑、金融及商界奖项。

戴尔在美国《商业周刊》1996、1997和1998年三度入选最佳管理者。

经营电脑

在戴尔刚刚接触电脑的时候,他用自己卖报纸存的钱买了一个硬盘驱动器,用它来架设一个BBS,与其他对电脑有兴趣的人交换信息。在和别人比较关于个人电脑的资料时,他突然发现电脑的售价和利润空间很没有常规。当时一部IBM的个人电脑,在店里的售价一般是3000美元,但它的零部件很可能六七百美元就买得到,而且还不是IBM的技术。他觉得这种现象不太合理。另外,经营电脑店的人竟然对电脑没什么概念,这也说不过去。大部分店主以前卖过音响或汽车,觉得电脑是下一个"可以大捞一票"的风尚,所以也跑来卖电脑。光是在休斯敦地区,就忽然冒出上百家电脑店,这些经销商以2000美元的成本买进一部IBM个人电脑,然后用3000美元卖出,赚取1000美元的利润。同时,他们只提供顾客极少的技术服务,有些甚至没有售后服务。但是,因为大家真的都想买电脑,所以这些店家还是大赚了一笔。

意识到这一点后,戴尔开始买进一些和IBM机器里的零件一模一样的零部件,把他的电脑升级之后再卖给认识的人。他说:"我知道如果我的销量再多一些,就可以和那些电脑店竞争,而且不只是在价格上的竞争,更是品质上的竞争。"同时他意识到经营电脑"商机无限"。于是,他决定投身于电脑事业。

"我不得不放弃学业了,"他对父母说,"我想开办自己的公司。"

"你到底想干什么?"父亲问。

"跟IBM竞争。"他耸耸肩,轻松地回答。

"跟 IBM 竞争？"现在他的父母真的为儿子担心了。但是，迈克尔不管父母怎么说，坚持不改变主意，他还是那句话：这主意不错，为什么不去试试。于是他们达成协议：暑假时他可以开办自己的计算机公司，若是不成功，那么 9 月份新学期就必须回到学校里去。

回到休斯敦，迈克尔用所有的存款开办了"戴尔计算机公司"。此时是 1984 年 5 月 3 日，他刚满 19 岁。

迎难而上

在遇到困难的时候，戴尔总是正面迎接问题，而不否认问题存在，也不找借口搪塞。戴尔公司用这种斩钉截铁的态度去面对所有错误，坦白承认："我们遇到问题了，必须进行修正。"不过，这样做并不容易。当坏消息传来或发生令人失望的事情时，人自然会畏缩逃避，希望奇迹出现，但奇迹通常不会发生。事情发生的速度很快，所以必须做到立即掌握问题，马上进行修正。戴尔公司可以从市场表现和工厂制造过程，立即得到所有事情的资料，包括产品、需求趋向、品质数据等。度量表不但会在工厂内公告，也会通告全公司。销售人员以分钟为单位来计算进度。公司内的每一项活动都附有一份度量表，即使是法律、公共关系及人力资源这类的软性活动也不例外。这些度量表不只是数据或统计，还包括顾客的选择，甚至极度难堪的负面反应。

戴尔公司把与不满意的顾客对话的机会，视为自我改进与学习的良机，使自己可以更具竞争性。戴尔公司的口头禅之一是："不要粉饰太平。"这话意思是说，不要试图把不好的事情加以美化。事实迟早会出现，所以最好直接面对。当戴尔公司面对一项经营不善的事业时，便会自问："究竟出了什么问题？这项生意应该有良好的表现吗？我们在执行、策略或管理上，是否出了问题？这项生意是否永远无法行得通？我们应该现在就减少亏损吗？"

把握商机

敢冒险，是许多知名企业家的一个共同特点。世界上最会赚钱的人，似乎都与某种机遇相连，其实，并不是只有这些人对市场商机有一个特别敏感的鼻子，很多人和他们一样看到了机会，但却不敢冒险。

戴尔认为，冒险意味着一种行动，行动起来的人的机会，总比那些只会坐而论道的人的机会来得多。

1993 年 1 月份，戴尔在日本成立戴尔分公司没多久，就和索尼公司的人员会晤。会中讨论了索尼已经发展出来的显示屏、光学磁盘及 CD—ROM 等多媒体技术。会议快结束时，一位年轻的日本人跑到戴尔面前说："戴尔先生，请等一下。我是能源系统部门的

人，我想跟您谈一谈。"

戴尔留了下来，想听听他说些什么。他拿出一张又一张的表格给戴尔看，满满写着关于一种新电池的功能，而这种电池称为"锂电池"。戴尔明白，他想把锂电池卖给戴尔公司，供笔记本电脑使用。凡是使用过笔记本电脑的人都会说，他们最大的期望是能拥有电力寿命长的电池。在 1993 年，大部分笔记本电脑里面的电池，电力在两个小时后都会耗尽。根据索尼工程师的功能测试表格，锂电池的潜力可以持续 4 个小时以上。与传统的镍氢电池比较，锂电池在电力与重量之间的密度更大。使用锂电池可以节省半磅的重量，但能多出 50% 的电池寿命，更不用说电池组还有存储智慧，可以更有效地管理电力，能进一步延长电池的寿命。

决定采用锂电池是一个艰难的决定，锂电池在那时候是一种崭新的技术，因此也是有风险的。由于戴尔公司的系统无法同时支持锂电池和镍氢电池，所以必须在两种电池之间做一个抉择。虽然索尼方面对于戴尔公司不断提出的问题一直有很好的解答，却没有人敢说锂电池一定能发展得好。当然，锂电池会让戴尔公司与众不同，这点毋庸置疑。而这项技术当时没有其他公司生产，以戴尔公司的需求量来计算，索尼公司在供货给戴尔公司之余，不会有存货卖给别的厂商，竞争者光是想取得这项技术，至少就要花一年的时间。如果一切顺利，戴尔公司的产品将会在电池寿命和体积与重量上，占有非常大的优势。

戴尔决定冒一次险。在他的积极倡导下，配备了锂电池的 LatitudeXP 机种，在 1994 年 8 月问世。立即，戴尔公司笔记本电脑的销售量大增，原本在 1995 财政年度的第一季只占系统收入的 5%，到第四季已达 14%。1998 年，戴尔创立了 MSD Capital L.P. 来管理其家族的投资。投资活动包括公开交易的证券、私募股权活动和房地产。该公司拥有 80 名员工，在纽约、圣莫尼卡和伦敦设有办事处。戴尔本人不参与日常运营。2004 年 3 月 4 日，戴尔辞去首席执行官一职，但仍担任戴尔公司董事会主席，而时任总裁兼首席运营官的凯文·罗林斯成为总裁兼首席执行官。2007 年 1 月 31 日，戴尔应董事会要求接替罗林斯重新担任首席执行官。2010 年 7 月，戴尔公司同意支付 1 亿美元的罚款，以了结 SEC 指控与英特尔公司未公开付款相关的信息披露和会计欺诈。迈克尔·戴尔和前首席执行官凯文·罗林斯同意每人支付 400 万美元，前首席财务官詹姆斯·施耐德同意支付 300 万美元以了结这些指控。2013 年，戴尔在 Silver Lake Partners、Microsoft 和一个贷方财团的帮助下将 Dell,Inc. 私有化。据报道，这笔交易价值 250 亿美元，但在执行过程中遇到了困难。其中一个明显阻力来自卡尔·伊坎（CarlIcahn），但几个月后他退居二线。戴尔个人获得了这家私营公司 75% 的股份。2015 年 10 月 12 日，戴尔公司宣布有意收购企业软件和存储公司 EMC 公司。它以 670 亿美元的价格被收购，这被称为"历史上价值最高的技术收购"。收购于 2016 年 9 月 7 日完成。戴尔在 24 岁时就获得了包括《Inc.》杂志的"年度企业家"，《Worth》杂志的"美国商业最佳 CEO"以及《Financial World》《Industry Week》和《Chief Executive》杂志的"年度 CEO"等荣誉。戴尔还获得了 1998 年美国成就学院金盘奖和 2013 年富兰克林研究所鲍尔商业领袖奖。戴尔在世界经济论坛基金

会董事会、国际商业委员会执行委员会、美国商业委员会任职。他之前曾担任美国总统科学技术顾问委员会的成员。2020 年 4 月,州长格雷格·阿博特(Greg Abbott)任命戴尔加入德克萨斯州开放突击队——该组织的任务是在 COVID-19 大流行期间"寻找安全有效的方法来缓慢地重新开放该州"。他还担任 COVID-19 技术工作组的顾问,该技术行业联盟成立于 2020 年 3 月,联盟负责制定应对 COVID—19 大流行的解决方案。

　　戴尔今日如此成功,听听他的职员对他是如何评价。Dell 女员工:"谁能比我们老板年轻? 谁能比我们老板有钱? 谁能比我们老板帅? 面对着他,我们都嫁不出去了(认识了他,还能看得上谁啊?)。"戴尔依然保持着他一贯朴素务实的作风,他把心中最重要的部分都留给了对手和顾客。这一点就连英特尔的安迪·格鲁夫和微软的比尔·盖茨都对戴尔大加赞赏。格鲁夫评价戴尔说:"他虽然没有拉里·埃里森那样的影响力,也不具有史蒂夫·乔布斯那种傲慢的气质,但迈克尔具有超凡的胆识,在处理那些别人认为十分棘手的问题时,他总显得那样的从容不迫"。